北京市职业教育教学成果
（2021年）

北京市教育委员会 编

北京理工大学出版社
BEIJING INSTITUTE OF TECHNOLOGY PRESS

版权专有　侵权必究

图书在版编目（CIP）数据

北京市职业教育教学成果：2021年／北京市教育委员会编. -- 北京：北京理工大学出版社，2024.8
ISBN 978-7-5763-4003-7

Ⅰ.①北… Ⅱ.①北… Ⅲ.①职业教育-教学研究-研究成果-北京　Ⅳ.①G712.0

中国国家版本馆 CIP 数据核字（2024）第 098754 号

责任编辑：徐艳君　　**文案编辑**：徐艳君
责任校对：周瑞红　　**责任印制**：施胜娟

出版发行 ／ 北京理工大学出版社有限责任公司
社　　址 ／ 北京市丰台区四合庄路 6 号
邮　　编 ／ 100070
电　　话 ／（010）68914026（教材售后服务热线）
　　　　　　（010）68944437（课件资源服务热线）
网　　址 ／ http://www.bitpress.com.cn

版 印 次 ／ 2024 年 8 月第 1 版第 1 次印刷
印　　刷 ／ 保定市中画美凯印刷有限公司
开　　本 ／ 787 mm×1092 mm　1/16
印　　张 ／ 30.25
字　　数 ／ 710 千字
定　　价 ／ 89.00 元

图书出现印装质量问题，请拨打售后服务热线，负责调换

编 委 会

主　任　李　奕
副主任　张树刚　　王春燕
委　员（按姓氏笔画）
　　　　　吕欣姗　巫梅琳　李晓蕾　余　俊
　　　　　张　兰　陈敬文　武　晔　项　明
　　　　　高　飞　桑　舸　龚戈淬

前　言

为深入贯彻党的二十大精神和习近平总书记关于教育的重要论述，落实中共中央办公厅、国务院办公厅《关于深化现代职业教育体系建设改革的意见》和中共北京市委办公厅、北京市人民政府办公厅《关于推动职业教育高质量发展的实施方案》等文件要求，我们总结北京市职业教育教学改革成果，旨在宣传展示北京职业教育在"十四五"期间，深化教育教学改革，加强教师队伍建设，推进职普融通、产教融合、科教融汇，提升技术技能人才培养质量的经验和成效，进一步优化职业教育类型定位，更好地服务学生全面发展、服务首都"四个中心"功能建设、服务经济社会高质量发展。

2021年，北京市教育委员会根据国家《教学成果奖励条例》和《北京市教育教学成果奖评审奖励办法》有关规定，结合职业教育实际，颁布了《关于做好2021年北京市职业教育教学成果奖推荐申报的通知》（京教函〔2021〕502号）和《2021年北京市职业教育教学成果奖评审奖励实施细则》等文件，遴选符合国家和北京市职业教育改革精神，反映职业教育教学改革的新成就，体现职业教育教学改革上的理论创新和实践探索，对推动北京职业教育"高质量、有特色、国际化"发展、提高教学水平和教育质量、实现培养目标产生明显效果和推广价值的成果。2021年，经各机构申报和严格的评审程序，共有225项成果获北京市职业教育教学成果奖，其中特等奖10项、一等奖59项、二等奖156项。2022年，推荐22项北京市成果参加国家级职业教育教学成果奖评选，共19项成果获国家级教学成果奖，其中7项成果获国家级教学成果奖一等奖、12项成果获国家级教学成果奖二等奖。

为进一步宣传北京职业教育教学取得的成果，推广首善标准，在全国范围内形成更广泛的示范作用，市教委组织编制了《2021年北京市职业教育教学成果》，共分为三部分：第一部分全面分析总结了2021年北京市职业教育教学成果奖评审设计及获奖情况、北京市国家级职业教育教学成果推荐及获奖情况、获奖成果类型分析、获奖成果内容分析和北京职业教育"十四五"时期改革特征与发展趋势；第二部分展示了北京市7项国家级教学成果一等奖成果、12项国家级教学成果二等奖成果和52项北京市教学成果一等奖成果；第三部分展示了相关政策文件。本书凝聚了广大职业教育工作者多年努力取得的教育教学改革创造性成果，体现了职业教育的首善精神、首善标准，为破解职业教育发展难题贡献首都方案。本书由北京市教育委员会主任李奕任主编，北京市教育委员会职业教育与成人教育处处长张树刚、北京教育科学研究院研究员王春燕任副主编，北京市教育委员会职业教育与成人教育处吕欣姗、巫梅琳、李晓蕾、余俊、张兰、陈敬文、武晔、项明、高飞、桑舸、龚戈淬任编委。

本书展现了近年来北京市职业教育扎根类型教育实际，服务学生全面发展、服务首都经济社会发展、支撑国家战略的成效与贡献。围绕高精尖产业发展、超大城市运行管理、高品质民生对职业教育人才培养的需求，针对职业教育教学改革实践中的问题，在理论创新、方法创新、模式创新、实践创新等方面下功夫，体现了立德树人、专业建设、"三教"改革、育人模式、管理创新、校企合作、育训并举、质量评价、综合改革、教师培养培训等北京职业教育教学改革各方面成果。

本书可为北京市及全国各类中等职业学校和高等职业学校，以及举办职业教育的机构提供可学习借鉴的经验，不断优化职业教育类型定位，推动职业教育更好服务地方经济社会发展，为全面建设社会主义现代化国家提供基础性、战略性支撑。本书涉及职业教育教学改革各个方面，疏漏、不妥在所难免，敬请广大读者提出宝贵意见，共同开创职业教育高质量发展新局面。

北京市职业教育教学成果编委会

2024 年 4 月 21 日

目 录

研究报告

2021年北京市职业教育教学成果奖获奖成果分析 …………………………………… 3

国家一等奖（7项）

区办中职学校"大地课堂"育人创新实践 …………………………………………… 19

产教联动、研创双驱、育训融通：系统化培养医药健康技术技能人才的创新实践 … 29

职业教育"树形"教师队伍生态化培养模式的创新与实践 ……………………… 40

区域统筹+标准引领+耦合共生：校企共同体建设北京模式的研究与实践 ……… 52

凸显双一流优势产教深度融合——校企共育高质量传媒人才创新研究与实践 …… 62

适应产业"智改数转"的高职机电类专业数字化升级改造探索与实践 ………… 71

北京财经商贸高端技术技能人才七年贯通培养创新与实践 ……………………… 84

国家二等奖（12项）

纵横贯通 立体多元：区域职成教育"一体四化"发展模式研究与实践 ………… 97

中职学校党建引领下的"双循环"互促共育大思政格局的研究与实践 ………… 109

四方联动、标准引领、语技融合——职业院校"走出去"人才培养模式探索与实践 … 120

服务"一带一路"建设的"外语+"高职多语种人才培养模式的探索与实践 …… 132

职业教育"五位一体"服务乡村振兴战略的研究与实践 ………………………… 142

基于学科核心素养的中职英语跨省市教学诊断与课程改革研究与实践 ………… 152

三引、三建、三推、三高：中德诺浩汽车产教融合实训基地建设的创新与实践 …… 163

数字技术赋能智能建造专业群转型升级探索与实践 173
都市园艺专业群"三生相融、四时驱动"建设与实践 184
高职院校实施扬长教育的改革与创新实践 195
殡葬服务高技能人才"五位一体"文化与专业互融互动育人体系研究与实践 204
养老服务紧缺人才职前职后"五维一体"育训协同模式探索与实践 216

市级一等奖（52项）

海外分校建设路径探索与解决方案 229
道路桥梁工程"虚实结合、校企双元、学创一体"实训体系的创新与实践 233
监测·示范·特色：北京建设可持续发展学习型城市的创新与实践 237
高职院校"多学期分段递进"实践教学体系探索与实践 241
基于医药产业转型升级下的高职药学专业"一核两支撑"教学改革创新与实践 245
"双股线"教学策略驱动，构建"红五星"课程思政模式的研究与实践 249
"三路十八湾"中职德育体系的构建与实践 253
"丝路春晖"五维度育人体系的研究与实践 257
高职院校课程思政"盐溶式"教学实践与探索 261
基于三个维度的中职数学课程思政研究与实践 265
"幸福学园"：高职院校以学生幸福为目标的教育改革 269
以"四真""四入"为突破口的高职院校思政课教学模式创新与实践 273
课程思政背景下的高职院校思政课建设创新与实践 277
产学研一体化PBCC递进式培养园林高端非遗传承人才的研究与实践 281
基于供给侧改革的中职学校转型与创新 285
高职计算机类专业"三领三提三建"数字化资源建设模式的研究与实践 289
基于"标准引领+智能测评"的教师职业能力提升模式研究与实践 293
"双元驱动、三化融合、四链融通"产教融合培育网络专业人才模式探索与实践 297
城教融合背景下技术创新型人才"产学研协同"培养的体系构建与实践 301
课程分流、教师分类、资源分组，机电专业"三型"人才培养的探索与实践 305
中职现代学徒制"五双合创、柔性培养"模式的创新与实践 309
提升能力 增强适应——"二四三"式汽车专业群高质量人才培养的探索与实践 313

国家标准建设引领，产教共育共享共促，城轨运营管理专业高质量建设模式实践…… 317

基于校企共创"422"人才培养模式搭建首都技能人才成长平台的研究与实践 …… 321

"课践研评 通合一体"——贯通基础阶段人才培养模式的创新与实践………… 325

构建新时代中职学校"育训结合，四维四化"劳动教育模式的研究与实践 ……… 330

新能源汽车"一平台两机制三基地四对接"岗课赛证融通综合育人模式创新实践 … 334

国际合作、专本衔接培育轨道交通高端技能人才的创新实践………………… 338

高职院校产教融合、校企合作、工学结合"三合"发展模式研究与实践 ……… 342

"引企入校，以产促教，工学结合，校企共治"的校企双元育人机制创新与实践 …… 346

中职学校汽修专业产教融合生产性实训基地建设的创新与探索………………… 350

探索企校一体产教融合新路径，打造汽车专业"三维五互"人才培养新范式 …… 354

构建"学产销创"育人平台，农村电商人才培养的研究与实践 ……………… 358

"三师共育、六位一体、能力进阶"中职烘焙人才培养模式构建与实践 ……… 362

"一真双链三阶段"会展专业人才培养模式的创新与实践……………………… 366

"两对接、三自主、四混合"旅游服务类专业慕课建设及应用的研究与实践 …… 370

电子商务专业"专创融合、三层递进"式实践教学体系的创建与实践 ……… 374

数字经济时代会计专业"三个一体化"育人模式创新与实践 ………………… 378

基于国高基地建设的"校企融合、竞训并举"高技能人才培养创新实践 …… 382

中等职业学校"双融三创四优"专创融合人才培养模式创新与实践 ………… 386

聚合力、搭平台、建路径，中职学校扶贫扶技促发展模式的实践与研究 …… 390

基于"塑造一双会思考的手"育人理念，构建课堂教学体系的研究与实践 …… 394

"德、技、艺、创"四融合新媒体应用技术专业人才培养模式创新实践 …… 398

园校融合、中高本一体：高水平学前教育人才贯通培养的创新与实践………… 402

面向高职专科产教融合英语类"五个一"技术应用人才培养模式探索与实践 …… 406

体育强国背景下北京市体育技能型人才培养模式创新研究与实践……………… 410

"四阶递进式"中职专业课教师能力建设的研究与实践 ……………………… 414

携手名企，高端育人探索中职学校校企合作机制的研究与实践………………… 418

创设"丝路学堂"探索"技能+语言+文化"模式服务"一带一路"人才培养 …… 422

政研校企合作周期项目引领：职业教育国际合作助推教育教学改革研究与实践…… 426

建中等职业教育质量三级监测体系 促北京中等职业教育质量有效提升 ……… 430

刻画一条连贯的产教协同育人实线，提升北京职业院校人才培养适应性……………… 434

相关政策文件

附录1　教学成果奖励条例 …………………………………………………………… 441

附录2　关于做好2021年北京市职业教育教学成果奖推荐申报的通知 …………… 443

附录3　2021年北京市职业教育教学成果奖评审奖励实施细则 …………………… 445

附录4　关于表彰北京市教育教学成果奖的决定 …………………………………… 448

附录5　2021年北京市职业教育教学成果奖获奖名单 ……………………………… 449

附录6　2022年职业教育国家级教学成果奖评审工作安排 ………………………… 467

附录7　教育部关于批准2022年国家级教学成果奖获奖项目的决定 ……………… 470

附录8　2022年国家级教学成果奖获奖项目名单（北京市）……………………… 472

研究报告

2021年北京市职业教育教学成果奖获奖成果分析

为贯彻习近平总书记对职业教育工作重要指示，根据国家《教学成果奖励条例》和《北京市教育教学成果奖评审奖励办法》有关规定，市教委2021年开展北京市职业教育教学成果奖评审，2022年推荐市优秀教学成果参加国家职业教育教学成果奖评审，取得了优异成绩。本文通过分析本届北京市职业教育教学获奖成果，总结北京市职业教育"十四五"期间深化教学改革、提升技术技能人才培养质量的经验和成效，为进一步优化职业教育类型定位、服务学生全面发展、服务首都"四个中心"建设提供借鉴。

一、北京市职业教育教学成果奖评审设计及获奖情况

（一）评审设计

2021年北京市职业教育教学成果奖遴选的设计实施遵循国家和北京市教育教学成果奖励有关规定，结合北京市职业教育教学改革实际，主要的设计考虑有：一是成果定位上，遴选具有提高教学水平和教育质量、实现培养目标产生明显效果的成果；二是评奖范围上，突出服务国家战略和北京职业教育领域改革，实施人才培养模式、课程改革，推进产教融合、校企合作、国际交流合作、学习型城市建设等方面具有创新性和推广价值的成果；三是成果形式上，有实施方案、研究报告、课件（软件）、论文、著作等，鉴于教材奖已成为国家独立奖项，原则上教材不独立参加本届评审；四是成果主要完成单位和完成人方面，鼓励联合申报的基础上，对主要完成人限定上额，单一单位申报成果不超过5人，联合申报成果不超过8人；五是成果水平和实践检验年限上，与国家级标准基本保持一致，规定了一等奖教学成果应有重大示范作用，产生重大成效，达到全市领先、全国先进水平，经过不少于4年的实践检验，二等奖教学成果应在某一方面有重大突破，取得显著成效，经过不少于2年的实践检验。

（二）获奖情况

2021年北京市职业教育教学成果奖仍实行限额申报制。申报443个项目，获奖225项，获奖比例为50.79%。获奖成果中，特等奖10项，占比4.4%；一等奖59项，占比26.2%；二等奖156项，占比69.3%。获奖成果第一完成单位中，高职专科学校99项、职业高中48项、中专学校29项、技工学校20项、其他单位（本科院校、研究机构等）29项（见表1）。

表1 2021年教学成果奖获奖成果完成单位类别情况

完成单位类别	获奖数量/项	占比/%	特等奖		一等奖		二等奖	
			数量/项	占比/%	数量/项	占比/%	数量/项	占比/%
高职专科学校	99	44.0	6	60.0	26	44.1	67	42.9
职业高中	48	21.3	2	20.0	16	27.1	30	19.2
中专学校	29	12.9	1	10.0	8	13.6	20	12.8
技工学校	20	8.9	0	0.0	3	5.1	17	10.9
其他	29	12.9	1	10.0	6	10.2	22	14.1
总计	225	100.0	10	4.4	59	26.2	156	69.3

二、北京市国家级职业教育教学成果推荐及获奖情况

（一）推荐情况

2022年，北京市从2021年北京市职业教育教学获奖成果中推荐16项成果参加国家级职业教育教学成果奖评选，其中成果来源为：高职专科学校10项、中职学校（含职业高中、中专学校、技工学校）4项、研究机构2项。成果主要完成单位共56家，完成人共215人，政校企行多主体合作趋势明显，涉及28所院校和20家企业、7家政府单位、1家行业协会。成果类别是：综合改革类5项，占比31.25%；育人模式和育训并举各3项，分别占比18.75%；专业建设2项，占比12.5%；教师培养培训、立德树人和校企合作各1项，分别占比6.25%。另外，我市还有12项职业教育教学获奖成果通过全国行业职业教育教学指导委员会（简称行指委）推荐。

（二）获奖情况

市教委推荐的北京市国家级职业教育教学成果奖获奖13项，获奖比例为81.3%；其中，一等奖6项，占比46.2%；二等奖7项，占比53.8%；获奖成果第一完成单位中，高职专科学校8项、中职学校4项、研究机构1项。行指委推荐的北京市国家级职业教育教学成果奖获奖6项，获奖比例为50.0%；其中，一等奖1项，占比16.7%；二等奖5项，占比83.3%；获奖成果第一完成单位中，高职专科学校3项、本科院校2项、研究机构1项（见表2）。

表2 2021年北京市国家级教学成果奖获奖成果完成单位类别情况

推荐单位类别	项目			一等奖		二等奖	
	完成单位类别	获奖数量/项	占比/%	数量/项	占比/%	数量/项	占比/%
市教委	高职专科学校	8	61.5	3	50	5	71.4
	中职学校	4	30.8	2	33.3	2	28.6
	研究机构	1	7.7	1	16.7	0	0
	小计	13	100.0	6	46.2	7	53.8

续表

推荐单位类别	完成单位类别	项目		一等奖		二等奖	
		获奖数量/项	占比/%	数量/项	占比/%	数量/项	占比/%
行指委	高职专科学校	3	50.0	0	0	3	60.0
	本科院校	2	33.3	1	100.0	1	20.0
	研究机构	1	16.7	0	0	1	20.0
小计		6	100.0	1	16.7	5	83.3
总计		19	100.0	7	36.8	12	63.2

三、获奖成果类型分析

（一）成果完成单位类别

在本届北京市职业教育教学获奖成果的完成单位类别中，获奖成果主要集中在职业院校中，占比九成左右，普通本科院校和科研机构占比一成左右；职业院校中，中职学校、高职院校获奖数量占比基本相当，体现了近年来北京职业教育体系建设的均衡性。其中，高职院校获奖数量为99项，占比44.0%，其次为职业高中48项、中专学校29项、技工学校20项，中职学校合计占比43.1%，其他单位占比12.9%（见图1）。

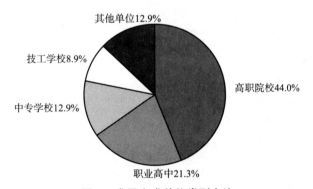

图1　成果完成单位类别占比

从奖项等级看，特等奖获奖成果均获得了国家级教学成果奖，特等奖中高职院校占比较高，体现了高职教育的创新引领作用，获奖院校均为北京市特色高水平学校建设单位，显示了我市推进创新改革示范项目的建设成效。具体来讲，特等奖获奖数量中，高职院校获奖数量占比较高，为60.0%；其次为职业高中、中专学校，技工学校未获特等奖，中职学校占比30.0%；其他单位占比10.0%。一等奖获奖数量中，高职院校占比44.1%，职业高中、中专学校、技工学校分别占比27.1%、13.6%、5.1%，中职学校合计占比45.8%，其他单位占比10.2%；二等奖获奖数量中，高职院校占比42.9%，其次为职业高中、中专学校、技工学校，分别占比19.2%、14.1%、10.9%，中职学校合计占比44.2%，其他单位占比12.8%（见表3）。

表3 教学成果奖获奖成果完成单位类别情况

完成单位类别	获奖数量/项	占比/%	特等奖		一等奖		二等奖	
			数量/项	占比/%	数量/项	占比/%	数量/项	占比/%
高职院校	99	44	6	60	26	44.1	67	42.9
职业高中	48	21.3	2	20	16	27.1	30	19.2
中专学校	29	12.9	1	10	8	13.6	20	14.1
技工学校	20	8.9	0	0	3	5.1	17	10.9
其他单位	29	12.9	1	10	6	10.2	22	12.8
总计	225	100.0	10	100.0	59	100.0	156	100.0

（二）成果所属专业类别

本届获奖成果所属专业类别分为面向所有专业、专业大类和公共基础课程三种，其中面向所有专业类别113项，占比50.2%；专业大类类别涉及文化艺术大类、交通运输大类、教育与体育大类、财经商贸大类、电子与信息大类等19个大类，全覆盖，共97项，占比43.1%，文化艺术大类、交通运输大类、教育与体育大类获奖量位于专业大类前三，分别为12项、11项和10项；公共基础课程类别15项，占比6.7%（见图2）。

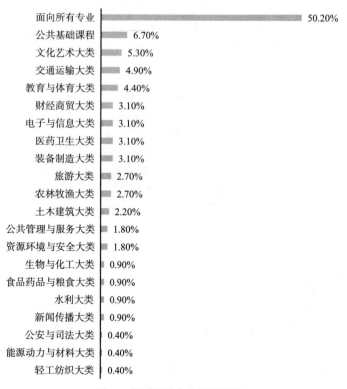

图2 成果所属专业类别占比

从奖项等级上看，特等奖中面向所有专业类获奖数量占比较高，达到70.0%，其次为专业大类中的装备制造大类、公共管理与服务大类、生物与化工大类三项，占比均为

10.0%，其他专业大类均未获特等奖，内容上一方面体现出综合性、整体性改革成果，另一方面体现出北京职业教育面向高精尖产业、高品质民生的服务定位的特征。一等奖获奖数量中面向所有专业类占比仍较高，达到50.8%，公共基础课程类占比8.5%，专业大类中交通运输大类、装备制造大类占比均为6.8%；二等奖获奖数量中面向所有专业类占比仍较高，达到48.7%，公共基础课程类和专业大类中的文化艺术大类，占比均为6.4%（见表4）。一、二等奖获奖数量中面向专业大类体现了北京职业教育总体规模小和结构全的特征。

表4 北京市教育教学成果奖各奖项所属专业类别情况

专业类别	获奖数量/项	占比/%	特等奖 数量/项	特等奖 占比/%	一等奖 数量/项	一等奖 占比/%	二等奖 数量/项	二等奖 占比/%
面向所有专业	113	50.2	7	70.0	30	50.8	76	48.7
公共基础课程	15	6.7	0	0	5	8.5	10	6.4
文化艺术大类	12	5.3	0	0	2	3.4	10	6.4
交通运输大类	11	4.9	0	0	4	6.8	7	4.5
教育与体育大类	10	4.4	0	0	3	5.1	7	4.5
财经商贸大类	7	3.1	0	0	2	3.4	5	3.2
电子与信息大类	7	3.1	0	0	1	1.7	6	3.8
医药卫生大类	7	3.1	0	0	1	1.7	6	3.8
装备制造大类	7	3.1	1	10.0	4	6.8	2	1.3
旅游大类	6	2.7	0	0	3	5.1	3	1.9
农林牧渔大类	6	2.7	0	0	2	3.4	4	2.6
土木建筑大类	5	2.2	0	0	1	1.7	4	2.6
公共管理与服务大类	4	1.8	1	10.0	1	1.7	2	1.3
资源环境与安全大类	4	1.8	0	0	0	0	4	2.6
生物与化工大类	2	0.9	1	10.0	0	0	1	0.6
食品药品与粮食大类	2	0.9	0	0	0	0	2	1.3
水利大类	2	0.9	0	0	0	0	2	1.3
新闻传播大类	2	0.9	0	0	0	0	2	1.3
公安与司法大类	1	0.4	0	0	0	0	1	0.6
能源动力与材料大类	1	0.4	0	0	0	0	1	0.6
轻工纺织大类	1	0.4	0	0	0	0	1	0.6
总计	225	100.0	10	100.0	59	100.0	156	100.0

（三）获奖成果完成单位合作情况

获奖成果中，成果完成单位数量为1的获奖数量最多，为131项，占比58.2%；成果完成单位数量为 2、3、4 的获奖数量分别为 37 项、26 项、22 项，占比分别为 16.4%、11.6% 和 9.8%；成果完成单位数量为 5 或者大于 5 的获奖数量占比较低，分别为 3.1%、0.9%（见图 3）。由此可见，总体上，教学成果多限于同一单位，与国家级教学成果的多单位特征不同。

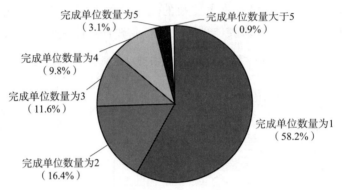

图 3　获奖成果完成单位数量占比

从奖项等级上看，特等奖中，成果完成单位数量为 3 的获奖数量较高，占比达到 30%，成果完成单位数量为 1 和 2 的获奖数量占比均为 20%，与国家级教学成果奖多单位合作特征基本一致。一等奖中，成果完成单位数量为 1 的获奖数量较高，占比达到 55.9，成果完成单位数量为 2 和 3 的获奖数量占比分别为 18.6% 和 11.9%。二等奖中，成果完成单位数量为 1 的获奖数量较高，占比达到 61.5，成果完成单位数量为 2、4、3 的获奖数量占比分别为 15.4%、10.9%、10.3%。成果完成单位数量为 5 或者大于 5 的各奖项获奖数量占比均较低（见表 5）。

表 5　北京市教育教学成果奖获奖单位合作情况

完成单位数量/个	获奖数量/项	占比/%	特等奖		一等奖		二等奖	
			数量/项	占比/%	数量/项	占比/%	数量/项	占比/%
1	131	58.2	2	20.0	33	55.9	96	61.5
2	37	16.4	2	20.0	11	18.6	24	15.4
3	26	11.6	3	30.0	7	11.9	16	10.3
4	22	9.8	1	10.0	4	6.8	17	10.9
5	7	3.1	1	10.0	3	5.1	3	1.9
大于 5	2	0.9	1	10.0	1	1.7	0	0.0
总计	225	100.0	10	100.0	59	100.0	156	100.0

从获奖成果完成单位合作情况来看，同一单位性质完成（单独完成或合作完成）的获奖成果为 144 个，占比为 64%，不同单位性质完成的获奖成果为 81 个，占比为 36%。同一单位性质完成的获奖成果中，高职院校获奖数量较多，有 57 项，占比为 25.3%，其次为职业高中、中专学校和技工学校，分别为 37 项、24 项和 19 项，占比分别为 16.4%、10.7% 和 8.4%，跨层次协作获奖数量有 7 项，体现了近年来在职业教育体系建设上的改革成果。不同性质单位合作完成的获奖成果中，"学校+企业"合作形式获奖数量较多，有 49 项，占比

为 21.8%，其次为"学校+研究机构"，有 17 项，占比为 7.6%；"学校+企业+行政部门""学校+企业+研究机构"三种合作形式获奖数量较少（见表 6）。

表 6　获奖成果完成单位合作情况

单位性质	合作单位结构	获奖数量/项	占比/%	特等奖		一等奖		二等奖	
				数量/项	占比/%	数量/项	占比/%	数量/项	占比/%
同一单位性质完成	高职院校	57	25.3	2	16.7	17	28.8	38	24.7
	职业高中	37	16.4	1	8.3	9	15.3	27	17.5
	中专学校	24	10.7	1	8.3	4	6.8	19	12.3
	技工学校	19	8.4	0	0	3	5.1	16	10.4
	跨层次协作	7	3.1	2	16.7	2	3.4	3	1.9
不同性质单位合作完成	学校+企业	49	21.8	1	8.3	18	30.5	30	19.5
	学校+研究机构	17	7.6	2	16.7	5	8.5	10	6.5
	学校+行政部门	7	3.1	1	8.3	0	0	6	3.9
	学校+企业+行政部门	6	2.7	2	16.7	1	1.7	3	1.9
	学校+企业+研究机构	2	0.9	0	0	0	0	2	1.3
合计		225	100.0	12	100.0	59	100.0	154	100.0

从奖项等级上看，特等奖获奖数量较多为高职院校、跨层次协作、"学校+研究机构"和"学校+企业+行政部门"四种形式，占比均为 16.7%；一等奖获奖数量较多为"学校+企业"、高职院校和职业高中三种形式，占比分别为 30.5%、28.8% 和 15.3%；二等奖获奖数量较多为高职院校、"学校+企业"和职业高中三种形式，占比分别为 24.7%、19.5% 和 17.5%。

四、获奖成果内容分析

（一）成果内容类别

本届北京市职业教育教学成果奖类别划分仍然沿用上一届分类方式，分为教书育人、教学改革、教学建设、教学管理和其他。其中，教学改革获奖数量最多，为 102 项，占比 45.3%；其次为教学建设和教书育人，分别为 41 项和 39 项，占比分别为 18.2% 和 17.3%；其他和教学管理占比较低，分别为 12.4% 和 6.7%（见图 4）。

从奖项等级上看，特等奖中教学改革获奖数量占比较高，为 40.0%，其次为教书育人、教学管理和其他，占比分别为 30.0%、20.0% 和 10.0%，教学建设未获特等奖；一等奖获奖数量中，教学改革占比仍较高，达到 45.8%，其次为教学建设、教书育人和其他，占比分别为 18.6%、16.9% 和 13.6%，教学管理占比为 5.1%；二等奖获奖数量中，教学改革仍占主要部分，占比达到 45.5%，其次为教学建设和教书育人，占比分别为 19.2% 和 16.7%，其他占比为 12.2%，教学管理占比为 6.4%（见表 7）。

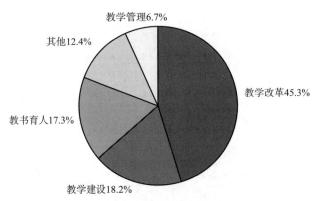

图 4　成果内容类别占比

表 7　北京市教育教学成果奖获奖成果内容类别

内容类别	获奖数量/项	占比/%	特等奖		一等奖		二等奖	
			数量/项	占比/%	数量/项	占比/%	数量/项	占比/%
教学改革	102	45.3	4	40.0	27	45.8	71	45.5
教学建设	41	18.2	0	0	11	18.6	30	19.2
教书育人	39	17.3	3	30.0	10	16.9	26	16.7
其他	28	12.4	1	10.0	8	13.6	19	12.2
教学管理	15	6.7	2	20.0	3	5.1	10	6.4
总计	225	100.0	10	100.0	59	100.0	156	100.0

（二）成果标题的词频分析

从获奖成果标题的词频分析发现（见表 8 和图 5），出现频次最高的是"实践""实训"，为 207 次；其次是"人才培养""模式"，分别出现 158 次和 107 次；其他出现频次均未过百，其中"研究""专业""产教融合""探索"出现超过 50 次；"中职"出现 41 次，"体系"出现 33 次，"高职"出现 30 次，"政校企""技能""北京"出现 22 次；"师资""技术""协同""引领""乡村振兴""文化""课程思政""国际化"出现 10 余次，"创新"出现 10 次。体现出北京市职业教育改革围绕"人才培养"这一核心主题，以实践实训、产教融合、政校企协同、师资培训等为着力点，为首都经济社会发展和产业转型升级提供了有力支撑。

表 8　北京市教育教学成果奖获奖成果标题的词频情况

序号	成果奖标题中焦点词汇	焦点词汇出现频次/次
1	实践、实训	207
2	人才培养	158
3	模式	107
4	研究	57
5	专业	54

续表

序号	成果奖标题中焦点词汇	焦点词汇出现频次/次
6	产教融合	53
7	探索	52
8	中职	41
9	体系	33
10	高职	30
11	政校企	22
12	技能	21
13	北京	21
14	师资	16
15	技术	16
16	协同	15
17	引领	13
18	乡村振兴	13
19	文化	11
20	课程思政	11
21	国际化	11
22	创新	10

图 5　成果标题词频分布词云图

（三）成果正文的词频分析

从获奖成果正文的词频分析发现（见表9和图6），出现频次最高的前三个词汇为"人才培养培训""能力、技术技能""实践、实训"，分别出现3 353次、2 953次和2 066次，体现出职业教育对实践育人的改革探索；其次是"专业""产教融合、校企合作""教学"，分别出现1 987次、1 955次和1 805次；再次是"教师""创新""模式""岗位、需求"，分别出现1 426次、1 402次、1 184次和1 176次。此外，"教学"在总频次排序中位居第

6，但在解决问题和解决方法中出现频次排序中位居第3，表明教学内容、方法、制度等方面的改革是职业教育改革的关键路径；"产教融合、校企合作"在总频次排序中位居第5，但在创新点中出现频次排序中位居第4，表明多主体合作，尤其是校企合作已成为职业教育创新的重要方式；"创新"在总频次排序中位居第8，但在解决问题和解决方法中出现频次排序中位居最后，表明基于解决问题的创新举措在实践中未深入开展，未来教学改革仍有很大创新空间，"模式"的词频反映与"创新"趋势基本一致。

表9 北京市教育教学成果奖获奖成果正文的词频情况

排名	焦点词汇	简介中出现频次/次	解决问题和解决方法中出现频次/次	创新点中出现频次/次	总频次/次
1	人才培养培训	1 105	1 201	1 047	3 353
2	能力、技术技能	1 099	1 146	708	2 953
3	实践、实训	784	678	604	2 066
4	专业	792	675	520	1 987
5	产教融合、校企合作	648	658	649	1 955
6	教学	568	734	503	1 805
7	教师	434	589	403	1 426
8	创新	339	223	840	1 402
9	模式	472	264	448	1 184
10	岗位、需求	218	577	381	1 176
11	体系	346	326	313	985
12	平台	283	245	248	776
13	机制	238	226	269	733
14	资源	202	256	218	676
15	评价	0	312	335	647
16	标准	214	252	178	644

图6 成果正文词频分布词云图

五、改革特征与发展趋势

本届获奖教学成果围绕北京"四个中心"战略定位，聚焦民生"七有""五性"需求，在人才培养、体系建设、专业建设、产教融合和师资培训等方面取得良好成效，推动了北京职业教育"高质量、有特色、国际化"发展。

（一）深化现代职业教育体系建设，探索人才贯通培养模式

中共中央办公厅、国务院办公厅颁布《关于深化现代职业教育体系建设改革的意见》，强调要推动中高职贯通衔接培养，支持优质中等职业学校与高等职业学校联合开展五年一贯制办学，推进中等职业教育与职业本科教育的衔接培养。北京市职业教育提前布局、提前试验，一是精准对接首都产业转型升级需求，依托北京市高端技术技能人才贯通培养项目，以"3+2""3+2+2""2+3+2"等模式，构建中高职、中高本、专本等多种类型衔接的人才培养体系，丰富首都现代职教体系纵向贯通实践；二是自主探索具有首善标准的贯通培养体系，分层分类设计教学标准、课程标准和评价标准，充分发挥长学制优势，遵循技术技能人才成长的渐进性规律，稳扎稳打提升人才培养质量；三是以专业（群）为载体，建立课程、教材、师资、实训等内涵贯通的一体化设计路径和逻辑，促进各级各类院校之间广泛协同互动，持续完善职业教育体系建设。如北京财贸职业学院联合中央民族大学附属中学、首都经济贸易大学，聚焦北京财经商贸类高端技术技能人才供给不足问题，打造基础教育、普通高等教育与职业教育横向贯通模式，形成了"1761"财经商贸高端技术技能人才贯通培养体系，包括1套培养方案，专业设置、人才培养、课程建设、学业质量、财贸素养、实训基地、双师队伍7项质量标准，一体化课程体系、教学管理制度、学科与技能竞赛活动、财贸素养教育体系、教育管理制度、校园文化活动6个实施体系和1套评估保障机制，提高了职业教育吸引力和学生培养质量。

（二）构建产教深度融合格局，创新校企合作实践经验

产教融合不仅是职业教育办学的基本原则，更是新时代职业教育实现高质量发展的必由之路。本届获奖成果立足校企合作不深、融合效果不佳、参与机制不活等产教融合痛难点，持续优化校企合作路径。一是开展中国特色学徒制北京模式的研究实践，校企共建工程师学院、技术技能大师工作室，采用政府和企业4∶1分担投入机制，将职业院校与地方政府、产业园区、行业协会及头部企业等资源进行耦合匹配，构建"人才培育、资源共享、技术创新、社会服务"四位一体建设平台，以学徒制形式培养急需的高素质技术技能人才；二是构建"职业标准—岗位标准—专业标准—课程标准"的"标准链"，形成具有首都特色的教师标准、装备标准、评价标准；三是强化技术技能积累应用，校企联合开展技术研发、成果转化，搭建技术技能创新平台，将技术积累成果转化为教学资源。如北京电子科技职业学院对标北京医药健康产业"研发+高端生产"企业聚集新业态，校企共建"药品生物技术工程师学院""生物医药中试基地"等产教融合平台，依托教学、实践、研发和服务能力突出的教学团队，把应用研发和双创训练与课程教学有机融合，构建校企双元 SCI 系统化人才培养体系，在项目实战中发掘学生专长，形成科研创新有效反哺教学机制，构建"研创双驱"

精准培养育人模式。

（三）紧密对接北京产业新发展，提升专业与产业的适应性

职业教育专业建设应与产业需求实现"同频共振"。本届获奖成果以服务首都高精尖产业发展、城市安全管理、高品质民生需求为核心，不断提升职业教育与首都产业转型升级匹配度。一是瞄准产业升级和岗位变革趋势，围绕新一代信息技术、生物技术、人工智能、新能源等战略性新兴产业和养老、托幼、殡葬等民生紧缺行业，形成紧密对接产业链、人才链的专业体系；二是面向产业集群、产业链建设专业群，以优势特色专业为牵引，充分发挥专业群集聚效应和资源整合能力，理顺专业结构与岗位结构的互馈互补关系；三是根据岗位集群需求，动态调整专业设置，构建实训教学体系和数字化升级路径，将新岗位工作任务和能力要求转化为新课程，提升专业内涵建设质量。北京卫生职业学院药学专业基于首都医药产业转型升级下的新业态、新服务和新规范，创建了以教学内容改革为核心，教学资源和教学模式创新为支撑的专业教学改革模式，将新岗位工作任务转化为新课程，将新的药师服务能力和新的法律法规融入教学，填补了医药卫生类新型教材编制空白，教学资源作为全国药师职业技能大赛试题受到行业好评。在疫情最艰难的时刻，学生活跃在北京各大医院；北京协和医院等三甲医院连续多年为实习学生组织专场供需见面会推荐就业。

（四）搭建人才培养培训体系，优化技术技能人才供给质量

人才培养培训体系建设是新时代职业教育落实科教兴国战略，服务技能型社会建设的关键一环。本届获奖成果以文化引领、模式创新、平台搭建、体系优化为切入点，构建高技能人才培养培训体系。一是聚焦时代精神及北京"全国文化中心"建设，以习近平总书记回信精神等为引领，将非遗文化、京商文化、丝路文化、生命文化等融入人才培养实践，夯实文化育人底色；二是遵循教书育人规律和学生成长规律、产业发展规律，围绕育人体系和模式创新，探索出思政育人、岗课赛证融通育人、校企协同育人等育人新理念、新思路、新举措；三是搭建各类创新引领、协同共享的人才培养培训平台，包括国家级高技能人才培训基地、德育实践基地等，为人才成长保驾护航；四是围绕乡村振兴战略打造农科教结合、产学研协同的新型职业农民培训基地，按照育训结合、长短结合、内外结合的要求构建产城教融合发展的社会培训机制。如北京市昌平职业学校以服务区域产业发展和学生的全面发展为办学宗旨，通过承接政府项目、引入知名企业、引进行业大师协同育人：一是构建职教综合体，校企、政校、行校合作共建人才培养基地，开展人才培养、资源建设和社会服务；二是构建"五化"育人体系，实现专业集群化、育人学徒化、师资"三师"化、课程模块化、教学项目化；三是构建精准社会培训体系，组织实施企业全面支持、行业积极参与的社会服务机制，形成了培训人群精准、覆盖广、服务一条龙、资源育训共享的精准社会培训体系。

（五）突出"工学结合"实践底色，构建立体化实训育人体系

实践教学是学生培养职业技能和职业素质的重要途径。本届获奖成果主动服务首都技能型社会建设，扎实推进实践育人工作。一是建设兼具教学和生产功能的实训基地，校企联合规划基地功能，升级设备设施，开展名企技术认定，模拟现场训练；二是探索理实一体化、虚实结合、线上线下等教学模式改革与创新路径，助推人才培养纵深发展；三是引入行业前

沿的大数据、人工智能等先进技术与软硬件设备，开发视频、动画、虚拟仿真、企业真实案例等多种教学资源，搭建信息化、数字化、智能化教学平台，推动教育管理、教育教学、教育评价精准化、数据化发展；四是构建具有职业教育专业特色的分段递进式实习体系，多主体共同参与研讨实习体系、制订实习方案、指导学生实习、评定实习效果、助力学生培养。如北京交通运输职业学院对接京津冀交通一体化发展，为完善综合交通网络化布局、一体化交通建设培养技术技能人才；聚焦利用虚拟现实、增强现实、人工智能、大数据、云计算、物联网等先进科技，开发实训项目，打通了全流程、全岗位实训，构建了以道路桥梁工程"虚实结合"的实训平台、"校企双元"实训模式、"学创一体"人才培养路径为特色的实训体系，得到了学生、行业企业、社会的广泛认可。

（六）坚持兴国必先强师，多措并举建设高素质教师队伍

党的十八大以来，国家高度重视职教师资队伍建设，相继启动了职教教师素质提高计划、"职教国培"示范项目、名师（名匠）名校长培养计划，打造高素质"双师型"教师队伍。本届获奖成果对标对表国家政策要求，大力推进职教师资队伍能力提升。一是探索创新职教师资队伍建设的理念和模式，构建教师能力框架、能力模型、能力标准等教师教学能力提升体系，丰富了师资队伍建设的顶层设计；二是注重"双师型"教师团队和职业教育教师教学创新团队的培育打造，形成了一批符合时代需求、具有首都特色和专业特点的高质量教师队伍；三是积极搭建集培训、研讨、竞赛、实践、督导、考评等功能于一体的教师培养基地，跨界互联校企、校政、校际、校行各类优势资源，推动职教师资队伍建设的多元化和系统化；四是建立健全考核评价机制、激励约束机制、校际协同机制等保障机制，推动教师团队建设有序运行。如北京市商业学校以建立一支匹配职业教育类型定位的高水平师资队伍为目标，对接高质量发展和深化新时代教师队伍建设总体要求，构建"三师六力"教师能力框架体系，明确教师角色的身份定位、核心能力及发展要素，形成精准化定位培育之根；完善"三段五向"教师成长培育路径，明确教师队伍培育的阶段、方向和标杆，形成结构化设计培育之脉；统筹"政行企校"教师发展培育资源，搭建师资队伍培育平台，开放式构建培育之境，形成职业教育"树形"师资队伍生态化培育模式。

（七）扩大职业教育国际话语权，助推"职教出海"行稳致远

国际合作交流是北京职业教育落实国家高水平对外开放战略的行动举措，是服务首都"国际交往中心"城市战略定位的重要途径。本届获奖成果立足国际合作长期存在的学习多应用少、交流多合作少、引进多输出少问题，积极探索国际合作有效模式。一是逐步从"引进来"转变为"走出去"，依托"中文+职业技能"项目，面向"一带一路"、东盟国家，在养老、商贸、轨道交通等多个行业领域，持续输出中国标准和方案，培养出一批知华、友华、爱华的国际技术技能人才；二是通过合作办学等模式在境外建立实体性办学机构，品牌化、系统化、体系化实施中外技术技能人才合作项目，加速北京职教出海进程；三是基于北京教学实践经验，研制开发国际化标准框架，形成了一批具有"国际理念、中国元素、海外特色"的专业标准、教学标准和课程标准，推动中国职业教育标准海外本土化，不断提高北京职教品牌国际影响力。如北京工业职业技术学院针对职业院校协同企业"走出去"面临的无先例可循、无标准可依和急需师资支撑、本土化复合型技术技能人才难题，

开展职业院校"一带一路"人才培养探索与实践，建成中国在海外第一所开展学历教育的职业院校——中国—赞比亚职业技术学院。学院首创"政企行校"四方联动海外办学模式；组建"中赞联合"开发团队，开发国际人才培养方案和双语课程标准；对接企业需求，打造"基础能力+职业能力+专业能力+中文能力"课程资源体系，开发职教"走出去"系列专业教材和双语课程；创建"国内国外双战线，线上线下双渠道，语言技能双融合"人才培养新途径，组织海外企业员工技能培训、"中文+职业技能"培训；组织中外教师交流培训、跟岗学习，实现专业水平与语言教学能力双提升、师资双循环；建成全国首家职业教育型孔子课堂，全国高职首家"中文+职业技能"教育实践与研究基地。

总之，本届获奖成果紧抓北京职业教育创新发展、彰显类型特色的关键时期，以平台创新、标准创新和机制创新为着力点，搭建了技能竞赛、社会培训、师资培训、信息化资源、产教融合、政校企合作等各类型平台，对接企业标准、行业标准、国家标准、国际标准，构建专业标准、教学标准、课程标准和评价标准，在人才培养诊断、校企合作、课程建设管理、产教融合、管理评价等领域的关键性机制创新方面进行了有益的探索与尝试，发挥首都标杆引领作用。同时也应看到，仍然存在推动学生全面而有个性化发展还有待探索、人工智能等新技术融合应用还需深入、产教融合科教融合的引领创新还不够突出等问题，需要持续发力，有效地推动首都职业教育高质量、有特色、国际化深入发展，以首善标准谱写北京职业教育新篇章。

执笔人：王春燕，北京教育科学研究院；桑舸，北京市电气工程学校

国家一等奖（7项）

区办中职学校"大地课堂"育人创新实践

完成单位：北京市昌平职业学校

完成人：段福生；郑艳秋；张养忠；左欣；李晨；周林娥；高鑫；方荣卫；
丁云鹏；王于；于芳；赵小平；张翔；张晶磊；郭婷婷

一、成果简介

北京市昌平职业学校是北京市昌平区属中职学校，2011年入选并开始国家首批中职示范校建设。进入新时代，昌平乡村振兴、产业升级和社区发展加快，学校认识到只有扎根、融入、服务"大地"办学育人才能激发活力，大幅提高育人质量，于是，率先开展区办中职学校"大地课堂"育人综合改革，2014年通过示范校验收，成果形成。

扎根"大地"创立育人机制。与乡村振兴、产业升级和社区发展同频共振的14个镇58家合作社、4大产业56家企业、5个街道113个社区分别创立乡村振兴、产业升级、社区发展三大产教联盟，再造职教集团，通过技术、产业、专业链融合，资源共用、场景共创、课程共建、人才共育、成果共享，共创乡村振兴、产业升级、社区发展效益链，焕发北京首家职教集团——北京昌平职教集团活力，创立"大地课堂"育人机制。

融入"大地"创建育人平台。发挥"大地课堂"育人机制作用，运用三大产教联盟各成员主体资源，建立设施农业、网联汽车、大数据服务等10个技术中心，建立极星智慧农业、宝马智行、美团数字生活等16个产业学院和3个产教数字服务平台，搭建生机勃勃的"大地课堂"育人平台。

服务"大地"创新育人模式。依托"大地课堂"育人平台，基于乡村振兴全产业链、产业升级技术链和社区发展服务链组建专业集群，培养技术技能人才，创新"大地课堂"育人模式。基于现代农业三产融合发展特点，构建产业链平台、专业链项目课程体系，培养合作社负责人等6类乡村人才，创新智慧农业专业集群服务乡村振兴"大地课堂"育人模式；基于新能源、网联汽车技术升级方向，构建技术平台、技术升级与技术服务项目课程体系，培养新能源等3类汽车技术技能人才，创新汽车专业集群服务产业升级"大地课堂"育人模式；基于社区智慧服务，形成服务链平台、专业链平台与社区服务项目课程体系，培养社区智慧服务等3类人才，创新信息技术专业集群服务社区发展"大地课堂"育人范式。

八年实践，70%的学生在大中企业就业，用人满意度达99%以上；教师教学能力强，获国赛一等奖11项，全国中职第一。研发推广蝴蝶兰等16个高附加值项目，培养区59%的农业合作社负责人；获国赛奖牌45枚，北京中职第一；获汽修大赛三连冠，全国唯一。浙江、湖北等16省将学校选作标杆学习；29省500余院校、德法等16国来校学习；课程成为新加坡工艺教育局学分课程；《光明日报》《人民日报》央视等媒体报道200余次。学校成为中国职业技术教育学会中职分会、乡村振兴与城市可持续发展工委会主任单位。

二、成果主要解决的教学问题及解决方法

（一）教学问题

解决区办中职多元主体育人：
(1) 效益链尚未形成，企业积极性不高问题；
(2) 资源链整合不足，资源集约化不够问题；
(3) 育人链耦合不够，育人效能待提升问题。

（二）解决方案

1. 扎根"大地"，创立效益链，创新"大地课堂"育人机制，激发企业积极性

以高附加值品种繁育推广激发乡村积极性，成立乡村振兴产教联盟，与极星、京东等创建智慧农业、电商产业学院，促技术、产业、商务、专业链融合，资源、场景、课程、人才、成果五共协同共创效益链，形成乡村振兴"大地课堂"育人机制。

以产业升级后的服务市场吸引行企成立产业升级产教联盟，与宝马智行等创建产业学院，促技术、产业、专业链融合，资源、场景、课程、人才、成果五共协同共创效益链，形成服务产业升级"大地课堂"育人机制。

以服务社区发展项目为载体，与街道成立社区发展产教联盟，与联想、美团等创建产业学院，促技术、服务、专业链融合，资源、场景、课程、人才、成果五共协同共创效益链，形成服务社区发展"大地课堂"育人机制。

2. 融入"大地"，整合资源链，搭建"大地课堂"育人平台，提高资源集约化

整合企业、村镇和专业资源，建设施农业等4个技术中心、4个产业学院、1个数字服务平台，办14个技术推广站，服务4个特色小镇、13个示范村，搭建乡村"大地课堂"育人平台。

整合头部企业、行业和专业资源，建智能网联汽车技术等3个技术中心、8个产业学院、1个数字服务平台，服务昌平4大产业56家企业，搭建产业升级"大地课堂"育人平台。

整合企业、社区和专业资源，建大数据服务等3个技术中心、4个产业学院和10个社区驿站，搭建社区"大地课堂"育人平台。

3. 服务"大地"，耦合育人链，创新"大地课堂"育人模式，提升育人效能

基于三产融合现代农业发展需求，产业链、专业链、人才链耦合成育人链，构建智慧农业专业集群，开发16门产业链平台课程、38门专业链项目课程的积木式课程体系，实施项目教学，创新乡村"大地课堂"育人模式。

基于车辆智能技术升级方向，技术链、专业链、人才链耦合成育人链，构建汽车专业集群，开发"技术平台+技术升级+技术服务项目"的积木式课程体系，岗课赛证融通，创新服务产业升级"大地课堂"育人模式。

基于智慧化服务社区发展，服务链、专业链、人才链耦合成育人链，构建信息技术专业

集群，开发"服务链平台+专业链平台+社区服务项目"的积木式课程体系，驱动回天智慧社区等项目，实施学徒培养，创新社区"大地课堂"育人模式。

三、成果特色与创新点

（一）理念创新：创新区办中职"大地课堂"育人理念

精准把握区办中职培养人才，助推乡村振兴、产业升级和社区发展的使命责任。充分认识到只有扎根"大地"，才能与乡村振兴、产业升级和社区发展主体同频共振，创建"大地课堂"育人机制，焕发办学育人的生机活力；只有融入"大地"，才能发挥乡村振兴、产业升级和社区发展丰富资源在职教中的作用，搭建起生机勃勃的"大地课堂"育人平台；只有服务"大地"，才能在乡村振兴、产业升级和社区发展服务中创设新时代全息鲜活育人场景，从而率先提出区域"大地课堂"育人理念，培养新时代高素质技术技能人才。

（二）模式创新：创新区办中职"大地课堂"育人模式

深入分析区域乡村振兴全产业融合、产业升级新技术引领和社区发展民生服务特征，摒弃传统技术技能人才专业类型定位，精准定位乡村振兴、产业升级和社区发展技术技能人才的职业类型，突破职业学校以专业划界培养人才的专业培养模式，率先探索了基于乡村振兴全产业链、产业升级技术链和社区发展服务链组建专业集群培养技术技能人才的职业培养模式，创新区办中职"大地课堂"育人模式。

基于三产融合现代农业发展需求，产业链、专业链、人才链耦合成育人链，构建智慧农业专业集群，开发积木式课程体系，组合培养合作社负责人等6类乡村振兴人才，形成乡村振兴"大地课堂"育人模式。

基于车辆智能技术升级方向，技术链、专业链、人才链耦合成育人链，构建汽车专业集群，开发积木式课程体系，组合培养智能汽车等3类汽车人才，创新服务产业升级"大地课堂"育人模式。

基于智慧化服务社区发展切入，服务链、专业链、人才链耦合成育人链，构建信息技术专业集群，形成积木式课程体系，组合培养大数据服务等3类服务社区发展人才，创新服务社区发展"大地课堂"育人模式。

实现人才培养与区域经济社会发展相结合，在动态优化区域职教服务供给同时形成办学育人合力，提升办学育人实力水平。

（三）机制创新：创新区办中职"大地课堂"育人机制

深刻理解乡村振兴、产业升级和社区发展各同频共振主体的价值诉求，通过助推技术链、产业链、专业链融合，共创效益链，激发企业积极性，率先探索"大地课堂"育人机制，形成产教融合、校企合作长效机制，实现技术提供、人才培养和区域经济社会发展资源共用、场景共创、课程共建、人才共育、成果共享，共同涵养区域职教发展生态，大幅提升职业教育教学效能。

四、成果的推广应用效果

（一）应用效果

1. 培养质量显著提升

70%的学生在大中企业就业，用人满意度达99%以上；获国赛奖牌45枚，北京中职第一；获汽修大赛三连冠，全国唯一；6名学生获"全国最美中职生"称号；毕业生成为合作社负责人，覆盖全区79%；培养出全国生态文化村带头人赵立新、全国技能大赛8强技能主播王巍烨、北京市十佳讲解员张春丽等优秀毕业生。

2. 学校实力显著增强

以中职第一入选北京市特色高水平职业院校，是中组部等八部委乡村振兴"组团式"帮扶专家委员单位；与北师大等6所高校共建研究生、师资培训基地；是中国职教学会中职分会、乡村振兴与城市可持续发展工作委员会主任单位。

建成18个新技术技能中心、5个全产业链育人平台；参与教育部标准制订8个；获教师教学能力国赛一等奖11项，全国中职第一；国家级教学创新团队1个；北京市教学成果奖20项、专业教学资源库5个和精品课程6门，北京中职第一；教育部行指委委员、北京职教名师、北京技术能手等26名，宝马等企业培训师101名。

鲁昕评价学校："代表中国中职办学水平，堪称中国特色、世界水准，是全国典范、中国示范！"

3. 区域贡献显著提高

历任区委书记评价学校"区域贡献力不可替代"。开发蝴蝶兰、春饼宴、苹果酒等16个产业项目，9个蝴蝶兰族群获国际认证、农业农村部新品种保护权，被时任国务院副总理刘延东命名为"盛世京兰"；昌平苹果、草莓成为国家地理标志产品；全域旅游服务项目助推昌平乡村旅游收入增长97%，获"全国全域旅游示范区"称号；康陵春饼宴项目年收入从10万元升至1 200万元，王明达、张天保等6位老部长前往调研；参与亚洲最大社区大数据平台搭建；劳动课程服务覆盖全区中小学；社会培训全区覆盖，年均3.2万人；乡村振兴案例成为全国政协双周会案头材料。

（二）推广效果

1. 国内得到广泛推广

北京市职教改革工作推进会等现场会议12次展示分享成果；湖北、浙江等17省将学校选作标杆校学习，6省选派63名校长及中层干部跟岗锻炼；清华大学等6个国家师资培训基地设置"昌职模块"，培训2万余人；《光明日报》《人民日报》央视等媒体报道200余次。

2. 国际影响不断扩大

德法等16国师生来校学习；东帝汶总统邀请学校去海外办学；课程输出吉布提等5国，培养506人；2门课程成为新加坡学分课程；德国巴符州州长带领120人代表团来访，称赞学校"体现了国际水准"；作为唯一中职代表，在首届世界职业技术教育发展大会主旨发言，向世界分享成果。

五、成果总结

(一) 成果背景与问题

学校是北京市昌平区属中职学校,2011年入选并开始国家首批中等职业教育改革发展示范学校建设。进入新时代,昌平区乡村振兴、产业升级和社区发展加快,学校深刻认识到只有扎根、融入、服务"大地"办学育人,才能激发办学活力,大幅提高育人质量,于是率先开展区办中职学校"大地课堂"育人综合改革。2014年示范校验收通过,成果形成(见图1)。

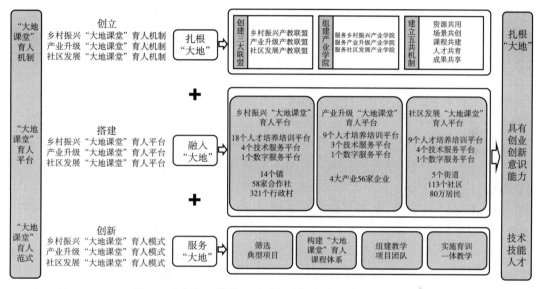

图1　区办中职学校"大地课堂"育人创新实践方案

扎根"大地",与14个镇58家合作社、4大产业56家企业、5个街道113个社区,分别创建乡村振兴、产业升级、社区发展三大产教联盟,建立服务乡村振兴、产业升级和社区发展的极星智慧农业等16个产业学院,资源共用、场景共创、课程共建、人才共育、成果共享,创建"大地课堂"育人机制。融入"大地",搭建乡村振兴、产业升级和社区发展3个生机勃勃的"大地课堂"育人平台。服务"大地",探索以智慧农业专业集群服务乡村振兴"大地课堂"育人模式、汽车专业集群服务产业升级"大地课堂"育人模式、信息技术专业集群服务社区发展"大地课堂"育人模式为典型的"大地课堂"育人范式。

主要解决了以下教学问题:
(1) 区办中职学校多元主体合作育人效益链尚未形成,企业积极性不高的问题;
(2) 区办中职学校多元主体合作育人资源链整合不足,资源集约化不够的问题;
(3) 区办中职学校多元主体合作育人育人链耦合不够,育人效能待提升的问题。

(二) 主要做法与经验成果

1. 扎根区域"大地",创立效益链,创新"大地课堂"育人机制,解决企业积极性不高问题

扎根区域"大地",与乡村振兴、产业升级和社区发展各主体同频共振,创设乡村振兴、产业升级、社区发展三大产教联盟，再造职教集团，创新"扎根大地"育人机制，焕发北京市首家职业教育集团——北京昌平职业教育集团的活力，涵养"大地课堂"育人生态。

以品种繁育为切入点，打造成国家地理标志性农产品，激发14个镇58家合作社积极性，成立乡村振兴产教联盟，与极星智慧农业、京东等企业创建智慧农业产业学院、京东电商产业学院，技术链、产业链、商务链与专业链融合，乡镇、企业、学校资源共用、场景共创、课程共建、人才共育、成果共享，共同创造乡村振兴的效益链，形成"五链融合、五共协同"服务乡村振兴"大地课堂"育人机制。

以服务区域产业升级新项目为载体，吸引4大产业56家企业，成立产业升级产教联盟，与宝马智行、首都机场等创建宝马BEST北京培训基地、首都机场航空服务产教融合中心等，技术链、产业链与专业链融合，校企资源共用、场景共创、课程共建、人才共育、成果共享，共同创造产业升级的效益链，形成"四链融合、五共协同"服务产业升级"大地课堂"育人机制。

以服务社区发展为切入点，与5个街道113个社区联合成立社区发展产教联盟，通过服务社区发展项目，与联想、美团等创建联想现场工程师学院、美团数字生活产业学院等，技术链、服务链、专业链融合，社区、企业、学校资源共用、场景共创、课程共建、人才共育、成果共享，共同创造社区发展的效益链，形成"四链融合、五共协同"服务社区发展"大地课堂"育人机制。

2. 融入区域"大地"，整合资源链，搭建"大地课堂"育人平台，解决资源集约化不够问题

融入区域"大地"，充分发挥"大地课堂"育人机制作用，运用乡村振兴、产业升级和社区发展丰富的社会资源，搭建生机勃勃的"大地课堂"育人平台（见图2）。

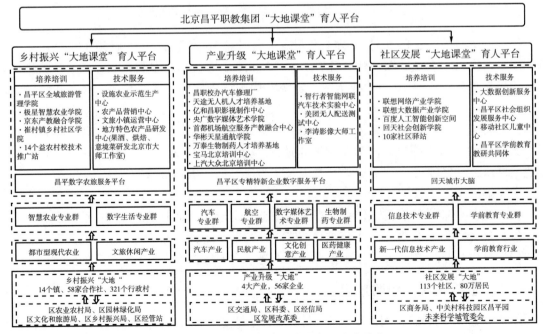

图2 区办中职学校"大地课堂"育人平台

整合集约乡村振兴需要的技术提供、人才培养和广大乡村三方资源，建设设施农业示范生产等 4 大技术中心、4 个产业学院、1 个数字服务平台，设立 17 个特色小镇和示范村，设置 14 个益农村校技术推广站，服务 14 个镇 58 家合作社、321 个行政村，搭建服务乡村振兴"大地课堂"育人平台。

整合集约产业升级需要的技术提供、人才培养和区域行企三方资源，建设智行者智能网联汽车技术等 3 大技术中心、8 家产业学院、1 个数字服务平台，服务昌平 4 大主干产业 56 家企业，搭建服务产业升级"大地课堂"育人平台。

整合集约社区发展需要的技术提供、人才培养和社区街道三方资源，建设大数据创新服务等 3 大技术中心等，创建 4 家产业学院、1 个数字服务平台（回天城市大脑）和 10 个社区驿站等，搭建服务社区发展"大地课堂"育人平台。

3. 服务区域大地，耦合育人链，创新"大地课堂"育人模式，解决育人效能待提升问题

服务区域大地，依托乡村振兴育人平台，围绕乡村振兴上游产业育种、种植、采后处理，中游产业农产品深加工、销售，下游产业餐饮服务与品牌赋能，产业链、专业链、人才链耦合成育人链，构建智慧农业专业集群，开发产业链平台课程、专业链项目课程，组合形成积木式课程体系，学生在生产中学习实践，组合培养合作社负责人等 6 类乡村振兴技术技能人才，形成乡村振兴"大地课堂"育人模式（见图3）。

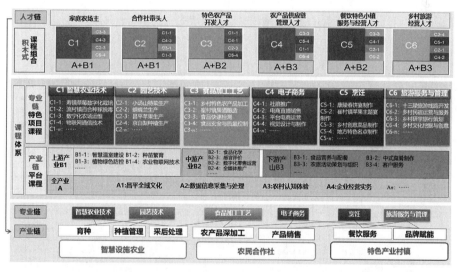

图 3　乡村振兴"大地课堂"育人模式（智慧农业专业集群）

依托产业升级"大地课堂"育人平台，基于车辆智能化制造技术、燃油汽车发动机技术、新能源汽车"三电"技术、智能网联汽车车路协同技术的升级方向，技术链、专业链、人才链耦合成育人链，构建汽车专业集群，开发积木式课程体系，组建项目教学团队，岗课赛证融通，在服务产业升级中育人，组合培养智能汽车等 3 类汽车技术技能人才，创新服务产业升级"大地课堂"育人模式（见图4）。

依托社区发展"大地课堂"育人平台，以社区智慧治理作为切入点，服务链、专业链、人才链耦合成育人链，构建信息技术专业集群，形成积木式课程体系，组合培养大数据服务等 3 类服务社区发展技术技能人才。通过"职业唤醒、职业养成、职业助行"三阶段，实施"招生即招工、入校即入企、毕业即就业"学徒培养。学生经企业面试获学徒资格，注册工号、学习账号，实施企业化管理，每名学生均有企业认证的工程师、学校专业教师作导师，通过企业文化渗透、企业项目实训、企业岗位实践，最终进入企业工作，从学徒变员工，创新服务社区发展"大地课堂"育人模式（见图5）。

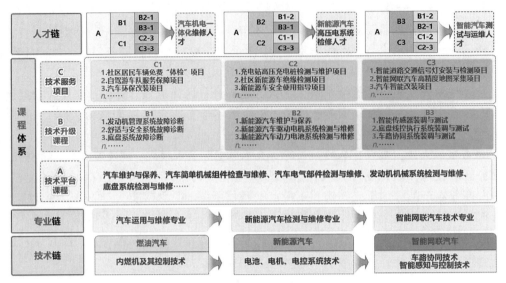

图4 产业升级"大地课堂"育人模式（汽车专业集群）

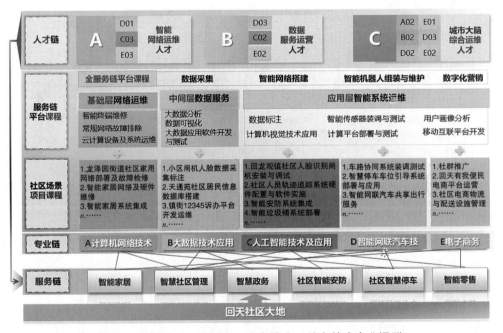

图5 社区发展"大地课堂"育人模式（信息技术专业课群）

（三）创新与特点

1. 理念创新：创新区办中职学校"大地课堂"育人理念

精准把握区办中职学校培养人才、助推乡村振兴、产业升级和社区发展的使命和责任，充分认识到只有扎根"大地",才能与乡村振兴、产业升级和社区发展主体同频共振,创建"大地课堂"育人机制,焕发办学育人的生机与活力;只有融入"大地",才能发挥区域乡村振兴、产业升级和社区发展丰富资源在职教中的作用,搭建起生机勃勃的"大地课堂"育人平台;只有服务"大地",才能在服务区域乡村振兴、产业升级和社区发展中,创设新时代全息鲜活育人场景中,创新区域"大地课堂"育人实践,培养出新时代高素质技术技能人才,从而率先提出区办中职学校"大地课堂"育人新理念。

2. 模式创新:创新区办中职学校"大地课堂"育人模式

深入分析区域乡村振兴全产业融合、产业升级新技术引领和社区发展民生服务特征,摒弃传统的技术技能人才专业类型定位,精准定位乡村振兴、产业升级和社区发展技术技能人才的职业类型,突破职业学校以专业界定培养人才的专业培养模式,率先探索了基于乡村振兴全产业链、产业升级技术链和社区发展服务链组建专业群培养技术技能人才的职业培养模式,创新区办中职学校"大地课堂"育人新模式。

基于三产融合现代农业发展需求,产业链、专业链、人才链耦合成育人链,构建智慧农业专业群,开发积木式课程体系,组合培养合作社负责人等6类乡村振兴技术技能人才,形成乡村振兴"大地课堂"育人模式。

基于车辆智能技术升级方向,技术链、专业链、人才链耦合成育人链,构建汽车专业群,开发积木式课程体系,组合培养智能汽车等3类汽车技术技能人才,创新服务产业升级"大地课堂"育人模式。

以社区智慧治理服务作为切入点,服务链、专业链、人才链耦合成育人链,构建信息技术专业群,形成"积木式"课程体系,组合培养大数据服务等3类服务社区发展技术技能人才,创新服务社区发展"大地课堂"育人模式。

这不但将人才培养与区域经济社会发展结合起来,还在动态优化区域职业教育服务供给的同时,形成办学育人合力,提升学校办学育人实力水平。

3. 机制创新:创新区办中职学校"大地课堂"育人机制

深刻理解乡村振兴、产业升级和社区发展各同频共振主体的价值诉求,通过助推技术链、产业链、专业链融合,共创效益链,建立起区办中职学校合作育人多元主体效益链,激发企业积极性,形成产教融合、校企合作长效机制,实现技术提供、人才培养培训和区域经济社会发展三方资源共用、场景共创、课程共建、人才共育、成果共享,率先创新了区办中职学校"大地课堂"育人机制,共同涵养区域职业教育发展生态,大幅提升教育教学效能。

(四) 应用推广效果

1. 应用效果

(1) 人才培养质量显著提升。通过八年实践,70%的学生进入大中企业就业,毕业生满意度达98.5%,用人满意度达99.2%。学生获国赛奖牌45枚,北京中职第一;获汽修车身修复赛项三连冠,全国中职唯一;培养毕业生456人成为合作社负责人(占区级合作社59%),培养出全国生态文化村带头人赵立新、蝴蝶兰致富典型周铁吨、第一届全国技能大赛全国8强技能主播王巍烨、26届上海电视节白玉兰奖最佳摄影提名奖曹艳良、北京市十佳讲解员张春丽等优秀毕业生。

(2) 学校办学育人实力大大增强。以中职第一入选北京市特色高水平职业院校,是中组部等八部委国家乡村振兴教育人才"组团式"帮扶专家顾问委员单位;与北师大、北理工等6高校共建研究生、职教师资培训基地;是中国职业技术教育学会中职分会、乡村振兴与城市可持续发展工作委员会主任单位。

联合建成联想智能设备维修华北总部、宝马 BEST 北京培训基地等18个新技术技能中心,建成苹果、草莓等5个全产业链育人平台。参与教育部标准制订8个。教师在全国教学能力比赛中获一等奖11项,全国中职第一;三届北京市教学成果奖20项、专业教学资源库5个和精品课程6门,北京中职第一;国家级教学创新团队1个,教育部行指委委员、北京职教名师、技术能手等26名,101名教师成为宝马、大众等企业培训师,企业技术骨干兼职教师占30%。

鲁昕评价学校:"代表了中国中职的办学水平,堪称中国特色、世界水准,是全国典范、中国示范!"

(3) 助推区域经济转型发展。历任区委书记评价学校"区域贡献力不可替代"。开发蝴蝶兰、苹果酒、春饼宴等16个产业项目,9个蝴蝶兰族群获英国皇家园艺协会认证及农业农村部新品种保护权,在全国推广,被时任国务院副总理刘延东命名为"盛世京兰"。"昌平苹果""昌平草莓"成为国家地理标志产品;培训农民就业1.2万余人。

昌平全域旅游策划和服务项目助推昌平乡村旅游产业收入增长97%,获得"全国全域旅游示范区"称号,其中"康陵春饼宴"项目年收入从10万元年跃升至1 200余万元,农民收入是北京平均水平的2倍。王明达、张天保等6位教育部老部长前往调研,肯定学校对乡村振兴的贡献。

作为北京唯一院校进入回天城市大脑工作专班,参与搭建亚洲最大的回天社区大数据平台,服务80万居民;区发改委等8家政府部门在校设置培训基地,劳动课程服务覆盖全区中小学;社会培训全区覆盖,年均3.2万人,支撑"北京市学习型城市""全市充分就业区"建设。学校服务乡村振兴典型案例成为十三届全国政协第66次双周协商座谈会上的案头材料,受到汪洋主席肯定。

2. 推广效果

(1) 国内得到广泛推广。北京市职业教育改革工作推进会、北京市职业教育教学改革现场会等12次现场会议,展示推广成果;湖北、浙江等17省将学校选作标杆校复制"昌职模式",内蒙古、福建6省(自治区、直辖市)教育厅局选派63名校长及中层干部跟岗锻炼;清华大学等6家国家级职教师资培训基地设置"昌职模块",培训研修2万余人次;《光明日报》刊发《中职发展新瓶颈必被打破》,《中国教育报》刊发《在"大地课堂"上书写区办中职学校高质量育人服务新篇章》,《人民日报》中央电视台等媒体报道200余次。

(2) 国际影响不断扩大。德、法、新加坡等16个国家师生前来学习;东帝汶总统邀请学校去海外办学;课程输出到吉布提等5国,培养当地技能人才506人;2门课程成为新加坡工艺教育局学分课程;组织汽车维修国际技能大赛、承办世界面包大赛选拔赛等赛事17场,数量居北京中职第一。德国巴符州州长带领120人代表团来访,称赞学校"体现了国际水准"。作为唯一中职代表在首届世界职业技术教育发展大会主旨发言,向世界分享成果。

产教联动、研创双驱、育训融通：系统化培养医药健康技术技能人才的创新实践

完成单位：北京电子科技职业学院；北京经济技术开发区社会事业局；北京亦庄国际生物医药投资管理有限公司；国药集团北京生物制品研究所有限责任公司

完成人：辛秀兰；李双石；陈亮；冯晖；兰蓉；任鸣晨；管小清；连忠辉；白美丽

一、成果简介

医药健康产业是"健康中国"战略的重要基础，是国家战略性新兴产业。学校作为国家级经济技术开发区唯一高校，依托北京市教育科学规划 2011 年重大课题"现代职业教育体系理论与实践研究"、国家级药品生物技术专业群建设等 10 个省部级以上课题和项目，研究解决高职院校人才供给层次单一、技术技能人才创新能力不强和发展渠道不畅等问题，形成以"职业仓"精准定位、"联合体"改善供给、"双驱动"优化教学、"延长线"拓展服务的教学改革思路，创新"产教联动、研创双驱、育训融通"育人理念，系统化培养医药健康技术技能人才，历经 11 年研究实践，成效显著。

（一）产教联动，建立人才供给链

一是联合国家级开发区、生物医药园和企业，共建医药健康"职业仓"，形成横向分类、纵向分级人才需求矩阵。二是与中职、本科院校和企业组成"联合体"，以培养高职复合技能型、实践创新型人才为主体，依托跨校合作项目，联合培养专业技能型、工程应用型人才，形成系统化人才供给体系。

（二）研创双驱，打通教学补给线

一是科研反哺教学，以校企研发项目为载体，开发 54 门模块化课程，将生产研发实践转化为教学内容，课程资源向在校学生和企业学员开放，教学紧贴产业需求。二是创新赋能教学，依托"化药制剂与蛋白药物研发中试基地"等协同创新平台，创建"兴趣培育—技能强化—真岗实战"三级进阶实践教学体系，学生参与技术研发项目，实现专业教学与创新教育融合、教学紧跟产业发展。

（三）育训融通，拓展服务延长线

一是拓宽职前学历教育服务范围，依托"中高本"跨校联合培养项目和教学资源开放机制，分类施教，承担合作院校"药物制剂生产实训""食品中试生产实训"等教学任务。二是构建职后能力提升培训体系，依托"北京市专业技术人员继续教育基地"等平台，面

向首席技师、中高级专业技术人员等开展定制化培训，构建终身职业教育体系。

成果实施以来，入选全国"双高计划"A10专业群、全国职业教育先进单位、全国党建工作标杆院系；教师获国家级教学创新团队、全国职业院校教学能力大赛一等奖6项；学生获国家级奖项30项，83%的毕业生就职高新技术企业；与北京化工大学等单位合作获批教育部"产学合作协同育人项目"；相关成果在全国"双高"推进会、世界职业技术教育发展大会等大型论坛宣讲18次，被《中国教育报》等媒体报道156次；形成高职院校为国家级开发区"全口径"培养技术技能人才，支撑医药健康产业发展的特色。

二、成果主要解决的教学问题及解决方法

（一）教学问题

（1）高职院校人才供给层次单一，无法满足医药健康产业多样化人才需求，作为国家级开发区内唯一高校，需找到契合之策。

（2）技术技能人才创新能力不足，不能适应医药健康产业技术高端化、人才复合化要求，作为国家级重点专业群，需探索适应之法。

（3）技术技能人才发展渠道不畅，难以支撑医药健康产业升级，作为北京市专业技术人员继续教育基地，需贡献院校之力。

（二）解决方案

1. 构建医药健康"职业仓"和"联合体"，"产教联动"破解人才供需矛盾问题

一是调研370家企业、530个岗位，提炼典型岗位54个，横向分为研发辅助、产品生产、质量控制3类，纵向分为专业技能型、复合技能型、实践创新型、工程应用型4级，构建"职业仓"，形成人才需求矩阵。二是与北京工商大学等15所本科、北京昌平职校等4所中职、国药集团等53家企业组建"联合体"，以培养高职人才为主体，因材施教，分型培养复合技能型、实践创新型人才；与中职合作培养专业技能型人才，与本科合作培养工程应用型人才，精准对接企业用人之需。

2. 打通科研创新反哺教学通道，"研创双驱"破解技术技能人才创新能力不足问题

一是科研反哺教学，依托"特医食品研制"等企业技术服务项目和国家自然科学基金项目等纵向课题，将应用研发成果向教学内容转化，融入行业新技术，面向中职、高职、本科培养的4种类型人才，分别开发"化学检验"等技能型模块课程9门、"细胞培养技术"等复合型模块课程15门、"功能食品开发"等创新型模块课程24门、"药物制剂生产实训"等应用型模块课程6门。二是创新赋能教学，依托教育部"生物医药中试生产性实训基地"等平台，组建"专业教师+企业专家+在校学生"研发团队，参与"糖尿病全营养食品开发"等项目，通过"兴趣培育—技能强化—真岗实战"，培养学生创新能力。

3. 建立"区校园企"深度合作机制，"育训融通"破解技术技能人才终身发展渠道不畅问题

一是与中职学校开展中高职衔接合作培养，承担"化学检验工"职业技能鉴定等教学任务；与本科院校合作开展高本贯通培养合作，承担药物制剂生产实训等教学任务，拓展职

前学历教育服务范围。二是"区校园企"共建"北京市药品生物技术工程师学院""北京市专业技术人员继续教育基地""化工行业职业技能鉴定实训基地"等平台，开展"生物大分子检测高级研修""微生物发酵工取证"等定制化培训，构建终身职业教育体系，为国家级开发区"全口径"培养技术技能人才。

三、成果特色与创新点

本成果实现了职教供给与产业需求联动，既提升了全日制学历教育质量，又补强了职业培训，"区校园企"深度合作，打造了"全口径"技术技能人才培养培训体系。

（一）理论创新：建立"职业仓"理论方法，系统化构建技术技能人才供给体系

在医药健康领域研究实践了"职业仓"理论，开发职业图谱绘制、典型职业提炼、岗位横向分类、技术纵向分级等方法，建立与专业领域对应的"职业仓"，以此为逻辑起点，与中职学校、本科院校、企业组建"联合体"，面向研发辅助、产品生产、质量控制三类岗位群，分类施教，培养专业技能型、复合技能型、实践创新型、工程应用型4类人才，系统构建了医药健康技术技能人才供给体系。研究论文《职业仓：从职业到教育的分析方法》《职业教育分级制度在生物技术及应用专业的改革实践》等在《中国人民大学教育学刊》《北京教育》等期刊发表；药品生物技术专业"产城教融合人才培养模式创新实践"获评教育部产教融合典型案例。

（二）路径创新：打造"双驱动"培养路径，科研创新反哺教学，提升技术技能人才创新能力

依托国家级创新团队，把科研项目成果向教学内容转化，教学资源跨校共享，科教融汇，实现科研创新赋能教学。针对中职、高职、本科不同类型人才培养需求，开发技能型、复合型、创新型、应用型4类开放式模块课程；发挥学校从应用性科研到中试生产的技术优势，创建"兴趣培育—技能强化—真岗实战"三级进阶实践教学体系，实现"技能人才培养—企业技术服务—教师科学研究—学生实践创新"互融互通，全面提升学生创新能力。学生参加"艰难毒素 tcdA 及 tcdB 毒素基因检测试剂盒"等2个项目，获"挑战杯——彩虹人生"全国职业学校创新创效创业大赛一等奖。

（三）机制创新：组建"联合体"协同育人，保障系统化人才培养落地落实

学校与国家级开发区、国家级生物医药园、国药集团等机构多方合作，共建教育部"生物医药中试生产性实训基地"等6个省部级以上产教融合平台。针对职前多样化人才培养和职后个性化培训需求，实行三种运行机制：一是中职、高职、本科"职普融通"贯通培养机制；二是教学资源开放共享机制；三是"区校园企"深度合作机制。以校企协作"联合体"打造人才供给链，跨校课程互选、校企学分互认，突破了囿于高职单一层次人才供给的短板。学校与北京化工大学合作获批教育部"产学合作协同育人项目"、与北京石油化工学院等单位合作获批教育部"制药工程专业虚拟教研室项目"。

四、成果的推广应用效果

（一）人才培养成效显著，获得行业企业高度认可

学生获"互联网+"、"挑战杯"、职业技能大赛等国家级奖项 30 项（含一等奖 4 项、二等奖 16 项），省部级奖项 151 项；学生就业率达 98% 以上，83% 的毕业生在医药健康高新技术企业就业。例如 95 名毕业生在国药集团疫苗生产、研发辅助等岗位工作，赵雪等 8 名学生在国药集团任疫苗室副主任、生产主管等职务，集团副总经理刘照惠评价学校毕业生"职业素养高、专业技能精湛，是企业生产一线不可或缺的技术技能人才主力军"。

（二）育人平台行业领先，有效服务终身职教体系

建设"生物医药中试生产性实训基地"等 6 个省部级以上平台；与北京工商大学等 15 所本科院校、4 所中职学校和企业合作，面向在校生和企业学员开展定制化培训；与北京化工大学等本科院校合作获批教育部"产学合作协同育人项目""制药工程专业虚拟教研室"；年均培训 5 320 人次，为医药健康产业从业人员搭建终身学习立交桥。

（三）专业建设成果丰硕，辐射带动同类院校发展

药品生物技术专业群入选国家"双高计划"和教育部创新发展行动计划，获"全国党建标杆院系""样板支部"和"全国职业教育先进单位"称号；主持教育部专业教学标准 2 项、参与 12 项；主编国规教材 8 本，获首届全国教材建设奖二等奖 1 项；《产城教融合人才培养模式创新实践——以北京电子科技职业学院药品生物技术专业为例》获批教育部产教融合典型案例。

（四）团队建设实效彰显，教学科研工作业绩斐然

打造 2 个国家级、3 个北京市级教学创新团队；获全国职业院校教学能力比赛一等奖 6 项和二等奖 2 项；主持教育部"新时代职业院校生物化工专业领域团队教师教育教学改革创新与实践"等省部级以上教改课题和项目 21 项；主持国家自然科学基金 4 项、联合申请 2 项，主持北京自然科学基金 2 项、联合申请 1 项；主持制订 6 项国家级技术标准、参与 6 项，授权发明专利 23 项；近五年，签订科技成果转化项目 6 项，转化金额为 1 300 万元，为 44 家企业提供技术服务 62 项，实现产值 1.5 亿元。

（五）推广应用效果凸显，专业群社会影响力增强

在全国"双高"推进会、世界职教大会等大型论坛经验交流 18 次；依托教育部职业院校校长培训基地，向广东轻工职院等 510 家职业院校教师 10 276 人次进行成果推广；《支撑亦庄高精尖 一路前行勇向前》等成果被《中国教育报》等媒体报道 156 次；与新西兰怀卡托理工学院等 3 所学校签订专本衔接合作协议，为埃及等 28 个"一带一路"共建国家提供技术培训，成果得到国外院校认可。

五、成果总结

（一）成果背景与问题

1. 成果形成背景

医药健康产业是"健康中国"战略的重要基础，是国家战略性新兴产业。学校作为国家级经济技术开发区唯一高校，依托北京市教育科学规划 2011 年重大课题"现代职业教育体系理论与实践研究"、国家级药品生物技术专业群建设等 10 个省部级以上课题和项目，研究解决高职院校人才供给层次单一、技术技能人才创新能力不强和发展渠道不畅等问题，形成以"职业仓"精准定位、"联合体"改善供给、"双驱动"优化教学、"延长线"拓展服务的教学改革思路，创新"产教联动、研创双驱、育训融通"人才培养模式（见图 1），系统化培养医药健康技术技能人才，历经 11 年研究实践，成效显著。

图 1 "产教联动、研创双驱、育训融通"人才培养模式

产教联动，建立人才供给链。一是联合国家级开发区、生物医药园和企业，共建医药健康"职业仓"，形成横向分类、纵向分级人才需求矩阵。二是与中职、本科院校和企业组成"联合体"，以培养高职"复合技能型""实践创新型"人才为主体，依托跨校合作项目，联合培养"专业技能型""工程应用型"人才，形成系统化人才供给体系。

研创双驱，打通教学补给线。一是科研反哺教学，以校企研发项目为载体，开发 54 门模块化课程，将生产研发实践转化为教学内容，课程资源向在校学生和企业学员开放，教学紧贴产业需求。二是创新赋能教学，依托"化药制剂与蛋白药物研发中试基地"等协同创新平台，创建"兴趣培育—技能强化—真岗实战"三级进阶实践教学体系，学生参与技术研发项目，实现专业教学与创新教育融合，教学紧跟产业发展。

育训融通，拓展服务延长线。一是拓宽职前学历教育服务范围，依托"中高本"跨校联合培养项目和教学资源开放机制，分类施教，承担合作院校"药物制剂生产实训""食品中试生产实训"等教学任务。二是构建职后能力提升培训体系，依托"北京市专业技术人员继续教育基地"等平台，面向首席技师、中高级专业技术人员等开展定制化培训，构建终身职业教育体系。

2. 成果历史沿革

成果形成主要经历了课题研究期（2011 年 9 月—2016 年 8 月）和实践检验期（2016 年 9 月—2022 年 10 月）两个阶段（见图 2）。

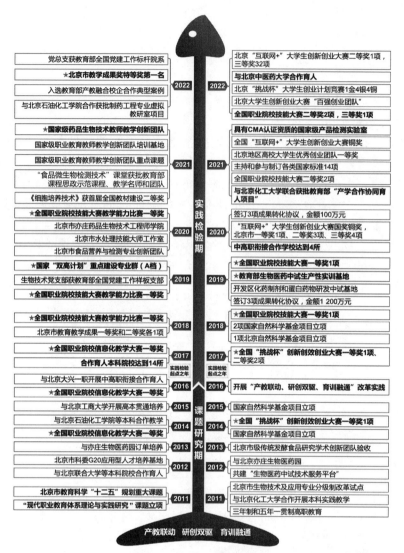

图 2 教学成果历史沿革

2011 年开展北京市生物技术及应用专业职业教育分级制改革试点，构建生物医药"职业仓"，开展三年制、五年一贯制高职培养，与北京化工大学合作开展本科生毕业实践教学；2012—2013 年，与北京联合大学等本科院校陆续开始合作，获批"北京市科委 G20 应用型人才培养基地"，与北京亦庄生物医药园合作共建"生物医药中试技术服务平台基地"并开始订单培养，校企协同育人和创新平台基本形成；2014 年起与北京石油化工学院等本科院校开始合作；2015 年与北京工商大学开展北京市高端技术技能人才贯通培养试验，形成跨校联合培养和系统化人才供给体系；2016 年与北京大兴一职开始中高职衔接合作培养，在专业群全面开展"产教联动、研创双驱、育训融通"改革实践；2017—2018 年，继续推进与本科合作培养，合作院校达到 14 所；2019 年药品生物技术专业群获批国家"双高计划"A10 重点专业群和"教育部生物医药中试生产性实训基地"；2020 年专业群进一步联合亦庄生物医药园、国药集团等龙头企业，获批"北京市亦庄药品生物技术工程师学院"等育人平台，中高职衔接合作院校达到 4 所；2021—2022 年与北京化工大学等单位合作获批教育部"产学合作协同育人项目""制药工程专业虚拟教研室项目",与北京中医药大学开始合作,系统化育人平台进一步完善;同时专业群获批国家级职业教育教师教学创新团队和全国党建工作标杆院系,成果继续在人才培养和专业建设实践中发挥作用和成效。

成果实施以来,教师获国家级教学创新团队、全国职业院校教学能力大赛一等奖 6 项;学生获国家级奖项 30 项,83%的毕业生就职高新技术企业;相关成果在全国"双高"推进会、世界职业技术教育发展大会等大型论坛宣讲 18 次,被《中国教育报》等媒体报道 156 次;形成高职院校为国家级开发区"全口径"培养技术技能人才,支撑医药健康产业发展的特色。

3. 主要解决教学问题

(1) 高职院校人才供给层次单一,无法满足医药健康产业多样化人才需求,作为国家级开发区内唯一高校,需找到契合之策。

(2) 技术技能人才创新能力不足,不能适应医药健康产业技术高端化、人才复合化要求,作为国家级重点专业群,需探索适应之法。

(3) 技术技能人才发展渠道不畅,难以支撑医药健康产业升级,作为北京市专业技术人员继续教育基地,需贡献院校之力。

(二) 主要做法与经验成果

1. 构建医药健康"职业仓"和"联合体","产教联动"破解人才供需矛盾问题

一是调研 370 家企业、530 个岗位,提炼典型岗位 54 个,横向分为研发辅助、产品生产、质量控制 3 类,纵向分为专业技能型、复合技能型、实践创新型、工程应用型 4 级,构建"职业仓",形成人才需求矩阵。二是与北京工商大学等 15 所本科、北京昌平职校等 4 所中职、国药集团等 53 家企业组建"联合体"(见图 3),以培养高职人才为主体,因材施教,分型培养复合技能型、实践创新型人才;依托中高职衔接,与中职合作培养专业技能型人才;依托跨校联合培养,与本科合作培养工程应用型人才,精准对接企业用人之需。

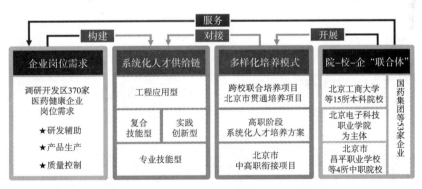

图 3 "产教联动"建立技术技能人才供给链

2. 打通科研创新反哺教学通道,"研创双驱"破解技术技能人才创新能力不足问题

一是科研反哺教学,依托"特医食品研制"等企业技术服务项目和国家自然科学基金项目等纵向课题,将应用研发成果向教学内容转化,融入行业新技术,面向中职、高职、本科的 4 种类型人才,分别开发"化学检验"等技能型模块课程 9 门、"细胞培养技术"等复合型模块课程 15 门、"功能食品开发"等创新型模块课程 24 门、"药物制剂生产实训"等应用型模块课程6门（见图4）。二是创新赋能教学，依托教育部"生物医药中试生产性实训基地"等平台，组建"专业教师+企业专家+在校学生"研发团队，参与"糖尿病全营养食品开发"等项目，通过"兴趣培育—技能强化—真岗实战"，培养学生创新能力。

图4 开发共享课程资源服务多类型人才培养

3. 建立"区校园企"深度合作机制，"育训融通"破解技术技能人才终身发展渠道不畅问题

一是与中职学校开展中高职衔接合作培养，承担"化学检验工"职业技能鉴定等教学任务；与本科院校合作开展高本贯通培养合作，承担"药物制剂生产实训"等教学任务，拓展职前学历教育服务范围。二是"区校园企"共建"北京市药品生物技术工程师学院""北京市专业技术人员继续教育基地""化工行业职业技能鉴定实训基地"等平台，开展"生物大分子检测高级研修""微生物发酵工取证"等定制化培训，构建终身职业教育体系，为国家级开发区"全口径"培养技术技能人才（见图5）。

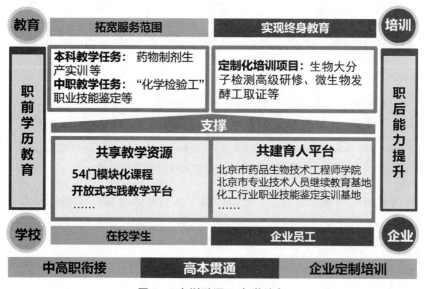

图5 "育训融通"办学特色

（三）创新与特点

本成果实现了职教供给与产业需求联动，既提升了全日制学历教育质量，又补强了职业培训，"区校园企"深度合作，打造了"全口径"技术技能人才培养培训体系。

1. 理论创新：建立"职业仓"理论方法，系统化构建技术技能人才供给体系

在医药健康领域研究实践了"职业仓"理论，开发职业图谱绘制、典型职业提炼、岗位横向分类、技术纵向分级等方法，建立与专业领域对应的"职业仓"（见图6），以此为逻辑起点，与中职学校、本科院校、企业组建"联合体"，面向研发辅助、产品生产、质量控制3类岗位群，分类施教，培养专业技能型、复合技能型、实践创新型、工程应用型4类人才，系统构建了医药健康技术技能人才供给体系。研究论文《职业仓：从职业到教育的分析方法》《职业教育分级制度在生物技术及应用专业的改革实践》在《中国人民大学教育学刊》《北京教育》等期刊发表；药品生物技术专业"产城教融合人才培养模式创新实践"获评教育部产教融合典型案例。

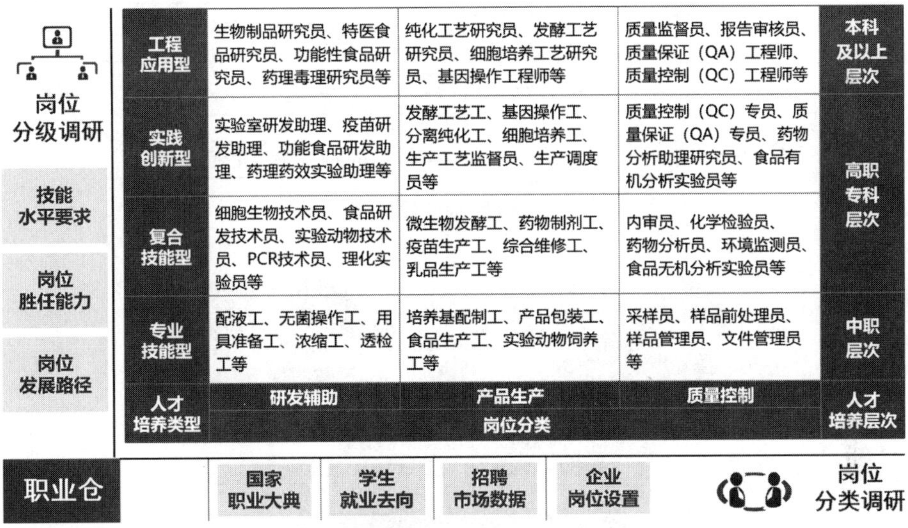

图6 构建医药健康技术技能人才"职业仓"

2. 路径创新：打造"双驱动"培养路径，科研创新反哺教学，提升技术技能人才创新能力

依托国家级创新团队，把科研项目成果向教学内容转化，教学资源跨校共享，科教融汇，实现研发创新赋能教学。针对中职、高职、本科不同类型人才培养需求，开发技能型、复合型、创新型、应用型4类开放式模块课程；发挥学校从应用性科研到中试生产的技术优势，创建"兴趣培育—技能强化—真岗实战"三级进阶实践教学体系，实现"技能人才培养—企业技术服务—教师科学研究—学生实践创新"互融互通，全面提升学生创新能力（见图7）。学生参加"艰难毒素tcdA及tcdB毒素基因检测试剂盒"等2个项目，获"挑战杯——彩虹人生"全国职业学校创新创效创业大赛一等奖。

3. 机制创新：组建"联合体"协同育人，保障系统化人才培养落地落实

学校与国家级开发区、国家级生物医药园、国药集团等机构多方合作，共建教育部"生物医药中试生产性实训基地"等6个省部级以上产教融合平台（见图8）。针对职前多样化人才培养和职后个性化培训需求,实行三种运行机制:一是中职、高职、本科"职普融通"贯通培养机制;二是教学资源开放共享机制;三是"区校园企"深度合作机制。以校企协作"联合体"打造人才供给链,跨校课程互选、校企学分互认,突破了囿于高职单一层次人才供给的短板。学校与北京化工大学合作获批教育部"产学合作协同育人项目"、与北京石油化工学院等单位合作获批教育部"制药工程专业虚拟教研室项目"。

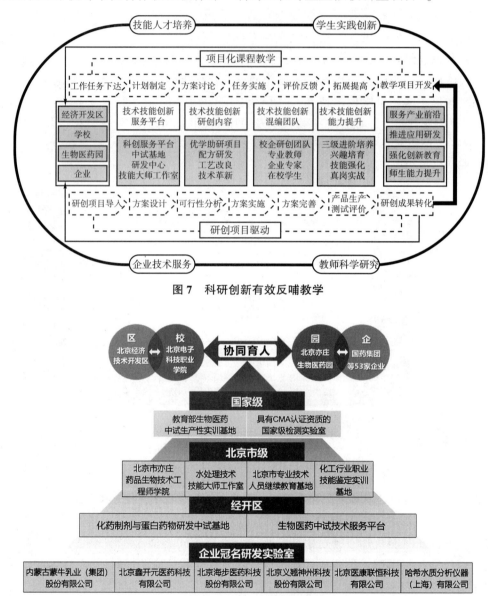

图 7　科研创新有效反哺教学

图 8　"区校园企"协同育人平台

(四)应用推广效果

1. 人才培养成效显著,获得行业企业高度认可

学生获"互联网+"、"挑战杯"、职业技能大赛等国家级奖项 30 项(含一等奖 4 项、二

等奖16项),省部级奖项151项;学生就业率达98%以上,83%的毕业生在医药健康高新技术企业就业。例如95名毕业生在国药集团疫苗生产、研发辅助等岗位工作,赵雪等8名学生在国药集团任疫苗室副主任、生产主管等职务,集团副总经理刘照惠评价学校毕业生"职业素养高、专业技能精湛,是企业生产一线不可或缺的技术技能人才主力军"。

2. 育人平台行业领先,有效服务终身职教体系

建设"生物医药中试生产性实训基地"等6个省部级以上平台;与北京工商大学等15所本科院校、4所中职学校和企业合作,面向在校生和企业学员开展定制化培训;与北京化工大学等本科院校联合获批教育部"产学合作协同育人项目""制药工程专业虚拟教研室";年均培训5 320人次,为医药健康产业从业人员搭建终身学习立交桥。

3. 专业建设成果丰硕,辐射带动同类院校发展

成果实施以来,药品生物技术专业群成果丰硕,专业群入选国家"双高计划"和教育部创新发展行动计划,获全国党建工作"标杆院系""样板支部"和"全国职业教育先进单位"称号;主持教育部专业教学标准2项、参与12项;主编国规教材8本,获首届全国教材建设奖二等奖1项;《产城教融合人才培养模式创新实践——以北京电子科技职业学院药品生物技术专业为例》获批教育部产教融合典型案例。

4. 团队建设实效彰显,教学科研工作业绩斐然

专业群团队建设成效显著。已打造2个国家级创新团队和3个北京市级团队;获全国职业院校教学能力比赛一等奖6项和二等奖2项;主持教育部"新时代职业院校生物化工专业领域团队教师教育教学改革创新与实践"等省部级以上教改课题和项目21项;主持国家自然科学基金4项、联合申请2项,主持北京自然科学基金2项、联合申请1项;主持制订6项国家级技术标准、参与6项,授权发明专利23项;近五年签订科技成果转化项目6项,转化金额1 300万元;为44家企业提供技术服务62项,实现产值1.5亿元。

5. 推广应用效果凸显,专业群社会影响力增强

在全国"双高"推进会、世界职教大会等大型论坛经验交流18次;依托教育部职业院校校长培训基地,向广东轻工职院等510家职业院校教师10 276人次进行成果推广;《支撑亦庄高精尖 一路前行勇向前》等成果被《中国教育报》等媒体报道156次;与新西兰怀卡托理工学院等3所学校签订专本衔接合作协议,为埃及等28个"一带一路"共建国家提供技术培训,成果得到国外院校认可。

职业教育"树形"教师队伍生态化培养模式的创新与实践

完成单位：北京市商业学校；北京教育科学研究院

完成人：田禾；吉利；邢连欣；李颖超；陈平；刘国成；王彩娥；黄凤文；魏俊强；程彬；史晓鹤

一、成果简介

北京市商业学校是首都大型国企举办的国家级重点中等职业学校。自2011年依托国家首批中职改革发展示范校、北京市特色高水平职业院校等重大建设项目，对接新时代教师队伍建设总体要求，针对职业教育生源多样、学制多元、专业升级、课程更新、功能拓展等新变化，以岗位胜任力、可持续发展等理论为指导，边研究边实践，于2015年形成职业教育"树形"教师队伍生态化培养模式。

（一）明确职业教育教师"三师"定位，精准化阐释教师队伍培养之"魂"

围绕立德树人根本任务，契合新时代教师队伍建设首要任务及职业教育教师岗位要求，明确教师角色"三师"定位，要求教师既要做涵养德行、示范引路的"人师"，又要做精通专业、潜心问道的"经师"，还要做躬行践履、行笃知明的"匠师"，为教师队伍建设明确目标方向。

（二）构建"六力三段五向"培养路径，结构化设计教师队伍培养之"树"

解构"三师"内涵，明确职业教育教师应具备的六种核心能力，以"六力"固本为根，厘清教师队伍培养基础根系；以"三段"进阶为干，分段设计教师队伍培养重点；以"五向"扬长为枝，统筹规划教师队伍培养方向，构建具有职业教育类型特色的"树形"培养路径，为教师队伍建设提供蓝图。

（三）实施分类分层的教师管理机制，网格化激励教师队伍培养之"势"

针对不同类型教师岗位制订分类管理考核办法，实施"横向分类管理、纵向分层激励"教师管理机制，以分类分层的网格化管理，激励处于不同节点的教师进阶发展，以三年一轮聘任实现岗位与级别的动态调整，为打造充满生机活力的结构化教师队伍提供有效的制度激励保障。

（四）构建开放多元的教师培养体系，协同化营造教师队伍培养之"态"

以强化"增量"、优化"存量"、活化"流量"为队伍建设宗旨，将多主体的教师培养资源有机整合，系统构建"政研行企校协同、岗培研赛创联动"的教师培养体系，从高度、精度、广度、深度、效度上提升培养质量，为教师队伍可持续发展提供多维度支持与生态化保障。

经过十余年研究实践，教师队伍结构日趋完善，有力支撑学校职业教育、成人教育、企业员工培训、项目咨询服务的多层多元办学格局，形成教师成长与学校发展同向同行、互利共生的长效机制。双师型教师占比达90%，拥有1个国家级、4个省级创新团队，形成国家级教学成果奖3项，获得首届国家教材建设一等奖1项，获评教育部课程思政教学研究示范中心，成为全国职业院校"教学管理50强""学生管理50强"，在精准扶贫、"一带一路"建设等国家重大战略中作出贡献。

二、成果主要解决的教学问题及解决方法

（一）构建教师能力要素体系，解决适应新时代要求的职业教育教师岗位胜任力内涵不清的问题

新时代职业教育生源多样、学制多元、专业升级、课程更新、功能拓展，对教师的育、做、研、训等能力提出更高要求。如何有效区分、甄别和培养胜任新要求的教师，缺少清晰的标准。学校聚焦立德树人根本任务，明确职业教育教师应具备的六种核心能力——师德践行能力、专业教学能力、综合育人能力、职业实践能力、培训指导能力、研究开发能力，以及三十项能力发展要素，为针对性开展教师队伍建设厘清了基础根系。

（二）重构职教特色的教师培养路径，解决传统"金字塔"形结构因发展空间逐层窄化带来的动力不足问题

传统的教师队伍结构往往呈现"金字塔"形，发展空间随着层级提升逐渐窄化，对大多数教师形成成长瓶颈，一定程度上遏制了教师发展的内生动力。学校根据教师职业成长发展规律，分段设计教师队伍培养三重点——1段夯实核心能力、2段提升复合能力、3段强化优势能力；统筹规划教师培养五方向——教学+学工、教学+研究、教学+管理、教学+培训、教学+咨询。创新"教学+"复合式、特长型教师发展理念，让具有不同能力优势的教师都拥有向上发展的机会和平台，有效调动了教师职业发展的内生动力。

（三）完善教师分类分层管理制度，解决原有管理制度与教师队伍结构化改革不适配形成的激励不足问题

职业教育高质量发展对优化教师队伍结构提出新要求。学校完善教师分类分层管理制度，对教学、学工、研究、管理、培训、咨询不同岗位的教师开展分类管理，各类教师依据能力和绩效目标分设3~4个级别，按三年一个聘期开展岗位动态选择和级别动态调整。通过横向分类、纵向分层的网格化管理，全面覆盖不同类型和层次的教师，使处于坐标系中每个节点的教师都能找到自己的努力方向和目标，真正实现了让优势可选择，让努力看得见，让激励助发展。

（四）集成多主体的教师培养优势资源，解决学校单一资源不能支撑复合型教师队伍跨界培养的问题

职业教育教师专业发展具有跨界特征，要解决教师中存在的技能实操弱、企业经历不足、研究能力和社会服务能力不强等问题，仅靠学校自身的力量难以达成理想的效果。学校统筹"政研行企校"五方的教师培养资源，营造五方协同的教师队伍培养生态：政府资源，提升教师培养的高度；研究资源，把控教师培养的精度；行业资源，拓展教师培养的广度；企业资源，解决教师培养的深度；学校统筹资源，解决教师培养的效度。

三、成果特色与创新点

（一）理念创新：确立"教学+"教师复合式、特长型发展理念，推动建立教师队伍多元化发展新格局

职业教育就业与升学并重、教育与培训并举、服务学生可持续发展与区域经济发展并进的新定位，使职业教育的教学形态与服务内涵发生重大变化。学校突破传统，率先提出"教学+"教师发展理念，结合新形势引导教师发挥潜能走复合式发展道路，为教师特长型发展提供平台。以教师的复合式发展促进学生全面成长，使教师以"教学+"的复合优势实现多领域发展，突破传统单一路径下"金字塔"形结构的发展瓶颈，推动形成教师队伍多元发展、百花齐放的良好局面。

（二）模式创新：建构"树形"教师队伍生态化培养模式，探索新时代职业教育教师队伍建设新范式

针对新时代职业教育教师队伍改革发展目标，将岗位胜任力理论应用于职业教育教师队伍建设，遵循系统性、相关性和可操作性原则，分析教师在职业教育工作岗位、组织环境和文化氛围中所应具备的行为特征，为职业教育教师画像。以"三师定位"为魂、"六力固本"为根，为教师队伍培养奠基；以三段进阶为干、五向扬长为枝，结构化设计教师成长发展通道；以横向分类管理、纵向分层激励，推动教师队伍结构化改革；以"政研行企校"多主体协同、"岗培研赛创"多载体联动，营造教师队伍培养优质生态，构建体现职业教育类型特色的"树形"教师队伍生态化培养模式。以系统化创新举措，为新时代职业教育教师队伍建设提供样板。

（三）机制创新：实施"培管结合"教师队伍引导激励机制，实现职业教育教师队伍结构化改革新突破

遵循职业教育教师成长规律，秉持"尊重差异、发挥特长、可持续发展"理念，系统设计具有职教特色的教师队伍"树形"培养路径，打造渐进式、多元化、可持续的教师发展绿色通道和助长方案，引导教师夯实核心能力、提升复合能力、强化优势能力，充分调动了教师潜能和职业发展内生动力；配套实施教师分类分层管理制度，充分发挥制度机制的保障性、引领性、激励性作用，全面覆盖不同类型和层次的教师，通过分类施策、定向发力，

对不同岗位、层级的教师实施差异化、网格化管理，为加速教师成长提供制度保障和外部激励。使"培"的引导和"管"的激励形成合力，有效推动教师队伍结构化改革和学校多元业务的高质量发展。

（四）体系创新：完善"开放多元"教师培养体系，形成职业教育教师队伍多主体协同培养新生态

针对职业教育跨界融合的类型特点，强化教师培养的开放性、集成性和协同性，通过统筹"政研行企校"多主体资源、集成"岗培研赛创"多载体功能，构建开放多元的教师培养体系，提升教师培养的高度、精度、广度、深度和效度。重点挖掘产教融合创新平台资源，作为教师队伍强化"增量"、优化"存量"、活化"流量"的源头活水。以政府的教学改革项目锻造教师的核心能力，以企业的实际综合工作项目强化教师的复合能力，以行业的技术研发项目提升教师的优势能力，为教师队伍可持续发展提供多维度支持与生态化保障。

四、成果的推广应用效果

（一）形成一支高水平教师梯队

学校教师队伍结构日趋完善，研究类、培训类、服务类教师规模及占比居同类院校之首，专业化水平不断提高；自 2017 年到 2021 年，"双师型"教师占比从 69% 升至 90%，企业兼职教师占比从 27.18% 升至 42.36%；拥有 1 个国家级、4 个市级、5 个校级创新团队；51 名教师分别获评北京市师德模范、职教名师、学科带头人和骨干教师，形成由全国模范教师、黄炎培奖、北京市劳动模范、北京市优秀教育工作者领军的优秀教师方阵和一支能讲、会做、善研的教师队伍。

（二）收获一批高质量教科研成果

近五年取得省级以上教科研成果 549 项，位居同类院校前列；荣获全国职业院校技能大赛教学能力比赛一等奖 9 项、二等奖 3 项、北京市一等奖 27 项，以及班主任能力比赛一等奖 2 项、二等奖 2 项、北京市一等奖 7 项；荣获国家级教学成果奖一等奖 2 项、二等奖 1 项，以及北京市教学成果奖特等奖 2 项、一等奖 13 项；主持研制国家专业标准、课程标准 11 项；研发专利 5 项；主编国家级、省级以上教材 30 余部，荣获首届国家教材建设一等奖 1 项、二等奖 2 项；获评教育部首批课程思政教学研究示范中心及示范课程 2 门；2 项案例入选教育部产教融合校企合作典型案例；形成市级在线精品课程 8 门；自主开发 7 个成人培训项目，均获北京市终身学习品牌。

（三）为社会培养大批有用人才

人才培养质量显著提升，毕业生就业率达 97%，用人单位满意度达 95%，毕业生就业满意度达 95%，家长满意度达 99.6%；近三年获国赛一等奖 78 项，二、三等奖 167 项，获市赛一等奖 397 项，二、三等奖 1 101 项；为主办企业累计输送 1 000 多名高素质技术技能

人才;设计实施国企党员干部教育、员工素质教育、成人教育、中小学科技教育、社区培训、新型农民培训活动,年均开展社会培训鉴定 30 000 人次。

(四) 在重大社会任务中做贡献

发挥集团化办学优势,连续 7 年对滇、冀、新等地开展精准扶贫,创新"教育+产业+文化"模式,成为教育部精准扶贫典型,获北京市脱贫攻坚记大功先进集体奖励;服务"一带一路"建设,承担"电商谷"北京总部基地建设,培训泰国远东大学等 79 所院校 166 名师生,形成国际影响力;牵头京津冀产教联盟,带动三地百余家成员单位协同创新;协助祥龙公司成功入选首批国家、北京市产教融合型企业,参与制订《祥龙公司"十三五"时期发展规划》《物流产业发展分析报告》等近 20 个咨询项目;是北京市财政局、交通委、人保局职业资格考试及职称评审任务的主要承办者。

(五) 辐射带动各地院校教师共同发展

主持参与国家级和北京市职业教育重大战略改革创新项目 38 个;作为教育部备案的优质省级职教师资培养培训基地,连续 10 年承担师德、会计等 5 个国培项目以及语文、德育、班主任等 4 个市培项目,为北京市 50 余所院校培训教师 3 000 余人次;入选北京市校企合作"双师型"教师培养培训基地;受邀国家教育行政学院、清华大学继续教育学院等,为蒙、黔、琼等 10 余省区定制培训校长、教师 2 000 余人次;牵头全国职业院校课程思政集体备课,带动百所院校近 8 000 名教师共学共研;近五年累积接待各院校百余批次近 5 000 人进校交流,受到高度评价。

(六) 赢得社会美誉度和品牌影响力

获得黄炎培职业教育优秀学校、全国职业院校"教学管理 50 强""学生管理 50 强"校;入选北京市特色高水平职业院校、特色高水平骨干专业(群)和实训基地(工程师学院、技术技能大师工作室)建设名单;获评北京职业院校"三全育人"典型学校、北京市优秀继续教育培训学校;近三年中央电视台、新华社、《人民日报》、中国网、《中国日报》、中国教育电视台、《中国教育报》等主流媒体以《育精益求精工匠 做德技双馨好老师》《北京市商业学校:多元业务协调发展》《一个中职校企命运共同体的经典样本》等为题报道 76 篇,成为深受学生、企业、社会、家长认可的首都职教优秀品牌。

五、成果总结

本成果自 2011 年依托国家首批中职改革发展示范校、北京市特色高水平职业院校等重大建设项目,对接新时代教师队伍建设总体要求,针对职业教育生源多样、学制多元、专业升级、课程更新、功能拓展等新变化,以岗位胜任力、可持续发展等理论为指导,精准化阐释教师队伍培养之"魂",结构化设计教师队伍培养之"树",网格化激励教师队伍培养之"势",协同化营造教师队伍培养之"态",于 2015 年形成职业教育"树形"教师队伍生态化培养模式,为职业院校建设高素质教师队伍提供了一套可借鉴、可推广的经验做法。

（一）成果背景与问题

1. 新时代对教师队伍建设赋予新使命新任务

教师是教育发展的第一资源，是职业教育改革的中坚力量。党和国家高度重视教师工作，做出一系列重大决策部署，要求"把全面加强教师队伍建设作为一项重大政治任务和根本性民生工程切实抓紧抓好"，对"加强师德师风建设""提升教师队伍水平"和"加强队伍能力建设"提出明确任务。

2. 职业教育高质量发展对教师队伍建设提出新要求

党的十八大以来，职业教育迎来改革发展重大机遇期，教师队伍建设日益成为推动现代职业教育高质量发展的关键。职业教育功能跨界、专业升级、课程更新、生源多样等新变化，对教师的教学、研究、服务等素质能力提出新的挑战，也对学校教师队伍建设提出更高要求。

3. 建设高水平教师队伍需要解决的重点问题

要建设职业教育高水平教师队伍，需要从强化"增量"、优化"存量"、活化"流量"三个方面下功夫，重点处理好新教师高质量成长、老教师高水平发展、专兼职教师有机融合三个关键环节，解决好适应新时代要求的职业教育教师岗位胜任力内涵不清、单一的教师队伍结构不适应职业教育多元发展战略、教师多元发展的内生动力和外部激励不足、学校内部培养资源在高度、精度、深度、广度上的局限性等问题。

（二）主要做法与经验成果

1. 明确职业教育教师"三师"定位，精准化阐释教师队伍培养之"魂"

建设具有理论教学和实践教学素质的"双师型"教师队伍，是新时代职业教育改革的明确要求，做"四有"好老师、"四个引路人"，是新时代教师队伍建设的首要任务。学校围绕立德树人根本任务，创新定位职业教育教师的三重角色——人师、经师、匠师。"三师"定位既有职业教育"双师"的内涵，又高于"双师"，明确要求教师既要做涵养德行、示范引路的"人师"，又要做精通专业、潜心问道的"经师"，还要做躬行践履、行笃知明的"匠师"，既体现"经师"和"人师"的统一，又突显职业教育"匠师"的类型特点。

2. 构建"六力三段五向"培养路径，结构化设计教师队伍培养之"树"

（1）六力固本为根，厘清教师队伍培养基础根系。学校依据教师岗位胜任力理论，解构"三师"内涵，分析教师岗位典型工作任务，明确职业教育教师应具备的六种核心能力——师德践行能力、专业教学能力、综合育人能力、职业实践能力、培训指导能力、研究开发能力，以及三十项能力发展要素（见图1）。"六力"直指职业教育教师担当为党育人、为国育才、服务社会、服务发展的使命和职责，"三十要素"引导教师明确认识职业教育工作的各项任务和相应的素质能力要求，为学校选拔、培养、任用教师提供标准和依据，为有针对性开展教师队伍培养厘清了基础根系。

（2）三段进阶为干，分段设计教师队伍培养重点。

1段（生手→熟手）：向下扎根，夯实核心能力；

2段（熟手→能手）：向上生长，提升复合能力；

图 1 职业教育教师角色定位与能力要素体系

3 段（能手→强手）：开枝散叶，强化优势能力。

根据教师职业成长发展规律划分三个阶段，分析不同阶段教师的专业发展需求，明确各阶段能力培养重点，建立教师分段培养框架（见表1）。

表 1 教师分段培养框架

成长阶段	教师群体	职业发展周期	核心能力素质	助推方式
3段（能手→强手）	领军教师 名优教师	示范带动期	1. 高尚的师德素养和先进的教育信念 2. 优秀的课程开发或项目设计能力 3. 优秀的团队管理能力和帮带能力 4. 优秀的实践组织能力和创新转化能力 5. 优秀的科研攻关能力和社会服务能力	√ 职业院校教师素质提高计划——名师/带头人 √ 名师工作室
2段（熟手→能手）	资深教师 骨干教师	探索成熟期	1. 过硬的师德素养和端正的工作态度 2. 明确的生涯规划和职业目标 3. 丰富、扎实的教学方法和教育手段 4. 一定的教研能力和成熟的教学风格 5. 一定的企业实践和社会服务能力 6. 一定的管理和创新能力	√ 职业院校教师素质提高计划——青年骨干教师 √ 企业兼职、挂职锻炼
1段（生手→熟手）	新入职教师 青年教师	适应成长期	1. 基本的教育理念和正确的教学态度 2. 初步的生涯规划和职业目标 3. 基本的教学方法和教育手段 4. 基本的专业技能和实践能力 5. 基本的教研能力和学习能力	√ "青蓝"强基工程（导师制） √ 新教师成长训练营 √ 新班主任工作坊 √ 企业跟岗实践

（3）五向扬长为枝，统筹规划教师队伍培养方向。将教师个体多元发展和学校教师队伍结构化培养相统一，统筹规划教师培养的五个方向：教学+学工、教学+研究、教学+管理、教学+培训、教学+咨询。以五个"教学+"形成向上生长的"分枝"，为具有不同能力优势的教师提供向上发展的机会和通道，引导教师进一步扬长、拓展职业能力，成长为欣欣向荣的"树冠"，在学校人才培养、服务发展等各项工作中成为独当一面的业务骨干（见图2）。

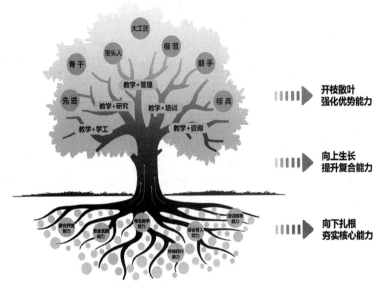

图2 "树形"教师队伍培养路径

3. 实施分类分层的教师管理机制，网格化激励教师队伍发展之"势"

（1）横向分类管理，开创性推动教师队伍结构化改革。根据学校多元业务发展需要，将教师队伍分为教学、学工、研究、管理、培训、咨询等不同类型，根据每类教师的岗位工作特点和要求，明确任职条件和考核指标，完善"德能勤绩廉"为核心内容的分类管理考核办法。在三年一轮的岗位聘任中，教师可根据学校的岗位设置和自身的能力优势进行跨类别选择，实现岗位动态调整。制订企业兼职教师管理办法，健全企业兼职教师聘用、管理、考核机制。通过分类管理，从制度上保障了教师多向发展，形成与学校多元业务相适应的结构化教师队伍。

（2）纵向分层激励，持续性推动教师队伍立体化发展。对包括企业兼职教师在内的各类教师依据能力和绩效目标分设3~4个级别，实行差异化管理，形成纵向梯队。以多元多维的年度考核结果关联三年一轮的岗级调整和骨干教师认定，符合相应级别考核指标的教师可破格定级并享受相关待遇，解决了因职称评定名额与年限限制、能上不能下等造成的队伍僵化问题。通过"横向分类管理、纵向分层激励"的网格化管理（见图3），使处于分类分层坐标系中每个节点的教师都能找到自己的努力方向和阶段目标，让优势可选择，让努力看得见，让激励促发展。

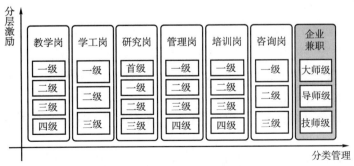

图3 教师分类分层管理体系

4. 构建开放多元的教师培养体系，协同化营造教师队伍培养之"态"

（1）发挥"政研行企校"多主体优势，营造五方协同的教师队伍培养生态。充分发挥"政研行企校"多主体的教师培养优势，由政府部门出政策提要求，提升教师培养的高度；研究机构出思路做指导，把控教师培养的精度；行业企业出资源做支持，拓展教师培养的广度、深度；职业院校出方案做实施，解决教师培养的效度，系统构建教师队伍培养生态。

（2）集成"岗培研赛创"多载体功能，打造五项联动的教师队伍培养平台。将政研行企校各方资源有机整合，统一纳入教师队伍培养体系中（见图4），为教师搭建集岗位工作、学习培训、教研交流、竞赛练兵、科研创新多载体联动的教师队伍培养平台，通过岗位历练、培训赋能、教研督导、赛项催化、创新驱动多措并举，打造新时代职业教育高素质、复合型、结构化教师队伍，实现教师个体成长与队伍培养的同向同行。

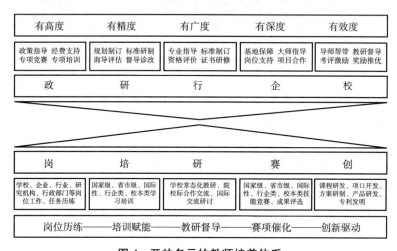

图 4　开放多元的教师培养体系

（三）创新与特点

1. 理念创新：确立"教学+"教师复合式、特长型发展理念，推动建立教师队伍多元化发展新格局

职业教育就业与升学并重、教育与培训并举、服务学生可持续发展与区域经济发展并进的新定位，使职业教育的教学形态与服务内涵发生重大变化。学校突破传统，率先提出"教学+"教师发展理念，结合新形势引导教师发挥潜能走复合式发展道路，为教师特长型发展提供平台。以教师的复合式发展促进学生全面成长，使教师以"教学+"的复合优势实现多领域发展，突破传统单一路径下"金字塔"形结构的发展瓶颈，推动形成教师队伍多元发展、百花齐放的良好局面。

2. 模式创新：建构"树形"教师队伍生态化培养模式，探索新时代职业教育教师队伍建设新范式

针对新时代职业教育教师队伍改革发展目标，将岗位胜任力理论应用于职业教育教师队伍建设，遵循系统性、相关性和可操作性原则，分析教师在职业教育工作岗位、组织环境和文化氛围中所应具备的行为特征，为职业教育教师画像。以"三师定位"为魂、"六力固本"为根，为教师队伍培养奠基；以三段进阶为干、五向扬长为枝，结构化设计教师成长发展通道；以横向分类管理、纵向分层激励，推动教师队伍结构化改革；以"政研行企校"多主体协同、"岗培研赛创"多载体联动，营造教师队伍培养优质生态，构建体现职业教育类型特色的"树形"教师队伍生态化培养模式（见图5）。以系统化创新举措，为新时代职业教育教师队伍建设提供样板。

图 5 "树形"教师队伍生态化培养模式

3. 机制创新：实施"培管结合"教师队伍引导激励机制，实现职业教育教师队伍结构化改革新突破

遵循职业教育教师成长规律，秉持"尊重差异、发挥特长、可持续发展"理念，系统设计具有职教特色的教师队伍"树形"培养路径，打造渐进式、多元化、可持续的教师发展绿色通道和助长方案，引导教师夯实核心能力、提升复合能力、强化优势能力，充分调动了教师潜能和职业发展内生动力；配套实施教师分类分层管理制度，充分发挥制度机制的保障性、引领性、激励性作用，全面覆盖不同类型和层次的教师，通过分类施策、定向发力，对不同岗位、层级的教师实施差异化、网格化管理，为加速教师成长提供制度保障和外部激励。使"培"的引导和"管"的激励形成合力，有效推动教师队伍结构化改革和学校多元业务的高质量发展。

4. 体系创新：完善"开放多元"教师培养体系，形成职业教育教师队伍多主体协同培养新生态

针对职业教育跨界融合的类型特点，强化教师培养的开放性、集成性和协同性，通过统筹"政研行企校"多主体资源、集成"岗培研赛创"多载体功能，构建开放多元的教师培养体系，提升教师培养的高度、精度、广度、深度和效度。重点挖掘产教融合创新平台资源，作为教师队伍强化"增量"、优化"存量"、活化"流量"的源头活水。以政府的教学改革项目锻造教师的核心能力，以企业的实际综合工作项目强化教师的复合能力，以行业的技术研发项目提升教师的优势能力，为教师队伍可持续发展提供多维度支持与生态化保障。

（四）应用推广效果

1. 形成一支高水平教师梯队

学校教师队伍结构日趋完善，研究、培训、服务类教师规模及占比居同类院校之首，专业化水平不断提高；自 2017 年到 2021 年，"双师型"教师占比从 69% 升至 90%，企业兼职教师占比从 27.18% 升至 42.36%；拥有 1 个国家级、4 个市级、5 个校级创新团队；51 名教师分别获评北京市师德模范、职教名师、学科带头人和骨干教师，形成由全国模范教师、黄炎培奖、北京市劳动模范、北京市优秀教育工作者领军的优秀教师方阵和一支能讲、会做、善研的教师队伍。

2. 收获一批高质量教科研成果

近五年取得省级以上教科研成果 549 项，位居同类院校前列；荣获全国职业院校技能大赛教学能力比赛一等奖 9 项、二等奖 3 项、北京市一等奖 27 项，以及班主任能力比赛一等奖 2 项、二等奖 2 项、北京市一等奖 7 项；荣获国家级教学成果奖一等奖 2 项、二等奖 1 项，以及北京市教学成果奖特等奖 2 项、一等奖 13 项；主持研制国家专业标准、课程标准 11 项；研发专利 5 项；主编国家级、省级以上教材 30 余部，荣获首届国家教材建设一等奖 1 项、二等奖 2 项；获评教育部首批课程思政教学研究示范中心及示范课程 2 门；2 项案例入选教育部产教融合校企合作典型案例；形成市级在线精品课程 8 门；自主开发 7 个成人培训项目，均获北京市终身学习品牌。

3. 为社会培养大批有用人才

人才培养质量显著提升，毕业生就业率达 97%，用人单位满意度达 95%，毕业生就业满意度达 95%，家长满意度达 99.6%；近三年获国赛一等奖 78 项，二、三等奖 167 项，获市赛一等奖 397 项，二、三等奖 1 101 项；为主办企业累计输送 1 000 多名高素质技术技能人才；设计实施国企党员干部教育、员工素质教育、成人教育、中小学科技教育、社区培训、新型农民培训活动，年均开展社会培训鉴定 30 000 人次。

4. 在重大社会任务中做贡献

发挥集团化办学优势，连续 7 年对滇、冀、新等地开展精准扶贫，创新"教育+产业+文化"模式，成为教育部精准扶贫典型，获北京市脱贫攻坚记大功先进集体奖励；服务"一带一路"建设，承担"电商谷"北京总部基地建设，培训泰国远东大学等 79 所院校 166 名师生，形成国际影响力；牵头京津冀产教联盟，带动三地百余家成员单位协同创新；协助祥龙公司成功入选首批国家、北京市产教融合型企业，参与制订《祥龙公司"十三五"时期发展规划》《物流产业发展分析报告》等近 20 个咨询项目；是北京市财政局、交通委、人保局职业资格考试及职称评审任务的主要承办者。

5. 辐射带动各地院校教师共同发展

主持参与国家级和北京市职业教育重大战略改革创新项目 38 个；作为教育部备案的优质省级职教师资培养培训基地，连续 10 年承担师德、会计等 5 个国培项目以及语文、德育、班主任等 4 个市培项目，为北京市 50 余所院校培训教师 3 000 余人次；入选北京市校企合作"双师型"教师培养培训基地；受邀国家教育行政学院、清华大学继续教育学院等，为蒙、黔、琼等 10 余省区定制培训校长、教师 2 000 余人次；牵头全国职业院校课程思政集体备课,带动百所院校近 8 000 名教师共学共研;近五年累积接待各院校百余批次近 5 000 人进校交流,受到高度评价。

6. 赢得社会美誉度和品牌影响力

获得黄炎培职业教育优秀学校、全国职业院校"教学管理 50 强""学生管理 50 强"校;入选北京市特色高水平职业院校、特色高水平骨干专业(群)和实训基地(工程师学院、技术技能大师工作室)建设名单;获评北京职业院校"三全育人"典型学校、北京市优秀继续教育培训学校;近三年受到中央电视台、新华社、《人民日报》、中国网、《中国日报》、中国教育电视台、《中国教育报》等主流媒体报道 76 篇,成为深受学生、企业、社会、家长认可的首都职教优秀品牌。

区域统筹+标准引领+耦合共生：校企共同体建设北京模式的研究与实践

完成单位：北京教育科学研究院；北京经济技术开发区科技创新局；
北京电子科技职业学院；北京经济管理职业学院；
北京市昌平职业学校；北京交通运输职业学院；
北京工业职业技术学院；联想（北京）有限公司；
北京京邦达贸易有限公司；北京奔驰汽车有限公司；
科大讯飞股份有限公司

完成人：霍丽娟；吉利；王丽君；吴升刚；刘文龙；辛秀兰；郑艳秋；杜金晶；
田阿丽；任凤国；冯志新；李卫兵；范广辉；俞娜；江涛

一、成果简介

深化产教融合、校企合作是增强职业教育适应性的突破口。北京是首善之区，是头部企业、总部企业集聚地，企业社会责任意识强，如何在省域层面推动校企深度合作，激发企业内驱动力，提升协同育人实效，是北京职业教育改革创新的关键。

自 2010 年以来，本成果依托全国教育科学规划和国家社会科学基金两项课题开展研究，提出"政府统筹，部门协同共治，校企资源匹配共生"产教融合理论框架和校企关系治理体系模型，并以戴姆勒（中国）汽车学院等项目进行试点实验，探索形成区域推进校企共同体建设方案。2016 年，北京教育科学研究院受市教委委托统筹规划设计，并以北京市工程师学院建设项目为载体开展实践应用，由地方政府统筹布局，多元协同共建校企共同体，采用政府和企业 4∶1 分担投入机制，将地方政府、产业园区、行业协会、优质院校及头部企业等资源进行耦合匹配，以学徒制形式培养首都"四个中心"建设急需的具备工匠精神、懂工艺、精操作、会管理、能创新的高素质技术技能人才。

本成果将工程师学院作为深化产教融合、校企合作办学模式的重要载体，系统构建了省域层面校企共同体建设治理体系和实践范式。一是建立"区域统筹、部门协同、多方参与、双优引领"建设机制，形成区域产教融合制度体系和政策合力，激发政行企校各方主体参与的内驱力。二是构建"人才培育、资源共享、技术创新、社会服务"四位一体建设平台，提供集成化合作实施路径，推动校企优质资源匹配对接。三是推行"主体精选、目标精设、过程精控、绩效精测"建设标准，提供工程师学院建设指南，实现标准化建设，促进校企资源发挥耦合效应。四是建设"一个中心、五双融合、双标引领、四岗进阶"育人框架，提供学徒制育人模式要素指引，推动校企育人资源共生迭代，有效提升协同育人质量。

本成果取得了显著成效，推动北京 42 所优质院校与 75 家龙头企业共建 85 个工程师学院，形成了覆盖全市支柱产业的工程师学院布局，政府投入 6.8 亿元，带动企业投入 1.7 亿元，促进 5 万余名学生优质就业，企业满意度高出平均 4.85%，促进院校入选国家级教学创新团队 8 个，助力 5 家企业成为国家产教融合型企业，探索出首善标准、北京特色的省域层面推进产教融合、校企合作的路径，为优化职业教育产教融合生态系统提供了鲜活案例。成果被教育部职成司采纳作为政策参考，教育部职成司负责人认为"北京市工程师学院走在了全国前列，为地方政府整体推动产教融合、校企合作提供了样板经验"。

二、成果主要解决的教学问题及解决方法

（一）创新"区域统筹、部门协同、多方参与、双优引领"建设机制，解决产教融合缺乏统筹规划、协同机制不健全的问题

一是统筹规划机制。教科院牵头研制专业对接产业图谱，针对首都产业升级重点、急需领域规划设计 85 个工程师学院。二是成本分担机制。教委、发改、人社、财政联合发文，市财政每项最高投入 1 500 万元、政府与企业按 4∶1 比例投入项目建设。三是政策激励机制。畅通合作企业投资额的 30% 抵免当年应缴教育费附加通道，建立院校通过合作获得净收入的 70% 用于教师绩效工资，具备见习职工身份的学生缴纳社保由财政经费合理负担等激励机制。四是双优引领机制。优选 42 所高水平职业院校与 75 家头部企业对接，优先支持产教融合型企业合作，优先支持合作企业入选产教融合型企业。

（二）构建"人才培育、资源共享、技术创新、社会服务"四位一体建设平台，解决校企合作缺乏载体支撑、合作内容不明确的问题

明确 17 项建设任务，引导制订建设方案，从培养模式、课程体系、教学内容、育人环境、教学组织、方法手段、教学评价、育训融合八个维度协同共育，推动科研、师资、设备、基地四类资源共建共享，建设应用技术研发中心，构建技能培训、标准研制、技术服务三领域社会服务系统。

（三）推行"主体精选、目标精设、过程精控、绩效精测"标准体系，解决校企合作缺乏标准引领、产出成效难评测的问题

一是设定准入条件，从举办资质、合作协议、专业适配、投入保障等方面配置优化。二是研制建设指南和指标体系，引导设定建设目标、任务内容、标志成果、资金预算等。三是开发管理平台，设定 33 个观测指标，实时采集数据，全程监测建设过程。四是从"资源整合力、运行管理力、推进领先度、专业发展度、技术研发力、服务贡献度"等方面，选取 28 个关键绩效目标指引产出成效。

（四）建设"一个中心、五双融合、双标引领、四岗进阶"育人框架，解决校企合作缺乏要素指引、育人实效不明显的问题

以育人为中心，推行"双主体、双身份、双导师、双场所、双评价"，全程渗透企业文

化和工匠精神。一是组建6个教研协作组，对接国家教学标准和岗位标准，研制人才培养通用标准，开发202份人才培养方案与489门核心课程。二是落实学徒岗位，联建双导师队伍，企业导师承担教学93 028课时。三是发挥校企双场所作用，落实"认岗→跟岗→轮岗→顶岗"四岗进阶实践育人，并行开展教学考核和职业能力评价，将评价结果作为企业定岗定级定薪的参考依据。

三、成果特色与创新点

（一）率先提出区域深化校企共同体建设理论框架

本成果有效落实了习近平总书记对职业教育工作的重要指示，运用资源依赖理论和区域创新理论提出"校企合作关系建立的基础是自有资源的对称匹配，可持续发展的关键是共生资源的不可替代""校企共同体是政府组织统筹、资源相互依赖、结构有序协同、区域内密切关联，形成的推进产教融合深化的创新实体"等新观点，架构了"政府统筹，部门协同共治，校企资源对称匹配共生"的产教融合理论框架，并在推进北京市职业教育产教融合、校企合作中实践检验，为地方政府整体优化区域职业教育产教融合生态系统提供了建设范式。

（二）构建了促进区域校企深度合作的制度体系

一是政策供给系统化。政府部门联动，引导开发区、产业园、职教集团制定系列配套文件和支持性政策，推动校企合作从项目建设到系统集成。二是平台建设体系化。政府统筹引导，全市层面整体推动工程师学院项目建设，实现"一区一园一产业，多校多企多支撑"格局。三是运行机制组合化。财政投入专项经费，建立成本分担机制，并与分类发展奖励支持、产教融合型企业认定、教师绩效工资激励、学生学徒身份认定相挂钩，补齐产教融合激励政策最后一米。四是管理制度规范化。推行"政校行企园所"共建理事会和专业指导委员会，形成政府、行业企业、区园和学校联合培养高技能人才的系列制度，为区域系统构建产教融合治理体系提供了借鉴。

（三）探索出区域统筹推进校企共同体建设的路径

一是统筹规划。按照"需求导向、层次贯通、链上集成、空间集聚"集群化、特色化建设思路，以区园为节点、行业为支点、企业为重点，形成"区+园+院校+企业""行业+集团+院校+生态企业""头部企业+产业链上院校""优质院校+产业链上企业"等平台建设模式，打造"区园-行业-职教集团-头部企业-优质院校"产教融合生态系统。二是标准引领。以建设指南为指导，运用数据管理平台，形成工程师学院标准体系，动态监测关键指标成效，开发人才培养通用标准，结合教学标准和岗位标准，实现全过程标准引领。三是要素耦合。整合区域层面优质资源要素，融入人才培养、技术创新和社会服务全过程，形成资源集成化优势支撑产业发展。构架学徒制育人框架，推动落实学生学徒双身份，校企共建双导师团队，形成培养目标对接工作岗位、课程内容对接工作项目、课程标准对接工作标准、教学过程对接生产过程、职业素养融入企业文化的育人链条，实现校企共同体建设的全要素融合。

四、成果的推广应用效果

（一）应用效果

一是育人效果显著。校企共建工程师学院 85 个，惠及学生 5.6 万名，首届高职毕业生就业率达 97.82%，高出平均值 8.04%；就业对口率达 96.1%，高出平均值 9.5%；企业满意度达 98.35%，高出平均值 4.85%；平均起薪达 8 500 元，获专利授权 52 项，参与横向课题 220 项，获各类技能大赛奖 689 项，学生"很快进入工作状态"，受到企业青睐。

二是院校能级提升。成果涉及专业与首都产业契合度高出全市平均值 5.3%，助力 9 个"双高"专业群建设；19 个产业园、75 家企业、83 个行业协会参与学校理事会，引入企业兼职教师 935 人，打造双导师 2 200 余人，入选国家级教学创新团队 8 个、国家专业教学资源库 10 个、国家示范性虚拟仿真基地 4 个、教育部产教融合典型案例 22 个、工信部产教融合专业试点 6 个，获得全国教师教学能力比赛一等奖 33 项。

三是企业提质增效。成果吸引 11 家世界 500 强企业参建 16 个项目，助力 6 家企业进入"中国企业创新能力百强"，支持 5 家企业成为国家级产教融合型企业。服务企业产品升级、技艺革新 533 项，促进成果转化 115 项，研发行业企业标准 205 项，开发企业培训包 160 个，开展员工数字技能培训 20 万人次。

（二）推广成效

一是政府和教育行政部门采纳。成果被教育部职成司采纳，为"现场工程师专项培养计划"提供支持，成为教育部"职业院校校长治理能力提升"培训课程；被北京市政府采纳，为职教"京十条"和"新京十条"提供参考；被北京市教委采纳，工程师学院建设被列入北京市教育"十四五"规划。教育部职成司负责人认为"北京市工程师学院走在了全国前列，为地方政府层面整体推动产教融合、校企合作提供了样板经验"。

二是职教战线广泛推广。成果在全国范围会议宣讲推广 50 余次，受到天津、河北、江苏、山东、广东等多地教育行政部门、院校和科研院所关注。工程师学院建设经验成为国家教育行政学院培训案例，多次在全国高职教育研究论坛、国家高素质技术技能人才研讨会、产教融合城市对话会上做主旨发言。

三是媒体高度关注。成果被主流媒体报道 120 余次，中国教育电视台在《职教中国》以《北京推进职教发展 破解产教融合难题》《首善之区 首善作为 职教推动政策落地的北京经验》《树立产教融合标杆 探寻企业深耕职教之路》进行专题报道；北京电视台进行专题报道——《教育新视点：北京将建设 100 个工程师学院》；工程师学院 5 位大师接受中国教育电视台《育见》采访。

五、成果总结

（一）成果背景与解决问题

1. 成果背景

首都"四个中心"建设迫切需要大量高素质技术技能人才，亟须提升劳动者素质和创造附加价值的能力。深化产教融合、校企合作，加快促进产教资源对接匹配，培养更多适应高精尖产业发展、高品质民生和城市运行需求的高素质技术技能人才，是促进首都更高质量更充分就业、培育经济发展新动能的重要基础。

受体制机制等多种因素影响，职业教育产教融合、校企合作普遍存在部门协同力度不够、制度供给合力不足、人才培养适应性不高等突出问题。北京作为首善之区，是头部企业总部集聚地，企业社会责任意识强，如何在省域层面推动校企深度合作，发挥企业主体作用，提升协同育人实效，是北京职业教育改革创新的关键。

自2010年起，本成果依托全国教育科学规划课题"产学合作教育中高职院校与企业的关系研究"和国家社会科学基金课题"现代职业教育中企业社会责任的实现机制与评价研究"，重点研究校企资源对接、匹配、耦合到共生发展的逻辑理路，提出"政府统筹，部门协同共治，校企资源匹配共生"产教融合理论框架和校企关系治理体系模型，并以戴姆勒（中国）汽车学院、中德诺浩汽车人才培训学院、燕东微电子学院、京东农村电商生态中心、京港地铁和首发公路校企合作订单班等项目进行了试点实验，在试点过程中不断完善，形成了区域推进校企共同体建设方案。

自2016年起，本成果进入实践检验阶段。北京教育科学研究院受市教委委托统筹规划设计"工程师学院"项目并组织推进实施，通过联想工程师学院、祥龙博瑞汽车工程师学院等项目开展实践检验，逐步形成以"工程师学院"为载体的校企共同体建设理论体系和实践范式。工程师学院是由地方政府统筹布局，多元协同共建校企共同体，采用政府和企业4:1分担投入机制，将地方政府、产业园区、行业协会、优质院校及头部企业等资源进行耦合匹配，以学徒制形式培养首都"四个中心"建设急需的具备工匠精神，懂工艺、精操作、会管理、能创新的高素质技术技能人才。

自2018年起，北京市全面推进工程师学院建设，由教科院统筹规划设计，市教委、发改委、人社局、财政局联合，分批次有重点地推动42所优质院校与75家龙头企业共建85个工程师学院，形成了覆盖全市支柱产业的工程师学院布局。通过建设机制、搭建平台，推行标准，构建框架，推动校企要素耦合，有效激发学校内涵建设、企业创新发展的内在驱动力，政府投入6.8亿元，带动企业投入1.7亿元，促进5万余名学生优质就业，企业满意度高出平均4.85%，促进院校入选国家级教学创新团队8个，助力5家企业成为国家产教融合型企业，探索出首善标准、北京特色的省域层面推进产教融合、校企合作的路径，为优化职业教育产教融合生态系统提供了鲜活案例。成果被教育部职成司采纳作为政策依据和制度参考，教育部职成司负责人认为"北京市工程师学院走在了全国前列，为地方政府整体推动产教融合、校企合作提供了样板经验"（见图1）。

2. 解决问题

一是地方推进产教融合缺乏统筹，协同机制不健全，各方主体作用难发挥；

二是校企合作缺乏平台载体支撑，合作内容不明确，资源集成优势难形成；

三是校企合作实施缺乏标准引领，产出成效难评测，资源耦合效应难体现；

四是校企协同育人缺乏要素指引，育人实效难保证，培养质量提升不明显。

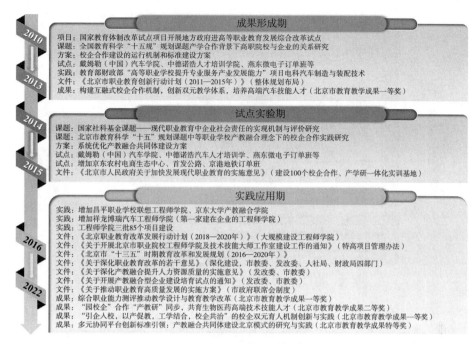

图 1　成果形成过程示意图

（二）主要做法与经验成果

1. 创新"区域统筹、部门协同、多方参与、双优引领"建设机制，解决产教融合缺乏统筹规划、协同机制不健全的问题

一是统筹规划机制。教科院牵头研制专业对接产业图谱，针对首都产业升级重点、急需领域 17 个大类 200 余个专业规划设计了 85 个工程师学院。二是成本分担机制。市教委、发改委、人社局、财政局联合发文，市财政每个项目三年投入 1 500 万元，政府与企业按 4∶1 比例投入项目建设。三是政策激励机制。畅通合作企业按投资额的 30% 抵免当年应缴教育费附加和地方教育附加通道，建立院校通过合作获得净收入的 70% 用于教师绩效工资，具备见习职工身份的学生缴纳社保由财政经费合理负担等激励机制。四是双优引领机制。优选 42 所高水平职业院校与 75 家头部企业对接匹配，优先支持产教融合型企业与优质院校立项共建，优先支持合作企业入选产教融合型企业。形成区域产教融合制度体系和政策合力，有效激发政行企校各方主体作用的发挥（见图 2）。

2. 构建"人才培育、资源共享、技术创新、社会服务"四位一体建设平台，解决校企合作缺乏载体支撑、合作内容不明确的问题

省域层面统一工程师学院平台建设要求，明确工程师学院 17 个方面建设任务，从培养模式、课程体系、教学内容、育人环境、教学组织、方法手段、教学评价、育训融合八个维度协同共育，推动教学资源、师资团队、设施设备、生产基地四类核心资源共建共享，建设基于"应用研究—技术开发—产业应用"技术创新链规律的研发中心，构建职业技能培训、标准研制、技术服务三领域社会服务系统，实现专业链、人才链与产业链、创新链有机衔接（见图 3），有效促进校企优质资源匹配对接形成集成优势。

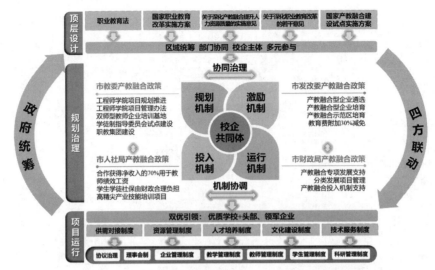

图 2 "区域统筹、部门协同、多方参与、双优引领"建设机制示意图

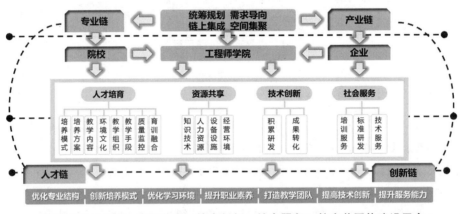

图 3 "人才培育、资源共享、技术创新、社会服务"校企共同体建设平台

3. 推行"主体精选、目标精设、过程精控、绩效精测"建设标准，解决校企合作缺乏标准引领，产出成效难评测的问题

一是主体精选。从举办资质、合作协议、专业适配、专业基础、投入保障、硬件资源、组织机制、导师团队等方面，设定准入条件进行配置优化。二是目标精设。研制建设指南，构建项目建设指标体系，引导学校、企业自主设定建设目标、任务内容、标志成果、资金预算等。三是过程精控。开发项目建设管理平台，全过程采集项目建设数据，设定33个观测指标，从助力学生成长、企业发展、产业进步三个维度进行增值评价，建立政府督导、教科院评价指导、学校自我监测的三级考核体系。四是绩效精测。以"资源整合力、运行管理力、推进领先度、专业发展度、技术研发力、服务贡献度"为KPI，选取28个核心绩效指标指引产出成效（见图4），实现标准化建设，有效促进校企资源充分发挥耦合效应。

4. 建设"一个中心、五双融合、双标引领、四岗进阶"育人框架，解决校企合作缺乏要素指引，育人实效不明显的问题

以育人为中心，推行"双主体、双身份、双导师、双场所、双评价"，推动校企育人资源共生迭代，全过程渗透企业文化、工匠精神、创新意识和工程思维。

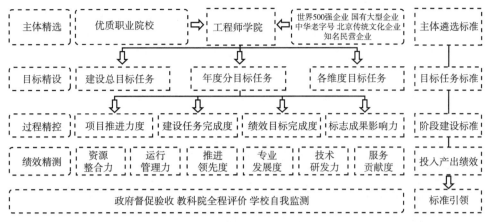

图 4 工程师学院项目标准体系建设

一是教科院牵头组建 6 个专业教研协作组，行业、企业、学校参与，对接国家专业教学标准和职业岗位标准，研制工程师学院育人通用标准，开发 202 份人才培养方案、489 门模块化核心课程、277 本活页式工作手册教材。二是合作企业落实学徒岗位，强化学生学徒双身份，联建双导师队伍，要求团队中"双师型"教师占比达到 80% 且承担 70% 课时，企业教师占比不低于 30%，推动企业教师承担了 93 028 课时教学任务。三是发挥校企两类教学场所作用，学岗对接、工学交替，落实"认岗—跟岗—轮岗—顶岗"四岗进阶实践育人，促进"基础实践—综合实践—工程实践—创新实践"四环节能力提升，并行开展教学考核和职业能力评价，将评价结果作为企业定岗定级定薪的参考依据。推动校企育人资源共生迭代，有效促进协同育人提高培养质量（见图 5）。

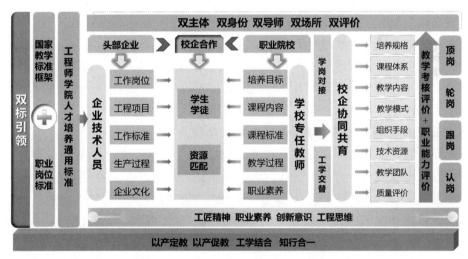

图 5 "一个中心、五双融合，双标引领、四岗进阶"育人框架

（三）创新与特点

1. 率先提出区域深化校企共同体建设理论框架

本成果有效落实了习近平总书记对职业教育工作的重要指示，运用资源依赖理论和区域创

新理论提出"校企合作关系建立的基础是自有资源的对称匹配，可持续发展的关键是共生资源的不可替代""校企共同体是政府组织统筹、资源相互依赖、结构有序协同、区域内密切关联，形成的推进产教融合深化的创新实体"等新观点，架构了"政府统筹，部门协同共治，校企资源匹配共生"的产教融合理论框架（见图6），并在推进北京市职业教育产教融合、校企合作中实践检验，为地方政府整体优化区域职业教育产教融合生态系统提供了建设范式。

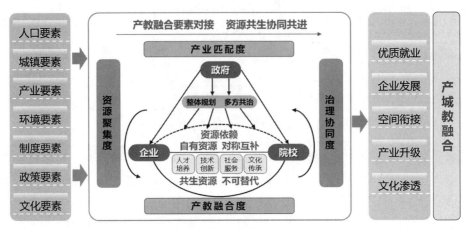

图6　区域校企共同体建设理论框架

2. 构建了促进区域校企深度合作的制度体系

一是政策供给系统化。政府部门联动，引导开发区、产业园、职教集团制定系列配套文件和支持性政策，推动校企合作从项目建设到系统集成。二是平台建设体系化。教科院整体规划，政府统筹引导，全市层面整体推动工程师学院项目建设，实现"一区一园一产业，多校多企多支撑"格局。三是运行机制组合化。财政投入专项经费，建立成本分担机制，并与分类发展奖励支持、产教融合型企业认定、教师绩效工资激励、学生学徒身份认定相挂钩，补齐产教融合激励政策最后一米。四是管理制度规范化。推行"政校行企园所"共建理事会和专业指导委员会，形成政府、行业企业、区园和学校联合培养高技能人才的系列制度，为区域系统构建产教融合治理体系提供了借鉴。

3. 探索出区域统筹推进区域校企共同体建设路径

一是统筹规划。按照"需求导向、层次贯通、链上集成、空间集聚"集群化、特色化建设思路，以区园为节点、行业为支点，企业为重点，形成"区+园+院校+企业""行业+集团+院校+生态企业""头部企业+产业链上院校""优质院校+产业链上企业"等校企共同体建设模式，打造"区园－行业－职教集团－头部企业－优质院校"产教融合生态系统。二是标准引领。以工程师学院建设指南为指导，运用大数据管理平台，形成工程师学院标准体系，动态监测关键指标成效，开发人才培养通用标准，结合教学标准和岗位标准，实现全过程标准引领。三是要素耦合。整合区域层面优质资源要素，融入人才培养、技术创新和社会服务全过程，形成资源集成化优势支撑产业发展。构建学徒制育人框架，推动落实学生学徒双身份，校企共建双导师团队，形成培养目标对接工作岗位、课程内容对接工作项目、课程标准对接工作标准、教学过程对接生产过程、职业素养融入企业文化的育人链条，实现校企共同体建设的全要素融合。

（四）应用推广效果

1. 应用效果

（1）育人效果显著。校企共建工程师学院 85 个，惠及学生 5.6 万名，助力解决头部企业数字化转型人才缺口。学生学习兴趣高，获专利授权 52 项，参与横向课题 220 项，获各类技能大赛奖 689 项，获全国技能大赛一等奖占总数 76.19%。首届高职毕业生就业率达 97.82%，高出平均值 8.04%；就业对口率达 96.1%，高出平均值 9.5%；企业满意度达 98.35%，高出平均值 4.85%；平均起薪达 8 500 元，学生"很快进入工作状态""晋升基层管理岗快"，受到企业青睐。

（2）院校能级提升。成果涉及专业与首都产业的契合度高出全市平均值 5.3%，助力 9 个"双高"专业群建设；19 个产业园、75 家企业、83 个行业协会参与学校理事会，企业捐赠设备总值 6 349 万元，引入企业兼职教师 935 人，打造双导师 2 200 余人，入选国家级教学创新团队 8 个、国家专业教学资源库 10 个、国家示范性虚拟仿真基地 4 个、教育部产教融合典型案例 22 个、工信部产教融合专业试点 6 个，获教师教学能力比赛国赛一等奖 33 项，带动学校获得 2021 年北京市教学成果一等奖以上 20 项。

（3）企业提质增效。成果吸引 11 家世界 500 强企业共建 16 个项目，助力 6 家企业进入"中国企业创新能力百强"，支持 5 家企业成为国家产教融合型企业。合作完成横纵向课题研发、技艺革新 533 项，促进成果转化 115 项，研发行业企业标准 205 项，服务中小微企业技术研发和产品升级数量 276 项，开发企业培训包 160 个，开展员工数字技能提升培训 20 万人次。服务企业"走出去"，为赞比亚、埃及、吉布提等国家开发职业教育国家教学标准 2 个、课程标准 16 门、国际化课程 31 门、全英文教材 14 本，开展技能培训 583 人。

2. 成果推广

（1）政府和教育行政部门采纳。成果被教育部职成司采纳，为"现场工程师专项培养计划"提供支持，成为教育部"职业院校校长治理能力提升"培训课程；被北京市政府采纳，为职教"京十条"和"新京十条"提供参考；被北京市教委采纳，"工程师学院"建设被列入北京市教育"十四五"规划。教育部职成司负责人认为"北京市工程师学院走在了全国前列，为地方政府层面整体推动产教融合、校企合作提供了样板经验"。

（2）职教战线广泛推广。成果在全国范围会议宣讲推广 50 余次，受到天津、河北、广东、江苏、山东、陕西等多地教育行政部门、院校和科研院所关注。工程师学院项目经验成为国家教育行政学院培训案例，在全国高职教育研究论坛、国家高素质技术技能人才研讨会、产教融合城市对话会上做主旨发言。

（3）媒体高度关注。成果被主流媒体报道 120 余次，中国教育电视台在《职教中国》以《北京推进职教发展 破解产教融合难题》《首善之区 首善作为 职教推动政策落地的北京经验》《树立产教融合标杆 探寻企业深耕职教之路》进行专题报道；北京电视台进行专题报道——《教育新视点：北京将建设 100 个工程师学院》；工程师学院杨银喜、曹继桐等 5 位大师接受中国教育电视台《育见》采访。

凸显双一流优势产教深度融合——校企共育高质量传媒人才创新研究与实践

完成单位：中国传媒大学

完成人：屈善孝；张步兵；靳斌；张宁；黄勇；黄心渊；关玲；周涌；孙振虎；吴翠莲；张宗伟；陈京炜；郭艳民；吕欣；李胜利；于然；崔蕴鹏；桂笑冬；孙国玉；艾胜英；张兆弓

一、成果简介

21世纪是媒体融合时代，媒体融合向纵深发展，带来了巨大的人才缺口。自2013年起，中国传媒大学高等职业技术学院发挥"双一流"高校优势，以服务国家重大战略为己任，与中央广播电视总台、中国国际电视总公司等传媒行业头部企业，构建产教融合利益共同体，肩负培养高质量传媒人才守正创新的责任和使命，很好地回答了传媒职业教育"培养什么人""怎样培养人"和"为谁培养人"的根本问题，实施以立德树人为中心，新职教理念引领价值诉求融合，双主体创新机制保障供需融合，资源转化平台实现利益共享融合，形成了特色鲜明、育人质量显著的"一中心、双主体、三转化、三融合"高质量传媒人才培养模式。

一是创建了中国传媒职业教育教学体系，形成了扎根中国本土、具备国际影响力的传媒职业教育中国经验。

二是创建了供需融合、价值诉求融合、利益共享融合"三融合"的长效合作机制，凸显企业的主体地位，构建产教融合利益共同体，实现精准培养和精准育人。

三是创建了教学要素、资源、过程与生产要素、资源、过程的"三转化"新机制，搭建"双一流"高校资源与一流企业资源有机融合转化平台。

本成果通过探索研究传媒职业教育范畴、传媒人才培养规律和传播特质，不断拓宽传媒职教的深度和广度，依托融媒体的手段和优势，讲好中国故事，传播中国声音。承担国家重大课题，服务国家重大战略；牵头制订职业教育国家教学标准和实训教学条件建设标准和行业标准；建成了一批国家级精品课程与教材；构建了具有中国特色的传媒职业教育体系，系统提出了传媒高质量技术技能人才的培养方案、理念和方法，提炼的教育理念与教学理论，多次获全国职业教育优秀论文一、二等奖；师生在国际国内各类大赛中获奖50余项；学生在参与建党100周年、新中国成立70周年、冬奥会等重大活动中，受到社会和行业的高度认可，获得了"中央电视台庆祝新中国成立70周年宣传报道台长特别奖"。经过十余年的探索与实践，全面丰富了产教融合的理念和内涵，成果被人民网、新华网、字节跳动等80多家企业、学校学习借鉴，受益人数达10余万，为推动传媒职业教育提质培优、高质量发展和提高社会对职业教育认可度打造了标杆，实施效果显著，具有较高的推广价值，产生重大的社会影响，受到教育部、国家广电总局和全国广电与网络视听行指委的高度肯定。

二、成果主要解决的教学问题及解决方法

本成果的实施，聚焦我国职业教育产教融合、校企合作、高质量人才培养所存在的以下突出问题和挑战：

（一）坚持立德树人，解决了当代大学生价值认同的根本问题

针对网络传媒对大学生的负面影响，传媒职业教育必须把立德树人放在首位，坚持以习近平新时代中国特色社会主义思想铸魂育人，培养政治可靠、思想素质过硬的传媒人才，通过参加国家重大项目转播、主流媒体项目制作、红色教育等实践教学活动，育训并举，夯实传媒新人的思想政治基础。

（二）凸显企业教育主体地位，破解校企合作两张皮难题

针对传媒职教领域"校热企冷"、校企合作流于形式等问题，校企以新职教理念引领价值诉求融合，创建了同行同向、同步规划、同步实施的"双主体"机制，从顶层设计到贯彻落实形成一体化内生驱动力，突破高职院校与产业之间的壁垒，实现共建专业、共建教学团队、共建课程、共建实践教学平台、共育校企文化，产教融合真正成为职业教育改革的助推器。

（三）搭建资源共享平台，解决了产教要素双向转化的问题

依托"双一流"高校资源，创建了教学要素、资源、过程，与生产要素、资源、过程"三转化"机制，使一流的教育资源、企业资源合力支撑高质量人才培养；将媒体从业人员职业规范标准与专业教学标准进行有机对接，有效落实"工"与"学"衔接：中央财政、企业提供经费 2 000 多万元，构建校内实践教学环境，选派央视一线的 15 名骨干驻校，担任实践导师和班主任，定期举办沙龙讲座，传授实践经验和技能；安排充足的实习岗位，接收学生实训实习。学校利用"双一流"资源，建立企业知识更新、技能提升产业升级、管理创新的科研基地，将科研成果转化效益反哺人才培养。

（四）强化类型特色，解决了教学体系不完善的问题

中国传媒大学将职业教育纳入"双一流"建设体系，跨校企、跨院系联合共育高质量传媒职业人才，引领传媒职业教育深度改革、向更高目标发展。立足高质量传媒人才标准，突出传媒职教类型特色，构建了一流的综合育人体系、课程教学体系、面向岗位的实践教学体系，确立传媒职教的理念、课程逻辑结构、教学内容、教学方式方法、传播定位等，使传媒职业教育体系的思想高度、实践深度、传播广度得到充分彰显，系统完善了职业教育教学体系，高质量传媒人才培养质量得到有效提升。

三、成果特色与创新点

（一）首次提出"双主体""三转化""三融合"职业教育产教融合的教育理念

丰富了产教融合的理念和内涵，使产教融合从概念走向落地实践；厘清了传媒职业教育"为谁培养人""培养什么样的人"和"如何培养人"的根本问题；探索了职业教育产教融合人才培养模式和融合发展的核心要素；明晰了"供需对接、资源转化、价值诉求、利益共享"是产教融合利益共同体形成的核心途径。"双主体"机制建立是前提，真正形成产教要素双向转化机制是关键，创造利益共同体，实现价值共享是核心，明确了"深化产教融合、校企合作"是职业教育高质量发展的必由之路。

（二）创新产教融合、校企合作新机制，丰富了协同效应理论

通过高质量人才培养，挖掘校企双方的价值诉求，寻找利益共同点，创建了"双主体"机制，凸显企业的教育主体地位，破解了校企合作的机制瓶颈。搭建"双一流"资源共享平台，创建了"三转化"机制，真正实现产教资源的双向转化。创建了供需融合、价值诉求融合、利益共享融合的"三融合"长效合作机制，形成了产教利益共同体，实现价值共享，对我国职业教育、产教融合、校企合作的机制创新具有重要的示范效应。

（三）创新高质量传媒人才培养模式

本成果实行校企联合、订单式培养为特色的一体化人才培养模式，通过招生与就业对接，专业设置与职业岗位对接，课程内容与职业标准对接，教学过程与生产过程对接，突出"双重身份、双班主任、双导师、双教学场景"的特点。以"立德树人"为中心，创建一流的综合育人体系、课程教学体系和实践教学体系。通过"嵌入式"教学，强化政治素养、职业素养、认同企业文化、体悟职业精神；通过"沉浸式"教学，建立传媒领域现代学徒制，将专业技能、岗位素养、创新意识、团队合作精神贯穿始终，形成全员、全过程、全方位培养新时代高质量传媒人才育人体系，"跳过"实习期，"跨越"试用期，毕业即上岗，为企业培养用得上、留得住、离不开、干得好的高质量人才，实现了学校、企业及学生的"三方共赢"，为"就业难、用人荒"贡献了解决方案。

四、成果的推广应用效果

经过多年的探索和实践，本成果全面提升了职业教育人才培养质量，实现了"双一流"高校引领传媒职业教育产教融合、校企联合人才培养新理念、新模式、新机制，产生了重大的社会效益和社会影响。

（一）中传职业教育理念和模式示范性、辐射力和引领性强，产生了重大社会效益

中国传媒大学高等职业教育为满足传媒行业和企业对高质量技术技能人才的需求，将国

家战略和学校战略高度协同，凸显"双一流"高校优势，实现产教深度融合，形成了独具特色、育人质量显著的人才培养模式，堪称全国传媒类职业教育典范，受到社会的广泛关注，为推动普通本科学校申请设置职业教育本科专业营造了浓厚氛围，为推动职业教育提质培优、高质量发展和提高社会对职业教育认可度打造标杆、提振信心、改变形象、蹚出路子，彰显了示范引领作用。

（二）校企联合人才培养模式获得社会广泛关注，产生重大影响

中央广播电视总台连续两年多次报道了中国传媒大学校企联合人才培养的成果，辐射全国，获得社会广泛关注。教育部领导和职成司领导听取了中国传媒大学校企联合人才培养的专题汇报，给予高度评价和肯定，并指示将典型经验材料上报教育部，做广泛推广宣传。校企联合人才培养模式推广到传媒行业头部企业，与人民网、央视频、新华网、中广上洋开展了校企合作人才培养，与北京环球影城签订校企合作协议，北京字节跳动、完美世界、中国动画集团等企业将 1+X 证书培训基地落户高职学院，先后有 80 多家院校和企业学习借鉴本成果，受益人数 10 余万。牵头筹建由 50 多所院校、30 多家企业单位组成的全国广电与网络视听职业教育联盟，发挥中国传媒大学学界的"溢出效应"，促进传媒行业职业教育高质量发展。

（三）高质量人才培养成效显著，毕业生获社会高度认可

本成果实施以来，就业率、就业质量、满意度、人岗匹配度全面提升。2020 年就业率达 96.2%，第一意愿签约率达 90%，顶岗实习部门与学生的签约意向近 100%，有调岗意向不足 9%，企业表示，只要学生愿意进入公司，将 100% 签约。师生在国际国内获 50 多项各类大奖，还参加了党和国家重大活动，以及央视多个频道、栏目的摄影和制作。学生在实习和工作中表现出来的高水平技术技能和职业素养，赢得了企业、行业和社会的高度认可，获得了"中央广播电视总台庆祝新中国成立 70 周年宣传报道台长特别奖"。

五、成果总结

（一）成果简介

21 世纪是媒体融合时代，媒体融合向纵深发展，带来了巨大的人才缺口。自 2013 年起，中国传媒大学高等职业技术学院发挥"双一流"高校优势，以服务国家重大战略为己任，与中央广播电视总台、中国国际电视总公司等传媒行业头部企业，构建产教融合利益共同体，肩负培养高质量传媒人才守正创新的责任和使命，很好地回答了传媒职业教育"培养什么人""怎样培养人"和"为谁培养人"的根本问题，实施以立德树人为中心，新职教理念引领价值诉求融合，双主体创新机制保障供需融合，资源转化平台实现利益共享融合，形成了特色鲜明、育人质量显著的"一中心、双主体、三转化、三融合"高质量传媒人才培养模式。

（1）创建了中国传媒职业教育教学体系，形成了扎根中国本土、具备国际影响力的传媒职业教育中国经验。

（2）创建了供需融合、价值诉求融合、利益共享融合"三融合"的长效合作机制，凸显企业的主体地位，构建产教融合利益共同体（见图1），实现精准培养和精准育人。

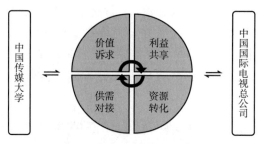

图 1 产教融合利益共同体

（3）创建了教学要素、资源、过程与生产要素、资源、过程的"三转化"新机制，搭建"双一流"高校资源与一流企业资源有机融合转化平台。

本成果通过探索研究传媒职业教育范畴、传媒人才培养规律和传播特质，不断拓宽传媒职教的深度和广度，依托融媒体的手段和优势，讲好中国故事，传播中国声音。承担国家重大课题，服务国家重大战略；牵头制订职业教育国家教学标准和实训教学条件建设标准和行业标准；建成了一批国家级精品课程与教材；构建了具有中国特色的传媒职业教育体系，系统提出了传媒高质量技术技能人才的培养方案、理念和方法，提炼的教育理念与教学理论，多次获全国职业教育优秀论文一、二等奖；师生在国际国内各类大赛中获奖 50 余项；学生在参与建党 100 周年、新中国成立 70 周年、冬奥会等重大活动中，受到社会和行业的高度认可，获得了"中央电视台庆祝新中国成立 70 周年宣传报道台长特别奖"。经过十余年的探索与实践，全面丰富了产教融合的理念和内涵，成果被人民网、新华网、字节跳动等 80 多家企业、学校学习借鉴，受益人数达 10 余万，为推动传媒职业教育提质培优、高质量发展和提高社会对职业教育认可度打造了标杆，实施效果显著，具有较高的推广价值，产生重大的社会影响，受到教育部、国家广电总局和全国广电与网络视听行指委的高度肯定。

（二）成果主要解决的教学问题及解决教学问题的方法

本成果的实施，聚焦我国职业教育产教融合、校企合作、高质量人才培养存在以下突出问题和挑战：

1. 坚持立德树人，解决了当代大学生价值认同的根本问题

针对网络传媒对当代大学生的隐性渗透影响、媒体环境的复杂性、文化输出紧迫性综合问题，传媒职业教育必须把立德树人放在首位，坚持以习近平新时代中国特色社会主义思想铸魂育人。通过参加国家重大项目转播、主流媒体项目制作、红色教育等知识传授和实践训练，育训并举，多育融合，夯实传媒人才培养的思想政治基础，不断升华传媒新人的理想信念。

2. 凸显企业教育主体地位，破解校企合作两张皮难题

针对传媒职教领域"校热企冷"、校企合作流于形式等问题，校企以新职教理念引领价值诉求融合，创建了同行同向、同步规划、同步实施的"双主体"机制，从顶层设计到贯彻落实形成一体化内生驱动力，突破高职院校与产业之间的壁垒，实现共建专业、共建教学团队、共建课程、共建实践教学平台、共育校企文化，产教融合其正成为职业教育改革的助推器。

3. 搭建资源共享平台，解决了产教要素双向转化的问题

根据产业发展、行业技术规范、职业资格标准，将"知识、技能、技术、职业素养"融入企业个性化需求，有效落实"工"与"学"衔接，校企双方资源共享、优势互补，创建了教学要素、资源、过程与生产要素、资源、过程"三转化"机制。中央财政、中视前卫公司提供经费2 000多万元，设立"前卫奖学金"60万元；出资300多万元，按照企业生产环境构建校内实践教学环境，购置与一线应用同标准的设备设施；选派央视一线的15名骨干驻校，担任实践导师和班主任，定期举办沙龙讲座，传授实践经验和技能；安排充足的实习岗位和实习指导教师，接收学生实训实习。学校利用"双一流"资源，建立企业知识更新、技能提升、产业升级、管理创新的科研基地，将科研成果转化效益反哺人才培养。

4. 强化类型特色，解决了教学体系不完善的问题

媒体融合向纵深发展，新产业、新技术、新岗位不断提出新要求，中国传媒大学将职业教育纳入"双一流"建设体系，跨校企、跨院系联合共育高质量传媒职业人才，引领传媒职业教育深度改革、向更高目标发展。立足高质量传媒人才标准，突出传媒职教类型特色，坚持以习近平新时代中国特色社会主义思想铸魂育人，遵循职业教育人才成长规律，以职业技能教育和"德、智、体、美、劳"为主要元素，多育并举、多育融合，把立德树人融入思想政治教育、文化知识教育、实习实践教育各环节，通过"供需融合、价值诉求融合、利益共融合"产教三融合机制，跨校企整合一流的教学资源，构建了一流的综合育人体系、课程教学体系、面向岗位的实践教学体系，建设校内、校企、企业三类课程，组建专业教师、驻校实践教师、岗位实践教师三支"双师型"队伍，共享一流教学平台、一线标准校内企业实训平台、岗位实训平台，经过认识实习、专业实习、轮岗实习、跟岗实习，实现学做融合、理实融合、专技融合、身份融合，形成了全员、全过程、全方位培养新时代高质量传媒人才的教育教学体系，确立传媒职教的理念、课程逻辑结构、教学内容、教学方式方法、传播定位等，使传媒职业教育体系的思想高度、实践深度、传播广度得到充分彰显，系统完善了职业教育教学体系，高质量传媒人才培养质量得到有效提升。

（三）成果的创新点

1. 首次提出"双主体""三转化""三融合"的职业教育产教融合的教育理念

丰富了产教融合的理念和内涵，使产教融合从概念走向落地实践；厘清了传媒职业教育"为谁培养人""培养什么样的人"和"如何培养人"的根本问题；探索了职业教育产教融合人才培养模式和融合发展的核心要素；明晰了"供需对接、资源转化、价值诉求、利益共享"是产教融合利益共同体形成的核心途径。"双主体"机制建立是前提，真正形成教学要素、教学资源、教学过程与生产要素、生产资源、生产过程"三转化"机制是关键，创造利益共同体，实现价值共享是核心，明确了"深化产教融合、校企合作"是职业教育高质量发展的必由之路。

2. 创新产教融合、校企合作新机制，丰富了协同效应理论

通过高质量人才培养，挖掘校企双方的价值诉求，寻找利益共同点，创建了"双主体"

机制，凸显企业的教育主体地位，破解了校企合作的机制瓶颈。搭建"双一流"资源共享平台，创建了教学要素、教学资源、教学过程与生产要素、生产资源、生产过程"三转化"机制，真正实现产教资源的双向转换。创建了供需融合、价值诉求融合、利益共享融合的"三融合"长效合作机制，形成了产教利益共同体，实现价值共享，对我国职业教育、产教融合、校企合作的机制创新具有重要的示范效应。

3. 创新高质量传媒人才培养模式

本成果实行校企联合、订单式培养为特色的一体化人才培养模式，通过招生与就业对接，专业设置与职业岗位对接，课程内容与职业标准对接，教学过程与生产过程对接，突出"双重身份、双班主任、双导师、双教学场景"的特点。以"立德树人"为中心，创建一流的综合育人体系，一流的课程教学体系，面向岗位的实践教学体系。通过"嵌入式"教学，强化政治素养、职业素养、认同企业文化、体悟职业精神；通过"沉浸式"教学，建立传媒领域现代学徒制，将专业技能、岗位素养、创新意识、团队合作精神贯穿始终，形成全员、全过程、全方位培养新时代高质量传媒人才育人体系，"跳过"实习期，"跨越"试用期，毕业即上岗，为企业培养用得上、留得住、离不开、干得好的高质量人才，最大限度减少用工磨合成本、人员培养成本、员工流动成本，实现了学校、企业及学生的"三方共赢"，为"就业难、用人荒"贡献了解决方案。

（1）创建了全方位、立体化"12345"德育育人体系。中国传媒大学职业教育以习近平新时代中国特色社会主义为指导，以培养新时代高质量传媒人才为目标，坚持第一课堂与第二课堂相结合，主渠道与主阵地相结合，校内、校外相结合，充分发挥社会主义核心价值体系的导向功能、职业规划的导航功能、实习实践的体验功能、学校、企业、家庭的协同育人功能，创建"12345"综合育人体系：以"立德树人"为理念，搭建校内、校外两个平台；强化班主任辅导员、实践导师、专业教师三支队伍，建设思想政治育人、专业课程育人、实习实践育人、校企文化育人四个育人体系；提升政治素养、职业素养、道德素养、文化素养、岗位素养，全员、全过程、全方位培养新时代高质量传媒人才（见图2）。

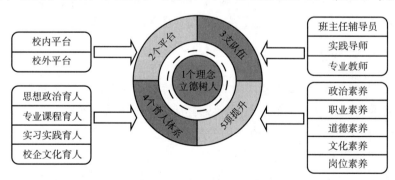

图 2　"12345"综合育人体系

（2）创建面向一流的"12345"课程教学体系。中国传媒大学将职业教育纳入"双一流"建设体系，跨院系整合一流的教学资源，跨校企整合一流企业的优质资源，以创建一流的"12345"课程教学体系为目标，组建校内、校外两支"双师型"教师队伍，建设校内、校企、企业三类课程，共享一流学科、一流专业、一流师资、一流课程四个"一流"

资源，实现团队结合、标准结合、理实结合、工学结合、供需结合五个结合（见图3）。

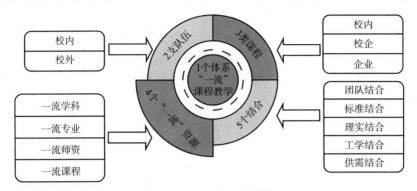

图3 "12345"课程教学体系

（3）创建面向岗位的"12345"实践教学体系。立足企业生产标准和岗位需求，建立与一流课程教学体系相互支撑的实践教学体系（见图4）。中国传媒大学充分利用企业的生产环境，共享"双一流"学科的综合实践教学平台，创建了以服务企业岗位需求为定位，融合校内、校外两类资源，组建专业教师、驻校实践教师、岗位实践教师三支队伍，共享一流学科实践教学平台、一线标准校内企业实训平台、企业真实项目实战平台、企业岗位实训平台四个实践教学平台，实现学做融合、理实融合、专技融合、身份融合、平台融合。

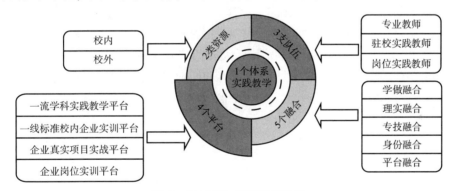

图4 "12345"实践教学体系

（四）成果的推广应用效果

经过多年的探索和实践，本成果全面提升了职业教育人才培养质量，实现了"双一流"高校引领传媒职业教育产教融合、校企联合人才培养新理念、新模式、新机制，产生了重大的社会效益和社会影响。

1. 中传职业教育理念和模式示范性、辐射力和引领性强，产生了重大社会效益

中国传媒大学高等职业教育为满足传媒行业和企业对高质量技术技能人才的需求，将国家战略和学校战略高度协同，凸显"双一流"高校优势，实现产教深度融合，形成了独具特色、育人质量显著的人才培养模式，堪称全国传媒类职业教育典范，受到社会的广泛关注，为推动普通本科学校申请设置职业教育本科专业营造了浓厚氛围，为推动职业教育提质培优、高质量发展和提高社会对职业教育认可度打造标杆，提振信心，改变形象，蹚出路子，彰显了示范引领作用。

2. 校企联合人才培养模式获得社会广泛关注，产生重大影响

中央广播电视总台连续两年多次报道了中国传媒大学校企联合人才培养的成果，辐射全国，获得社会广泛关注。教育部领导和职成司领导听取了中国传媒大学校企联合人才培养的专题汇报，给予高度评价和肯定，并指示将典型经验材料上报教育部，做广泛推广宣传。

校企联合人才培养模式推广到传媒行业头部企业，与人民网、央视频、新华网、中广上洋开展了校企合作人才培养，与北京环球影城签订校企合作协议，北京字节跳动、完美世界、中国动画集团等企业将 1+X 证书培训基地落户高职学院，先后有 80 多家院校和企业学习借鉴本成果，受益人数 10 余万。

牵头筹建由 50 多所院校、30 多家企业单位组成的全国广电与网络视听职业教育联盟，发挥中国传媒大学学界的"溢出效应"，促进传媒行业职业教育高质量发展。

3. 高质量人才培养成效显著，毕业学生获社会高度认可

本成果实施以来，就业率、就业质量、满意度、人岗匹配度全面提升。就业率达 96.2%，第一意愿签约率达 90%，顶岗实习部门与学生的签约意向近 100%，有调岗意向不足 9%，企业表示，只要愿意进入公司，100% 签约。

师生在参加国际国内各类大赛获奖 50 余项，受到国际国内社会各界广泛关注。参加庆祝中国共产党成立 100 周年大会直播，庆祝新中国成立 70 周年系列活动摄影摄像，"央视频" App 北京冬奥会转播微视频制作，CCTV1 综合、CCTV13 新闻、CCTV4 中文国际、CGTN 英语频道等栏目编辑；参加中外合作新时代陆军特战骑兵 2018 年比武，感动中国 2018 年度人物颁奖盛典，2019 年国庆、元旦天安门广场升旗仪式等专题片的摄影和制作。学生在实习和工作中表现出来的高水平技术技能和职业素养，赢得了企业、行业和社会的高度认可，获得了"中央广播电视总台庆祝新中国成立 70 周年宣传报道台长特别奖"。

适应产业"智改数转"的高职机电类专业数字化升级改造探索与实践

完成单位：北京工业职业技术学院；施耐德电气（中国）有限公司；北京京东乾石科技有限公司

完成人：张春芝；冯海明；张萌萌；张普庆；李林琛；盖克荣；王先宏；王怀群；郭勇；王俊；许汕；王琦

一、成果简介

国家实施制造强国战略，大力推进产业"智改数转"，北京市全面升级产业，率先提出数字赋能城市，推进智能设备改造，提升基础设施，促进首都经济发展，这些对机电类人才提出了新要求。针对专业人才培养与"智改数转"下企业人才需求结构性矛盾突出问题，2014年起学校机电类专业开始探索数字化升级改造，依托"高职机电类专业智能化转型升级路径和模式研究"等6个国家、市级和行业教研课题，结合优质校等6个国家级重点项目探索实践，系统构建"标准、课程、师资、基地"四路协同升级体系，形成了"需求驱动，数字赋能，四路协同并进"专业数字化升级改造的"北京实践"，成为支撑产业"智改数转"、智慧城市运行的骨干力量。

（1）升级标准。与施耐德电气、京东乾石共建工程师学院，建立行业统筹力、企业技术力、学校教育力和院所研发力"四力并举"的校企深度合作标准研发机制，构建数字化人才知识能力素养谱系，开发机电一体化、电气自动化、机械制造及自动化等5个机电类专业人才培养方案，制订66个课程标准、35个实训大纲、90个评价标准，建成了数字化人才培养标准体系。

（2）升级课程。岗课赛证融通，构建"平台共享、方向分立、拓展互选、智能贯通"课程体系，融入思政要素，开发《智能设备测试与维护》等"任务活页+资料活页+习题活页"三位一体活页式教材17本，建设"无人仓"等20门O2O课程，2门课程入选国家精品资源共享课，1门课程入选北京市课程思政示范课。

（3）升级师资。师德为先，业务专精，与京东乾石等共建北京市智能设备"双师型"教师培养基地，从团队结构、教学能力、技术水平、科研服务能力等全面提升师资力量，建成工业机器人领域国家首批职教教师教学创新团队，科研成果获省部级科技进步奖4项。

（4）升级基地。注重数字化实践技能培养，构建"基础筑基+单项锤炼+综合提升"三级实践教学体系，虚实结合建设实训基地，建成国家首批示范性虚拟仿真实训基地。专业与施耐德、法国国际教育研究中心共建施耐德工程师学院、中法能效管理应用人才培养和研究中心的模式被教育部在国内复制。

本成果历经六年实践，培养 4 182 名优秀毕业生，辐射受益学生 5 万余名，有力保障了产业"智改数转"人才需求。学生获全国技能大赛一等奖 8 项、二等奖 6 项、三等奖 16 项，连续 7 年获全国大学生机器人大赛一等奖。教学成果获省部级特等奖 2 项，牵头国家自动化类专业目录修订、教学标准制订和实践教学条件标准研制，示范引领全国高职同类专业改革。

二、成果主要解决的教学问题及解决方法

（一）主要解决的教学问题

（1）培养标准与产业"智改数转"岗位需求不适应；
（2）课程与行业技术技能更新迭代不相匹配；
（3）师资智能技术应用水平与数字化人才培养新趋势不相符；
（4）实训基地与技术技能培养新要求不一致。

（二）解决教学问题的方案

1. 升级教学标准，创新人才培养模式

与施耐德电气、京东乾石共建工程师学院，与中关村服务机器人产业联盟深化战略合作，与西门子、首都机场等合作育人，与北航机器人研究所协同，全国机械行业协会、中国人工智能学会等指导，构建"四力并举"行企校研标准协同开发机制，分析产业"智改数转"对岗位人才新要求，构建数字化人才知识能力素养谱系，更新人才培养规格，重塑人才质量观，系统开发人才培养方案、课程标准、实习大纲、评价标准等教学标准体系，专业教育融合创新能力培养，分类培养智能技术创新型和应用型人才。

2. 优化课程体系，融入数智升级课程

立德树人，融入思政要素，纳入岗位新技术，融合"智能产线"等职业技能标准，转化机电一体化等大赛成果，岗课赛证融通，新增"机器视觉"等课程，改造"工厂供电"等传统课程，将智能技术融入平台课程、方向课程、拓展课程，构建机电类专业"平台共享、方向分立、互选拓展、智能贯通"课程体系，实现教学内容智能化。融入国家标准和工艺规范、企业工程案例，开发三位一体活页式教材，"虚拟现实+"开发仿真资源，依托超星学习通等建设 O2O 课程，打造教学资源库，实现教学资源数字化。

3. 引培并举，升级师资智能化技术水平

通过引进、纳新智能技术相关人才，联合施耐德、西门子等国际知名企业组建双师结构队伍，多途径优化团队结构。与京东、安川首钢等共建北京市智能设备"双师型"教师培养基地，开展机器人、虚拟教学等培训，实施"岗位技能实践筑基+产线改造锤炼提升"企业锻炼，提升教师智能化技术水平。与北京工业大学共建北京市"计算智能与智能系统重点实验室"，为航天集团等开展 ICT 机器人系统研发，增强教师智能技术科研服务能力。

4. 构建三级实践教学体系，升级实训基地

构建"基础筑基+单项锤炼+综合提升"三级实践教学体系，基础实践融入智能夜光灯

等项目,单项进行无人车机械结构数字化设计等项目,综合开展工业机器人工作站集成等项目,逐层递进培养数字化实践能力。依托工程师学院,构建实训基地建设运行新机制,针对技术迭代,服务技能升级,建成智能产线、机器人、智慧物流、数字化设计与制造、智慧能效等虚实结合实训基地。

三、成果特色与创新点

(一)理念创新:率先提出"需求驱动,数字赋能,四路协同并进"专业数字化升级改造理念与方法

根据职业教育服务经济社会发展的总要求,聚焦智能装备产业技术发展和城市运行保障新需求,基于自组织协同论,从构建数字化人才知识能力素养谱系入手,系统创建了"标准、课程、师资、基地"升级体系,率先提出"需求驱动,数字赋能,四路协同并进"专业数字化升级改造理念与方法,形成了"顶层系统设计,底层统筹实施,持续优化提升"的专业建设范式,推动了教育教学、教法改革和数字化技术技能人才培养体系建设,破解了满足产业"智改数转"需求的数字化人才培养难题,职业教育的理论与实践结合取得突破创新。数字化升级理念和方案在牵头国家职业教育自动化类目录修订、专业教学标准和实训条件标准制订工作中深度融入,《服务首都高质量发展,高职机电专业群智能化转型升级探索与实践》获得北京市职业教育教学成果特等奖,引领示范职业教育专业改革。

(二)模式创新:系统构建高素质数字化机电类人才培养模式

应用导向,技术牵引,依托施耐德、京东工程师学院,基于校企合作新业态,跨界聚能,创新高素质数字化机电类人才培养模式。通过校企双师教学,校内校外学习有序交替,专业课程和企业实践互通,线上线下同步,逐层提升学生数字化能力,专业教育同创新创业教育有机融合,课内课外系统设计,通过课程学习筑基、技能大赛强化、社团科研提升、岗位锻炼实战,打造"课程+社团+大赛+岗位"融通创新能力培养体系,分类培养技术创新型和应用型两类人才。《基于产学研协同的高职机电专业创新型人才培养探索与实践》获全国煤炭行业教学成果特等奖。

(三)机制创新:创建支撑专业数字化升级的校企协同育人机制

按照"政府统筹、产业支撑;学校主体、企业协同;数智引领,服务发展"的原则,打造国家示范北京城市建设与管理职业教育集团机电专委会,共建施耐德、京东工程师学院等创新实践平台,完善了资源集聚平台产教科融合机制、社会服务收益反哺机制等平台协同运行机制,构建了"四力并举"标准协同开发机制,建立了校企人才双向互聘制度和多层次、分类别的阶梯递进教师协同发展机制,构建了资源共享、协作共赢、统一规划、深度融合的实训基地建设运行机制,形成校企合作新业态,建成教育部工业机器人开放性实训基地、中法能效管理应用和人才培养研究中心、大国工匠高凤林大师工作室,入选教育部产教融合校企合作典型案例和机械行业产教融合校企合作十佳案例。

四、成果的推广应用效果

(一) 人才培养成效显著

本成果历经六年实践，累计直接受益学生 4 182 人，辐射受益学生达 5 万余人，获全国职业院校技能大赛、"互联网+""挑战杯"等国家级奖项 42 项，省部级 121 项。与安川首钢、航天集团、京港地铁等名企合作开展订单培养，相关专业就业率达 99%，80% 以上毕业生在高精尖产业就业。毕业生李衣非入选北京市"喜迎二十大，永远跟党走，到祖国需要的地方建功立业"先进典型，西门子技术高管杨春芝在 CCTV-4 采访中称赞毕业生张鹏"技术基础扎实，快速成长为工程部机器人团队负责人"。

(二) 专业建设成果丰硕

入选国家"双高"院校专业群，成为国家现代学徒制试点专业，获省部级教学成果特等奖 2 项、一等奖 2 项。入选首批国家级教师教学创新团队，建成国家精品资源共享课 2 门、北京市课程思政示范课 1 门，获教学能力大赛全国一等奖 3 项、北京市一等奖 7 项。入选国家首批示范性虚拟仿真实训基地，国家级工业机器人开放性实训基地。

施耐德工程师学院入选工信部中法工业合作示范项目和教育部绿色低碳产教融合项目，中国国际服贸会教育专题展。承担教育部职业教育"走出去"项目，牵头制订的自动化与信息技术专业标准被赞比亚确定为国家标准。

(三) 服务力贡献力剧增

1. 服务国家重大战略

京津冀协同发展，与张家口职院等"结对子"培养冬奥场馆设备保障人才。军民融合，与海军航空大学共育海军岸防设备保障士官。助力乡村振兴，牵头制订全国技能大赛规程和评分体系，推进新型实用人才培养。

2. 服务职教改革发展

牵头国家自动化类专业目录修订、智能制造类 13 个专业教学标准制订、自动化类 25 个专业实训标准研制，主持和参与"智能产线控制与运维""机器视觉系统应用与开发"等 6 个国家 X 证书标准开发。

3. 服务产业智改数转

开展 ICT 机器人系统设计、延庆冬奥场馆智能配电系统开发等百余项技术服务，累计培训逾 3 万人·日，获省部级科技进步奖 4 项。

(四) 引领示范同类专业改革

1. 对口支援，带动提升

结对子山西机电职院等院校，洛阳职院等院校教师来校研修，承接江苏卓越校长班等 400 多所院校 5 000 余人到校考察交流，常州工业职院等 47 所院校学习借鉴应用建设成果。

2. 案例示范，成为样板

入选教育部产教融合校企合作典型案例、国家级创新团队建设典型案例、全国职业院校十佳创新案例等，在教育部 2021 年首场新闻发布会等分享经验，中央电视台、《中国青年报》等 43 家媒体做了广泛宣传，认为成果对推动职业教育高质量发展具有积极的借鉴意义。

五、成果总结

（一）成果背景与问题

1. 成果背景

国家实施制造强国战略，《工业转型升级规划》《中国制造 2025》提出大力推进产业智能化改造、数字化转型，实施"智改数转"。北京市坚持发展高精尖产业，瞄准高端、智能、绿色方向，全面实施产业升级，培育万亿级产业集群。同时，作为超大城市和国际化大都市，率先提出数字赋能城市，推进智能设备改造，提升城市基础设施。首都产业技术变革、城市运行保障水平升级，技能偏态型技术进步，要求参与生产的劳动力具有更高的数字化技术和智能设备应用能力，这些对机电类人才提出了新要求。

2. 主要问题

高职院校积极推进专业数字化升级改造，但由于以下因素影响，人才培养与"智改数转"下企业人才需求结构性矛盾突出。

（1）培养标准与产业"智改数转"岗位需求不适应；
（2）课程与行业技术技能更新迭代不匹配；
（3）师资智能技术应用水平与数字化人才培养新趋势不相符；
（4）实训基地与学生技术技能培养新要求不一致。

3. 实践历程

聚合资源，智改数转。自 2014 年起，为满足产业技术发展和超大城市运行保障新需求，与施耐德、京东乾石、安川首钢、西门子等龙头企业合作，与北京市应急管理局共建北京市电气安全技术研究所，与北京工业大学共建北京市"计算智能与智能系统重点实验室"，联合全国机械行业协会、中国人工智能学会等，行企校研多主体共建专业建设平台，持续对机电类专业进行数字化升级改造，全面服务智能设备企业、水电气暖等城市生命线企业、智慧物流行业、能效管理应用领域企业，跨界聚能培养数字化人才。

教研筑基，实践探索。先后进行"基于北京新战略定位背景下的高职机电类专业设置与定位研究""服务城市运行保障，高职机电类专业群智能化转型升级路径和模式研究"等 6 项教育部、北京市和行业教研课题研究，基于自组织协同论，深度分析企业"智改数转"对人才的新要求，构建"标准、课程、师资、基地"四路协同升级体系，率先提出"需求驱动，数字赋能，四路协同并进"专业数字化升级改造理念和方法（见图 1），历经六年实践培养了大批具备复合型技术、融合性技能、数字化素养的高素质机电类人才。

构建范式，创新引领。经过实践探索，逐步形成了"顶层系统设计，底层统筹实施，持续优化提升"的专业升级改造范式，2017 年《京津冀协同发展背景下机电类专业转型升

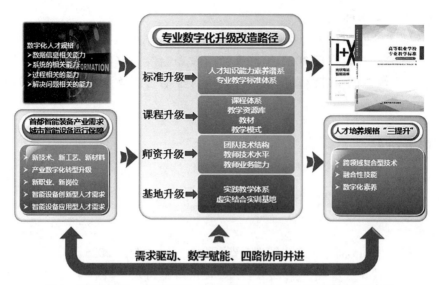

图 1 "需求驱动,数字赋能,四路协同并进"数字化升级改造方法

级探索与实践》获全国机械行业教学成果一等奖,2020 年《基于产学研协同的高职机电专业创新型人才培养探索与实践》获全国煤炭行业教学成果奖特等奖,2021 年《服务首都高质量发展,高职机电专业群智能化转型升级探索与实践》获北京市教学成果特等奖。专业始终与中国职业教育同频共振,先后成为国家示范校、优质校、双高校重点建设专业群,作为排头兵引领职教改革发展,牵头国家自动化类专业目录、智能制造类 13 个专业教学标准、自动化类(25 个专业)实训教学条件建设标准制订。

(二)主要做法与经验成果

1. 升级教学标准,创新人才培养模式

构建数字化人才培养标准体系。鉴于数字化技术的高度复合性和快速迭代性特点,为实现人才培养实时跟上产业"智改数转"需求步伐,聚焦智能设备领域,与施耐德电气、京东乾石共建工程师学院,与中关村服务机器人产业联盟深化战略合作,与西门子、首都机场等合作开展订单培养,与北航机器人研究所协同,机械协会、中国人工智能学会等统筹,构建行业统筹力、企业技术力、学校教育力和院所研发力"四力并举"标准协同研发机制,分析产业"智改数转"对岗位人才新要求,构建数字化人才知识能力素养谱系(见图 2),更新人才培养规格,重塑人才质量观,开发机电一体化技术、电气自动化技术、机械制造与自动化等 5 个机电类专业人才培养方案,制订 66 个课程标准、35 个实训大纲、90 个评价标准,形成了数字化人才培养标准体系。

创新数字化人才培养模式。与北京自来水集团合作试点现代学徒制,依托施耐德、京东工程师学院,基于校企合作新业态,创新"双元育人、五面融通、分类培养、专创结合"人才培养模式(见图 3)。双元育人:校企各施所长协同育人。五面融通:校企双导师教学,校内校外学习有序交替,专业课程和企业实践课程互通,线上线下同步,课程学习和专业社团、大赛、科研与技术服务相促,逐层提升学生数字化能力。分类培养:满足产业链上下游企业对人才的差异化需求,分类培养技术创新型和技术应用型人才。专创结合:专业教育同

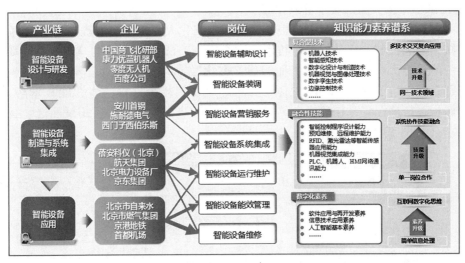

图 2　机电类专业数字化人才知识能力素养谱系开发

创新创业教育有机融合，以职业能力成长为主线进行横纵联结、课内课外系统设计，逐层递进提升学生创新创业能力，通过课程学习筑基、社团科研提升、技能大赛强化、岗位锻炼实战，打造"课程+社团+大赛+岗位"融通创新能力培养体系（见图4）。

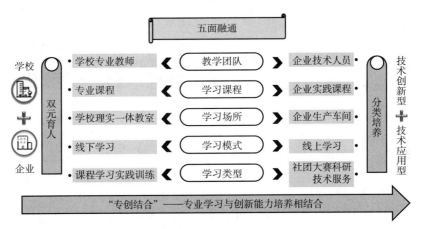

图 3　"双元育人、五面融通、分类培养、专创结合"人才培养模式

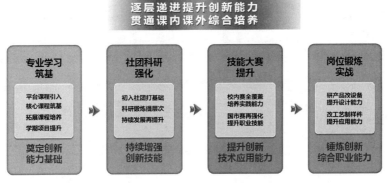

图 4　"课程+社团+大赛+岗位"融通创新能力培养体系

2. 优化课程体系，融入数智升级课程

课程内容智能化。以立德树人为根本，依据数字化人才知识能力素养谱系，纳入岗位所需智能感知、智能控制、智慧维修等技术，融合智能产线控制与运维等职业技能等级标准，转化机电一体化等大赛成果，岗课赛证融通，突出数字化核心能力培养，新增"视觉系统与图像识别"等15门课程，改造"工厂供电"等9门传统课程，将智能技术融入平台课程、方向课程、拓展课程，构建机电类专业"平台共享、方向分立、拓展互选、智能贯通"的课程体系（见图5）。

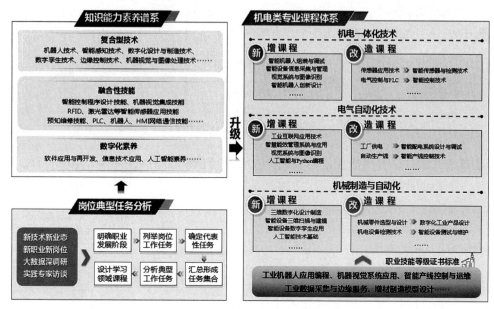

图5 机电类专业课程体系构建

教学资源数字化。融入国际、国家、行业、企业标准和生产工艺规范、优质工程案例以及思政要素，开发《智能设备测试与维护》等"任务活页+资料活页+习题活页"三位一体活页式教材17本（见图6），"虚拟现实+"开发数字资源，依托超星学习通、智慧树等平台建设"无人仓"等20门O2O课程，打造北京市机电类专业教学资源库（见图7）。2门课程入选国家精品资源共享课，"单片机应用技术"课程入选北京市课程思政示范课。

图6 "岗课赛证"融通一体化开发《工业机器人操作与编程》教材

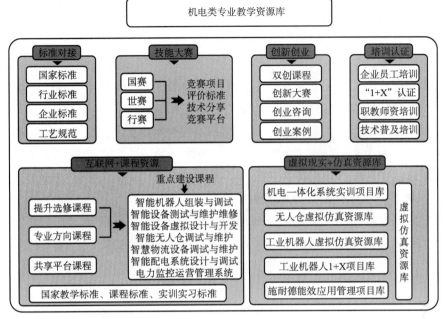

图 7　机电类专业教学资源库

3. 引培并举，升级师资智能化技术水平

优化专业团队结构。通过引进、纳新智能技术相关专业人才，联合施耐德、西门子等国际知名企业形成双师结构团队协作共同体，构建校企人才双向互聘和多层次、分类别的阶梯递进教师协同发展机制，多途径优化团队结构（见图8）。

图 8　机电类专业教学团队升级

提升教师个体水平。与京东乾石、西门子西伯乐斯等共建北京市智能设备"双师型"教师培养基地，开展智能机器人、智慧能效、数字化设计与制造等技术和信息化教学能力培训，实施"岗位技能实践筑基+产线改造锤炼提升"的系统化企业实践锻炼，全面提升教师智能化、数字化技术水平。

增强技术应用能力。依托北京市计算智能与智能系统重点实验室、北京市电气安全技术研究所等，组建智能设备、数字化设计与制造、能效管理应用等技术中心，为西伯乐斯、航天集团等开展ICT机器人系统研发、"月球车"前锥件加工工艺研发等技术服务，提升教师智能技术科研与服务水平，建成工业机器人应用与维护领域国家首批职业教育教师教学创新团队，科研成果获省部级科技进步奖4项。

4. 构建三级实践教学体系，升级实训基地

重构专业实践教学体系。构建"基础筑基+单项锤炼+综合提升"三级实践教学体系，基础实践融入智能夜光灯等项目，单项实践开展无人车机械结构数字化设计等项目，综合实践进行智能产线装调与控制、工业机器人集成等项目，逐层递进培养学生数字化技术技能（见图9）。

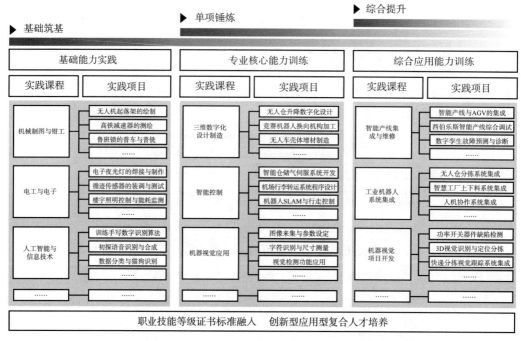

图9 "基础筑基+单项锤炼+综合提升"三级实践教学体系

共建虚实结合实训基地。依托施耐德、京东工程师学院，构建校企资源共享、协作共赢、统一规划、深度融合的实训基地建设运行机制，针对技术迭代，服务技能升级，建设智能机器人、数字化设计与制造、智慧能效、无人仓、智能产线等虚实结合实训基地，建成国家首批示范性虚拟仿真实训基地。专业与施耐德、法国国际教育研究中心共建施耐德工程师学院（中法能效管理应用人才培养和研究中心）的模式被教育部在国内复制（见图10）。

图 10　机电类专业"虚实一体"实践教学基地

（三）创新与特点

1. 理念创新：率先提出"需求驱动，数字赋能，四路协同并进"专业升级改造理念与方法

根据职业教育服务经济社会发展的总要求，聚焦智能装备产业技术发展和城市运行保障新需求，基于自组织协同论，系统构建了"标准、课程、师资、基地"升级体系，率先提出"需求驱动，数字赋能，四路协同并进"专业数字化升级改造理念与方法，形成了"顶层系统设计，底层统筹实施，持续优化提升"的专业建设范式，推动了教育教学、教法改革和数字化技术技能人才培养体系建设，突破了培养产业"智改数转"需求的数字化人才培养难题，职业教育的理论与实践结合取得突破创新。数字化升级理念和方案在牵头国家职业教育自动化类目录修订、专业教学标准和实训条件标准制订工作中深度融入，《服务首都高质量发展，高职机电专业群智能化转型升级探索与实践》获得北京市职业教育教学成果特等奖，引领示范职业教育专业改革。

2. 模式创新：系统构建高素质数字化机电类人才培养模式

应用导向，技术牵引，依托施耐德、京东工程师学院，基于校企合作新业态，跨界聚能，创新高素质数字化机电类人才培养模式。通过校企双师教学，校内校外学习有序交替，专业课程和企业实践互通，线上线下同步，逐层提升学生数字化能力，专业教育同创新创业教育有机融合，课内课外系统设计，通过课程学习筑基、社团科研提升、技能大赛强化、岗位锻炼实战，打造"课程+社团+大赛+岗位"融通创新能力培养体系，分类培养技术创新型和应用型两类人才。《基于产学研协同的高职机电专业创新型人才培养探索与实践》获全国煤炭行业职业教育教学成果特等奖。

3. 机制创新：创建支撑专业数字化升级的校企协同育人机制

按照"政府统筹、产业支撑；学校主体、企业协同；数智引领，服务发展"的原则，打造国家示范北京城市建设与管理职业教育集团机电委员会，共建施耐德、京东工程师学院等创新实践平台，完善了资源集聚平台产教科融合机制、社会服务收益反哺机制等平台协同运行机制，构建了"四力并举"标准协同开发机制，建立了校企人才双向互聘制度和多层次、分类别的阶梯递进教师协同发展机制，构建了资源共享、协作共赢、统一规划、深度融合的实训基地建设运行机制，形成校企合作新业态，建成教育部工业机器人开放性实训基地、中法能效管理应用和人才培养研究中心、大国工匠高凤林大师工作室，入选教育部产教融合校企合作典型案例和机械行业产教融合校企合作十佳案例。

（四）应用推广效果

1. 人才培养成效显著

培养质量优异。学生获全国职业院校技能大赛、"互联网+"、"挑战杯"等国家级奖项42项，省部级奖项121项。毕业生李衣非入选北京市"喜迎二十大，永远跟党走，到祖国需要的地方建功立业"先进典型，西门子技术主管杨春芝在CCTV-4采访中称赞毕业生张鹏"具备扎实技术基础，快速成长为工程部机器人团队负责人"。

支撑行业需求。成果历经六年实践，累计直接受益学生4 182人，辐射受益学生达5万余人，与航天集团、西门子西伯乐斯、京港地铁等知名企业合作开展订单培养，专业就业率达99%，80%的毕业生在智能装备高精尖产业和城市生命线企业就业，成为推进首都产业"智改数转"、保障智慧城市运行的骨干力量。

2. 专业建设成果丰硕

专业发展。入选国家"双高"（B类）院校专业群，成为国家现代学徒制试点专业、全国装备制造类示范专业点，成果获北京市教学成果特等奖、煤炭行业教学成果特等奖、机械行业教学成果一等奖，建成国家精品资源共享课2门、北京市课程思政示范课程1门。

师资引领。入选首批国家级职业教育教师教学创新团队，学校当选全国机械行指委副秘书长单位，牵头人获北京市人民教师提名奖，教师主持国家级教育研究课题3项、省部级3项，获国家教学能力大赛一等奖3项、北京市一等奖7项。

基地提升。入选国家首批职业教育示范性虚拟仿真实训基地、国家级工业机器人开放性实训基地、国家机电类师资培训基地。

国际辐射。施耐德工程师学院入选工信部中法合作示范项目和教育部绿色低碳产教融合项目、中国国际服贸会教育专题展。承担教育部职业教育"走出去"项目，牵头制订的自动化与信息技术专业教学标准被赞比亚确定为国家标准。

3. 服务力贡献力剧增

服务国家重大战略。京津冀协同发展，与张家口职院等"结对子"培养冬奥场馆设备维修人才。军民融合，与海军航空大学合作培养海军岸防设备保障海军士官。助力乡村振兴，牵头制订首届乡村振兴技能大赛规程和评分体系，推进新型实用人才培养。

服务职教改革发展。牵头国家自动化类专业目录修订、智能制造类13个专业教学标准制订、自动化类（25个专业）实训教学条件建设标准研制。主持和参与"智能产线控制与运维""机器视觉系统应用与开发"等6个国家X证书标准开发。

服务产业成效显著。开展ICT机器人系统开发、延庆冬奥场馆智能配电系统开发等百余项技术服务，累计培训逾3万人·日，获省部级科技进步奖4项。

4. 引领示范同类专业

案例示范，成为样板。入选教育部产教融合校企合作典型案例、国家级创新团队建设典型案例、全国职业院校"十佳创新案例"等，在教育部 2021 年首场新闻发布会、职教大会等分享经验，成为全国高职院校学习借鉴样板。

对口支援，带动提升。结对子张家口职院、山西机电等院校，洛阳职院、江西工程等院校教师来校研修，承接江苏卓越校长班等 400 余所院校到校考察交流，常州工业、天津现代等 47 所院校学习借鉴应用建设成果。

宣传报道，社会赞誉。《劳动午报》以《产教融合培养紧缺高技能专业人才》为题报道专业建设成效，中央电视台、《中国青年报》、《中国教育报》等 43 家媒体做了重点宣传，认为对推动职业教育高质量发展具有积极的借鉴意义。

北京财经商贸高端技术技能人才七年贯通培养创新与实践

完成单位：北京财贸职业学院；北京教育科学研究院；首都经济贸易大学；中央民族大学附属中学；中联企业管理集团有限公司

完成人：夏飞；李宇红；寻云杰；吕良燕；徐楠；孙亮；王国德；平建恒；梁毅炜；平若媛；董雪梅；李昱言；任韬；刘淑娥；刘雁琪；姜宏；王子林

一、成果简介

为提供北京高精尖产业急需的高端技术技能人才，促进教育公平，满足人民对高层次职业教育的诉求，从 2014 年起，北京开展高端技术技能人才贯通培养试验，长学制培养本科层次高素质技术技能人才。

北京财贸职业学院依托 2012 年参与的全国教育科学规划重大课题"我国现代职业教育体系研究"成果，将职业教育分级制试点成效运用到贯通培养项目中，牵头联合研究机构、示范高中、本科院校和头部企业，聚焦"支撑北京现代服务业高端发展急需的高端技术技能人才供给不足，贯通培养财经商贸高端技术技能人才缺乏系统实践与保障"等问题开展研究。选择对接北京现代服务业高端的优势专业，招收初中毕业生，实施"2+3+2"七年贯通培养财经商贸高端技术技能人才。前两年为基础学习阶段，开展基础文化教育并将职业认知和素养渗透其中；中间三年为技术技能培养阶段，进行高职及本科前置教育；后两年为职业纵深拓展阶段，实施本科层次技术技能教育。

坚持立德树人、五育并举，围绕培养复合型、创新型、国际化财经商贸高端技术技能人才，进行职业能力和职业素养"两平台打造"，学校学习、企业实践、国外研修"三经历共融"，思政、学业、职业和双创"四导师培育"，政府、学校、研究机构、行业、企业"五方联动"实践，构建中高本贯通、职普融合、校企协同培养新范式。一是研制财经商贸七年贯通培养质量标准和培养方案。研制专业设置、人才培养、课程、财贸职业素养、实践教学、师资队伍、质量评价七项质量标准。重构基础文化课、职业基础课、职业能力课和职业拓展课四类型七年一体化课程体系和财贸职业素养教育体系。二是构建财经商贸七年贯通培养两个实施平台。财贸职业能力培养平台，聚焦第一课堂，基于财经商贸真实业务场景和项目，推动教法、教材和资源建设，突出校企合作。财贸职业素养教育平台，聚焦第二、三课堂，"敬畏、感恩、爱心、诚信、责任、严谨、创新"七个主题贯穿七年，开展教育文化活动。三是强化财经商贸七年贯通培养保障。在政府推动下，强化组织、制度、经费保障，建立多元质量评价机制。

八年实践创新，连续招收 8 届 3 300 余名学生。生源质量好，学生表现优，教科研成果丰硕，毕业生就创业质量高。学生满意、家长认同、政府重视、社会认可，新华社、《人民日报》等 20 多家权威媒体进行报道。

本成果为北京现代服务业提供了高端技术技能人才支撑，为长学制培养财经商贸高端技术技能人才提供了北京方案，荣获 2021 年北京市职业教育教学成果特等奖。

二、成果主要解决的教学问题及解决方法

本成果主要解决了北京财经商贸高端技术技能人才培养过程中急需的完善的质量标准、培养方案，行之有效的实施平台和强有力的保障机制等问题。

（一）基于人才需求、产业专业契合度调研和学情分析，研制财经商贸七年贯通培养质量标准和培养方案，解决了财经商贸贯通培养质量标准和培养方案缺乏的问题

通过财经商贸技术技能人才需求调研、财经商贸产业专业契合度分析和贯通培养学情分析，研制专业设置、人才培养、课程、财贸职业素养、实践教学、师资队伍、质量评价 7 项贯通培养质量标准。

探索了学科逻辑、技术逻辑和应用逻辑三个逻辑"融合共生"的高端技术技能人才贯通培养规律，构建七年一体化贯通培养方案。应用 PGSD（职业、通用、社会、发展）能力分析，构建全面覆盖、类型丰富、层次递进、相互支撑的基础文化课、职业基础课、职业能力课和职业拓展课"四类型融通"的七年一体化课程体系，避免课程内容的脱节和简单重复，提升课程系统性和有效性，系统培养学生财贸职业能力。构建"七三五一"（七大主题、三阶段过程、五平台载体、一证书评价）财贸职业素养教育体系，系统培育学生财贸职业素养。

（二）基于职业教育类型教育特征，系统构建两大实施平台，解决了财经商贸贯通培养实施运行不顺畅问题

（1）建设财贸职业能力培养平台。精准分析贯通学情和职业志趣，聚焦职业能力提升，立足第一课堂，实施财贸职业能力教育并开展多样化的学科与技能竞赛活动。从北京现代服务业紧缺职业需求出发，基于财经商贸真实业务场景和项目，重构课堂教学与实践教学体系，推行四导师制，全方位推动教法改革、教材和资源建设，依托产业学院、大师工作室、企业课堂等深化校企合作。

（2）建设财贸职业素养教育平台。聚焦职业素养提升，立足第二、第三课堂，将"敬畏、感恩、爱心、诚信、责任、严谨、创新"七个主题的财贸职业素养教育贯穿七学年，每个学年侧重一个主题，开展丰富多彩的第二、三课堂活动。

（三）基于职业教育跨界融合特征，强化贯通培养保障机制，解决了财经商贸贯通培养保障不力的问题

在政府的强力推动下，强化组织保障、制度保障、经费保障，完善教育教学管理制度，健全投入机制，建立一体化的教育教学管理队伍，建成中、高、本协同育人教育教学共同

体。建立质量评估机制，构建"文化素质+财贸职业素养+财贸职业能力"的转段方案。建立社会、政府、行业、企业及学校、学生、家长等共同参与的多元质量评价机制。

三、成果特色与创新点

本成果定位"高端"，突出"贯通"，通过长学制实现了学校与企业、职教与普教、国内与国外中高本三个层次不同类型教育的贯通。

（一）发扬首创引领，探索了财经商贸高端技术技能人才培养成长和贯通培养规律

归纳了年龄效应、兴趣驱动、技能积累、扬长避短、理实一体、师承效应、德技兼修7个高端技术技能人才成长规律。探索了学科逻辑、技术逻辑和应用逻辑三个逻辑"融合共生"的财经商贸高端技术技能人才贯通培养规律，并在实践中取得了良好成效。与中央民族大学附中合作，基础阶段遵循学科逻辑，以"宽厚基础"为目标，注重培养学生扎实的文化基础和开阔的国际视野。与中联集团等龙头企业合作，高职阶段遵循技术逻辑，以"综合能力"为目标，通过企业课堂、大师工作室等，进行高端财经商贸职业能力打造，培养学生综合技术技能。本科阶段凸显应用逻辑，以"创新发展及高质量就业"为目标，与首都经济贸易大学合作，培养学生解决财经商贸复杂现场问题的创新能力和就业能力。

（二）坚持首善标准，创新研制并实施了一整套财经商贸高端技术技能人才贯通培养的质量标准及培养方案

在培养周期长、技能及素养要求高的财经商贸领域实施长学制七年贯通培养，创新研制专业设置、人才培养、课程、财贸职业素养、实践教学、师资队伍、质量评价7项贯通培养质量标准，系统设计一体化人才培养方案，构建一体化的四类型课程体系，打造财贸职业素养教育体系，强化基础文化教育和创新创业教育，形成多元评价体系。

（三）抓住首要关键，创新实践了一套政研校行企多方互通共融的多元办学机制

创新"跨界整合、整体设计、系统培养、贯通实施、校企合作、协同育人"机制，建立贯通培养联席会，成立贯通培养领导和执行机构，组建贯通教育学院。携手北京教育科学研究院对办学过程研究监测，与合作院校和企业签订合作协议，定期研讨推进贯通培养工作。打破了教育体制内部藩篱，整合融通普通高中、高职教育和普通本科教育等不同类型的优质教育资源，与中联集团、京东集团等开展深度校企合作，实现了产业链、教育链、人才链的七年贯通培养。

（四）进行评价改革，创新实施贯通培养质量评价

建立各学段多元综合考核体系，创新实施"文化素质+财贸职业能力+财贸职业素养"转段升学办法。基础阶段采用"学业质量考核"和"综合素养考评"考核评价并作为转段

依据；高职阶段强化过程评价，注重综合评价。本科阶段探索增值评价，以就业率、创业率、就业创业质量、企业满意度为核心指标。

四、成果的推广应用效果

（一）应用效果

（1）实现了学生"成才出彩"，相关利益方满意度高。累计 1 339 人转段到首都经济贸易大学等国内外本科院校，104 人留学国外，转段升本比例达 100%。获"互联网+"创新创业大赛金奖在内的省部级以上奖励 337 项，获奖比例比普通高职高 20%。学生说："选择职教贯通赛道，未来一样出彩！"家长说："适合就是最好的。"第三方调查显示，学生和家长满意度为 92% 和 93%。毕业生职业胜任力强，2022 年毕业生在头部企业就业比例达 30%，为北京服务业提供了高端技术技能人才支撑。企业满意度为 95%，认为"学生感悟能力强、创新思维强、动手能力强、纠错能力强、合作意识强。与高职专科相比，处理复杂和高端财经业务能力强，又具备普通本科学生缺乏的实践能力"。

（2）促进了教育公平和优质教育资源供给平衡。录取的远郊区学生占比为 41%，农业户口学生占比为 38%，为北京欠发达地区和农村学生提供了优质教育资源和发展机会。

（3）推动了学校高质量发展和国际化水平提升。2 个专业群入选全国"双高"专业群，5 个专业群入选北京特高专业群。5 个产业学院入选北京工程师学院。获世界职业院校与应用科技大学联盟 2020 年银奖。贯通培养已成为北京中考考生的优先选择，近四年录取率均为 100%，入学分高录取分数线 50 分左右。

（4）形成了一大批教科研成果。出版《职业教育贯通培养模式研究》等专著 5 部，发表论文 101 篇，完成教科研项目 100 余项。获首届全国教材建设一等奖 1 项，全国职业院校教学能力比赛一等奖 1 项，北京市一等奖 7 项，北京课程思政示范课 3 门，北京职业教育在线精品课 7 门。

（二）推广效果

（1）上级领导高度肯定。2016 年时任北京市领导苟仲文亲自指导学校贯通项目。2020 年《深化职业教育"贯通培养项目"改革的建议》被时任北京市领导王宁批示。成果在 2021 年中国服贸会发布并受到中国职业技术教育学会领导肯定。

（2）权威媒体广泛关注。被新华社（2019-06-27，《北京"贯通培养"促成才》）、《人民日报》（2016-01-21，《北京职业院校为什么吃香了？》）、《中国教育报》、北京电视台等 20 多家权威媒体专题报道。

（3）示范带动作用明显。北京工业职业技术学院等 10 多所院校来校交流，学校成为北京贯通语文师资培训基地。英国北安普顿大学等 10 多所国外高校来校交流。

（4）国际影响作用凸显。会计和金融专业首家通过英国国家学历学位评估认证中心国际专业标准评估认证，并被其纳入"一带一路"桥梁计划，推广了中国职教标准。

五、成果总结

（一）成果背景与问题

为提供北京高精尖产业转型升级急需的高端技术技能人才，促进教育公平，满足人民对高层次职业教育的诉求，从 2014 年起，北京开展高端技术技能人才贯通培养试验，长学制培养本科层次高素质技术技能人才。

北京财贸职业学院依托 2012 年参与的全国教育科学规划重大课题"我国现代职业教育体系研究"成果，将职业教育分级制试点成效运用到贯通培养项目中，牵头联合研究机构、普通高中、本科院校和头部企业，聚焦"支撑北京现代服务业高端发展急需的高端技术技能人才供给不足，开展中高本贯通培养财经商贸高端技术技能人才缺乏系统实践与保障"等问题深入研究。选择对接北京现代服务业高端的优势专业，招收初中毕业生，实施"2+3+2"七年贯通培养财经商贸高端技术技能人才。前两年为基础学习阶段，开展基础文化教育并将职业认知和素养渗透其中；中间三年为技术技能培养阶段，进行高职及本科前置教育；后两年为职业纵深拓展阶段，实施本科层次技术技能教育。

作为北京职业教育综合改革的重大创新试验项目，本成果主要解决了北京财经商贸高端技术技能人才培养过程中急需的完善的质量标准、培养方案，行之有效的实施平台和强有力的保障机制等问题。

本成果经历了理论探索、方案实施、实践创新、优化完善四个阶段。

（1）2014—2015 年，理论探索。2014 年确定为北京市试点，2015 年首届招生。成立研究专班，开展国内应用技术大学标杆分析研究，进行财经商贸高端技术技能人才成长规律和贯通培养规律研究，研制贯通培养质量标准。

（2）2015—2016 年，方案实施。开展 2015 年北京市教改立项"财经商贸类专业贯通培养项目人才培养特色研究"和 2016 年北京市教育规划重点课题"北京市高端技术技能人才贯通培养研究"等研究，系统设计并开始实施财经商贸高端技术技能人才贯通培养方案。

（3）2017—2020 年，实践创新。继续开展 2017 年北京市教育规划青年课题"高端技术技能人才贯通培养评价体系研究"和 2018 年北京市教育规划重点课题"北京市高端技术技能人才贯通培养试验项目可持续发展研究"等研究，结合生源特点，精心培养学生的财贸职业能力和财贸职业素养。

（4）2021—2022 年，优化完善。持续优化和完善贯通培养内涵建设，完善各环节质量标准。通过实践检验进一步优化完善核心课程标准、质量评价标准、转段升学标准，持续完善保障机制。

（二）主要做法与经验成果

1. 主要做法

（1）基于人才需求、产业专业契合度调研和学情分析，研制财经商贸七年贯通培养质量标准和培养方案，解决了财经商贸贯通培养质量标准和培养方案缺乏的问题（见图1）。

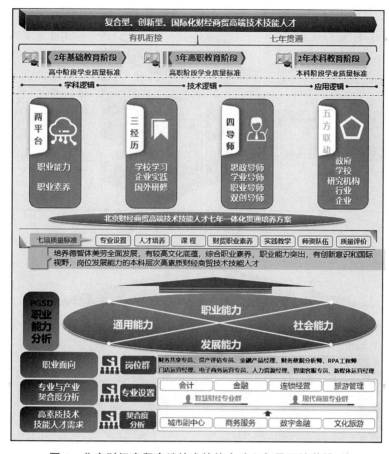

图1 北京财经商贸高端技术技能人才七年贯通培养模型

聚焦北京现代服务业高质量发展，通过财经商贸技术技能人才需求调研和财经商贸产业专业契合度及贯通学情分析，坚持贯通专业与北京现代服务业产业高端发展同频共振、高度契合。研制规范化的专业设置、人才培养、课程、财贸职业素养、实践教学、师资队伍、质量评价7项贯通培养质量标准。

探索了从学科通用素养，到熟练技术技能，再到高端应用能力的逐级递进、相互支撑、持续发展的，学科逻辑、技术逻辑和应用逻辑三个逻辑"融合共生"的高端技术技能人才培养规律，构建七年一体化贯通培养方案。应用PGSD分析（PGSD是一个有机整体，P代表职业能力、G代表通用能力、S代表社会能力、D代表发展能力），高标准构建全面覆盖、类型丰富、层次递进、相互支撑的基础文化课、职业基础课、职业能力课和职业拓展课"四类型融通"的贯通七年一体化课程体系，实现课程内容衔接的连续性、逻辑性和整合性，避免课程内容的脱节和简单重复，提升课程有效性和适应性，系统培养学生财贸职业能力（见图2）。构建"七三五一"（"敬畏、感恩、爱心、诚信、责任、严谨、创新"七大教育主题，"理性认知、自我养成和总结展示"三阶段教育过程，"班级建设、宿舍文化、社团活动、节庆仪式、家校互动"五平台教育载体，"财贸职业素养证书"一证书教育评价）财贸职业素养教育体系，系统培育学生财贸职业素养（见图3）。

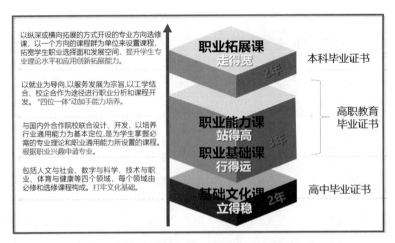

图 2 贯通七年一体化课程体系

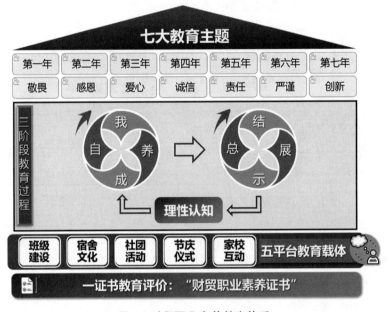

图 3 财贸职业素养教育体系

（2）基于职业教育类型教育的特征，系统构建两大实施平台，解决了财经商贸贯通培养实施运行不顺畅的问题。

建设财贸职业能力培养平台。精准分析贯通学情和职业志趣，聚焦能力提升，立足第一课堂，实施财贸职业能力教育并开展多样化的学科与技能竞赛活动。从首都服务业紧缺职业需求出发，基于财经商贸真实业务场景和项目，重构课堂教学与实践教学体系（见图4），推行四导师制，全方位推动教法改革、教材和资源建设，依托产业学院、大师工作室、企业课堂深化校企合作。

建设财贸职业素养教育平台。聚焦素养提升，立足第二、第三课堂，将"敬畏、感恩、爱心、诚信、责任、严谨、创新"七个主题的财贸职业素养教育贯穿七学年，每个学年侧重一个主题，开展丰富多彩的第二、三课堂活动。

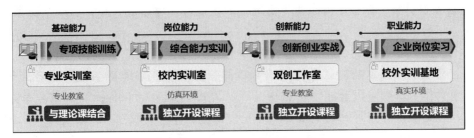

图 4 "四位一体"实践教学体系

（3）基于职业教育跨界融合的特征，强化贯通培养保障机制，解决了财经商贸贯通培养保障不力的问题。

在政府顶层设计的强力推动下，强化组织保障、制度保障、经费保障，完善教育教学管理制度，健全投入机制，建立一体化的教育教学管理队伍，建成中、高、本协同育人教育教学共同体。建立贯通培养质量评估机制，构建"文化素质+财贸职业素养+财贸职业能力"的转段方案。建立社会、政府、行业、企业及学校、学生、家长等共同参与的多元质量评价机制。

2. 经验成果

坚持立德树人、五育并举，围绕培养复合型、创新型、国际化财经商贸高端技术技能人才，进行职业能力和职业素养"两平台打造"，学校学习、企业实践、国外研修"三经历共融"，思政、学业、职业和双创"四导师培育"，政府、学校、研究机构、行业、企业"五方联动"的实践，构建中高本贯通、职普融合、校企协同培养新范式。

成果荣获 2021 年北京市职业教育教学成果特等奖。主要包括：一是研制财经商贸七年贯通培养质量标准和培养方案。研制专业设置、人才培养、课程、财贸职业素养、实践教学、师资队伍、质量评价七项质量标准。重构基础文化课、职业基础课、职业能力课和职业拓展课四类型七年一体化课程体系和财贸职业素养教育体系。二是构建财经商贸七年贯通培养两个实施平台。财贸职业能力培养平台聚焦第一课堂，基于财经商贸真实业务场景和项目，推动教法改革、教材和资源建设，突出校企合作。财贸职业素养教育平台聚焦第二、三课堂，"敬畏、感恩、爱心、诚信、责任、严谨、创新"七个主题贯穿七年，开展丰富多彩的教育文化活动。三是强化财经商贸七年贯通培养保障。在政府强力推动下，强化组织保障、制度保障、经费保障，建立多元质量评价机制。

八年实践创新，连续招收 8 届 3 300 余名学生。生源质量好，学生表现优，教科研成果丰硕，毕业生就业创业质量高。学生满意、家长认同、政府重视、社会认可，新华社、《人民日报》等 20 多家权威媒体报道。贯通培养的创新与实践为学校转型升级可持续发展开辟了新路，为北京现代服务业提供了高端技术技能人才支撑，为长学制培养财经商贸高端技术技能人才提供了北京方案。

（三）成果的创新与特点

成果定位"高端"，突出"贯通"。通过长学制实现了学校与企业、职教与普教、国内与国外中高本三个层次、不同类型教育的贯通。突出文化基础的扎实、高端职业能力的打造和国际化视野的拓展，在不同类型教育的组合，各个学段的衔接上走出一条具有北京特色的道路。

1. 发扬首创引领，探索了财经商贸高端技术技能人才培养成长和贯通培养规律

归纳了年龄效应、兴趣驱动、技能积累、扬长避短、理实一体、师承效应、德技兼修7个高端技术技能人才成长规律。探索了学科逻辑、技术逻辑和应用逻辑三个逻辑"融合共生"的财经商贸高端技术技能人才贯通培养规律，并在实践中取得了良好成效。与中央民族大学附中合作，基础阶段遵循学科逻辑，以"宽厚基础"为目标，注重培养学生扎实的文化基础和开阔的国际视野。与中联集团等龙头企业合作，高职专科阶段遵循技术逻辑，以"综合能力"为目标，通过企业课堂、大师工作室等，重点进行高端财经商贸职业能力的打造，培养学生综合技术技能。本科阶段凸显应用逻辑，以"创新发展及高质量就业"为目标，与首都经济贸易大学合作，培养学生解决财经商贸复杂现场问题的创新能力和高质量就业能力。

2. 坚持首善标准，创新研制并实施了一整套财经商贸高端技术技能人才贯通培养的质量标准及培养方案

在培养周期长、技能及素养要求高的财经商贸领域实施长学制七年贯通培养，创新研制一整套包括专业设置、人才培养、核心课程、财贸职业素养、实训基地、师资队伍、质量评价七项的贯通培养质量标准，设计一体化人才培养方案，构建一体化的四类型课程体系，打造财贸职业素养教育体系，强化基础文化教育和创新创业教育，形成多元评价体系。

3. 抓住首要关键，创新实践了一套政研校行企多方互通共融的多元办学机制

创新"跨界整合、整体设计、系统培养、贯通实施、校企合作、协同育人"机制，建立贯通培养联席会，成立贯通培养领导和执行机构，组建贯通教育学院。携手北京教育科学研究院对办学过程研究监测，与合作院校和企业签订合作协议，定期研讨推进贯通培养工作。打破了教育体制内部藩篱，整合融通普通高中、高职教育和普通本科教育等不同类型的优质教育资源，与中联集团、京东集团等开展深度校企合作，实现了产业链、教育链、人才链的七年贯通培养。

4. 进行评价改革，创新实施贯通培养质量评价

建立各学段多元综合考核体系，创新实施"文化素质+财贸职业能力+财贸职业素养"转段升学办法。基础阶段采用"学业质量考核"和"综合素养考评"考核评价并作为转段依据；高职阶段强化过程评价，注重综合评价；本科阶段探索增值评价，以就业率、创业率、就业创业质量、企业满意度为核心指标。

（四）成果的推广应用效果

1. 应用效果：高职教育吸引力和培养质量显著提高

（1）实现了学生"成才出彩"，相关利益方满意度高。累计1 339人转段到首都经济贸易大学等国内外本科院校，104人留学国外，转段升本比例达100%。获包括"互联网+"大学生创新创业大赛金奖在内的省部级以上奖励337项，获奖比例比普通高职高20%。学生说："选择职教贯通赛道，未来一样出彩！"家长说："适合就是最好的。"第三方调查显示，学生和家长满意度为92%和93%。毕业生职业胜任力强，较好满足了北京现代服务业高端需求。2022年毕业生在头部企业就业比例达30%，为北京服务业提供了坚实的高端技术技能人才支撑。第三方调查企业满意度达95%，认为"学生感悟能力强、创新思维强、动手能力强、纠错能力强、合作意识强。与高职专科相比，处理复杂和高端财经业务能力强，又具备普通本科学生缺乏的实践能力"。

（2）促进了教育公平和优质教育资源的供给平衡。贯通培养录取的远郊区学生占比41%，农业户口学生占比为38%，为北京欠发达地区和农村学生群体提供了享受优质教育资源和发展机会，有力促进教育公平和优质教育资源的均衡配置。

（3）促进了学校高质量发展和国际化水平提升。2个专业群入选全国双高专业群，5个专业群入选北京特高专业群。5个产业学院入选北京市工程师学院。获评世界职业院校与应用科技大学联盟2020年银奖。贯通培养已经成为北京中考考生的优先选择，近四年贯通入学录取率均为100%，入学分数高出最低录取分数线50分左右。

（4）形成了一大批高质量的教科研成果。出版首部北京贯通培养理论成果《职业教育贯通培养模式研究》等专著5部，53人发表论文101篇，500多人完成教科研项目100余项。《会计综合实训》获首届全国教材建设奖一等奖。获1个全国职业院校教学能力比赛一等奖、7个北京市一等奖，3门北京课程思政示范课，7门北京职业教育在线精品课。

2. 推广效果：社会影响大，示范辐射效应好

（1）上级领导高度肯定。2016年时任北京市领导苟仲文亲自指导学校贯通培养项目。2020年研究成果《深化职业教育"贯通培养试验项目"改革的建议》得到时任北京市领导王宁批示。成果在2021年中国服贸会发布并受到中国职业技术教育学会领导肯定。

（2）权威媒体广泛关注。被新华社（2019-06-27，《北京"贯通培养"促成才》）、《人民日报》（2016-01-21，《北京职业院校为什么吃香了?》）、《中国教育报》、北京电视台等20多家权威媒体专题报道。

（3）示范带动作用明显。北京工业职业技术学院等10多所兄弟院校来校交流，学校成为北京市贯通语文师资培训基地。英国北安普顿大学等10多所国外高校来校交流。

（4）国际影响作用凸显。会计和金融专业首家通过英国国家学历学位评估认证中心国际专业标准评估认证，并被其纳入"一带一路"桥梁计划，推广了中国职教标准。

国家二等奖（12项）

纵横贯通 立体多元：区域职成教育"一体四化"发展模式研究与实践

完成单位：北京市丰台区职业教育中心学校；北京市丰台区职工大学（丰台区社区学院）；北京教育科学研究院

完成人：赵爱芹；薛凤彩；孙峰；史枫；林世员；张瑶；彭军；孙晓娟；张晶；娄斌；刘春霞；郭立娜；李毓荣；郭金萍；芦倩英；刘大海；朱起新；史晓光

一、成果简介

党的十八大要求加快发展现代职业教育，完善终身教育体系。丰台区作为首都核心功能主承载区，对接北京城市发展战略和首善标准，仍存在职成教育资源分散、成人教育办学效能不高、终身学习服务体系不完善、"四链融合"生态不健全等问题。学校基于终身学习理论，2012年依托市级课题进行4年理论探讨，创新职成教育一体发展理念；2017年成立丰台区职业与成人教育集团，依托教育部联合研究项目开展5年深度实践，创新形成职成教育"一体四化"发展模式。

职成教育一体发展理念引领，立足终身学习和职业教育类型特点，发挥中职学校优势，牵头整合区属社区学院成立集团，实现政行企校协同、同一法人领导下的管理运行、人才培育、资源共享、社会服务"四位一体"办学。

学校治理集团化：构建集团内部"五部五中心"管理架构和外部"厚德精工"校企合作理事会、"六方联动"质量监控委员会，形成内外"双循环"运行机制，依托大数据中心提升治理效能。

人才培养立体化：搭建"一纵三横"育训体系。纵向实现中、高、本三阶衔接，横向推动职普融通、职前与职后教育融通、学校与社区教育融通，探索学分银行学习管理，打造6个市级特高专业（群），共建商联会学院等11个市级终身学习品牌。

资源供给全域化：联动区域政行企校资源，搭建"丰职云"信息平台，建立供需池，完成重大合作项目30个，推动教育链与产业链、人才链、创新链有机衔接；统筹职成教育资源，构建11个"一刻钟服务圈"，实现一站式资源共享。

社会服务多维化：搭建面向高素质技术技能人才培养、企业转型升级、市民品质生活提升、中小学课程供给、京津冀协同发展、"一带一路"国家倡议的"六领域"开放服务体系，打造丽泽大讲堂等十大品牌。

成果实施以来，学校成为首都南城职教新高地，人才培养质量显著提升，学生对口就业率、企业满意度均达到96%以上，国际、国家技能大赛获奖256人；成为根植区域的现代新型职业学院，开发培训课程1 075门，服务技能培训、市民终身学习73.8万人·日；为大都市技能型社会建设和终身学习提供可借鉴新路径，吸引 13 省市 661 名干部教师到校研修，在延庆区、雄安新区等地孵化应用；乌干达总统夫人兼教育部长等 11 个国家官员来校访问，达成课程建设、标准输出等合作项目 29 项，培养留学生 204 人，举办 2 届"丝路工匠"国际技能大赛。成果受到全国人大、教育部、国务院督导局等来访领导充分肯定，获中央电视台、新华网等媒体报道 192 次。

二、成果主要解决的教学问题及解决方法

（一）主要解决问题

区域职成教育面临资源分散职能分布不合理、人才适应性培养和终身学习服务体系不完善、区域"四链融合"生态不健全、成人教育办学效能不高社会贡献力不足等问题，难以适应区域经济社会发展新要求。

（二）解决方案

聚焦 4 个发展瓶颈，以构建现代职教体系要坚持终身教育理念、适应产业需求新变化为逻辑起点，以"机制创新、纵横贯通、资源共享、服务区域"为改革思路，创新构建职成教育"一体四化"发展模式，全面提升教育服务能力。

1. 理念引领改革体制机制，构建职成一体"双循环"运行机制

建立集团化办学管理体制：成立职成教育集团，构建"五部五中心"管理架构；完善议事规则、集团章程等制度，实现一体化办学。

构建"双循环"运行机制：对内实施"事业部+项目"矩阵式管理，对外成立"厚德精工"校企合作理事会决策咨询机构、"六方联动"质量监控委员会，定期评估反馈，"双循环"确保办学质量。

2. 需求导向育训并举并重，搭建"一纵三横"人才培养通道

搭建纵向人才成长立交桥：基于北京改革项目，专业 100% 实现中高职衔接、2 个实现专科培养、7 个实现中本贯通，成为长学制技术技能人才培养先行案例。

推动横向育训结合三融通：开发创新创业、智慧助老等课程，建设教学资源库；出台学分银行学习管理办法和学分认证、积累与转换细则，促进区域职普、校社、职前职后融通。

3. 泛在融合资源共建共享，建设"一云一圈"服务支撑平台

搭建"丰职云"供需池：依托区级职教联席会议制度，联动机关企事业单位搭建"丰职云"信息平台，形成区域人才、技术、服务等信息供需池，实现一站式资源共享。

构建"一刻钟服务圈"：打造 11 个"一刻钟服务圈"，发挥学习中心、文化中心、技术服务中心功能，成为嵌入社区的新型社会服务学院。

4. 多元联动深度开放合作，拓展"六领域"社会服务功能

建技术技能人才培养培训基地，引企驻校建 13 个工程师学院、大师工作室，服务高素质技术技能人才培养；建职业体验中心，开发中小学职业启蒙和劳动课程，打造"丰职学堂"品牌；建市民学习中心，承接退役军人、残疾人等就业创业培训，打造丽泽大讲堂等终身学习品牌；建技术服务中心，与区商联会合作，对接企业转型升级需求开展培训、研发

服务；建京津冀人才孵化基地，联动政行企校帮扶学校、师生，多维度输出标准和技术；建"一带一路"国家人才培养基地，成立"丝路工匠"联盟开展课程输出、技能大赛等，打造"丝路学堂""丝路工匠"国际品牌。

三、成果特色与创新点

（一）提出职成一体服务区域终身学习新理念

基于终身教育、学习型社会建设理论，借鉴国外办学经验，立足区域职成教育发展，提出"职成一体不是一种教育取代另一种教育，也不是两者都专注于终身教育，而是两种教育相互配合、资源共享、学分互认，共同构建终身教育理念下的区域职教体系"的发展理念，形成专著，丰富了终身学习理论，并在新理念引领下全国率先实施，有效促进区域人才培养和社会服务体系建设。

（二）创新区域职成一体体系化发展新模式

建立纵横贯通学分互认合力育人新模式。纵向从中职到本科共建联合教研制度，共同制订人才培养方案，同授课、共考核，打通学生人才成长通道。横向形成积分兑换、学费减免、荣誉学历证书等激励机制。通过课程考核、学分认证，实现学历教育、学历与非学历教育的融通与转换。

构建全域联动供需对接资源共享新范式。发挥"一云一圈"共享平台功能，实现区域内供需信息对称，促进成员单位资源共享、优势互补，激发内生动力，构建发展共同体，成为学习型城市建设的重要支撑。

形成立足区域服务终身职教体系新样本。突出类型教育特点，对标区域高素质技能人才和市民品质生活需要，建设职成教育集团，以中职为主体牵头社区学院一体化办学，创新形成体系化、高质量服务首都南城经济社会发展的职教样本。

（三）创建职成一体多元共治"双循环"运行新机制

立足发展，整合区域职成教育及社会资源，形成多元参与、产教融合、标准引领、质量评估、内外循环的共建共管格局，实现统一化管理、一体化发展、现代化治理。

（四）开创职业教育对口帮扶与国际合作开放服务新路径

形成京津冀职教协同典型案例。创新对口帮扶到校、到村、到户、到人、到项目"5到机制"，实施变物质脱贫为精神脱贫、变接受援助为共同发展、变减贫脱贫为自主发展、变生存生活为创新致富、变个人脱贫为孵化扶持"5个转变"，实施联动政行企校四方、多维标准输出、技术普及"3项策略"，解决帮扶聚力不足、模式不新、成效不强"3个问题"。成为北京市脱贫攻坚先进集体，经验入选教育部典型案例。

形成"一带一路"职教方案。创新"技能+文化+语言"人才培养模式，建立"丝路学堂"泰国分校、海外技能人才培训基地、涉外师资培训中心、泰国汉语培训中心4个平台，形成中德国际课程证书引进、中俄国际人才贯通培养、中英国际职业学校建设、中泰北京宴产教融合中心等4种路径,打造"丝路学堂""丝路工匠"2个品牌,被列入"北京市国际消费中心城市"和"两区"建设重点项目。

四、成果的推广应用效果

(一)打造首都南城职业教育新高地

学校从示范校发展成特高校,育人质量办学水平显著提升。打造6个市级特色骨干专业(群)和新华网融媒体工程师学院等13个高水平产教融合平台,输送毕业生11 523人,服务技能培训、市民学习73.8万人·日;学生参加技能大赛获国际、国家奖256人,市级奖856人;教师8人入选教育部课程思政教学名师及团队,培育北京市专业创新团队3个;获全国教学能力、班主任业务能力大赛奖21人,北京市114人;获国家专利18项;主持市级以上课题72项,出版教材78本,获奖论文477篇;获北京市教学成果特等奖1项、一等奖12项。学校成为高质量、有特色、国际化职业人才培养高地。

(二)成为根植区域新型社会服务学院

构建全生涯服务体系,彰显六大服务功能,形成十大服务品牌。"六融四高"产教融合技术技能人才培养品牌企业满意度达96%以上;"商联会学院"职工继续教育品牌年均培训2 840人;"丰职学堂"职业启蒙教育品牌面向121所中小学,年均受益学生近万人;"丰职味道"餐饮创新品牌为北京宴等年均研发菜品26道;"丰华蕙制"文化创意品牌开发"丰台礼物"119种;"ihouse"科技服务品牌实现专利成果转化创造价值90.3万元;"丽泽大讲堂"市民学习品牌覆盖26个街镇380个社区(村),受益市民70.96万人·日;"一花两宴"教育帮扶品牌承担任务70项,涉及河北、内蒙古等7省(自治区、直辖市)院校50余所,受益师生2 235人;牵头53所中外院校成立"丝路工匠"职业院校国际合作联盟,打造"丝路学堂"国际课程品牌,27门课程先后输出沿线国家;打造"丝路工匠"国际技能大赛品牌,吸引21个国家941名选手参赛,输出大赛标准10项,形成"一带一路"职教方案。

(三)为大都市终身学习提供了可借鉴新路径

学校成功探索职成教育"一体四化"发展模式,在北京延庆区、河北雄安新区等地孵化应用,有效支撑当地技能型社会和学习型城市建设,学校荣获首都劳动奖状、全国优秀成人继续教育院校等荣誉。

(四)改革成效受到社会广泛关注和高度评价

本成果吸引13省市、11个国家的政府官员、学校领导、教师到校考察学习,受到83家媒体报道192次。全国技能大赛一等奖获奖师生李凯、杨坤,受到时任副总理刘延东亲切接见。中国职业技术教育学会会长、教育部原副部长鲁昕,中国教育国际交流协会会长、教育部原副部长刘利民,教育部职成司司长陈子季到校考察对改革成效给予高度评价。

五、成果总结

落实党的十八大以来关于"加快发展现代职业教育""积极发展继续教育，完善终身教育体系，建设学习型社会""建设技能强国"精神，本成果以课题研究为依托，从2012年起历经10年探索实践，形成区域职成教育"一体四化"发展模式，为大都市职成教育融合发展、职成一体构建区域终身教育服务体系提供了改革样本。

（一）成果背景与问题

1. 成果产生的背景

（1）学习型城市建设的新要求。终身学习发展以构建学习型社会为最终目标，2013年国际学习型城市大会发布《北京宣言》，强调城市应增加成人教育、技术与职业教育及培训的机会，提高终身学习体系的灵活性。北京市将学习型城市建设纳入城市发展战略。

（2）现代职教体系构建的新需要。构建现代职业教育体系需要职业教育更多承担职业培训、技术服务、成人教育服务等终身教育功能，职成教育优势互补、一体化发展、体系化服务成为必然趋势。

（3）大都市职成教育发展的新需求。大都市经济社会高质量发展需要提供个性化、专业化、终身化、选择性的教育供给，以满足技能人才培养、市民综合素质提升新需求，职成教育需要进一步提升教育服务供给能力。

（4）区域定位对职成教育发展提出新期待。丰台区作为首都文化、科技、国际交往等核心功能主承载区，对标首善标准急需区域内职成教育适应高质量发展新要求，创新构建根植区域、服务全域、体系化培养人才、体系化服务社会的职成教育一体化发展新生态。

2. 主要解决的问题

（1）职成教育资源分散，职能分布不合理。区域职业教育资源优势发挥不充分，成人教育服务能力与服务职能不匹配，职成教育资源统筹不足，不能形成服务技能人才培养和市民终身学习合力，难以发挥全方位服务区域发展功能。

（2）人才适应性培养和终身学习服务体系不完善。区域职成教育面向人人的育训体系不完善、成长渠道不畅通，难以满足社会发展新阶段职前职后、学历与非学历学习新需求。

（3）区域职成教育"四链融合"生态不健全。区内教育链与人才链、产业链、创新链没有实现有机融合，全域联动机制不健全，供需信息不对称，缺乏资源共享平台，制约类型教育服务功能发挥。

（4）成人教育办学效能不高社会贡献力不足。首都高等教育高度发展导致成人学历教育需求萎缩，成人院校亟须依托职业教育技能人才培养、产教融合、实训基地等资源优势，向服务市民终身学习转型，激发发展活力，提高社会贡献力。

（二）主要做法与经验成果

1. 成果发展沿革

面对以上问题，2012年以来学校通过理论研究、实践探索两个阶段，实现十二步跨越，推动职成教育一体发展，形成了学校治理集团化、人才培养立体化、资源供给全域化、社会服务多维化的"一体四化"发展模式（见图1）。

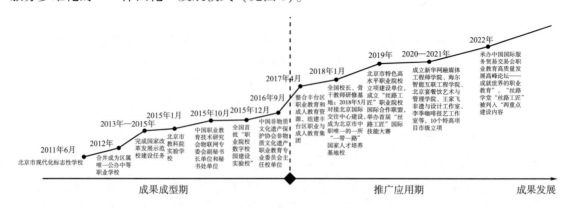

图1　成果历史沿革

2. 主要做法与成果

（1）推动体制机制创新，构建集团化治理架构。

建立集团化办学机构。借鉴美国、德国、澳大利亚职业与成人继续教育的办学经验，以丰台区职业教育中心学校为主体，整合丰台区社区学院（含3个成人教育机构），建立"丰台区职业与成人教育集团"，实现同一法人领导下的集团化办学（见图2）。

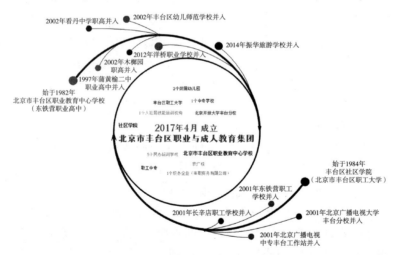

图2　职成教集团发展历程

建设一体化管理体制。建立集团党委，实施党委领导的校长负责制；建立"五部五中心"，优化集团管理结构；制订集团党政议事规则、集团章程等制度174项，保障人财物一体化管理，促进办学效能全面提升。

构建"双循环"运行机制。对内实施"事业部+项目"矩阵式管理，形成资源共享、人才共育、文化互融、管理互通、服务共担运行模式。对外深化产城教融合，联动政行（企）校家社研多主体协同办学，成立"厚德精工"校企合作理事会决策咨询机构、"六方联动"质量监控委员会，定期开展办学质量评估与反馈，形成"双循环"运行机制，依托大数据中心提升治理效能（见图3）。

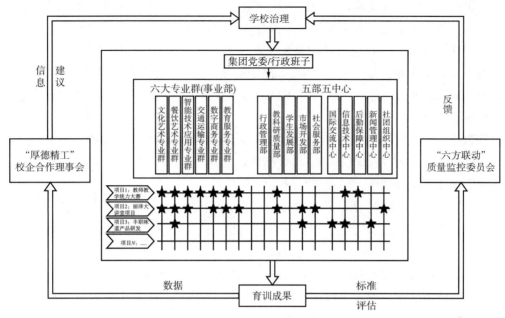

图 3 集团治理运行图

（2）搭建人才培养通道，构建立体化育训体系。

创新实施学分银行制度。建立"一纵三横"育训结合的书证融通课程体系（见图 4），开发终身学习课程 1 075 门，形成能学辅教、面向人人的教学资源库 6 个。制订集团学分银行学习管理办法和学分认证、积累与转换细则，建立积分兑换、荣誉学历证书等激励机制，满足学习者多样化、个性化学习需求。

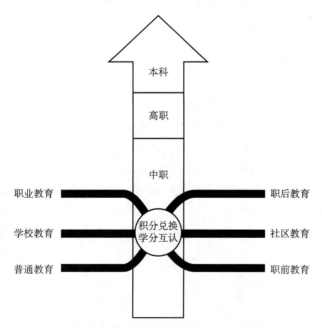

图 4 "一纵三横"育训结合的书证融通课程体系

搭建职业人才成长立交桥。契合区域产业规划，引企、引大师驻校建设工程师学院和大师工作室等产教育人平台，创新工坊式、智慧学习工厂等现代学徒制人才培养模式，"六融四高"品牌成为教育部产教融合典型案例。基于北京改革试点项目，实现中职、高职、本科三阶段纵向衔接培养，专业100%实现中高职衔接，2个专业实现专科长学制培养、7个专业实现中本贯通，通过一体化人才培养彰显中职教育基础地位，形成长学制技术技能人才培养先行案例。

推进职业教育与普通教育融通。发挥集团专业课程、师资和产教融合平台等优质资源，打造"丰职学堂"中小学生职业启蒙教育品牌，面向全区121所中小学提供职业认知、职业体验和劳动教育课程供给，年均参与学生近万人。

推进学校教育与社区教育融通。面向全区26个街镇380个社区（村）市民学习需求，开发文化艺术类、居家生活类、科学教育类等课程，依托"丽泽大讲堂""付林音乐+"等市级终身学习品牌，营造学习型社会建设良好氛围。

推进职前培训与职后提升融通。对接区域政行企需求，承接岗前培训、在职职工技能提升培训，参与技术研发，成为丰台区退役军人就业培训基地、残疾人就业培训基地和老年护理人员培训基地，有力满足区域经济发展对技术技能人才需求。

（3）推动资源共建共享，构建全域化供给平台。

搭建"丰职云"供需池。依托区级职教联席会议制度，联动区属学校、企业、委办局和街镇，搭建"丰职云"信息平台，形成区域内人才、技术、服务等信息供需池（见图5），推动供需信息对称，完成重大合作项目30项，对接数字经济产业办专业，对接行业企业需求育人才，推动"四链"有机衔接，促进各成员单位资源共享、优势互补，激发内生动力，构建发展共同体，为学习型城市、技能型社建设提供重要支撑。

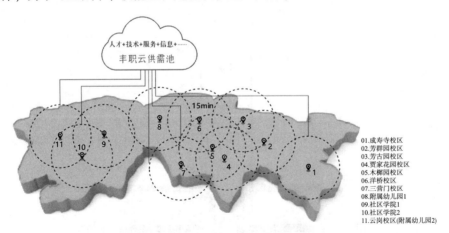

图5 全域"一云一圈"支撑平台

构建"一刻钟服务圈"。深化产城教高契合发展，统筹11个校区优质资源，发挥分布式辐射全区优势，把每个校区建设成为嵌入社区、服务市民的学习中心、技术服务中心、文化活动中心，打造11个终身学习"一刻钟服务圈"，把集团校建设成为根植区域的新型社会服务学院（见图6）。

（4）打造"六领域"开放平台，拓展多维化服务功能。

图 6　一刻钟服务圈框架图

建设技术技能人才培养培训基地，服务高素质人才培养。对接区域数字、商务、文化等重点产业园区需求，引企驻校建设 13 个工程师学院、大师工作室，校企协同培育专业技能人才，年均输出毕业生千余人。

建设技术服务中心，服务企业转型升级。对接企业转型升级需求，开展企业员工培训年均 2 840 人，研发专利 18 项，开发菜品 200 多道、文创产品 119 种，参与《金刚川》等 27 部院线级影片后期制作。

建设市民学习中心，服务品质生活提升。采取送教方式承担新型农民教育，承接区域退役军人、残疾人等就业创业培训，打造了"商联会学院""丽泽云学堂"等市级终身学习品牌。

建设职业体验中心，服务中小学课程供给。开发职业启蒙、生涯规划等 10 大类 300 多个学习项目，打造"丰职学堂"职业启蒙教育品牌和"丰职嘉年华"活动品牌。

建设人才孵化基地，服务京津冀协同发展。通过教学诊断、影子校长、干部挂职、教师跟岗带训、学生技能提升、建档立卡人员就业创业培训、技能大赛等方式，开展"技能+能力+文化""就业+创业+创新"教育帮扶，受益师生达 2 235 人。

建设国际人才培养基地，服务"一带一路"国家倡议。发挥学校作为北京市"一带一路"国家人才培养基地作用，通过校长论坛、课程输出、技能大赛、教师培训等深化国际技能人才培养（见图 7）。

（三）创新与特点

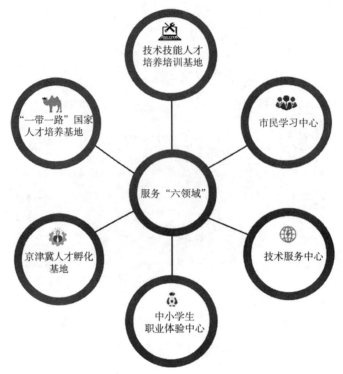

图 7 "六领域"社会服务

1. 提出职成一体服务区域终身学习新理念

基于终身教育、学习型社会建设理论，借鉴国外办学经验，立足区域职成教育发展，提出"职成一体不是一种教育取代另一种教育，也不是两者都专注于终身教育，而是两种教育相互配合、资源共享、学分互认，共同构建终身教育理念下的区域职教体系"的发展理念，形成专著，丰富了终身学习理论，并在新理念引领下全国率先实施，有效促进区域人才培养和社会服务体系建设。

2. 创新区域职成一体体系化发展新模式

建立纵横贯通学分互认合力育人新模式。纵向从中职到本科共建联合教研制度，共同制订人才培养方案，同授课、共考核，打通学生人才成长通道。横向形成积分兑换、学费减免、荣誉学历证书等激励机制。通过课程考核、学分认证，实现学历教育、学历与非学历教育的融通与转换。

构建全域联动供需对接资源共享新范式。发挥"一云一圈"共享平台功能，实现区域内供需信息对称，促进成员单位资源共享、优势互补，激发内生动力，构建发展共同体，成为学习型城市建设的重要支撑。

形成立足区域服务终身职教体系新样本。突出类型教育特点，对标区域高素质技能人才和市民品质生活需要，建设职成教育集团，以中职为主体牵头社区学院一体化办学，创新形成体系化、高质量服务首都南城经济社会发展的职教样本。

3. 创建职成一体多元共治"双循环"运行新机制

立足发展，整合区域职成教育及社会资源，形成多元参与、产教融合、标准引领、质量评估、内外循环的共建共管格局,实现统一化管理、一体化发展、现代化治理。

4. 开创职业教育对口帮扶与国际合作开放服务新路径

形成京津冀职教协同典型案例(见图8)。创新"5到机制"、推动"5个转变"、实施"3项策略"、解决"3个问题"。学校成为北京市脱贫攻坚先进集体,经验入选教育部典型案例。

图8 京津冀协同发展"5533北京职教帮扶模式"

形成"一带一路"职教方案(见图9)。创新"技能+文化+语言"人才培养模式,建立"4个平台",探索"4种路径",形成"丝路学堂""丝路工匠"2个品牌,被列入"北京市国际消费中心城市"和"两区"建设重点项目。

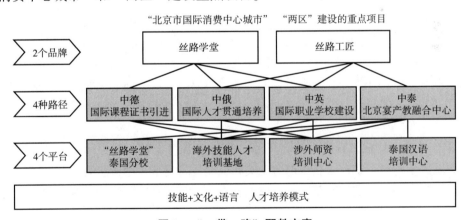

图9 "一带一路"职教方案

(四)应用推广效果

1. 应用效果

(1)校内应用。学校从示范校发展成特高校,育人质量办学水平显著提升。打造了6个北京市级特色骨干专业(群),建立了新华网融媒体工程师学院、曲思义电影调色工作室等13个产教融合平台,输送毕业生11 523人,服务技能培训、市民学习73.8万人·日。学生对口就业率、双证获取率均达到96%以上，参加技能大赛获国际奖46人、国家奖210人、市级奖856人。教师8人入选教育部课程思政教学名师及团队，培育北京市教育创新团队3个；获全国教学能力、班主任业务能力大赛奖21人、北京市一等奖114人；获国家专利18项；主持市级以上课题72项，出版教材78本，发表论文477篇；获北京市教学成果特等奖1项、一等奖12项、二等奖4项。学校成为立足丰台、服务首都、辐射京津冀的职业人才培养高地。

（2）校外应用。构建全生涯服务体系，形成十大服务品牌。"六融四高"产教融合技术技能人才培养品牌企业满意度达96%以上；"商联会学院"职工继续教育品牌年均培训2 840人；"丰职学堂"中小学生职业启蒙教育品牌面向全区121所中小学，年均受益学生近万人；"丰职味道"餐饮创新品牌为全聚德、北京宴等企业年均研发菜品26道；"丰华蕙制"文化创意品牌开发"丰台礼物"119种；"ihouse"科技服务品牌实现专利成果转化创造价值90.3万元；"丽泽大讲堂"市民学习品牌受益市民70.96万人·日；"一花两宴"教育帮扶品牌承担任务70项，涉及7省份50余所院校；打造了"丝路学堂""丝路工匠"两大国际交流品牌。学校成为根植区域的新型社会服务学院。

2. 推广效果

（1）参观交流。职成教育"一体四化"发展模式吸引河北雄安新区、安徽安庆、辽宁沈阳等13省市661名干部教师到校考察研修；乌干达总统夫人、马尔他教育部长、白俄罗斯大使、坦桑尼亚前总统等11个国家的近百名官员来校交流访问，达成合作项目29个。

（2）社会影响。国内影响：成果受到了全国人大、全国政协、教育部、国务院督导局、中华职教社等来访领导充分肯定。中国职业技术教育学会会长、教育部原副部长鲁昕，中国教育国际交流协会会长、教育部原副部长、总督学刘利民，教育部职成司司长陈子季到校考察对改革成效给予高度评价，获中央电视台、新华网、教育科学等83家媒体报道192次。全国技能大赛一等奖获奖师生李凯、杨坤，受到时任副总理刘延东亲切接见。

国际影响：牵头53所中外院校成立"丝路工匠"职业院校国际合作联盟，27门课程先后在"一带一路"共建国家输出，成为中国国际服务贸易交易会上的亮点。"丝路工匠"国际技能大赛吸引21个国家941名选手参赛，输出大赛标准10项。《"丝路学堂"打造职业教育服务"一带一路"新标杆》《创新合作模式，培育"丝路工匠"》成为国际合作国家级典型案例。

（3）推广成效。职成教育联动社会资源，构建区域终身学习服务体系，推动丰台区创建北京学习型城区示范区。学校荣获首都劳动奖状、全国优秀成人继续教育院校等荣誉。办学成果在北京延庆区、河北雄安新区等地孵化应用，有效支撑当地技能型社会和学习型城市建设。

中职学校党建引领下的"双循环"互促共育大思政格局的研究与实践

完成单位：北京市商业学校（北京祥龙资产经营有限责任公司党校）；
北京祥龙博瑞汽车服务（集团）有限公司；
北京红都集团有限公司

完成人：程彬；何健勇；邢连欣；王素芳；王彩娥；崔晓枫；陈宏升；
陆沁；王芊；李金辉；齐雯；谢秋行；何嘉；史晓鹤

一、成果简介

党的十八大以来，学校贯彻落实习近平总书记对职业教育、思政工作的重要指示精神，坚持大德育思路，依托国企办学优势，持续推进思政教育体系化建构，2012年借助国家中职改革发展示范校德育特色项目，开始"党建引领大思政"研究，2015年形成"党建引领校内外协同育人方案"并实施，现已完成本成果，实现思政教育1.0到4.0迭代升级。

针对中职学校思政教育校内各岗位育人职责不清、校外各育人主体参与度不够、协同育人不充分等问题，学校坚持党建引领，协同企家社政各主体，融通育人多要素，优化育人新路径，融入线上线下全空间，覆盖人才培养全过程，贯穿办学治校全方位，构建校内循环为主体，校企家社政"双循环"互促共育大思政格局。

一是高质量党建引领大思政格局，建立党政工团系统建构一体化部署、教育教学培养方案一体化实施、管理服务制度标准一体化保障、课内课外项目任务一体化融通、线上线下场域链接一体化融汇的"五一体"机制，驱动校内循环，实现"时时有思政，处处都育人"；二是建立育人主体同频、方案同心、资源同力、路径同行、成果同享的"五协同"机制，驱动校内外循环，构建育人共同体；三是建立课程、文化、管理、服务、活动、劳动、网络、心理、组织"九育人"路径，搭建育人大平台；四是校企家社政联合研发中职素养数据平台，创新数字化评价，赋能思政教育。

校企家社政以育人为核心，在"五一体、五协同"机制驱动下，充分发挥各自优势，借助"九育人"路径，通过素养数据平台对学生进行评价，实现建设者、培养者、评价者的统一。以学校育人主阵地为纽带，校内循环带动校企家社政循环，反向丰富校内循环，双循环互为动力，相互促进，实现"三全育人"拓展延伸，服务学生全面发展。

成果首次提出"双循环"大思政格局育人理念，可借鉴复制推广。2018年李伟嘉获评全国优秀团员（中职唯一）；史晓鹤工作室获评全国课程思政教学研究示范中心（中职唯一）；牵头教育部职业院校落实立德树人根本任务联合行动（中职唯一），入选教育部教学和学生管理双50强（中职唯一），素养数据平台注册24 621人，访问量120万人次、

2 822 万条数据；成果部分内容被《北京市关于提升中职学生职业素养的指导意见》等采纳；中央电视台、人民网、《中国教育报》等进行专题报道 150 余次。时任中央政治局委员、国务院副总理刘延东在首届职教活动周对学校学生提出的"学好专业，建设家乡"高度赞扬："商校学生有理想、有担当、有风采。"

二、成果主要解决的教学问题及解决方法

（一）高质量党建引领大思政格局，建立"五一体"机制，解决校内各岗位思政育人职责不清、动力不足、联而不动有堵点的问题

学校坚持党建引领，建立中职第一所青马学校。系部设立党支部，明确立德树人主体责任和书记"第一责任人"职责。党政工团一体化部署，制订"三全育人"实施方案和岗位责任书，梳理各岗位育人元素。激励约束并举，将育人职责落实情况纳入教师"一岗双责"，评选育人标兵等。将思政教育贯穿教育教学管理服务各环节，融入课内课外全过程，融汇线上线下全时空，打通校内循环堵点，建强育人链。

（二）构建"五协同"机制，解决育人生态链上校企家社政主体作用发挥不充分、不平衡，循而不环有断点的问题

以育人为核心，以学校为纽带，激发主体内驱力，校企家社政通过校企协同、校企家三方对话、家校社共建等机制，推动校内外循环高效运转。共制人才培养方案，共同挖掘育人资源，找准利益结合点，形成育人命运共同体。依托国企办学，与博瑞、红都共建工程师学院、大师工作室、思政教育基地。设立家委会和家长学校、家长讲堂，班主任走进每个学生家里，建强家校育人"心"桥。区域化党建引领校社共建，打造志愿服务新模式，搭建劳动教育新载体。制订政策，研究课题，将学校实践转化为文件与任务；人大代表建言献策，推动学校周边治理。

（三）构建"九育人"路径，解决找不准着力点、资源合力不足，协同育人有盲点的问题

构建课程、文化、管理、服务、活动、劳动、网络、心理、组织"九育人"路径，充分挖掘育人要素，实现资源多样化。依托史晓鹤工作室，健全"一核、两翼"运行机制，将思政教育融入方案、专业、课程和课堂，实现节节有德育，课课都育人。建立"年年有创新，学年有重点，学期有计划，月月有主题，周周有活动，天天都精彩"活动体系。"开往 2049 高铁"线上点击量"1 000 万+"；家校同上《战疫十课》思政课，学生劳动实践课出力流汗、祥龙博瑞学习新中国汽车产业发展史、红都思政基地聆听红色故事。

（四）构建素养评价指标体系，解决思政教育评价维度不全面、主体参与度不够的问题

围绕职业精神和职业行为，校企家社政联合研定 20 个素养指标，从价值观念、必备品格和关键能力确定基本内涵和评价标准。通过素养数据平台，政府强化价值引领和制度保

障,企业通过实习实践等深度参与素养培养与评价,家长关注发展轨迹、见证成长,学生自评与同学互评结合,检视自我发展,实现多主体协同育人。

三、成果特色与创新点

(一)创新"双循环"互促共育思政理念,营造育人生态圈,丰富大思政格局内涵

以"育人"为核心,从要素性组合到整体性建构,再到有效性融合,构建党建引领"育人主体、育人要素、育人资源、育人路径、机制驱动、数字评价"全链条,形成以校内循环为主体、校企家社政"双循环"互促共育的"三全育人"大思政格局,双循环相互支撑、同频共振,丰富和完善了思政教育理论和实践内涵。成果整合各方主体育人优势,延展育人时空界限,营造循环流动、生态自养的思政育人生态圈,具有创新性、时代性、开放性的鲜明特征。

(二)创新"五一体""五协同"双循环育人机制,驱动育人全链条,提升育人效能

围绕学生全面发展,以党建为引领,以制度体系为保障,借助"九育人"路径,创新性地推动建立职责清晰、要素完整、动态联动的"五一体""五协同"机制,充分挖掘育人要素,全面统筹育人资源,凝聚最强育人合力,实现了多主体育人的常态化和长效性,促进了"双循环"育人生态不断自我修复和完善,更有效地推动了大思政格局运行。协同育人机制激发校企家社政育人主体责任意识,推动履行育人职责,彼此支持、成就彼此、协同发力、深度融合、共育共享,变软指标为硬约束,全员参与、全程贯穿、全方位协同,打造"事事、人人、时时、处处"全覆盖的思政育人场域,奏响"三全育人"协奏曲。

(三)创新数字化评价,实现成长可视化、数据化,赋能学生发展

以素养数据平台为主要载体,通过职业素养学分和证书、证明、证章等,记录学生日常品行表现和在思想品德、技术技能、文化艺术、体育科技、劳动实践等方面获得的成绩、荣誉和资质。建立完整可信数据链,全方位、全过程、数据化呈现学生素养成长轨迹和质量。搭建多维数据分析模型,开展人工智能分析,实现对学生从入校到毕业成长发展全过程的纵向评价、德智体美劳全要素的横向评价,强化综合性评价,突出过程性评价,探索增值性评价。生成素养"体检"报告,为学生画像,实现评价可视化、数据化,也为学生高质量就业和企业选人用人提供了支撑和便利。

四、成果的推广应用效果

(一)育人效果显著

十年来,学校培养出以全国优秀团员、全国最美中职生李伟嘉为代表的大批优秀学生。

12人获国家奖学金，11人获北京市优秀学生（全市中职第一）；1 924人次获文明风采等国家级奖项（全市第一）；1 588人次获市级及以上技能大赛奖项。素养数据平台显示，学生素养平均分为1 208（全市第一）。麦可思调查显示，用人单位对毕业生满意度达98%，多人在建国70周年、建党100周年和北京冬奥会、冬残奥会服务保障中作出贡献。

（二）育人主体协同发展

史晓鹤工作室获全国课程思政教学研究示范中心（中职唯一），2门课程和2个团队获教育部课程思政示范课程和名师团队（中职最多），学校入选教育部教学和学生管理双50强（中职唯一）、北京市"三全育人"典型学校（全市第一）；学校是全国志愿服务示范校、家校协同基地校、全国急救教育试点校、教育部国防教育特色校、全国职业院校劳动教育研究中心；晨读时光、职业素养护照、劳动教育"十个一"模式获评北京"一校一品"优秀德育品牌（全市第一）。

学校获国家级教学成果奖一等奖2项、二等奖1项，市级一等奖11项；7人获全国模范教师、黄炎培优秀教师、北京市劳动模范。

祥龙公司是国家先期重点建设培育产教融合型企业，博瑞是全国首批职教教师企业实践基地，校企共建新道云财务、祥龙博瑞汽车工程师学院、京东无界零售、魏工养车等企业化运营实训基地，以及全国劳模、北京大工匠魏俊强大师工作室、秦英瑞大师工作室。

（三）辐射效应彰显

学校参与《中华人民共和国职教法》《关于加强新时代中职学校德育工作的意见》等文件调研起草；参与联合国儿基会青少年可持续发展能力2个项目和5个案例库建设；学校联合百所高职院校牵头教育部落实立德树人根本任务联合行动（中职唯一）；牵头共青团大中学生一体化分层分类思想引领工作大纲（中职唯一）；主办全国职业院校课程思政集体备课；承担教育部同上一堂思政大课教学（中职唯一）；作为秘书处连续19年承办全国文明风采活动；首创中职素养数据平台并在全市推广实施。

学校作为中职唯一代表在教育部学习贯彻十八大、十九大精神座谈会、劳动教育座谈会、德育工作会等发言；江苏、广东、新疆等20余省（自治区、直辖市）千余所职校到校学习或邀请分享经验；《开往2049高铁》《党建引领构建大思政格局》《实现德育工作1.0到4.0迭代升级》被新闻联播、人民网、《中国教育报》等报道。成果得到教育部、团中央等高度认可，被深职院等院校评价在全国职业院校中具有示范引领作用，可复制借鉴推广。

五、成果总结

教育是国之大计、党之大计。习近平总书记指出："各级各类学校党组织都要把抓好学校党建工作作为办学治校的基本功""办好教育事业，家庭、学校、政府、社会都有责任"。如何落实立德树人根本任务，贯彻习近平总书记对职业教育、思政工作的一系列重要讲话和指示精神，创新思政教育机制、路径、评价，增强思想性、理论性和亲和力、针对性，建设人人有责、人人尽责、人人享有的协同育人共同体，更好履行"为党育人为国育才"初心使命，大力培养德智体美劳全面发展的社会主义建设者和接班人，成为职业院校思政教育高质量发展的关键课题。

（一）成果背景与问题

学校始终坚持党委领导下的校长负责制，党委作为思政教育的领导者、推动者和实践者，坚持大德育思路，依托国企办学优势，"因事而化、因时而进、因势而新"，持续推进思政教育体系化建设，着力打通校内一体化育人体系，激发企家社政育人主体积极性、主动性。2012年借助国家中职改革发展示范校德育特色项目，开始"党建引领大思政"研究，2015年形成"党建引领校内外协同育人方案"并实施，现已构建中职学校党建引领下的"双循环"互促共育大思政格局，实现思政教育由1.0到4.0的迭代升级（见图1）。

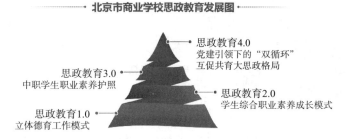

图1　北京市商业学校思政教育发展图

成果解决了中职学校思政教育存在的问题：一是校内各岗位思政育人职责不清，动力不足，联而不动有堵点；二是育人生态链上校企家社政主体作用发挥不充分、不平衡，循而不环有断点；三是思政教育着力点找不准，资源合力不足，协同育人有盲点；四是思政教育评价维度不全面，主体参与度不够。

（二）主要做法与经验成果

学校坚持党建引领，聚焦五育并举、德技并修培养目标，协同企家社政各主体，融通育人多要素，优化育人新路径，融汇线上线下全空间，覆盖人才培养全过程，贯穿办学治校全方位，构建校内循环为主体，校企家社政"双循环"互促共育大思政格局（见图2）。

校企家社政以育人为核心，在"五一体""五协同"机制驱动下，充分发挥各自优势，借助"九育人"路径，通过素养数据平台对学生进行评价，实现建设者、培养者、组织者、实施者、评价者的统一。以学校育人主阵地为纽带，校内循环带动校企家社政循环，反向丰富校内循环，双循环互为动力，相互促进，实现"三全育人"拓展延伸，服务学生全面发展。

1. 高质量党建引领构建大思政格局

学校坚持党建引领，把做好思政教育作为党建工作基本功和生命线，加强顶层设计、统筹谋划，将大思政格局构建纳入党建总体规划，开设专题研究制订年度思政教育要点。系部设立独立党支部，选配"双带头"人担任书记，明确"立德树人"主体责任和书记"思政第一责任人"职责，设立支部"立德树人"论坛；开展以育人为核心的青年岗位能手和青年文明号创建，设立党员联系班级和党员思政辅导员制度，以高质量党建引领"三全育人"最后一公里落到实处。建立区域化党建工作机制，与社区、企业党组织形成紧密型党建共同

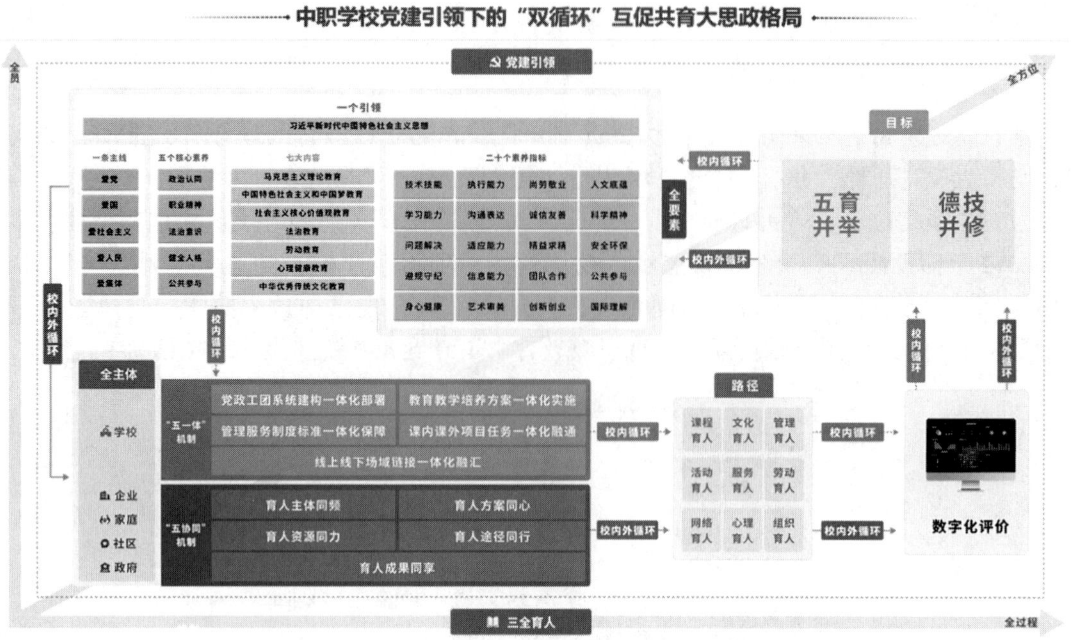

图2 中职学校党建引领下的"双循环"互促共育大思政格局

体，推动思政教育向企业延伸、向家庭渗透、向社区辐射、向社会拓展，发挥各方优势共建大思政格局。

2. "五一体""五协同"机制驱动双循环

学校构建校内循环为主体，校企家社政"双循环"互促共育大思政格局，形成了自主联动、同心聚力的良性育人生态。

（1）建立"党政工团系统建构一体化部署、教育教学培养方案一体化实施、管理服务制度标准一体化保障、课内课外项目任务一体化融通、线上线下场域链接一体化融汇"的"五一体"机制（见图3），驱动校内循环，实现"时时有思政，处处都育人"。

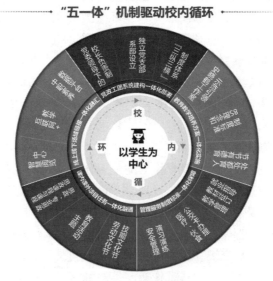

图3 "五一体"机制驱动校内循环

构建校内共建共治共享"三纵三横"制度体系，横向为党建思政、教学科研、管理服务三模块，纵向分制度、办法和实施细则三层级。制度体系常态化运行，保障"五一体"机制落实。

党政工团齐抓共管，制订《学校"三全育人"实施方案》《"三全育人"工作岗位责任书》（见图4），系统梳理各岗位蕴含育人元素，把师德师风和育人能力纳入全员聘任"三定方案"。激励约束并举，将育人职责落实情况纳入"一岗双责"考核，评选育人模范、德育标兵等称号。各岗位动态联动，实施"未来工匠""五好学生"培育工程，激发育人内生力。

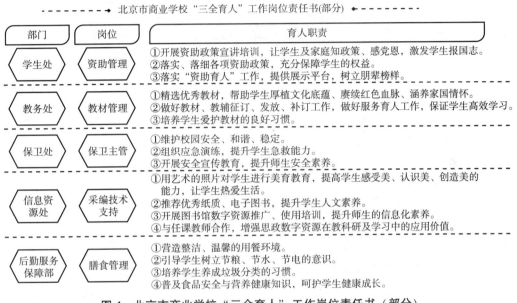

图4 北京市商业学校"三全育人"工作岗位责任书（部分）

将思政教育贯穿到教育教学、管理服务各个环节，融入课内课外全过程，融汇线上线下全时空，形成育人合力，打通校内循环联动堵点，建强育人链。从思政课程到课程思政，从必修课、选修课到特色校本素养课，课课都育人；实施教室、公寓、实训室8S管理，以8S理念和制度标准规范学生言行；信息资源处建设智慧校园，扩展数字思政资源应用，提升学生信息素养；图书馆开展图书文化节、最美朗读者活动，形成爱读书、读好书浓厚氛围；后勤保障部优化就医流程，开展健康讲座，指导学生伙委会，保障学生身心健康；保卫处开展安全教育讲座、消防疏散演练等安全"十个一"活动，提升安全意识和能力。

（2）建立育人主体同频、方案同心、资源同力、路径同行、成果同享的"五协同"机制（见图5），驱动校内外循环，构建协同育人共同体。

以育人为核心，以学校为纽带，校企家社政同频共振，通过实施校企协同、校企家三方对话、家校社共建共育等机制，推动校内外循环持续高效运转。共制人才培养方案，共同挖掘和整合育人资源，找准利益结合点，形成育人命运共同体。

依托国企办学，建立校企协同对话机制，共建工程师学院、大师工作室、思政教育实践基地，企业文化成为育人要素，车间变课堂，师傅变教师，展馆变学堂，全国劳模、大国工匠成为职业榜样，学生的匠技得到提升、匠心得以传承，立下志向，长大后"我就成了你"。

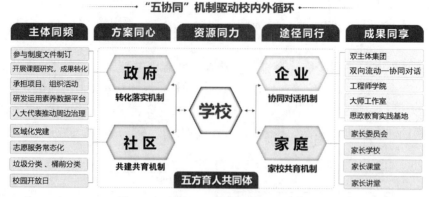

图 5 "五协同"机制驱动校内外循环

班主任走进每个学生家里，建强家校育人"心"桥；建立家长学校，指导家长慧教育；整合家长资源，开设家长讲堂；成立家长委员会，家长成为议事员、协调员、辅导员。

区域化党建引领校社共育新动能；"技能学雷锋·服务进社区"打造志愿服务新模式；垃圾分类、桶前值守搭建劳动教育新载体；新农村建设、乡村振兴让学生感受新时代伟大变革；校园开放日，技能文化节让职业教育服务美好生活。

参与政策制定，开展课题研究，将学校鲜活实践转化为政府文件与项目任务；研发素养护照，将一校实践升级为全市系统；人大代表建言献策，推动学校周边治理；承担中国职教学会德工委主任单位工作，协助主管部门开展思政调研，组织主题活动，服务学生成长。

3. "九育人"路径搭建思政育人平台

构建课程、文化、管理、服务、活动、劳动、网络、心理、组织"九育人"路径，校企家社政充分挖掘育人要素，统筹育人资源，实现育人资源多样化、空间多维化（见图6）。

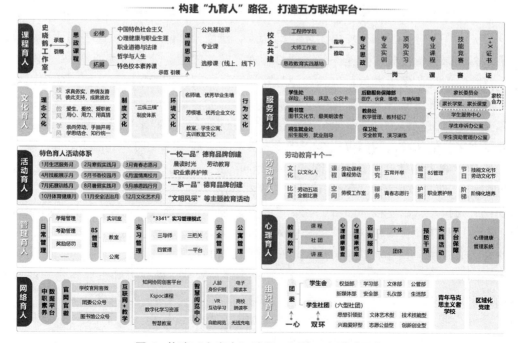

图 6 构建"九育人"路径，打造五方联动平台

依托史晓鹤工作室，健全"一核、两翼"课程育人运行机制，将思政教育融入方案、专业、课程和课堂，实现节节有德育。

构建"年年有创新，学年有重点，学期有计划，月月有主题，周周有活动，天天都精彩"的活动育人体系。坚持育人导向，突出价值引领，打造"行走中的思政"，"开往2049的高铁——00后成人礼"登上新闻联播，北京电视台全程报道，线上点击量突破1 000万人次；家校同上《战疫十课》思政课，学生在技能大赛、文明风采尽展风采、劳动实践课出力流汗、祥龙博瑞学习新中国汽车产业发展史、红都思政教育基地聆听红色故事，赓续红色血脉。

4. 构建素养评价指标体系，推进"校企家社政"协同共育

围绕职业精神培养和职业行为养成，校企家社政联合研定20个素养评价指标（见图7），从价值观念、必备品格和关键能力三维目标确定基本内涵和评价标准。通过素养数据平台，探索培养和评价有效方式，教育行政部门强化价值引领和制度保障；企业通过专业实践和顶岗实习等，深度参与学生素养培养评价；家长通过数据平台，督促指导孩子素养提升、关注发展轨迹、见证成长；学生自评和同学互评结合，检视自我成长发展；学校"全员参与、全方位保障、全过程实施、全时空育人"，实现立体交互、共育共评的多主体协同育人。

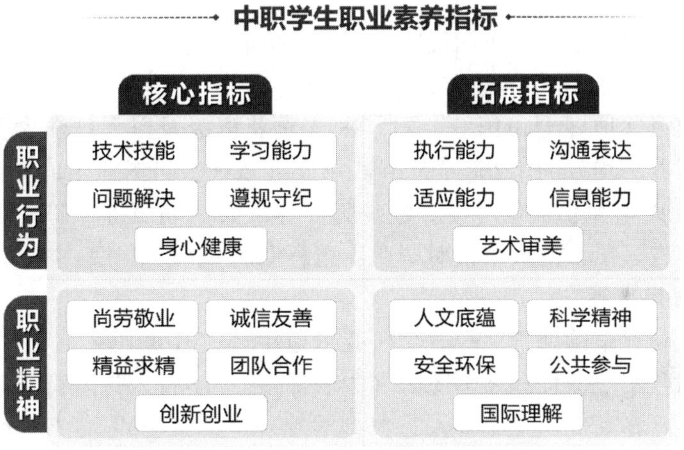

图7 中职学生职业素养指标

（三）创新与特点

1. 创新"双循环"互促共育思政理念，营造育人生态圈，丰富大思政格局内涵

以"育人"为核心，从要素性组合到整体性建构，再到有效性融合，构建党建引领"育人主体、育人要素、育人资源、育人路径、机制驱动、数字评价"全链条，形成以校内循环为主体、校企家社政"双循环"互促共育的"三全育人"大思政格局，双循环相互支撑、同频共振，丰富和完善了思政教育理论和实践内涵。成果整合五方主体育人优势，延展育人时空界限，营造循环流动、生态自养的思政育人生态圈，具有创新性、时代性、开放性的鲜明特征。

2. 创新"五一体""五协同"双循环育人机制，驱动育人全链条，提升育人效能

围绕学生全面发展，以党建为引领，以制度体系为保障，创新性地推动建立职责清晰、要素完整、动态联动的"五一体""五协同"机制，实现多主体育人的常态化和长效性，促进了"双循环"育人生态不断自我修复和完善，更有效地推动了大思政格局运行。协同育人机制激发校企家社政育人主体责任意识，推动履行育人职责，彼此支持、成就彼此、协同发力、深度融合、共育共享，变软指标为硬约束，全员参与、全程贯穿、全方位协同，打造"事事、人人、时时、处处"全覆盖的思政育人场域，奏响"三全育人"协奏曲。

3. 创新数字化评价，实现成长可视化、数据化，赋能学生发展

以素养数据平台为主要载体，通过职业素养学分和证书、证明、证章等，记录学生日常品行表现和在思想品德、技术技能、文化艺术、体育科技、劳动实践等方面获得的成绩、荣誉和资质。建立完整可信数据链，全方位、全过程、数据化呈现学生素养成长轨迹和质量。搭建多维数据分析模型，开展人工智能分析，实现对学生从入校到毕业成长发展全过程的纵向评价、德智体美劳全要素的横向评价，强化综合性评价，突出过程性评价，探索增值性评价。生成素养"体检"报告，为学生画像，实现评价可视化、数据化，也为学生高质量就业和企业选人用人提供了支撑和便利。

（四）应用推广效果

1. 育人效果显著

十年来，学校培养以全国优秀团员、全国最美中职生李伟嘉为代表的大批德能兼备优秀学生。12 人获国家奖学金，11 人获北京市优秀学生（全市中职第一）；1 924 人次获文明风采等主题活动国家级奖项（全市第一）；1 588 人次获市级及以上技能大赛奖项。素养数据平台显示，学生素养平均分为 1 208（全市第一）。1 000 多名毕业生成为企业骨干，在建国 70 周年、建党 100 周年和北京冬奥会、冬残奥会等重大活动服务保障中展现商校毕业生风采。麦可思调查报告显示，用人单位对毕业生满意度达 98%。

2. 育人主体协同发展

史晓鹤工作室获评全国课程思政教学研究示范中心（中职唯一），2 门课程和 2 个团队获评教育部课程思政示范课程和名师团队（中职最多），学校入选教育部教学和学生管理双 50 强（中职唯一）、北京市"三全育人"典型学校（全市第一）；学校是全国志愿服务示范校、家校协同基地校、全国急救教育试点校、教育部国防教育特色校、全国职业院校劳动教育研究中心；晨读时光、职业素养护照、劳动教育"十个一"模式获北京"一校一品"优秀德育品牌（全市第一）。

学校获国家级教学成果奖一等奖 2 项、二等奖 1 项，市级一等奖 11 项；7 人获全国模范教师、黄炎培优秀教师、北京市劳动模范。

祥龙公司成为国家先期重点建设培育产教融合型企业，博瑞成为全国首批职业教育教师企业实践基地，校企共建新道云财务、祥龙博瑞汽车工程师学院、京东无界零售、魏工养车等企业化运营实训基地，以及全国劳模、北京大工匠魏俊强、秦英瑞等建大师工作室。

3. 辐射效应彰显

学校参与《中华人民共和国职业教育法》《关于加强新时代中职学校德育工作的意见》等文件调研起草；参与联合国儿基会青少年可持续发展能力 2 个项目和 5 个案例库建设；学校联合百所高职学校牵头教育部落实立德树人根本任务联合行动（中职唯一）；牵头共青团大中学生一体化分层分类思想引领工作大纲（中职唯一）；主办全国职业院校课程思政集体

备课；承担教育部同上一堂思政大课教学（中职唯一）；作为秘书处连续19年协助组织全国中职文明风采活动；首创中职职业素养平台并在全市推广实施。

学校作为中职唯一代表在教育部学习贯彻十八大、十九大精神座谈会、劳动教育座谈会、德育工作会等重要会议发言；江苏、广东、新疆等20余省（自治区、直辖市）千余所职业院校到学校参观学习或邀请分享经验；《开往2049高铁》《党建引领构建大思政格局》《实现德育工作1.0到4.0迭代升级》被新闻联播、人民网、《中国教育报》等刊登报道；受邀到职教中国节目发言。成果得到教育部、团中央等政府部门高度认可，被广轻工、深职院等高职院校评价在全国职业院校中具有示范引领作用，可复制借鉴推广。

时任中央政治局委员、国务院副总理刘延东在首届职教活动周对商校学生提出的"学好专业，建设家乡"高度赞扬："商校学生有理想、有担当、有风采。"

四方联动、标准引领、语技融合——职业院校"走出去"人才培养模式探索与实践

完成单位：北京工业职业技术学院；有色金属工业人才中心；
中国有色矿业集团有限公司；中国—赞比亚职业技术学院

完成人：周燕；宋凯；龚亚妮；唐正清；赵丽霞；梁赤民；谢丽果；孟晴；祝丽华；张明珠；马隽；曾锦翔；李长青；贾民政；陈洋；王瀛；王楠

一、成果简介

发挥职业教育海外办学服务民生、争取民心的作用，培养心心相印的本土技能人才，是落实习近平外交思想、构建人类命运共同体的重要举措，是以人才链拉紧国际产业链，保障我国战略金属安全的重要途径，是增强我国"软实力"、扩大"朋友圈"的重要基础。赞比亚职业教育相对落后，"走出去"企业面临人才瓶颈问题，2009年中国有色集团收购赞比亚卢安夏技工学校，启动对本土员工的技能培训，2010年北工院开展中德IHK项目，提升国际化水平，为"走出去"积势蓄能，2016年学校被确定为教育部有色金属行业职业教育"走出去"项目首批试点院校赴赞比亚办学。学校依托5项国家级、13项省部级项目和课题，经过13年研究和实践，探索出政企行校四方联动、专业标准国际引领、中文教育和职业技能融合发展的职业院校"走出去"人才培养模式。

（一）形成四方联动海外办学长效机制

创造性实施了政府引路、企业探路、行业铺路、学校创路的"四路工程"，实现"政企行校"抱团出海，建成我国首家开展海外学历教育的中国—赞比亚职业技术学院、首家职教型孔子课堂。

（二）制订赞比亚专业标准

基于中国职教标准，研制了自动化与信息技术、珠宝设计与加工2项专业标准和37项课程标准，并纳入了赞比亚国民教育体系。

（三）开发专业教学资源

打造"中文+职业技能"课程资源体系，开发《AutoCAD制图》等英文专业教材17本、《珠宝设计与加工》等工业汉语教材9本及中英双语课程27门。

（四）打造中外师资队伍

组织35名海外本土教师跟岗培训，打造了一批赞方师资队伍。131名北工院教师参与

"走出去"试点，36名教师取得国际中文教师资格证书，实现了中外教师专业水平与语言教学能力双提升。

（五）创建本土人才培养教学模式

提出"工业汉语"教学的理论方法，在校企联合董事会领导下，开展"工业汉语+职业技能"培训，创建"国内国外双平台，线上线下双渠道，语言技能双融合"人才培养教学模式。

成果培养了575名赞比亚学历生，培训2万余人次海外企业员工，接收106名多国企业骨干来华培训，服务15家海外中资企业。成果推广至中哈、中缅、塔中系列海外职院，成功复制到山东、甘肃等省48所院校。成果提升了职业教育国际化水平，促进了职业院校改革发展，构建了新型校企合作、产教融合发展模式，走出了一条职业院校海外办学人才培养成功之路。成果纳入《习近平新时代中国特色社会主义思想学生读本（小学高年级）》。

二、成果主要解决的教学问题及解决方法

企业在海外蓬勃发展过程中，缺少懂汉语、通文化、精技能的海外本土技能人才，迫切需要校企协同"走出去"。

（一）存在问题

(1) 职业教育"走出去"是新生事物，无先例可循；
(2) 合作国工业体系不健全，无专业标准可依；
(3) 合作国职业教育落后，配套教学资源短缺；
(4) 职业教育国际化起步较晚，中外师资储备不足；
(5) 企业面临人力资源瓶颈，本土人才职业能力不足。

（二）解决方案

1. 实施"四路工程"，实现"四方联动"抱团出海

发挥政企行校四方优势，实施"政府引路，企业探路，行业铺路，学校创路"的"四路工程"。政府负责顶层设计，提供政策支持；企业提供人才需求和综合保障，奠定办学基础；行业负责组织协调，整合多方资源；学校提供教学资源，组织具体实施，形成了可复制的职业教育"走出去"长效机制。

2. 输出中国专业标准，实现专业适应性落地

对接现有国际规范，基于中国职教标准，结合海外国情和学情，依据生源素质、企业需求、培养模式等要素，开发本土化专业标准，构建基于专业岗位分类、职业素养、核心能力的课程体系，形成完整的教学理念、课程设置、教材编写、授课设计、学生管理和评价体系，填补赞比亚相关专业国家标准空白，引领赞比亚专业建设。

3. 校企联合研发，实现教学资源配套

以"企业需求、行业牵头、院校研发"为原则，成立校企研发团队，依据专业标准开

发教学资源，明确岗位需求、能力要素、课程目标，编写中国职业教育"走出去"系列专业教材和工业汉语丛书，在语言和技能教学中融入中国文化要素，为培养"精技术、通语言、融文化"的本土员工队伍提供教学资源保障。

4. 加强中外培养，实现教师能力提升

组织国内教师参加国内外专业培训、企业实践锻炼、国际中文教学能力培训，选派骨干教师参与"走出去"试点，赴海外为企业开展中文和技能培训，提高教师专业、语言教学及跨文化交际等能力。组织外方教师交流培训、来华跟岗学习，建立外方教师师资库，打造友华适教的海外本土化师资队伍。

5. 推动语技融合，实现人才培养目标

构建中文推广和职业教育融合发展模式，围绕企业生产实际、中国装备使用，以技能培训为切入点发展国际中文教育。对接主流生产技术和相关语种，开发多工种、多语言教学资源库、专业语料库、工业汉语系列教材。由专业教师、班组长组成一线教学团队，以班组为单位开展"中文+职业技能"培训，实现企业本土员工语言能力和技能水平同步提升。

三、成果特色与创新点

（一）海外办学实践创新：举办首个海外开展学历教育的职业技术学院，推动职业教育"走出去"

体系化设计了中国职业教育海外办学路径和运行模式，创造性实施了"四路工程"，实现"政企行校"抱团出海，构建了"一校建一院""一校管一处"的中赞职院运行模式，风险共担，资源共享，形成了长效办学机制，解决了学校自发型、校际合作松散型等海外办学模式存在的水土不服、与企业人才需求脱节、难以持续等问题。形成中赞职院、孔子课堂、中国有色集团赞比亚培训中心、国家开放大学赞比亚学习中心"四位一体"教育架构，开展学历教育、中文教学、技能培训，培养知华、友华、爱华的本土技能人才，为驻赞企业高质量发展、保障战略金属供给提供了人才支撑，为提升赞比亚职业教育水平、实现非洲工业化发展提供了中国方案，为促进人文交流、构建中非命运共同体提供了有效途径。

（二）教学理论方法创新：首次提出"工业汉语"教学的理论方法，促进中国文化"走出去"

创新国际中文教育的载体，以职业教育为切入点发展工业汉语和通用中文教育，根据"语言+技能+文化"的实际需求，组建了"专业+语言"的编写团队，采用"拼音标注，中英对照"的形式开发工业汉语系列教材，围绕行业、岗位、专业需求，打造"中文+职业技能"课程资源体系。创办了全国首家职教型孔子课堂，与教育部中外语言交流合作中心共建全国高职首家"中文+职业技能"教育实践与研究基地，培育"能上讲台、能下车间、会教中文"，兼备"专业讲师、工程师、国际中文讲师"多重教学身份的"双师+"型师资队伍，满足海外"工业汉语"教学需求，培养"精技术、通语言、融文化"的本土员工队伍，为"走出去"中国企业海外深度发展提供人才支撑。

（三）标准建设路径创新：中外合作开发专业标准，实现中国职业教育标准"走出去"

组建由赞比亚职业教育训练管理局（TEVETA）、"走出去"院校、驻赞企业、中赞职院专家构成的中赞研发团队，在 TEVETA 指导下，驻赞企业提出行业人才需求，"走出去"院校和中赞职院联合研发设计，形成与非洲国家共同开发专业标准的新范式。

研发团队借鉴国际职教模式，深入开展中国职业教育海外发展适应性研究，将中国职业教育标准海外本土化，形成了具有"国际理念、中国元素、海外特色"的专业教学标准和课程标准，被纳入赞比亚国民教育体系，促成了标准的落地和实施，填补了赞比亚国家相关专业标准空白。

四、成果的推广应用效果

（一）培养人才成效显著

通过开展学历教育和 21 个专业工种、近 50 期"中文+职业技能"培训，培养了一批心心相印的技术技能人才，企业运营环境显著改善。带动近百所国内职业院校千余名教师参与"走出去"项目，实现了专业水平与语言教学能力双提升，搭建国际教学互动平台，提升了国内学生国际化素养和国际就业能力。

（二）引领职业教育国际化发展

成果被推广至中哈、中缅、塔中系列海外职院，成功复制到山东、甘肃等省 48 所院校，并被纳入教育部"双高"院校建设和"部省共建职教创新发展高地"建设重要内容。依托"中文+职业技能"教育实践与研究基地，建立北方校企协作机制，为 80 余所职业院校领导开展培训，200 余所职业院校来校学习交流，多校派外事干部挂职锻炼，促进了兄弟院校国际化建设。

（三）获得政府行业高度肯定

2021 年中赞职院案例入选经党中央批准教育部编制的《习近平新时代中国特色社会主义思想学生读本（小学高年级）》。

2019 年在国际中文教育大会上教育部领导将学校开展的"工业汉语+职业技能"教育誉为"北工院模式"；2020 年教育部在介绍"十三五"职教改革发展时指出"中赞职院是职业教育改革发展最大亮点之一"；2022 年教育部在"教育这十年"发布会上将中赞职院列为党的十八大以来职教改革发展成效之一。

2022 年赞比亚总统希奇莱马表示积极支持中赞职院的建设和发展，加大对人才培养的力度，将其纳入国家计划。

中国有色集团致函教育部感谢"走出去"试点院校，认为成果给赞比亚中资企业带来了实在的支持，效果远超预期。

（四）成果经验为国家职教政策提供了依据

2020 年有色人才中心代表试点项目组参加国务院办公厅"职业教育'走出去'专题会议"汇报工作成果。

受教育部委托开展"职业教育协同企业'走出去'"和"深入推进职业教育'走出去'专项工作"，完成《中国职业教育协同企业"走出去"报告》和《中国职业教育国际化发展报告》，为统筹职业教育国际化发展提供了政策依据。试点成果为中共中央办公厅、国务院办公厅印发的《关于推动现代职业教育高质量发展的意见》第十七、十八、十九条提供了实践经验。

（五）取得媒体广泛赞誉

《人民日报》以《中非职业教育为中非友好合作增添新的内涵》为题介绍中赞职院，《光明日报》以《我在非洲当老师》为题介绍北工院教师在赞育人事迹，中国教育电视台专访报道《校企协同"走出去"探寻职教国际化发展之路》，北京电视台、《中国教育报》、《北京日报》等多家媒体均报道了学校海外办学成果。

五、成果总结

（一）成果背景

以习近平总书记提出的构建人类命运共同体理念为遵循，推进职业教育"走出去"是我国职业教育国际化发展与对外开放的重大使命。职教"走出去"围绕当地产业链布局人才链，实现人才与产业融合聚变，是增强我国产业链黏度的重要途径，是增强我国"软实力"、扩大"朋友圈"的重要基础。

北工院、有色人才中心、中国有色集团按照"产教融合、共生共长"原则，探索出"政府主导、行业指导、校企协同"的职教"走出去"模式，培养海外本土技能人才服务国际产能合作、保障我国战略金属安全、助推中国技术标准和中资企业落地生根的同时，助推专业教育标准、教学资源与国际接轨，形成海外人才长效培养机制，增加了职教海外办学活力，构建了职教对外开放新格局。

1. 发展现代职业教育要求校企协同"走出去"

2013 年习近平总书记提出共建"一带一路"倡议，互学互鉴共同发展。2014 年《国务院关于加快发展现代职业教育的决定》提出"探索与中国企业和产品'走出去'相配套的职业教育发展模式，注重培养符合中国企业海外生产经营的本土化人才"，"开发与国际先进标准对接的专业标准和课程体系"，"积极参与制订职业教育国际标准"。2015 年《北京市人民政府关于加快发展现代职业教育的实施意见》、《北京职业教育改革发展行动计划》(2018—2020 年)、2020 年 6 月《关于深化职业教育改革的若干意见》、2020 年 9 月教育部等九部门印发的《职业教育提质培优行动计划（2020—2023 年）》，以及 2021 年 10 月中共中央办公厅、国务院办公厅印发的《关于推动现代职业教育高质量发展的意见》等国家政策为助力职教"走出去"，为高职院校推进海外办学、实现跨越式发展提供了政策支持。

2. 职业教育协同企业"走出去"迎来新的发展机遇

有色金属行业是我国"走出去"先行行业之一,多年来开展了全方位、多领域、多层次的国际产能合作。"走出去"企业在当地劳动力技能水平和生产率高低直接关乎其发展。推动职教协同企业"走出去",以当地员工技能提升赋能产业发展,是企业提升竞争力的重要抓手,是职业教育参与全球教育治理的历史机遇。

该形势下,2009年中国有色集团收购赞比亚卢安夏矿业公司技工学校,启动对本土员工的技能培训,2010年北工院依托中德IHK项目,培育国际化师资,提升专业国际化水平,为"走出去"积势蓄能,2015年教育部启动职业教育"走出去"试点,2016年北工院被教育部确定为首批试点院校赴赞海外办学。该项"走出去"工作从动议到建成历时13年,以中国有色金属矿业集团作为试点企业赴赞开展我国首批职教"走出去"试点为内容,已成为我国教育领域创新发展的一大特色亮点。

学校伴随中国有色金属行业赴赞办学,进行人才培养探索与实践,是落实习近平总书记"将积极推进中非产业对接和产能合作""设立一批区域职业教育中心和若干能力建设学院"指示的战略之策。

3. 校企协同"走出去"面临发展难题

国际产能合作是构建国内国际"双循环"的重要组成部分,但合作国师资水平低下,培训资源紧缺,民众受教育程度低,难以支撑产业一线对高素质技能人才的需求。"走出去"企业面临着员工素质不高、中文能力有限,与中国企业文化融合困难等突出矛盾和问题,中国有色金属企业在当地的1.5万名员工劳动技能严重不足。因此,"走出去"企业缺少本土技能人才支撑,迫切需要校企协同培养人才。

职业教育与经济社会联系紧密,与就业和民生直接相关,是培养技能人才的重要途径,因此,伴随企业"走出去"是职业教育责无旁贷的时代使命。然而,职教"走出去"是新生事物,是一项开创性工作,无先例可循;合作国工业化水平较低,无专业教学标准可依;合作国职业教育相对落后,教学资源短缺;职业教育国际化起步较晚,师资储备不足;企业面临人力资源瓶颈,本土人才职业能力不足。这些问题成为制约校企协同"走出去"高质量发展的因素,亟待解决(见图1)。

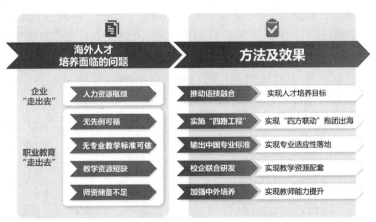

图1 校企协同"走出去"面临难题

（二）成果内容

中国企业"走出去"呈蓬勃发展之势，广泛地参与国际产能合作。产业发展需要与相配套的人才同频共振，而当地雇员中文能力有限、与企业文化融合困难，企业面临人才脱节问题，缺少懂汉语、通文化、精技能的海外本土技能人才，迫切需要校企协同"走出去"培育一线产业人才，突破人力资源瓶颈。

面对校企协同"走出去"无先例可循、无专业教学标准可依、教学资源短缺、师资储备不足、本土人才职业能力不足的问题，本成果探索出政企行校四方联动、专业标准国际引领、中文教育和职业技能融合发展的职业院校"走出去"人才培养模式（见图2）。

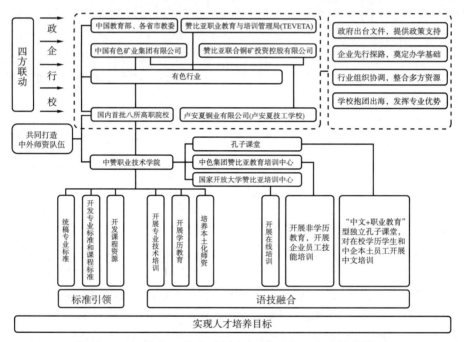

图 2　"四方联动""标准引领""语技融合"人才培养模式

实施"四路工程"，实现"四方联动"抱团出海。充分发挥政企行校四方优势，实施"政府引路，企业探路，行业铺路，学校创路"的"四路工程"。政府负责顶层设计，提供政策支持；企业提供人才需求和综合保障，奠定办学基础；行业负责组织协调，整合多方资源；学校提供教学资源，组织具体实施，形成了可复制的职教"走出去"长效机制。

输出中国专业标准，实现专业适应性落地。对接现有国际规范，基于中国职教标准，结合海外国情和学情，依据生源素质、企业需求、培养模式等要素，研制自动化与信息技术、珠宝设计与加工2项专业标准和37项课程标准，构建基于专业岗位分类、职业素养、核心能力的课程体系，形成完整的教学理念、课程设置、教材编写、授课设计、学生管理和评价体系，填补赞比亚相关专业国家标准空白，形成中国标准"走出去"的生动实践（见图3）。

校企联合研发，实现教学资源配套。以"企业需求、行业牵头、院校研发"为原则，成立校企研发团队，依据专业教学标准开发教学资源，明确岗位需求、能力要素、课程目标，开发17本英文专业教材和9本工业汉语教材，在语言和技能教学中融入中国文化要素，为培养"精技术、通语言、融文化"的本土员工队伍提供教学资源保障。

图 3　标准研发路径

加强中外培养，实现教师能力提升。组织国内教师参加国内外专业培训、企业实践锻炼、国际中文教学能力培训，选派 131 名北工院教师参与"走出去"试点，36 名教师取得国际中文教师资格证书，培养中赞职院在校学生 575 人，为企业开展 2 万余人次中文和技能培训，提高教师专业、语言教学及跨文化交际等能力。组织 35 名海外本土教师来华跟岗学习，建立外方教师师资库，打造友华适教的海外本土化师资队伍。

推动语技融合，实现人才培养目标。构建中文推广和职业教育融合发展模式。围绕生产实际、中国装备使用，以技能培训为切入点发展国际中文教育。对接主流生产技术和相关语种，开发多工种、多语言教学资源库、专业语料库、工业汉语系列教材。由专业教师、班组长组成一线教学团队，以班组为单位开展"中文+职业技能"培训，实现企业本土员工语言能力和技能水平同步提升（见图 4）。

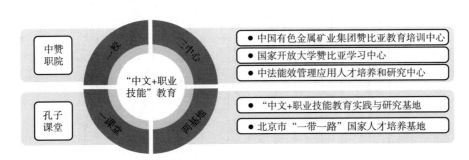

图 4　"一学院，一课堂，二基地，三中心"

（三）特色创新

1. 海外办学实践创新：举办首个海外开展学历教育的职业技术学院，推动职业教育"走出去"

体系化设计了中国职业教育海外办学路径和运行模式，创造性实施了"四路工程"，实现"政企行校"抱团出海,构建了"一校建一院"(见图5)"一校管一处"(见图6)的中赞职院运行模式,风险共担,资源共享,形成了长效办学机制,解决了学校自发型、校际合作松散型等海外办学模式存在的水土不服、与企业人才需求脱节、难以持续等问题。

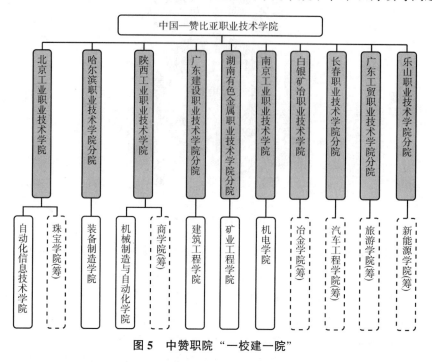

图 5　中赞职院"一校建一院"

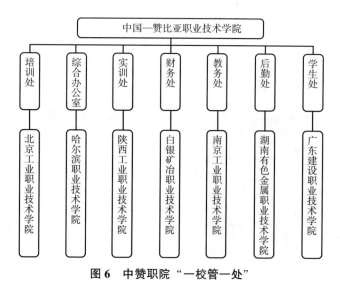

图 6　中赞职院"一校管一处"

形成中赞职院、孔子课堂、中国有色集团赞比亚培训中心、国家开放大学赞比亚学习中心"四位一体"教育架构,开展学历教育、中文教学、技能培训,培养知华、友华、爱华的本土技能人才,为驻赞企业高质量发展,保障战略金属供给提供了人才支撑;为提升赞比亚职业教育水平,实现非洲工业化发展提供了中国方案;为促进人文交流,构建中非命运共同体提供了有效途径。

2. 教学理论方法创新：首次提出"工业汉语"教学的理论方法，促进中国文化"走出去"

创新国际中文教育的载体，以职业教育为切入点发展中文教育，创办了全国首家职教型孔子课堂（见图7），与教育部中外语言交流合作中心共建全国高职首家"中文+职业技能"教育实践与研究基地。

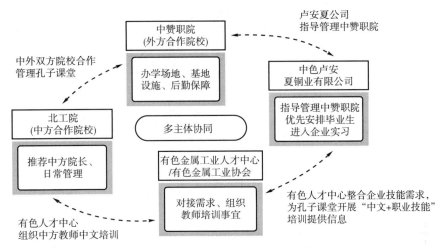

图7 多主体协同共建职教型孔子课堂

围绕行业、岗位、专业需求，由浅入深开发工业汉语系列教材，打造"中文+职业技能"课程体系，制订"工业汉语"应用语言评价标准，首次提出"工业汉语"教学理论方法，设计"三短两文献一规范"教学内容结构，采用"拼音标注，中英对照"形式教学。

开展汉语文化和工业汉语教学，融合汉语交际实用性与职业技能专业性，培育"能上讲台、能下车间、会教中文"，兼备"专业讲师、工程师、国际中文讲师"多重教学身份的"双师+"型师资队伍（见图8），满足海外"工业汉语"教学需求，培养"精技术、通语言、融文化"的本土员工队伍，为"走出去"中国企业海外深度发展提供人才支撑。

图8 "双师+"型师资队伍

3. 标准建设路径创新：中外合作开发专业标准，实现中国职业教育标准"走出去"

组建由TEVETA、"走出去"院校、驻赞企业、中赞职院专家构成的中赞研发团队，在TEVETA指导下，驻赞企业提出行业人才需求，"走出去"院校和中赞职院联合研发设计，形成与非洲国家共同开发专业标准的新范式。

研发团队借鉴国际职教模式，深入开展中国职业教育海外发展适应性研究，将中国职业教育标准海外本土化，形成了具有"国际理念、中国元素、海外特色"的专业教学标准和课程标准，促成了标准的落地和实施，填补了赞比亚国家相关专业标准空白（见图 9 和图 10）。

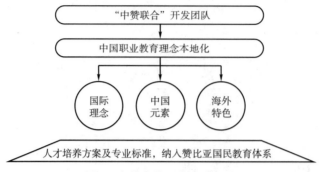

图 9　中外合作开发专业标准

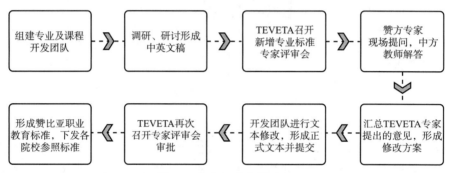

图 10　专业标准审批过程

（四）应用成效

1. 培养人才成效显著

试点至今，通过开展学历教育和 21 个专业工种、近 50 期"中文+职业技能"培训，培养了一批心心相印的技术技能人才，企业运营环境显著改善。带动近百所国内职业院校千余名教师参与"走出去"项目，实现了专业水平与语言教学能力双提升，搭建国际教学互动平台，提升了国内学生国际化素养和国际就业能力。

2. 引领职业教育国际化发展

中赞职院模式被推广至中哈、中缅、塔中系列海外职院，试点经验成功复制到山东、甘肃等省的 48 所院校，并被纳入教育部"双高"院校建设和"部省共建职教创新发展高地"建设重要内容。

依托"中文+职业技能"教育实践与研究基地，建立北方校企协作机制，为 80 余所职业院校领导开展培训，200 余所职业院校来校学习交流，多校派外事干部来校挂职锻炼，促进了兄弟院校国际化建设。

3. 获得政府行业高度肯定

2021 年中国—赞比亚职业技术学院案例入选经党中央批准教育部编制的《习近平新时代中国特色社会主义思想学生读本（小学高年级）》。

2019 年在国际中文教育大会上教育部领导将学校开展的"工业汉语+职业技能"教育誉为"北工院模式";2020 年教育部在介绍"十三五"职教改革发展时指出"中赞职院是职业教育改革发展最大亮点之一";2022 年教育部在"教育这十年"发布会上将中赞职院列为党的十八大以来职教改革发展成效之一。

2022 年赞比亚总统希奇莱马表示,政府相关部门要积极支持中赞职院的建设和发展,加大对人才培养的力度,财政部、教育部要将其纳入国家计划。

中国有色集团致函教育部感谢"走出去"试点院校,认为成果给赞比亚中资企业带来了实在的帮助和支持,效果远超预期。

4. 成果经验为国家职教政策提供了依据

2020 年有色人才中心代表试点项目组参加国务院办公厅"职业教育'走出去'专题会议"汇报工作成果。

受教育部委托开展"职业教育协同企业'走出去'"和"深入推进职业教育'走出去'专项工作",完成《中国职业教育协同企业"走出去"报告》和《中国职业教育国际化发展报告》,为统筹职业教育国际化发展提供了政策依据。试点成果为中共中央办公厅、国务院办公厅印发的《关于推动现代职业教育高质量发展的意见》第十七、十八、十九条提供了实践经验。

5. 取得媒体广泛赞誉

《人民日报》以《中非职业教育为中非友好合作增添新的内涵》为题介绍中赞职院,《光明日报》以《我在非洲当老师》为题介绍北工院教师在赞育人事迹,中国教育电视台专访报道《校企协同"走出去"探寻职教国际化发展之路》,北京电视台、《中国教育报》《北京日报》等多家媒体均报道了学校海外办学成果。

服务"一带一路"建设的"外语+"高职多语种人才培养模式的探索与实践

完成单位：北京联合大学；北京青年政治学院；广西国际商务职业技术学院；义乌工商职业技术学院；闽江师范高等专科学校；同济大学；国家开放大学；北京双雄对外服务公司

完成人：常红梅；老青；叶秀娟；穆洁华；刘杰英；盛湘君；何少娴；江波；冀冉；孙一力；朱倩倩；黄恒拾；杨信；朴美玉；贾一村；张赫；田夏；刘黛琳；李扬

一、成果简介

随着国家对外开放进一步扩大，"一带一路"倡议深入实施，多语种专业发展迎来了"黄金时代"，服务沿线国家多语种复合型人才需求旺盛，而高职多语种专业数量，以及面向涉外商务、旅游等服务领域的多语种复合型人才供给呈现不足。本成果依托教育部"2013年高等职业教育专业目录修订研究""高等职业教育外语类专业教学标准开发规程研究"，以及北京教育科学规划重点课题"中国高等职业教育外语教育改革和发展研究"、上海哲社科规划"21世纪海上丝绸之路战略研究"等项目，牵头单位联合义乌工商职业技术学院、广西国际商务职业技术学院等院校，围绕西班牙语、泰语、马来语等多语种专业进行人才培养模式改革，形成"服务'一带一路'建设的'外语+'高职多语种人才培养模式的探索与实践"成果，直接惠及师生达6万余人次，受益企业超3 000个，带动全国近1 700个外语类专业点建设，发挥了示范引领作用。

（一）顺应"一带一路"语言互通，优化语种科学布局方案

修订高职外语类专业目录（2015版），首次实现目录内增设西班牙语、越南语、泰语、阿拉伯语以及含马来语、柬埔寨语等10个语种为方向的应用外语专业，完成专业简介，被教育部采纳、颁布。近五年保加利亚语、匈牙利语、阿尔巴尼亚语等12个新增语种首次招生，语种总数达32个。

（二）服务"一带一路"人才贯通，构建"外语+"复合型人才培养新模式

系统提出外语类专业建设与创新实践方案，形成"西语/越语/泰语/阿语/马来语……+"复合型人才培养模式，带动全国近1 700个高职外语类专业点国际化人才培养实践，为服务"一带一路"输送多语种毕业生近万名。

（三）支撑"一带一路"产教联通，创建中外职教共同体

实践中外校企四方联动，牵头"中国—东盟商科职业教育联盟"等中外职教联盟 6 个，在泰国创办桂海商学院，"商务泰语"课程标准获泰国教育部认证；对接"海上福州"，创办马来语专业；开启"义新欧班列"系列项目；辐射援外培训 68 期，涉及 30 多个国家 600 余人次。

（四）赋能"一带一路"民心相通，搭建跨文化交流实践平台

践行文化育人，助推中华文化的传播，守护"中国国际教育年会"中外交流品牌，创设"发展中国家教育管理者培训"项目品牌，建成"泰语/阿语……+中华文化"等示范课 32 门，创设"西语/俄语……+跨文化"多语种交流与合作服务实践平台 16 个，覆盖成果院校各语种专业 100%，辐射"一带一路"共建国家 30 多个。

二、成果主要解决的教学问题及解决方法

（一）主要解决的教学问题

（1）解决了急需语种数量不足、专业点布局空缺的问题；
（2）解决了原外语类专业人才知识结构单一，服务"一带一路"建设所需复合技能不足的问题；
（3）解决了跨文化交流育训实践体系不够健全的问题。

（二）解决方案

1. 依托专业目录动态调整机遇，优化国家战略所需语种专业，服务区域经济发展成效显著

以 2015 版专业目录修订为契机，形成结构优化、语种设置和专业点布局合理的顶层设计方案。为服务中国—东盟东部增长区合作，广西国际商务职业技术学院加强泰语、越南语等专业建设；为支持建设 21 世纪海上丝绸之路核心区，闽江师范高等专科学校新增马来语、柬埔寨语等专业；为顺应沿海开放门户，义乌工商职业技术学院巩固西班牙语、阿拉伯语等专业，有效提升了服务区域经济发展能力。

2. 根据区域主导产业需求，构建高职"外语+"多语种国际化人才培养模式，复合型人才培养成效显著

立足省市级服务国家战略的国际化项目，因地制宜，北京联合大学、北京青年政治学院和广西国际商务职业技术学院分别创设"中国—中东欧国家旅游院校联盟""京津冀出入境服务领域产教联盟""中国—东盟商科职业教育联盟"；闽江师范高等专科学校对接"海上福州"项目；广西和浙江院校面向国际贸易、跨境电商等领域国际化人才需求，分别创设"外语+商务+技能+文化""英语+葡萄牙语+商务"等人才培养模式；北京院校面向涉外旅游、外语教育等领域国际化人才需求，探索高本一体化的"外语+文化+研学"人才培养模式，成果单位协同为语言服务出口等岗位群输送了多语种复合型人才近万名，有效提升了国际化人才培养质量，助力服务中国企业"走出去"。

3. 借助各类国际赛事展会，加强中外职教共同体合作，提升多语种跨文化交流实践成效

借助在京举办的"一带一路国际合作高峰论坛"、冬奥会、"中国-中东欧国家首都市长论坛""中国国际服务贸易交易会"和广西承办的"中国—东盟博览会"、福建承办的"世界遗产大会"等国家及省市级重要活动，以及北京"丝路工匠"国际赛训项目，成果单位协同构建强化语言服务的文化育训实践平台，不断提升专业师生传播中华文化的意识和多语种跨文化交流的能力。2015 年以来，北京院校外语专业师生为"一带一路"高峰论坛提供语言服务，为冬奥会提供了从语言到专业岗位的全面服务，得到论坛主办方和冬奥组委的高度好评，有效提升了多语种跨文化交流及传播中国故事的能力和水平。

三、成果特色与创新点

（一）优化了职业教育多语种专业设置结构与布局

面向"一带一路"建设高质量发展，行业企业与外国企业的合作呈现出区域化的特点，统筹外语类专业目录顶层设计，首次实现目录内增设多语种、应用外语专业含语种方向的设置，实现了语种数量稳步增加，对接地缘特色明显，服务国家战略作用显著。完成的《中国职业教育外语教育发展报告（2009—2019）》系统总结英、法、西、越、泰、阿等多语种专业教育改革与发展，提出一整套高职外语教育改革的理论与实践指导意见，对指导全国职业教育近 1 700 个外语类专业点教学改革，起到引领作用。

（二）创新了产教协同"外语+"多语种复合型人才培养模式

适应"一带一路"国际化人才培养，结合地缘特色，夯实"桂海商学院""海上福州""义新欧班列"等项目内涵，重点在京、桂、浙、闽等地部分院校组织开展高职外语类专业建设实践，创新"外语+"多语种国际化人才培养模式，提升多语种专业"强外语、精专业、跨文化"的人才培养成效，助力实现语言服务出口"软联通"。北京青年政治学院外语专业毕业生就业于 20 多个驻京使领馆签证外包业务公司，包括土库曼斯坦、斯洛伐克、意大利、比利时、印度、马耳他、意大利等签证中心，广西国际商务职业技术学院外语专业毕业生就业于立讯精密（越南）有限公司、广西农垦（越南）明阳生化公司等驻外科技企业，义乌工商职业技术学院外语专业学生的 KABAB 乐活义乌——阿拉伯女性生活服务项目、Groupon@Home 等中外双语成果在省市级"互联网+"大学生创新创业大赛中获金奖和银奖，实现专业学生获省级金银奖项零的突破。

（三）创设了多语种跨文化育人新平台

赋能"一带一路"中外多元文化交流，助力同"一带一路"共建国家人民"心联通"，重构多语种跨文化交流育训平台，形成文化育人实践体系。北京联合大学联合开发"这就是中国"在线课程；同济大学参与组织"发展中国家教育管理者研修班"；北京青年政治学院协同创办"丝路工匠"国际技能大赛；闽江师范高等专科学校拓展"海外华文教育基地"；义乌工商职业技术学院多语种专业师生组织"红语"服务团队，对接义乌市江东街道社区卫生服务中心，为在义外籍人士接种疫苗提供"一条龙"服务；广西国际商务职业技术学院多语种专业师生立足"1+N"语言工作坊,为社区商户提供螺蛳粉产品中外文翻译服务。成果单位入榜"全国高职院校国际影响力50强"5次。

四、成果的推广应用效果

(一)外语类专业教学标准体系建设成绩明显,指导全国职业院校32个语种近1 700个专业点建设实践

2015版专业目录及专业简介的颁布,促成了多语种专业建设和发展,也为完成2021版职业教育外语类专业一体化专业目录、简介、专业教学标准的制订提供了坚实的基础。2021版中职新增阿语、泰语;职业本科新增英、日、韩、俄、泰、西6个语种,2016年、2018年旅游英语、应用西班牙语顶岗实习标准颁布,2018年启动、2021年完成的多语种专业教学标准都为规范、提高外语类专业人才培养质量起到了重要指导作用。

(二)"外语+"人才培养模式辐射广泛,西语、泰语、越南语、阿语等语种专业人才培养质量大幅上升

产教融合框架下"外语+"人才培养模式起到了良好示范作用,引领国内高职院校外语类专业广泛开展实践导向的教学改革与创新,成果单位为国际贸易、跨境电子商务、旅游会展等行业领域培养了近万名复合型高素质技术技能人才,毕业生高质量就业于语言服务出口等岗位群,就业现状满意度和职业期待吻合度分别高出全国高职高专平均值5%和10%。

(三)地缘产教融合成效显著,西语、泰语等语种教学资源和师资发展水平跃上新台阶

成果单位开发"商务泰语"课程标准获泰国教育部认证,"商务泰语口语"入选省级课程思政示范课;出版《即学即用:阿拉伯语/法语/西班牙语》等校企合作外语类系列教材56册。成果院校"双师型"多语种专业教师比例提升到88%以上,成果完成人入选"鲁班工坊"建设联盟、"丝路工匠"国际技能大赛赛项等行业内专家,获教育部"全国课程思政教学名师"等称号,入选教育部外语教指委等专家组织39人次,主持省部级课题35项,出版著作7部,发表核心期刊论文42篇,在国际性学术会议与论坛发言28人次,编写决策咨询专报7件,持续发挥示范引领作用。

(四)多语种文化育人效果辐射广泛,提升了服务国家"一带一路"对外交往的能力

精准对接国家对外交往人才需求,以多语种为媒介,提升职业教育服务区域国际交流能力,包括新增柬埔寨语、马来语等多语种专业近万名学生,为国际赛事展会、国际化社区疫情防控等活动提供志愿服务,受到《人民日报》、学习强国、《中国日报》等多家媒体报道。中外校企联合,以多语种为桥梁,以"语言+职业技能"教育为核心,建设"泰国职业院校中文教师培训基地"等教育平台,促进"一带一路"共建国家中文人才和语言服务出口领域技术技能人才融合培养,成果单位年均培训量超2万人·日。

五、成果总结

（一）成果背景

2013年，习近平总书记在出访中亚和东南亚国家期间提出共建"丝绸之路经济带"和"21世纪海上丝绸之路"的重大倡议，随着"一带一路"倡议深入实施，作为实现基础设施"硬联通"、规则标准"软联通"、同共建国家人民"心联通"的基础工具的多语种专业迎来了发展的"黄金时代"，服务沿线国家多语种复合型人才需求日趋旺盛。

习总书记强调，要有针对性地培养"一带一路"等对外急需的懂外语的各类专业技术和管理人才，而高职多语种专业数量，以及面向涉外商务、旅游等服务领域的多语种复合型人才供给呈现不足。

为提高人才培养的经济社会适应性，深化教育改革，党的十八大以来，国务院、教育部等部门陆续发布《现代职业教育体系建设规划（2014—2020年）》《高等职业教育创新发展行动计划（2015—2018年)》《国家职业教育改革实施方案》等一系列职业教育相关文件，为职业教育的高质量发展筑牢基础。本成果依托教育部"2013年高等职业教育专业目录修订研究""高等职业教育外语类专业教学标准开发规程研究"，以及北京市教育科学规划重点课题"中国高等职业教育外语教育改革和发展研究"、上海市哲学社会科学规划课题"21世纪海上丝绸之路战略研究"等研究成果，为解决多语种复合型人才供给不足问题提供了顶层设计方案。

（二）成果简介

本成果牵头单位联合义乌工商职业技术学院、广西国际商务职业技术学院、闽江师范高等专科学校等高职院校，围绕西班牙语、泰语、越南语、马来语、柬埔寨语等多语种专业进行人才培养模式改革，形成了"服务'一带一路'建设的'外语+'高职多语种人才培养模式的探索与实践"成果，直接惠及师生达6万余人次，受益企业超3 000个，带动了全国近1 700个职业教育外语类专业点建设，发挥了示范引领作用。

（1）顺应"一带一路"语言互通，优化语种科学布局方案（见图1）。

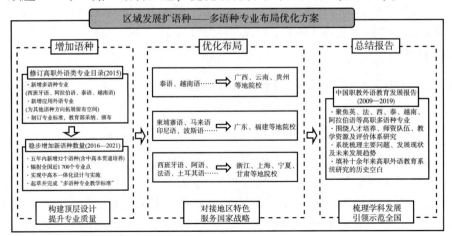

图1 区域发展扩语种——多语种专业布局优化方案

修订高职外语类专业目录（2015 版），除英语、俄语、法语、德语、日语、韩语等语种外，首次实现目录内增设西班牙语、越南语、泰语、阿拉伯语，以及含有马来语、柬埔寨语等 10 个语种为方向的"应用外语"专业，并完成专业简介，被教育部采纳、颁布。2016—2021 年五年内"应用外语"专业实现了保加利亚语、匈牙利语、阿尔巴尼亚语等 12 个新增语种的首次招生，目前语种总数达 32 个。

（2）服务"一带一路"人才贯通，构建"外语+"复合型人才培养新模式（见图 2）。

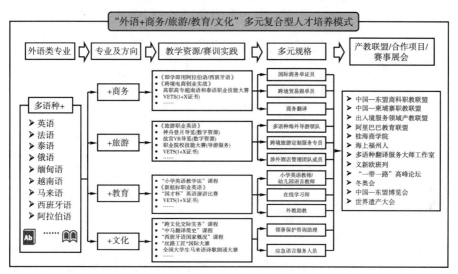

图 2 "外语+商务/旅游/教育/文化"多元复合型人才培养模式

系统提出外语类专业建设与创新实践方案，形成了"西班牙语/越南语/泰语/阿拉伯语/马来语/柬埔寨语……+"复合型人才培养模式，指导全国近 1 700 个职业教育外语类专业点国际化人才培养创新实践，为服务"一带一路"建设输送了多语种毕业生近万名。

（3）支撑"一带一路"产教联通，创建中外职教共同体（见图 3）。

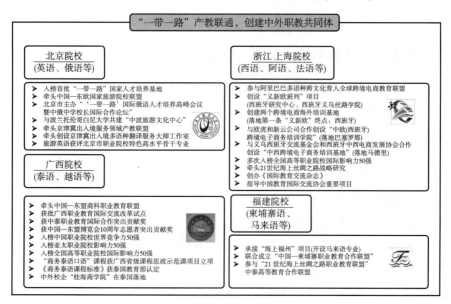

图 3 "一带一路"产教联通，创建中外职教共同体

实践中外校企四方联动新模式，牵头成立"中国—东盟商科职业教育联盟"等中外职教联盟6个，在泰国创办桂海商学院，"商务泰语"课程标准获泰国教育部认证；对接福建"海上福州"项目，创办马来语专业；开启"义新欧班列"系列项目；辐射援外培训68期，涉及30多个国家和地区600余人次。

（4）赋能"一带一路"民心相通，搭建跨文化交流实践平台（见图4）。

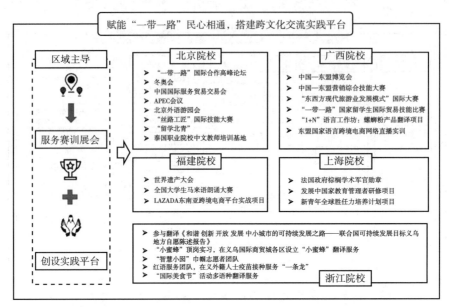

图4　赋能"一带一路"民心相通，搭建跨文化交流实践平台

践行文化育人，助推中华文化的传播，守护"中国国际教育年会"中外交流品牌，创设"发展中国家教育管理者培训"项目品牌，建成"泰语/阿拉伯语……+中华文化"示范课32门，创设"西班牙语/俄语……+跨文化"多语种交流与合作服务实践平台16个，覆盖本成果院校各语种专业100%，辐射"一带一路"共建国家30多个。

（三）成果主要解决的教学问题及解决方案

1. 成果主要解决了以下教学问题

（1）解决了急需语种数量不足、专业点布局空缺的问题。

（2）解决了原外语类专业人才知识结构单一，服务"一带一路"建设所需复合技能不足的问题。

（3）解决了跨文化交流育训实践体系不够健全的问题。

2. 成果解决教学问题的方案

（1）依托专业目录动态调整机遇，优化国家战略所需语种专业，服务区域经济发展成效显著。以2015版专业目录修订为契机，形成结构优化、语种设置和专业点布局合理的顶层设计方案。为服务中国—东盟东部增长区合作，广西国际商务职业技术学院加强泰语、越南语等专业建设；为支持建设21世纪海上丝绸之路核心区，闽江师范高等专科学校新增马来语、柬埔寨语等专业；为顺应沿海开放门户，义乌工商职业技术学院巩固西班牙语、阿拉伯语等专业，有效提升了服务区域经济发展能力。

（2）根据区域主导产业需求，构建高职"外语+"多语种国际化人才培养模式，复合型人才培养成效显著。立足省市级服务国家战略的国际化项目，因地制宜，北京联合大学、北京青年政治学院和广西国际商务职业技术学院分别创设"中国—中东欧国家旅游院校联盟""京津冀出入境服务领域产教盟""中国—东盟商科职业教育联盟"；闽江师范高等专科学校对接"海上福州"项目；广西和浙江院校面向国际贸易、跨境电商等领域国际化人才需求，分别创设"外语+商务+技能+文化""英语+葡萄牙语+商务"人才培养模式；北京院校面向涉外旅游、外语教育等领域国际化人才需求，探索高本一体化"外语+文化+研学"人才培养模式，成果单位协同为语言服务出口等岗位群输送多语种复合型人才近万名，有效提升国际化人才培养质量，助力服务中国企业"走出去"。

（3）借助各类国际赛事展会，加强中外职教共同体合作，提升多语种跨文化交流实践成效。借助在京举办的"一带一路国际合作高峰论坛"、冬奥会、"中国—中东欧国家首都市长论坛""中国国际服务贸易交易会"和广西承办的"中国—东盟博览会"、福建承办的"世界遗产大会"等国家及省市级重要活动，以及北京"丝路工匠"国际赛训项目，成果单位协同构建强化语言服务的文化育训实践平台，不断提升专业师生传播中华文化的意识和多语种跨文化交流的能力。2015年以来，北京院校外语专业师生为"一带一路"国际合作高峰论坛提供语言服务，为冬奥会提供了从语言到专业岗位的全面服务，得到了论坛主办方和冬奥组委的高度好评，有效提升了多语种跨文化交流及传播中国故事的能力和水平。

（四）成果创新点

1. 优化了职业教育多语种专业设置结构与布局

面向"一带一路"建设高质量发展，行业企业与外国企业的合作呈现出区域化的特点，完成外语类专业目录顶层设计，首次实现目录内增设多语种、"应用外语"专业含语种方向的设置，实现了语种数量稳步增加，对接区域经济发展需要明显，服务国家战略作用显著。牵头单位主持完成的《中国职业教育外语教育发展报告（2009—2019）》系统总结英语、法语、西班牙语、越南语、泰语、阿拉伯语等多语种专业教育改革与发展，提出了一整套高职外语教育改革的理论与实践指导意见，对指导全国职业教育近1 700个外语类专业点的教学改革，起到了引领示范作用。

2. 创新了产教协同"外语+"多语种复合型人才培养模式

适应"一带一路"国际化人才培养，结合区域所处的地缘特色，夯实"桂海商学院""海上福州""义新欧班列"等项目内涵，重点在北京、广西、浙江、福建等地部分高职院校组织开展了高职外语类专业建设实践，创新"外语+"多语种国际化人才培养模式，提升了多语种专业"强外语、通专业、跨文化"的人才培养成效，助力实现语言服务出口"软联通"。北京青年政治学院外语专业毕业生就业于20多个驻京使领馆签证外包业务公司，包括土库曼斯坦、斯洛伐克、意大利、比利时、印度、马耳他、意大利等签证中心，广西国际商务职业技术学院外语专业毕业生就业于立讯精密（越南）有限公司、广西农垦（越南）明阳生化公司等驻外科技企业，义乌工商职业技术学院外语专业学生的 KABAB 乐活义乌——阿拉伯女性生活服务项目、Groupon@ Home 等中外双语成果在省市级"互联网+"大学生创新创业大赛中获金奖和银奖，实现专业学生获省级金银奖项零的突破。

3. 创设了多语种跨文化育人新平台

赋能"一带一路"中外多元文化交流，助力同"一带一路"共建国家人民"心联通"，重构多语种跨文化交流育训平台，形成文化育人实践体系。北京联合大学牵头联合开发"这就是中国"校际在线课程；同济大学参与组织"发展中国家教育管理者研修班"；北京青年政治学院协同创办"丝路工匠"国际技能大赛；闽江师范高等专科学校拓展"海外华文教育基地"；义乌工商职业技术学院多语种专业师生组织"红语"服务团队，对接义乌市江东街道社区卫生服务中心，为在义外籍人士接种疫苗提供"一条龙"服务；广西国际商务职业技术学院多语种专业师生立足"1+N"语言工作坊，为社区商户提供螺蛳粉产品中外文翻译服务。成果单位入榜"全国高职院校国际影响力50强"5次。

（五）成果的应用推广效果

成果单位自2013年以来，经过四年深入探索及五年多的创新实践，取得了扩语种、通专业、融地缘、跨文化的多语种专业建设和实践成效，培养了"一带一路"建设急需的多语种高素质技术技能人才近万名，为中国企业"走出去"提供了多语种国际化人才支撑。

1. 外语类专业教学标准体系建设成绩明显，指导全国职业院校32个语种近1 700个专业点建设实践

2015版专业目录及专业简介的颁布，促成了多语种专业建设和发展，也为完成2021版职业教育外语类专业一体化专业目录、简介、专业教学标准的制订提供了坚实的基础。2021版中职新增阿语、泰语；职业本科新增英、日、韩、俄、泰、西6个语种，2016年、2018年旅游英语、应用西班牙语顶岗实习标准颁布，2018年启动、2021年完成的多语种专业教学标准都为规范、提高外语类专业人才培养质量起到了重要指导作用。

2. "外语+"人才培养模式辐射广泛，西语、泰语、越南语、阿语等语种专业人才培养质量大幅上升

产教融合框架下"外语+"人才培养模式起到了良好示范作用，引领国内高职院校外语类专业广泛开展实践导向的教学改革与创新，成果单位为国际贸易、跨境电子商务、旅游会展等行业领域培养了近万名复合型高素质技术技能人才，毕业生高质量就业于语言服务出口等岗位群，多语种专业毕业生就业率总体高于全国高职高专毕业生平均就业率，职业期待吻合度和就业现状满意度分别高出全国高职高专平均值5%和10%。

3. 地缘产教融合成效显著，西语、泰语等语种教学资源和师资发展水平跃上新台阶

成果单位开发"商务泰语"课程标准获泰国教育部认证，"商务泰语口语"入选省级课程思政示范课；出版《即学即用：阿拉伯语/法语/西班牙语》等校企合作外语类系列教材56册。成果院校"双师型"多语种专业教师比例提升到88%以上，成果完成人入选"鲁班工坊"建设联盟、"丝路工匠"国际技能大赛赛项等行业内专家，获教育部"全国课程思政教学名师"等称号，入选教育部职业院校外语类专业教学指导委员会等专家组织39人次，

主持省部级及以上课题35项，出版著作7部，发表核心期刊论文42篇，在国际性学术会议与论坛做主旨报告28人次，编写决策咨询专报7件，持续发挥示范引领作用。

4. 多语种文化育人效果辐射广泛，提升了服务国家"一带一路"对外交往的能力

精准对接国家对外交往人才需求，以多语种为媒介，提升了职业教育服务地缘区域国际交流能力。包括新增柬埔寨语、马来语等多语种专业近万名学生，为国际赛事展会、国际化社区疫情防控等活动提供志愿服务，受到《人民日报》、学习强国、《中国日报》等多家媒体报道。中外校企联合，以多语种为桥梁，以"语言+职业技能"教育为核心，建设"泰国职业院校中文教师培训基地"等教育平台，促进"一带一路"共建国家中文人才和语言服务出口领域技术技能人才融合培养，2016年以来，成果单位年均培训量超2万人·日。

本成果是在国家职业教育改革总体框架下，在高等职业教育领域加强多语种专业科学布局，优化供给结构，主动适应"一带一路"建设多语种人才需求，服务国家战略的重要举措，对全国职业教育外语类专业教学改革和实践发挥示范引领作用，为职业教育主动适应经济社会发展、服务国家战略提供了清晰的实施路径。

职业教育"五位一体"服务乡村振兴战略的研究与实践

完成单位：北京农业职业学院；咸宁职业技术学院；国家开放大学；江苏农林职业技术学院；杨凌职业技术学院；福建农业职业技术学院；黑龙江农业职业技术学院；温州科技职业学院（温州市农业科学研究院）；中国农业出版社有限公司；中农产教（北京）科技有限公司；北京市农业广播电视学校

完成人：范双喜；杨永杰；高焕清；简祖平；周雄；李广德；于波；赵降英；李耀辉；纪绍勤；崔坤；王燕；高世吉；王宗莉；朱佳萍；郑芳；张雯；梁凯；黄晓梅；李红；徐芳；李名钢；杨俊；郑旭东；桂敏；卢晓慧；王国军；杜咨毅；沈静

一、成果简介

乡村振兴，关键在人、关键在干。新时代十年探索前行，从"全党工作重中之重"到"全面推进乡村振兴"，以中国职教学会农专委主任单位北京农业职业学院为代表的11家成果单位，认真贯彻落实习近平总书记关于"三农"工作的重要论述，以强农兴农为己任，2012年立项"新型职业农民培育模式研究"课题，在缺少财政资金、专项政策支持的情况下，主动作为，从无到有，开启新型职业农民高职学历教育实践。2018年联合创制《职业教育助力乡村振兴人才培养工作方案》，下出服务乡村振兴的"先手棋"。教育部、中国职教学会高度关注，下达项目和课题，支持成果的研究与应用，进一步提升职业教育对乡村振兴战略的适应性，成果由表及里在全国迅速推广。

成果单位紧密对接"乡村五大振兴"，针对乡村振兴中存在的农民主体作用发挥不足、"产业"职业属性不强、农村基层干部专业化素质不高、乡村文化传承能力不够、农村生态价值挖掘不深等问题，以培养高素质技术技能人才为主线，着力加强"专业、课程、教材、师资、基地、机制"建设，"一体化培养"促进农民"知识能力双提升"；"产科教融合"锻造技术技能"实战人才"；"政校地协同"培育农村管理"领军人才"；"三贴近培育"擦亮"三农"文化底色；"全过程覆盖"提升良好生态建设能力。创立职业教育主动服务乡村振兴的中国方案，彰显职业教育服务国家重大战略的能力与价值。

成果创制服务乡村振兴"政校地协同"机制，创建以"半农半读、农学交替"为主要特征的"双主体管理、三结合培养、四课堂教学"人才培养模式，适应不同区域特点，突出"东西南北中"特色，覆盖全国29个省（自治区、直辖市），培育高素质农民近200万人，毕业生就业率达98%以上，85%以上活跃在产业技术技能、农村基层管理等岗位，涌现出一批乡村振兴急需的领军带头人才，推动建立"面向人人"的高素质农民终身教育体系，大幅提升涉农专业吸引力，破解涉农人才"招不来""下不去"难题。成果单位中 6 所院校入选全国"乡村振兴人才培养优质校",3 所被评为中国特色高水平高职院校,3 所获"社会服务贡献 50 强"。"互联网+""一村一名大学生"培养成果,荣获"联合国教科文组织教育信息化奖"。理论指导实践成果被新修订的《中华人民共和国职业教育法》吸纳,实施"一村一名大学生"培育计划写入中共中央办公厅、国务院办公厅《关于加快推进乡村人才振兴的意见》,受到中央领导高度肯定。成果在全国广泛应用,产生了重大影响。

二、成果主要解决的教学问题及解决方法

(一)"一体化培养"促进农民"知识能力双提升"

针对乡村人才振兴中农民主体作用发挥不足的问题,实施高素质农民学历提升工程。面向粮食安全、现代农业新业态等设置 73 个契合产业发展的急需专业;构建"基础共享、专业定制、能力拓展"模块化课程体系,打造"大国三农"思政、农情农技、"种养加"等系列教材,与农民合作社等共建"紧密结合型"实践基地 228 个;创建"双师教师+行企专家+田秀才+优秀学员"校政行企融合型师资队伍。"一体化培养"有效提升农民学历和能力,促进其主体作用发挥。

(二)"产科教融合"锻造技术技能型"实战人才"

针对服务产业振兴的一线劳动者"产业"职业属性不强的问题,"产科教融合"打造技术技能一线人才。教科名师竞聘产业技术体系首席、岗位专家,瞄准产业需求,研发科技成果,解决产业"痛点";创建科技小院、农民田间学校等,"手把手"技术传导;组建推广教授、科技特派员队伍,送教进村入户。通过"产科教融合"培养产业针对性"实战人才"。

(三)"政校地协同"培育农村管理"领军人才"

针对组织振兴急需的农村基层干部专业化素质不高,"政校地协同"紧扣"招生、培养、使用"链条,培育管理"领军人才"。首创村务管理专业,学校与组织部门共定方案、共同招生;建立"双班主任、双授课教师、双实践导师"管理机制;构建"政治与组织建设""农村社会管理"等课程模块,强化乡村"实岗育训"实践教学。"政校地协同"培育农村基层治理人才,筑牢乡村善治根基。

(四)"三贴近培育"擦亮乡村"三农"文化底色

针对乡村本土文化继承与现代性发展融合不够的问题,挖掘乡村文化与时俱进时代内涵。建立耕读学院,注重地域文化差异,突出乡土味道,打造"耕读传家"品牌;建设新时代劳动教育实践系列教材,开设特色课程,促进时代性与本土性融合;实施文化驻乡工程,开展文化进村等"淦水之声"系列文化活动,培养乡土文化人才。"三贴近培育"擦亮"三农"文化底色,促进传统文化与现代文明交融。

（五）"全过程覆盖"提升良好生态建设能力

针对生态振兴中农村生态价值挖掘不深的问题，加强良好生态环境是农村发展最大优势的理念引导，加大绿色发展能力的培养力度。将生态文明教育纳入各专业人才培养体系，开设生态农业技术等专业，构建生态文明课程体系；创建首批"绿色学校"，营造生态育人环境；成立"黑土地产业学院"，投入"河小禹"专项社会实践行动。"全过程覆盖"教育，树牢生态优先理念，提升农村生态建设对乡村振兴支撑能力。

三、成果特色与创新点

（一）创立职业教育"五位一体"服务"乡村振兴战略"理论

主动转变角色定位，以培养高素质技术技能人才为主线，创立了职业教育"五位一体"服务"乡村振兴战略"理论。通过"一体化培养"促进农民"知识能力双提升"，"产科教融合"锻造技术技能"实战人才"，"政校地协同"培育农村管理"领军人才"，"三贴近培育"擦亮"三农"文化底色，"全过程覆盖"提升良好生态建设能力，"五位一体"有机融合，同向发力，实现教育链、人才链与"乡村五大振兴"有效衔接，促进了职业教育和乡村振兴互动融合发展。

（二）创新农民大学生"学历与能力双提升"人才培养模式

创新以"半农半读、农学交替"为主要特征的"双主体管理、三结合培养、四课堂教学"农民大学生人才培养模式，即校企（政）共同制订培养方案、共同实施教学管理；农业生产与教学活动、理论讲授与试验实践、线上传授与线下面授"三结合"贯穿教学全过程；学校课堂、田间课堂、空中课堂、流动课堂"四课堂"融合，延伸拓展学习时空，有效解决农学矛盾。各院校结合区域特点，因地制宜、因材施教，孵化形成咸宁"五位一体，农学结合"、杨凌"334模式"、福建"闽农模式"、国开"互联网+教育"等人才培养模式，打造了不同区域农民大学生特色培养集群。

（三）创建农村基层干部"政校地"密切协同发展机制

成立乡村振兴学院，构建"党政支持、多方协作、共同发展"的"政校地"协同平台。以共同目标为导向，组织部门下达计划，学校着力发挥人才培养优势，紧密对接地方需求，合力培养农村"用得上""留得住"的基层治理人才，为乡村组织振兴提供了有力的智力支持。"政校地"协同，有效解决了政府发展规划与学校人才培养信息不对称、协调机制不完善的问题。

（四）推动建立"面向人人"的高素质农民终身教育体系

实施高素质农民及农村基层干部学历提升工程，为普通劳动者提供了接受系统教育的难得机遇，开辟了教育弱势群体接受全日制高等职业教育新通道，不拘一格吸引不同生源、各类学历学生踊跃报考，多地涉农专业招录比高达7∶1以上。部分已取得本科乃至研究生学历的社会青年积极报考，浙江工业大学硕士研究生李威等报考村务管理专业，立志从事"三农"，服务乡村振兴。成果从理论上推动建立"面向人人"农民终身教育体系，促进了教育公平，从实践上破解了涉农人才"招不来""下不去"难题，为乡村振兴提供了有力支撑。

四、成果的推广应用效果

（一）应用成效

1. 培养大批乡村振兴急需的技术技能人才

培养高职以上学历高素质农民97万人，覆盖全国29个省（自治区、直辖市）；推广实用技术234项，培训农村实用人才100余万人次；完成西部9省33县重点帮扶1 353个贫困户脱贫任务。

2. 培育一批乡村振兴急需的领军带头人才

农民大学生就业率达98%以上；培养了一批农民致富"领头雁"、科技兴农"接力棒"、乡村治理"带头人"，如"有机蔬菜大王"邱乐安获"全国劳动模范"，"生态农庄主"赵东远获"全国乡村振兴人物"，"梨大姐"魏秋香获"全国巾帼文明岗"，"北京榜样"张晓静获"全国文旅模范"。"全国农业先进工作者"养殖大王李荣正受到习近平总书记亲切接见。崔维国等3人获评农业推广技术研究员，成为北京首批正高级职称农民。

3. 职业教育理论研究与实践应用成果丰硕

成果获2021年度省级教学成果特等奖2项、一等奖4项；获全国农牧渔业丰收奖2项，省级一等奖8项；出版专著、教材16部，获全国教材建设奖一等奖1项、二等奖2项；主持国家级课题3项、省部级课题38项，发表论文167篇；育成新品种27个，获专利授权369项。

4. 获得业界和社会高度肯定

6所院校入选全国"乡村振兴人才培养优质校"，5所获评全国新型职业农民培育示范基地，3所获批中国特色高水平高职院校及专业群建设单位，3所荣膺"社会服务贡献50强"。60余所院校借鉴学习，央媒报道154篇（次），在全国产生重大影响。

5. 职业教育国际影响力显著提升

服务国家"一带一路"建设，获评"国际影响力50强"。"泰国需求导向+北京都市农业特色"人才培养成果被泰国教育部授予"中泰职业教育合作突出贡献奖"，中泰办学项目被评为"中泰职业教育合作示范项目"。"一村一名大学生"项目荣获"联合国教科文组织2020年度教育信息化奖"。

（二）推广价值

中共中央政治局常委王沪宁同志专门批示："'一村一名大学生'是有中国特色的落实总书记打赢脱贫攻坚战的一项具体举措"。成果经验写入中央文件1项、省级文件3项，在国家教育体制改革领导小组主办的《教育体制改革简报》上刊发，获得国家层面大力推介。成果为全国政协"发挥职业教育在乡村振兴中作用""双周会"贡献5个典型案例；在教育部、农业农村部主办的"全国百万高素质农民学历提升行动计划"推进会上推广先进经验，为国家"百万扩招"人才培养提供政策依据，为服务乡村振兴贡献了中国方案，在全国起到了引领示范作用。

五、成果总结

乡村振兴，关键在人、关键在干。新时代十年探索前行，从"全党工作重中之重"到"全面推进乡村振兴"，以中国职教学会农专委主任单位北京农业职业学院为代表的11家成果单位，贯彻落实习近平总书记关于"三农"工作的重要论述，以强农兴农为己任，以人才培养为根本，深刻理解"乡村五大振兴"丰富内涵和理论逻辑，创立职业教育"五位一体"服务乡村振兴战略理论。即以增强职业教育适应性、更好服务乡村振兴战略为目标，以培养高素质技术技能人才为主线，"一体化培养""产科教融合""政校地协同""三贴近培育""全过程覆盖"服务"乡村五大振兴"。实现教育链、人才链与乡村振兴有效衔接，促进职业教育与乡村振兴互动融合发展（见图1）。

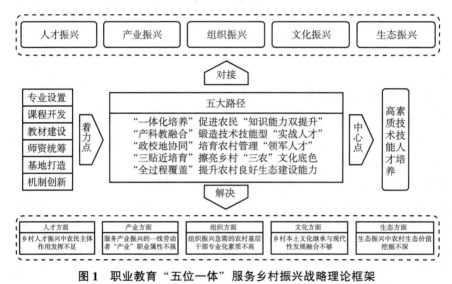

图1 职业教育"五位一体"服务乡村振兴战略理论框架

成果覆盖全国29个省（自治区、直辖市），培养培训高素质农民近200万，理论指导实践成果被新修订的《中华人民共和国职业教育法》吸纳，写入中共中央办公厅、国务院办公厅《关于加快推进乡村人才振兴的意见》等文件，得到中央领导高度肯定。

（一）成果背景与改革历程

2012年，中央1号文件提出大力培育新型职业农民。"谁来种地"问题成为"三农"工作突出问题。北京农业职业学院主持全国农业职业教育"十二五"重点研究课题"新型职业农民培育模式研究"；2013年起，在缺少财政资金、专项政策支持情况下，北京、福建、江苏、湖北等地院校主动作为，"从无到有"开启新型职业农民高职学历教育实践，积累了分类别、跨区域实践成果。2016年全国农业职业教育学术年会上，教育部、农业部支持实践成果推广，职业农民培育"由点及面"快速发展。

2017年,党的十九大报告提出实施乡村振兴战略,人才振兴是乡村振兴的关键。北京农业职业学院等联合创制《职业教育助力乡村振兴人才培养工作方案》,各院校与地方党委政府共同推动方案实施,下出服务乡村振兴战略"先手棋"。

2019年,《国家职业教育改革实施方案》强调,职业教育要主动适应供给侧结构性改革需要,努力站在服务国家战略最前沿。成果单位主持教育部、中国职教学会"乡村振兴背景下农民大学生培养探索与实践""农业职业教育在全面推进乡村振兴战略中的角色定位研究"重点教改项目,建设乡村振兴学院,推进职业教育服务乡村振兴战略理论研究与实践应用。

(二)面临问题

1. 乡村人才振兴中农民主体作用发挥不足

农民文化知识素养偏低,接受新知识和提升职业技能意愿不强,学历提升"刚性需求不足";农民大学生培养缺乏系统性设计,定位不准确、目标不清晰。

2. 服务产业振兴的一线劳动者"产业"职业属性不强

以"职业"为导向的现代农业素质养成和技术技能培养上存在功能缺失缺位。"产科教"分离,技术人才培养方法单一,以"产业"为职业的农业一线从业者严重不足。

3. 组织振兴急需的农村基层干部专业化素质不高

在职及后备村干部文化和政策理论水平偏低,"三农"政策理解力和市场经营观察力不足,分析解决实际问题能力欠缺,难以发挥乡村振兴"领头羊"作用。

4. 乡村本土文化继承与现代性发展融合不够

农民对文化传承在乡村振兴中的地位、作用理解不深,站位不高。对农耕文化的尊重和农民职业精神日渐淡薄,乡风文明建设持续推进不够。

5. 生态振兴中农村生态价值挖掘不深

对"良好生态环境是农村最大优势和宝贵财富"认识不到位,理解不深刻。缺乏生态优先理念和知识技能,农村生态价值挖掘利用不充分。

(三)主要做法与经验成果

1. "一体化培养"促进农民"知识能力双提升",支撑乡村振兴人才需求

针对乡村人才振兴中农民主体作用发挥不足的问题,实施高素质农民学历提升工程。面向国家粮食安全、种业振兴、现代农业新业态等设置73个契合产业发展的急需专业;构建"基础共享、专业定制、能力拓展"模块化课程体系,打造"大国三农"思政、农情农技、"种养加"等系列教材,与农民合作社等共建"紧密结合型"实践基地228个;创建"双师教师+行企专家+田秀才+优秀学员""校政行企融合型"师资队伍。

"一体化培养"为农民群体打通了个人成长学历和职业生涯能力"双提升"通道,使其"有名有分",激发内生动力,促进其主体作用发挥,增强服务乡村振兴人才的底气和潜能。成果院校培养农民大学生97万人,为乡村振兴提供了有力的人才支撑。

2. "产科教融合"锻造技术技能型"实战人才",服务区域特色产业发展

针对一线劳动者"产业"职业属性不强的问题,教科名师竞聘现代农业产业技术体系首席专家、岗位专家、综合试验站站长,以产业需求为导向,选育新品种,研发新技术,熟

化科技成果,解决产业"痛点",在实践中培养"土专家""田秀才"等实战人才;面向区域特色产业,创建科技小院、农民田间学校,"手把手"技术传导;组建推广教授、科技特派员、科技挂职队伍,送教进村入户(见图2)。

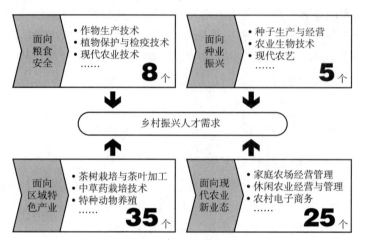

图2 高素质农民高等职业教育专业图谱

创制"政产学研推用"目标导向性组织方法、嵌合式技术推广模式,实现"产科教"深度融合,培养了大批产业急需的一线"实战人才"。学员崔维国担任"农民田间学校"校长,被誉为"草莓达人",获评农业技术推广研究员,成为首批正高级职称农民,被评为"全国十佳农民"。

3. "政校地协同"培育农村管理"领军人才",筑牢乡村善治根基

针对农村基层干部专业化素质不高的问题,以农村基层干部"选育用"一体化提升干部专业化素养。首创村务管理专业,政校共同制订人才培养方案,乡村两级推荐,组织部门下达招生计划并政审把关,学校着力人才培养。"政校地"共为培养主体,建立"双班主任、双授课教师、双实践导师"管理机制;构建"政治与组织建设、农村经济发展、农村社会管理、村务管理能力提升"课程模块,开展"大思政"教育,推进习近平新时代中国特色社会主义思想进教材、进课堂、进头脑;强化乡村"实岗育训"实践教学。"政校地协同"全力培育农村基层治理人才。

成果获得地方党委政府高度认可,培养村两委及后备干部28万名。建立"政校地"协同培育新机制,实现农村基层干部专业化培养,补齐强村组织人才短板。

4. "三贴近培育"擦亮乡村"三农"文化底色,促进传统与现代文明交融

针对乡村本土文化继承与现代性发展融合不够的问题,深入挖掘乡村文化与时俱进的时代内涵。建立耕读学院,建设系列劳动教育教材,打造"耕读传家"品牌,构建新时代全方位耕读教育体系;开设"北京三农概论""江苏现代农业的发展趋势"等特色农情课程;注重地域文化差异,突出乡土味道,促进时代性与本土性融合;开展"淦水之声"等系列文化进村活动,实施文化驻乡工程,举办农民文化中专班,为北京3 900多个村培养乡土文化人才4 634人。"三贴近培育"擦亮"三农"文化底色,促进传统文化与现代文明交融。

助力学生弘扬传统文化,制订乡约民规,深入推进移风易俗。如河南省东岳村党总支书记杨长家,擦亮"花鼓之源、古坊东岳"品牌,全力打造"东岳民俗文化村",获得习近平总书记高度肯定。

5. "全过程覆盖"提升农村良好生态建设能力，建设宜居宜业和美乡村

针对生态振兴中农村生态价值挖掘不深的问题，加强良好生态环境是农村发展最大优势的理念引导，加大绿色发展能力的培养力度。将生态文明教育纳入各专业人才培养体系，开设生态农业技术等专业，构建生态文明课程体系；创建首批"绿色学校"，营造生态育人环境；成立"黑土地产业学院"，投入"河小禹"专项社会实践行动。"全过程覆盖"教育，树牢生态优先理念，提升农村生态建设对乡村振兴的支撑能力。

农民大学生树立生态文明理念，提高了良好生态环境建设能力，确立了生态建设作为乡村最优资源挖掘、最大潜力开发的先导地位，成为新时代生态文明的示范者、推动者。

（四）创新与特点

1. 创立职业教育"五位一体"服务乡村振兴战略理论

主动转变角色定位，以培养高素质技术技能人才为主线，创立了职业教育"五位一体"服务乡村振兴战略理论。通过"一体化培养"促进农民"知识能力双提升"，"产科教融合"锻造技术技能"实战人才"，"政校地协同"培育农村管理"领军人才"，"三贴近培育"擦亮"三农"文化底色，"全过程覆盖"提升农村良好生态建设能力，"五位一体"有机融合，同向发力，实现教育链、人才链与"乡村五大振兴"有效衔接，促进了职业教育和乡村振兴互动融合发展。

2. 创新农民大学生"学历与能力双提升"人才培养模式

创新以"半农半读、农学交替"为主要特征的"双主体管理、三结合培养、四课堂教学"农民大学生人才培养模式，即校企（政）共同制订培养方案、共同实施教学管理；农业生产与教学活动、理论讲授与试验实践、线上传授与线下面授"三结合"贯穿教学全过程；学校课堂、田间课堂、空中课堂、流动课堂"四课堂"融合，延伸拓展学习时空，有效解决农学矛盾（见图3）。

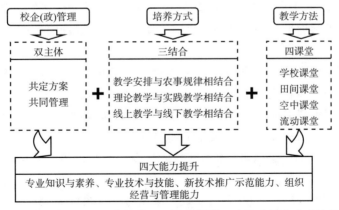

图3 "双主体管理、三结合培养、四课堂教学"农民大学生人才培养模式

各院校结合区域特点，因地制宜、因材施教，孵化形成咸宁"五位一体，农学结合"模式、杨凌"334模式"、福建"闽农模式"、国开"互联网+教育"等人才培养模式，打造

了不同区域农民大学生特色培养集群。

3. 创建农村基层干部"政校地"密切协同发展机制

成立乡村振兴学院，构建"党政支持、多方协作、共同发展"的"政校地"协同平台。以共同目标为导向，组织部门下达计划，学校着力发挥人才培养优势，紧密对接地方需求，合力培养农村"用得上""留得住"的基层治理人才，为乡村组织振兴提供了有力的智力支持。"政校地"协同有效解决了政府发展规划与学校人才培养信息不对称、协调机制不完善的问题。

4. 推动建立"面向人人"理念的高素质农民终身教育体系

实施高素质农民及农村基层干部学历提升工程，为普通劳动者提供了接受系统教育的难得机遇，开辟了教育弱势群体接受全日制高等职业教育新通道，不拘一格吸引不同生源、各类学历学生踊跃报考，多地涉农专业招录比高达 7∶1 以上。部分已取得本科乃至研究生学历的社会青年积极报考，浙江工业大学硕士研究生李威等报考村务管理专业，立志从事"三农"，服务乡村振兴。成果从理论上推动建立"面向人人"农民终身教育体系，促进了教育公平，从实践上破解了涉农人才"招不来""下不去"难题，为乡村振兴提供了有力支撑。

（五）应用推广效果

1. 应用成效

（1）培养大批乡村振兴急需的技术技能人才。培养高职以上学历高素质农民 97 万人，覆盖全国 29 个省份，解决了乡村振兴人才总量不足问题；推广实用技术 234 项，培训农村实用人才 100 余万人次；完成西部 9 省份 33 个县重点帮扶 1 353 个贫困户脱贫任务。

（2）培育一批乡村振兴急需的领军带头人才。农民大学生就业率达 98%以上，85%以上扎根农业生产一线；村务管理专业毕业生担任村"两委"成员超过 50%。培养了一批农民致富"领头雁"、科技兴农"接力棒"、乡村治理"带头人"，如"有机蔬菜大王"邱乐安获"全国劳动模范"，"生态农庄主"赵东远获"全国乡村振兴人物"，"梨大姐"魏秋香获"全国巾帼文明岗"，"北京榜样"张晓静获"全国文旅模范"。"全国农业先进工作者"养殖大王李荣正受到习近平总书记亲切接见。崔维国等 3 人获评农业推广技术研究员，成为北京首批正高级职称农民。

（3）职业教育理论研究与实践应用成果丰硕。成果获 2021 年度省级教学成果特等奖 2 项、一等奖 4 项；获全国农牧渔业丰收奖 2 项、省级一等奖 8 项；出版专著、教材 16 部，获全国教材建设奖一等奖 1 项、二等奖 2 项；主持国家级课题 3 项、省部级课题 38 项，发表论文 167 篇；育成新品种 27 个，获专利授权 369 项。

（4）获得业界和社会广泛认可。6 所院校入选全国乡村振兴人才培养优质校，5 所获评全国新型职业农民培育示范基地，3 所获批中国特色高水平高职院校及专业群建设单位，3 所荣膺"社会服务贡献 50 强"。60 余所院校借鉴学习，央媒报道 154 篇（次），在全国产生了重大影响。

（5）职业教育国际影响力显著提升。服务"一带一路"建设，获评"国际影响力 50 强"。"泰国需求导向+北京都市农业特色"人才培养成果被泰国教育部授予"中泰职业教育合作突出贡献奖"，中泰办学项目被评为"中泰职业教育合作示范项目"。"一村一名大学生"项目荣获"联合国教科文组织 2020 年度教育信息化奖"。

2. 推广价值

中共中央政治局常委王沪宁同志专门批示："'一村一名大学生'是有中国特色的落实总书记打赢脱贫攻坚战的一项具体举措"。成果经验纳入中央文件 1 项、省级文件 3 项，在国家教育体制改革领导小组主办的《教育体制改革简报》上刊发，获得国家层面大力推介。

成果为全国政协"发挥职业教育在乡村振兴中作用""双周会"贡献 5 个典型案例；在教育部、农业农村部主办的"全国百万高素质农民学历提升行动计划"推进会上推广先进经验，为国家"百万扩招"人才培养提供政策依据，为服务乡村振兴贡献了中国方案，在全国起到了引领示范作用。

基于学科核心素养的中职英语跨省市教学诊断与课程改革研究与实践

完成单位：北京教育科学研究院；外语教学与研究出版社有限责任公司；
重庆市教育科学研究院；北京市经济管理学校

完成人：刘海霞；李淑静；傅渝稀；古燕莹；鞠纯杰；
刘宏；贺伟华；夏英；苏永昌；于红；张涛

一、成果简介

中职英语是中职学生必修公共基础课程之一，承担着培养学生文化素养，提高学生思想政治素养的重要任务。为落实《关于全面深化课程改革落实立德树人根本任务的意见》（〔2014〕4号）、《关于建立职业院校教学工作诊断与改进制度的通知》（教职成厅〔2015〕2号）等文件精神，为"一带一路"倡议与我国对外开放国家战略的实施与贯彻培养更多具备职场语言沟通能力、跨文化理解能力，能够用英语讲好中国故事的高素质劳动者，推动中职英语教学由重知识传授向重学科核心素养转变，团队负责人于2014年起着手开展学科核心素养研究。基于国家规划重点课题"中职学生英语能力与教材建设"研究成果"中职英语学科能力框架"，进一步开展学科核心素养与学科能力关系的研究，构建"学科核心素养测试指标体系"与"学科核心素养测试模型"，开发"中职英语学科核心素养测评工具"。构建"中职英语教学诊断与课程改革系统"，形成以评价推动中职英语课程改革的思路。2017年，依托课程标准研制工作组建"跨省市中职英语教研共同体"，制订《北京、重庆、四川、大连等地中等职业学校英语学科核心素养教学诊断与课程改革实施方案》，启动成果实践。

经过6年的实践检验，北京、重庆、江苏、大连等8个省市的中等职业学校，先后使用本成果开展学科核心素养教学诊断与课程改革。为实现精准诊断、精准施策，本成果使用大数据分析工具为参与教学诊断的省市开展省市、学校、班级、学生四级教与学问题诊断。为共同研究学科核心素养背景下中职英语课程改革面临的新问题，共同体创新开展跨省市中职英语教研，集各地优质教研力量，合作推动学科核心素养理论与实践研究。建设中职英语教学与研究平台，开展线上线下相结合，跨省市联合及地方自主教研相配合的多形式教研活动，分层次解决学科核心素养背景下中职英语教学内容与中华优秀传统文化、职业文化深度融合，活动导向教学实施路径探索、教师学科核心素养意识、教学实施能力提升等问题。

成果实施过程中，3名团队成员参与《中等职业学校英语课程标准》研制，12人次团队成员参与"十三五""十四五"中职英语国家规划教材编写，建设中职英语数字化教学资源290个，开展跨省市联合教研15次，影响力辐射全国，受益教师达6万多人次，受益学生近63万人。本成果实质性地推动了全国多地中职学校英语课程改革，提高了中职英语课程教育教学质量，学生学科核心素养与教师专业素养显著提升，为《中等职业学校英语课程标准》研制与落地作出了重要贡献。

二、成果主要解决的教学问题及解决方法

本成果主要解决了学科核心素养背景下中职英语教学诊断与课程改革中的两大关键问题：

（一）问题1：学生英语学科核心素养发展水平如何测评

（1）开发中职英语学科核心素养测评工具。运用巴赫曼提出的测试开发与使用框架，按照初划、设计、实施、测试与使用五个步骤开发测评工具。开展学科核心素养与学业测评理论研究，构建中职英语学科核心素养测评模型，研制测评指标体系，命制测试题目。通过实践检验和多轮次修订保障测评工具的科学性、严谨性。

（2）探索中职英语学科核心素养测评的策略和方法。依据学科核心素养特点，以主题为单位，兼顾英语课程内容与职业情境，设计学科知识、技能、思维能力、文化素养等紧密关联的职场语言交流任务，考查学生运用英语分析问题、解决问题的能力，评估学科核心素养发展水平。

（3）探索信息技术与测试的深度融合。依托"ITEST智能测试云平台"的测试与分析功能，开展大规模学业水平测试，实现精准测评、科学诊断。

（二）问题2：中职英语课程如何有效落实学科核心素养

构建"诊—研—改"闭环教学诊断与课程改革系统，实现问题导向，靶向施策，有效推动中职英语"三教"改革，落实学科核心素养。

1. 子问题1：教学资源如何优化

（1）诊：通过诊断明确教材提供内容与学科核心素养培养需求之间的差距。

（2）研：跨省市联合教研确定融中华优秀传统文化与职业文化的主题情境资源建设框架、内容等；地方自主教研确定地域特色资源建设方案。

（3）改：建设数字化资源平台，同步推进联合共建与地方自建学科核心素养教学资源。

2. 子问题2：教学模式如何创新

（1）诊：通过测评学生学习效果，查找英语教学中影响学科核心素养落实的因素，判断传统教学模式的问题与不足。

（2）研：集多地教研力量开展跨省市联合教研，共同构建学科核心素养背景下的活动导向教学模式，地方教研细化活动导向教学流程。

（3）改：指导教师在课堂教学中实践探索与完善活动导向教学模式，推进英语课堂革命。

3. 子问题3：教师教学能力如何提升

（1）诊：准确定位教师在学科核心素养认知与教学实施方面存在的实际问题。

（2）研：通过跨省市联合教研和地方自主教研相结合的方式开展教师培训交流，普及学科核心素养理念，提升教师理论水平。各地指导骨干教师开展实践探索，形成典型案例，

总结经验，推广普及。

（3）改：组建跨省市学科核心素养课题研究团队，开展课题研究，省内与跨省市教学实践、教学比赛、案例征集等活动，促进教师理论与实践水平的共同提升。

三、成果特色与创新点

（一）创新研发中职英语学科核心素养测评工具、实施评价，填补中职英语学科核心素养评价理论与实践研究空白

本成果在国家提出学科核心素养理念之初，率先开展学科核心素养理论研究，结合中职英语课程特点及职业教育特点提出由"主题、情境、学科能力与问题解决能力"为关键要素的中职英语学科核心素养测评模型。通过在学科核心素养与学科能力之间建立关联，研制中职英语学科能力表现指标体系，开发测评工具，开展中职英语学科核心素养测评，填补了本领域理论与实践研究空白。

（二）创新构建"诊—研—改闭环教学诊断与课程改革系统"，显著提升课程改革成效

依据"问题导向，靶向施策，精准发力"构建思路，构建"诊—研—改教学诊断与课程改革系统"。通过开展标准化学科核心素养测评，运用大数据分析技术科学诊断各省市、学校、班级及学生四个层次学科核心素养培养现状及问题，精准定位中职英语课程建设与实施中的问题。聚焦问题开展跨省市联合教研与地方自主教研，从理论与实践层面协同探索问题解决路径，指导课程改革实践。

"诊—研—改"闭环式教学诊断与课程改革系统具有持续性、循环往复的特点。教师、学校、省市可以持续使用平台对中职教学进行持续测评，了解课程改革进程中各阶段成效，查找问题，研究施策，不断深化中职英语课程改革。系统的应用实现了对教与学的全过程诊断，持续推进中职英语课程改革，显著提升课程改革成效。

（三）创新构建"多元协同、平台支撑、双层推进"的跨省市联合教研机制，实现中职英语教研地域、人员、技术的三维突破

首先，突破地域局限组织多地教研人员与骨干教师开展协同教研。学科核心素养评价及课堂教学实践是目前全国中职学校英语课程改革共同面对的挑战，为集各地优质教研资源，协同攻关，形成具有推广借鉴价值的研究成果，组建跨省市联合共同体，为多地教研人员协同研究、攻坚克难提供平台，开创了多地教师共备、共研、共评、共进的教研新局面。

其次，组建了研、企、校多元主体构成的教研共同体。突破教研人员独立开展教研活动的现状，形成以教研员为主体，一线教师、高校教师、企业人员多方参与的教研新局面，加强了理论研究对教研的指导，丰富了英语教学对企业实践经验的借鉴参考，突出了职业教育特点。

最后，创建了信息技术与教研活动深入融合的新模式。在中职英语教学与研究资源平台支持下，形成"线上线下跨省联合教研"模式，助力多地教学资源共享、经验互鉴，促进了各地课程改革与教师共生共长。

四、成果的推广应用效果

（一）8 个省市使用本成果开展中职英语教学诊断与课程改革，受益面广

成果从 2017 年开始进入实践阶段。北京、重庆、江苏、四川、云南、广西、大连、沈阳等 8 个省市使用本成果开展测评与课程改革，扩大了省市、学校、教师与学生的受益面。本成果实践期间组织了 15 次跨省市联合教研，受益教师超过 6 万人次，辐射受益学生近 63 万人。教研共同体建设的中职英语教学与研究资源平台，注册教师达 546 名，资源浏览次数达 13 420 次。

（二）创新教学模式，实施课堂革命，学生学科核心素养培养效果显著

本成果构建的"任务引领，语篇依托，活动贯穿"的活动导向教学模式在全国推广，学生运用英语解决实际问题能力显著提高。各地学生四项学科核心素养发展逐步均衡，思维差异感知素养与自主学习素养均实现了从不合格到合格的跨越，职场语言沟通素养达到良好水平，跨文化理解素养稳步提升。运用本成果以来，四川、大连两地学生在全国职业院校技能大赛中获奖实现零的突破，其他省市学生共获得全国技能大赛一等奖 2 个、二等奖 4 个、三等奖 2 个，获省市级奖项 421 项。

（三）转变教育理念，更新教学方法，教师落实学科核心素养能力明显提升

8 个省市中职学校运用本成果开展了约 2 000 课时教学改进实践，普及了学科核心素养理念，有效推动了各省市英语教师的专业成长。团队成员参加和指导教师参加全国职业院校技能大赛教学能力比赛获一、二等奖 21 次。在国家级比赛项目中获奖 120 余项，在省市级比赛中获奖 500 余项。团队成员发表与成果相关的核心期刊论文 5 篇、国家级期刊 7 篇，出版了《基于学科核心素养的中职英语学业测评指南》等测试指导用书与教材 6 册，承担省部级以上相关课题 36 项，实现研究能力与教学能力同步提升。

（四）为国家标准颁布及落地提供实践支撑，成果辐射影响全国英语课程改革

本成果的先期实践研究为《中等职业学校英语课程标准》的研制提供了大量可供参考的理论探索经验与实践案例。3 名团队成员作为核心成员深度参与了课程标准研制工作，为国家标准的研制与颁布作出了突出贡献。团队负责人参加了课程标准学习读本编写，多次承担教育部组织的全国培训任务。

4 名团队成员入选中职英语"十四五"国家规划教材编写团队，担任副主编，带领各地 30 余名骨干教师参加了 4 个版本国家规划教材编写，推动了学科核心素养在全国各地落地。

团队成员应邀到吉林、大连等 40 多个地区做专题讲座，运用成果内容指导学校教学改革，引领了全国中职英语课程改革，为学科核心素养在全国各地落地作出突出贡献。

五、成果总结

（一）成果背景与问题

党的十八大报告指出把"立德树人"作为教育的根本任务。2014年教育部印发《关于全面深化课程改革落实立德树人根本任务的意见》（〔2014〕4号），同年，教育部职成司启动中等职业学校公共基础课程标准研制，明确以培养学科核心素养为抓手，加强公共基础课程育人功能，落实立德树人根本任务。2015年教育部办公厅印发《关于建立职业院校教学工作诊断与改进制度的通知》（教职成厅〔2015〕2号），要求逐步在全国职业院校推进建立教学工作诊断与改进制度，全面开展教学诊断与改进工作。

在经济全球化深入发展，我国对外开放不断深化的背景下，中职英语课程落实立德树人根本任务对培养具有坚定理想信念、家国情怀及用英语讲好中国故事的高素质劳动者，服务"一带一路"等国家倡议与对外开放战略具有重要意义。但长期以来，中职学校英语教学以学科知识技能传授为核心。2009年《中等职业学校英语教学大纲》颁布后，中职英语教学虽然开始关注能力培养，但对学科能力研究尚不系统深入，不能在学科能力与学科核心素养之间建立联系，无法解决中职英语学科核心素养落实的实际问题。

2014年，北京市率先启动中职英语学科核心素养研究及教学诊改机制建设。为迎接新形势下中职英语课程改革面临的新挑战，北京联合江苏、重庆等地开展协同研究。以"十二五"国家规划重点课题成果为基础，依托北京市教委委托项目，开展中职英语学科核心素养测评研究。经过三年探索，构建了中职英语学科核心素养测评模型，研制了测评工具，设计了中职英语教学诊断与课程改革系统（见图1）。2017年，组建跨省市中职英语教研共同体，在重庆、四川、大连等地实施测评，开展教学诊断，组织跨省市联合教研及课程改革。六年间，参与成果实践省市增加至8个，联合教研活动影响辐射全国，参与活动教师达6万人次，辐射受益学生达63万人（见图2）。

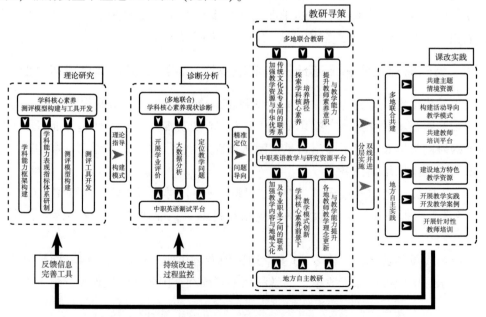

图1 基于中职英语学科核心素养的教学诊断与课程改革系统

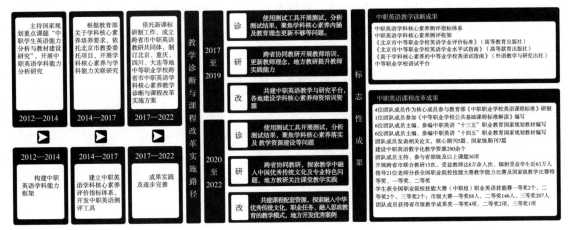

图 2　成果形成与实践历程

（二）主要做法与经验成果

1. 开展学科核心素养与学科能力关联研究，开发学科核心素养测评工具

（1）研制"中职英语学科能力框架"及"中职英语学科能力表现指标体系"。

依托北京市教委委托项目"北京市中等职业学校公共基础课程质量提升项目"开展中职英语学科核心素养内涵研究。梳理归纳国内外课程标准，参考PISA、TIMSS等国际大型测评项目的测评理念及测评要素，根据中等职业教育目标、学生职业发展需求及中职英语课程特点，分析认知理解、实践应用、迁移创新3大学科能力与学科核心素养的对应关系，在中职英语学科核心素养与学科能力之间建立关联（见图3）。

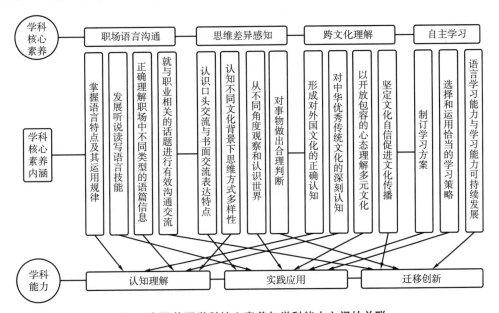

图 3　中职英语学科核心素养与学科能力之间的关联

基于学科核心素养内涵，观察中职学生学习过程，搜集学生在主题情境下运用语言和生

活经验完成相应学科活动时的行为表现,与行业企业岗位能力要求对标,以认知理解、实践应用、迁移创新为核心构建"中职英语学科能力框架"(见表1),建设"中职英语学科能力表现指标体系"(见表2)。

表 1　中职英语学科能力框架

认知理解（A）	实践应用（B）	迁移创新（C）
感知注意（A1）	描述阐释（B1）	分析推理（C1）
记忆检索（A2）	分析论证（B2）	批判评价（C2）
提取概括（A3）	整合运用（B3）	创新重构（C3）

表 2　中职英语学科能力表现指标体系

学科能力要素		能力表现指标
认知理解（A）	感知注意（A1）	A1-1 能够有目的、有计划地关注语言知识的学习并理解语言学习的本质
	记忆检索（A2）	A2-1 能根据语言交流情境,搜索、关联记忆中的语言知识并恰当运用 A2-2 能够根据认知规律科学记忆语言知识
	提取概括（A3）	A3-1 能够根据交流需要在语篇中提取关键信息,如姓名、数字、职业等 A3-2 能够根据交流需要获取语篇中关于会话场景、事件过程、内容的信息 A3-3 能够根据给出的提示信息概括语篇主旨大意 A3-4 能够根据提示概括语篇中关键事件的发展过程或主要内容 A3-5 能够在观察语言现象的基础上归纳概括语言规律
实践应用（B）	描述阐释（B1）	B1-1 能够根据提示口头或书面描述看到的图片、事物的基本信息 B1-2 能够根据提示口头或书面叙述熟悉话题的内容,如个人生活、学校活动等 B1-3 能够根据提示口头或书面简单描述图表中的信息,如企业销售量表、调查结果等 B1-4 能够根据提示口头或书面描述常见工作流程或事件发生的过程 B1-4 能够根据要求简单解释说明图表含义 B1-5 能够根据上下文或交流情境说明语篇写作的用意或目的等
	分析论证（B2）	B2-1 能够根据语篇内容、结构判断、分析上下文之间的逻辑关系 B2-2 能够根据语言材料判断事件之间的时间、因果等关系 B2-3 能够根据语篇内容,结合事实和道理找到作者或说话人观点与事实之间的关系 B2-4 能够根据语篇内容分析、阐述论点
	整合运用（B3）	B3-1 能够根据交流主题选择语言与表达方式进行交流 B3-2 能够根据交流主题从零散的信息中梳理信息之间的关联 B3-3 能够根据要求运用衔接、谋篇布局等方式整合运用语言达成交流目的
迁移创新（C）	分析推理（C1）	C1-1 能够根据语篇标题推测语篇内容 C1-2 能够根据语篇信息推测任务关系 C1-3 能够根据语篇内容推断说话人或作者的观点态度 C1-4 能够根据语篇中的信息,预测推导事件发展趋势
	批判评价（C2）	C2-1 能够对语篇中的观点进行评论 C2-2 能够在理解语篇内容的基础上提出个人的观点或表明自己的态度
	创新重构（C3）	C3-1 能够创造性地运用所学内容提出新的观点或解决方案 C3-2 能够基于语篇内容创编对话、文章等

（2）构建中职英语学科核心素养测评模型，开发科学系统的测评工具。

参照 PISA 等国际测评理念，构建由"主题、情景、学科能力及问题解决能力"四要素构成的中职英语学科核心素养测评模型（见图4）：以课标规定主题为单位，按照生活与职业两类情境开发测试任务，考查学生运用英语完成真实任务或解决实际问题的能力，评价学生学科核心素养水平。按照中职英语学科核心素养测评模型，依据"中职英语学科能力表现指标体系"规划命题，通过实践评估完善测评工具，依托 ITEST 智能测试云平台建设中职英语学业水平测试题库。

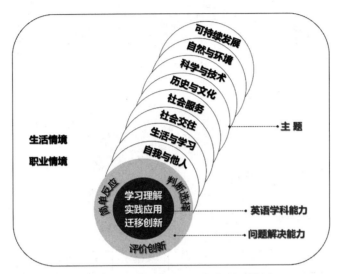

图 4　中职英语学科核心素养测评模型

2. 构建"科学诊断—联合教研—持续改进"教学诊断与课程改革系统

采用问题导向理念构建"科学诊断—联合教研—继续改进"教学诊断与课程改革系统。通过开展标准化中职英语学科核心素养测评，利用大数据分析省市、学校、班级、学生等四级学科核心素养培养现状，科学诊断各地英语课程建设与实施中的问题。开展联合教研探索解决典型问题、疑难问题的对策，指导各地课改实践，实现精准诊断、精准施策，有效推动各地英语课程改革。

3. 建设多元协同、平台支撑的中职英语跨省联合教研机制

以北京为牵头单位，组建跨省市中职英语教研共同体，吸纳高校教师与企业专家（见图5）共同探索英语课程改革的关键问题，有效解决各地教研力量、课程资源不丰富等问题。联合教研分两个层次进行，跨省联合教研负责共性问题与教学难题的研究，发挥理论指导、方向引领作用；地方自主教研侧重区域特色及具体问题指导。两个层次教研内容各有侧重，相互配合，有效推动各地课改深化。

共建中职英语教学与研究资源平台，提供外语教学理论、优秀案例、教学实践等资源供给，支撑线上线下相结合的跨省教研长期可持续开展（见图6），逐步形成多元协同、平台支撑、双层推进的跨省市联合教研机制。

图 5　中职英语教研共同体

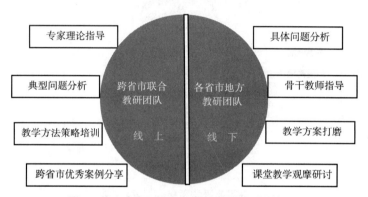

图 6　线上专题+线下主题的跨省市联合教研

（三）成果主要解决的教学问题及解决问题的方法

本成果主要解决学科核心素养背景下中职英语课程改革中的两大关键问题：

1. 问题 1：学生英语学科核心素养发展水平如何测评

（1）开发中职英语学科核心素养测评工具。运用巴赫曼提出的测试开发与使用框架，构建中职英语学科核心素养测评模型，研制指标体系，开发测试工具。

（2）探索中职英语学科核心素养测评的策略和方法。依据学科核心素养特点，以主题为单位，设计融知识技能、思维能力、文化素养等紧密关联的情境任务，考查学生运用语言分析问题解决问题的能力，评估学科核心素养发展水平。

（3）探索信息技术与测试的深度融合。依托"ITEST 智能测试云平台"的测试与分析功能，实现精准测评、科学诊断。

2. 问题 2：中职英语如何有效落实学科核心素养

构建"诊—研—改"闭环教学诊断与课程改革系统，有效推动中职英语"三教"改革，落实学科核心素养。

（1）子问题 1：教学资源如何优化？

① 诊：通过诊断明确教材内容与学科核心素养培养需求之间的差距。

② 研：联合教研确定融中华优秀传统文化与职业文化的主题情境资源建设思路；地方

自主教研确定地域特色资源建设方案。

③ 改：建设数字化资源平台，同步推进联合共建与地方自建教学资源。

（2）子问题2：教学模式如何创新？

① 诊：通过诊断明确影响学科核心素养落实的因素。

② 研：联合教研共研活动导向教学模式，地方教研细化活动导向教学流程。

③ 改：实践活动导向教学模式，培育典型课例。

（3）子问题3：教师教学能力如何提升？

① 诊：准确定位教师在学科核心素养认知与落实中的问题。

② 研：联合教研和自主教研相配合提升教师理论水平与实践能力。

③ 改：开展课题研究、教学实践研讨、案例征集等活动，促进教师理论与实践水平提升。

（四）成果创新与特色

1. 创新研发中职英语学科核心素养测评工具、实施评价，填补中职英语学科核心素养评价理论与实践研究空白

开展核心素养理论研究，结合中职英语课程特点及职业教育特点，在全国率先提出由"主题、情境、学科能力与问题解决能力"为关键要素构成的中职英语学科核心素养测评模型，开发学科核心素养测评工具实施大规模测评，填补了本领域理论与实践研究空白。

2. 创新构建"诊—研—改闭环教学诊断与课程改革系统"，显著提升课程改革成效

构建了"诊—研—改教学诊断与课程改革系统"，实现精准诊断，靶向施策。通过开展标准化学科核心素养测评与大数据分析，精准定位各省市、学校、班级及学生四个层次学科核心素养培养现状及问题。聚焦问题开展跨省市联合教研与地方自主教研探索问题解决路径，实施针对性课程改革，提高课程改革的有效性。"诊—研—改"闭环式教学诊断与课程改革系统持续、循环往复的特点，实现了教与学全过程诊断和课程改革的持续推进，显著提升课程改革成效。

3. 创新构建"多元协同、平台支撑、双层推进"的跨省市联合教研机制，实现中职英语教研地域、人员、技术的三维突破

突破地域局限组织多地教研人员与骨干教师开展协同教研。学科核心素养评价及在课堂教学落地的问题是目前全国中职学校面临的共同挑战和实际问题。组建跨省市联合共同体，实现了多地优质教研资源共享，协同攻关，开创了多地教师共备、共评、共研、共进的教研新局面。

突破教研人员独立开展教研活动的局限。创建了教研人员、一线教师、高校教师、企业人员多方参与的新型教研活动形式，加强了理论研究对教研的指导作用，加强了对企业实践经验的借鉴参考，突出了职业教育特点。

创建了信息技术与教研活动深入融合的新模式。在"中职英语教学与研究资源平台"支持下，形成"线上线下跨省联合教研"模式，助力多地教学资源共享、经验互鉴，促进了各地课程改革与教师共生共长。

（五）成果推广应用效果

成果应用于北京等8个省市中职学校英语教学测评与课程改革，效果明显。

1. 8 个省市使用本成果实施中职英语教学诊断与课程改革，受益面广

成果从 2017 年开始进入实践阶段。北京、重庆、江苏、四川、云南、广西、大连、沈阳等 8 个省市使用本成果开展测评与课程改革，扩大了省市、学校、教师与学生的受益面。本成果实践期间组织了 15 次跨省市联合教研，受益教师超过 6 万人次，辐射受益学生近 63 万人。教研共同体建设的中职英语教学与研究资源平台，注册教师达 546 名，资源浏览次数达 13 420 次。

2. 创新教学模式，实施课堂革命，学生学科核心素养培养效果显著

本成果在精准诊断教学问题基础上构建的"任务引领，语篇依托，活动贯穿"活动导向教学模式在全国推广，有效促进学生学习方式的转变，学生运用英语解决实际问题能力显著提高。各地学生四项学科核心素养发展逐步均衡，思维差异感知素养与自主学习素养均实现了从不合格到合格的跨越，职场语言沟通素养达到良好水平，跨文化理解素养稳步提升。运用本成果以来，四川、大连两地学生在全国职业院校技能大赛中获奖实现零的突破，其他省市学生共获得全国技能大赛一等奖 2 个、二等奖 4 个、三等奖 2 个，获省市级奖项 421 项。

3. 转变教育理念，开展教学研究实践，教师专业能力明显提升

8 个省市中职学校运用本成果开展了约 2 000 课时教学改进实践，普及了学科核心素养理念，引导教师认识到中职英语教学从重视能力训练到强调核心素养培育的转变，有效推动了各省市英语教师的专业成长。团队成员参加和指导教师参加全国职业院校技能大赛教学能力比赛获一、二等奖 21 次。在国家级比赛项目中获得 120 余项，在省市级比赛中获奖 500 余项。团队成员发表与成果相关的核心期刊论文 5 篇、国家级期刊 7 篇，出版了《北京市中等职业学校英语学业成就评价标准》《基于学科核心素养的中职英语学业测评指南》等测试指导用书与教材 6 册，承担省部级以上相关课题 36 项，实现研究能力与教学能力同步提升。

4. 为国家标准颁布提供实践支撑，成果辐射全国多地英语课程改革

本成果的先期实践研究为《中等职业学校英语课程标准》的研制提供了大量可供参考的理论探索经验与实践案例。3 名团队成员作为《中等职业学校英语课程标准》研制组的核心成员和主要执笔人，深度参与了课程标准研制工作，为国家标准的研制与颁布作出了突出贡献。团队负责人参加了《中等职业学校公共基础课程标准学习读本》编写，多次承担教育部组织的课程标准全国培训任务。

4 名团队成员均入选中职英语"十四五"国家规划教材编写团队，担任副主编，带领各地 30 余名骨干教师参加了 4 个版本国家规划教材编写，成果的理念与实践经验为各个版本国家规划教材的编写提供了丰厚的实践基础，也通过教材的出版发行，推动了学科核心素养在全国各地中职英语课程改革的落地。

团队成员应邀到吉林、辽宁、内蒙古、山东、河南、福建、广西、浙江、四川、大连、嘉兴、厦门、泉州等 40 多个地区做专题讲座，运用成果内容指导学校教学改革，获得高度评价，引领了全国中职英语课程改革。2022 年本成果被纳入教育部职业教育发展中心"基于中职课程标准的学业质量评价研究"课题，为中职公共基础课程标准在全国落地、实施全国中职公共基础课程学业评价持续发力。

三引、三建、三推、三高：中德诺浩汽车产教融合实训基地建设的创新与实践

完成单位：北京经济管理职业学院；中德诺浩（北京）教育科技股份有限公司；湖北工程职业学院；河南机电职业学院

完成人：刘文龙；彭彧华；许婕；吕丕华；李静文；张英华；刘海平；赵鹏喜；张健；周国娟；于福华；钟莹；杨光明

一、成果简介

高水平产教融合实训基地建设作为新时代工匠培养的摇篮，是实现育训并举的重要引擎。针对国际标准迭代难适配、校企合作机制难适洽、育训模式难适合等教学难题，北京经济管理职业学院自2006年3月依托教育部中外合作办学项目和校级课题开展研究，于2008年8月研制出《中德诺浩汽车实训基地建设方案》，并建成3 766平方米厂房，经过14年实践，创新走出了一条"三引、三建、三推、三高"实训基地建设路径。

三引：一是引进国际标准，在全国率先引进德国哈勒手工业协会（HWK）证书标准，以国际化—本土化—校本化开发适应中国汽车行业的课程体系；二是引进头部企业，与汽车生产企业及知名品牌4S店合作共育人才；三是引进企业导师，打造集实训、考核及评价于一体的双师结构教学团队。

三建：一是建机制，通过建立"共建共管共担"校企合作机制，校企6∶4出资，成立管理委员会与党支部，双管双责、共商共治；二是建标准，将德国HWK标准本土化，开发了基地建设方案等10余项标准；三是建资源，开发60余本教材及配套资源包，共建数字化、标准化教学培训管理平台。

三推：经2013年教育部职成司论证并发文推荐"中德诺浩高技能汽车人才培养助推计划"（教职成司函〔2013〕267号），在全国遴选出3批100所职业院校推广该基地经验做法。一是推广"党建引领、多元共育、成本分担、共建共管"的实训基地建设机制；二是推广"国际化引标准、本土化引企业、校本化引师资"的实训基地建设标准；三是推广"真场景再现、真岗位实操、真项目考核"育训模式。

三高：一是起步高，依托教育部中外合作办学项目，建成了全国首个功能完备、育训并举、书证融通的国际化标准实训基地；二是标准高，开发了资源建设、第三方评价等标准；三是质量高，创新将党支部建在实训基地上，校企成立管委会，将文化自信和工匠精神融入人才培养过程中，毕业生供不应求。李克强总理、怀进鹏部长参观中德诺浩合作项目院校实训基地并给予高度肯定。

该成果有效提升了人才培养质量，企业满意度达99%以上，就业率达98%以上，X证

书通过率达89%以上，近三年获全国职业院校技能大赛、中国"互联网+"等国家级奖项15项，"三大国赛"获奖数增幅位于全国前十，在全国高端论坛50余次。该成果辐射到俄罗斯国家教育交流协会、中国—赞比亚职业技术学院等，有效推动基地建设模式"走出去"。《人民日报》、《新华日报》、中央电视台等10余家主流媒体报道了基地建设成效。

二、成果主要解决的教学问题及解决方法

（一）主要解决的教学问题

（1）国际标准"水土不服"，标准迭代难适配；
（2）校企合作"校热企冷"，合作机制难适洽；
（3）学用融合"难成合力"，育训模式难适合。

（二）教学问题的解决方案

1. 以"国际化引标准、本土化引企业、校本化引师资"的优化途径，解决了国际标准"水土不服"的问题

国际化引进标准。率先引进德国HWK证书标准、教学体系、教学管理方法、培训课程、先进的检测与维修设备等。

本土化引进企业。与中德诺浩携手，引进北汽新能源等生产制造类头部企业、运通汽车等中国汽车经销商百强企业，参照国家、行业和企业标准，将企业的需求转化为课程，实现与生产岗位标准同步。

校本化引进师资。引进汽车行业头部企业专家、导师进课堂，组建了"双师型""大师级""专家级"教学团队，建立校企结合的专家师资库，分层、分类、分工开展模块化教学。

2. 以"多方位建机制、多维度建标准、多形式建资源"的合作机制，解决了校企合作"校热企冷"的问题

建设"党建引领、多元共育、成本分担、共建共管"的实训基地建设机制。政府引导，行业指导，研究跟进，党支部统领思想政治工作，成立管委会，校企双方6∶4出资建设，学校出场地、出人员，企业出资源、出技术，共同出标准，形成"政校企行研"五位一体实训基地建设机制。

建设"基地建设，课程开发，师资队伍"多维度开发标准。研制基于真实工作场景、真实工作流程的实训基地建设标准，校企共同开发人才培养方案，构建模块化课程，配齐校企互补、专兼结合、双师结构的教师队伍，开展模块化教学。

建设"硬件设备，软件平台，数字课程"多形式打造资源。采购高端、先进整车和设备，联合开发教学培训管理平台，开发活页式教材及配套教学培训资源包。

3. 以"真场景再现、真岗位实操、真项目考核"的育训模式，解决了学用融合"难成合力"问题

建设了企业真实场景的教学环境。把教室搬进国际化标准厂房，把最新生产设备搬进基地，加强企业文化熏陶，实现小班化、差异化分层教学。

开发了企业真实岗位的人才培养方案。推进"认岗、轮岗、顶岗"三阶段校企工学交替。实施企业现场导入式教学方法，系统设计标准化教学流程。

探索了"教评分离"综合能力评价与第三方评价模式改革。坚持教评分离，采取单元模块考核方式，开展笔试、实操、面试三位一体综合能力评价。组建由德国 HWK 认证机构专家、企业师傅等组成的第三方人才评价委员会，结合中德诺浩教学培训管理平台，开展多元、多维、多要素评价。

三、成果特色与创新点

（一）创新构建了"党建引领、多元共育、成本分担、共建共管"的汽车实训基地建设机制，致力打造校企利益共同体

党建引领建基地。将党支部建在基地上，高质量做好师生思想政治建设工作，提升学生职业素养，弘扬工匠精神。

多元合作育人才。通过教育部立项合作项目、市国资委批准建设、市财政局资金支持、市教委评估，校企构建利益共同体，国内外汽车行业参与指导，研究机构跟踪研究与实践，实现"政校企行研"五位一体合力推进。

成本分担共出资。校企 6∶4 出资，学校出场地牵头实施，校企双方出标准、师资、资源，优势互补、成本共担、成果共享。

共建共管保质量。校企成立管委会，构建校企合作共同体，管教学、管运行、管质量，制订运营保障制度，定期与系主任、教师及学生谈心谈话。

（二）创新实践了"三引、三建、三推、三高"的汽车实训基地建设路径，率先在全国建成首个中德诺浩汽车实训基地

高起点引进德国 HWK 证书标准，引进汽车行业龙头企业及知名品牌 4S 店，引进企业技师开展实训教学、考核及评价。

高水平建设建立"共建共管共担"校企合作机制，结合国家标准、行业标准推出 10 项课程、教材和实训室建设标准。开发汽车教育产品清单，60 余套教材及教学资源包，共建数字化、标准化教学培训管理平台。

高质量推广建设机制及经验做法。教育部在全国遴选出的 3 批 100 所职业院校中推广中德诺浩汽车基地建设机制、建设标准、人才培养模式等典型经验做法。

（三）创新构筑了"标准契合、场景融合、工学结合、多证聚合"的汽车实训基地建设模式，培育了大量高素质技术技能人才

探索"国际标准引进来，中国标准走出去"。率先借鉴德国 HWK 证书标准，研制出涵盖基地建设、课程置换、教师培训等 10 余项标准，加强标准转化，辐射推广到俄罗斯、赞比亚等国家。

实践"场景再现，数字赋能"。将职业场景与教育场景融合，将企业文化与校园文化融合，开发了模拟仿真软件、VR、AR、MR 等数字资源，开展差异化小班教学，多途径提升

学生综合素养。

推进"工学结合,真岗实做"。推行三年三次交替实习,第 2 学期认岗实习"认"岗位,第 4 学期轮岗实习"跟"岗位,第 6 学期顶岗实习"定"岗位。

实现"五证融通,多证互补"。学生在接受学历教育的同时,有机会考取职业资格证书、德国 HWK 证书、中德诺浩证书及职业技能等级证书,证书通过率均达到 89% 以上。毕业生岗位胜任能力一流,企业争相高薪"抢订""预定"毕业生,认可度和满意度逐年增高。

四、成果的推广应用效果

(一) 育训并举,品牌彰显

人才培养质量显著提升。企业满意度达到 99% 以上,毕业生就业率达到 98% 以上,80% 以上的毕业生进入中国百强汽车经销商集团工作,优秀学生被选送进入保时捷、阿斯顿马丁车队。近五年学生获得全国职业技能大赛等国家级奖项 20 余项、省部级奖项 200 余项,1+X 证书取证率超过 89%,累计培训师资 1 236 人次,培训 67 012 名学生。

培训品牌效应日益凸显。率先引进德国 HWK 证书标准,建成了全国首个中德诺浩汽车实训基地。通过坚持立德树人、育训并举,将党支部建在基地上,形成实训基地建设品牌。依托教育部"助推计划",与湖北工程职业学院、河南机电职业学院合作,组织就业赋能培训 200 余场,并为 5.2 万学生免费提供培训资源,近五年培训年收入超过 1 000 余万元。学校先后被评为全国安全生产培训基地、北京高精尖培训基地等。

(二) 基地为媒,迭代衍生

以基地为媒助力校企合作"多面开花"。依托中德诺浩实训基地建设模式,创新推进一批高质量实训基地建设,获批西门子智能制造、数字视效 2 个国家级生产性实训基地,3 项案例入选教育部产教融合校企合作典型案例,学校获得"全国职业院校产教融合 50 强"称号。高质量建设科大讯飞等 5 个工程师学院、李浩等 2 个大师工作室及中联等 15 个产业学院。

以国际交流推动建设模式"行稳致远"。在校企合作机制,实训基地建设标准、路径、模式等方面,加强与俄罗斯国家教育交流协会、中国—赞比亚职业技术学院交流共享。学校先后被认定为"国际教育影响力 50 强"和服务贸易标准化首批试点院校。

(三) 全国共享,示范引领

基地建设经验在全国示范推广。教育部职成司发文推荐"中德诺浩高技能汽车人才培养助推计划",在全国 100 所职业院校系统推广实训基地建设典型经验做法。学校充分借助该基地衍生的授权考证、师资培训、人才培训等 4 个技术技能人才培训基地,满足汽车后市场人才培养、双师培训,近 25 000 名教师受益。

基地建设模式引发广泛关注。李克强总理考察中德诺浩合作项目院校实训基地时勉励学生"坚守专业精神、职业精神和工匠精神",怀进鹏部长在考察中德诺浩合作项目院校实训基地时给予肯定。该实训基地共接待全国 500 多所院校来访，在全国校长培训班等高端论坛上分享报告 50 余次。《人民日报》、《新华日报》、中央电视台、中国教育电视台等 10 余家主流媒体报道了学校中德诺浩汽车实训基地典型做法，取得了良好的示范辐射效应。

五、成果总结

（一）成果背景及形成过程

党的十八大以来，习近平总书记高度重视产教融合、校企合作，职业学校教育和职业培训并重。汽车产业作为国家支柱产业之一，要实现"中国制造"到"中国创造"，就需要数以万计高素质汽车技术技能人才。高质量的产教融合实训基地建设恰恰是支撑高质量人才培养的有效载体。

北京经济管理职业学院结合 2004 年教育部、财政部《关于推进职业教育若干工作的意见》中提出的"职业教育实训基地由学校、企业和社会培训机构共同建设"要求，针对基地建设标准难适配、校企合作机制难适洽、育训教学模式难适合等教学难题，在全国率先引进德国 HWK 证书标准，建成国内首家中德诺浩汽车产教融合实训基地，该基地建设模式得到教育部职成司高度认可并在全国推广。成果从孕育、建设、改革、推广到转型发展，经过 14 年探索实践，创新走出了一条"三引、三建、三推、三高"中德诺浩汽车产教融合实训基地建设路径。

1. **孕育期**：高起点引进国际标准并筹划国内一流实训基地（2005—2006 年）

自 2005 年起，学校与中德诺浩、德国 HWK 三方洽谈中德汽车人才培训项目，筹划中德诺浩汽车实训基地建设。2006 年 3 月，三方签订合作协议，引进德国 HWK 证书标准，并依托教育部中外合作办学项目和相关课题开展研究。

2. **建设期**：高标准协同建设实训基地软硬件设施（2006—2008 年）

2006 年 9 月，学校成立基地建设项目筹建工作组，经过市国资委审批、市教委评估，学校出场地，申请市财政专项，中德诺浩投入教学整车、课程研发及前期启动资金，借鉴德国 HWK 建设标准，研制《中德诺浩汽车实训基地建设方案》，于 2008 年 9 月建成 3 766 平方米厂房。

3. **改革期**：高质量实现从培训到育训并举的转换（2008—2013 年）

2018 年 9 月，实训基地正式投入使用。校企合作成立管委会，组建党支部，定期研究基地发展规划。2009 年招收成人高考学生，2014 年开办职业教育汽车应用技术、汽车技术服务与营销等专业，通过坚持双元育人、工学结合，在成人教育、职业教育、职业培训和国际化培训方面，实现了从单一培训到育训并举的新局面。

4. **推广期**：高效能推广实训基地建设典型经验（2013—2019 年）

2013 年，教育部职成司论证该基地建设成效并发文推荐"中德诺浩高技能汽车人才培养助推计划"（教职成司函〔2013〕267 号），在全国遴选 100 所职业院校系统推广学校实训基地典型经验做法。

5. **转型期**：高水平促进智慧化建设转型升级（2019 年至今）

2019 年，为了高度契合首都高质量、有特色、国际化职业教育发展要求，实训基地转型升级为"智慧汽车产教融合实训基地"(见图1),为后续高质量建成5个工程师学院、2个大师工作室、15个产业学院等提供了经验借鉴,并辐射到全国30多所院校,有效助力中国特色学徒制走实走深。

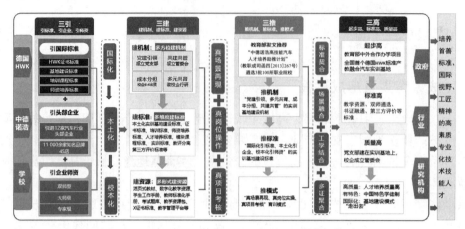

图1 中德诺浩汽车产教融合实训基地建设逻辑图

(二)成果的主要内容

1. "三引":引国际标准、引头部企业、引企业导师

引进国际标准。在全国率先引进德国HWK证书标准,参照国家、行业和企业标准,校企合作开展实训基地标准研发,有效实现国际标准本土化创新。

引进头部企业。与中德诺浩携手,引进北汽新能源等生产制造类头部企业、运通汽车等中国汽车经销商百强企业,有效实现校企双主体育人。

引进企业导师。引进汽车行业头部企业专家、导师进课堂,组建了"双师型""大师级""专家级"教学团队,建立专家师资库,构建集实训教学、考核及评价于一体的双师结构教学团队。

2. "三建":建机制、建标准、建资源

建机制。成立联合管理委员会与党支部,双管双责、共商共治,校企签订协议、出台制度、双方出资,构建"党建引领、多元共育、成本分担、共建共管"的实训基地建设机制。

建标准。校企共同研制基于真实工作场景、工作流程的实训基地建设标准,开发人才培养方案、实习实训、第三方评价等标准。

建资源。校企共建一整套"汽车教育产品清单"课程资源,开发了包含3 000多个企业一线工作任务的教学资源包,并免费推广至全国职业院校。

3. "三推":推建设机制、推建设标准、推育训模式

2013年教育部职成司组织专家论证该实训基地建设成效,并发文推荐"中德诺浩高技能汽车人才培养助推计划"(教职成司函〔2013〕267号),在全国遴选出的3批100所职业院校推广经验做法。

一是推广"党建引领、多元共育、成本分担、共建共管"的实训基地建设机制;二是推广"国际化引标准、本土化引企业、校本化引师资"的实训基地建设标准;三是推广"真场景再现、真岗位实操、真项目考核"育训模式,人才培养质量显著提升。

4. "三高": 起步高、标准高、质量高

起步高。该实训基地依托教育部中外合作办学项目，在北京市教委、国资委、财政局的支持下建成了全国首个功能完备、育训并举、书证融通的产教融合汽车实训基地。

标准高。引入德国 HWK 汽车证书等标准，通过国际化—本土化—校本化融合创新，校企共同开发了双师选用、资源建设、书证融通、第三方评价等标准。

质量高。创新将党支部建在实训基地上，校企双方成立管委会，定期与系主任、教师及学生谈心谈话，教学过程中融入文化自信和工匠精神，毕业生供不应求。

"三引、三建、三推、三高"内在机理框架见图 2。

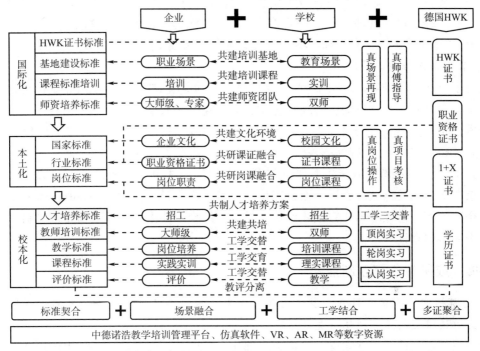

图 2 "三引、三建、三推、三高"内在机理框架

（三）成果主要解决的问题和方法

1. 以"国际化引标准、本土化引企业、校本化引师资"的优化途径，解决了国际标准"水土不服"，标准迭代难适配的问题

国际化引进标准。率先引进德国 HWK 证书标准、教学体系、教学管理方法、培训课程、先进的检测与维修设备等。

本土化引进企业。与中德诺浩携手，引进北汽新能源等生产制造类头部企业、运通汽车等中国汽车经销商百强企业，参照国家、行业和企业标准，将企业的需求转化为课程，实现与生产岗位标准同步。

校本化引进师资。引进汽车行业头部企业专家、导师进课堂，组建了"双师型""大师级""专家级"教学团队，建立"中外组合、校企结合"的专家师资库，开展模块化教学。

2. 以"多方位建机制、多维度建标准、多形式建资源"的合作机制，解决了校企合作"校热企冷"、合作机制难适洽的问题

建设"党建引领、多元共育、成本分担、共建共管"的实训基地建设机制。政府引导、行业指导、研究跟进，党支部统领思想政治工作，成立管委会，校企双方 6∶4 出资建设，学校出场地、出人员，企业出资源、出技术，形成"政校企行研"五位一体实训基地建设机制。

建设"基地建设，课程开发，师资队伍"多维度开发标准。研制基于真实工作场景、真实工作流程的实训基地建设标准，校企共同开发人才培养方案，构建模块化课程，配齐校企互补、专兼结合、双师结构的教师队伍。

建设"硬件设备，软件平台，数字课程"多形式打造资源。采购高端、先进整车和设备，联合开发教学培训管理平台，开发活页式教材及配套教学培训资源包。

3. 以"真场景再现、真岗位实操、真项目考核"的育训模式，解决了学用融合"难成合力"、育训模式难适合的问题

建设了企业真实场景的教学环境。把教室搬进国际化标准厂房，把最新生产设备搬进基地实训室，加强企业文化熏陶，实现小班化、差异化分层教学。

开发了企业真实岗位的培养方案。推进"认岗、轮岗、顶岗"三年三阶段校企工学交替。实施了企业现场导入式教学方法，系统设计了标准化教学流程。

探索了"教评分离"综合能力评价与第三方评价模式改革。坚持教评分离，采取单元模块考核方式，开展笔试、实操、面试三位一体综合能力评价。组建由德国 HWK 认证机构专家、企业师傅等组成的第三方人才评价委员会，结合中德诺浩教学培训管理平台，开展多元、多维、多要素评价。

（四）成果特色与创新点

1. 创新构建了"党建引领、多元共育、成本分担、共建共管"的汽车实训基地建设机制，致力打造校企利益共同体（见图3）

党建引领建基地。成立党支部，将党支部建在基地上，高质量做好师生思想政治建设工作，提升学生职业素养，弘扬工匠精神。

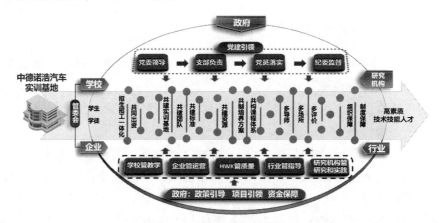

图3 "党建引领、多元共育、成本分担、共建共管"的汽车实训基地建设机制体系

多元合作育人才。通过教育部立项合作项目、市国资委批准建设、市财政局资金支持、

市教委评估，校企构建利益共同体，国内外汽车行业参与指导，研究机构跟踪研究与实践，实现"政校企行研"五位一体合力推进。

成本分担共出资。校企6∶4出资，学校出场地牵头实施，校企双方出标准、师资、资源，优势互补、成本共担、成果共享。

共建共管保质量。校企成立管委会，构建校企合作共同体，管教学、管运行、管质量，制订运营保障制度，定期对系主任、教师及学生谈心谈话。

2. 创新实践了"三引、三建、三推、三高"的汽车实训基地建设路径，率先在全国建成首个中德诺浩汽车实训基地（见图4）

高起点引进德国HWK证书标准，引进汽车行业龙头品牌主机厂及知名品牌4S店，引进企业技师开展实训教学、考核及评价。

高水平建设建立"共建共管共担"校企合作机制，结合国家标准推出10项课程、教材和实训室建设标准。开发汽车教育产品清单、教材及资源包，共建数字化、标准化教学资源平台。

高质量推广建设机制及经验做法。依托中德诺浩汽车基地，教育部在全国100所职业院校推广中德诺浩汽车基地建设机制及经验做法，并与全国368所院校签订高技能型汽车人才培养协议。

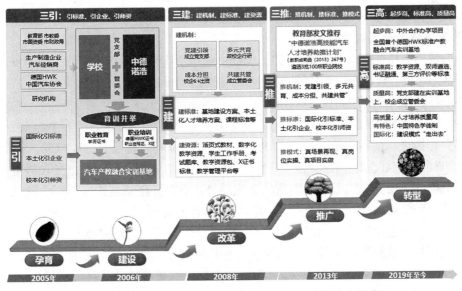

图4 "三引、三建、三推、三高"的汽车实训基地建设路径

3. 创新构筑了"标准契合、场景融合、工学结合、多证聚合"的汽车实训基地建设模式，培育了大量高素质技术技能人才

探索"国际标准引进来，中国标准走出去"。率先借鉴德国HWK证书标准，研制出涵盖基地建设、课程置换、教师培训等10余项标准，加强标准转化，辐射推广到"一带一路"共建国家。

实践"场景再现，数字赋能"。将职业场景与教育场景融合，将企业文化与校园文化融合，开发了仿真软件、VR、AR、MR等数字资源，开展差异化小班教学，多途径提升学生综合素养。

推进"工学结合，真岗实做"。推行三年三次交替实习，第2学期认岗实习"认"岗位，第 4 学期轮岗实习"跟"岗位，第 6 学期顶岗实习"定"岗位。

实现"五证融通，多证互补"。学生在接受学历教育的同时，有机会考取职业资格证书、德国 HWK 证书、中德诺浩证书及职业技能等级证书，证书通过率均达到 89% 以上。毕业生岗位胜任能力一流，企业争相高薪"抢订""预定"毕业生，认可度和满意度逐年增高。

（五）成果的推广应用效果

1. 育训并举，品牌彰显

人才培养质量显著提升。企业满意度达到 99% 以上，毕业生就业率达到 98% 以上，80% 以上的毕业生进入中国百强汽车经销商集团工作，优秀学生被选送进入保时捷、阿斯顿马丁车队。近五年学生获得全国职业技能大赛等国家级奖项 20 余项、省部级奖项 200 余项，累计培训师资 1 236 人次，培训 67 012 名学生，1+X 证书取证率超过 89%。

培训品牌效应日益凸显。率先引进德国 HWK 证书标准，建成了全国首个中德诺浩汽车实训基地，通过坚持立德树人、育训并举，将党支部建在基地上，形成实训基地建设品牌。依托教育部"助推计划"，与湖北工程职业学院、河南机电职业学院开展合作，组织就业赋能培训 200 余场，并为 5.2 万学生免费提供培训资源，近五年培训年收入超过 1 000 万元。学校先后被评为北京市高精尖产业技能提升培训机构、全国安全生产培训基地等。

2. 基地为媒，迭代衍生

基地为媒助力校企合作"多面开花"。依托中德诺浩实训基地建设模式，创新推进一批高质量实训基地建设，获批西门子智能制造、数字视效 2 个国家级生产性实训基地，3 项案例入选教育部产教融合校企合作典型案例，学校获得"全国职业院校产教融合 50 强"称号。高质量建设科大讯飞等 5 个工程师学院、李浩等 2 个大师工作室及中联等 15 个产业学院。

多方合作推进学徒制改革"三线并进"。通过该实训基地建设，学校成功入选教育部第三批现代学徒制试点院校，获批北京市第四批企业新型学徒制培训机构，并在机电一体化等专业与北京燃气集团、中国石化集团燕山石化等公司合作，创新实践专业群学徒制、现代学徒制、企业新型学徒制"三线并进"的中国特色学徒制改革。

国际交流推动建设模式"行稳致远"。在校企合作机制、实训基地建设标准、路径、模式等方面，加强与俄罗斯国家教育交流协会、中国—赞比亚职业技术学院交流共享。学校曾先后被认定为"国际教育影响力 50 强"和服务贸易标准化首批试点院校。

3. 共建共享，示范引领

基地建设经验在全国示范推广。教育部职成司发文推荐"中德诺浩高技能汽车人才培养助推计划"，在全国 100 所职业院校系统推广实训基地建设典型经验做法。充分借助该基地衍生的授权考证、师资培训、人才培训等 4 个技术技能人才培训基地，满足汽车后市场人才培养及双师培训，并共享课程、培训资源等，近 25 000 名教师受益。

基地建设模式引发广泛关注。李克强总理考察中德诺浩合作项目院校实训基地时勉励学生"坚守专业精神、职业精神和工匠精神"，怀进鹏部长在考察中德诺浩合作项目院校实训基地时给予肯定。该实训基地共接待全国 500 多所院校来访，在全国校长培训班等高端论坛上分享报告 50 余次。《人民日报》、《新华日报》、中央电视台、中国教育电视台等 10 余家主流媒体报道了学校中德诺浩汽车实训基地典型做法，取得了良好的示范辐射效应。

数字技术赋能智能建造专业群转型升级探索与实践

完成单位：北京工业职业技术学院；广联达科技股份有限公司

完成人：张丽丽；刘兰明；李石磊；曹明兰；李静；朱溢镕

一、成果简介

北京"四个中心"城市战略定位，要求传统城市建设产业向绿色化、信息化、智慧化转型升级，形成北京城市智慧建设产业。2011年北京工业职业技术学院工程造价专业入选中央财政支持的"高等职业学校提升专业服务产业发展能力"项目重点建设专业，以此为契机开展了专业群适应产业发展的改革。经过10年探索与实践，数字技术赋能完成智能建造专业群的转型升级，成为职业院校专业建设的标杆。

（一）跨领域组建全国首个智能建造专业群，实现专业对接产业培养定位转型升级

精准把握产业转型所需人才规格，整合资源、优化专业结构，将建筑工程技术、工程造价、工程测量技术、无人机应用技术4个专业组建成智能建造专业群，开创跨领域组建专业群的先河。创新可持续发展"五对接"机制，保障专业群数字化转型紧跟行业全国领先。构建"双主体、三协同、四融合"人才培养模式，重构专业群"一平台、双融合、多通道"课程体系和"软硬高"实践能力训练体系，实现人才培养定位转型升级。

（二）跨行业率先成立智能建造产业学院群，实现产教融合运行模式转型升级

率先与建筑、无人机、测绘等行业数字化龙头企业合作，成立广联达BIM工程师学院、大疆无人机工程师学院、文物与古建筑数字化保护工程师学院和装配式建筑工程师学院，形成国内唯一智能建造产业学院群。创新实施校企1:1投入"五共三享"融合模式，共建国内首个智能建造综合实训基地，将裸眼3D技术首次应用于建筑领域，多主体聚势打造数字化多元融合育训平台。共建国家级专业教学资源库、国家级智慧建造虚拟仿真实训基地，开展现代学徒制人才培养、"一带一路"留学生及技能人才培训，制订行业企业标准，产教融合模式成为典范。

（三）跨技术搭建国内一流的智能建造协同创新平台，实现社会服务品质转型升级

以落户学校的中国职业技术教育学会唯一一家BIM技术研究院为核心，整合2个国家级基地和北京市城市空间信息工程重点实验室，数字技术协同赋能，打造国内一流"智能

建造协同创新平台"新生态,创新"五维度"服务体系。开展科技攻关和应用研究,释放"教育+服务"的强大能量,服务水平领先全国同类院校。

智能建造专业群转型升级成效显著。全国职业院校技能大赛、教学能力比赛一等奖全国第一;广联达 BIM 工程师学院入选北京市特高工程师学院;获批北京市特高专业群,入选国家"双高"专业群建设计划,成为北京市智能技术推进专业群数字化改造及资源建设的"双百"示范行动示范基地。

二、成果主要解决的教学问题及解决方法

(一)成果主要解决的教学问题

(1)不灵敏:建筑类专业对北京城市智慧建设数字化进程反应迟钝。北京城市智慧建设产业国际化人才匮乏,复合型人才缺口大,行业数字化人才稀缺,企业技术技能人才能力欠缺。

(2)不深入:产教融合多是短期行为且流于形式。校企价值取向不同、合作模式落后,导致企业参与度不高、校企合作范围不广、合作不紧密。

(3)不丰富:社会服务层次低、范围窄、类型单一。社会服务主要集中在培训层面,无法跟上市场技术需求变化的脚步,难以触及社会深层次需求,社会服务范围有限。

(二)解决教学问题的方法

1. 教育生态链赋能技能人才培养

以数字技术为切入点,打破专业界限,通过"专业协同、评价协同、工学协同",实现"知识技能融合、角色身份融合、校企师资融合、素养创新融合",满足产业复合型人才需求。将 BIM、VR、GIS、北斗等数字技术融入核心课程,培养行业数字化人才。通过"基础实践涵养软技能、专业实践锻造硬技能、综合应用实践掌握高技术"逐层递进的实践技能培养路径,为企业提供高水平技术技能人才。采用国际化课程、双语课程、专业外教授课、国外游学等方式培养国际化人才,契合北京建筑业国际化人才战略。

2. 多主体聚势赋能校企产教融合

依托国内首创的产业学院群综合实力,融合 BIM、无人机、大数据、物联网、AI、机器人、GIS 等多技术,投入 2 000 万元(其中企业投入 1 000 万元)建成智能建造综合实训基地,加载建筑类国培师资培训基地和北京市"双师"培训基地,通过资源开发、创新创业、标准制订、成果转化,在学生培育、员工培训、师资培养等方面,与企业开展全方位的深化合作。多技术、多手段、多方助力、多对象参与,将智能建造综合实训基地打造成数字化多元融合育训平台,实现产教融合运行模式转型升级。

3. 多技术协同赋能专业群社会服务

以智能建造协同创新平台作为支撑,无人机、BIM、三维建模及大数据等数字技术协同作为驱动力,深度挖掘社会服务潜力,开创教育、培训、应用、研究、创新"五维度"社会服务体系,提供专业化、标准化的国际职业教育、技能培训、技术应用、技术研究、创新研发等高质量社会服务,强化跨技术引领,从拓展服务范围、跨行业创新等方面突破,实现

专业群社会服务能力与质量双飞跃，成为京津冀区域高职院校社会服务样板。

三、成果特色与创新点

（一）新机制

首创可持续发展"五对接"机制，保障专业群数字化转型紧跟行业全国领先。国内首次提出专业群可持续发展的"五对接"机制，保障专业群随产业动态调整，保持专业先进性。"专业群与产业链对接"机制，提升专业群与产业契合度。"产教供需双向对接"机制，形成校企命运共同体。"校企对接教师培养"机制，培育"双师型"教师队伍。"专业群与国际对接"机制，提升专业群世界影响力。"教学诊断与质量保障对接"机制，持续保障人才培养质量。

（二）新模式

创新实施校企共投"五共三享"融合模式，形成荣辱与共校企命运共同体。以实现双向服务输出为目标，从产权和效益两方面调动企业深度参与积极性，达到1∶1校企投入比例，创新实施"共同投入、共同建设、共同使用、共同管理、共同育人""人才共享、基地共享、效益共享"的"五共三享"融合模式，激发企业持续投入和建设动力，保障智能建造产业学院群可持续运行，形成荣辱与共校企命运共同体。

（三）新体系

开创多层次"五维度"社会服务体系，实现专业群社会服务高品质进阶提升。秉承"有限的职业教育，无限的社会服务"理念，依托智能建造协同创新平台，从教育、培训、应用、研究、创新五个维度展开服务。服务"一带一路"建设，开展国际职业教育服务；服务行业需求，开展数字技术培训服务；服务区域发展，开展数字技术应用服务；服务产业转型，开展数字技术研究服务；服务企业创新，开展数字技术创新服务。"五维度"服务体系全面整合跨专业数字技术，深入挖掘服务潜力，从服务内容、方式、渠道、范围上逐一突破，实现专业群社会服务向专业化、规模化、品牌化进阶提升。

四、成果的推广应用效果

（一）应用效果

1. 人才培养成效显著，学生技能大赛获奖全国第一

专业群获人社部国家技能培育人才突出贡献单位奖。毕业生双证书获得率为100%，就业率达99%以上，企业满意度超96%。应届毕业生起薪及创业人数均高出同类院校20%。学生全国职业院校技能大赛获奖25项，其中一等奖12项，位居同类专业全国第一。

2. 师资水平国内顶尖，教师教学比赛获奖全国第一

全国职业教育先进个人1名，市级优秀教学团队2个、教育先锋先进集体2个、优秀教师3名、教学名师4名、高创名师与"三八红旗手"各1名,荣誉丰硕。全国教师教学能力大赛获奖13项,其中一等奖10项,同类院校获奖数量全国第一。承担国家自然科学基金项目、北京市重大课题,获省部级科技进步奖7项。

3. 线上线下资源海量,国内外应用广泛多方共享

建设国家级专业教学资源库、国家级精品资源资共享课程,入选首批教育部课程思政示范课,海量资源惠及239所职业院校及企事业单位,实现在校学生、留学生、兄弟院校、企业员工及社会人员的多方共享。

(二) 推广效果

1. 专业群转型升级全国一流,示范引领国内外1 000余所院校

获批北京市教育信息化融合应用示范基地,菲律宾高访团、赞比亚大使等国外友人到访27次,清华大学等本科院校183所、中高职院校719所、北京城建等企业120余家前来参观学习,获得市教委领导、兄弟院校的高度认可。智能建造专业群数字化改革成果作为典范,在全国数字化说课研讨会上向全国百余所高职院校推广。

2. 产教融合模式成典范,多家知名媒体跟踪报道

中国职业教育官网报道学校BIM技术研究院"推进职教数字化转型,服务企业技术创新"样板。中国教育电视台CETV1播出的《职教中国》节目,邀请学校刘兰明教授作为嘉宾,推广学校产业学院群产教育人典范。《中国青年报》报道学校技能大赛助力学生成长成才。

3. 服务国家重大战略项目,形成京津冀高职院校社会服务样板

承担首都新机场梁模架变形监测项目,成果获北京市科学技术2等奖,《北京晨报》、《北京晚报》、中青在线等多家媒体报道。服务湘西十八洞村无人机倾斜摄影测量,助力精准扶贫,湘西新闻联播跟踪报道。承接雄安沓岗水厂三维建模、冬奥会延庆赛区生态恢复监测等多个区域重大项目。成功申请我国首个APEC职业教育项目——"职业教育与培训系统开发绿色技能"课题。

五、成果总结

(一) 成果产生背景

北京"四个中心"城市战略定位,优化提升首都核心功能,要求传统的城市建设产业向绿色化、信息化、智慧化转型升级,急需互联网+GIS、BIM、无人机、绿色建筑等数字技术融入城市建设,集成BIM、云计算、大数据、物联网、区块链、AR/VR等新技术,形成智慧建设产业体系,走内涵集约式高质量发展新路。

服务北京城市智慧建设,推进产业升级和改造,高职院校仍存在以下突出问题:

(1) 不灵敏:建筑类专业对北京城市智慧建设数字化进程反应迟钝。北京城市智慧建设产业国际化人才匮乏、复合型人才缺口大、行业数字化人才稀缺、企业技术技能人才能力欠缺。

(2) 不深入:产教融合多是短期行为且流于形式。校企价值取向不同、合作模式落后,导致企业参与度不高，校企合作范围不广、合作不紧密。

（3）不丰富：社会服务层次低、范围窄、类型单一。社会服务主要集中在培训层面，无法跟上市场技术需求变化的脚步，难以触及社会深层次需求，社会服务范围有限。

为解决上述问题，学校以 2011 年中央财政支持的"高等职业学校提升专业服务产业发展能力"项目为契机，开展了专业群适应产业发展的改革。以"专业建设精品化、服务产业高端化、教学手段信息化、人才培养国际化"为理念，精准对接城市智慧建设产业链人才需求，创新专业群人才培养模式，深入推进产教融合，形成紧密的校企命运共同体。经过 11 年探索与实践，以数字技术为驱动，完成了智能建造专业群的转型升级，成为全国职业院校专业群建设的标杆，成果推广惠及国内外 150 余所院校及行业企业。

（二）成果主要内容

1. 跨领域组建首个智能建造专业群，实现专业对接产业培养定位转型升级

（1）组建智能建造专业群，对接城市智慧建设产业链。城市智慧建设产业链包含智慧城市数据采集与处理、城市智慧建设和智慧建筑运维管理。针对行业"绿色化、信息化、智慧化"转型升级要求，融入 BIM、大数据、物联网、三维扫描、GIS 等新技术，构建新技术岗位群，跨领域组建了包含建筑工程技术、工程造价、工程测量和无人机应用技术 4 个专业的智能建造专业群，服务城市建设产业链中的不同产业或环节，适应产业发展和首都城市建设对复合型人才的需求（见图1）。

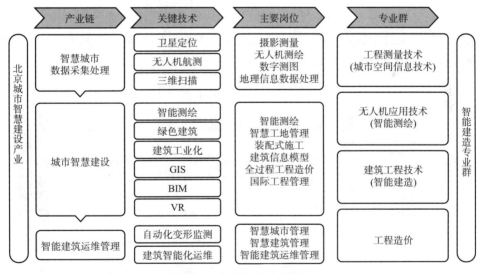

图 1　专业与产业映射

成立专业群建设指导委员会与产业协会，建立"五对接"保障机制，动态更新专业群方向，构建专业群动态调整流程和框架，优化专业布局，提升专业群与产业的契合度。2020年，智能建造专业群获批北京市特色高水平骨干专业群，入选国家"双高计划"建设专业群。

（2）"双主体、三协同、四融合"，创新人才培养模式。基于智能建造产业学院群，学校和企业共建"双主体"人才培养运行机制。以数字技术为切入点，打破专业界限，优化专业能力结构，提高专业素养，通过"专业协同、评价协同、工学协同"，实现"知识技能融合、角色身份融合、校企师资融合、素养创新融合"，构建"双主体、三协同、四融合"人才培养模式（见图2）。

图2 "双主体、三协同，四融合"人才培养模式

（3）"一平台、双融合、多通道"，重构智能贯通课程体系。直面数字技术变革及产业转型升级，以培养复合型国际化高素质技术技能人才为目标，构建智能贯通结构化的"一平台、双融合、多通道"专业群课程体系（见图3）。

图3 "一平台、双融合、多通道"专业群课程体系

专业群共享课程平台增加"云大物智5G"课程模块，推动专业群系统化智能化改造。

将专业间相互交叉的核心知识技能融合，将 BIM、VR、GIS 等数字技术融合，构建核心课程。依据技术发展趋势、1+X 证书标准、创新创业教育等，构建专业方向课程模块和跨专业选修课程模块，实现跨专业跨方向选修，提升学生职业迁移能力。

（4）软硬技能互促，建立"软硬高"实践能力训练体系。携手中建一局、广联达、大疆无人机、测绘设计研究院等行业龙头企业，建设"软技能、硬技能、高技术"实践能力训练体系。推进职业基本素养工程，以素养养成为主线系统化涵养软技能。建设智能建造产业学院群，通过专业能力实践和专业综合应用能力实践，培养学生硬技能。成立"双创中心"，开展高技术应用岗位训练，以专业综合应用能力实践为目标提升学生高技术应用能力。

（5）首创"五对接"机制，保障专业群可持续发展。国内第一个提出专业群可持续发展的"五对接"机制（见图4），保障专业群随产业动态调整，保持专业先进性。成立专业群建设指导委员会，建立专业群动态调整流程和框架，优化专业布局。成立校企协同合作委员会，制订校企合作相关制度，建立校企合作长效机制。制订《高水平兼职教师聘任制度》《专业教师企业培训制度》，实施教师境外培训计划。成立专业群与国际对接的协同发展委员会，制订"一带一路"人才培训标准。构建教学质量诊断体系、第三方评价体系和教学质量保障措施。

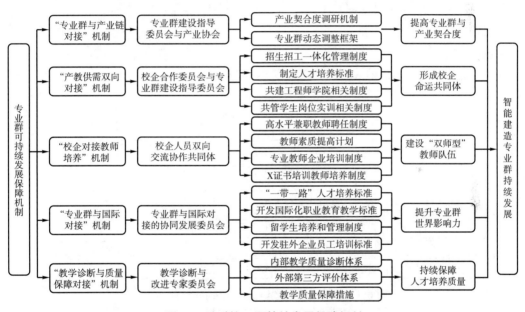

图 4 "五对接"可持续发展保障机制

2. 跨行业率先成立智能建造产业学院群，实现产教融合运行模式转型升级

（1）与龙头企业成立工程师学院，逐步形成智能建造产业学院群。2013—2015 年学校与行业龙头企业合作，先后成立 4 个工程师学院，逐步形成服务北京城市智慧建设的智能建造产业学院群（见图 5）。

（2）建立"双对接"机制，组建智能建造综合实训基地建设联盟。以校企双向服务为目标，建立"产教供需对接，校企双方负责人对接"的双对接机制，按企业化管理模式，制订管理制度。以学校为主体，联合智能建造产业学院群及北京城市建设与管理职教集团的企业单位，组建智能建造综合实训基地建设联盟（见图 6）。成立联合管理理事会，组建基地建设指导委员会，下设学生中心、教学中心、技能中心和双创中心；聘请职教集团行业专家组成第三方评价委员会,负责工程师学院人才培养效果考评工作。

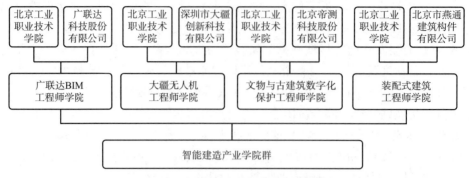

图 5 智能建造产业学院群构成

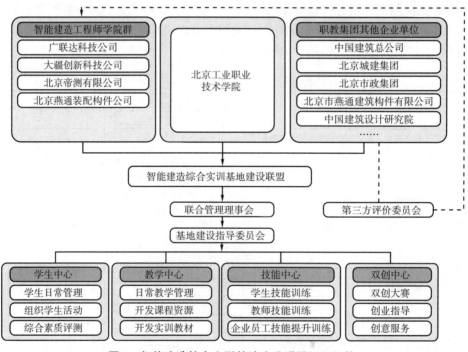

图 6 智能建造综合实训基地建设联盟组织机构

(3)实施"五共三享"融合模式,建成首个智能建造综合实训基地。明确校企双方责任和权力,以双向服务输出为目标,创新实施了"共同投入、共同建设、共同使用、共同管理、共同育人""人才共享、基地共享、效益共享"的"五共三享"融合模式。从 2015 年开始,依托产业学院群的技术优势,双方持续投入 2 000 万元(企业投入 1 000 万元),建成以 BIM、裸眼 3D、无人机、大数据、物联网、AI、机器人、GIS 等数字技术为核心的国际一流国内首创的裸眼 3D 智能建造综合实训基地。

(4)师资培训基地加载助力,打造数字化多元融合育训平台。智能建造综合实训基地加载学校建筑类国培师资培训基地和北京市级"双师"培训基地,打造成数字化多元融合育训平台(见图 7)。立足基地对学生开展实习实训、技能训练、职业技能等级考试等项目,指导学生参加创新创业竞赛;与产业学院群联合完成国家现代学徒制 80 人的培养和教师企业实践与新技术培训；为北京市政集团等企业员工开展数字化新技能提升培训；承接企业 BIM 建模、数据采集等生产性任务；多对象、多技术、多手段、多方参与，实现产教融合转型升级。

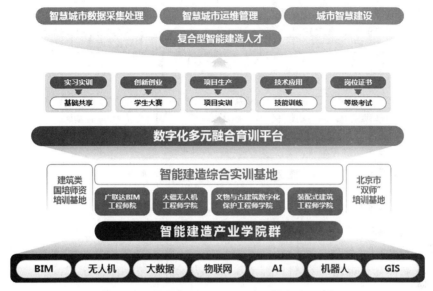

图 7　数字化多元融合育训平台建设与功能定位

校企合作开发"互联网+"教学资源，实现优质资源共享。2011 年专业群牵头建设了全国高职测绘类专业第一个国家级教学资源库；2021 年成功申报了国家级职业教育示范性虚拟仿真实训基地。

3. 跨技术搭建一流智能建造协同创新平台，实现社会服务品质转型升级

中国职业技术教育学会全国首家 BIM 技术研究院落户学校，以 BIM 技术研究院为核心，结合 2 个国家级基地和北京市城市空间信息工程重点实验室，组建智能建造协同创新平台（见图 8），形成教学、培训、应用、研究、创新"五维度"服务体系（见图 9），打造城市智慧建设产业创新研发新高地，实现"社会服务转型升级"。

图 8　智能建造协同创新平台结构

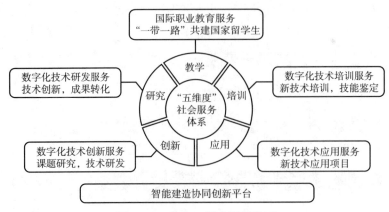

图 9 "五维度"社会服务体系

(1) 服务"一带一路"建设，开展国际职业教育服务。

依托"一带一路"国家人才培训基地，招收"一带一路"共建国家留学生。承接"走出去"中国有色集团海外员工测绘新技术培训任务，派出 2 名教师赴赞比亚承担职业技能培训工作。完成赞比亚、蒙古、缅甸、刚果金等国家企业员工的职业技能培训，建设 7 门"一带一路"人才培养核心专业课与课程标准，把专业群优秀职业教育成果输出国门，提升专业群的世界影响力。

(2) 服务行业需求，开展数字技术培训服务。

依托智能建造协同创新平台，为北京城建集团、北京住总集团等企业员工提供无人机技术、三维激光扫描技术、装配式技术和 BIM 技术等职业技能提升培训。为农民工提供建筑装饰装修、装配式建筑安装等岗位技能培训。开展绿色建筑技术、BIM 技术、无人机应用技术等各类培训年均 5 000 人·日；学校的国家测绘地理信息行业直属职业技能鉴定站，为高职院校学生和社会从业人员开展职业技能鉴定，年均 150 人。

(3) 服务区域发展，开展数字技术应用服务。

依托智能建造协同创新平台技术优势，开展面向区域发展的数字技术应用及推广，引领企业技术革新。以无人机技术、BIM 技术、三维激光扫描技术、模板支撑架变形远程监测等技术为支撑，开展了雄安新区土地规划测绘、古建筑物三维数据采集与建模等数字技术应用服务项目 38 个。

(4) 服务产业转型，开展数字技术研发服务。

与北京城建亚泰集团共同研制"MJWJ-1 模板支撑架变形远程实时监测系统"，为企业提供数字化平台建设服务。与北京市科委和北京市测绘设计研究院深度合作，建设北京市城市空间信息工程重点实验室，开展智慧城市建设领域新技术开发、科技攻关与智库咨询。围绕北京城市副中心建设、冬奥会筹办，承担"无人机+BIM 技术辅助北京市政工程施工提质增效的关键技术研究"等研发项目。依托智能建造协同创新平台，取得各类科技成果 55 项。

(5) 服务企业创新，开展数字技术创新服务。

智能建造协同创新平台创新成果在北京富地勘察测绘有限公司等合作企业的实际生产中应用，促进企业在三维建模、数据提取等方面技术手段的革新。BIM 技术研究院承担"法海寺大殿抗震加固技术研究""首都新机场航站楼大跨度梁模架变形监测"等国家重大项目,研究成果获得行业科技二等奖。获得"一种基于BIM技术的装配式建筑设计装置"等创新成果31项。

(三) 成果推广应用

1. 应用效果

（1）人才培养成效显著，学生技能大赛获奖全国第一。获人社部国家技能培育人才突出贡献单位奖。学生全国职业院校技能大赛获奖25项，其中一等奖12项，在同类专业中位居全国第一。毕业生双证书获得率为100%，就业率达99%以上，企业满意度超96%。应届毕业生起薪较转型升级前高出20%。

（2）师资水平国内顶尖，教师教学比赛获奖全国第一。全国教师教学能力大赛获奖13项，其中一等奖10项，在同类院校中位居全国第一。全国职业教育先进个人1名，市级优秀教学团队4个，教育先锋先进集体2个，优秀教师3名，教学名师4名，高创名师、"三八红旗手"、黄炎培职业教育奖杰出教师奖各1名。承担国家自然科学基金项目、北京市级重大课题，推进企业技术进步，获省部级科技进步奖7项。

（3）线上线下资源海量，国内外应用广泛多方共享。建成国家级工程测量技术专业教学资源库，建设首批教育部课程思政示范课程、国家级精品资源资共享课程、"一带一路"双语课程等80门O2O课程，开发98个虚拟仿真实训项目、166个技能训练项目。资源惠及239所职业院校及企事业单位，实现了在校学生、留学生、兄弟院校、企业员工及社会人员等多方共享。

2. 推广效果

（1）专业群转型升级全国一流，示范引领国内外1 000余所院校。获批北京市教育信息化融合应用示范基地，接待英、美、菲等国外友人到访27次，清华大学等本科院校183所、中高职院校719所、北京城建等120余家企业前来参观学习，获得市教委、兄弟院校的高度认可。智能建造专业群数字化改革成果作为典范，在全国数字化说课研讨会上，向全国百余所高职院校推广。

（2）产教融合模式成典范，多家知名媒体跟踪报道。中国职业教育官网报道BIM技术研究院"推进职教数字化转型，服务企业技术创新"样板。中国教育电视台CETV1《职教中国》节目，邀请刘兰明教授作为嘉宾，推广产业学院群产教育人典范。《中国青年报》报道技能大赛助力学生成长成才。

（3）服务国家重大战略项目，形成京津冀高职院校社会服务样板。承担首都新机场梁模架变形监测项目，成果获行业科技二等奖，《北京晨报》、《北京晚报》、中青在线等多家媒体报道。无人机倾斜摄影测量服务湘西十八洞村，助力精准扶贫，湘西新闻联播跟踪报道。承接雄安昝岗水厂三维建模、冬奥会延庆赛区生态恢复监测等多个区域重大项目。成功申请我国首个APEC职业教育项目——"职业教育与培训系统开发绿色技能"课题。

都市园艺专业群"三生相融、四时驱动"建设与实践

完成单位：北京农业职业学院；辽宁农业职业技术学院；上海农林职业技术学院；北京市园林学校；北京市昌平职业学校

完成人：李志强；陈杏禹；张微微；王晓华；吴晓云；高照全；梁春莉；成文竞；李玉舒；马继红；郑志勇；龚敏妍；王春玲

一、成果简介

以习近平生态文明思想为指导，根据国家乡村振兴战略和都市型现代农业要求，开展专业群建设与实践。都市型现代农业以生产、生态、生活为一体，都市园艺产业在都市现代农业中占主导地位，园林绿化是城市生态主要形式，家庭园艺是提升市民生活有效途径。原有教育体系难以满足都市农业对高技能人才新需求，北京农业职业学院等5所院校围绕园艺类产业集群需求，以园艺技术专业为核心，以园林技术、作物生产技术、设施农业技术和植物保护与检疫等专业为支撑组建都市园艺专业群。2014年开始方案设计，2015年依托中国都市农业职业教育集团和相关项目开始专业群建设研究与实践，形成了以"三生相融、四时驱动"为特色的都市园艺专业群。

2017年以来开展教育教学成果检验，取得省部级职业教育教学成果一等奖4项，其他省部级以上成果奖7项；获各类国家级奖励127项、省部级奖励122项。主要成果包括：

（一）根据都市农业"三生相融"新业态组建都市园艺专业群，成功探索出涉农专业群建设新路径

都市园艺专业群建立，打破学科、专业和地域壁垒，实现课程资源、教学团队和实训基地共享，为新业态、多功能的都市农业提供人才支持。2个专业群入选国家双高A档建设专业群，3个专业群入选省部级建设专业群。

（二）建成满足不同招生类型、中高本贯通的教学新体系，全方位满足都市农业人才需求

建成5种不同招生类型教学体系；通过中高职衔接、专升本和七年贯通实现中高本贯通培养；建成国家级专业教学资源库1个，编写国家级规划教材19部。

（三）创新形成"四时驱动、双融双升"人才培养新模式

根据植物四季生长规律驱动教学安排，在生产过程中树立"一懂两爱、三农情怀"，以产教融合和书证融通实现人才德技并修；建成不同专业通用平台课程和不同生源共用模块化

课程体系，实行项目化教学；依托工程师学院和共享型实训基地开展校企共同育人。

（四）有效提升人才培养质量

近 4 年来荣获国家级技能大赛一等奖 8 项，省部级以上大赛奖励 161 项。

（五）取得丰硕教学成果

获国家级建材建设奖 1 项，省部级职教成果一、二等奖各 4 项；培养国家级大师名匠 11 人，省部级名师 17 人；共获省部级以上教育教学类奖励 59 项。

二、成果主要解决的教学问题及解决方法

（一）通过校企共建专业群，解决了对都市园艺多业态、多功能、多类型支撑不够问题

现代都市园艺产业功能丰富、人才需求类型多样，围绕都市园艺类产业集群，校企共建都市园艺专业群。专业群内专业基础相通、技术领域相近、职业岗位相关、资源共享比例高。围绕产业岗位集群重构课程体系，通过平台化课程建设、行动导向教学改革、专兼职教学团队和共享型实训基地建设等开展专业群建设，形成以服务中国现代农业为目标，具有鲜明都市特色的"三生相融、四时驱动"都市园艺专业群，为都市型现代农业高技能人才培养提供了支撑。

（二）通过跨地区组建职教联合体实现优势互补，解决了不同地区专业发展不平衡问题

依托中国都市农业职业教育集团，由北京农业职业学院牵头，联合辽宁农业职业技术学院和上海农林职业技术学院等 5 所院校，围绕都市园艺专业群建设组建职教联合体。通过区域合作、强强联合，共同研讨人才培养模式、共享教学资源和师资，解决了不同地区专业发展不平衡问题，实现优势互补和跨越式发展。

（三）通过人才培养模式创新，解决了都市园艺人才培养中生产季节性和教学连续性相互矛盾问题

根据现代都市园艺等行业"三生相融"新业态和岗位需求，结合专业群职教特点创新形成"四时驱动、双融双升"人才培养新模式。通过专业群课程思政教学体系和"三全育人"教学机制建设，提高了德育培养质量；根据四季植物生长规律和专业内容安排教学，解决农业生产季节性强、操作不可逆与教学过程连续实施之间的矛盾；通过产教融合和书证融通全面提升学生的专业技能和职业素养，形成德技并修育人新模式；通过模块化课程体系建设和项目化教学实施，实现类型互通。

（四）通过校企共同育人、机制创新，解决了校企育人中不能有效协同的问题

专业群先后组建首农西郊农场园艺工程师学院、京林园林工程师学院和绿京华园林工程师学院 3 个工程师学院，以及 2 个产业学院、多个大师工作室和一系列共享型实训基地，探

索出共建、共育、共享的人才培养新机制，实现产教深度融合。

三、成果特色与创新点

都市园艺专业群以立德树人为宗旨，以学生综合素质提升为目标，以产教融合、校企合作的职教理念为指导，围绕全面乡村振兴战略和都市农业生产、生态、生活融合发展要求开展专业群建设和实践，取得一系列创新性成果：

（一）理论创新：摸索出涉农专业群共建、共育、共享创新发展新理论

校企合作共建专业群：实现专业群与产业集群相对应，课程体系与岗位集群相衔接，教学内容与农业新业态相吻合。

产教融合共育人才：以工程师学院、产业学院为抓手，开展共同育人，实行师资专兼化、教学项目化、基地共享化、考核多元化。

社会协同共享成果：共享人才、共享资源、共享技术、共享政策。

通过多年努力，都市园艺专业群已初步形成具有都市特色、引领都市园艺发展的高水平专业群，为涉农类专业群组建提供理论参考。

（二）模式创新：创新形成"四时驱动、双融双升"人才培养新模式

根据产教融合、校企合作理念，结合都市型农业"三生相融"新业态，创新形成"四时驱动、双融双升"人才培养模式；构建新时代课程思政教学体系和"三全育人"新机制，在生产过程中开展"一懂两爱"、劳动教育、工匠精神等培养，建成模块化课程体系，实施项目化教学，达到德技并修的目标，为同类专业建设提供新模式。

（三）路径创新：创新形成专业群协同发展有效途径

根据专业群建设需要，打破行政归属，跨专业、跨校企、跨区域组建都市园艺专业群协同发展联合体，实现资源共享、优势互补；通过协作构建模块化教学体系、信息化教学资源和项目化教学团队，开展项目化教学，显著提升了教学质量，促进专业群跨越式发展；通过在京津冀、东北和长三角地区示范推广，引领我国涉农类职业教育发展。

（四）体系创新：建成包含不同招生类型、中高本贯通的都市园艺职教新体系

践行职业教育是类型教育定位，建成不同招生类型协同培养的制度。通过中高本一体化设计培养体系，将培养目标、课程体系、教学内容和考核方式等衔接贯通，初步形成层次分明、衔接紧密、结构合理的都市园艺职教新体系，满足了都市现代农业产业集群对多类型人才需求。

四、成果的推广应用效果

都市园艺专业群建设显著提升了人才培养质量，为涉农专业人才培养提供新样板，在全国农业职业教育工作中起到重要引领作用，产生显著应用效果，近四年来，获省部级教育教学成果一、二等奖8项。

（一）人才培养质量显著提升

（1）德育教育有效提升。近四年来有 200 余名志愿者参加了新中国成立 70 周年庆典等活动，20 余人次获表彰，涌现出省级优秀大学生等大批优秀典型。

（2）专业技能提升显著。通过都市园艺专业群建设与实践，专业群内学生在技能大赛、创新创业大赛等活动中获国家级技能大赛一等奖 8 项，各类省部级以上奖励 161 项。

（3）服务区域发展能力增强。近四年来专业群先后培养高职学生 6 000 余名，中职学生 880 余名，为我国乡村振兴和城市生态文明建设贡献大量高技能人才。

（二）引领同类专业建设与发展

（1）带动京津冀、东北地区和长三角同类专业协同发展。依托京津冀合作机制牵头承担中高职院校园艺、园林类师资培训，开展"3+2"衔接班改革和教学；承办长三角地区"双创"实践、花艺技能大赛等活动；牵头"三省一区"职业院校组建专业协作体，带动京津冀、东北地区和长三角同类专业协同发展。

（2）引领国内同类专业职教改革。2 个专业群入选国家"双高"A 档建设专业群，3 个专业群入选省部级"双特高"专业群，引领学院专业建设和全国同类专业职教改革方向，提供了都市型现代农业高端技术技能人才培养新范式。

（3）带动全国园艺专业发展成效明显。主持完成园艺技术专业国家级教学资源库建设，开展 2 项省级教学资源库建设；牵头完成全国园艺技术专业标准评估体系研究，完成 8 个专业标准制订；主编国家级规划教材 19 本。相关成果已被国内 50 余所职业院校广泛使用。

（三）服务我国都市农业发展成效突出

（1）在农业技术服务中效果显著。积极开展技术研发和服务，培训农民、中小学生 5 万余人次；获北京市农业技术推广一等奖 1 项和上海市科学技术一等奖 1 项；培育认定新品种 12 个；专业群教师获"全国扶贫攻坚先进集体"等省部级以上奖励 100 余项。

（2）在国家重大活动中表现出色。专业群师生多次参加建国 70 周年、建党 100 周年、扶贫攻坚、北京世园会、全国种质资源普查等活动，表现出色。

（3）媒体报道广泛。相关教学成果受到中央电视台、《中国教育报》、北京电视台、《辽宁日报》等媒体广泛报道。

（四）提升职教国际影响力。

开办泰国分院园艺技术专业，为加纳等国开发教学标准 3 项，在"一带一路"共建国家输出中国职教新模式。

五、成果总结

（一）项目背景

1. 立项背景

近十余年来我国农业发展进入新阶段，特别是党的十九大以来，乡村振兴战略为农业职业教育提供了更广阔的舞台。都市型现代园艺是北京、上海等大城市农业发展新业态，对高技能人才培养提出新需求。都市园艺专业群是以园艺技术专业为核心，园林技术、作物生产技术等专业为支撑，共同服务都市现代农业具有"三生相融"特色的专业群（见图1）。专业群专业都以植物科学为基础，就业岗位与植物生产及应用息息相关。

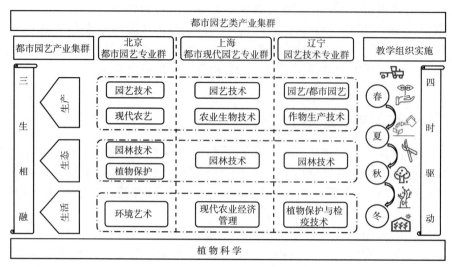

图1 "三生相融"都市园艺专业群

2. 发展历程

北京农业职业学院、辽宁农业职业技术学院和上海农林职业技术学院在都市园艺职教领域具有雄厚基础，2014年开始专业群建设方案设计；2015年起联合5所职业院校，开展都市园艺专业群的建设与实践；2017年开展成果应用和示范；2020年依托"双特高"建设开展成果提升和推广（见图2）。

图2 都市园艺专业群建设历程

本成果得到教育部、北京市教委、辽宁省教育厅、上海市教委等部门大量项目资助，其中省部级以上项目30余项，资金总额超过2亿元。先后获省部级教育教学成果一等奖4项、二等奖4项。

（二）内容与成效

1. 以习近平新时代中国特色社会主义思想为统领，建立都市园艺专业群立德树人教育新体系

（1）发挥党建引领作用。积极探索新时代党建引领育人工作，突出政治功能，强化党的领导，践行为党育人使命，专业群先后获得全国样板党支部 2 个、省级先进党组织 3 个、红旗党支部等 7 项荣誉称号。

（2）建立"三全育人"机制。通过"思政课—专业课"+"通识课—辅导员"发挥协同育人效应，创建爱国、诚信、绿色、健康等有都市农业特点的德育评价指标，建立德育学分银行（见图3）。通过校园文化熏陶、劳动教育、社会实践引领等途径，引导学生在潜移默化中接受德育教育。先后涌现出全国优秀教师 1 人、省级教书育人和"四有"好老师等 4 人。

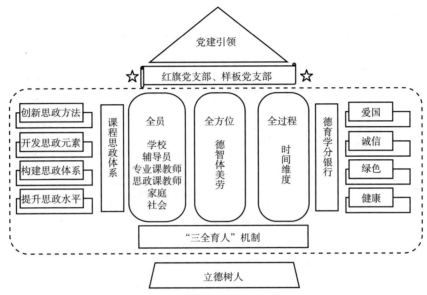

图 3　专业群党建教育理念

（3）构建课程思政教学体系。立德树人是教育的根本任务，做好思政课程和课程思政是立德树人的主要抓手，将理想信念、社会主义核心价值观融入教学过程，通过课程思政体系建设，构建德技并修育人体系（见图4）。荣获省部级课程思政示范课程 2 门。

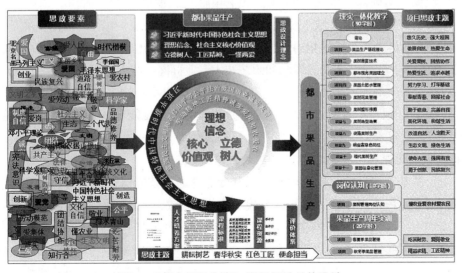

图 4　"都市果品生产"课程思政总体设计

2. 校企共建专业群，探索出涉农专业群组建新途径

都市型现代园艺产业功能更加丰富、人才需求类型多样，围绕都市园艺类产业集群，校企共建都市园艺专业群。围绕产业岗位集群重构课程体系，通过平台化课程建设、行动导向教学改革、专兼职教学团队和共享型实训基地建设等开展专业群校企共同建设（见图5），形成以服务中国现代农业为目标，具有鲜明都市特色的"三生相融、四时驱动"都市园艺专业群。通过校企共建专业群，解决了对都市园艺多业态、多功能、多类型支撑不够问题。

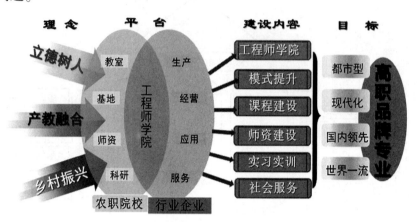

图5 都市园艺专业群建设思路

依托中国都市农业职业教育集团，由北京农业职业学院牵头，联合辽宁农业职业技术学院和上海农林职业技术学院等5家院校，围绕都市园艺专业群建设组建职教联合体。通过区域合作、强强联合，共同研讨人才培养模式、共享教学资源和师资，解决了不同地区专业发展不平衡问题，实现优势互补和跨越式发展，拓展了专业群共建新途径。

3. 创新形成"四时驱动、双融双升"人才培养新模式

通过广泛调研明确都市型现代农业"三生相融"新要求和产业需求，以园艺生产为核心的产业集群已经成为我国大城市现代农业主体，生产、生态、生活一体化发展是都市型农业的新业态。专业群内专业基础相通、技术领域相近、职业岗位相关、教学资源共享内容比例高。根据产教融合、工学结合职教理念和园艺技术专业群岗位需求及职教特点，创新形成"四时驱动、双融双升"等人才培养新模式（见图6）。根据四季植物生长规律和生产工作过程安排教学（见图7），通过产教融合和书证融通提升学生专业技能和职业素质，形成德技并修、工学结合的育人新模式。

4. 构建模块化课程，完善都市园艺职教新体系

构建由公共基础课、专业群通用基础课和专业群通用技能课程组成的基础相通、各具特色的书证融通专业群课程体系。课程内容模块化设计，数字化呈现，同时满足5种不同招生类型和中高本不同层次学生教学需求，并取得系列标志性成果。

2018年至今，专业群主编出版教材专著39部，其中"十三五"国家级和农业农村部全国规划教材19部，2021年《插花艺术》获首届国家优秀教材二等奖；开发新型活页式教材4部；主持建成国家级职业教育园艺技术专业教学资源库1个，省部级专业教学资源库2

个；建成精品在线课 42 门，省部级精品在线课程 8 门；与企业合作开发虚拟仿真平台 10 个，探索 1+X 证书 7 类。

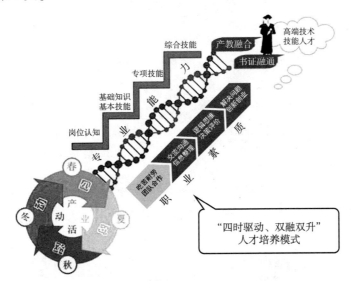

图 6　都市园艺专业群人才培养模式示意图

图 7　基于工作过程系统化的课程设计

5. 实施项目化教学改革和团队化教学，打造出国内领先的教学创新团队

按照"三生相融"的生产需求，在教学中以立德树人为宗旨，以综合职业能力培养为主线，按项目组织专业开展团队教学（见图 8），根据实际工作过程，按照工学交替分段培养方式组织教学，开展"四时驱动+项目式"教法实践，显著提升了教学效果。校企合作构建评价主体多元化、评价方式多样化、评价内容多维化、评价结果多样化的学生评价体系（见图 9），实现了学生综合素质提升。

专业群与行业知名企业深度合作，内培外聘，建立大师与名匠共同领衔机制，打造出具有现代高职教育理念和创新精神、师德高尚、技艺精湛、结构合理、专兼结合的国内领先教学创新团队。近四年来，培养出国家级教学创新团队 1 个、省级教学创新团队 3 个；引进全国行业大师 7 人，培养全国行业大师 4 人；培养省部级专业带头人 6 人，省部级各类名师 17 人，市级特聘专家等 30 余人。近五年来，团队教师共获各类省部级以上奖励荣誉 88 项。

图 8　专业群教学模式

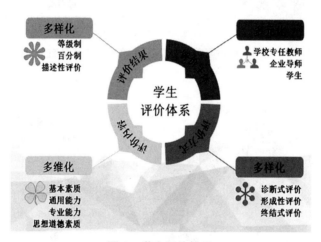

图 9　学生评价体系

6. 校企合作，实现共建、共育、共享发展

按照现代农业职业岗位要求，营造"匠人文化"氛围，完善现有实验实训室智能管理功能；构建资源共享，集"产学研训赛"于一体的校内综合实习实训基地 3 处；与首农西郊农场等龙头企业合作，建成工程师学院和产业学院 5 处；共建校外实践基地 127 个。在此基础上共同组建教学团队、重构课程体系、确立教学内容，探索出基于工学结合的项目化教学新模式。教师利用企业资源开展研发和教学，企业利用学校师资获得技术和成果，实现共享发展。

7. 人才培养质量显著提升，为现代化都市农业发展提供重要支撑

专业群依托"双特高"建设项目，创新人才培养模式，引领了同类专业建设方向，提供了新时代现代农业高技能人才培养范式。通过教学改革、技能大赛、创新创业、社会实践和服务重大活动等，全面提高了学生的综合素质。近年来专业群就业率在 96% 以上，专业群学生共获国家级技能大赛一等奖 8 项、省部级以上大赛奖励 161 项。

（三）特色与创新

都市园艺专业群在职教理论和方法上取得一系列创新性成果，获省部级以上教育教学奖励 59 项，学生大赛等奖励 161 项。

1. 理论创新：摸索出涉农专业群共建、共育、共享创新发展新理论

校企合作共建专业群：实现专业群与产业集群相对应，课程体系与岗位集群相衔接，教学内容与农业新业态相吻合；产教融合共育人才：以工程师学院、产业学院为抓手，开展共同育人，实行师资专兼化、教学项目化、基地共享化、考核多元化；社会协同共享成果：共享人才、共享资源、共享技术、共享政策。通过多年努力，都市园艺专业群已初步形成具有都市特色，引领都市园艺发展的高水平专业群，为涉农类专业群组建提供理论参考。

2. 模式创新：创新形成"四时驱动、双融双升"人才培养新模式

根据产教融合、校企合作理念，结合都市型农业"三生相融"新业态，创新形成"四时驱动、双融双升"人才培养模式；构建新时代课程思政教学体系和"三全育人"新机制，在生产过程中开展"一懂两爱"、劳动教育、工匠精神等培养，建成模块化课程体系，实施项目化教学方法，达到德技并修的目标，为同类专业建设提供新模式。

3. 路径创新：形成专业群协同发展有效途径

根据专业群建设需要，打破行政归属，跨专业、跨校企、跨区域组建都市园艺专业群协同发展联合体，实现资源共享、优势互补；通过协作构建模块化教学体系、信息化教学资源和项目化教学团队，开展项目化教学，显著提升了教学质量，实现专业群跨越式发展。

4. 体系创新：建成包含不同招生类型、中高本贯通的都市园艺职教新体系

践行职业教育是类型教育定位，建成不同招生类型协同培养的制度。通过中高本一体化设计，将培养目标、课程体系、教学内容和考核方式等衔接贯通，初步形成层次分明、衔接紧密、结构合理的都市园艺职教新体系，满足都市现代园艺对多类型人才需求。

（四）成果推广应用效果

近四年来，通过都市园艺专业群建设与实践，获省部级以上教育教学成果奖 11 项，各类省部级以上奖励 249 项。

1. 人才培养质量显著提升

（1）德育教育措施有效。都市园艺专业群以立德树人为宗旨，创新教学模式、改革教学方法，全面提升了人才德育水平。近四年来先后有 200 余名学生志愿者参加了国庆 70 周年等活动，20 余人次获表彰，还涌现出省部级优秀大学生等大批优秀典型。

（2）专业技能显著提高。专业群内学生在各类技能大赛、"互联网+"创新创业大赛等活动中获各类省部级以上奖励 161 项。

（3）服务区域发展能力突出。近四年来专业群先后培养出高职学生 6 000 余名，中职学生 880 余名，为我国乡村振兴和城市生态文明建设贡献大量高技能人才。

2. 引领同类专业建设

（1）带动京津冀、东北地区和长三角同类专业协同发展。依托京津冀合作机制牵头承担中高职院校园艺、园林类师资培训，开展"3+2"衔接班改革和教学；承办长三角地区

"双创"实践、花艺技能大赛等活动;牵头"三省一区"职业院校组建专业协作体,带动京津冀、东北地区和长三角同类专业协同发展。

(2) 引领国内同类专业职教改革。2个专业群入选国家"双高"A档重点建设专业群,3个专业群入选省部级"双特高"专业群,引领学院专业建设和全国同类专业职教改革方向,提供了都市型现代农业高端技术技能人才培养新范式。

(3) 推动全国园艺专业发展成效明显。主持完成职业教育园艺技术专业国家级教学资源库建设,开展2项省部级教学资源库建设;牵头完成全国园艺技术专业标准评估体系研究,完成8个专业标准制订;主编国家级规划教材19部。相关成果已被国内50余所职业院校广泛使用。

3. 服务我国都市农业发展成效突出

(1) 农业技术服务效果显著。专业群教师围绕都市农业发展,积极开展技术研发和服务,培训农民、中小学生5万余人次;获北京市农业技术推广一等奖1项、上海市科学技术一等奖1项;培育认定新品种12个,为打造中国农业"芯片"贡献力量;获"全国扶贫攻坚先进集体"等省部级以上奖励共100余项。其中生菜良种良法配套技术在北京、河北等地累计实施78.15万亩,经济效益达15.57亿元。团队教师主持省部级以上科技项目30余项,发表论著300余篇(部)。

(2) 国家重大活动表现出色。专业群师生多次参加建国70周年、建党100周年、扶贫攻坚、北京世园会、全国种质资源普查等活动,表现出色。

(3) 媒体报道广泛。"文化驻乡工程"项目受到了刘云山同志的批示,相关教学成果受到中央电视台、《中国教育报》、北京电视台、《辽宁日报》等媒体广泛报道。

4. 输出中国职教新模式,提升国际影响力

开展泰国分院园艺技术专业建设和教学,并获泰国合作示范专项奖励;为加纳农业鲁班工坊等开发教学标准3项。积极探索中国职教模式在海外示范,为"一带一路"合作提供了样板。

高职院校实施扬长教育的改革与创新实践

完成单位：北京财贸职业学院；北京菜市口百货股份有限公司；
北京国际度假区有限公司主题公园和度假区管理分公司；
财天下科技有限公司；中装金英教育科技（北京）有限公司

完成人：龙洋；杨宜；王成荣；付立娟；武少侠；赵晓燕；张慧；侯雪艳；牛江华；高东京；宫广娟；胡君晖；谢华萍；尹冬梅；邓艳芳；吴蓉晖

一、成果简介

"营造人人皆可成才、人人尽展其才的良好环境"是习近平总书记就加快职业教育发展作出的重要指示。学校针对职业院校生源结构和培养方式多样化背景下，学生的学习与发展需求升级所带来的评价方式、资源供给、学习服务、教学模式不适应的问题，于2013年以全国教育科学"十一五"规划课题"高职学生人文素质培养研究"结题成果为基础，依托北京市教改立项"财经类高职'研学结合'教学改革实验研究"，在多元智能理论的指导下，开启了以研究式学习为手段，以优长促发展的扬长教育探索。2016年，在扬长教育理念的引领下，形成并全面推行"'五维'评价为先导，课程资源和学业支持为支撑，'三个课堂'为核心"的扬长教育综合改革方案，内容包括：

（一）树立扬长教育理念，创立了"五维"青春成长测评体系

以扬长教育理念为指导，开发了"思政品格、职业行为、工匠精神、人文底蕴、身心素质"的五维青春成长测评系统，用100个表现性指标观测学生发展状况，以评促改，推动扬长教育改革。

（二）聚焦教学资源供给，搭设了路径通达的课程学习体系

扩大教学资源的选择度，实现专业路径可选，双进阶课程任选，课程模块分类选择，学习路径灵活转换，满足个性化学习需求，激发学习内驱力。

（三）注重学生学习体验，创建了FVC学业支持体系

实施新生（Freshman）、职业（Vocation）、生涯（Career）三维度学业指导，让学生发展优长有支持，学习进步有指导。

（四）推行项目学习模式，实施了协同育人的"三个课堂"

一体化推进项目教学改革，实施"研学结合、专创融合"的第一课堂、"情境学习、实

践体验"的第二课堂、"上班式学习、探究中工作"的企业课堂,用学习的探究性、情境性、项目化提高学习挑战度,促进学生可持续发展。

成果实施以来,融入了国家"双高校"建设,荣获 2021 年北京市职业教育教学成果一等奖。应届毕业生岗位年薪从 2017 年以来平均提升 6 400 元,就业满意度从 88% 增至 96%。从 2020 年以来连续摘得挑战杯、"互联网+"创新创业类大赛的国家金奖,是北京唯一获得双料金奖的高职院校。扬长教育改革方案直接应用到 10 所院校和单位,20 家权威媒体相继报道,中国教育电视台特邀杨宜院长在《职教中国》节目第 95 集 "基于扬长教育的职业教育新探索"中面向全国宣传推广扬长教育。

二、成果主要解决的教学问题及解决方法

(一)成果主要解决的教学问题

(1)解决了生源结构复杂,学校教育评价不能全面动态反映学生个体差异和发展进步的问题。

(2)解决了培养方式多样,课程与教学资源配置与供给方式不能适应学生个性化学习需求的问题。

(3)解决了学习需求升级,管理服务不能充分满足学生学习体验感的问题。

(4)解决了人人成才诉求上升,教学模式不能适应学生可持续发展需求的问题。

(二)成果解决问题的具体方案

(1)研究并推广扬长教育理念,创立"五维"青春成长测评体系,推动扬长教育系统化改革。两任校长前赴后继,广泛宣传扬长教育理念,研究出版《人人是胜者》《扬长教育论》等专著,树立"学生均有优长""不求人人是全才、但求人人有优势"的扬长教育理念,据此开发了包含五个维度,100 个表现性指标的青春成长测评系统,全学程追踪学生学习进展与成长轨迹,通过信息化平台生成"青春成长分析报告",以全新的评价方式推动扬长教育改革。

(2)提高资源配置的选择度,搭设路径通达的课程学习体系,适应学生个性化学习需求。放宽转专业限制条件,扩大专业选择自主性;增设任意选修的专业进阶和扬长进阶课 200 门,选修课时比例从不到 5% 扩大到 15%;对平台课进行"基础+专业(拓展)"的模块化开发,供不同专业和能力起点的学生分类选择;明确学分置换、课程认证标准,建立"课程替代通道",实现学习路径灵活转换。

(3)率先成立学业指导中心,创建 FVC 学业支持体系,提升学习体验感。依托学业指导中心,实施 FVC 三维度的学业指导,大一帮助新生适应大学学习,大二指导学生专业学习,大三提供生涯指导。配备 1∶40 的学业导师队伍,为学生提供一对一、一对多的学业帮扶,为学优生打造培养技能拔尖人才的"运河计划"。

(4)推行项目化学习模式,一体化改革"三个课堂",促进学生可持续发展。学校深化了"上班式课程""三阶式"双创教育等国家级教学成果中形成的改革成果,注重用高阶学习任务促进主体性发展。第一课堂推行研学结合、专创融合的教学模式,创设有趣、有用、

有效课堂；第二课堂依托首都特有的高规格实践服务项目，让学生参与两会服务等高端政务服务，活跃在国庆70周年庆祝活动、世园会、中国网球公开赛等活动中，年均超过3 800人次；第三课堂开设菜百商学院、智能财税大师工作室、中装金英、环球影城人才储备班等企业课堂，开发实战化、综合性训练项目，按照上班式学习、探究中工作的方式教学。

三、成果特色与创新点

（一）理论创新：在丰富与扩展多元智能理论的基础上形成了扬长教育的职教理念

学校深刻领会习近平总书记关于职业教育应"树立正确人才观""营造人人皆可成才、人人尽展其才的良好环境"的重要论述，深入研究多元智能理论关于每个人身上都有多种智能，智能结构的不同，决定了学生学习方式和在不同领域内的发展水平各异等观点，丰富并扩展了多元智能理论在职业教育中的应用。学校率先提出"职业教育就是要尊重每个学生的优势智能领域，为学生提供适合他们智能特点的教育方法，扬其所长"等重要论述，首倡"人人是胜者"的教育观，形成了"学生均有优长"的学生观、"不求人人是全才、但求人人有优势"的成才观。扬长教育理念为高职院校"多形式衔接、多通道成才""让不同禀赋学生找到适合自己的发展途径和空间，让每个人都有人生出彩机会"的探索找到改革突破口，让习近平总书记关于职业教育的重要论述能够落实落地。

（二）评价创新：首创了全方位观测学生发展轨迹的"五维"青春成长测评体系和管理平台

学校基于对扬长教育的系统研究，围绕"思政品格、职业行为、工匠精神、人文底蕴、身心素质"五个维度的过程性指标，对接学生在校期间的行为活动，形成对学生100个行为表现观测点的个体发展画像。通过信息化平台能够更加全面地描述、分析学生在校表现与职业素养发展进程，并实时生成青春成长性分析报告；便于学生自我观察、自我评价；便于教师了解学生的成长足迹与个性优长，开展个性化指导；便于企业了解学情，并持续做好员工优长发展计划。"五维"青春成长测评是学校首创的评价高职学生职业素养与能力发展的动态化考核方法与手段，是具有职业教育类型特色的评价方案。

（三）实践创新：基于职业教育生源特点和类型特色，探索创立了扬长教育改革方案

成果通过更新教育观念、创立学业支持体系、灵活资源供给、创新课程学习体系，实施三个课堂教学模式，形成了一套包含理念、体系、方法、资源在内的扬长教育改革方案，并进一步推动学校修订、完善了学籍、课程、学生管理、社团工作、奖助学金、校企合作等管理制度50多项。实践证明，职业院校实施扬长教育可以在思想上为师生松绑，从方法上为教师和管理人员赋能，从教学资源的丰富供给和灵活配置上为学生多彩发展助力。《中国青年报》以《让高职学生插上自信的翅膀》为题，对学校扬长教育改革经验进行了专题报道，

认为在职业院校具有可推广可借鉴的价值。

四、成果的推广应用效果

（一）人才培养成效显著，学生满意企业认可

1. 在实践磨砺中个个出彩

扬长教育培养了一批能做科研、会搞发明的高职生，学生科研项目和专利数量年均增长率超过50%，2022年学生申请专利已达57项。近五年，在省级以上双创赛事中获奖217项，产生双创项目超700个。退役复学的李继印同学，心系战友安危，发明"逆行守护者"森林消防员应急逃生装置，获"互联网+"创新创业大赛国家金奖。丰富的实践锤炼品格，学生志愿者注册率达到98%，学校连续三年获"首都大学生'青年服务国家'社会实践先进单位"称号。"双高"建设中期绩效评估调查数据显示，学生对学校开展的德智体美劳教育活动认可度为96.96%，对学业支持与服务的认可度超过95%。

2. 在职业发展上行稳致远

近十年平均就业率达到97%，应届毕业生年薪从2017年以来提升6 400元，就业满意度从88%增至96%；升学率显著提升，近两届毕业生升入国内外本科人数占35%。学生自立自强的精神非常突出，应征义务兵人数年均增长优秀40%以上，毕业三年内学生自主创业存活率超60%，获全国职业院校技能大赛导游讲解赛项一等奖的毕业生张成瑞成长为颐和园知名讲解员，"3D打印"扬长课程支持李隆群创业成功，入选北京高校毕业生就业创业先进典型。环球度假区评价学校毕业生："综合素养高度适应企业运营岗位要求，学生职业发展潜力大，为企业提供了充足的人才资源储备。"

（二）主持开发国家标准，面向全国推广改革成果

学校主持了财经商贸大类专业目录开发，共31人次主持或参与开发21个国家专业教学标准，并通过中国职业技术教育学会智慧财经专业委员会轮值主任单位等全国性平台，将扬长教育改革经验推广到全国同类兄弟院校；在牵头建设北京商贸职教集团的十年历程中，扬长教育改革成果直接推广到集团内50多所院校，10所国内院校和单位直接借鉴了学校扬长育人成果。

（三）国内国际高度认可，权威媒体报道育人经验

扬长教育的改革任务融入国家"双高"校建设方案，获2021年北京市职业教育教学成果一等奖；学校人才培养方案和课程标准在中国国际服务贸易交易会上发布，英美等7个国家的12所大学与学校开展了国际学分互认。企业课堂项目获2021年WFCP世界职业教育卓越奖金奖。中国教育电视台《职教中国》节目首次宣传扬长教育就特邀学校分享改革经验，《人民日报》、《光明日报》、《中国教育报》、新华网、北京市电视台等权威媒体先后20次报道学校育人特色，教学成果在全国产生较大影响。

五、成果总结

（一）成果背景与问题

1. 成果背景与历程

"营造人人皆可成才、人人尽展其才的良好环境"是习近平总书记就加快职业教育发展作出的重要指示。学校针对职业院校生源结构和培养方式多样化背景下，学生的学习与发展需求升级所带来的评价方式、资源供给、学习服务、教学模式不适应的问题，于2013年以全国教育科学"十一五"规划课题"高职学生人文素质培养研究"结题成果为基础，依托北京市教改立项"财经类高职'研学结合'教学改革实验研究"，在多元智能理论的指导下，开启了激发高职学生学习内驱力，发展学生学习主体性和创造性的改革探索。

研究中发现，"以优长促发展"的扬长教育是改革的突破口。2016年，在扬长教育理念的引领下，形成并全面推行"'五维'评价为先导，课程资源和学业支持为支撑，'三个课堂'为核心"的扬长教育综合改革方案，内容包括：

（1）树立扬长教育理念，创立了"五维"青春成长测评体系。以扬长教育理念为指导，开发了"思政品格、职业行为、工匠精神、人文底蕴、身心素质"的五维青春成长测评系统，用100个表现性指标观测学生发展状况，以评促改，推动扬长教育改革（见图1）。

图1 扬长教育综合改革示意图

（2）聚焦教学资源供给，搭设了路径通达的课程学习体系。扩大教学资源的选择度，实现专业路径可选，双进阶课程任选，课程模块分类选择，学习路径灵活转换，满足个性化学习需求，激发学习内驱力。

（3）注重学生学习体验，创建了 FVC 学业支持体系。实施新生、职业、生涯三维度学业指导，让学生发展优长有支持，学习进步有指导。

（4）推行项目学习模式，实施了协同育人的"三个课堂"。一体化推进项目教学改革，实施"研学结合、专创融合"的第一课堂、"情境学习、实践体验"的第二课堂、"上班式学习、探究中工作"的企业课堂，用学习活动的探究性、情境性、项目化提高学习挑战度，促进学生可持续发展。

依托国家"双高校"和北京市"特高校"建设，扬长教育成效不断显现，荣获 2021 年北京市职业教育教学成果一等奖。学生就业质量显著提升，北京市教委公开的就业监测数据显示，应届毕业生岗位年薪从 2017 年以来平均提升 6 400 元，总体晋升率提高 25%，就业满意度从 88% 增至 96%。学生创新意识和实践能力尤其突出，2020 年以来连续摘得挑战杯、"互联网+"创新创业类比赛的国家金奖，是唯一获得双料金奖的高职院校。中国教育电视台首次面向全国倡导扬长教育，就特邀杨宜院长在《职教中国》节目第 95 集"基于扬长教育的职业教育新探索"中畅谈学校的改革成果。扬长教育改革方案直接应用到国内 10 所兄弟院校和单位，推广到海内外 200 余所院校。

2. 成果解决的教学问题

（1）解决了生源结构复杂，学校教育评价不能全面动态反映学生个体差异和发展进步的问题。

（2）解决了培养方式多样，课程与教学资源配置与供给方式不能适应学生个性化学习需求的问题。

（3）解决了学习需求升级，管理服务不能充分满足学生学习体验感的问题。

（4）解决了人人成才诉求上升，教学模式不能适应学生可持续发展需求的问题。

（二）成果解决问题的方案

成果以扬长教育理念为引领，以"五维"青春成长测评体系的创立为先导，以课程教学资源的供给与配置方式的改革和 FVC 学业支持体系的创建为支撑，推行"三个课堂"项目化学习模式的一体化改革，形成了扬长教育综合改革方案。主要包括：

1. 研究并推广扬长教育理念，创立"五维"青春成长测评体系，推动扬长教育系统化改革

系统研究扬长教育在职业教育中的应用价值与实施策略。学校陆续了出版《扬长教育论》《人人是胜者》等职教改革专著，发表《在高职院校实施扬长教育的探索》等专题论文 8 篇，发表育人改革的研究性论文百余篇，阐释了扬长教育理念在职业教育领域的应用价值。两任校长前赴后继，广泛宣传并引导树立扬长教育理念，包括高职学生"均有优长"的学生观、促进"差异化成长"的教学观、促进学生"自信、自立、自强"发展的质量观，以及"不求人人是全才、但求人人有优势"的成才观。

以理念为引领，学校自主研发了"思政品格、职业行为、工匠精神、人文底蕴、身心素质"的"五维"青春成长测评体系（见图 2）。该测评体系突出了表现性、过程性、增值性的评价理念，全学程追踪学生学习进展与成长轨迹，从入学教育环节做新生学情分析，到在校期间的实时评测，再到毕业生的反馈报告，形成对学生 100 个表现观测点的个体发展画像。学生毕业时生成青春成长分析报告，为学生了解自我发展状况，为企业掌握学生特点、做好员工发展计划提供数据支撑。

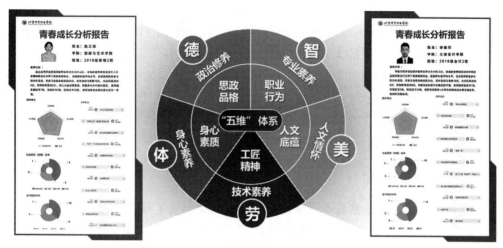

图2 "五维"青春成长测评体系

2. 提高资源配置的选择度，搭设路径通达的课程学习体系，适应学生个性化学习需求

增强专业选择度。对学籍管理制度进行了两轮修订，尊重学生对专业的自主选择，放宽转专业限制条件，学生申请转专业的获批率高于95%。

扩大课程选择度。做了两项改革：一是对平台课进行"基础+专业（拓展）"的模块化开发，2017—2018年陆续完成了21门公共平台课和43门职业平台课的改革，可供不同专业和能力起点学生的分类选择。二是重点扩充专业（群）进阶课和扬长进阶课的课程资源，专业（群）进阶课服务专业能力拓展或提升，2~3门课组成一个完整模块。扬长进阶选修课包括体育拓展、艺术特长、传统文化、技能大赛、精益技能等类别。改革实施以来，培养方案中的选修课时比例从不到5%增加到15%，扩大学生在专业发展和优长领域的选择面。

建立课程"替代通道"，在个性化选择机制上明确了学分置换、课程认证标准，将慕课、跨院系课程、创业活动、体艺特长、职业技能、发明创造、学生竞赛等纳入学分置换体系，为学生提供自主设计个性化学习路径的平台。

3. 率先成立学业指导中心，创建FVC学业支持体系，提升学习体验感

开展FVC三维度、全学程学业支持服务。大一实施Freshman计划，重点适应大学学习生活，大二实施Vocation计划，重在指导专业学习，大三实施Career计划，重在开展就业指导；针对学习困难学生，实施精准学业帮扶，建立学业预警机制，采取一对一、一对多的学习辅导；针对学有余力的学生，校企联合实施培养技能拔尖人才培养的"运河计划"，开设实验班、特训营、精英班等，为学有余力的学生铺设成长之路。

建中心、组队伍，提供条件保障。按照1:40的比例，建立以兼职班主任为主体的学业导师队伍，2015年就率先成立了学业中心，陆续建成现代化的学业中心共享空间。

4. 推行项目化学习模式，一体化改革"三个课堂"，促进学生可持续发展

扬长教育的目的在于促进学生发展。成果深化了"上班式课程""三阶式"双创教育等国家级教学成果中形成的改革成果，注重用高阶学习任务促进主体性发展，以项目教学为统领，推动三个课堂教育教学模式的一体化改革。

第一课堂推行研学结合、专创融合的教学模式，提倡为学生提供复杂、真实的学习任务，通过设计作品、完成项目、展示交流等探究性的项目研究过程，创设有趣、有用、有效课堂。

第二课堂依托首都特有的高规格实践服务项目，让学生参与两会等高端政务服务，活跃在国庆 70 周年庆祝活动、世园会、中国网球公开赛等活动中，年均超过 3 800 人次。

第三课堂是企业课堂，提供企业工作场景，开设实战化、综合性训练项目，按照上班式学习、探究中工作的方式教学。校企双师在合作教学注重扬长教育的落实，依托菜百商学院、智能财税大师工作室、中装金英企业课堂、环球影城人才储备班等项目，学校与合作企业已形成稳固的共促学生扬长发展的运行管理模式。

(三) 成果的创新点

1. 理论创新：在丰富与扩展多元智能理论的基础上形成了扬长教育的职教理念

学校深刻领会习近平总书记关于职业教育应"树立正确人才观""营造人人皆可成才、人人尽展其才的良好环境"的重要论述，深入研究多元智能理论关于每个人身上都有多种智能，智能结构的不同，决定了学生的学习方式和在不同领域内的发展水平各异等观点，丰富并扩展了多元智能理论在职业教育中的应用。基于职业教育教学规律、人才成才规律，率先提出"职业教育就是要尊重每个学生的优势智能领域，为学生提供适合他们智能特点的教育方法，扬其所长"等重要论述，首倡"人人是胜者"的教育观，形成了"学生均有优长"的学生观、"不求人人是全才、但求人人有优势"的成才观。扬长教育理念为高职院校"多形式衔接、多通道成才""让不同禀赋学生找到适合自己的发展途径和空间，让每个人都有人生出彩机会"的探索找到改革突破口，让习近平总书记关于职业教育的重要论述能够落实落地。

2. 评价创新：首创了全方位观测学生发展轨迹的"五维"青春成长测评体系和管理平台

学校基于对扬长教育的系统研究，围绕"思政品格、职业行为、工匠精神、人文底蕴、身心素质"五个维度的过程性指标，对接学生在校期间的行为活动，形成对学生 100 个行为表现观测点的个体发展画像。通过信息化平台能够更加全面地描述、分析学生在校表现与职业素养发展进程，并实时生成青春成长性分析报告；便于学生自我观察、自我评价；便于教师了解学生的成长足迹与个性优长，开展个性化指导；便于企业了解学情，并持续做好员工优长发展计划。"五维"青春成长测评是学校首创的评价高职学生职业素养与能力发展的动态化考核方法与手段，是具有职业教育类型特色的评价方案。

3. 实践创新：基于职业教育生源特点和类型特色，探索创立了扬长教育改革方案

成果通过更新教育观念、创立学业支持体系、灵活资源供给、创新课程学习体系，实施三个课堂教学模式，形成了一套包含理念、体系、方法、资源在内的扬长教育改革方案，并进一步推动学校修订、完善了学籍、课程、学生管理、社团工作、奖助学金、校企合作等管理制度 50 多项。实践证明，职业院校实施扬长教育可以在思想上为师生松绑，从方法上为教师和管理人员赋能，从教学资源的丰富供给和灵活配置上为学生多彩发展助力。《中国青年报》以《让高职学生插上自信的翅膀》为题，对学校扬长教育改革经验进行了专题报道，认为在职业院校具有可推广可借鉴的价值。

（四）成果的推广应用效果

1. 人才培养成效显著，学生满意企业认可

在实践磨砺中个个出彩。扬长教育培养了一批能做科研、会搞发明的高职生，学生科研项目和专利数量年均增长率超过50%，2022年学生申请专利已达57项。近五年，在省级以上双创赛事获奖217项，产生双创项目超700个。退役复学的李继印同学，心系战友安危，发明"逆行守护者"森林消防员应急逃生装置，在第七届中国国际"互联网+"大学生创新创业大赛中获国家金奖。丰富的实践锤炼品格，学生志愿者注册率达到98%，学校连续五年获"毛主席纪念堂志愿服务工作优秀单位"，连续三年获"首都大学生'青年服务国家'社会实践先进单位"称号。"双高"建设中期绩效评估调查数据显示，学生对学校开展的德智体美劳教育活动认可度为96.96%，对学业支持与服务的认可度超过95%。

在职业发展上行稳致远。近十年平均就业率达到97%，应届毕业生岗位年薪从2017年以来提升6 400元，就业满意度从88%增至96%；升学率显著提升，近两届毕业生升入国内外本科人数占35%。学生自立自强的精神非常突出，应征义务兵人数年均增长优秀40%以上，毕业三年内学生自主创业存活率超60%，获得全国职业院校技能大赛导游讲解赛项一等奖的毕业生张成瑞已成长为颐和园知名讲解员，"3D打印"扬长教育课程支持李隆群创业成功，入选北京高校毕业生就业创业先进典型。环球度假区评价学校毕业生："综合素养高度适应企业运营岗位要求，学生职业发展潜力大，为企业提供了充足的人才资源储备。"

2. 主持开发国家标准，面向全国推广改革成果

学校主持了财经商贸大类专业目录开发，共31人次主持或参与开发21个国家专业教学标准，并通过中国职业技术教育学会智慧财经专业委员会轮值主任单位等全国性平台，将扬长教育改革经验推广到全国同类兄弟院校；在牵头建设北京商贸职教集团的十年历程中，扬长教育的改革成果直接推广到集团内50多所院校，10所国内院校和单位直接借鉴了学校扬长育人成果。

3. 国内国际高度认可，权威媒体报道育人经验

扬长教育的改革任务融入国家"双高"校建设方案，获2021年北京市职业教育教学成果一等奖；学校人才培养方案和课程标准在中国国际服务贸易交易会上发布，英美等7个国家的12所大学与学校开展了国际学分互认。企业课堂项目获2021年WFCP世界职业教育卓越奖金奖。中国教育电视台《职教中国》节目首次宣传扬长教育，就特邀学校分享改革经验，《人民日报》、《光明日报》、《中国教育报》、新华网等权威媒体先后20次报道学校育人特色，教学成果在全国产生较大影响。

殡葬服务高技能人才"五位一体"文化与专业互融互动育人体系研究与实践

完成单位：北京社会管理职业学院（民政部培训中心）；民政部一零一研究所；中国殡葬协会；八宝山殡仪馆；八宝山革命公墓

完成人：何振锋；张丽丽；邹文开；徐晓玲；翟媛媛；刘锋；李建华；李占影；曹丽娟；梁祎

一、成果简介

殡葬是重要社会关切，关系民生、连着民心。殡葬职业教育致力于培养能守护逝者尊严、启迪生者生命的高技能人才。如何培养"下得去、用得上、留得住、干得好"的殡葬专业人才是亟须解决的瓶颈问题。成果依据学校 2015 年教改项目"殡葬专业文化育人模式研究"及教育部《高等职业教育创新发展行动计划（2015—2018 年）》中"殡葬骨干专业建设"项目，构建了"五位一体"文化与专业互融互动育人体系，促进学生全面发展。成果在育人理念、路径、效果方面成效突出，引领殡葬职业教育高质量发展，在教育教学改革中取得重大突破，达到国内领先水平，2022 年获北京市职业教育教学成果奖特等奖。

（一）形成"五位一体"文化育人理念，融入殡葬专业人才培养全过程

成果传承中华优秀传统文化，深挖生命价值内涵，厚植社会主义核心价值观，结合行业特性，形成尊重生命的生死文化、扇枕温席的孝道文化、推恩及人的感恩文化、朋辈支持的友善文化、服务社会的仁爱文化"五位一体"文化育人理念，作为殡葬专业文化融入课程教学、学生活动和生命教育全过程，实现专业文化与专业教育的互融互动。

（二）创新文化与专业互融互动育人路径，实现"三融入、三品牌"

（1）融入课程教学：将文化育人理念融入殡葬专业人才培养方案、课程、教材、教学标准、教学资源，形成文化教学特色品牌。

（2）融入学生活动：创办生命影像社、枝上花艺社等专业社团，开展第二课堂活动及清明志愿服务、临终关怀服务，形成文化活动特色品牌。

（3）融入生命教育：开展文化月主题活动、"百分学生"素质养成活动，连续 11 年举办生命文化节，促进学生及社会从殡葬视角认知生命价值，形成生命教育特色品牌。

（三）构建政行校企研协同育人机制，保障育人体系全面实施

政行校企研共同制订实施方案，成立生命文化研究中心、名师工作室，打造高水平实训

中心，共建上百家生命文化教育基地，推行双导师和"百分学生"素质养成制度，实现教学团队协同、平台协同、制度协同，为育人体系提供保障。

成果收效显著，起到引领示范作用。八宝山殡仪馆一线人员中的60%、故人沐浴等十大服务品牌工作人员中的50%毕业于学校。毕业生2019年获民政部"孺子牛"奖，2020年获"全国先进工作者"，受到中央领导同志接见。毕业生获第十届全国民政行业职业技能竞赛一等奖，获全国技术能手称号。殡葬专业获北京市首批特色高水平骨干专业。成果在全国殡葬专业院校推广应用，得到教育部官网、民政部官网、新华网等报道。

二、成果主要解决的教学问题及解决方法

（一）教学问题

一是殡葬专业文化尚未形成，专业教育理念缺失文化内核；
二是文化育人路径不畅，素质养成与技术技能培养"两张皮"；
三是学生专业和职业认同感不高，对逝者和家属缺乏人文关怀。

（二）解决方案

一是构建殡葬专业文化，解决殡葬专业教育理念缺失文化内核问题。

成果将中华优秀传统文化与社会主义核心价值观有机融合，结合殡葬行业特性，构建了"五位一体"的殡葬专业文化，并融入殡葬专业教育，实现专业文化与专业教育互融互动，改变学生对殡葬行业忌讳与恐惧的认知，提升殡葬高技能人才的整体素质，意识到殡葬是彰显生命价值、满足百姓逝有所安民生需求及文化传承的行业，解决殡葬专业教育理念缺失文化内核问题。

二是通过"三融入、三品牌"文化育人，解决殡葬专业文化育人路径不畅问题。

通过将文化育人理念融入课程教学、学生活动、生命教育，打造文化教学特色品牌、文化活动特色品牌、生命教育特色品牌，解决文化育人路径不畅、素质养成与技术技能培养"两张皮"问题。

融入课程教学，打造专业文化课程体系，系统集成教学资源，构建"文化课堂+课堂文化"，开展文化实践教学，形成文化教学特色品牌。

融入学生活动，开展国学有才社、生命影像社、流金沙画社、形象设计社、枝上花艺社等社团活动，开展"清明志愿、临终关怀、防疫抗疫、生死体验、生命宣讲"等志愿服务，形成文化活动特色品牌。

融入生命教育，开展生命关怀系列活动和沉浸式生死体验，开展"百分学生"素质养成活动，即参加生命文化讲堂、生命体验活动、社会实践活动、主题殡葬仪式各10场（次），观看生命教育影片10部，阅读生命教育书籍10本，熟读传统经典文章10篇，讲述生命成长故事10个，设计个人专业作品10个，撰写个体生命感悟10份，实现第一课堂和第二课堂无缝对接，形成生命教育特色品牌。

三是搭建政行校企研协同育人平台，解决学生专业和职业认同感不高问题。

与各省民政部门、民政部一零一研究所、中国殡葬协会、殡葬行业领军企事业单位开展

深度合作，共建上百家生命文化教育基地，实现政行校企研协同育人。各方共同进行教学标准与人才培养方案制订、课程开发、教材编写、双导师教学，将文化育人理念融入课程教学；共同组织实习就业、产教融合实训基地建设，结合"4+1"教学（4周校内学习+1周工学交替学习）、清明等时间节点，在组织开展认识实习、岗位实习时践行文化育人理念，提升对逝者及家属的人文关怀，有效提升学生专业和职业认同感。

三、成果特色与创新点

（一）文化与专业互融互动理念创新：首创"五位一体"文化育人理念

现代殡葬教育发展28年尚未形成系统的专业教育理念，成果注重学生的整体教育和全面发展，首创生死、孝道、感恩、友善、仁爱"五位一体"文化育人理念，系统完整地阐述殡葬专业文化内涵，促进殡葬专业文化与专业教育互融互动，是现代殡葬教育的一次重大突破。育人理念及相关成果获2021年全国民政政策理论研究二等奖，在有关核心期刊、《中国殡葬事业发展报告（2018—2022）》上发表，在民政部社会事务专家委员会、中国殡葬协会会长办公会等平台交流，得到教育部官网、民政部官网、《光明日报》、新华网等媒体报道。

（二）文化与专业互融互动路径创新：形成"三融入、三品牌"文化育人路径

成果注重殡葬专业文化育人重要性，首次将殡葬专业文化融入课程教学、学生活动及殡葬专业学生生命教育，实现专业文化与专业教育的交互融合，打造文化教学、文化活动、生命教育特色品牌。系统设计专业文化融入第一、二课堂实施方案，形成有文化特色的人才培养方案、社团活动方案。首创"生命关怀+生命体验"生命教育方式，开展生命演说家、清明志愿服务等活动，使学生感悟生命关怀。开展"百分学生"素质养成活动；举办11届生命文化节；开设38期生命文化大讲堂；建设生死体验中心，打造濒死、告别等20个体验项目，建设火化虚拟仿真、VR体验视频等资源，让学生感受真实生命体验。

基于文化育人特色的核心课程"殡葬仪式策划与主持"2021年获全国职业院校技能大赛教学能力比赛一等奖。2020年，殡葬专业文化育人成果作为"一校一品"重要组成部分，获北京市教委优秀德育品牌。生命教育方式应用于学生、殡葬行业人员、社区居民，提升其对生命价值认知，更加尊重生命。

（三）文化与专业互融互动机制创新：建立政行校企研共建共融的育人体系保障机制

政行校企研投入1 000万元建成1 780平方米国内唯一现代殡葬协同创新实训中心，构建沉浸式学习场景。民政部、北京市教委、殡葬行业协会等60余批次人员参观，评价其为全国殡葬专业院校高水平实训中心的标杆。实行校企双导师双向挂职制度，提升学校教师实践能力及企业教师教学能力；以生命文化研究中心为平台组建研究团队，开展理论研究，2019年1月被民政部授予"民政部政策理论研究基地"；校企联合成立名师工作室，开展礼仪服务、遗体火化等实务研究，为企业解决瓶颈问题；建设产教融合实训基地，校企协同实践育人。

四、成果的推广应用效果

（一）应用成效

1. 学生职业认同显著增强，受到用人单位高度好评

行业领军单位八宝山殡仪馆一线殡仪服务人员中的 60%、哀伤抚慰及故人沐浴等十大服务品牌工作人员中的 50% 毕业于学校。馆领导反映"学院近几年培养的学生普遍文化素养好、专业技能强、职业认同感高，能做到守护逝者尊严、启迪生者生命"。43 人在全国民政院校职业技能大赛中获特等奖、一等奖。学生获全国技术能手、全国青年岗位能手、北京青年五四奖章、中国好人榜等荣誉。毕业生 2019 年获民政部"孺子牛"奖，2020 年获"全国先进工作者"称号，受到中央领导同志接见。

2. 殡葬专业建设成效突显，教师教学能力大幅提升

专业获北京市职业院校特色高水平骨干专业、工程师学院、首批现代学徒制试点。获北京市职业院校教师素质提升计划专业创新团队，获批专利 13 项。主持国家教学标准修订 5 项，研发殡仪服务、遗体防腐整容职业技能等级标准及证书 2 项，重点参与国家职业标准修订 4 项，牵头编写首套面向职业院校学生和行业教材 14 本、职业技能等级证书教材 6 本，重点参与编写国家职业标准评价教材 24 本。获全国职业院校技能大赛教学能力比赛一等奖，2022 年获北京市职业教育教学成果奖特等奖。

（二）推广价值

1. 成果进学校、进行业、进机构，效果优良

成果得到全国民政行指委推广，在全国殡葬专业院校、中国殡葬协会及上百家生命文化教育基地推广应用，研发的 2 项 X 证书、编写的教材被全国殡葬专业院校及殡葬行业采用。

2. 经验可复制、可借鉴、可推广，引领示范

成果就殡葬专业为谁培养人、培养什么人、如何培养人做了创新性探索，对于现代服务业中的殡葬服务相关专业、民生福祉相关专业具有重大引领示范作用，提供了可复制、可借鉴、可推广的育人理念和育人模式。

（三）社会评价

1. 殡葬及相关行业高度评价

举办 11 届生命文化节，每届均有 20 余省份 300 余名行业主管部门、行业协会、服务机构等人员参加。成果在民政部社会事务专家委员会、中国殡葬协会会长办公会、中央党校中央和国家机关分校培训班等平台交流。民政部、北京市教委、行业协会等 60 余批次人员参观成果，给予高度评价。

2. 媒体及社会大众广泛关注

教育部官网、民政部官网、《光明日报》、新华网等对成果报道。2021 年 4 月，凤凰卫视播放学校承办的安宁疗护专家路桂军"生前告别仪式"，10 余省份的教育、医学等领域 70 位专家参会，主流媒体进行报道，对促进国人对死亡和殡葬行业认知产生积极影响。

五、成果总结

习近平总书记指出："要培养更多高素质技术技能人才、能工巧匠、大国工匠。"高素质和高技能是人才的一体两面，素质越高越丰富就越有利于高技能的形成。殡葬是重要社会关切，关系民生、连着民心，事关千家万户。殡葬职业教育致力于培养能守护逝者尊严、启迪生者生命的高素质技术技能人才，如何培养"下得去、用得上、留得住、干得好"的殡葬专业人才是亟须回应的瓶颈问题。

（一）成果背景与问题

1. 成果背景

目前，我国每年死亡人口超过 1 000 万人，截至 2021 年年底，全国殡葬服务机构职工 8.7 万人。从业人员数量和素质势必影响殡葬服务水平和质量，人民群众对殡葬服务个性化需求对专业人才提出了更高要求。

2015 年，学校开展了教改项目"殡葬专业文化育人模式研究"，结合教育部《高等职业教育创新发展行动计划（2015—2018 年）》中"殡葬骨干专业建设"项目，成果首创"五位一体"文化育人理念，构建了殡葬服务高技能人才"五位一体"文化与专业互融互动育人体系。成果得到全国民政行指委推广，在上百家生命文化教育基地推广应用，起到引领示范作用。成果受到政府有关部门、殡葬行业协会、媒体高度关注。2022 年获北京市职业教育教学成果奖特等奖。

成果采用研究、应用、总结、宣传、推广并行推进形式，在研究中促进应用，在应用中总结推广，在推广中深化研究。

（1）第一阶段（2015 年 1 月—2017 年 1 月）：育人体系研究、形成、总结阶段。

生命文化学院在教育教学过程中总结经验，提出殡葬专业使命、愿景、价值观。

使命：为殡葬行业培养具有生命文化理念的高素质技术技能人才。

愿景：让逝者得到有尊严的服务、让生者受到生命的启迪、让业者获得职业的尊严。

价值观：每一个生命都有独特的价值与意义，每一个生命都应得到尊重与敬畏，每一次服务都应是人性化、差异化的服务，每一次服务都应是有感情、有温度的服务。

以使命、愿景、价值观为引领，依据学校教改项目及教育部《高等职业教育创新发展行动计划（2015—2018 年）》，构建了"五位一体"文化与专业互融互动育人体系，并邀请职业教育专家、殡葬行业专家、学校教师召开研讨会对育人体系进行全面梳理和总结。

（2）第二阶段（2017 年 2 月至今）育人体系全面实施。

2017 年 2 月，将育人体系在殡葬专业学生中全面施行。打造专业文化课程体系、系统集成教学资源、构建"文化课堂+课堂文化"、开展文化实践教学。"校内实训+校外实习"实践育人，建设 1 780 平方米实训中心和上百家生命文化教育基地；"专业社团+志愿服务"活动育人，创建生命影像等 5 个社团，利用清明志愿服务等，使学生内化文化理念。"生命关怀+生命体验"生命教育育人，开展文化月主题活动、"百分学生"素质养成活动、人生告别等生死体验活动，提升对生命的认知。

成果形成之后，在完善、提升基础上，在学校"幼老康故"民生福祉类22个专业推广应用，并通过全国民政行指委向全国殡葬专业院校、全国上百家生命文化教育基地推广应用。成果被教育部官网、民政部官网、新华网等媒体报道，促进逝有所安民生事业发展。

2. 教学问题

殡葬专业人才培养中有三个瓶颈问题亟须破解：一是殡葬专业文化尚未形成，专业教育理念缺失文化内核；二是文化育人路径不畅，素质养成与技术技能培养"两张皮"；三是学生专业和职业认同感不高，对逝者和家属缺乏人文关怀。

（二）主要做法与经验成果

成果以立德树人为根本，构建"五位一体"文化与专业互融互动育人体系（见图1），促进文化与专业互融互动，满足行业对具有生命文化理念的高素质技术技能人才的需求。

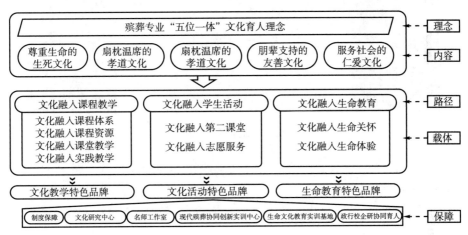

图1 殡葬服务高技能人才"五位一体"文化与专业互融互动育人体系

1. 主要内容

（1）形成"五位一体"文化育人理念，融入殡葬专业人才培养全过程。成果传承中华优秀传统文化，深挖生命价值内涵，厚植社会主义核心价值观，结合行业特性，形成尊重生命的生死文化、扇枕温席的孝道文化、推恩及人的感恩文化、朋辈支持的友善文化、服务社会的仁爱文化"五位一体"文化育人理念，作为殡葬专业文化融入专业人才培养全过程，实现实现文化与专业互融互动。

（2）创新文化与专业互融互动育人路径，实现"三融入、三品牌"。融入课程教学：将"五位一体"文化育人理念融入人才培养方案、课程、教材、教学标准中，形成文化教学特色品牌。

融入学生活动：创办国学有才、生命影像等专业社团，开展第二课堂及清明志愿服务、临终关怀服务等，形成文化活动特色品牌。

融入生命教育：开展文化月主题活动、"百分学生"素质养成活动，连续11年举办生命文化节，促进学生及社会从殡葬视角认知生命价值，形成生命教育特色品牌。

（3）构建政行校企研协同育人机制，保障育人体系全面实施。政行校企研共同制订实施方案，成立生命文化研究中心、名师工作室，打造高水平实训中心，共建上百家生命文化教育基地，推行双导师制度，实现教学团队协同、平台协同、制度协同，为育人体系提供保障。

2. 解决方案

（1）构建殡葬专业文化，解决殡葬专业教育理念缺失文化内核问题。成果将中华优秀传统文化与社会主义核心价值观有机融合，结合行业特性，构建了"五位一体"的殡葬专业文化，实现专业文化与专业教育互融互动，改变学生对殡葬行业的忌讳与恐惧，认识到殡葬是彰显生命价值，满足百姓逝有所安民生需求及文化传承的行业，解决殡葬专业教育理念缺失文化内核问题（见图2）。

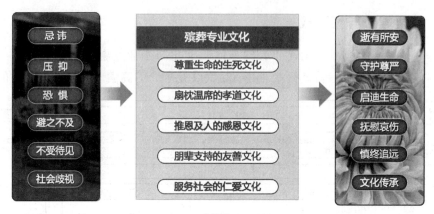

图 2　殡葬专业文化

（2）通过"三融入、三品牌"文化育人，解决殡葬专业文化育人路径不畅问题。通过将文化育人理念融入课程教学、学生活动、生命教育，打造文化教学特色品牌、文化活动特色品牌、生命教育特色品牌，解决文化育人路径不畅，素质养成与技术技能培养"两张皮"问题。

融入课程教学，打造专业文化课程体系（见图3），系统集成教学资源，构建"文化课堂+课堂文化"，开展文化实践教学（见图4），形成文化教学特色品牌。

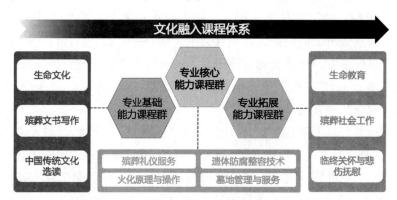

图 3　文化融入课程体系

融入学生活动，开展"国学有才、生命影像"等社团活动，开展"清明志愿、临终关怀、防疫抗疫、生死体验"等志愿服务，形成文化活动特色品牌（见图5）。

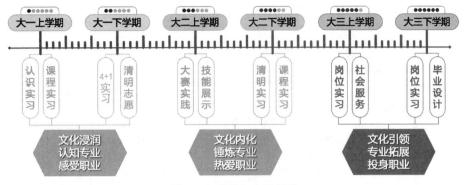

图 4 文化融入实践教学

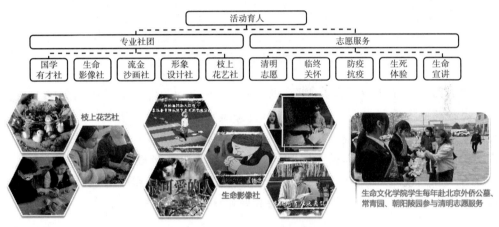

图 5 文化融入学生活动

融入生命教育，开展生命关怀和沉浸式生死体验，开展"百分学生"素质养成活动，即参加生命文化讲堂、生命体验活动、社会实践活动、主题殡葬仪式各 10 场（次），观看生命教育影片 10 部，阅读生命教育书籍 10 本，熟读传统经典文章 10 篇，讲述生命成长故事 10 个，设计个人专业作品 10 个，撰写个体生命感悟 10 份，实现一、二课堂无缝对接，形成生命教育特色品牌。（见图 6 和图 7）

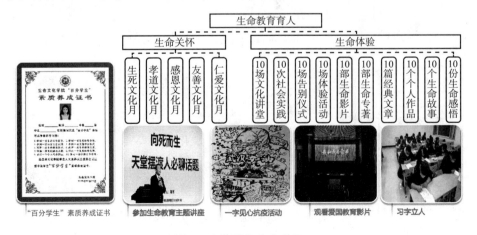

图 6 文化融入生命教育

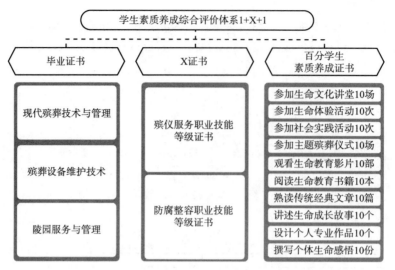

图 7　学生素质养成综合评价体系

（3）搭建政行校企研协同育人平台，解决学生专业和职业认同感不高问题。与各省民政部门、民政部一零一研究所、中国殡葬协会开展深度合作，共建上百家生命文化教育基地。政行校企研共同进行教学标准与人才培养方案制订、课程开发、教材编写、双导师教学，将文化育人理念融入课程教学；共同组织实习就业、产教融合实训基地建设，结合"4+1"教学（4周校内+1周工学交替）、清明等时间节点，在组织开展认识实习、岗位实习时践行文化育人理念，有效提升学生专业和职业认同感。

（三）成果创新与特点

1. 文化与专业互融互动理念创新：首创"五位一体"文化育人理念

现代殡葬教育发展28年尚未形成专业教育理念，成果注重学生的整体教育和全面发展，首创生死、孝道、感恩、友善、仁爱"五位一体"文化育人理念，系统完整地阐述殡葬专业文化内涵，促进文化与专业互融互动，是现代殡葬教育的一次重大突破（见图8）。育人理念及相关成果获2021年全国民政政策理论研究二等奖，在有关核心期刊、《中国殡葬事业发展报告（2018—2022）》上发表，在民政部社会事务专家委员会、中国殡葬协会会长办公会等平台交流，得到教育部官网、民政部官网、《光明日报》、新华网等媒体的报道。

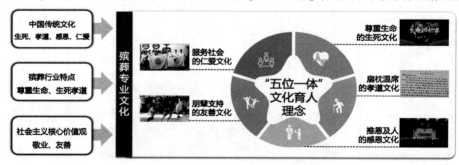

图 8　"五位一体"文化育人理念

2. 文化与专业互融互动路径创新：形成"三融入、三品牌"文化育人路径

成果注重殡葬专业文化育人重要性，首次将殡葬专业文化融入课程教学、学生活动及殡葬专业学生生命教育，实现专业文化与专业教育的交互融合，打造文化教学、文化活动、生命教育特色品牌（见图9）。系统设计专业文化融入第一、二课堂实施方案，形成有文化特色的人才培养方案、社团活动方案。首创"生命关怀+生命体验"生命教育方式，开展生命演说家、拜师礼、清明志愿服务等活动，使学生感悟生命关怀。开展"百分学生"素质养成活动；举办11届生命文化节；开设38期生命文化大讲堂；建设生死体验中心，打造濒死、告别等20个体验项目，建设VR体验视频等资源，让学生感受真实生命体验（见图10）。

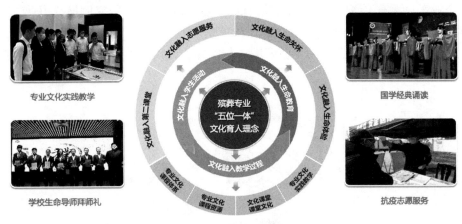

图9 文化育人路径

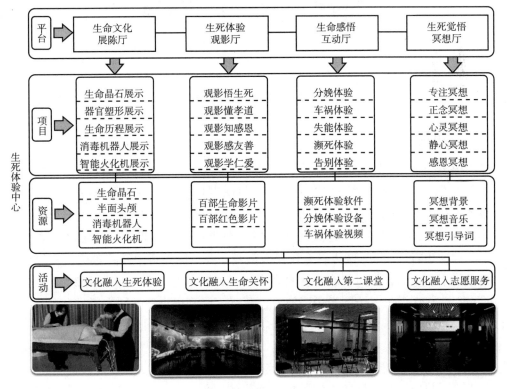

图10 生死体验中心

基于文化育人特色的核心课程"殡葬仪式策划与主持"2021年获全国职业院校技能大赛教学能力比赛一等奖。2020年，殡葬专业文化育人成果作为"一校一品"重要组成部分，获北京市教委优秀德育品牌。生命教育方式应用于学生、殡葬行业人员、社区居民等，提升其对生命价值认知，更加尊重生命。

3. 文化与专业互融互动机制创新：建立政行校企研共建共融的育人体系保障机制

政行校企研投入1 000万元建成1 780平方米国内唯一现代殡葬协同创新实训中心，构建沉浸式学习场景。民政部、北京市教委、殡葬行业协会等60余批次人员参观，评价其为全国殡葬专业院校高水平实训中心的标杆。实行校企双导师双向挂职制度，提升学校教师实践能力及企业教师教学能力；以生命文化研究中心为平台组建研究团队，开展理论研究，2019年1月被民政部授予"民政部政策理论研究基地"；校企联合成立名师工作室，开展礼仪服务、遗体火化等实务研究，为企业解决瓶颈问题；建设产教融合实训基地，校企协同实践育人（见图11）。

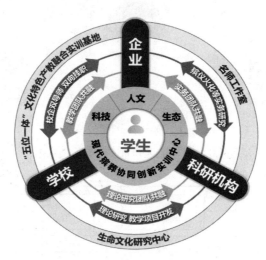

图11　现代殡葬协同创新实训中心

（四）应用推广效果

1. 应用成效

（1）学生职业认同显著增强，受到用人单位高度好评。行业领军单位八宝山殡仪馆一线殡仪服务人员中的60%、故人沐浴等十大服务品牌工作人员的50%毕业于学校。馆领导反映"学院近几年培养的学生普遍文化素养好、专业技能强、职业认同感高，能做到守护逝者尊严、启迪生者生命"。43人在全国民政院校职业技能大赛中获特等奖、一等奖。学生获全国技术能手、全国青年岗位能手、北京青年五四奖章等荣誉。毕业生2019年获民政部"孺子牛"奖，2020年获"全国先进工作者"称号，受到中央领导同志接见。

（2）殡葬专业建设成效突显，教师教学能力大幅提升。专业获北京职业院校特色高水平骨干专业、工程师学院、首批现代学徒制试点。获北京职业院校专业创新团队，获批专利13项。主持国家教学标准修订5项，研发殡仪服务、遗体防腐整容职业技能等级标准及证书2项，重点参与国家职业标准修订4项，牵头编写首套面向职业院校学生和行业教材14

本、职业技能等级证书教材 6 本，重点参与编写国家职业标准评价教材 24 本。

获全国职业院校技能大赛教学能力比赛一等奖，实现殡葬教育历史性突破，2022 年获北京市职业教育教学成果奖特等奖。

2. 推广价值

（1）成果进学校、进行业、进机构，效果优良。成果得到全国民政行指委推广，在全国殡葬专业院校、中国殡葬协会及上百家生命文化教育基地推广应用，研发的 2 项 X 证书、编写的教材被全国殡葬专业院校及殡葬行业广泛采用。

（2）经验可复制、可借鉴、可推广，引领示范。成果就殡葬专业为谁培养人、培养什么样的人、如何培养人做了创新性探索，对于现代服务业中的殡葬服务相关专业、民生福祉相关专业具有重大引领示范作用，提供了可复制、可借鉴、可推广的育人理念和育人模式。

3. 社会评价

（1）殡葬及相关行业高度评价。举办 11 届生命文化节，每届均有 20 余省份 300 余名行业主管部门、行业协会、服务机构等人员参加。成果在民政部社会事务专家委员会、中国殡葬协会会长办公会、中央党校中央和国家机关分校培训班等平台交流。民政部、北京市教委、行业协会等 60 余批次人员参观成果，给予高度评价。

（2）媒体及社会大众广泛关注。教育部官网、民政部官网、《光明日报》、新华网等对成果进行报道。2021 年 4 月，凤凰卫视播放学校承办的安宁疗护专家路桂军"生前告别仪式"，10 余省份的教育、医学等领域 70 位专家参会，主流媒体进行了报道，对促进国人对死亡和殡葬行业的认知产生积极影响。

养老服务紧缺人才职前职后"五维一体"育训协同模式探索与实践

完成单位：北京社会管理职业学院；中民民政职业能力建设中心；
北京中民福祉教育科技有限责任公司

完成人：屠其雷；赵红岗；皮微云；曹雅娟；熊宝林；杨根来；
孙钰林；李晶；周世强；迟玉芳；韩晓婷

一、成果简介

国家统计局数据显示，中国老年人口达到 2.67 亿人，多元化多层次需求强劲，养老服务人才严重紧缺，面临数量不足和质量不高的双重困境。

落实学历教育和职业培训并举的法定职责，是党和国家对新时代高职院校提出的发展要求。2015 年，依托教育部高等职业教育创新发展行动计划老年服务与管理骨干专业、首批现代学徒制行业试点等项目，统筹"政校企行"养老资源，构建了创新发展育训双师、岗课赛证育训资源、职业评价育训标准、多元融合育训平台、校企双场育训环境"五维一体"育训协同模式，破解"招不来，教不精，学不优，留不好"的养老教育人才培养难题。

（一）服务"三教"改革，建设创新发展育训双师和岗课赛证育训资源

共建"双师型"教师培训基地，制订健康养老实践导师等团体标准，建设"行业企业专家、校内专业教师、校企德育导师、校外实践导师"的国家级创新发展育训双师团队。开发《老年社会工作理论与实务》等职业教育规划教材、《失智老年人照护》等职业技能培训教材，建设职业技能大赛题库、证书培训包，组建中国民政养老服务人才网，开发老年照护等网络课程。创新团队、规划教材和育训资源共同服务养老人才培养的"三教"改革。

（二）贯彻能力本位理念，建设多类型综合性职业能力评价育训标准

围绕养老服务典型工作，主持开发"康复辅助技术咨询师"等 3 项国家职业技能标准，"失智老年人照护"等 2 项 1+X 职业技能等级标准，组织制订职业教育"老年服务与管理"等 5 项专业教学标准，主持制订"健康养老实践导师要求与评价"等 2 项团体标准，制订"生活照护" 1 项学习成果认证单元标准，共同形成一套能够用于养老服务职前职后人才培养的综合育训标准。

（三）形成融合发展机制，建设多元融合育训平台和校企双场育训环境

牵头组建 144 家单位参加的中国健康养老职教集团，成立拥有 161 名全国委员的中国老

年医学学会健康管理分会。举办 6 届全国健康养老产教对话活动，承办 8 届全国养老护理职业技能竞赛。创建校内智医康养综合实训基地和企业实践基地的双场地实践教学环境。制订产业学院管理制度，建设多元融合育训平台和校企双场育训环境，发挥学历教育和职业培训综合平台保障功能。

"五维一体"育训协同模式带动了全国职业院校和全国行业企业养老紧缺人才的培养，培育了国家级教师教学创新团队、国家职业技能标准和养老政策研究等教科研成果，成为全国养老人才培养品牌基地，被中央电视台等多家媒体报道并向全国推广应用。

二、成果主要解决的教学问题及解决方法

（一）成果主要解决的教学问题

1. 创新发展型双师队伍不够完善，支撑育训改革效果有限

学校教师聚焦行业发展前沿不足、企业教师养老服务理论提升不够，与新时代养老服务行业快速发展对师资高要求不匹配。

2. 职前职后育训资源系统性不强，接续学习需求难以满足

教学与培训资源不能充分适应养老行业职前职后系统化学习，符合学历教育和职业培训的产教融合型教材及配套课程开发不足。

3. 高水平校企合作深入程度不够，真实育训环境创建不足

与养老企业合作制度化不强，行业企业实践基地与校内综合实训基地不能高度融合，职业综合素质和行动能力培养支撑不足。

（二）成果解决教学问题的方法

成果以创新发展型双师队伍建设为核心，岗课赛证育训资源为支撑，职业评价育训标准为引领，政校行企行多元融合平台为枢纽，校企双场地实践环境为保障，建构"五维一体"育训协同模式，破解养老服务紧缺人才职业教育难题。

1. 多元赋能，建立面向职前职后养老人才培养的创新发展型双师队伍

联合企业共同建设健康养老"双师型"教师培养基地，制订健康养老实践导师团体标准、失智老年人照护等 1+X 证书职业技能师资培训标准，开发国家职业技能大赛裁判员培训大纲；实施"双师护照"行业认证。建设国家级教师教学创新团队，获得国家、省级教学能力比赛奖项 7 次，多人成为全国养老服务技能大赛裁判，承担 20 余项省部级以上课题，师资队伍职前职后育训综合能力显著提升。

2. 鉴培一体，开发岗课赛证综合性育训资源和职业综合评价育训标准

组织开发中国民政人才教育网和国家级老年专业教学资源库，牵头编写养老服务学历教育和职业培训的 2 类教材，开发职前职后模块化课程、职业技能大赛题库和证书培训包。制订"养老护理员"等国家职业技能标准、"老年康体指导"等职业技能等级标准，提高人才培养鉴定评价的统一性和规范性。制作养老机构防疫教学视频，有效支撑全国养老机构的抗疫工作，受到民政部领导表扬。

3. 机制保障，构建中国康养职教集团枢纽和校企合作双场地实践环境

充分整合养老服务政校企行资源，牵头组建中国健康养老职教集团、上医健康产业学院、健康管理分会，制订职教集团章程、产业学院管理办法，形成枢纽型产教发展平台和深度融合机制。组织全国健康养老产教对话活动、京津冀养老协同活动和全国职业院校养老服务技能大赛。创建校内智医康养综合实训基地和校外企业实践基地，形成校企双场地实践环境。围绕职前职后人才培养，实现了产教融合的常态化、制度化发展。

三、成果特色与创新点

（一）师资培养理念创新，从"理论+技能"传统"双师型"过渡到"创新+发展"现代"双师型"，一体化培养养老服务新型混合育训师资队伍

不同于汽车维修、电子商务等职业教育，养老服务行业发展与院校发展处于同步发展阶段，并且服务对象属于特殊群体，传统的"理论+技能"不适合养老服务教师队伍建设的培养方向，与养老行业企业共同秉承"创新+发展"培养理念，建设健康养老"双师型"教师培养基地，紧跟行业发展趋势，实施学校教师"双师护照"行业认证；开发健康养老实践导师标准，加强企业导师理论创新和跨专业水平，实施企业实践导师标准认证；以行业企业专家为核心，共建共育校内专业教师、校企德育导师、校外实践导师组成的新型混合型育训师资团队，有效支撑养老服务育训改革。

（二）资源开发路径创新，建设"一库一网双教材多课程"综合型多元化育训资源，支撑"岗课赛证"有效衔接

基于岗位工作过程，面向学历教育和社会培训的课程教学、技能大赛、职业技能证书考试的多元需求，开发国家老年服务与管理教学资源库，政校企行协同建设中国民政养老服务人才网、全国养老服务人才职业技能评价系统和失智老年人照护1+X证书评价系统；组织编写养老服务学历职业教育教材和职业技能培训2类教材，并分别入选国家规划教材；建成综合性的教育教学和培训课程资源，应用于学生学员技能大赛和职业技能等级证书评价，并将评价结果转化为学分，进驻北京开放大学学分银行，实现"岗课赛证"的有效衔接。

（三）产教融合机制创新，实现"政校企行"多元融合，促进养老服务教育链、人才链与产业链、创新链有机衔接

充分发挥行业办学优势，以人才培养为核心，优势互补，统筹兼顾学历教育和职业培训双方诉求，集聚行业资源，共同组建以中国健康养老职教集团、中国老年医学学会健康管理分会等典型组织的综合育训平台。依托平台，主持举办全国健康养老产教对话活动，承办全国养老护理职业技能竞赛，消除养老产业和教育的信息孤岛，融合发展，促进养老服务教育链、人才链、产业链、创新链的衔接共通，全面提高了成果向全国示范推广应用的效率和覆盖面。

四、成果的推广应用效果

"五维一体"育训协同模式适合养老服务学历教育和职业培训,在行业中获得认可,在同类院校中得到推广,效果显著。

(一) 人才支撑度大幅提高,成为养老服务高素质技能人才输出高地

养老服务专业学生职业技能等级证书通过率超过90%,就业率达到98%,就业对口率达到85%,企业满意度超95%,养老服务专业学生报到率达到98%,"招不来、留不住"的问题得到很好解决。在校学生连续六年在全国职业院校养老护理职业技能竞赛中取得团体总分第1名,连续三年在健康与社会照护技能大赛中获得国家级奖项。近年来累计培训养老服务人才6万人以上,培训学员多次获得人社部、民政部行业技能大赛一等奖。先后获批"国家级专业技术人员继续教育基地""北京市养老服务人才教育培训学院"等国家级和省部级养老服务教育培训基地。

(二) 教学科研成果丰硕,成为国家养老政策和标准制订智库

获批养老专业国家级职业教育教师教学创新团队,教师多次被推荐为全国及地方养老服务相关赛事裁判;获得首届全国教材建设奖全国优秀教材二等奖。承担的民政部《关于加快实施老年人居家适老化改造工程调研》科研项目转化为九部委国家政策并正式发布,中国工程院"我国老年人康养事业战略研究"项目转化为重要政策咨询上报国家智库,民政部《老年人能力评估国际比较》研究报告作为国家政策制定的重要参考,并获得部领导批示转发;制订的养老护理员国家职业技能标准用于全国200万名养老护理员的培养评价;中国民政人才网络学院养老服务专题和资源库入选"学习强国"在家学技能频道;获得养老护理国家技能大赛"突出贡献单位"奖。

(三) "五维一体"育训协同模式获得高度认可,成为全国养老人才培养示范窗口

全国有144家养老领域会员单位参与学校牵头组建的中国健康养老职教集团;每年350余家单位近千人次参与学校牵头组织或承办的全国健康养老产教对话活动、全国养老护理职业技能竞赛;累计近14万师生、社会用户在线应用国家老年服务与管理专业教学资源库;每年接待参观考察、学习交流的国内职业院校、行业企业100余家。中央电视台、凤凰卫视中文台、北京电视台、搜狐网、新浪财经频道、《光明日报》、《中国教育报》、《中国社会报》等国内多家媒体相继报道了养老服务育训协同的成果和经验;2021年,《人民日报》报道学校2017级毕业生为老服务工作事迹。"五维一体"育训协同模式成为全国高职院校养老人才培养的典范和学习借鉴对象,单位成为全国养老服务人才培养的示范窗口。

五、成果总结

北京社会管理职业学院(民政部培训中心)作为民政部直属事业单位,主要承担社会

管理和社会服务类高等职业教育、全国民政系统干部职工教育培训、民政职业技能鉴定、民政政策理论研究等职能。依托教育部高等职业教育创新发展行动计划老年服务与管理骨干专业、"双师型"教师培养培训基地、首批现代学徒制行业试点、国家级教学资源库建设等项目，自 2015 年起开始成果研究工作，并于 2018 年完成研究任务，随后又开展了为期 4 年的应用实践。统筹"政校企行"养老资源，对接产业链、创新链，构建了创新发展育训双师、岗课赛证育训资源、职业评价育训标准、多元融合育训平台、校企双场育训环境"五维一体"育训协同模式，破解"招不来，教不精，学不优，留不好"的养老教育人才培养难题。

（一）成果产生背景

1. 老龄化应对国家战略对养老服务人才队伍建设提出新期待

国家统计局数据显示，中国老年人口达到 2.67 亿人，多元化多层次需求强劲，养老服务人才严重紧缺，面临数量不足和质量不高的双重困境。2014 年教育部、民政部等九部门联合印发《关于加快推进养老服务业人才培养的意见》，强调建立以职业教育为主体，学历教育和职业培训并重的养老服务人才培养培训体系，全面提高养老服务业人才培养质量，适应养老服务业发展需求。2019 年，《国家积极应对人口老龄化中长期规划》发布，标志着积极应对人口老龄化上升为国家战略。2021 年，中共中央、国务院发布《关于加强新时代老龄工作的意见》，提出加强人才队伍建设，开展养老服务、护理人员培养培训行动。养老服务紧缺人才职前职后的培养工作日益重要。

2. 国家职业教育改革对新时代职业教育人才培养提出新要求

《中华人民共和国职业教育法》明确规定，职业教育要加快培养护理、康养等方面高素质技术技能人才，具备职业综合素质和职业行动能力；职业院校与行业组织、企业、事业单位等共同组建职业教育集团，开展订单培养等多种形式进行合作；支持高等学校、行业组织、企业共同参与职业教育教师培养培训。养老服务职业教育需要积极响应国家对人才培养提出的新要求。

3. 养老服务人才培养教学问题需要职业教育给出新方案

养老服务职业教育主要面临以下教学问题：创新发展型双师队伍不够完善，支撑育训改革效果有限；职前职后育训资源系统性不强，接续学习需求难以满足；高水平校企合作深入程度不够，真实育训环境创建不足。养老服务领域处于职业教育与行业企业并跑发展阶段，需要构建新的发展路径。成果坚持养老服务人才"育训协同"职前职后一体化培养，统筹学校职业教育和社会职业培训，对接养老产业行业，在养老服务人才培养领域不断探索实践、勇于创新，提出新方案。

（二）成果主要做法与创新特点

成果以创新发展型双师队伍建设为核心，岗课赛证育训资源为支撑，职业评价育训标准为引领，政校企行多元融合平台为枢纽，校企双场地实践环境为保障，构建"五维一体"育训协同模式（见图 1）。

（1）创新师资培养理念，建设创新发展型育训双师队伍。共建"双师型"教师培训基地，形成"行业企业专家、校内专业教师、校企德育导师、校外实践导师"的教师教学创新型混合育训团队（见图 2），解决了创新型、发展型师资队伍不够完善，不能有效支撑育训改革的问题。

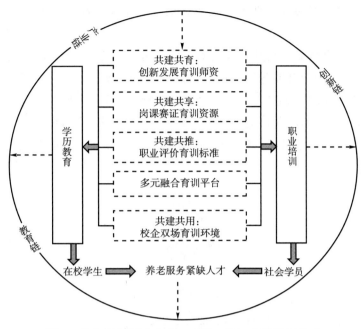

图 1 养老服务紧缺人才"五维一体"育训协同模式

图 2 创新发展育训双师

（2）建成"双师型"教师培训基地。获批教育部"双师型"教师教学培训基地；联合北京首开寸草养老服务有限公司、北京慈爱嘉养老服务有限公司等企业成功申报北京市健康养老"双师型"教师培养培训基地；制订健康养老实践导师等团体标准；面向全国职业院校教师和企业人员，开展养老领域双师培训，实施高校专业教师和企业实践导师双师认证和校企互训互聘，累计培训"双师型"教师近 500 人次。

（3）打造创新发展育训团队。2019 年，老年服务与管理专业教师团队入选首批国家级职业教育教师教学创新团队，为开展特色学徒制人才培养和科学研究提供师资支撑。以养老服务全国技能大师、老龄政策研究专家等为主体，建成近百人的养老服务培训评价专家师资库。面向全国开展 2 万人次社会培训，师资队伍职前职后育训综合能力显著提升，有效支撑养老服务育训改革。

2. 创新资源开发路径，建设综合型多元化育训资源

建设"一库一网双教材多课程"综合型多元化育训资源（见图 3），应用于学生学员技能大赛和职业技能等级证书评价，支撑"岗课赛证"有效衔接，解决了养老服务育训资源系统性不强，不能适应职前职后接续性学习的问题。

（1）建成国家级老年服务与管理专业资源库和中国民政人才网。国家级老年服务与管理专业教学资源库惠及近 14 万学生、教师、社会用户。建设中国民政人才网，开设养老服务特色课程，入选"学习强国"在家学技能频道和北京、天津及湖北等地职业教育在线学习平台学习目录。

（2）开发职业教育规划教材和职业技能培训教材及课程。牵头编写《失智老年人照护》（初、中、高级）1+X 职业技能等级证书培训教材，入选教育部"十三五"规划教材；主编《养老护理员》（基础知识、初级、中级、高级、技师、高级技师）、《老年人能力评估师》（高级、基础知识）等国家职业技能培训评价教材，《老年康体指导》（初、中、高级）1+X 职业技能等级培训教材。主编《老年社会工作理论与实务》，获首届全国教材建设奖全国优秀教材二等奖。

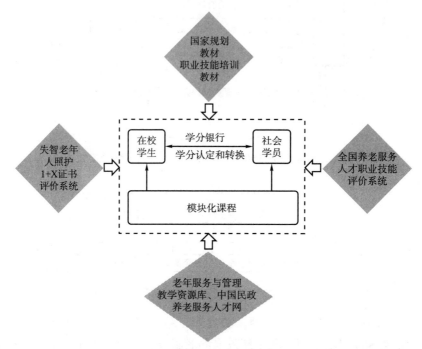

图 3 "一库一网双教材多课程"综合型多元化育训资源

开发职前职后、学历教育和职业培训模块化课程、职业技能大赛题库和证书培训包。开发"老年人活动策划组织""老年人辅助器具应用"等 8 门模块化教学课程。通过国际合作项目，引入日本及欧美养老服务教学资源，用于学生培养及行业培训。

3. 创新人才评价方式，建设多类型综合性职业能力评价育训标准

建设由国家职业标准、行业标准、团体标准、企业标准、教学标准等组成的多类型综合性职业能力评价育训标准（见图 4），为学生学员培训和评价提供标准，提高人才培养鉴定评价的统一性和规范性，解决了职前职后养老服务育训标准不完善的问题。

（1）牵头制订养老服务职业标准。主持制订人社部、民政部康复辅助技术咨询师、老年人能力评估师、养老护理员等国家职业技能标准；参与制订国家卫健委《居家社区老年医疗护理员服务规范》行业标准；牵头制订失智老年人照护、老年康体指导等 1+X 职业技能等级标准；牵头制订中国老年医学学会《医养结合服务人员培训示范基地建设规范》《健康养老实践导师要求与评价》等团体标准。

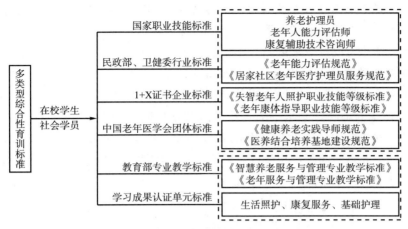

图4 多类型综合性职业能力评价育训标准

（2）制订教育教学标准。牵头制订教育部中职老年服务与管理、高职老年服务与管理等专业教学标准，老年服务与管理专业中高职衔接教学标准、高职老年服务与管理顶岗实习标准和中职老年服务管理专业实训教学条件建设标准等。

4. 创新产教融合机制，建设多元融合育训平台

组建中国健康养老职教集团、上医健康产业学院双平台，成立中国老年医学学会健康管理分会，制订职教集团章程、产业学院管理办法，形成产教发展平台和深度融合机制，解决了养老服务领域高水平校企合作不够深入的问题（见图5）。

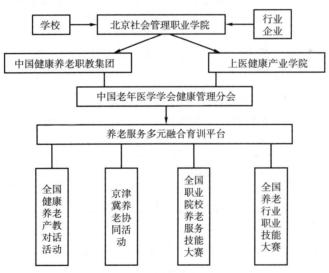

图5 养老服务多元融合育训平台

（1）组建中国健康养老职教集团和上医健康产业学院。组建144家单位参加的中国健康养老职教集团，主办6届全国养老产教高端对话活动暨5届京津冀养老高峰论坛，承办8届全国职业院校民政职业技能大赛养老护理员职业技能竞赛、2届全国职业院校养老服务技能大赛。

与北京上医在线科技有限公司联合成立"上医健康管理产业学院"，企业投入500余万元，形成产学研用合作机制，联合开展教学研究、技术开发、学生培养和社会培训。

（2）成立中国老年医学学会健康管理分会。依托中国老年医学学会，成立拥有 161 名全国委员的中国老年医学学会健康管理分会，学院为理事长单位。分会成为老年健康领域学术交流与合作、学科建设、技术创新、学生成长等重要平台。

5. 创新实践教学载体，构建校企双场地育训环境

发挥行业院校纽带作用，统筹兼顾养老服务产教双方发展和需求，创建校内智医康养综合实训基地和 30 家企业实践基地的双场地实践教学环境，打造集实践教学、社会培训、临床服务、技术研发功能于一体的校企双场育训环境。面向行业企业提供技能培训、竞赛辅导、技术研发等服务，面向院校提供课程教学、岗位实践、师资培训等服务，解决了养老服务真实性育训环境支撑不足的问题（见图 6）。

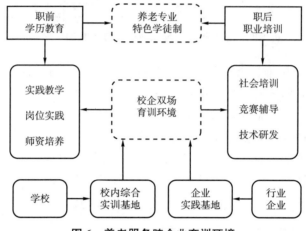

图 6　养老服务跨企业育训环境

（1）建设"智医康养"综合实训环境。建设 6 500 平方米"智医康养"综合实训基地（见图 7），承担近 60 门专业课程实践，承办 2 届全国职业院校技能大赛健康与社会照护赛项北京市选拔赛，年均举办社会培训 10 期，接待政府、院校、企业参观 500 人次。

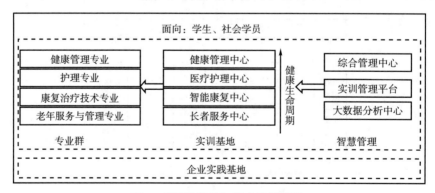

图 7　"智医康养"综合实训基地

（2）创建企业实践基地。与中国健康养老集团有限公司、北京泰康养老集团有限公司等近 30 家大型养老企业签订合作协议，建成一批校外企业实践基地，与校内智医康养综合实训基地形成校企双场实践环境。围绕职前职后人才培养，在特色学徒制人才培养模式、养老服务专业教学标准和国家职业技能标准制订、实习实践教学资源共享、职业技能等级评价、社会服务等多方面引领全国养老服务人才培养，实现了产教融合的常态化、制度化发展。

(三) 成果实施效果

"五维一体"育训协同模式在行业中获得认可，在同类院校中得到推广，学校逐渐成为实施积极应对人口老龄化国家战略的养老服务领域人才高地、政策标准智库、示范窗口。

1. 人才支撑度大幅提高，成为养老服务高素质技术技能人才输出高地

养老服务专业学生职业技能等级证书通过率超过90%，就业率达到98%，就业对口率达到85%，企业满意度超95%，学生毕业数量和质量在全国高校养老服务类专业中名列前茅。据人民网等报道，全国养老服务类专业毕业生三年后离职率高达70%，学校学生不到30%，远低于全国平均离职率；养老服务专业学生报到率达到98%，远远高于全国平均报到率；大大改善学生"招不来、留不住"的问题。学生连续六年在全国职业院校养老护理职业技能竞赛中取得团体总分第一名，连续三年在健康与社会照护技能大赛中获得国家级奖项。

近年来累计培训养老服务人才6.5万余人，养老护理员、失智老年人照护评价获证6.2万人次，培训的养老护理员获得国家人社部、民政部行业技能大赛一等奖。培训评价规模和效果在全国同类院校中独树一帜，先后获批"国家级专业技术人员继续教育基地""北京市养老服务人才教育培训学院"等国家级和省部级养老服务教育培训基地。

2. 教学科研成果丰硕，成为国家部委养老政策和标准制订智库

获批养老专业国家级职业教育教师教学创新团队，获得北京市教学能力比赛一等奖1项、二等奖2项，教师多次担任全国及地方养老服务相关赛事裁判；获得首届全国教材建设奖全国优秀教材二等奖；成为教育部养老专业首批现代学徒制行业试点单位、首批全国职业院校养老服务类示范专业点。

承担的民政部"关于加快实施老年人居家适老化改造工程调研"科研项目转化为九部委国家政策并正式发布，中国工程院"我国老年人康养事业战略研究"项目转化为重要政策咨询上报国家智库，民政部《老年人能力评估国际比较》研究报告作为国家政策制定的重要参考，并获得部领导批示转发；承担了科技部国家重点研发计划"主动健康——医养结合支持解决方案"子课题研究工作；制订的养老护理员国家职业技能标准用于全国200万名养老护理员的培养。中国民政人才网络学院养老服务专题和资源库入选"学习强国"在家学技能频道；获得养老护理国家技能大赛"突出贡献单位"奖。

3. "五维一体"育训协同模式获得高度认可，成为全国高职院校养老人才培养示范窗口

全国有144家养老相关院校、企业、行业组织等会员单位参与学校牵头组建的中国健康养老职教集团；每年350余家单位近千人次参与学校牵头组织或承办的全国健康养老产教对话活动、全国养老护理职业技能竞赛；累计近14万学生、教师、社会用户在线学习学校牵头建设的国家级老年服务与管理专业教学资源库；每年接待参观考察、学习交流的国内职业院校、行业企业100余家。

国内多家重要媒体相继报道了养老服务育训协同的成果和经验，中央电视台、凤凰卫视中文台、北京电视台、搜狐网、新浪财经频道、《光明日报》、《中国教育报》、《中国社会报》等国内多家媒体相继报道了养老服务育训协同的成果和经验；2021年，《人民日报》专题报道学校2017级毕业生为老服务工作事迹。"五维一体"育训协同模式成为全国高职院校养老人才培养的典范和学习借鉴对象，单位成为全国养老服务人才培养的示范窗口。

市级一等奖（52项）

海外分校建设路径探索与解决方案

完成单位：北京信息职业技术学院

完成人：卢小平；贾清水；李兴志；史宝会；李学礼

一、成果简介

（一）基本背景

近年来，高职院校海外办学步伐明显加快，尤其是海外分校建设成为备受关注的热点话题。但在海外分校建设过程中也面临诸多挑战，例如目前的海外办学尽管多冠以分校之名，但多数为合作办学项目，有些属于职业培训项目，而并非真正意义上的海外分校。究其原因，是国内职教领域对于海外分校定义及内涵尚未形成准确辨识和深入理解。至于海外分校建设中的教育标准、法律环境、投融资机制、治理结构、师资队伍、教育质量管理、学历认证等，系统性理论研究尚属空白，全要素全过程的实践探索更为罕见。

（二）主要内涵

为主动服务"一带一路"建设、助力中国企业"走出去"战略，2014年4月学校代表团访问埃及，在我驻埃及大使馆、埃及高等教育部等两国政府部门支持下，达成建立埃及分校初步意向。2015年4月19日，学校与埃及合作方联合签署创建埃及分校的谅解备忘录，正式启动海外分校建设工程。在实践探索中，埃及分校在可行性研究、实体校园建设、高教跨境办学许可、师资队伍组建、中国高职教育标准实施、教育质量监控等方面遇到不少困难，面临诸多挑战。项目团队坚持目标导向、坚持理论引领、坚持实践创新，构建海外分校建设全要素解决方案。

海外分校建设全要素解决方案，是以海外分校教育标准确立、政策法规准备、治理结构建立、投融资机制创新、师资队伍保障、教育质量管理等为基本架构，覆盖教育标准、法律环境、投融资机制、治理结构、师资队伍、教育质量管理、学历认证等关键环节与核心要素的办学治校解决方案，形成海外分校建设的全要素全过程的理论创新成果。

（三）实践成效

2016年11月10日，在中埃两国政府支持下，学校与苏伊士运河大学及MEK基金会联合创建埃及分校——埃中应用技术学院。学校将该项成果运用于埃及分校建设，推动海外分校的路径探索、理论研究与实践创新。经过七年建设，埃及分校办学步入良性发展，目前已连续四年招生办学，设有电子技术、通信技术、机电技术等专业，办学规模达到380人，在教育标准输出、校园建设、治理结构、教师队伍、质量监管等方面成果丰富，形成了可借鉴、可复制的经验和做法。

二、成果主要解决的教学问题及解决教学问题的方法

（一）主要问题

高职院校海外分校发展遇到的主要问题包括：

一是对于海外分校概念辨识不足，对海外分校内涵理解存在偏差。有些冠名海外分校者其实属合作办学项目或职业培训项目，并非真正意义上的海外分校。

二是教育标准确立问题，包括法人地位和治理结构、校园设施条件标准、师资队伍标准、专业教学标准等，目前尚缺乏完整界定与规范要求。

三是东道国法律环境研究，包括教育服务通行准则、双边或多边协定，以及高等教育准入政策等，目前尚未给予足够的重视。

四是办学条件保障问题，包括实体校园、实验设备与实训装备，以及日常经费保障等，核心是投融资机制，已成为制约海外分校可持续发展的主要因素。

五是师资队伍问题。分校教师聘任方式包括主办校派遣教师或聘任当地教师，两种方式在教学质量保障与控制运营成本等方面各有利弊。

六是教育质量管理问题。海外分校教育质量面临双重管制，既要满足主办校教育质量标准，又要符合东道国教育管控要求。

（二）解决方案

围绕海外分校建设的关键环节与核心要素，构建以教育标准、政策法规、治理结构、投融资模式、师资队伍以及教育质量管理等为基本架构的海外分校建设全要素解决方案，主要内涵包括：

一是确立海外分校教育标准。海外分校本质上是由主办校对东道国实施教育标准许可与授权。教育标准涉及人才培养、设施设备、双师队伍、校企合作、教育质量管理等标准与规范。

二是研判东道国法律政策环境。海外分校涉及国际服务贸易要素的跨境流动，涉及相关法律适用问题，包括WTO系列协定、双边或多边协定、跨境教育通行准则、东道国高等教育准入门槛等。

三是建立健全海外分校治理结构。海外分校治理主要涉及主办校与东道国关系、学术业务管理体系、行政事务管理体系等，应针对独立运营或合作经营的不同模式构建不同的治理结构。

四是创新海外分校投融资机制。海外分校应建立有效的投融资机制，不仅保障校园基本建设及教学硬件条件建设，而且形成稳定的经费来源，支撑海外分校的可持续发展。

五是保障海外分校教师队伍。海外分校普遍采取专兼结合的教师配备策略，教师来源渠道包括主办校派遣和聘用当地教师。此外，还应建立有效的教师培训机制，确保中国特色高职教育标准在东道国顺利落地。

六是构建海外分校教育质量管理体系。海外分校教育质量受到主办校和东道国两个国家法律法规的共同监督。质量管理体系包含内部质量管理与外部质量监督两大部分，内部管理与外部监督形成合力。

三、成果的创新点

海外分校建设全要素解决方案是学校海外分校发展进程中形成的理论研究与实践创新重大成果，其主要特色与创新点如下：

（一）坚持目标导向

学校埃及分校发展，肩负着服务"一带一路"建设、助力中国企业"走出去"战略的重大使命。多年来，埃及分校在教育标准、投融资机制、师资队伍、教育质量管理等方面也曾遭遇种种困难。面对各种困难，我们坚持目标导向、坚持问题导向，牢记使命、直面挑战，以敢为人先的勇气，锐意改革、大胆实践。目前，埃及分校办学规模不断扩大，体制机制逐步完善，内涵建设取得丰富成果，形成了可借鉴、可复制的经验和做法。

（二）坚持理论引领

为破解海外分校发展难题，我们坚持理论创新与实践探索并重，加强理论创新，形成重大理论成果——海外分校建设全要素解决方案。解决方案重点围绕海外分校建设的关键环节与核心要素，以海外分校教育标准确立、海外分校政策法规准备、海外分校治理结构建立、海外分校投融资机制创新、海外分校师资队伍保障以及海外分校教育质量管理等为基本架构，形成涵盖教育标准、法律环境、投融资机制、治理结构、师资队伍、教育质量管理、学历认证等海外分校建设的全要素全过程的理论创新成果。

（三）坚持实践创新

埃及分校成立以来，学校将该项成果运用于埃及分校建设，有效推动海外分校的路径探索与实践创新，将中国高职教育标准与埃及国情相结合，主动融入中埃苏伊士经贸合作区建设，对接华为、中兴、泰达等龙头企业，助力中国企业"走出去"战略，推动埃及分校发展壮大。目前，埃及分校已连续四年招生办学，设有电子技术、通信技术、机电技术等专业，办学规模达到380人，在教育标准输出、校园设施建设、治理结构优化、教师聘任与培训、教育质量管理、学历证书认证等领域取得丰硕成果，成为我国高职院校服务"一带一路"建设的成功样本。

四、成果的推广应用效果

埃及地处亚欧非三大洲交界处，位于"一带一路"交会点，苏伊士运河走廊是埃及的经济特区，建有中埃苏伊士经贸合作区，吸引了众多中资企业和跨国公司。在这里创建埃及分校，是学校主动服务国家战略、推动国际化进程的重大战略举措，肩负着服务"一带一路"建设、助力中国企业"走出去"战略的重大使命。经过不懈努力，埃及分校已经突破瓶颈期，步入良性发展阶段，在中埃两国高职教育领域产生了广泛的影响。

中埃两国政府的亲切关怀和大力支持，为埃及分校发展壮大和成果推广发挥了关键作用。一是教育部和北京市的大力支持，北京市教委副主任亲临现场出席埃及分校成立大会，教育部副部长出访埃及时专门考察学校埃及分校并给予高度评价。二是商务部、国际发展合作署、中国驻埃及大使馆等的大力支持，不仅全力推动将埃及分校的实训装备建设纳入中国政府国际援助项目，而且积极联络在埃及的中资企业和中国商会，助推埃及分校开展产教融合校企合作。三是埃及政府有关部门的大力支持，包括埃及驻中国大使馆、埃及高等教育与科学研究部、伊斯梅利亚省政府等，为埃及分校持续发展提供政策支持，为其在埃及树立良好社会形象创造了条件。

中埃两国主流媒体的宣传报道，为埃及分校赢得广泛的社会声誉。在国内方面，包括中央电视台、《北京日报》、《北京教育》、中国网、人民网等国内重要媒体与官方平台，对学校海外分校办学实践进行了广泛的宣传和报道；在国际方面，埃及国家电视台、《共和国报》、《国家报》、《运河报》等重要媒体先后多次对埃及分校重大活动与办学成果进行报道，在埃及和海湾国家教育领域产生了良好的反响。

国内外各类学术活动与交流平台，为埃及分校建设成果推广发挥了积极作用。学校应邀出席2019年在开罗召开的"中国非洲高等教育论坛"并发表主旨演讲，介绍海外分校办学模式，在与会的非洲国家代表中产生反响。学校应邀出席国内各大论坛或交流大会，分享海外分校建设经验30余次，其中，重量级会议包括中国国际服务贸易交易会、中国国际教育年会、中国世界职业教育大会、中国电子教育学会年会、"一带一路"国际教育联盟等。由于埃及分校在全国产生的广泛影响，近四年来接待兄弟院校到访专题调研达到70余次。

道路桥梁工程"虚实结合、校企双元、学创一体"实训体系的创新与实践

完成单位：北京交通运输职业学院；北京首发公路养护工程有限公司

完成人：姚士新；高连生；曹炜；高伟；孟熙；田亮

一、成果简介

道路桥梁专业群对接京津冀交通一体化发展，为完善综合交通网络化布局、一体化交通建设培养技术技能型人才。在人才培养环节当中，实训环节持续受到客观现实条件约束，真实道路桥梁工程结构体量大、高成本、高消耗、施工不可逆，建设周期长、参与单位多、综合性强，特别是容易遇到高危或极端环境情况，真实实训难以全流程、全岗位完成。因此从2012年开始，本成果利用虚拟现实、增强现实、人工智能、大数据、云计算、物联网等先进技术，开发实训项目，历经1年的建设与实践，打通了全流程、全岗位实训，创建了以"虚实结合"实训平台、"校企双元"实训模式、"学创一体"人才培养路径为特色的实训体系，主要包括以下内容：

（一）构建了道路桥梁工程"虚实结合"的实训平台

在全国交通运输职业教育教学指导委员会、北京公路学会的指导下，依照科学规划、资源共享、持续发展的指导思想，以虚实结合、优势互补、能实不虚的原则，面向道路桥梁工程领域构建了体系完善、特色鲜明、覆盖全流程、全岗位的实训教学平台，培养学生的单项技能、综合技能、创新实践能力，能够应用知识解决问题。联合北京首发集团、北京市政集团，以企业实际的项目为载体，开发了10个虚实结合的实训模块，主要参与完成国家教学资源库1个，建设精品在线开放课程5门，参与编写新式教材10本。

（二）创建了"校企双元"的实训模式

深化产教融合，校企双方共同组建创新教学团队，共同开展实训教学，逐步形成了校企双元的实训模式。教学团队经过不断的融合发展，近年来获得国家级奖项5项，形成了国家级典型案例2项。为行业提供了逾万人次的社会技能培训，承担了北京市交通委员会二级建造师继续教育项目，创新性地引入了虚拟仿真综合管理实训，培训约2 000人次。在校内满足了多学科、多专业、多层次的实训教学需要，使7个专业的学生受益。

（三）打通了"学创一体"的人才培养路径

通过引企入校、校企共建虚拟仿真中心等形式，将创新创业元素融入人才培养的全过

程,采用"424"人才培养路径,"四个结合"即创新创业能力培养与就业、专业、企业、实践结合,"两个基于"即人才培养课程的设计基于企业真实工程项目、基于工程项目真实问题展开,"四大功能"即实训体系的设计满足成果展示、实训支持、参赛辅导、孵化扶持功能。师生团队主持、参与课题20余项,学生获得"互联网+交通运输"创新创业大赛银奖等国家级奖项20项,省部级奖项众多。

二、成果主要解决的教学问题及解决教学问题的方法

(1)开发虚拟仿真实训项目,构建覆盖道路桥梁工程领域全流程、全岗位的实训平台,解决由于真实实训无法再现或难以完成造成的实训体系不完整、实训项目缺乏的问题。与北京首发集团、北京市政集团、北京养护集团等单位,联合开展实训资源的建设。开发了虚实结合的基础实训资源、综合实训资源和实践创新实训资源,包括工程测量中的基本原理、工程识图中的抽象图形、施工中的工艺流程、工程造价中的关键施工节点、工程招投标的实际流程。通过资源建设,打通了基础教学、综合实训、创新实践的融通路径,打造信息化教学团队,融入信息化教学手段,提升教学体验,增强知识黏性,提升学生的专业技能水平,提高人才培养质量。在建设与运行过程中北京市道路工程质量监督站的专家团队进行了全程指导。

(2)创新校企合作机制,协同构建实训模式,解决实训脱离生产实际、学生实践能力难以提升的问题。以工程案例为载体,形成教、学、做、评一体的教学流程,真实实训项目与虚拟实训项目结合,校内实训室与校外实训基地轮动,企业专家校内教师双指导,提升人才培养质量。按照企业实际的工作岗位流程,通过线上教学平台,组织学生预习;通过教师演示操作、学生分组互动演练等方式,充分利用专业仪器设备,组织理实一体化实训;通过企业导师着重指导,进行岗位技能训练,提升技能水平和职业素养。校企共用生产实践平台,缩短了毕业生到企业的适应周期,北京养护集团"多维平台"等企业平台成功地从企业应用平台转化为了实训教学平台,实现了科研成果向生产实践与实训教学的双重转化。教师与企业专家组成科研团队,进行应用型课题研究,完成了交通类院校开放实验室建设及运行机制研究项目,形成了校企合作新机制。

(3)立足行业前沿,创建双创人才培养路径,解决人才高质量发展问题。根据实际工程项目情况,建设学生接触实际工作任务、体验真实工作场景的平台。通过虚实结合虚拟仿真实训项目的反复训练,培养学生的创新思维,不断深化所学知识,提升自身技能水平,培养大国工匠。联合北京逸群工程咨询有限公司共同建设双创空间,打造创新创业氛围,培养学生双创精神。通过实训课程学习,选拔出实践技能水平优异的学生,加入双创空间,利用所学知识,解决实际工程问题。学生通过不断参与工程项目,了解行业最新动态、尖端科技及未来发展,提升自我职业技能水平,提高自身创新创业意识。

三、成果的创新点

(一)平台创新:创新实训平台,打通了实训全流程

基于现代信息技术,以虚实结合、优势互补、能实不虚的原则,面向道路桥梁工程领

域，构建了覆盖全流程、全岗位的实训教学平台，该平台包含识图实训模块、试验实训模块、检测实训模块、测量实训模块、施工实训模块、造价实训模块、招投标实训模块、综合管理实训模块、创新创业实训模块、工程实践实训模块等，实现了与理论课程相结合、与实体实训相结合、与工程实践相结合、与校企合作相结合、与科研成果转化相结合。

（二）模式创新：创新实训模式，实现了实训与实践同频共振

前沿技术创新引领，将北京养护集团"多维平台"、北京首发集团的"智慧养护系统"成功地从企业应用平台转化为了实训教学平台。产教研深度融合、协同创新，依托政、产、学、研项目强化创新能力，与北京市政集团联合开发了道路桥梁工程施工虚拟仿真实训系统、产学两用软件，培养学生综合施工能力，并在生产项目中得到了推广应用，核心技术均拥有自主知识产权。企业专家、学校教师与学生组成的项目团队，完成了北京首发集团创新项目演示动漫制作项目、北京首发集团安全事故警示教育片项目等课题，服务了企业创新发展的需求，丰富了实训资源。平台在支撑学生知识与技能水平、认知与实践能力提升的同时，也可以帮助企业提高技术人员职业技能水平，帮助企业完成技术升级，普及尖端科技认知。利用校企共建共用平台，做到双方互认学习质量，彻底打通校企界线，达到学习就业无感转换的效果。

（三）路径创新：创新育人路径，赋能学生高质量发展

联合北京住总集团、北京逸群工程咨询有限公司创办了双创空间、BIM研究中心，企业团队携有关虚拟仿真的工程项目入驻学校，与师生共同完成，项目成果及企业服务行业的成果又可以形成教学案例，提升了教师的专业水平。按照"424"人才培养路径，培养了学生的创新实践能力，提升了服务交通行业的水平。

四、成果的推广应用效果

（一）校内应用，有效地提高了学生的培养质量

2013年以来，本成果向工程机电系等3个专业院系进行了辐射，使8届学生受益；在20门课程的实训教学中，学生的积极性显著提升，到课率从94%提高到了99%；自主学习的训练时间从使用前的每人每周90分钟提高到了230分钟，专业群100%的学生参与了职业技能等级证书考试培训，在校生获得全国"互联网+交通运输"创新创业大赛银奖等国家级比赛20余项，省部级奖项众多。

（二）国内推广，为同类院校提供了建设参考经验

以本成果为核心建设的道路桥梁工程虚拟仿真实训中心，入选了首批《高等职业教育创新发展行动计划（2015—2018年）》中虚拟仿真实训中心建设项目，2019年通过教育部认定（全国45个，北京1个）。近年来，先后接待了20余所院校的参观，参观教师达到了约100人次，接待了20余次中小学的参观，近2 000人次。团队教师参与了国家教学资源库建设，将实训资源向10余所院校进行了推广。开发了"道路桥梁工程施工技术"等10门在

线精品课程，形成了线上线下混合教学的新模式。团队参加全国职业院校技能大赛教学能力比赛等省部级以上比赛，获奖 5 项，形成国家级典型案例 2 项，主持完成交通类院校开放实验室建设及运行机制研究课题，为同类项目建设提供参考经验。

（三）服务行业效果显著，得到了社会、行业的广泛认可

完成北京首发集团"智慧养护"等协同创新科研成果转化 5 项；完成创新项目演示动漫制作等校企合作项目 20 个；承办中交一公局 Midas & BIM 专项培训和 1+X 建筑信息模型（BIM）职业技能证书考核培训等，培训近万人次。承担了北京市交通委员会二级建造师的继续教育项目，创新性地引入了虚拟仿真综合管理实训，培训约 2 000 人次。第三方调研公司麦可思的调研数据显示，道路桥梁工程技术专业群毕业生具有较强的工作能力、业务能力、协同创新能力。北京电视台、新华网、《中国交通报》等多家媒体相继报道了本成果的经验和做法。2019 年，时任交通运输部副部长刘小明、时任北京交通委员会主任李先忠，在考察调研北京交通运输职业学院时，给予了高度认可，表示本成果在职教领域发挥了引领示范作用。

监测·示范·特色：北京建设可持续发展学习型城市的创新与实践

完成单位：北京教育科学研究院；北京市朝阳区职工大学（朝阳区社区学院）；北京市延庆区成人教育中心；北京市顺义区社区教育中心

完成人：史枫；沈欣忆；桂敏；张翠珠；张婧；蔡芳；刘明海；李建军

一、成果简介

可持续发展是当今世界的重大命题和顶层战略，联合国教科文组织积极推动"可持续发展学习型城市"，核心要义是"以学习型城市建设促进城市可持续发展"。北京教育科学研究院学习型城市研究团队（简称"教科院团队"）从理论、政策、实践不同层面研究可持续发展学习型城市的意涵、指向和策略，取得了项目研究和实践推进的综合收效与多元成果。

（一）综合研究

推动北京成为全国最早探索可持续发展学习型城市建设的城市，研究提出可持续发展学习型城市的社会治理、文化建设、经济提升、教育综改、生态文明"五结合"模式与融合发展路径，厘清了终身学习与可持续发展的关系框架，推动了北京学习型城市政策的新变革，体现在《北京市学习型城市建设行动计划（2016—2020年）》和新一轮行动计划。

（二）实施监测

教科院团队研制学习型城市监测指标，采用CIPP［Context（背景）—Input（输入）—Process（过程）—Product（产出）］设计模式，把监测指标设定为"背景性指标""基础性指标""发展性指标""特色性指标"，并将生态文明与可持续发展相关指标纳入学习型城市监测指标体系。2014—2016年先后在西城、东城、顺义、延庆等8区开展学习型城市监测试验。基于监测研究和实验推进，2019年北京市教委发布了《关于开展学习型城区建设监测项目工作的通知》，北京成为我国第一个全覆盖开展学习型城市监测的城市，监测推动了可持续发展学习型城市建设进程。

（三）示范引领

培育学习型城市示范区、示范项目和终身学习示范基地并发挥其引领作用，是北京开展学习型城市建设的重要抓手。培育过程采取了"科研先行，培训提高，监测摸底，专家跟踪，综合评估，指导提升"的模式。北京目前已建成7个学习型城市示范区、24个示范项目和 100 个终身学习示范基地，两次开展全市学习型城市建设成果展示，在促进城市可持续发展，服务区域人力提升、人文建设和治理优化等方面体现了学习型城市建设的突出成就。

（四）特色探索

北京在全国率先提出"生态学习社区"，首个开展生态学习社区试验，成为北京探索可持续发展学习型城市的重要亮色。教科院深入多区推动实践，形成"社区教育绿妫川""生态理念与学习组织评建""山水文化与生态公民培育""垃圾分类教育与社区治理创新"等系列特色项目，落地实现了可持续发展学习型城市的创新提质。

二、成果主要解决的教学问题及解决教学问题的方法

（一）通过研究和推动建设"可持续发展学习型城市"，合理解决了北京学习型城市在新发展阶段更新定位的问题

2013 年首届国际学习型城市大会之后，北京学习型城市建设达到历史性高峰，随即面临发展之路再往哪里去的问题。教科院对新时期北京学习型城市深入研究和综合分析，突出论证了在新发展阶段北京学习型城市锚定"以全民终身学习促进城市的可持续发展"，换而言之就是以学习型城市建设促进经济、文化、社会和生态的可持续发展，从而提升学习型城市建设的新动力，增进学习型城市变革的新动能。

（二）通过从评估走向监测，有效解决了北京学习型城市建设发展的长效机制问题

评估一度是北京推动学习型城市发展的主导模式，北京先后制定学习型城区、学习型社区、学习型企业、学习型学校等系列评估标准并实施评估。学习型城市在进入深化发展阶段后，其发展不仅需要"自上而下"行政推动，还需要"自下而上"内在发力，需要更加客观更加全面的手段方式。北京学习型城市监测指标体系的"结构要素"和"关键指标"设计科学、切实可行，应用指标体系实施监测能够做到准确客观，而跨部门协作的组织方式和工作流程确保了学习型城市监测的质量水平。

（三）通过"三个示范引领"，突出解决了区域终身学习创新推进和学习型组织持续提升的问题

终身学习体系和学习型组织是北京学习型城市建设的两大支柱，在新时期遇到的问题是区域终身学习的载体供给不充分，学习型组织创建缺少引领。

（四）通过生态学习社区打造，创新解决了可持续发展学习型城市的落点和落地问题

生态学习社区把终身学习与绿色行动协同融入社区，是绿色社区和学习型社区的融合探索，指向社区增绿、健康环保、绿色家庭、绿色低碳生活方式、社区学习、社区文化、书香家庭、社区参与、志愿行动和治理优化。目前，北京在朝阳、石景山、顺义和延庆 4 个区推

动生态学习社区，打造典型样板 17 个。教科院还推进了学习型城市示范区与区域生态文明融合建设，推动了学习型学校与绿色学校互相结合，积极探索可持续发展学习型城市的"新落点"。

三、成果的创新点

（一）理论创新：可持续发展是学习型城市建设的核心指向

教科院把"学习型城市监测""学习型城市与可持续发展"列为研究高地，在新时期秉持生态优先绿色发展理念，开创性地实施了可持续发展学习型城市研究，得出"终身学习是人与社会实现可持续发展的基本路径""可持续发展是学习型城市的内在价值追求""监测在可持续发展学习型城市建设中发挥基础引导性作用"等研究结论。

（二）政策创新：生态文明列入学习型城市行动计划

可持续发展学习型城市的研究成果被教育行政部门采纳，推动了政策创新。2016 年，北京市教委牵头、14 个委办局联合发布《北京市学习型城市建设行动计划（2016—2020年）》，提出学习型城市建设要"促进城市的繁荣、包容和可持续发展"，提出"实施学习型城市监测"。在即将发布的《北京市学习型城市建设行动计划（2021—2025 年）》中，"美丽北京建设，生态文明教育工程"被列入学习型城市建设"十大工程"。

（三）路径创新：发挥监测引导和示范引领在可持续发展学习型城市建设中的推动作用

充分发挥监测的引导性、诊断性功能，使监测成为推动可持续发展学习型城市建设的抓手。将"生态校园建设""绿色社区占比"指标纳入学习型城市监测指标体系，在监测基础上产生的示范城区、示范项目和示范基地，既有一定的覆盖面，更有呈现区域特征和典型内涵的点位，在市民终身学习、学习型社区、学习型组织的融合发展、协同创新上发挥引领辐射作用。

（四）模式创新：点面结合实现可持续发展学习型城市落地生根

教科院团队基于实践，创新凝练了可持续发展学习型城市以人的发展和生态文明为"双核"，以经济建设、文化提升、社会治理为"三个着力点"的"双核三点位"模型；与时俱进探索了可持续发展学习型城市"研究先行—实施监测—培育示范—探索特色"的点线面立体型推进模式。生态学习社区、学习型组织绿色行动等特色探索，围绕生态文明与终身学习融合创新，营造协同推进的共育共建共生新格局。

四、成果的推广应用效果

自 2015 年起，教科院团队在可持续发展学习型城市项目研究深耕，基于监测引导、示范引领和特色探索推动实践创新，在北京、国内和国际不同层面产生积极反响。

（一）在北京层面，推进成效显著，得到多方面认可

2019 年学习型城市监测结果为教育行政部门采纳，作为"十三五"期末 16 个学习型城区建设成就验收评价的重要参考依据。学习型城市示范区建设成为一个品牌受到关注，2020 年人社部认定为可以保留延续的"示范"建设项目。终身学习示范基地达到 100 个，服务市民满意率达 95.3%，满意度为 9.6 分（满分 10 分）。生态学习社区建设从 1 个区发展到 4 个区。

（二）在国内层面，交流传递了可持续发展学习型城市和监测的北京经验

教科院团队研制的监测指标体系和监测方案，在 2017、2019 年两度为教育部职成司采纳，并在 8 城市试点监测和进一步监测实践中使用。作为最早提出"建设可持续发展学习型城市"的城市，北京的建设经验受到欢迎，在上海、成都、杭州、宁波、天津、大连、郑州等十几个有影响力的城市交流。2019 年 3 月和 2020 年 7 月，上海市两次到访，学习借鉴北京在可持续发展学习型城市监测和学习型组织创新方面的建设经验，上海市教委、上海市教育科学研究院、上海市开放大学的专家对学习型城市建设北京模式给予很高评价。

（三）在国际层面，展示分享可持续发展学习型城市的北京故事

北京学习型城市建设始终致力于在国际舞台讲好"北京故事"，向世界传播"中国声音"。北京积极参加历届国际学习型城市大会。在第二届国际学习型城市大会上，教科院代表专题介绍了北京实施监测的典型经验；在第四届大会上，则交流了北京建设包容和可持续发展学习型城市的行动成果；在第五届大会上，北京受邀就建设生态城市和健康城市进行大会发言，特别介绍了北京建设生态学习社区的推动效果，"把绿色社区和学习型社区紧密融合，将绿色家庭和书香家庭共建，实现社区增绿、生态宜居、社区文化和参与共治。"此外教科院与联合国教科文组织终身学习研究所结成战略合作伙伴关系，《北京学习型城市监测程序与实施效果》被编入最新版《终身学习手册》。

高职院校"多学期分段递进"实践教学体系探索与实践

完成单位：北京青年政治学院

完成人：周永源；徐志立；张瑞芬；王利；阳松谷

一、成果简介

北京青年政治学院以服务首都民生"一老一小一青年"为特色专业布局，依托北京市教学改革重点项目在全国率先开展文科类高职实践教学研究。经过理论研讨与模式构建，2008年投入教学实践，至今已运行十余年。成果遵循文科类专业典型特征，根据"人文素养高、有一技之长、社会责任感强"的人才培养目标，从职业人才"生手—熟手—能手"各阶段成长规律入手，顶层设计专业人才培养方案，按2~5学期设立实训学期，分别开展3周集中实训，开发"通用职业能力—专项核心能力—就业创业能力"递进式培养模型，形成"多学期分段递进"实践教学体系。将课程实训与集中实训有机融合，将单项技能与综合技能有效对接并逐级递进，将实训和社会实践一体化，实现"校企社三场景、通专创三阶梯、岗课赛证四融合"。

（一）创设"三场景"实践教学模式

重点服务首都学前、老年、青少年等民生领域需求，配备"校内双师+企业大师+社会导师"三支队伍，构建"校内仿真场景+行业企业真实情境+社会大舞台"三场景教学平台，根据学岗、随岗、跟岗、轮岗、顶岗不同阶段需求灵活安排实训学期集中时段，满足学生职场通用场景、专业岗位、创业平台等多类型、多阶段模拟强化、现场观感、沉浸体验等教学需求。

（二）形成"三阶梯"能力培养模型

通过设立集中实训环节，构建"通用职业能力—专项核心能力—就业创业能力"递进式培养模型。通用职业能力对应岗位通用需求，由人文素养、科技素养、信息素养、团队素养、职业礼仪等模块和专业特色模块灵活开放组合，专项核心能力对应岗位核心技能组建实训模块，就业创业能力对应可持续发展需求拓展实训项目，达到各阶段有侧重、各阶段有递进、层级叠加有拓展的目的。

（三）实现"四融合"实训内容开发

将"岗、课、赛、证"有效融入集中实训内容中，从技术岗位复合型人才需求出发，以典型工作项目为载体，与行业企业共同构建模块化、能力递进式的课程，以行业认证、技能竞赛能力素养要求为目标整合教学内容与标准。

从专业人才培养方案顶层系统规划实践教学体系，实现了点面结合、专通融合、学用结合。成果多次在全国高职院校平台展示，立项实践教学改革项目219项，发表多部研究专著、论文。联合上百家单位牵头组建北京学前教育职业教育集团、旅游英语产教联盟，在全国推广学前教育专业教学标准、旅游英语专业顶岗实习标准。多项实践教学成果获教育部、北京市奖励，师生在教育部、教指委、行业等多项竞赛中获优异成绩。

二、成果主要解决的教学问题及解决教学问题的方法

（一）成果主要解决的教学问题

（1）实践教学缺乏顶层设计，教学环节分散，能力培养不系统；
（2）实践教学内容侧重专业技能，学生可持续发展能力不足；
（3）实践教学缺少标准，管理与考核不到位。

（二）解决教学问题的方法

1. 从专业人才职业成长规律出发，系统设计实践教学环节

基于职业人才从生疏、熟练到创新各阶段成长规律，从专业人才培养方案修订顶层设计入手，设置集中实践教学环节，分阶段提升学生素养与能力，对学期分散于各门课程教学的实训成果加以固化提升。通用职业能力集中训练模块，助力学生顺利成为合格职场人；专项核心能力集中训练模块，助力学生成为岗位能手；就业创业能力训练模块，助力学生争当技能先锋，取得职业生涯长足进步。基于以上顶层系统化设计，实践教学效果得以进一步强化，实践教学体系前后衔接递进式推进，解决了以往实践教学环节分散于各门课程、缺少集中实践环节强化巩固、缺少从专业层面集中系统规划的问题。

2. 从职业岗位德技并修能力素质要求入手，设计阶梯递进式实训内容

高职文科类专业培养的较多是从事服务和基层管理的技术技能型人才，其工作内容更多涉及的是对人的管理和服务，因此学生在具备一技之长的基础上，还需要一定的人文素养和社会责任感。学校从职业岗位综合能力素质要求入手，在强化学生专业技能的基础上，注重对学生岗位技术背后所要求的沟通、交往、分析等通用能力的培养；同时引导学生用所学服务社会、报效祖国，满怀家国、人文情怀。在集中实训环节增加通用能力、人文素养等特色模块内容，围绕老年服务、学前教育、青少年工作与管理等特色专业领域，在实训过程中引入大量爱国报国主题案例，推进集中实训与思想政治教育有效结合，解决了实践教学内容侧重专业技能，学生综合素养、可持续发展能力不足的问题。

3. 从实践教学成果导向的理念出发，设计集中实训环节专项评价标准与管理规范

文科类专业学生实践教学的目标无法定义为具体的产品，而更多的是处于特定情境中的工作任务完成情况和在教学过程不同阶段体现的解决、分析、综合问题、团队合作的能力。学生在进行校外实训、实习时，人员、地点较为分散，因此过程管理显得尤为关键。因此，针对集中实训环节，专门开发实训环节评价指标与评价系统，同时通过方案制订、过程跟

进、成果展示、评价反馈全流程闭环管理，建立目标与过程并重的管理机制，有效解决了实践教学环节缺标准，过程管理相对薄弱的问题。

三、成果的创新点

（一）理念创新：创立"职业成长路径与能力培养模型"新理念，对实践教学体系进行顶层系统设计

基于职业人才"生手—熟手—能手"成长路径，从人才培养方案顶层构建"通用—专业—创新"递进式能力培养模型。强化文科类专业所需沟通、交往、分析等通用能力和创新创业等综合能力的培养，实现首岗适应、多岗迁移，助力学生可持续发展。基于能力培养模型，实施构建"课程教学+集中实训"分段式教学模式，将课程分散实训环节与集中实践教学环节有效衔接，各阶段进行能力侧重强化与累计叠加，实现分段递进点面结合。

（二）机制创新：开发评价标准，建立实训学期特色运行保障体系

围绕分段式教学方案，在领导、专家、同行、督导、学生信息员"五位一体"教学质量保障制度基础上，引入企业、社会评价标准，针对集中实训环节开发评价标准，开展学生满意度调查和教学效果评价反馈；开展集中实训成果展示，实时检验训练成果，保障从方案制订、活动实施、过程管理、成果检验全流程闭环管理，建立实训学期特色运行保障体系。

（三）路径创新：坚持职业导向，通用能力与专业技能递进式融通

坚持职业导向，通过阶梯式递进培养路径，从筑牢学生岗位通用职业能力入手，细化专业职业能力，延伸岗位创业就业能力，构建起单项技能强化、岗位技能综合、拓展技能延伸的系统化实践教学体系。结合专业特点开发通用能力实训模块，结合就业需求开发专业能力实训模块，根据可持续发展需求开发就业创业能力模块，实现通用与专业培养目标递进式融合。

（四）内容创新：坚持产教融合，实现"岗课赛证"深度融合

坚持与产业链、教育链、人才链、价值链无缝对接，实现"岗课赛证"融合育人。在集中实训教学环节，将行业认证（X证书）、技能竞赛能力和素养要求、岗位技术标准融入实践教学方案、融入教学内容、融入课程教学标准与评价标准，打造出一批"融合"特色实训课程，促进了学校基于典型工作任务、项目化实施、就业导向的教学改革。

四、成果的推广应用效果

（一）人才培养水平提升

"多学期分段递进"实践教学体系实施十余年来，已受益学生达到 15 000 余人。学生实践教学满意度逐年提升，最高提升度达 9 个百分点，并呈逐年增加态势。招生计划完成率、

就业率连续多年保持北京市领先水平。学生职业技能竞赛获奖 237 项，获奖人数 816 人，共获得全国一等奖 6 项，北京市一等奖 22 项；英语口语赛项连续四年获得北京市一等奖，连续两年获得国家一等奖；软件测试赛项连续四年获得北京市一等奖，连续四年在国赛中获奖。1+X 认定 10 个专业申报证书 21 个，年参与学生近 900 人，占学生总数的 30%。

专业课教师中"双师型"素质教师比例不断增加，达 83% 以上。累计企业挂职人员 100 人次以上，教育部教学指导委员会委员 5 人，北京市高创计划教学名师 2 名，北京市教学创新团队 8 个，北京市专业带头人 6 名，数十名教师被评为北京市教学名师、北京市中青年骨干教师，获得国家级、市级教师教学能力竞赛奖项 12 项。

（二）全国同类院校应用推广

实践教学改革多个案例入选全国高职高专校长联席会优秀案例评选与展示，成为全国高职院校学习的先进典型。各地多所院校赴学校进行调研，学习借鉴实践成果。立项实践教学改革研究项目 219 项，多项成果被评为国家级、北京市职业教育教学成果奖，出版教材、实训指导书 60 余本，发表论文 20 余篇，公开出版专著 10 余部。牵头 80 余家学前教育单位组成北京学前教育职业教育集团，在全国推广实施《高等职业学校学前教育专业教学标准》。

（三）社会影响力不断增强

实践教学体系设计作为特色项目，获得北京市人才培养方案诊断与改进评估第一名的优异成绩。学校先后获批多个全国职业院校示范专业、市级重点专业、中央财政支持重点建设专业、"双师型"教师培养培训基地，多个项目入选北京市特色高水平专业、实训基地建设项目，学前教育被教育部认定为高等职业教育国家级骨干专业。

师生承担北京市学前教育行业产业发展契合度调研专项任务，调研报告为北京市学前教育政策制定提供重要参考，受到北京市政府和行业的高度肯定。与中软国际、联想集团、完美世界，以及多家幼儿园、养老机构、社区等大型企业、园所合作开展教学实践，受到高度评价。

搜狐新闻专题报道学校集中实训教学活动，中国高职高专教育网报道学校入选高职院校优秀教学成果案例，中央教育电视台、北京交通广播电台对养老服务等特色专业实践教学改革进行专题采访，《中国老年报》对学生专业实践教学活动多次进行报道。

基于医药产业转型升级下的高职药学专业"一核两支撑"教学改革创新与实践

完成单位：北京卫生职业学院

完成人：郝晶晶；潘学强；郭积燕；李伟；李巧芳

一、成果简介

习近平总书记指出："没有全民健康就没有全面小康。"党的十八届三中、五中全会明确了药品安全、健康中国的战略部署，《健康中国2030规划纲要》提出"推动医药创新和转型升级"。北京率先落实药品管理"四个最严"，大力推进医药产业转型升级。面对新时代的新要求，药学专业建设团队依托课题研究，经过五年实践，形成了基于医药产业转型升级下的高职药学专业"一核两支撑"教学改革创新与实践成果，"一核"即以教学内容改革为核心主动适应医药行业新业态、新服务和新规范对高职药学专业技术技能人才规格的新要求，"两支撑"即开发立体化教学资源和构建"1+2全空间"教学模式支撑教学内容改革的落地实施。

"一核"的主要成果：针对新增的静脉用药调配、药物研发助理的新业态，开发"静脉输液药物配置"等3门新课程；针对药师工作职责转变的新服务，调整"药学服务实务"等4门原有课程；针对国家法律法规新标准，升级"药品检验技术"等6门课程。

"两支撑"的主要成果：针对药学专业人才培养规格高、课程难度大、学生内驱动力不足的问题，一是开发立体化课程资源，为教学内容实施提供丰富充足资源。①建设网络学习资源。主持或参与6门国家教学资源库课程建设并在全国范围内使用，13门课程上线清华或人卫慕课平台，购买和开发16套3D仿真实训软件。②建设新型教材资源。主编6门课程工作过程导向教材，其中《静脉输液药物配置》为全国药学专业首本活页式教材。③完善仿真实训基地。形成1 900平方米、753个工位数、设备总价值2 000余万元的药学实训基地。二是构建了"1+2全空间"教学新模式，提升课程实施效果。实施提质课堂"1"，拓展课前课后"2"，推进信息技术在教与学中的有效运用，课程思政与专业融合，铸造课程思政与专业教学共同体。

成果实践显著提升培养质量：五年来学生就业率达98%以上，专业对口率达94%，学生和用人单位满意度逐年提升，学生3次在各类创新大赛获奖。在北京生源逐年递减情况下，专业年招生报名数仍超过计划人数的40%。

成果实践有效促进教师发展：2个团队分获全国信息化大赛一、三等奖，7人次获北京市名师等人才项目资助，29支团队在省部级各类教学大赛获奖。完成教科研课题、论文和教材编写71项/篇/本。

成果实践大力推进专业建设：药学专业 2 次获得国家级示范专业称号，获市级"特高骨"项目支持。

成果实践不断得到推广应用：成果及国家资源库课程资源在学校及 35 家外省兄弟院校应用，得到好评。

二、成果主要解决的教学问题及解决教学问题的方法

（一）主要解决的教学问题

（1）医药产业转型升级下课程内容与岗位吻合度不高的问题。
（2）药学人才技术技能规格高，课程难度大，学生内驱动力不足的问题。

（二）解决教学问题的方法

1. 产业调研、岗课融通，提升了课程内容与岗位吻合度

药品的质量和安全直接关系人民群众的身体健康和生命安全，是严肃的政治问题、基本的民生问题和严谨的技术问题，党的十八届三中全会以来受到各级党组织和政府的持续关注，医药产业转型升级速度持续加快。成果中提出的以教学内容为核心的教学改革设计，顺应了新时代的新要求。通过政策调研和 80 余家单位调研，明确了新业态、新服务和新规范的教学内容改革路径，进而将新岗位工作任务转化为新课程，将新的药师服务能力和新的法律法规融入课程的教学内容，将岗位和课程精准对接，有效地解决了医药产业转型升级下课程内容与岗位吻合度不高的问题。

2. 立体拓展、模式创新，提升了学生学习内驱动力

服务于人民健康的药学专业对人才的技术技能要求高。产业转型升级后随着新业态、新服务和新规范的引入，专业学习难度持续攀升，而职业院校学生对专业学习的兴趣和自身学习能力明显不足。因而建设立体化教学资源和建构"1+2 全空间"教学模式改革同步推进，有力支撑教学内容的实施、学生学习能力的提升、培养目标的达成。

（1）学习平台提升学生的学习兴趣与能力。药学专业 13 门课程均上线学习平台，成为处处可学、时时能学、人人皆学的"教学神器"，变革了学习方式。丰富的微课资源和虚拟实训软件使"制药环境进不去""精密仪器看不见""药学机理弄不懂"得到有效解决。

（2）新型教材提升教学内容实施效果。教材以"项目—任务"结构呈现，同时大量嵌入微课、动画等信息化教学资源，采用活页式装订，可随课程内容组合使用，更好地满足了教学需要。

（3）实训基地提升学生职场环境体验。高标准虚拟仿真实训基地使学生不断体验"上课如上班，实训如上岗"。

（4）"1+2 全空间"拓展课堂时空提升道德素养。从单一课堂到"信息技术拓展课堂空间，打造思政与专业融合空间"的全空间教学模式，拓展课堂的深度与广度，有效解决课程难度大、课堂时空有限的困难。以"服务健康，安全用药"为中心，弘扬屠呦呦等老一辈药学科学家职业精神，以"药慎独、药创新、药规则、药服务"为主线，深入挖掘药学专业课程思政元素，构建"教学+思政"的双大纲教学标准，将思政教育与专业教育有机结合。

三、成果的创新点

（一）推进了"一核两支撑"的教学改革模式，助力同类专业提升

成果创建了以教学内容为改革核心、教学资源和教学模式创新为支撑的"一核两支撑"药学专业教学改革模式，探索出了一条医药卫生类专业教学改革新路径。引导全国医药卫生类专业从教学结构改革，深入到岗课融通的"职业性"教学内容改革层面，及时将产业转型升级下的新业态、新服务和新规范融入教学内容。结合学生需求和生源质量，构建专业教学资源和教学新模式支撑教学内容改革，进而适应医药卫生类专业"知技素"一体化高素质人才培养需要。

（二）创建立体化课程教学资源，受到兄弟院校和行业好评

教材建设：理论与实践高度融合、教学重难点应用信息技术高度突破的课程教材编制方式，以及活页式教材在医药卫生类专业的开发范式，填补了国内医药卫生类新型教材编制的空白，探索出了一套教材建设新路径，起到示范引领作用。

信息资源：国家教学资源库的推广、"清华+人卫"双平台的合理搭配应用，以及16套大型仿真软件的交互使用，立体化的教学资源激发了学生学习兴趣，"药物制剂技术"等课程的教材和教学资源，在行业培训中广泛引用。"药学服务实务"课程动画试题，作为全国药师职业技能大赛的竞赛试题，在全国范围内应用，受到行业好评。

（三）创建了"1+2全空间"教学模式，学生职业素养显著提升

成果创建了"1+2全空间"教学模式，在专业13门课程的教学中应用实践。在专业课程教学中挖掘思政元素，弘扬"服务健康，安全用药"的药学职业道德，将思政内容与专业内容融合，编制课程思政和教学双大纲。药学乐翼天使志愿服务队连续多年获得友谊医院、天坛医院优秀志愿服务表彰，在疫情最艰难的时刻，活跃在北京各大医院，成为一道亮丽的青年风景线。学生因出色的职业素质和专业技能，获得行业高度认可，北京协和医院药学部连续多年为药学专业实习学生组织专场供需见面会，推荐学生就业。

四、成果的推广应用效果

（一）促进人才培养质量飞跃，用人单位满意度高

专业学生质量明显提升，毕业生一直供不应求，五年来就业率保持在98%以上，专业对口率一直稳定在94%，学生满意度和用人单位满意度逐年提升，形成了"入口旺、出口畅"的局面，解决了北京市医疗机构静配岗位和药物研发助理岗位的招聘难问题。在北京市中考、高考生源逐年递减的情况下，专业每年招生报名数仍超过录取人数的40%。药学专业2名学生获得"中国大学生自强之星"荣誉称号。学生获全国医药类职业院校技能大赛二等奖、三等奖各1项。2018年获得"药学服务创新大赛"全国第七名。2019年获得第

十届首都大学生课外学术科技作品三等奖。2020年获得"挑战杯"首都大学生创业计划竞赛金奖。

（二）促进教师专业发展，教师职业成就感强

2017年1个团队获得教育部主办的全国信息化大赛教学设计赛项一等奖第一名。专业7人次获得北京市优秀人才、职教名师等项目支持。五年来专业共有29支教学团队在行指委、市教委组织的教学能力大赛、微课大赛等教学比赛中获奖。先后完成教科研课题18项，发表教科研论文35篇，编写正式出版教材18本。7名教师受邀担任中国药师技能大赛命题专家。

（三）推动专业整体发展，全国示范引领

2016年，药学专业获得教育部等四部委联合授予的全国首批健康服务类示范专业办学点。2017年作为分课题负责单位牵头国家教育教学资源库建设。2019年药学专业获得教育部高职药学骨干专业项目认定，2020年药学专业获得北京市教委特色高水平骨干专业项目支持。五年来，专业两次获中央财政药学实训基地建设项目支持，多次获得市教委素质提高工程"创新团队"等项目支持，累计获得专业建设经费3 272万元。

（四）"一核两支撑"教学改革模式成熟，社会影响力不断增强

成果及国家资源库在江苏等35所兄弟学校和医药行业中应用。课程教材：发行4万余本；《静脉输液药物配置》课程活页式教材受到国家卫健委专家高度肯定；《药物制剂技术》教材被双鹤药业选定为内部培训教材，累计培训企业职工2 000余人。国家教学资源库：课程教学资源在全国推广应用，教师撰写教学实施典型案例编入资源库项目案例集，在全国范围内推广。课程慕课："药品检验技术"等3门课程在人卫慕课开设4轮，除本校学生外，同时服务兄弟院校学生和行业药师，累计报名学员6 150余人。

"双股线"教学策略驱动，构建"红五星"课程思政模式的研究与实践

完成单位：北京市丰台区职业教育中心学校

完成人：赵爱芹；薛凤彩；赵彦军；苏麟；何洪杰

一、成果简介

培养什么人、怎样培养人、为谁培养人是教育的根本问题，课程思政是落实立德树人根本任务的重要抓手，目前还存在课程实施和思政教育"两张皮"问题：

一是没有结合学生年龄特点、专业特点和接受能力，生搬硬套，路径不清，育人成效低，急需创新方法和手段，把价值塑造和知识传授、能力培养拧成一股绳。

二是中华优秀传统文化的思想精华和时代价值是民族的根和魂，作为课程思政重要载体，存在与专业如何结合、如何传承推广的问题。

项目组依托非遗传承与设计专业，更新育人理念，加强顶层设计，经过四年实践探索，构建了"双股线"教学策略驱动下"红五星"课程思政模式，在专业课程中突出思政教育，植入文化基因，推动课程思政与思政课程同向同行，为同类专业课程思政提供解决方案。

（一）"双股线"教学策略凝聚中国智慧

"双股线"源自京绣技艺中"线"的使用要求，蕴藏着中国人的智慧。单股线太单薄，绣图不饱满；四股线不精细，略显臃肿。教学团队深研专业特点，紧扣育人目标，将文化与技艺的经典传承方式转化为"双股线"课程思政教学实施策略，突出思政与专业、文化与技艺、素养与技能"双线"融合，以学习项目为载体，引领思政教育贯穿始终。

（二）"红五星"思政模式铸就中华魂

在"双股线"教学策略驱动下，课程思政把握爱党、爱国、爱社会主义、爱集体、爱人民"五爱"教育主线，依托党史国史、企业订单等多维度立体化课程思政资源，贴合学生特点及认知规律，搭建动之于情、晓之于理、化之于思、践之于行、成之于心"五于"思政素养提升阶梯，融入教学"纳、缕、创、习、承"五环节，通过"五爱、五于、五环"的逐层渗透，构建"红五星"课程思政模式，夯实学生心中以"五爱"为核心的"红五星"的位置，思政教育贯穿始终，根植中国文化、感悟劳动智慧、培育工匠精神，用"针线里的思政"铸就中华魂。

项目组通过模式构建，完善"三全育人"课程思政有效机制，培育一支具有"动心动

脑动手"课程思政能力的教师团队，丰富非遗特色立体思政资源供给，创新"大师工坊"沉浸式思政教育体系和"OBE四维度"课程思政评价体系，促进学生德技并修。近四年学生有201人获国家、市政府奖学金，获市级以上技能大赛奖项108个；打造"感动丰职人物""丰向标"志愿服务市级德育品牌2个，培育学生榜样120人，成立10个志愿服务队，累计服务10万人次、时长7 000多小时。企业用人满意度达98.29%。1门课程入选教育部课程思政示范课。

二、成果主要解决的教学问题及解决教学问题的方法

针对课程实施和思政教育存在"两张皮"问题，必须深入挖掘各类课程和教学方式中蕴含的思政资源，把传统文化与现代技术、知识传授与育人过程拧成一股绳，提高育人效能。

（一）把握"五爱"教育主线，解决课程思政建设方向不明问题

本成果把握"五爱"教育主线，突出非遗文化教育特色，明确课程思政的建设方向：以培育社会主义核心价值观为核心，根植中国优秀非遗文化，引领学生感知劳动智慧，感悟工匠精神与家国情怀，形成爱劳动、爱人民、有责任、重担当的使命感，培育中国审美、中国自信、中国气质。

（二）实施"双股线"教学策略，解决课程思政建设重点不清问题

本成果依托非遗传承与设计专业，选取"京绣产品设计与制作"专业核心课程为实践载体，围绕社会主义核心价值观培育，进行思政观测点分解，凝练"双股线"教学策略驱动教学，在每股线上设置思政观测点、评价点，探索课程思政实施的有效路径，明确建设重点。

（三）探索多维建设路径，解决课程思政资源单一不足问题

本成果围绕思政观测点，融合校内外资源，探索党史国史、京绣工坊、作品竞赛、大师绣品、企业订单、京绣文化纹样库六维度立体思政资源建设路径，同时，在教学过程中把课堂生成的源于学生自身的思政资源放入资源库，凸显资源的立体化。

（四）优化素养本位课程内容，解决课程模块思政要点落实问题

课程实施突出"双股线"高度融合，构建融主题讲座、大师面对面、走进匠人工坊、走进生产企业、京绣产品秀场于一体的专业课程教学模块。专业课程以工作过程为导向，通过京绣产品制作师岗位典型职业活动分析，整合教学内容，构建了项目化学习模块，在课标中明确了每一个项目的思政目标，对接教学环节，进行教学活动和思政点的再细化，突出思政点的落实和评价。

（五）构建"红五星"课程思政模式，解决方法不当、成果固化推广问题

本成果围绕课程思政要素，突出"五爱"主线，关注学生特点和认知规律，搭建思政

素养成长阶梯，融入教学五环节，构建"红五星"课程思政模式，明确课程思政的实施路径和方法，固化成果，在其他专业推广应用。

（六）创新沉浸式课程思政体系，解决校企师合力育人问题

对接合力育人不深问题，加强课程思政体系建设。通过引企、引师驻校建设工程师学院和大师工作室，制订管理制度，资源共建共享，完善"三全育人"机制，打造"匠果空间"，通过"红五星"课程思政落实，形成看、听、说、思、做、悟沉浸式课程思政体系，多方助力，实现学生思政素养攀升。

三、成果的创新点

（一）创新"双股线"教学策略破解"两张皮"难题

"双股线"教学策略凝聚先贤智慧，融入专业特点，突出文化与技艺的经典传承方式，每股线上设置思政观测点、评价点，贯穿教学各环节，破解专业教学与思政教育"两张皮"难题，具有理念创新价值。

（二）创新"红五星"思政模式实现课程思政润心无声

该模式融合了专业特点、学生特点及认知规律，明确了专业知识、技能学习与思政教育双线融合，素养能力螺旋上升的实施路径，中华优秀传统文化的思想精华和时代价值依托专业得以传承推广，价值塑造与技能夯实高度融合，润心无声，提高了育人成效，为课程思政提供可借鉴的范式。

（三）创新沉浸式课程思政体系落实"三全育人"

合作机制建设是学校、企业、大师三方合力育人的重点和难题，本成果以课程思政体系建设为抓手，引企引师驻校，实施文化共融、专业共建、课程共研、教材共编、师资共用、人才共育、成果共享的"七共"合作，破解动力不足、运行不畅、共享脱节问题。完善了校、企、师全员，课上课下全程，校内外全方位"三全育人"运行管理制度，依托"匠果空间"工坊式学习环境，教学过程融入企业项目、京绣纹样、生产工具等思政要素，把企业岗位工作流程转化为学习过程，创新"纳、缕、创、习、承"五段九步教学模式，让学生在明任务、定方案、挖内涵、取纹样、创设计、绣实操、制产品、评成果、拓视野各环节中实现不同思政点的落实，形成看、听、说、思、做、悟沉浸式课程思政体系，具有机制创新价值。

（四）创新"OBE 四维度"评价模型填补思政评价空白

本成果结合课程特点，从培养目标、教学过程、学习成果、修正完善四个方面构建了"OBE 四维度"课程思政评价模型，每个维度均突出思政教育评价，突出价值塑造、知识传授和能力培养紧密融合；创新"6+1"多元全程评价方法：校内教师、校外同行、传承人、企业专家、科研人员、学生家长"六方联动"，融入学生评教，评价课程思政成效，促进课

程良性改进。

四、成果的推广应用效果

（一）守正创新，教学相长彰显改革成效

研究成果"京绣产品设计与制作"入选教育部课程思政示范课程，8名授课教师入选课程思政教学名师和教学团队，课程成为北京市"双师型"教师培养培训基地核心课程。全国职业院校技能大赛教学能力比赛中"中轴线京绣小使者"获一等奖，被王扬南所长在闭幕式述评中引用，称其为课程思政优秀范例，该模式得以在全国推广。承担教育部重点课题"青少年实践与劳动教育——北京中轴线非遗教育基地"，在课题结题答辩中获第一名。建设中华优秀传统文化思政教育资源库，资源总量达15 TB。

学生作品守正创新，能够用"五爱"反映自己的价值取向。如围绕建党百年京绣工坊学生自主发起"百绣话百年"活动，用100幅绣品向党的100年献礼，其中《百花齐放为党祝寿》获"2021全国工艺美术与创新设计博览会"银牌。木工工坊学生用三个月时间，设计制作100幅木版画敬献建党百年。学生自觉学党史、参观博物馆、撰写党史故事，感悟红色精神，展现了良好的中国审美和中国气质。

建设成果为学校校园文化建设作出突出贡献。打造"感动丰职人物""丰向标"志愿服务市级德育品牌2个，培育学生榜样120人，成立10个志愿服务队，服务时长7 000多小时，累计服务10万人次。企业用人满意度达98.29%。

（二）成果转化，辐射带动产生重大影响

"红五星"课程思政模式在校内18个专业推广应用并形成系列成果，四年来12名教师获全国教学能力大赛一等奖，48名教师在北京市教学能力大赛中获奖，其中一等奖32名，在项目研究评估中，校内外专家高度评价；各专业实施的课程，学生评教好评率均在98%以上。如：影像与影视技术专业的"视频剪辑"课程，以红色主题专题片剪辑为学习项目；在"红五星"课程思政模式实施中，学生的作品《青春向党》在全市"未来工匠心向党，青春奋进新时代"团委汇报工作大会上展示；《理想照耀中国》参加建党百年展演；创意类专题片《这盛世如你所愿》发布在Bilibili网站，获得如潮好评。

本成果还转化为新理念、新方法、新手段"三新"教师培训品牌的核心课程，面向河北、河南、沈阳等11个省市推广，改革的种子在多地开花结果。

本成果服务区域经济发展，反哺企业，四年来培养企业员工3 000多人。师生原创作品"丰华蕙制"成为自有注册商品品牌，研发的56件产品成为"丰台礼物"走向国际，开发了12门"一带一路"非遗课程，传播中华优秀传统文化。

"三路十八湾"中职德育体系的构建与实践

完成单位：北京市昌平职业学校

完成人：段福生；高文；黄攀；蒙宝霞；龚晨霞

一、成果简介

党的十八大以来，党中央高度重视学生德育工作，提出要构建方向正确、内容完善、学段衔接、载体丰富、常态开展的德育工作体系，培养社会主义建设者和接班人。学校全面贯彻党的教育方针，落实"立德树人"根本任务，以解决"培养什么人、怎样培养人、为谁培养人"根本问题为导向，德育先行，在"成"字程序教育、"成长桥"德育品牌基础上，坚持传承、强化创新，系统构建更加符合新时代人才培养需求的"三路十八湾"德育体系。

规划期（2015—2016）：以《关于培育和践行社会主义核心价值观的意见》为指导，进一步加强中小学德育工作的时代性、规律性、实效性。在广泛调研的基础上，分析原有德育体系的优势与不足，着眼学生三年成长之路，提出"三路十八湾"体系框架设想，明确"培养爱国拥党、德技双馨的新时代职业人"的总体目标，分解形成"三路"阶段性目标，即：从入校到毕业，划分三年六阶段，科学设计规划，递进式推进，培育"十八湾"教育主题。实践中，紧紧围绕主题，挖掘关键教育点，细化实施标准，融入学生三年成长全过程。

建设期（2016—2017）：坚持"以生为本"的主体性特征，满足不同年级、不同阶段学生需求，结合学生成长规律，按照《中等职业学校德育大纲》，确定三年阶段性目标为：一年级"有模有样"，二年级"有思有责"，三年级"有勇有智"，即"三路"。结合社会主义核心价值观，实施"爱家国、思报国、坚信仰、守规矩、讲公德、扬正气、懂尊重、擅协作、通人际、提精神、广见识、爱生活、能自立、会规划、勇担当、强韧劲、求创新、铸匠心"十八项递进式核心内容，即"十八湾"。设计三年139个教育活动，明确44项关键教育点，分解出104个学生德育标准，助力、护航每一个"湾"，呵护学生健康成长。

实践期（2016—2020）：实践中，发现专业、班级在落实体系时不扎实、不深入，为使学校德育形成一体化推进，加强对专业、班级德育教育课程与活动的规划和落实，同步开展专业"特色德育模式"探索及班级品牌建设，形成了德育课程教案、主题班会课程设计方案、班级教育案例集等。"三路十八湾"德育体系历经四年，培养近万名学生成功走入社会，学生综合素养得到京东、联想、大众等知名企业的高度认可。教师在全国中职班主任基本功大赛中获得一等奖3项、二等奖1项，市赛一等奖3项、二等奖4项，学校编写出版的

《班级主题教育》《心理健康教育》《校园礼仪教育》等成为中等职业教育改革发展示范校创新教材。

二、成果主要解决的教学问题及解决教学问题的方法

（一）解决的主要问题

（1）德育目标过于宽泛，较难落实落细；
（2）德育内容不够全面，路径不够清晰；
（3）德育资源缺乏整合，育人合力不强。

（二）解决问题的方法

设计"分段式"德育目标，明晰"三路"德育内涵。依据学生认知发展规律，系统规划三个阶段分目标，循序渐进达成育人总目标。高一阶段：有模有样。引导学生在规矩、自立、规划等方面强底气、硬骨气。高二阶段：有思有责。指导学生在家国、公德、责任等方面扬正气、鼓勇气。高三阶段：有勇有智。助力学生在信仰、技能、创新等方面显灵气、展才气。三阶段"分段式"德育目标的设立，使学生稳步实现"爱国拥党、德技双馨的新时代职业人"的总体目标。

构建"模块化"德育内容，创新"十八湾"育人路径。结合《中等职业学校德育大纲》内容和社会主义核心价值观，从"爱国信仰、品德修养、合作人际、自我发展、责任担当、职业精神"六个维度，设计三阶段十八项教育内容，使教育内容横向融合、纵向递进。实施过程中，专业课程德育化，多角度、多层次渗透德育元素；主题教育课程化，将"十八湾"教育内容转化为主题班会课程融入教育实践；教育活动系列化，让"爱党爱国、修德修身、铸匠铸魂"系列校内外活动巩固育人效果；校园文化品牌化，弘扬付冬梅精神，让追求道德价值高地成为学生的一种自觉；工作过程标准化，开发《德育主任工作手册》《班主任常规攻略》等"工具书"，制订德育主任、班主任、任课教师德育标准，让工作推进有标准、有抓手；教育管理网格化，实施"校—系—班"网格化属地管理，让分层教育有保障。

实施"一体化"育人方略，形成"五方协同"育人合力。统筹政府、企业、社会、家庭优势资源，通过政府项目、企业实践、社会服务、家庭生活，五方协同推进十八项教育主题深入开展。一是与属地政府共建学生法治、安全、科技等教育体系与教育通道，共建品牌课程与项目，建立相互协作的教育网络，为学生健康成长创造良好环境。二是与企业合作，让学生在岗位实习实践中强化职业道德、锤炼工匠精神。三是共建志愿服务基地、共创社区活动，为学生搭建交流、实践平台，增强学生社会公共意识和社会责任意识。四是设立"家长加油站"、开展家风教育，让更多的家长参与到家校合作中，形成良好家校联动育人机制，助力学生健康成长。"政企社校家"五方互联互通、互推互融，实现了校内校外无缝衔接一体化育人，构建起具有中职特色的立德树人系统化机制，真正履行为党育人、为国育才的神圣使命。

三、成果的创新点

（一）体系创新：重构德育体系

"三路十八湾"德育体系对原有德育体系的目标、内容、实施途径进行升级重构，实现了教育目标在不同阶段的递进式分解和教育内容在不同维度的递进式设计。通过创新课堂、社企实践、家校共育等举措，实现校、系、班分层实施，有效地检验了德育体系设计的科学性、合理性和可行性。

（二）实践创新：实现"三全育人"

"三路十八湾"德育体系统筹多种资源，拓宽人才培养渠道，打破"政企社校家"五方之间的壁垒，实现了学校与政府、行业企业、社会社区、家庭协同育人的新格局，建立校外实训基地，组建区域性德育联盟，形成教育共同体，凸显"三全育人"理念，形成可复制、可推广的共育案例。

（三）评价创新：推进多维度智评

设立学生"一生一卡"奖惩评价、班级量化管理评价、"十八湾"关键行为表现评价、成长增值评价等多维度评价指标，采用线上线下、自评他评、过程结果相结合的评价方式，通过学校智能大数据评价分析，整合学生行为习惯、身心健康等数据，实现"学生画像"的精准性，使德育体系的育人成效得到有效的检验和及时反馈。

四、成果的推广应用效果

育人体系日益完备，成就学生全面发展之路。"三路十八湾"德育体系让学校德育工作在新时代迸发出新活力，体现了学校育人工作的核心竞争力和高质量发展的贡献度。近四年，培养了1 240名学生。通过连续三年对1万余名学生行为习惯的监控、记录与测查，统计得出学生习惯认知水平平均每年提高7.6%，年平均优秀率为95.3%；习惯行为水平平均每年提高5.3%，年平均优秀率为92.7%；学生的行为习惯达标率由原来的75%提高到了95%以上。学生的综合素养得到京东、美团、上汽大众等知名企业的高度认可，用人单位满意度达到99%以上。学生在各级各类比赛中共获得国家级奖项100余项、省市级奖项475项，6名学生荣获"全国最美中职生"称号，3名学生荣获北京市中小学金帆、银帆奖，5名学生获评北京市优秀学生，成就了学生德智体美劳全面发展之路。

育人模式日臻成熟，筑就学校专业创新之路。学校各专业围绕"三路十八湾"德育体系核心教育内容，结合专业特点和学生发展需求，延伸构建了交通运输专业"培养严丝合缝的工匠人"，信息技术专业"培养云物大智的领跑者"，航空服务专业"培养知书达礼的代言人"等7个特色德育模式，凝练出"能生存、会生活、爱生命"的"三生"教育，"懂礼仪、知礼节、讲礼貌"的"三礼"教育等一批专业德育品牌，衍生出"付冬梅班""企业化管理班"等一批班级德育品牌。模式创新有效提升了德育工作的针对性、实效性，筑就专业特色发展之路。

育人品牌日益彰显，铺就中职示范引领之路。"三路十八湾"德育体系获评北京市职业院校"一校一品"优秀德育品牌，项目组主要成员黄攀老师在第三届北京市大中小幼教师讲述育人故事活动中宣讲"三路十八湾"育人故事，育人经验在普教系统广为传播。河北唐山第一职业中专、河南栾川县中等职业学校借鉴学校"三路十八湾"德育体系，在校内开展实践，育人成效得到明显提升。学校先进德育理念获得社会各界的高度好评，教育部网站、《光明日报》、《中国教育报》、中国教育电视台等媒体多次报道。卓有成效的德育工作吸引了德国、英国等10多个国家的职业教育人士到校参观学习。为全国中高职院校举办76批3 200人次专题培训，在呼伦贝尔、银川等地20余所院校推广传播"昌职方案"，开辟了一条共享共育共赢之路。

"丝路春晖" 五维度育人体系的研究与实践

完成单位：北京市对外贸易学校

完成人：李倩春；尚丽英；赵维平；张景林；徐渤

一、成果简介

2013年"一带一路"倡议提出，习近平总书记对丝路精神的诠释与对外贸易的精神实质一脉相承。2014年3月，学校结合办学定位和特色，提出创建"丝路春晖"德育品牌。"丝路"是对古丝绸之路对外贸易的传承与延续，是对新时代下"丝路精神"的发扬光大；"春晖"寓意希望和未来，意指培养开放、包容、合作、进取的新时代复合型人才，回报祖国、回馈社会，报得三春晖。2015年8月，形成五维度育人体系：以理想信念引领人、以职业要求规范人、以校园环境化育人、以高频活动锻炼人、以多方协同助推人。通过五维度育人体系来打造"丝路春晖"德育品牌，2015年9月起开始实践。

（一）以理想信念引领人

构建"四联动"思政育人机制，班主任、任课教师与党务工作者联动，党务工作与业务工作联动，思政课程和课程思政联动，校内与校外联动，强化外贸特色的爱国主义教育，坚定学生理想信念。

（二）以职业要求规范人

形成"短期集训+持续强化"的职业素养培养路径，新生入学即接受集中职业素养入轨培训，将职业素养有效融入三年的课程中，对接职业要求，构建职业素养大课程体系，持续强化，实现素养和技能双提升，在实践中逐步形成"五融通、五环节、五提升"的贸校特色晨会模式。

（三）以校园环境化育人

突出环境的情感化育作用，营造"丝路书韵·桃李芳菲"的育人环境。突出学校办学特色，挖掘外贸学校文化特质，充分发挥馆、廊、亭、轩、园、墙、栏、道、石、雕的环境育人功能，用文化美、艺术美、环境美潜移默化感化学生。

（四）以高频活动锻炼人

搭建"职业化、系统化、多元化"育人活动平台，月月有主题，周周有安排，天天有社团，突出"英语+"特色，培养外贸学生开放包容的心态、合作进取的精神、开阔的国际视野。运用职业素养护照平台为学生画像，促进学生全面发展。

（五）以多方协同助推人

强化家校社企良性互动，打造育人共同体。办好家长学校，指导家庭教育；利用市商务局行业办学优势，为师生搭建实践平台；作为属地市民终身学习基地，为学生提供锤炼技能、服务社会的机会；深化产教融合，形成"八共"校企育人机制，合力培育准职业人。

本成果自实践以来，为2 500多名学生搭建成长平台，"丝路春晖"获评北京市职业院校优秀德育品牌，被多家媒体专访报道，校长在全国行业会议上多次分享育人经验，40多家同类院校到校参观交流。在北京生源持续低谷时，学校招生规模保持高位稳定，毕业生受到用人单位和对口高职学院的一致好评。

二、成果主要解决的教学问题及解决教学问题的方法

（1）通过创建"丝路春晖"德育品牌、构建五维度育人体系，解决学校育人工作顶层设计不够、系统化不足的问题。对学校50多年的办学特色、经验进行梳理、总结和提炼，明确育人理念、目标、思路，使学校育人工作有引领、有方向、有遵循。

（2）通过思政育人、素养育人、环境育人、活动育人，解决学校学生存在的四类典型问题：

一是通过构建"四联动"思政育人机制，解决学生理想信念不够坚定、"三观"不够健全等问题。党员"双聘—双联系—双指导"制度，实现班主任、任课教师与党务工作者联动；创建班主任、教学、管理服务党员示范岗，实现党务与业务联动；打造"三有思政课—三大红色课堂—课程思政双师课"，实现思政课程和课程思政联动；红色阅读、红色实践，实现校内校外联动。

二是通过"集训+持续"的职业素养培训方式，解决学生职业意识不强、自信心不足、沟通合作能力不够等问题。职业素养集中培训包括破冰、晨会、商务礼仪、团队游戏等，让新生迅速打破隔阂，增强自信，短时间内形成较强的班级凝聚力；初步了解专业和职业要求，为新生打开职业教育第一扇门。职业素养融入三年课程，持续强化，提升学生就业竞争力和职场适应力。

三是通过强化环境的情感化育作用，解决学生感性素养不足、人文素养不够等问题。建设开放式图书馆、朗读亭，对大门、花园、广场、道路等进行整体文化设计命名，体现丝路元素，突出书香味道；学校随处可见的雕塑、油画、文化石润物无声地感染熏陶学生，激发学生向善向美，提升品位和格调。

四是通过搭建"职业化、系统化、多元化"活动平台，解决学生进取心不足、意志品质不强、团队合作能力不够等问题。主题活动贯穿全年，社团活动天天开设，让学生有施展平台、有提升空间。商务节、英语艺术节、贸校朗读者持续多年，成为学校的品牌活动，职业素养护照记录学生参与活动情况，立体多维评价促进学生全面成长。

（3）通过打造育人共同体，解决校企之间融合不够、家校之间互动不足、校社之间沟通欠缺，难以凝聚育人合力的问题。精心组织家长会，联合家长委员会，办好家长学校，家校携手共同育人。依托行业办学，承办北京市网络直播、北京市商业服务业技能等各种大

赛，与社区联手，开办老年大学、中小学职业体验基地，为学生提供参与教学与服务的机会。与多家知名企业签署合作协议，形成了"八共"校企育人机制。

三、成果的创新点

（一）理论创新

一是创建了"丝路春晖"德育品牌下的五维度育人体系。学校将丝路精神与办学定位、办学特色相融合，创建"丝路春晖"德育品牌，构建"以理想信念引领人、以职业要求规范人、以校园环境化育人、以高频活动锻炼人、以多方协同助推人"的五维度育人体系。

二是突出了环境的情感化育作用。融入丝路元素，渗透环境的情感化育作用，对学生的每一处活动空间都精心设计。建成"一廊、一轩、三广场、八园八路"的格局，校园呈现出格调高雅、清新隽永、别具一格的"丝路书韵·桃李芳菲"景象。潜移默化、润物无声地熏陶感染学生，提升学生的感性素养、人文素养和生命品质。

（二）机制创新

构建了"四联动"思政育人机制。全面落实立德树人根本任务，以党建为引领，促进党建与思政教育深度融合，在实践过程中逐步形成"四联动"思政育人机制。突出外贸特点，激发学生家国情怀，铸牢学生思想根基，占领学生意识形态主阵地，有效推动学校思政工作创新发展。

（三）实践创新

一是创建了"五融通、五环节、五提升"的贸校特色晨会模式。借鉴企业晨会、突出学校外贸特色、融入时事要闻，通过五年实践，形成了独具特色的贸校晨会模式。晨会验收、展示、评比贯穿学生在校三年，有效发挥育人作用，成为日常管理的重要抓手，提升学生组织协调、演讲表达、团队协作、礼仪礼貌、书写总结五大能力。

二是形成了"英语+"特色。除了基础英语课，所有专业均开设专业英语课程，推行日常交际英语百句、专业英语百句，提升学生英语表达能力。常态化组织英语角社团、英语演讲比赛，持续25年开展英语艺术节，提升学生英语应用能力。利用行业办学优势，为学生提供涉外活动平台，参与服贸会、冬奥会、国际车展等活动，开阔学生国际视野，坚定学生文化自信，培养拥有"中国心、世界眼"的外贸学子。

四、成果的推广应用效果

（一）培养了一批高素质的技术技能人才

一是竞赛成绩优异：北京市职业技能竞赛一等奖获奖比例从10%提升到40%；市文明风采竞赛获奖率从27%提升到55%；82人在市直机关工委读书活动中获得特等奖和一等奖；在市职业院校"最美朗读者""最美演讲者"比赛中成绩优异。1+X证书取证率达到90%。

二是评优数量提高：3人获"全国最美中职生"称号，9人获国家奖学金，612人获政府奖学金，市级三好学生、优秀干部获评人数大幅度提高。成果自实践以来，培养了2 500多名合格毕业生，受到对口高职院校或用人单位的好评。

（二）打造了一支高水平的教师队伍

一是竞赛成绩优异：2017年以来，10个教学团队参加市职业院校教学能力比赛，多个获一等奖，其中1个获全国一等奖；1名教师获全国中职班主任能力比赛二等奖；6名教师参加市中职班主任能力比赛，多名获一等奖。二是获得荣誉增加：近五年，17人获评市优秀教师、优秀教育工作者、"紫禁杯"优秀班主任等，70多人受到市商务局及地区表彰或嘉奖，较五年前有大幅度提高。三是教科研能力提升：近五年，15项课题通过中国职教学会、市教科院等审批，20多篇论文公开发表，编写9本职业素养校本教材；培养50名职业素养培训师，覆盖全部班主任，其中4名为市学习指导师。

（三）建成了一所发展潜力巨大的职业学校

一是招生好：近年在北京市生源处于低谷的情况下，学校招生规模高位稳定，生源质量不断提升。二是荣誉丰厚："丝路春晖"获评北京市职业院校优秀德育品牌，被北京电视台、《北京晚报》等多家媒体报道；多次获全国、北京市文明风采大赛优秀组织奖，市职教系统运动会精神文明奖、突出贡献奖，市创建"书香校园"示范校，市职业院校"最美朗读者""最美演讲者"优秀组织奖。

（四）扩大了学校的社会影响力

北京电视台对学校进行专访，校长在行业会议上多次分享育人经验，全国40多家兄弟院校到校参观交流，接待外国交流团20余次。学校积极服务行业、区域和社会。一是承办市消费季网络直播大赛、市商业服务业技能大赛、市电商高级研修班等，为服贸会、冬奥会等提供翻译、礼仪等服务。二是作为来广营地区市民终身学习基地，开展区域老年和青少年教育培训，组织学生电商、幼教小分队定期进社区提供专业服务。三是作为北京市专业技术人员继续教育基地，每年培训1 500人次。开设初中生开放性科学实践课程，组织学生走进敬老院、首都图书馆等参与志愿服务活动。

高职院校课程思政"盐溶式"教学实践与探索

完成单位：北京经济管理职业学院

完成人：张连城；贾颖绚；王杨；李鹤；苑秀芹

一、成果简介

党的十八大将"立德树人"作为教育的根本任务。为全面贯彻党的教育方针，北京经济管理职业学院以教育部评估为契机，于2012年在全校范围内修订人才培养方案及课程标准，利用课堂主渠道，将"立德树人"落实到每一门课程。

习近平总书记指出，好的思想政治工作应该像盐，但不能光吃盐，最好的方式是将盐溶解到各种食物中自然而然吸收。

课程思政"盐溶式"教学立足于思政教育与各类专业课程教育同向同行，在课程设计和课堂教学中适时、适量、有机地溶入"盐——思政元素"，让思政元素在专业课程教学中自然吸收，使课程教学达到有滋有味、春风化雨、润物无声的育人效果。从2016年12月至今，经过四年多研究、实践，学校基本探索出一条适合高职院校课程思政教学实践的有效路径。

课程思政"盐溶式"教学实践依托思政教学目标递进式设计、思政元素映射提炼、"盐溶式"教学法多样化创新、CIPP评价模型，建立了四位一体课程思政教学体系，解决了长期以来课程思政在教学实施过程中思政目标不精准、思政元素提炼不到位、融入方法生硬、效果评价难等问题，取得了显著成效。

本成果根据不同课程类别，形成了系统的"找依据—定理念—选内容—挖元素—融教学—优考核"课程思政六步实施路径。通过递进式路径设计，精确构建思政教学目标；通过"元素映射法"，精准提炼课程思政元素；通过"情景沉浸法""故事融入法""人物代入法"等多种教学手段，促进思政与课程自然融合；通过创立CIPP课程思政评价模式，实现课程思政评价的过程性、发展性以及全方位性。

本成果提出"盐溶式"课程思政教学理念，将思政元素与专业课程融于一体、教与学融于一体，实现了理念创新；运用递进式路径设计构建课程思政教学目标，"元素映射法"提炼课程思政元素，"盐溶式"教学法促进思政与课程自然融合，教学效果有滋有味，实现了实践创新；创立CIPP课程思政评价模式，实现了模式创新。

经过四年多的实践检验，"盐溶式"课程思政教学全面融入"三教改革"。获批教育部"全国职业院校课程思政研究中心"，两门课程获教育部首批课程思政示范项目，12个案例在全国职业院校"战疫课堂"课程思政典型案例征集中获奖，发表相关论文70余篇，教材专著10余部。学生申请入党及参军人数攀升，1+X证书及专升本考取率提升，数千名学生参与"互联网+"大学生创新创业大赛并在国赛中获奖。媒体对学校课程思政建设进行报道，多家兄弟院校来校学习。

二、成果主要解决的教学问题及解决教学问题的方法

（一）成果主要解决的教学问题

1. 解决了如何精确构建有针对性可实施的课程思政目标的问题

课程思政总体目标以服务社会、社会需求为导向，基于教学规律分解为多层次、多方面的目标群，并细化为每一堂课可实施、可落地、有生命力的具体目标。

2. 解决了基于不同专业课精准提炼思政元素难的问题

"盐溶式"教学立足于高职学科和各专业课程具体特色，通过"元素映射法"准确提炼思政要素，精准把握思政映射点，为课程思政教学"铸魂补钙"。

3. 解决了思政元素在课程中融入难的问题

如何将思政元素有效融入课程，是课程思政教学关键所在。"盐溶式"教学紧扣敏感思政要素、专业课特点以及受教育者综合素质，重点在三者契合点上构建水乳交融的教学方式。

4. 解决了课程思政教学效果评价难的问题

创立 CIPP 课程思政评价模式，综合考评课程思政教学效果。

（二）成果解决教学问题的方法

依托递进式设计思政教学目标、映射提炼思政元素、"盐溶式"教学法多样化创新、CIPP 评价模型，建立了四位一体课程思政教学体系。

1. 通过递进式设计，精确构建思政教学目标

以社会需求为导向，依据学生综合信息，编制学情分析报告，结合课程特色和精准提炼的思政元素，构建有针对性、有特色、鲜活的课程思政教学目标体系；基于教学规律，通过递进式路径设计，分解为多层次、多方面的目标群，然后细化为每一堂课的具体目标。

2. 通过"元素映射法"，精准提炼课程思政元素

从不同课程特点和内容出发，注重思政元素与专业课程之间的逻辑性和契合度，找寻专业课程知识体系和思政元素之间的内在联系，建立两者之间的映射关系，精准提炼课程思政元素。

3. 通过"盐溶式"教学方法多样化创新，促进思政元素与课程自然融合

"盐溶式"教学基于学生喜欢、受益的出发点与落脚点，通过教学目标的精确构建、教学主体深度体悟、教学任务精心布置、教学情境巧妙创设，实现教学主旨全程浸润、思政目标全程浸润。

"盐溶式"教学法在教学过程中注重从不同的角度、深度、层次激发学生提问欲望，以激励、唤醒方式促进学生自我内化融入教学情境之中，形成师生互融、思政与课程自然融合、教与学自然融合。

"盐溶式"教学形式多样，可采用"情景沉浸法""故事融入法"以及"人物代入法"等。

4. 创立 CIPP 课程思政评价模式，综合考评课程思政教学效果

CIPP 课程思政评价模式具有过程性、发展性、全方位的特点，与课程思政评价体系相符。

三、成果的创新点

（一）理念创新：提出"盐溶式"课程思政教学理念，思政元素与专业课程融于一体、教与学融于一体，适时适度

首次提出"盐溶式"课程思政理念。首先注重思政元素与专业课程本身之间的逻辑性和契合度，找寻专业课程知识体系和思政教学之间的内在联系，通过"元素映射法"，精准提炼课程思政元素；其次注重教与学的引领性和融合性，根据受教育者实际需求，编制学生学情分析报告，精确构建有针对性、鲜活的课程思政教学目标和具体教学方法，注重教与学的针对性，实现教与学的融合性，实现"教人无痕""育人无声"。

（二）实践创新：递进式路径设计构建课程思政教学目标，"元素映射法"提炼课程思政元素，"盐溶式"教学促进思政与课程自然融合，教学内容"营养适度"、教学效果"有滋有味"

通过递进式路径设计精确构建有针对性、可实施的课程思政目标体系。首先构建思政教学总目标，其次基于教学规律分解为多层次、多方面的目标群，最后细化为每一堂课"可实施、可落地、有生命力"的具体目标。

深入研究思政元素与专业课程两者之间的逻辑性和契合性，立足专业课，通过"元素映射法"提炼课程思政元素。

"盐溶式"教学通过运用"情景沉浸法""故事融入法""人物代入法"等多种教学方法，实现教学情境巧妙创设、教学主旨全程浸润，将精准提炼的课程思政元素自然、鲜活地融入案例情境之中，同时以激励、唤醒方式促进学生自我内化融入教学情境之中，思政课程与专业课程互融、教与学互融，实现教学内容"营养适度"，教学效果"有滋有味"。

（三）模式创新：创立 CIPP 课程思政评价模式，综合评价"盐溶式"教学的实践效果

CIPP 课程思政评价模式强调过程性，注重过程和改进的评价功能；强调发展性，注重收集学生、教师、用人单位等各方面对教学过程的体验与反馈；根据"三全育人"要求，既可概览课程思政评价全过程，实现全程覆盖追踪，又聚焦具体环节，实现课程思政评价的过程性、发展性、全方位性。

四、成果的推广应用效果

从 2012 年建设至今，成果全面推进课程思政"盐溶式"教学改革，学校教师全员参与，直接覆盖学生万余人，"三全育人"成效显著。

（一）课程思政融入"三教改革"硕果累累

广大教师在学思渐悟中坚定理想信念，在奋发有为中践行初心使命，2 名教师获评北京高校优秀共产党员，9 名教师获评学校"四有"好老师。教科研能力提高显著，累计完成课程思政相关教改项目 22 个、科研项目 11 个、课程思政示范课 68 门，发表论文 70 余篇，出版教材专著 10 余部。近百人参加全国及北京市教学能力比赛获奖。课程思政"盐溶式"教学改革激发教学方法创新，让课堂活起来，使学生成为主人，助力学生成长成才。调查数据显示，毕业生对教师教学质量满意度由 2015 年的 78.90% 上升到 2020 年的 98.27%，对教师授课水平的认可度较高。

（二）课程思政育人实效彰显特色

学生政治意识提高，理想信念坚定，社会责任感增强，道德修养日臻完善，创业奋斗精神饱满，幸福感增强。近几年学生申请入党、参军意愿强烈，人数持续攀升，在国庆 70 周年阅兵任务中表现出色。数百名学子投身抗疫一线服务，其中张志昌同学连续志愿服务 3 000 余小时，被授予"首都最美志愿者"称号。学生学习主动性显著提升，1+X 证书和专升本考取率稳步提升，多家用人单位对毕业生反馈了好评。数千名学生参与"互联网+"大学生创新创业大赛并在国赛中获奖，实现"敢创业、真创业"。2020 年，毕业生自主创业项目达 29 个，自主创业率 5.13%，创历年新高，整体就业率达 97.63%，2020 届毕业生对学校整体培养质量满意度为 98.44%，对母校人才培养的认可度高，育人成效凸显。

（三）课程思政示范引领影响广泛

2020 年，学校成功入选教育部全国职业院校课程思政研究中心；2 门课程获教育部首批课程思政示范项目，团队 15 人获得教学名师和教学团队荣誉称号；12 个案例在全国职业院校"战疫课堂"课程思政典型案例征集中获奖；学校参加京津冀陕甘宁六省市推进思政课建设经验交流，多家兄弟院校到校学习课程思政建设经验。

（四）课程思政媒体聚焦反响热烈

《北京日报》报道王扬在人民网公开课《讲好中国故事、做中华文明传播的使者》的经验交流，《职教中国》报道贾颖绚解读《做好职教课程思政建设，推动职业院校内涵式发展》经验交流，在社会上引起热烈反响，体现了学校在全国职业院校中的示范作用。

基于三个维度的中职数学课程思政研究与实践

完成单位：北京市求实职业学校

完成人：车菲；吴少君；刘雁；曹鹿玲；刘静

一、成果简介

从党和国家事业发展全局的高度，坚守为党育人、为国育才，将思想政治、道德教育渗透到职业教育的各个环节。针对中职数学教师课程思政意识不足、方法不多、对专业关注不够等问题，率先提出集"理念—实践—专业"于一体的中职"三维"数学课程思政架构，开展实践探索。

一维聚焦理念层面，形成"一个统领、两个结合、三条依据、四种意识、五种能力"的"12345"数学课程思政观。一个统领：以马克思主义理论、习近平新时代中国特色社会主义思想为统领；两个结合：将"显性内容"与"隐性价值"相结合、"品格塑造"与"考核评价"相结合；三条依据：依据数学课程标准、专业人才培养方案和思政教育理论；四种意识：着力提升政治、学习、改革和育人意识；五种能力：课程思政的设计、实施、评价、反思和创新能力。通过思政观的建立促进教师增强意识，解决观念层面的问题。

二维聚焦实践层面，提出"三级指标、三条途径、三线并行、四位一体"的"3334"操作范式。三级指标：围绕意识和情感、态度和精神、价值观和方法论，分3个一级指标、20个二级指标、70个三级指标，梳理中职数学课程中的思政要素；三条途径：课堂教学（主渠道）、课外活动、自主学习；三线并行："项目任务贯穿，知识体系演进，课程思政引领"的"三线并行"思政模式；四位一体：创新"多元、多维、综合、增量"的"四位一体"评价方案，提出行为观测、命题考察、成长体验、调研访谈等多种可视化渠道，全面评价思政教育效果。以具体的操作范式，实现从理念向实践的转化，为教师提供方法支撑。

三维聚焦不同专业，探索"五大专业类别，共性和个性于一体"的"51"课程思政实施方略。五类：依工科类、财经类、艺术类、服务类和教育类不同专业培养方向；一体：探索数学课程思政的共性特征和个性差异。以此破解专业特点不突出的弊端，实现从共性到个性的发展，使其更具针对性和实效性。

三个维度缺一不可，共同作用于人的发展。课程思政的实施效果始于教师育人观念的建立，依据不同专业人才培养方案和学情，挖掘独特的思政要素和方法，形成各具特色的育人模式，最终以促进学生全面发展为归宿。历经实践，提出几点实施建议。

本成果荣获多个北京市课程思政、教学能力、学生比赛的一、二等奖，相关论文在核心刊物上发表，在京冀多地开展交流，为兄弟院校和其他学科提供参考。通过纵横交织、立体架构，真正实现培根铸魂、启智润心。

二、成果主要解决的教学问题及解决教学问题的方法

（一）横向梳理脉络，通过"12345"课程思政观的建立，有效解决数学教师课程思政意识不足，"重知识、轻思想"的倾向

注重发挥各类课程的思想政治教育功能，是我国党和政府对教育提出的一贯要求。但平日教学中，很多教师都存在着"重知识教学、轻思想教育"的倾向，特别是数学这样的自然科学类课程，更容易让教师产生与思政教育相去甚远的误解，从而导致对学科育人价值的理解不够深刻。因此，在理念建构上，通过横向梳理脉络，充分把握课程思政的指导思想和内涵，厘清课程思政与核心素养之间的关系，着力增强数学教师的四种意识和五种能力，解决观念层面不重视的问题。

（二）纵向拓展延伸，通过提炼思政要素、途径方法、思政模式、评价方案的"3334"操作范式，有效解决数学教师的实践困惑

与观念建立相比，教师的实践困惑更为突出。调研显示：很多数学教师对课程应培养学生怎样的价值观念、有哪些思政要素，以及如何将这些要素有效融入教学存在诸多困惑，缺少途径、方法、模式上的引领和支撑。基于教师的实践困惑，纵向拓展延伸，通过纲要解读、文本分析、分类整理，以"政治认同为根、家国情怀为魂、职业意识为基、理想信念为本、文化底蕴为脉、数学素养为主"，融合党史国情、中国学生发展核心素养，兼顾相邻学段课程思政一体化衔接，在原有"情感、态度、价值观"的基础上继承发展、深化内涵、拓展外延；分"三级指标"提炼中职数学课程思政要素，对应不同课程形式探索"三种途径"和多样方法，创新"三线并行"思政模式，改革"四位一体"评价方案，切实给予教师操作方法上的支撑，形成纵横交错的数学课程思政教育网络。

（三）增加第三维度，通过五大专业类别开展实践，有效解决对中职生思想状态及专业特点关注不够、课程思政针对性不强的问题

中职公共基础课教师容易淡化职业教育与普通教育的区别，对学生的思想状态与专业特性关注不够。中职生正处于价值观形成的关键时期，他们中的大多数思想还不够成熟，对时事政治关注较少，这就需要教师有意识将思政教育融入数学教学，循序渐进地引导学生学习知识、提升认识。此外，中职学校不同专业人才培养规格方向、职业素养也不尽相同，分门别类地开展实践，有助于探索课程思政的共性和个性，形成全面育人的立体架构，凸显职业教育的特征。

三、成果的创新点

（一）率先提出集"理念—实践—专业"于一体的"三维"数学课程思政架构

围绕立德树人根本任务，中职数学课程思政体系呈现立体架构，分为三个维度。理念层

面上，形成"一个统领、两个结合、三条依据、四种意识、五种能力"的"12345"数学课程思政观；实践层面上，挖掘思政要素，探索途径方法，提炼思政模式，设计评价方案，形成"3334"操作范式；专业类别上，针对工科类、财经类、艺术类、服务类和教育类五大类别，探索共性和个性一体化的"51"实施方略。三个维度缺一不可，共同作用于人的发展。

（二）在理念层面上，形成"12345"数学课程思政观

以马克思主义理论、习近平新时代中国特色社会主义思想为统领，将"显性内容"与"隐性价值"相结合、"品格塑造"与"考核评价"相结合，依据数学课程标准、专业人才培养方案和思政教育理论基础，着力提升政治、学习、改革、育人意识以及课程思政的设计、实施、评价、反思和创新能力。

（三）在实践层面上，提出"3334"操作范式，分专业类别探索共性和个性

一是分"三级指标"提炼思政要素。基于不同专业类别，兼顾相邻学段课程思政一体化衔接，分3个一级指标（意识和情感、态度和精神、价值观和方法论）、20个二级指标（三个认同、四个自信、家国情怀、审美意识、心理健康、职业意识、法治观念、科学、探索、劳动、劳模、工匠、批判、奋斗、创新、革命精神、人生观、世界观、价值观、认识论）、70个三级指标，梳理中职数学课程中的思政要素，在不同阶段提出各自的目标和重点。二是探索实施课程思政的"三条途径"。三是以章节"项目"为载体创设思政情境，在"混合式+项目式"背景下，提出"项目任务贯穿，知识体系演进，课程思政引领"的"三线并行"思政模式，将教书与育人融为一体。四是创新"多元、多维、综合、增量"的"四位一体"评价方案，聚焦数学课程中的思政点，提出行为观测、命题考察、成长体验、调研访谈等思政评价方式。

四、成果的推广应用效果

（一）实践情况

本成果于2017年分别在学校部分专业和部分班级中开展小范围实验，实验班采用项目式教学，重点对学生开展数学文化价值、职业道德等教育，关注学生的思想状态。历经初步实践，实验班学生在数学能力、价值观念上的提升均优于普通班。2018—2020年，课题组总结经验、继续完善，在全校各专业中开展三轮实践研究，进一步梳理数学课程中的思政要素，提炼育人模式和评价方式。同时，在我区对口支援学校——河北省唐县职业技术教育中心的学前教育、计算机等两校共同开设的专业中进行同步实验，进一步创新大班教学背景下的思政策略，为促进京冀两地职业教育协同育人贡献了智慧和力量。

（二）应用效果

1. 教师的课程思政意识和能力得到优化

近年来，团队成员在课程思政实践引领下累计获奖30余项，发表论文6篇，其中2篇

在核心刊物上发表，15篇论文获全国、市区级的一、二等奖；参研课题、项目10项，8项结题，其中4项获一、二等奖；区德育成果评优一等奖1项；参编书籍1本；4次荣获北京市教学能力比赛奖项；2个团队作品获北京市中职公共基础课课程思政教学设计比赛一等奖。

2. 不仅关注学生数学成绩，更关注品格发展

2019级175名学生数学学习前后测对比分析显示：在品格发展上，对数学感兴趣或非常感兴趣的学生由原来的38.3%增至78.9%，92.6%的学生认为数学学习对未来生活、工作有所帮助，且愿意参与合作探究。多数学生对时事政治的关注度不断提升，应对素养题时分析和求解能力得以增强，由此也带来学习成绩的显著提升。此外，从项目报告、成长手册、实习评价等材料中均反映出学生的思想变化，特别是对职业精神、劳动精神以及生活美、数学美、文化美、价值美的认知更为深刻。实践期间，学生获北京市中职数学竞赛集体银奖。为庆祝中国共产党成立100周年，学生拍摄作品《数说中国经济》，获北京市一等奖，学校获最佳组织奖。

3. 为兄弟职业院校提供可借鉴的模式

团队成员将数学课程思政研究的成功经验不断推广到北京市乃至全国职业院校。2019年9月，负责人赴河北省开展为期半年的支教工作，将课程思政融入数学教学的经验分享给教育同仁。近年来，团队成员分别在本区职业教育高峰论坛、西城区教育研修学院、北京市中职公共基础课程教学改革与教师成长论坛、中国职业技术教育学会学术年会、贵州"国培计划"培训班做主题讲座和案例分享，效果良好，为兄弟职业院校提供可借鉴的模式。

"幸福学园"：高职院校以学生幸福为目标的教育改革

完成单位：北京经济管理职业学院

完成人：张懿；雷凯；于瑞；徐晓沄；韩新春

一、成果简介

幸福是教育的终极目标。对于学生而言，幸福是其潜能的充分开发和真实占有。学生幸福在客观上表现为成长成才成功，在主观上表现为自信积极愉悦。学生幸福既是教育的"最后一公里"，也是"第一公里"，且存在于"每一公里"之中。教育若不以学生幸福为目标，就会发生内卷、异化等现象。

针对高职学生奋斗精神不足、幸福感不高，学校内部教育目标不一致、个性化和特色化培养体制机制不健全等问题，自2012年起，学校围绕全员育人、素质教育，开始了以学生幸福为目标的教育探索。2016年年底，为落实全国高校思政会议精神，学校启动了"幸福学园"。

"幸福学园"是以学生幸福为目标的综合改革，涉及教育教学、管理服务、基本建设等方方面面。教育教学方面成果有八项：一是"幸福学园"领导及责任体系。书记、校长任学校领导小组组长，二级学院成立"幸福学园"工作组，为班级配备幸福导师，明确了学校、部门、学院、辅导员、班主任幸福教育责任。二是"幸福融入五育"的教改方案。开设德智体美劳5大育类、15个培养科目和42个活动课程，设30学分。三是幸福教育"方法包"。形成了"奋斗+集体""认知+体验""实验+改进""因材+对症"幸福教育模式，以及奋斗幸福观培养"十大方法"、主观幸福感提升"六大方法"。四是融合"三个课堂"的幸福教育平台。以学生幸福为联结点，融合一二三课堂，对接上下学段，加强学校、家庭、社会协同育人，打造"六大平台"，开展"1460"计划。五是"人人皆能出彩"的人才培养机制。建立分级分类选拔机制，使学生在专业、技能、创业、领导、兴趣等五个方面激发潜能、成就自我。六是特殊需求学生的精准教育。通过对每位学生家庭背景、学校背景、幸福观、幸福感、心理状况、学习状况六个方面深刻的了解，对有特殊成长需求的学生进行"因材施教"或者"对症下药"，实现精准"滴灌"。七是学生幸福三级考核。建立"学生幸福素养指标评价体系"，完善学校相关考核评价制度，将学生幸福成长与二级学院、辅导员、班主任三级考核结合起来。八是学生幸福动态监测和反馈改进系统。开展学生幸福观和幸福感前测、后测和毕业测，将测验结果反馈到教育教学，用毕业测、后测、前测之间的发展变化检验幸福教育成果，指导教育教学改革。

"幸福学园"有效地帮助学生培养主流幸福观、提升主观幸福感，学生精神面貌大为提振，获奖率、就业率、创业率等大幅提升。"幸福学园"获国家和北京市多项荣誉，取得了良好的社会影响。

二、成果主要解决的教学问题及解决教学问题的方法

（一）主要解决的问题

（1）高职学生奋斗精神不足的问题；
（2）高职学生幸福感不高的问题；
（3）职业院校教育目标体系内部冲突的问题；
（4）职业教育个性化、特色化培养体制机制不健全的问题。

（二）解决问题的方法

1. 以"奋斗幸福观"为统领，以积极心理学为补充

把"奋斗"确定为学校核心精神并写入"十三五"规划，拍摄《奋斗》宣传片，加强奋斗幸福观理论研究，举办奋斗幸福观学习班、研讨会，开发"奋斗创造幸福"系列活动，激发学生成长成才成功的积极性。引入积极心理学理念，在"对症下药"基础上强调发现学生优势，实现"因材施教"，调动学生成长成才成功的主动性。

2. 以学生为中心，系统化、最大化构建"幸福场"

学校坚持整体性看教育和学生幸福，把时间和空间、社会和教育、不变和可变的因素统一起来。实行班级管理与幸福导师制相结合，促进教师与学生建立普遍联系，鼓励教师发现、引导和帮扶学生，做造福学生的"大先生"。主动走进学生的中学母校，主动邀请家长走进学校，围绕学生幸福开展交流研讨、形成共识，共建由学校、家庭、社会组成的"幸福场"。实施"幸福成长'1460'计划""幸福能力提升实验"，建设"幸福学园"班级学习园地，开展"班为基础"集体主义活动，形成浓郁的"幸福氛围"，促进学生幸福感水平提升。

3. 建立以学生幸福为最高目标的目标体系

学校内部各系统都有自己的目标，相互之间常常发生冲突。"幸福学园"将学生幸福写入各专业人才培养方案，使学生幸福成为各门课程教学目标的"最大公约数"；立志做"对学生最好，最负责任"的高职学院，不断加强学生幸福的条件保障；建立了"经管12345"服务平台，确保学生的意见、建议、诉求在最短时间内得到采纳和回复。"幸福学园"的目标体系就是将学生幸福放在最高位置，统一教育思想，引领教育前行。

4. 多轮次选拔培养，最大限度开发学生潜能

通过分级、分类、个性化、特色化培养和灵活开放的工作机制，为每个学生找到适合自己的教育、伴随自己一生的事业。第一类是学习能力选拔，通过专升本成长为应用型人才；第二类是技术技能选拔，通过参加技能大赛成长为技术技能型人才；第三类是创业能力选拔，通过参加创业比赛及自主创业成长为创业型人才；第四类是领导能力选拔，通过学生干部岗位锻炼成长为领导型人才；第五类是兴趣特长选拔，通过参加学生社团将兴趣特长发展成职业。

三、成果的创新点

（一）理念创新

以学生幸福为目标，反映了教育本质，创新了高职教育"怎样培养人"的理念和视野；抓住了教育根本——生命关怀，践行了中国特色社会主义"办人民满意的教育"的宗旨；坚持了问题导向，直面影响教育发展的关键性问题，廓清概念、纠正错误，指导教育实践。在"幸福学园"升级版中，引入"奋斗幸福观"概念，与学校长期弘扬的"奋斗"精神相得益彰，反映时代、代表时代、引领时代，创新了高职教育"培养什么人"的境界和方法。

（二）体制机制创新

学校主动承担起学生幸福的主体责任，帮助每位学生构建一座"幸福大厦"。成立"幸福学园"建设领导小组，党委书记和院长任组长，设立"幸福学园"建设办公室，负责日常工作的统筹、协调、监督和考核；加强协同联动，学工、教务、宣传、马院、团委、招就等部门明确职责、分工合作；二级学院守土有责、守土尽责，凝聚育人合力；成立"幸福学园"辅导员工作室，为班级配备幸福导师，打造"幸福班级"，守护学生幸福。完善人才培养规划，将学生幸福有机贯通一二三课堂，贯穿招生、培养、就业全过程；全体教职工都有幸福教育职责，定期举办"幸福学园"工作坊，进行学生幸福教育的分享、交流和研讨；修订《辅导员工作条例》《班主任工作条例》等文件，将学生幸福与相关教职工的考核挂钩。

（三）措施创新

有目标：以凝聚学生主流幸福观、提高学生主观幸福感为目标；有主题：以弘扬奋斗精神，促进学生成长成才成功为主题；有教材：将"三个课堂"相融合，印制了两版《学生幸福成长手册》及其辅助教材；有活动：面向全体学生举办了"六大工程""十大活动"；有方法：坚持因材施教，分类分层选拔培养，形成奋斗幸福观教育十大方法、幸福感提升六大方法；有反馈：对每位学生进行前测、后测、毕业测，分析影响学生幸福的关联因素，经过统计学分析和教师判断，为精准施教提供基础和条件，研究成果直接反馈于教育教学实践。

四、成果的推广应用效果

（一）学生幸福水平大幅提升

2017级、2018级学生幸福前测、后测和毕业测的数据显示：2017级学生主流幸福观（奋斗幸福观和集体主义幸福观）主成分占比分别为50%、54%、60%，三年提升20%；2018级学生主流幸福观主成分占比分别为58%、60%、63%，三年提升8.6%。学生在校三年，奋斗幸福观、集体主义幸福观对其主观幸福感的影响力提升分别为30%、50%。近三年来，学生课堂出勤率达 95%，第二课堂参与率达 100%；学生获全国和北京市级技能竞赛奖项 110 余项、"互联网+"创新创业大赛奖项 190 余项；毕业生就业率连年突破 98%，创业率连年突破 5%，专升本率连年位列北京市第一。

（二）"幸福学园"研究成果斐然

完成北京市社科基金暨首都大学生思想政治教育重点课题"幸福学园的研究与实践——大学生思想政治工作视角"，另有在研幸福课题 3 项；连续五年开展学生幸福观和幸福感调查，编写《学生幸福成长手册》《学生幸福成长教师使用手册》4 册，发布《学生幸福白皮书》6 辑；出版《大学生主观幸福感实证研究》学术专著 1 部，发表《主体、本质与路径：马克思幸福思想探源》《奋斗幸福观释读》等论文 10 余篇；为苏州工业园区职业技术学院等兄弟院校提供幸福调查技术支持；为"女性幸福力国际论坛"提供幸福理论指导。

（三）"幸福学园"建设获得各方认可

2019 年，"幸福学园"获评北京市职业院校"一校一品"优秀德育品牌；2020 年，《打造"幸福学园"，构建"三全育人"工作长效机制》获评首都大学生思想政治工作实效奖；2020 年，"幸福学园文化"获评全国职业院校校园文化"一校一品"；2021 年，"幸福学园"获批中国科学技术协会"学风传承示范基地"；2021 年，"幸福学园"获评市教育工委"三全育人"优秀成果三等奖。2020 年，反映学校"幸福学园"建设的专著《奋斗经管，幸福学园》，成功入选教育部第二批高职院校文化建设与文化育人丛书编撰工程。

（四）"幸福学园"社会影响逐渐扩大

北京电视台对学校"幸福学园"进行专题访谈，《现代教育报》《北京晚报》等多家媒体专题报道"幸福学园"；"幸福学园"建设成果和经验在北京大学、天津大学、北京市委党校、国家教育行政学院、全国职业院校"立德树人"论坛等做介绍，相关建设成果在北京 2021 中国国际服务贸易交易会和 2021 北京国际旅游商品及旅游装备博览会上向全球展示。

以"四真""四入"为突破口的高职院校思政课教学模式创新与实践

完成单位：北京信息职业技术学院

完成人：林广梅；孙红梅；李孟君；张星；张欢欢

一、成果简介

"特高校"建设的核心是培养一流高素质技术技能人才，关键是解决好"为谁培养人，培养什么人，怎样培养人"的根本问题。经过课题组反复大讨论和深入研究，在2015年首都大学生思想政治教育招标课题即高职院校"思想道德修养与法律基础课程教学模式研究"的基础上，紧紧抓住以"真听、真懂、真信、真用""入耳、入脑、入心、入行"（简称"四真""四入"）为突破口，提出"忠诚、责任、担当"的教育理念，倾力打造"1233"教学模式，即以典型案例为引导（1个引导），以问题导向、目标导向为依托（2个依托），以课堂实践、校园实践、校外实践为载体（3种实践），以多媒体、计算机网络、通信网络为手段（3种信息化手段）的教学模式。以"学生为主体，教师为主导"，理实一体，使学生真正成为课堂的主人。

成果主要内容："三条主线"选案例，重点关注北京地区的红色案例，引导学生真听、入耳；问题导向和目标导向一一呼应，引导学生真懂、入脑；三种实践体验与感悟使学生真信、入心；三种信息化手段与自主搭建的三大教学平台交互使用，引导学生真用、入行；课程导学适合高职学生的学习方式，可读性强；全过程、全方位评价体系确保教学模式有效落实。在4所高职院校实施课程模式大实践，真正让每位学子的心灵埋下真善美的种子，扣好人生的第一粒扣子，具备较高的思想政治觉悟、社会责任意识、团结协作和社会担当精神。

成果主要解决4个问题：解决了以学生为中心，真正实施因材施教问题；解决了照本宣科，灌输"高大上"理论问题；解决了教育部指定的本科与高职共用统编教材，影响高职学生学习效果问题；解决了高职学生底子薄、学习兴趣不高、学习效果欠佳问题。

成果创新：育人理念创新；教学模式创新；教学环境创新；辅助导学创新。

五年的真抓实干，课程教学实现了九大转变：从注重"以教为中心"向"以学为中心"转变；从"灌输式"向"引导式"转变；从"死记硬背"向"独立思考的感悟"转变；从"单一"向"全过程"评价转变；教师角色从"主演"向"导演"转变；学生角色从"听众"向"主演"转变；从"线下"向"线下+线上"混合式转变；从"现场面授"向"现场面授与远程直播结合"转变；学生从"被动学习"向"主动学习"转变。形成了教师"善教，乐教"，学生"学有所乐、学有所得、学有所用、学有所获"的良好氛围。"1233"教学模式，引起了国内职业教育界的广泛关注，成为职业院校思政课"北信"样板，进行了广泛推广。

二、成果主要解决的教学问题及解决教学问题的方法

（一）通过案例引导的方法，解决了以学生为中心，真正实施因材施教问题

使学生达到"真听""入耳"的效果，要在引导案例上下功夫，以"家国情怀""职业情怀"和"人生情怀"三条主线选案例，重点关注北京地区的红色案例，选取与理论密切相关的"四史"案例，突破空洞的说教，学生抬头率高且真心听。运用案例式、引导式、讨论式、探究式方法体现以学生为中心。例如，在小组讨论、展示、点评和教师理论提升上下功夫，学生在小组交互讨论中思考问题，教师引导学生提炼关键词，小组代表围绕关键词进行展示，教师点评使学生认识到优点和不足，在教师理论提升时，学生认真思考、悟道。

（二）通过引入成果导向教育理念和任务驱动的方法，解决了照本宣科，灌输"高大上"理论问题

使学生达到"真信""入心"，从教学设计入手，引入成果导向教育理念，运用倒逼式的课程设计。总目标是"忠诚、责任、担当"，在总目标下设分目标即模块，模块中嵌套任务，在模块下设专题，包括知识目标、能力目标和素质目标。在任务驱动下，"做、学、教"融为一体。运用调研式、问题导向式、目标导向式教学法，使问题导向和目标导向一一呼应，解决问题的同时，实现教学目标。教师不再照本宣科地灌输，而是把"高大上"的理论转化成"贴近学生、贴近实际、贴近生活、贴近专业"的案例，让学生悟道、释惑。

（三）通过编制适合高职学生特点的"课程导学"和使用三种实践教学手段的方法，解决了教育部指定的本科与高职共用统编教材，影响高职学生学习效果问题

为了强化学生"真懂、真信""入脑、入心"，编制了适合高职学生学习特点的"课程导学"。导学的结构以模块为单元，模块下设专题包括导语、案例借鉴、做人之理、指点迷津、他山之石、学习拓展训练、思考导行，学生喜欢读、读得懂。采用"一体两翼"的实践教学方式，即以课堂教学为主体，校园实践、校外实践为两翼的实践教学，强化对理论的感悟。

（四）通过搭建"三大平台"和使用"三种信息化"手段的方法，解决了高职学生底子薄、学习兴趣不高、学习效果欠佳问题

使学生达到"真用""入行"，采用"3+1"方式整合教学资源，自主搭建"学银在线"完成课前学习；"马克思主义学院资源库"为学生注入红色基因；"心路实践平台"使全校学生共享从感知、感悟到感动的优秀学习成果，在"1本任务书"驱动下，完成线上线下混合式教学，学生"上课气氛活跃，精力集中"。运用VR、AI情景体验，实现"真用""入行"的效果。

三、成果的创新点

（一）育人理念创新

提出了"忠诚、责任、担当"教育理念。为了有效落实教育理念，课前，马院资源平台包含"四史馆"、时事热点、京外红色 AI 纪念馆、红色信件等，资源丰富。课中，"引导、辨析、感悟、践行、评价"5 个教学环节体现"知情信意行"。课后，运用北京的 12 个素质基地和红色案例感悟、导行。引导学生从中感悟我国制度的优越性，提升对党和国家的忠诚度，形成社会责任感，体现"四真""四入"的效果。

（二）教学模式创新

提出了"1233"教学模式。引入成果导向教育理念，以学生为主体、教师为主导，以学定教和以教促学，问题导向，持续改进。案例式、问题导向式、小组讨论式、任务驱动式、情景模拟式等多种方法的使用，尤其是问题导向与目标导向一一呼应，解决问题的同时，实现教学目标，适合高职学生的学习特点，提升教学效果。

（三）教学环境创新

自主搭建三大平台：一是学银在线平台，问题链形式呈现教学视频、课件、主题讨论、立体动画、拓展空间等内容；二是心路实践平台；三是马院资源平台。三大平台与 VR、AI 等模拟仿真、多媒体、计算机网络、通信网络交互使用，使手机、电脑成为学习工具，这种混合式教学方式，激发了学生的学习兴趣，提高了学习效率。远程直播教学方式解决了新疆职业院校缺少思政课教师的问题，受到了新疆学生的欢迎。任务引导和资源的有效结合，让教育理念与环境良性互动，构建全空间育人格局。

（四）辅助导学创新

编写"课程导学"，突出职业性，强调应用性，讲究实效性，体现可读性。编制的原则是"两化"与"四符合"，即职业化、信息化，符合中央文件精神、符合学生实际、符合教材、符合岗位需求。导学以模块为单元，模块下设专题，包括导语、案例借鉴、做人之理、指点迷津、他山之石、学习拓展训练、思考导行。导学的编写方式让学生喜欢读、读得懂。课程导学充分体现教育理念，引导学生听党话、跟党走，强化学生对国家、对社会的责任感以及为实现中国梦的奋斗精神。

四、成果的推广应用效果

（一）教学与改革创新成绩斐然

2018 年，林广梅获得全国第六届黄炎培职业教育奖杰出教师奖。2016 年，林广梅获得北京市高等学校教学名师奖。2019 年、2020 年、2021 年团队成员连续三年获得北京市教学能力大赛一等奖。团队主持和参与教育部课题各1项,主持省级课题3项,主持校级课题7项,在北京市高职院校德育工作论坛中获得一等奖2项,发表相关教改论文20余篇。

(二) 课堂活跃度与学业挑战度显著提升,独立思考能力和素质明显增强

师生课堂互动增强了课堂吸引力,全过程评价增强了学业挑战度,学生课下必须忙起来,课上必须动起来。近9个学期学生的及格率和优良率不断提升,思想政治素质、道德实践素质、法治素质明显提升。如,学生密切联系专业撰写的报告中,感悟方面质量较高,说明素质教育成效显著,实现了价值引领。五年间,学生获评北京市级优秀毕业生526名,他们成绩优秀,大赛上获奖,积极参加志愿者服务,到艰苦的地方去工作。如青春榜样隗杰,毕业后到新疆扶贫,体现"支边扶贫显身手、软信学子有担当"的精神。

(三) 可复制、极具推广价值的教学模式引起强烈反响

2018年新疆石河子工程职业学院进行远程直播,不仅得到了新疆石河子师生的认可,而且吸引了一些南疆教师到现场听课。当时,教育部教师工作司教师发展处王克杰副处长,亲临慕课室观看教师们的直播状况,对于两校之间合作开展的创新课堂教学方式给予高度评价,称这种教学资源共建共享共用,用技术创新课堂的教学尝试是职业教育的课堂革命。如今,每年有多所学校采用"学银在线"示范包。

(四) 改革的示范引领作用引发社会广泛关注

2020年全国职业院校选拔100名思政名师,林广梅运用该教学模式而当选。孙红梅、张欢欢作为团队代表在中国共产党成立100周年之际,参加了职业院校名师讲党史并录制了视频,被转载到学习强国平台,受到职业教育界的好评。2021年,中央电视台教育频道播出团队成员孙红梅、张星、张欢欢介绍课程模式情况的视频,获得各界的好评。成果完成人林广梅作为专家被中国职业教育学会、《聚焦职教》栏目等邀请讲座200余场,每场听课骨干教师多达二三百人;在教育部培训中心举办的全国高职院校思政课改革培训班介绍经验20余场,在线讲座高达4万多人;应邀到100余所职院校做讲座,相关单位和教师给予了高度评价。通过全国高职思政课教学改革交流,本成果产生了重要的影响,同时为成果的推广奠定了基础。

课程思政背景下的高职院校思政课建设创新与实践

完成单位：北京劳动保障职业学院；北京财贸职业学院；北京交通职业技术学院；北京市房山区长阳镇小康之家养老照料中心

完成人：冯宝晶；王建民；郑振华；吴学文；张雯迪；魏启晋；罗锦丽；江淑一

一、成果简介

习近平总书记在全国高校思想政治工作会议上明确指出，要用好课堂教学这个主渠道，思想政治理论课要坚持在改进中加强，提升思想政治教育的亲和力和针对性，满足学生成长发展需求和期待，其他各门课都要守好一段渠、种好责任田，使各类课程与思想政治理论课同向同行，形成协同效应。在全面建设社会主义现代化国家新征程中，职业教育担负着培养更多高素质技术技能人才、能工巧匠、大国工匠的历史重任，必须解决好"为谁培养人、培养什么样的人、怎样培养人"这一根本性问题。这对高职院校思政课程创新实践提出了新的更高要求。

北京劳动保障职业学院（简称劳职院）在长期办学实践中，确立了"精心、精致、精品"的办学方针和打造"最令人尊敬的高职学院"的办学愿景。本成果以教学能力大赛为抓手、以"三教"改革为主线，以提高人才培养质量为核心，在职业教育大发展和课程思政背景下持续深化思政课程改革建设，构建了"思政引领、实践联动、协同融合、育人育才"的高职院校思想政治教育新模式。

本成果在人才培养上实现了变"大水漫灌"为"精准滴灌"；通过打造"学—导—践—评"混合式教学新模式，推动了思政课教育教学向"以学生为中心"的转变。在坚守第一课堂教学主阵地的同时，积极开辟思政活动育人的第二课堂、随时在线的网络课堂和社会实践的移动课堂，构建第一课堂、第二课堂和移动课堂的"三联动机制"。为更好地发挥思政课程对课程思政的协同引领作用，从理论上研究思想政治教育与技术技能人才培养融合统一问题，成功申报北京市教委社科计划一般项目，并主持教育部行指委职业教育改革创新课题。在实践中，构建思政教师、专业课教师和企业导师"三师型"协同育人师资团队，建立"手拉手"集体备课制度，开发活页式配套材料，开展学生实习就业、教师企业实践等方面校企合作。理论研究与实践探索厘清了思政课"主渠道"与各门课"一段渠"之间的逻辑关系，使思政课真正成为深化课程思政改革创新的源头活水。同时课程思政也反哺思政课自身建设，不断增强思政课的思想性、理论性和亲和力、针对性。

本成果教学实践证明，思政课教学改革有效促进了学生思想政治素养的培育和职业技能的提升，学生的获得感、教师的幸福感、学校的知名度、美誉度及行业认可度显著提升。

二、成果主要解决的教学问题及解决教学问题的方法

（一）主要解决的教学问题

1. 学生抬头率低，思政课教学效果不理想问题

思政课教学中存在两种倾向：一是延续传统，照本宣科；二是抛开教材，任意发挥。解决好思政课教学内容供给侧问题，推动教材体系向教学体系转化，是提高思政课教学成效的关键。

2. 信息技术与思政课教学深度融合不足

如何运用信息化手段帮助学生从"要我学"到"我要学"的转变，是提高思政课教学实效性的重要一环。

3. 思想政治教育与专业人才培养融合度不高

高职院校思想政治教育存在教学目标定位上忽视专业和岗位需求，未能体现出职业特色，思政课教师未能与专业课教师、企业导师有效对接的问题。

（二）解决教学问题的方法

1. 教学内容为王，打造有灵魂的思政"金课"

关注学生困惑，深度挖掘教材，凝练教学主题，实现学生需求与教学目标的有效对接，打造模块化专题教学，推动教材体系向教学体系转化；运用新形态活页式教材理念，开发思政课教材配套活页，开设选择性必修课程，拓展课程内容，打造"有高度、有深度、有广度、有温度"的魅力思政"金课"。

2. 借助信息化教学，探索"学—导—践—评"混合式教学新模式

学——"学生自主学习"；导——"教师课堂引导"；践——"学生参与实践"；评——"过程性评价"。推动思政课教育教学向"以学生为中心"的转变，帮助学生实现了从"要我学"向"我要学"的转变。

3. 构建"三联动机制"，打造"主课堂+拓展课堂"双课堂模式

在扎实守好第一课堂教学主阵地的同时，开辟思政活动育人的第二课堂、24小时随时在线的网络课堂和社会实践的移动课堂，让学生能够随时随地接受思政教育，使思政教育摆脱传统课堂教学的时空限制，实现全时空覆盖。

4. 发挥思政课程引领作用，打造思政课程与课程思政协同育人新格局

建立思政课教师与专业课、通识课教师对话交流、集体备课、共同编写人才培养方案等协同合作机制，搭建"课程思政"资源平台。构建思政教师、专业课教师和企业导师"三师型"协同育人师资团队。走进实训企业，挖掘企业鲜活的思政案例素材，多维度设计实践教学。

5. 坚持"教育者先受教育"理念，加强思政课教师队伍能力素质建设

加强思政课教师学习培训，实现让有信仰的人讲信仰。实施思政课教师教学科研能力提升计划，提升思政课教师教学能力。在专业技术职务（职称）评聘工作中单独设立马克思主义理论类别。

三、成果的创新点

（一）理念创新：坚持"问题导向"和"精准思政"，彰显个性化和多样化人才培养

变"大水漫灌"为"精准滴灌"，直面学生问题，因人施策，解决真问题，见到真效果。变"被动说教"为"主动融入"，传播正能量，创造好生态。

（二）模式创新：深化"三教"改革、构建"三师型"教学团队、开发配套活页，探索"学—导—践—评"混合式教学新模式

构建思政课教师、专业教师、企业导师为核心的"三师型"教师团队。实现教材体系向教学体系的转化，开发了具有劳职院特色的思政课教材配套活页；坚持"以赛促教、以赛促研、以赛促建、以赛促改"的思路，打造了"学生自主学习""教师课堂引导""学生参与实践"及"过程性考评"的"学—导—践—评"混合式教学新模式。

（三）机制创新：构建"三联动机制"，打造"主课堂+拓展课堂"的立体化育人体系

着眼"大思政"格局，以"育人活动的第二课堂""随时在线的网络课堂""社会实践移动课堂"拓展教学时空，打造立体化育人体系。创新主课堂教学形式，打造让思政课亮起来的魅力课堂；加深理论知识的内化，开设让思政课活起来的第二课堂；变"现实场景"为"互联互通"，搭建"随时在线的网络课堂"；推动理论与实践的有机对接，构建"社会实践的移动课堂"。

（四）路径创新：深化产教融合、工学结合，构建思政课程与课程思政同向同行、协同育人新格局

以职业导向为基点，思政课与专业教学融合，与企业紧密合作，资源共享、人才共育，协同改革创新。开设人才培养订单班，进行学徒制试点。校企"双元"育人，共同制订人才培养目标、共同设计教学内容、共同开展实践教学、共同研讨课程思政建设，在开发活页式教学辅导材料、学生实习就业、教师企业实践、企业员工培训、管理咨询等方面开展了全面深入的合作。

四、成果的推广应用效果

（一）社会赞誉广泛，受到学生、企业、专家等多方好评

"三联动机制"立体化育人体系及混合式教学新模式，经过5届6 000多名学生的实践检验，思政课出勤率和满意度显著提高，实践教学参与率达到100%，在同类高职院校中产生较好影响并发挥积极的示范引领作用。在对就业单位回访中，企业普遍认为，劳职院学生

认真务实、勤奋肯干，专业基础扎实，动手能力强。2017年4月，在北京市职业院校教学工作诊断与改进评审活动中，专家一致认为思政课教师在教学工作中实现了理论课教学与信息化手段的高度融合，思政教育做到了"落地、落实"，在高素质技能人才培养的教学理念、培养途径和教学实践等方面实现了创新。学生对思政课教师教学满意度均达到90分以上，在2020年度学生评教中有思政课教师甚至获得了99.53分的优异成绩。劳动经济学院学生评价思政课教学方式："让我们获得了完全不同的课堂体验，没有知识的强制灌输，没有刻板的思维模式，用清晰的表述和强大的逻辑，引导着我们去思考和体悟。"

（二）育人成效明显，涌现大批在校生、毕业生培养典型案例

"90后"王名宇是从技能大赛里走出来的"青春养老人"，荣获全国养老护理技能竞赛一等奖。因为热爱，她将老人视为亲人，用爱心和耐心照护老人的健康。十年的历练已让她从学生成长为讲师和专家，得到了社会的广泛认可，被北京头条、《劳动就业报》等多家媒体报道。2006级人力资源管理毕业生许曼从基层做起，不怕苦、不怕累，事业心强，责任感重，拼搏劲足，在人力资源服务领域深耕15年，已成为北京知名人力资源服务公司的副总裁和人力资源领域专家。他们身上都有着劳职人共同的标签——德技双馨。他们目标明确，都热爱自己的学业、事业，品德高尚、技术过硬、敢于吃苦、甘于奉献，"明理笃行，惟精惟一"的理念在他们身上体现得淋漓尽致。

（三）科研成果突出，教学团队科研成果取得历史性突破

形成了以"北京市教学名师""北京市骨干教师""劳职榜样"获得者等为代表的教学团队；获得首届全国教材建设奖二等奖，出版"十一五""十二五""十三五"国家级规划教材4部、北京市精品教材2部；获得全国职业院校教学能力比赛三等奖2项、北京市职业院校教学能力比赛一等奖2项。在北京大学核心期刊发表教改论文10余篇，主持、参与国家级和省部级课题20余项，尤其是课程思政类课题取得历史性突破，获得教育部行指委和北京市立项。

产学研一体化 PBCC 递进式培养园林高端非遗传承人才的研究与实践

完成单位：北京市电气工程学校；北京园艺有限公司；北京花乡世界花卉大观园有限公司；北京欣风景生态园林工程有限公司

完成人：张燕；崇静；陈琢；任爽英；高福霞；李海波；石文芳；刘洋

一、成果简介

非物质文化遗产传承是中华民族文化精神的继承和延续。首都城市发展及功能布局需要园林高端非遗传承人才，学校园林专业探索了将传统师徒经验式传承的一般性非遗人才培养，转换成以学历教育系统培养具有中华文化底蕴的高端非遗传承人才培养的新范式。传统园林非遗人才培养存在校企合作运行机制不畅通、缺乏技术应用研发平台、学生综合能力和人文素养不高等问题。通过借鉴国外先进人才培养模式，结合学校非遗师资优势，创新了园林专业特色非遗人才培养机制、PBCC 能力递进式人才培养模式，发展了非遗传承理论，使园林专业上了新台阶，培养了一批园林高端非遗人才。

（一）构建了园林非遗应用技术研发平台，完善了校内产学研一体化运行机制

以园林高端非遗人才培养为目标，围绕教育科研、应用技术两大领域，构建了园林非遗应用技术研发平台，研究开发了三个阶梯职业能力，构建了从课程、方法到实践九个方面园林非遗人才培养体系。完善了校内产学研一体化运行机制，深化了校企合作内涵，提升专业科研综合实力，支撑了学生职业综合能力培养，助推了专业非遗人才高质量发展。

（二）首创了 PBCC 能力递进式非遗人才培养模式

遵循学生认知规律、职业成长规律和园林专业特色，借鉴 DACUM（职业能力）分析法，校企共研园林职业岗位群，分析各岗位对应的职业能力目标，构建了"职业基础能力（Professional Basic Abilities）、职业核心能力（Professional Core Abilities）和职业综合能力（Professional Comprehensive Abilities）" PBCC 递进式人才培养模式，将校企双主体、双环境育人贯穿在各能力培养阶段，构建理论和实践交替式学习方式，实现学生的职业能力从简单到复杂、从低端到高端、从单项到综合的递进式培养。

（三）创新了园林高端非遗人才传承体系

贯穿"以文化人、以美育人"非遗传承理念，创新了园林特色非遗课程；开发了非遗

传承教材；创新了"四实五感"教学模式，从"兴趣—专注—情怀—使命"四梯度提升到"知、情、意、行"四维度融合，实现德技并修、"三品育人"目标，树立文化自信和爱国情怀。建立互联网非遗技艺传播推广平台，扩大国际影响力。

本成果曾获教学成果奖3项；开展非遗传承培训6.4万人次；师生非遗作品获国际金奖10余项；录制央视《传家》等非遗节目；出版园林非遗教材40余本。本成果得到文旅部非遗司高度评价，国内外广泛推广。

二、成果主要解决的教学问题及解决教学问题的方法

（一）存在的教学问题

（1）校企合作运行机制不健全，缺乏校企密切合作平台。园林企业参与人才培养积极性较弱，校企合作停留在一事一议，合作短期、松散、表面化，无法有效支撑高质量人才培养。

（2）人才培养能力本位不突出，未达到职业岗位群需求。课程体系中能力阶梯培养系统性不强，缺乏对学生综合能力的培养，导致不适应岗位工作。

（3）非遗文化传承教育薄弱，教学模式陈旧。未能将技艺培养、文化渗透、思想品德教育融入教学；非遗传承路径不清晰，导致非遗技艺日渐式微，传承人才质量不高。

（二）解决教学问题的方法

1. 以校企深度合作为基础，搭建了园林非遗应用技术研发平台，建立了学校内部产学研一体化运行机制

（1）充分利用学校园林非遗人才培养师资优势，联合企业技能大师开展教育教学和应用技术研究。

（2）从课程、方法到实践九方面构建了园林非遗人才培养体系，发挥了校企双主体作用，使教学、生产和技术研发三者有机统一。

（3）校企共享课程资源和实训基地，服务于专业教学和非遗技艺传承，实现校企共同建设、共同受益。

（4）为园林企业开展技术服务，提供智力支持。

2. 以学生职业成长规律为依据，创建了PBCC能力递进式人才培养模式，实现了学生阶梯成长新突破

（1）根据园林行业职业岗位群能力结构要求，借鉴DACUM分析法，将学生能力培养过程分解为"职业基础能力（PB）、职业核心能力（PC）、职业综合能力（PC）"三阶段。

（2）以研发平台为依托，按照"基础—核心—综合"能力形成阶段，以工作过程为导向重构课程体系，将企业相关岗位典型工作任务转化为专业核心课程，将企业实际工作项目转化为综合应用课程。

（3）在校企双环境中，构建了理论和实践交替式学习方式和校企"双元"学业评价方

式，实现学生的职业能力从简单到复杂、从低端到高端、从单项到综合的递进式培养。

3. 以非遗文化传承为使命，首创了"四实一体、五感合一"教学模式，拓展了非遗传承新路径

（1）将非遗传承理念贯穿教育教学全过程，创新园林特色非遗课程和非遗系列教材。

（2）创建"四实一体、五感合一"教学模式，从"兴趣—专注—情怀—使命"四梯度提升到"知、情、意、行"四维度融合，实现德技并修、"三品育人"目标，有效将技艺培养、文化渗透、思想品德教育融入园林专业教学全过程。

（3）借助互联网拓展非遗技艺传播，创新园林非遗技艺互联网商业推广模式，扩大了社会影响力。

三、成果的创新点

（一）园林高端非遗传承人才培养的理念创新

贯穿非遗传承理念，从岗位到能力，从课程到教学，从情怀到使命，从技艺传承到德技并修，丰富了园林高端非遗人才培养模式的职业教育理论与实践。

（二）创建了以园林非遗应用技术研发平台为基础的校内产学研一体化人才培养的运行机制，实现了校企共赢

围绕教育科研、应用技术两大领域，构建了园林非遗应用技术研发平台，使校企合作有了坚实的纽带，研发平台有效发挥了三大功能：一是合作研发园林专业非遗传承人才培养方案、课程体系和教学资源，形成了从课程、方法到实践九方面园林非遗人才培养体系；二是合作开发园林新技艺和新产品；三是合作完成园林企业大型生产项目设计和施工。园林专业校内产学研一体化实现了校企合作共赢、成果共享，为企业人才资源做好储备，为培养传承人才提供有力支撑。

（三）首创了PBCC能力递进式非遗人才培养模式，实现了学生阶梯成长新突破

根据园林企业岗位目标，遵循学生职业成长规律，构建了阶梯递进式职业能力人才培养模式，突出能力本位，强化学生"职业基础能力、职业核心能力和职业综合能力"即PBCC三阶段递进式培养。以工作过程为导向，重构PBCC递进式非遗课程体系，强化学生职业综合能力。在校企"双元"环境中，构建了理论和实践交替式学习方式和"双元"学业评价方式，使学生的职业能力从简单到复杂、从低端到高端、从单项到综合，实现递进式成长。

（四）创立了园林非遗人才培养传承体系和实践路径

贯穿非遗传承理念，创新园林特色非遗课程、教学内容和教材。创建了"四实一体（实例导入—实操练习—实践检验—实效评价）、五感合一（入目、入耳、入鼻、入脑、入心）"非遗传承教学模式，从"兴趣—专注—情怀—使命"四梯度提升到"知、情、意、行"四维度融合，培养学生工匠精神，有效将思想品德育人元素融入教学全过程。建立

"互联网+"非遗技艺传播平台，运用新媒体营销手段，扩大社会影响力。

四、成果的推广应用效果

（一）培养模式高效，育人成效显著

本成果培养出一批热爱传统文化、立志于传播与推广非遗文化的高端园林非遗传承人才。学生在行业、职业技能大赛获奖比例大幅提升；参与行业重大非遗传承项目数量大增；就业、创业质量和比例上了新台阶。学生在世界园艺博览会等获金奖10余次、银奖30余次；在北京市职业技能大赛中获奖25项；创业项目"中国盆景技艺传承"等在中国大学生"互联网+"创新创业大赛获奖。园林毕业生供不应求，就职于人民大会堂、故宫博物院、花木公司等国有大型企事业单位重要岗位，受到用人单位高度评价。毕业生担任北京插花协会、盆景协会重要职务，开展非遗传承活动，社会影响力极大。

（二）运行机制健全，合作彰显价值

精准的产学研运行机制，彰显校企合作价值，提高企业积极性，提升学校知名度。校企共建非遗大师工作室及园林工作坊7个，完善了专业课程建设，课堂教学研究有了新突破，出版园林非遗教材40余本。园林专业骨干教师队伍扩大，双师比例达到100%，教师师德素养明显提升，行业引领效果显著。校企双方共同研发菊花新品种，获中国花卉博览会大奖；校企合作研发新品种，获国家技术专利2项；非遗大师工作室带领学生完成大型综合项目16次，解决企业技术难题20余项。

（三）拓宽融合领域，引领专业示范

教育教学示范成效显著，行业引领及技术创新成果卓越。专业团队在教育部全国信息化教学大赛中获国家级一等奖，论文、课题研究获各类大奖，教育教学成果在全国各类院校推广。专业成果在国内外非遗技艺及学术交流活动上交流展示。承担国内外师资园林培训，受邀清华、北大等院校开展讲座；担任全国非遗技艺鉴定评委，成功挑战世界纪录"世界最大的中国传统插花作品"，获世界园艺博览会国际插花竞赛特等奖和贡献奖，在社会和行业发挥影响力。

（四）弘扬传统文化，传承辐射世界

师生非遗作品在APEC峰会、大使馆文化交流、"一带一路"国际活动等国家重大外交活动中精彩亮相。通过央视《传家》等非遗系列节目展示中国非遗插花技艺，极大地提升了中国文化影响力。师生赴荷兰、韩国等国和澳门、香港、深圳等地进行非遗插花表演和展览。从机关部委、中国园林博物馆到各大公园、医院、院校等场所，师生参与了园林非遗技艺展演、讲座等活动80余次；研发非遗技艺系列网络课程，开展线上非遗技艺直播课程，线上推广展示园林非遗艺术品，推动中华优秀传统文化技艺走向世界文化舞台中央。

基于供给侧改革的中职学校转型与创新

完成单位：北京市信息管理学校

完成人：董随东；杨杰；李敏捷；杨宁；柴斌

一、成果简介

职业教育供给侧改革，本质上是随着经济社会发展对劳动力市场需求变化的适应和改革，核心任务是从职业教育存在的问题及经济社会需求出发，促进职业教育内涵发展，推进职业教育结构调整，实现资源要素配置的合理化，扩大职业教育的有效供给，满足经济转型发展在规模、结构和质量等方面提出的需求，实现职业教育的可持续发展。

作为一所中职学校，基于供给侧改革的转型和创新发展的目标是"区域经济社会需要、学校学生家长满意"；核心是以学生为中心，以问题为导向，"始终构建匹配区域经济社会发展的专业群（建什么专业）、持续提升专业人才培养质量（专业人才培养质量怎么样）"，提高全员全程全方位立德树人能力，加强优质职业教育供给；具体做法包括围绕改革核心做好"加减乘除"等工作，提高供给结构的适应性和灵活性，使学校更好适应社会、家长、学生对职业教育需求的变化。

（1）做好加减法，就是扩大有效、高质量供给，减少无效、低质量供给；对中职学校来说，就是做强专业（专业转型升级）、做精课程（课程持续改革）。做强专业，一要科学设置，匹配区域产业需求；二要校企合作，对接职业标准和行业岗位工作标准；三要落实保障，提升人才培养质量。做精课程，一要完善课程体系（公共基础课程、专业课程、培训课程）；二要更新课程内容（对接新标准、新规范、新工艺）；三要建设课改机制，打造精品课程。

（2）做好乘法，就是实施创新驱动战略；对中职学校来说，就是发挥学校文化引领、信息技术融合的乘数效应。学校文化是学校发展的"灵魂"，是推动学校品牌建设的内在动力，要借助多方力量，充分调动师生积极性，把建设过程、落实过程融合起来，用文化的力量引领学校各项工作，实现学校品牌生长。聚焦新时代对人才的新需求，用信息化、智能化推动教育理念更新、模式变革、体系重构。

（3）做好除法，就是破除体制机制障碍；对中职学校来说，就是完善治理体系，解决制度障碍，（通过规范岗位职责、完善标准体系、强化制度管理等）激发人员活力，（通过减少管理层级、下沉管理权力、突出要素激励等）强化要素配置，（通过加强过程管理、强化检查督导、及时反馈调整）形成闭环管理，释放发展动能。

（4）综合施策，循环推进，中职学校供给侧改革没有终点。

二、成果主要解决的教学问题及解决教学问题的方法

（一）主要解决的问题

我国供给侧改革的新形势、"一带一路"倡议、京津冀协同发展新战略、北京"四个中心"建设新任务、海淀高端发展新要求，对中职学校产生深远影响，带来巨大挑战，主要表现为两个"不对称"、四个"不适应"：一是国家加快发展现代职业教育与我市逐步压缩中职教育不对称；二是我市职校毕业生供不应求与初中毕业生不愿选择职校不对称；三是职校的专业结构与区域经济社会发展要求不适应；四是职校的课程结构和课程内容与学生主要由就业转向升学的需求、与社会对培训课程的需求不适应；五是职校的治理体系与现代职业教育、现代学校制度的要求不适应；六是职校的文化育人功能与落实立德树人根本任务的要求不适应。

中职学校应主动寻找转型与创新发展的机会，强化精准供给，提供多样化和个性化的职业教育产品和服务，提升职业教育服务经济社会发展的质量、效率和效益，满足新常态下经济社会转型发展对高素质技能型人才的需要，满足受教育者全面发展的需要，推进学校持续健康发展。

（二）解决问题的过程与方法

1. 坚持问题导向，积极申报研究课题

校长亲自挂帅，积极申报区"十三五"规划（校长委托）课题——"基于供给侧结构性改革的中职学校综合改革实践研究——以北京市信息管理学校为例"，确定治理体系完善、办学理念重构、专业转型升级、课程深化改革、办学特色创建等五个方面的研究内容，集中全部力量和有效资源，开展全面系统、突出重点的教育变革，全力化解学校发展中的突出问题。

2. 坚持目标导向，科学选择研究方法

始终坚持以促进学校内涵发展、教师专业成长、学生全面进步为目标；采取了"现状分析—因素分析—改革方案形成与实践—改革方案评价与完善—理性思考"的研究逻辑，采用了文献研究、访谈研究、调查研究、比较研究、行动研究等研究方法。

3. 坚持结果导向，严密组织研究过程

一是研究团队即工作团队。课题组成员即学校领导班子成员，校长是课题负责人，书记、副校级干部是课题组主要成员，每位校级干部结合负责工作参与课题相关内容。二是在工作中研究，在研究中工作。课题研究与学校工作始终交织进行、密不可分，将工作内容课题化，将研究内容项目化，扎实推进课题研究和相关工作。三是完善研究机制，保障研究条件。实行了"整体把控研究过程—分工负责研究内容—阶段推进研究进程—逐步固化研究成果—推进学校内涵发展—深入开展理性思考"的研究举措，保障研究实施。

三、成果的创新点

为基于供给侧改革的中职学校转型与创新发展提供了基本思路，即以"区域经济社会需要、学校学生家长满意"为目标，以"始终构建匹配区域经济社会发展的专业群、持续提升人才培养质量"为核心，以做好"加减乘除"为主要工作，提高供给结构的适应性和灵活性，更好适应社会需求的变化。

为基于供给侧改革的中职学校转型与创新发展提供了参考经验，即：

（一）完善治理体系：激活个人动力和团队合力，释放发展动能

完善治理结构，构建扁平式、经纬式、分布式、闭环式的组织体系；完善管理制度，构建统一化、精细化、规范化、人文化的制度体系；完善工作流程，构建规范化、信息化、便捷化、高效化的管理平台；完善学校章程，体现规范性、前瞻性、可操性、特色性。

（二）重构办学理念：激励教师成长和学生进步，凝聚发展力量

明确核心理念产生流程：研究教育方针和教育理念—总结办学历史与文化—分析环境与条件—借鉴优秀理念—邀请专家指导—深刻简明表述—自下而上、自上而下研讨论证—教职工大会通过—实践检验修订。

形成办学理念完善方案，推进了学校文化建设的行为、视觉、环境、媒体识别系统建设，开展丰富多彩的校园文化活动，推进办学理念落地。

（三）专业转型升级：促进产教融合和校企合作，打造竞争优势

顶层设计，构建专业转型升级制度体系；动态调整，打造对接区域产业专业群；多方联动，完善"四对接四融合"人才培养方案；分类培养，推进"四功能包四激励包"师资队伍建设；整合资源，促进"校企合作、集团办学"；督导跟进，保障人才培养质量到位。

（四）深化课程改革：对接岗位需求和素养提升，构建多维课程体系

完善课程建设与改革的制度与标准；完善公共基础课程、专业课程、创新创业课程、培训课程体系建设。

（五）创建学校品牌：突出相对优势和催化作用，形成办学特色

以"构建基于数据服务的生态化网络教育场的创新和实践"为例，介绍了学校品牌创建和作用发挥的过程。

四、成果的推广应用效果

（一）学校品质提升

凝聚广泛共识的治理体系、办学理念，激活个人动力，释放发展动能，提升办学美誉

度。学校年招生数名列前茅，获评或获批国家教学成果奖、市教学成果奖、德育品牌、国际合作项目、教学改革项目数量名列前茅，获评"北京市文明校园"。

专业和课程适应性增强，供给结构明显优化，建设水平保持前列。专业高度契合市重点发展、加快培育的产业；获评市"特高"建设项目9个，名列前茅；公共基础课程与专业课程更好融通，专业课程体系更好对接岗位需求，创新创业教育深入实施，培训课程与供给方式取得更好社会效益。

"基于数据服务的生态化网络教育场"办学特色凸显，创设泛在教学空间，支撑科学决策，提高管理效率。获评教育部教育信息化试点优秀单位、教育管理信息化应用优秀案例、全国智慧校园优秀示范校。

（二）教师专业成长

构建学习共同体，形成师德优良、业务突出的教师队伍。新评市学科带头人、骨干教师、班主任骨干、名师、专业带头人、青年骨干教师和紫禁杯班主任人数名列前茅，"双师型"教师比例超80%。

深入开展教育研究，形成丰硕、特色科研成果。"十三五"中获全国教学能力比赛一等奖3项、二等奖3项；班主任能力比赛获二等奖1项、三等奖1项；在市课堂调研、市课程思政教学设计比赛中成绩突出；发表或获奖论文100余篇，出版20余本教材或专著。

（三）学生全面发展

提升道德品质：构建综合素质评价体系和多元评价平台，促进学生全面发展，涌现品德、学习、运动、职业、公益、团队、双创等七类学生榜样。

促进健康成长：形成良好锻炼习惯，养成健康生活方式，形成健康心理；近视、肥胖率得到有效控制，体质合格率达95%，参加区运动会名列前茅。

帮助全面进步："双证"获取率、就业率达98%以上，就业质量持续提升；在历次英语抽测中名列前茅；"十三五"期间获全国技能大赛一等奖6项、二等奖13项，2021年实行新赛制后获二等奖3项、三等奖1项，全市领先；升入本科、高职率达98%以上，其中艺术系高考升本率达60%，40余名学生升入美国、新西兰高校。

（四）辐射效果明显

学校主持全国网络信息安全专业培养方案撰写；主要领导多次在全国性论坛向兄弟学校介绍办学经验；每年社会培训2万人次；参与国庆70周年庆典、抗击新冠疫情、扶贫协作等重要工作，获评北京市扶贫协作先进集体、北京市校园影视先进单位；作为中国职教学会信息化工作委员会副主任、秘书长单位，以及全国职教集团、北京市职教集团副理事长单位，发挥引领示范作用。

高职计算机类专业"三领三提三建"数字化资源建设模式的研究与实践

完成单位：北京电子科技职业学院

完成人：杨洪雪；马红麟；于京；杜辉；马蕾

一、成果简介

推进信息技术与职业教育深度融合，培养顺应人工智能和"互联网+"时代的高素质技术技能人才，是职业教育大改革推动经济社会大发展的必然要求。学校全面推进《教育信息化2.0行动计划》，计算机类专业从2008年示范校建设开始，针对资源建设中企业参与度不高、优质资源不足，建设和使用相脱节，资源管理与使用评价单一等问题展开探索，形成了"三领三提三建"数字化资源建设模式，并在国家职业教育教学资源库建设等项目中不断实践检验。

（一）发挥"三领"作用，多方合作促进资源共建

（1）院士领衔，组建资源建设团队。组建李德毅院士领衔的指导团队，联合知名企业成立共建共享联盟，构建校企资源建设团队。

（2）标准引领，构建资源结构体系。融合国家专业标准和IT行业标准，对接专业关键岗位，整合专业资源，构建底层融通、上层互选的专业资源结构体系，服务复合型人才培养。

（3）思政统领，明晰课程资源逻辑。落实立德树人根本任务，深挖课程思政元素全面融入资源建设中。建成通识课程、专业平台课程、技术技能课程、专业模块课程共46门，占总课程数的95%。

（二）聚焦"三提"核心，育训并举深化资源共享

（1）提高人才培养质量。实施线上线下混合教学和学习量管理，为学生提供沉浸式学习，支持自主学习、合作学习。学生就业率达98%以上，企业满意度达95%以上。

（2）提质专业服务效能。完善资源认证标准，开发1+X资格证书2个、行业能力证书2个；发挥精准扶贫能力，对口支援西藏职业技术学院；开发11门双语课程，服务"一带一路"建设。

（3）提升社会培训能力。拓展培训、认证、竞赛等培训资源，年均培训2 000人次、服务收入300万元，疫情期间免费开放资源服务4万人次。

(三) 实施"三建"举措，智慧管理提升资源成效

（1）构建网络学习空间。运用大数据云计算技术整合优质教学资源，构建开放、立体、智能的网络在线平台，获评教育部网络学习空间应用优秀学校。

（2）搭建诊改分析平台。针对课程形成"常态纠偏和阶段改进"相结合的质量提升螺旋，采集师生数据动态画像，建立闭环诊改机制，建成精品在线课程9门。

（3）建立学分互认机制。联盟校实施线上学分互认，国内学分互认课程24门，国际学分互认课程5门。

成果实践成效显著：获批国家级骨干专业、国家职业教育教学资源库、北京市特色高水平骨干专业群。学生获国家级大赛一等奖15项，教师获教学能力大赛国家级奖5项，为高职专业资源建设提供了新范式。

二、成果主要解决的教学问题及解决教学问题的方法

（一）通过组建高水平建设团队、标准引领，建设优质资源，解决了资源建设中顶层设计不够、企业参与度不高、优质资源不足等问题

成果团队加强顶层设计，组建李德毅院士领衔的15人项目指导团队，建立知名校企共建共享联盟，构建校企资源建设团队，强化校企合作；坚持立德树人根本任务，深挖课程蕴含的思政元素，运用VR、AI、机器人等技术开发了《飞夺泸定桥》等特色资源，在信息通识课程、专业基础课程、技术技能课程、专业模块课程等专业四类课程建设中全面融入思政元素；面向信息产业，对接网络运维、软件测试、大数据处理、网络安全等关键岗位，整合专业资源，融合国家专业标准和IT行业标准建设优质资源，构建底层融通、上层互选的计算机类专业资源体系，保证资源优质多元。

（二）通过育训并举措施，建立资源共享机制，解决了资源应用活力不足、社会服务单一、建设和使用相脱节的问题

育训并举共享资源。依托优质教学资源，在计算机类专业教学中全面实施线上线下混合教学模式和学习量管理，所有课程均采用学习量来计算总的教和学的时间，提升了学生自主学习能力，解决了资源应用活力不足的问题；联合开发"移动应用开发工程师"和"移动应用测试工程师"职业能力证书、"网络安全应急响应"和"云安全运营服务"1+X职业技能等级证书，为企业衡量学生的职业能力提供了标准，促进了学生和学习者的就业；孵化移动应用开发国赛项目，支持软件测试、大数据、人工智能等覆盖多省的职业技能大赛，拓展资源覆盖面。对口支援西藏职业技术学院，开发11门双语课程，服务"一带一路"建设，社会服务从单一走向多元。

（三）通过大数据分析技术，建设智慧管理平台，解决了资源管理中网络平台功能简单、学习效果评价粗略等问题

运用大数据云计算技术有效整合了优质教学资源，构建了网络学习空间，满足学历教育、留学生教育、社会培训等不同层次的线上教育教学需求，支持全终端，支持学习流程管

理，提供 MOOC 制作工具，教师和学习者可以自定义个性化学习空间，自由使用海量优质资源，为学生、教师、企业员工及社会学习者提供了开放、立体、智能的网络在线平台；搭建诊改分析平台，针对课程层面，形成"常态纠偏和阶段改进"相结合的质量提升螺旋，对教学过程实时监控，即时调整；运用大数据技术对师生画像，精准教、学评价；建立线上学分互认机制，完善资源管理。

三、成果的创新点

（一）模式创新：创建"三领三提三建"数字化资源建设模式

成果团队围绕资源建设中企业参与度不高、优质资源不足、建设与使用脱节、资源管理与评价单一等问题，探索实践，创建了高职计算机类专业"三领三提三建"数字化教学资源建设模式。发挥"院士领衔，标准引领，思政统领"作用，达到多方合作共建优质教学资源；聚焦"提高人才培养质量、提质专业服务效能、提升社会培训能力"核心，育训并举，深化资源共享，强化了专业人才培养供给侧与 IT 产业需求侧的对接，搭建职业与教育之间的桥梁；实施"构建网络学习空间、搭建诊改分析平台、建立学分互认机制"举措，推进职业教育学分银行建设，打造智慧在线学习生态。

（二）应用创新：构建底层融通、上层互选的开放共享资源结构体系

满足"人人皆学、处处能学、时时可学"的泛在学习需求，面向信息产业，根据"专业基础相通、技术领域相近、职业岗位相关、教学资源共享"原则，面向计算机类专业开展资源建设，专业底层资源融通共享、上层技能资源专业互选，培养复合型技能人才，消除各专业内资源不平衡、覆盖面小的现象，实现专业间资源优势互补、聚集资源、协同发展，更好发挥各专业的集聚效应和服务功能，同时辐射共享到全国同类专业，全面提升计算机类专业教育教学水平。

（三）管理创新：研发基于大数据分析的在线资源管理系统

在网络学习空间提供了基于大数据分析的在线资源管理系统，从宏观的师生工作学习统计，到微观的章节内容行为轨迹统计，以不同维度为管理者、教师、学生提供数据分析，为教师评价学生提供有力的依据，使形成性评价和终结性评价相结合，让教学设计优化，教学管理、成绩评定变得有据可循。实现"学校—二级学院—专业—师生"四级数据分析与微服务，对教学过程中产生的大数据进行统计、分析与挖掘，自动形成分析报表，打造立体化在线教学管理；实现学习内容的智能推送，推动了"人找资源向资源找人"的学习方式转变，满足了学生个性化学习需求。

四、成果的推广应用效果

（一）发挥资源优势，专业人才培养成效显著

以数字化资源驱动教学改革，构建计算机类专业复合人才培养体系，实施学习量管理，

深化线上线下混合教学模式，提升了人才培养质量。2016 年获批国家教学资源库项目，2018 年计算机应用技术专业获批国家级骨干专业，2019 年获批北京市特色高水平骨干专业群；学生获得全国职业院校技能大赛一等奖 10 项、二等奖 7 项、三等奖 2 项，全国大学生电子设计大赛全国一等奖 3 项，"蓝桥杯"软件设计大赛全国一等奖 2 项。学生就业竞争力提升显著，毕业生就业率达 98% 以上，企业满意度达 95%，家长满意度逐年提升，连续获得"北京高校毕业生就业工作先进单位"称号。

（二）助力教师发展，专业教学改革成果丰硕

依托专业教学资源，利用网络在线平台，教师全面开展线上线下混合式教学，提升了教学效率和教学质量。疫情期间，贯彻国家"停课不停教、停课不停学"总要求，开设计算机类专业在线课程 150 门，在线授课班级达到 350 个，确保了疫情期间专业教学及人才培养工作不断线。计算机类专业教师获得全国职业院校教学能力大赛一等奖 2 项、二等奖 2 项、三等奖 1 项，北京市级教学能力大赛一等奖 5 项；出版教材 16 部，其中国家规划教材 1 部；建成精品在线课 9 门，国家级精品资源共享课 1 门；建成国内学分互认课程 24 门，国际学分互认课程 5 门。

（三）推广效果良好，资源拉动提升效应出色

国家级职业教育专业教学资源库项目管理监测中心发布的检测数据显示，资源用户数达到 106 780 人，用户遍及 34 个省级行政区、908 所学校，覆盖面大，影响广泛。重要指标方面均表现出色，其中学生实名率达 94.9%，资源被课程引用比达 67.79%，题库题目引用达 95.47%，远超国家指标要求。开展了国家级教师培训项目，累计培训 500 余名教师。成果服务属地亦庄经济技术开发区，开展相关员工培训，累计受益员工 1 500 余人。

（四）全面提升质量，资源建设整体优势明显

学校获得教育部网络学习空间应用优秀学校；依托成果对口支援了西藏职业院校，提升了西部地区计算机类专业数字化水平，计算机应用技术专业获批国家级骨干专业；成果孵化了移动应用开发技能大赛（国赛项目），支持开展了软件测试、大数据、人工智能等覆盖多省的职业技能大赛，促进了教学资源建设与专业技能竞赛的融合。成果在《中国职业技术教育》发表，系统阐述了数字化教学资源开发、应用理论与经验，被同行广泛引用和借鉴。

基于"标准引领+智能测评"的教师职业能力提升模式研究与实践

完成单位：北京信息职业技术学院

完成人：张晓蕾；程庆梅；耿秀华；郑淑晖；高立军

一、成果简介

针对职业院校教师职业能力提升面临的标准依据缺乏、测评方式单一、培训精准度差、资源环境薄弱四大问题，学校于 2011 年启动基于"标准引领+智能测评"的教师职业能力提升模式研究与实践。以"标准引领课程建设，智能测评教师能力"为主要内容，通过"智能测评（教师个体画像）—教师培训—智能测评"和"培训课程—智能测评（教师群体需求）—培训课程"的双闭环体系，达到教师职业能力不断提升以及培训课程体系不断优化的效果。

（一）科学分析，确定教师职业能力框架

教师职业能力框架由技术方法支撑层、职业能力分析层、教师职业能力层构成。通过大数据技术、DACUM 分析法，对岗位职责、工作任务和专项技能进行分析论证，得到教师职业能力框架。

（二）结合实际，制订教师职业能力标准

通过调研、实践、论证，开发一套完整的职业院校教师职业能力标准体系。以"教师信息化教学能力"为例，形成了包含初、中、高三个等级，共六个方面能力要求的标准。

（三）建设教师发展中心实践环境，开发培训课程体系

基于教师职业能力标准、智能测评及教师职业能力精准提升的要求，建设教师发展中心实践环境。根据教师职业能力框架和标准，搭建了教师职业能力提升培训课程体系，编写了一批校本培训教材，开发了课程资源。

（四）基于多源输入，构建教师职业能力智能测评体系

智能化测评系统充分整合利用学校的教务系统、人事系统、科研系统、学工系统等业务系统数据，运用大数据技术对教师的专业、实践、教改、科研、教学等能力和师德师风进行全域数据采集、处理和展现，最终形成教师画像。

（五）结合教师需求，精准开展培训

智能化测评系统根据教师画像分析得出教师能力短板和职业发展需求，并向教师精准推送培训课程，供教师选择学习。同时系统收集每个教师的培训需求，经过智能建模、筛选、分析、综合，形成适用于教师群体的共性需求，从而可开展针对群体教师的定制化培训。

（六）培训效果智能化反馈，持续优化课程体系

智能化测评系统收集培训效果反馈，结合教师需求，优化原有课程或开发新课程。以"信息化教学能力提升课程模块"为例，经五轮优化、完善，形成包含教学理念、信息化装备应用、资源设计与制作、信息检索与处理、教学设计与实践共5个方面的38门课程。

（七）培养"培训师"队伍，建设内部培训机制

培养了一支优秀的"培训师"队伍，并形成了以"入学测评—学习提升—成果导向—展示验收"为模式的内部培训机制。

二、成果主要解决的教学问题及解决教学问题的方法

（一）职业院校教师职业能力提升普遍面临的问题

（1）标准依据缺乏，教师职业能力没有科学全面的标准作为依据。
（2）测评方式单一，缺乏对教师职业能力全方位的测评。
（3）培训精准度差，培训内容针对性不强。
（4）资源环境薄弱，缺乏专门针对培训的实践环境和教学资源，且培训模式以线下为主。

（二）解决问题的方法

（1）针对问题1，采用DACUM分析法和大数据技术进行分析、归纳、补充、凝练，形成包含岗位职责、工作任务、专项技能的职业院校教师职业能力构成的基本框架；以提升职业院校教师职业能力为目标，通过调研、实践、论证，开发出适合职业院校教师职业能力的标准体系。

（2）针对问题2，构建基于多源输入的教师职业能力智能测评体系。充分整合利用学校已有的教务系统、人事管理系统、科研系统、学工系统等各业务系统数据，运用大数据、人工智能技术，依托信息化平台，对教师成长进行画像。教师可以根据能力测评结果及教师画像，及时发现自身的优势与不足，为职业生涯发展做好规划。

（3）针对问题3，根据教师画像，智能化测评系统分析出教师的能力短板和职业发展需求，并向个体教师精准推送培训课程；同时系统不断收集教师的培训需求，经过智能建模、筛选、分析、综合，形成教师群体的培训需求，供学校决策者参考，作为开展教师培训的依据。学校可以针对岗位发展需求和教师的能力素质现状进行有针对性的定制化培训，促进教师职业能力的提升，从而推动职业教育的高质量发展。

（4）针对问题4，基于教师职业能力标准、智能测评及教师职业能力精准提升的要求，进行了教师发展中心实践环境的建设；根据教师职业能力框架和标准的研究成果，搭建职业院校教师职业能力提升培训课程体系，编写一批校本培训教材，开展课程资源建设。教师培训采取线上与线下相结合的方式，线下培训可以依托学校教师发展中心的实践环境，线上培训借助学校的"北信在线"教学平台和"智能化同步课堂学习平台"。"智能化同步课堂学习平台"功能强大，可实现实时远程互动，创新性地开展"同步互动课堂"模式的培训，除讲授演示外，还可进行打卡考勤、在线问答、同步讨论、成果点评、"现场"答疑、学习效果分析等教学活动，"培训师"可以根据参培教师的即时反馈，灵活调整培训进度和策略，为不同地区、不同水平的教师提供有针对性的培训和指导。

三、成果的创新点

（一）适应新形势的教师培养理念创新

将DACUM分析法、大数据、人工智能技术融入教师职业能力分析、测评以及课程体系优化等环节，构建课程体系优化及教师职业能力提升的双闭环体系；解决职业院校教师职业能力的标准依据和精准测评问题，形成基于"标准引领+智能测评"模式的职业院校教师职业能力提升的创新理念。

（二）智能化教师职业能力测评方法创新

创建智能测评分析方法与教师发展成长过程深度融合的新模式，构建基于多源输入的教师职业能力综合测量方法。智能化测评系统通过教务系统、科研系统、人事系统、学工系统、课程信息、教师培训反馈等多源输入，运用大数据思维和方法，对教师教育、教学、科研、管理等全域数据进行采集、处理和展现，建立以教师画像方式生成的教师电子档案，采用人工智能技术，实现对教师个体能力及群体能力的评价分析。

（三）教师个性化和精准化培训机制创新

针对个体和群体教师，创新基于教师职业能力标准和测评分析的精准培训机制。通过智能化测评系统对职业院校教师个体画像进行分析，利用人工智能和互联网技术为其精准推送培训课程；通过对职业院校教师群体画像的分析，对教师群体的需求进行整合，打造面向群体教师职业能力提升的定制化培训；在培训过程中不断发现和挖掘优秀教师，经过层层选拔重点培养，使之成为教师发展中心的"培训师"，即"师者之师"，为职业院校教师成长提供成功典范。

（四）教师职业能力提升培训模式创新

校企合作开发"智能化同步课堂学习平台"，依托该平台的强大功能，创新性地开展"同步互动课堂"模式的培训，利用信息化手段实现实时远程互动，除讲授演示外，还可进行打卡考勤、在线问答、同步讨论、成果点评、"现场"答疑、学习效果分析等教学活动。"培训师"可以根据教师的即时反馈，灵活调整培训进度和策略，为不同地区、不同水平的教师提供有针对性的培训和指导。这种培训模式的创新，提升了远程教学的质量，实现了传统远程教学的模式升级。

四、成果的推广应用效果

（一）教师职业能力提升模式促进了学校教师队伍教育教学理念的升华

成果自 2014 年在学校实施以来，建成全国最早的职业院校教师发展中心，建立职业院校教师职业能力的标准体系，依据标准开发了完整的培训课程体系和课程教学资源，研发智能测评系统用于分析教师职业能力状况，并根据分析结果向教师精准推送培训课程。经过面向教师的精准化、定制化培训，彻底改变了学校教师队伍的教育教学理念，提升了教师对现代职业教育的认知水平，涌现出国家级名师 1 名，市级名师、优秀教师 6 名，学校师德标兵 10 名，并通过引进与培养相结合的方式形成了一支"培训师"队伍。

（二）教师能力提升培训明显提高了学校教师综合素质

利用本成果的培训体系与课程资源，秉承"带着问题来，抱着成果走"的理念，面向学校教师开展培训累计 12 040 人次，教师的教育教学水平特别是信息化教学和课程设计开发能力大大提高，培育出国家级职业教育教师教学创新团队 2 个、市级教学团队 4 个，教师申请并完成国家级、市级课题 100 余项，在教师教学能力大赛中屡获国赛、市赛的奖项，教师队伍素质和能力均稳步提升。

（三）"走出去"与"迎进来"服务全国兄弟院校

学校教师职业能力提升模式深受兄弟院校认可，受邀面向全国职业院校开展培训。学校针对不同地域、不同专业、不同需求的教师群体进行定制化培训，累计培训 388 753 人次。例如，学校作为教育部职业院校信息化教学指导委员会主任单位，自 2014 年针对教师信息化能力提升的迫切需求，应邀送教上门"走出去"，在全国开展万里行培训活动，覆盖全国近 30 个省（自治区、直辖市），培训 2 万余名教师；利用学校教师发展中心先进的实践环境开展"迎进来"培训，承接来自全国各地教师的定制化培训。新疆建设兵团多次向教育部职成司办公室寄发对学校的感谢信，同时也多次收到山东、贵州等地职业院校及国家开放大学的感谢信。2015 年教育部签报表扬学校的培训为"重点服务，送教上门；按需服务，订单培养；协同服务，共谋发展；科学服务，标准引领"。

（四）可复制、具有推广价值的教师职业能力提升模式为全国职业院校提供参考

学校形成的一套完善的教师能力发展与培训模式，不仅服务于本校，对于全国职业院校的师资培养、教师发展中心的建设都具有重要的参考价值与借鉴意义。七年来慕名来校考察学习的中外团组达到近 500 批次、3 800 多人，基于"标准引领+智能测评"的教师能力提升模式在社会上产生了广泛影响。

"双元驱动、三化融合、四链融通"产教融合培育网络专业人才模式探索与实践

完成单位：北京信息职业技术学院

完成人：纪兆华；史宝会；刘易；刘海燕；王建国

一、成果简介

新基建带动了经济高质量增长，5G技术发展启动了新一轮科技革命，产业数字化、数字产业化，造就大量网络专业高素质技能人才需求，而产教深度融合的发展道路是培养高端技术技能人才的必由之路。网络通信专业群于2008—2014年开展BTEC课程教学模式改革，2014—2016年建设计算机应用专业国家资源库，在BTEC课程教学模式改革基础上确立了基于职业工作过程导向、情景化、模块化教学模式。在BTEC课程教学模式改革基础上，联合华为等企业共同构建了"双元驱动、三化融合、四链融通"产教融合培育网络专业人才模式，并进行了探索与实践，即坚持立德树人根本任务，实施校企合作产教融合"双元驱动"引领，完善基于工作过程化、情景化、模块化"三化融合"创新教学方法，促进教育链、人才链与产业链、创新链"四链融通"有机衔接，引入行业标准，以生产岗位、工作过程所需能力构建课程，将企业真实项目案例、先进生产技术融入岗位课程模块，将企业文化、技术创新、团队精神等职业素养融入项目班课程模块，培养学生岗位协同实战能力；推进教师、教材、教法"三教改革"，岗课赛证"四位一体"，以构建高质量职业教育体系为目标，推动教育教学变革创新，服务教学设计、教学评价。

该模式经四年专业建设实践，并经"北京市特色高水平职业院校骨干专业群网络与通信专业群"建设三年，"中国特色高水平高职院校专业群信息安全与管理专业群"建设两年，建成一支高水平创新教学团队，有3名教师为国家级教师教学创新团队成员，建成北京市职业院校"网络专业创新团队"，培育北京市专业带头人2名、北京市职业院校技能大赛首席指导教师1名，出版"十三五"国家规划教材1本；岗赛融通，承办北京市职业院校技能大赛，学生荣获职业院校全国技能大赛一等奖4个、北京市一等奖17次，2名教师荣获全国信息化教学能力大赛一等奖，获得北京市"互联网+"创业创新大赛二等奖1项；岗课融通，面向专业群建设对接新技术的校企共建共享校内外实训基地，专业教育满意度达99.12%，就业指导满意度达98.42%；课证融通，开设华为考场，完成300余名考生的20余场华为HCIA认证考试；学校与华为签订战略合作协议，共建"鲲鹏数字学院""华为ICT网院"。基于华为在数字化产业的实践，定制基于产业需求导向背景下的人才培养方案；利用华为ICT学院等，提升毕业生就业竞争力；发挥国际交流优势，辐射"一带一路"建设。

二、成果主要解决的教学问题及解决教学问题的方法

（一）成果有效解决了"三脱节一壁垒"问题

（1）解决职业教育人才培养与经济发展和产业转型升级脱节的不对称性，实现了专业与产业对接。

（2）解决学生综合素质与实际工作岗位脱节的不合理性，加强了课程与岗位对接。

（3）解决教师"四大职能"与行业企业实践工作内容脱节的不一致性，提高了教学过程与生产过程对接。

（4）解决高职人才培养目标与产业需求存在"隐形壁垒"的职业教育不适应性，增强了职业技术教育适应性，促进了人才培养供给侧和产业需求侧结构要素融合。

（二）"双元驱动、三化融合、四链融通"产教融合培育网络专业人才模式探索与实践

1. 校企合作深度产教融合构建"双元驱动"

学校与华为签订战略合作协议，共建"鲲鹏数字学院""华为ICT网院"。基于华为在数字化产业的实践，定制基于产业需求导向背景下的人才培养方案，建设基于华为真实案例的项目制课程体系、教师流动工作站、华为认证体系下的"百舸人才计划"等，创新基于职业工作过程导向的情景化、模块化课程体系，构建"二主线、四融通、四阶段"的人才培养模式。

2. 对接新技术、新工艺、新规范，教学方法"三化融合"

对企业相关岗位（群）工作任务进行归纳分析，情景化、模块化融合创新课程标准和课程方案。根据工学结合人才培养方案和企业岗位需求，岗课赛证融通。课程标准的开发注重课程与岗位（职业标准）对接、教学过程与生产过程对接、学历证书与职业资格证书对接。与企业人员共同开发承载典型工作任务的项目载体，创新企业兼职教师评聘机制，将国家职业资格证书和企业认证内容纳入课程教学内容。

3. 建立"双互双创"师资培训中心，提高教学过程与生产过程对接

与华为等40家企业面向师资培养、资源建设、技能大赛开展深度合作。通过"北特高"工程师学院和"双师型"教师培养培训基地，企业深度参与教学全过程，学校深度参与企业技术攻关、产品研发；建立校企工程师、教师双向流通机制，建立校企人才互聘制度，开展社会培训等社会服务。

4. 构建高质量职业教育体系，推动"四链融通"

以产业链为中心，培养全面发展的高素质技术技能人才为出发点和落脚点，围绕人才链和创新链，对接新技术、新规范；基于工作过程化开展教学，实现情景化、模块化教学的融合。建立"社会、企业、学校"多元人才质量评价体系；建立课程内容、课程评价与企业生产实际相融合；根据岗位需求，进行模块化专业课程教学设计。

三、成果的创新点

（一）模式创新：形成基于工作过程的情景化、模块化教育模式

通过"双元驱动、三化融合、四链融通"产教融合育人模式，定期针对专业群建设改造升级，专题调研走访多家企业，通过和企业进行广泛的交流，努力打造精品专业，培养优秀实用型人才。"岗课融通"优化课程体系设置，依据网络专业工程师岗位为主的岗位群任职要求，重新构建课程体系。以工作过程为导向，根据岗位职业能力的要求，组织专家完成专业课程标准制订。

（二）机制创新：技能竞赛核心能力进教材，双证融通有保障

岗赛融通，将国家、市级网络技能大赛核心能力、职业资格证书培训内容融入专业课程体系中，促进课程内容与岗位需求对接。受企业文化熏陶，研发个性化特色教材，制订以任务为引领、以计算机网络行业实际工作为主线、实现两个"对接"的特色教材研发方案。

（三）体系创新：校企共建课程体系，共享课程资源成果

在课程资源建设上，学校非常重视企业的技术和力量，同企业合作开发课程资源。计算机网络技术和信息安全技术专业相继与华为、神州数码集团携手完成计算机应用技术国家职业教育资源库项目中《虚拟化技术》《网络互联技术》的课程资源开发，这些课程资源很好地服务于专业教学并且成为企业技术培训资源库中的重要组成部分。

（四）制度创新：教师下企业，"双证"变"双能"

依托北京电子信息职业教育集团、京津冀信息安全产教联盟和全国信息安全职业教育集团，构建以"北特高"信息安全工程师学院为主体，企业合作双师培训支持教师下企业实践锻炼，使教师由"双证"变"双能"，成为符合高职教育需求的真正双师素质教师，双师率达97.5%，激发教师参与专业建设的积极性。

为了更好地提升学生的技术创新能力，校企双方共同完成实训基地规划，充分考虑教学、科研和专业体验的需求，并把企业文化充分引入实训环境中，贯穿始终，实现"校、企、师、生"四方共赢，形成"学做合一"的教学模式。

四、成果的推广应用效果

成果提高了学生学习主体地位，激发了学生自主学习和主动实践的积极性，获得社会各界高度认可。

（一）人才培养质量持续提高，学生工程实践与创新能力提升

学生在各级各类竞赛中表现优秀。学生在北京市职业院校技能大赛中获奖17项，其中一等奖8项。学生家长满意度达99.3%，用人单位满意度达98.45%。教师取得全国信息化

教学能力大赛一等奖。

本成果辐射到信息大类专业，学生取得行企业技术认证 100 多个，获得了行业企业的认可与好评。

（二）专业建设引领示范，带动同类院校发展

成果实施以来，受到多所高职院校的广泛认可，新疆农业职业技术学院、内蒙古电子职业技术学院等 10 余所兄弟院校就本成果来学校考察交流，成果推广应用到了多所高职院校，取得了显著成效。

（三）社会服务成效显著，支援中西部地区，拓展技术技能培训

团队服务京津冀区域发展，拓展社会服务与技术技能培训，组织培训 11 次；积极推进中西部地区的对口支援，组织本专业教学骨干前往对方学校进行支教；主持参与职业教育新专业目录修订；参加工信部工业互联网人才需求预测课题组研究工作。

（四）同行专家评价、会议交流、媒体报道，引发社会广泛关注

成果在国家级职业教学资源库、北京电子信息职业教育集团和全国信息安全职业教育集团获得广泛应用，专业群产教融合模式经验被学校网站等广泛报道，受到北京市教委领导高度赞扬。

（五）推动产教融合发展，打造校企合作典型

依托"北特高"专业群、工程师学院和"双高计划"专业群，成立全国信息安全职业教育集团；与奇安信等企业合作的"双师型"教师培养培训基地，已完成 25 个班次 900 人的培训。与 360 公司共建"北信-360 协同创新中心"；与华为签订战略合作协议，共建"鲲鹏产业学院"；加入工业互联网产教融合创新中心，同华为、中国工业互联网研究院等共建信息技术创新产业学院。

（六）合力打造工程实践教育共同体，实践教育教学改革业绩斐然

校企共建 24 门职业教育特色鲜明的优质课程，开展线上线下混合式教学。校企合作出版 2 本教材，入选"十三五"规划教材，开发 4 本新型活页式教材。建设了 1 个北京市级、2 个校级教学创新团队。校企共建完善 15 个实训基地，在北京市大学生创新创业大赛中获奖 3 项。近五年承担北京市级以上科研项目 10 个，完成国家职业院校教师素质提高计划 1+X 师资培训项目，开设 HCIA 认证考试。

城教融合背景下技术创新型人才"产学研协同"培养的体系构建与实践

完成单位：北京工业职业技术学院

完成人：冯海明；张萌萌；任凤国；张春芝；贺继伟

一、成果简介

为满足首都建设对创新人才需求，学校贯彻"为党育人、为国育才"理念，坚持立德树人根本任务，服务首都发展，突出城教融合办学特色。面向首都城市建设、运行、管理、服务领域和产业转型升级，全面开启技术创新型人才"产学研协同"培养体系的构建与实施。2019年成为北京市"特色高水平职业院校"建设单位，2020年被教育部确定为"高水平高职学校建设单位（B档）"，2021年被确定为全国高职首家"中文+职业技能"教育实践与研究基地。

2015年起打造城市智慧建造技术、城市运行智能设备应用技术、城市安全技术、智慧城市信息技术、城市现代高端服务业等五大技术创新型人才培养专业群。2016年牵头成立北京城市建设与管理职教集团；建设计算智能与智能系统、城市空间信息工程2个北京市重点实验室，与北京市安科院共建北京市电气安全技术研究所，共建中法能效管理应用人才培养和研究中心等18个技术技能创新服务中心；建成施耐德电气城市能效管理应用工程师学院、华为信息与网络技术工程师学院、京东智能设备工程师学院、广联达BIM工程师学院、北青旅智慧文旅学院等6个产教融合学院，2019年创新创业孵化基地被确定为"北京高校创业园"，建成"产学研协同"技术创新型人才培养平台。

将创新能力培养融入人才培养全过程，形成"课程学习筑基""社团科研提升""技能大赛演练""技术服务实战"创新型人才培养路线，创建"课内课外相贯通、教学现场与实践场景相衔接"培养体系。调动师生积极性，开展科研与技术服务，依托18个技术中心和6个产教融合特色学院，以技术服务项目提升师生创新实践能力，年均科技服务到款1 000万元以上。

牵头人：冯海明，博士，教授，副校长，全国优秀教师，兼任全国机械行业职业教育教学指导委员会副秘书长，教育部职业教育专业教学标准修制订工作综合组专家。

完成人：张萌萌，博士，教授，计算智能与智能系统重点实验室主任，百千万工程北京市级人选，北京市高层次创新创业人才，北京市科技新星，主持多项国家、北京市自然科学基金，获多项省部级科技成果奖。任凤国，教授，科研处长，北京市优秀教师。张春芝，博士，教授，机电学院院长，2021年北京市人民教师提名奖，首批国家级职业教育教师教学创新团队带头人。贺继伟，副教授，招生就业处长，北京地区高校就业创业常务理事，北京高校创业园、北京市示范性就业中心的负责人。

二、成果主要解决的教学问题及解决教学问题的方法

针对技术创新型人才培养与需求脱节、创新型人才培养缺乏系统化设计、创新实践缺少真项目载体、保障平台不完善等进行探索实践。

1. 搭建"产学研协同"创新型人才培养平台

2016 年成立北京城市建设与管理职教集团；建设计算智能与智能系统、城市空间信息工程 2 个北京市重点实验室，共建北京市电气安全技术研究所，建设中法能效管理应用人才培养和研究中心等 18 个技术技能创新服务中心；建成华为信息与网络技术工程师学院等 6 个产教融合学院；2019 年创新创业孵化基地成为"北京高校创业园"。

2. 创建"课内课外相贯通，教学现场与实践场景相衔接"培养体系

形成"课程学习筑基""社团科研提升""技能大赛演练""技术服务实战"创新型人才培养路线，创建"课内课外相贯通，教学现场与实践场景相衔接"培养体系，创新实践全学段培养。

（1）以课程学习实现创新能力初显。构建"平台课程+核心课程+拓展课程"创新教育课程体系。平台课程：开设创新创业课程。核心课程：培养学生创新思维能力，实现技术融合，开发多层级教学项目。拓展课程：贴近工程实际培养创新能力。如测量专业开设"无人机摄影测量""地理信息系统应用"等交叉课程；将 BIM、VR、GIS 等融入核心课程，构建"GNSS 卫星定位测量""BIM 施工管理"等融合课程。专业实践课程：构建"实习实训+学期项目"实践教学体系。

（2）以专业社团和科研项目开展创新训练。以学生专业社团促进创新能力提升：建立奖励机制，选派教师，建设无人机测绘、BIM 设计、机器人协会等专业社团 78 个。以学生科研训练项目推进创新能力实践：设立每年不低于 100 万元的学生科研训练项目专项基金，按照科研项目管理，将学生项目质量作为教师考核内容。

（3）以技能大赛推动自主创新能力提升。校内技能大赛：大赛融入教学，每年 11 月为"技能竞赛月"，专项经费支持，覆盖各专业大赛，连续组织 12 年。北京市、全国及行业技能大赛和创新大赛：参加北京市、全国及行业技能大赛和"挑战杯"中国大学生创业计划竞赛等。2009—2021 年参加全国职业院校技能大赛，在国赛中获一等奖 41 项、二等奖 45 项、三等奖 42 项。

3. 依托技术服务项目持续提升创新能力

发挥 18 个中心作用，组建团队，签订合同，年科技服务到款 1 000 万元以上。近五年承担大兴机场大跨度梁浇筑动态监测、十八洞乡村三维建模、雄安新区测绘等 100 余项。获省部级科技成果奖 11 项。

三、成果的创新点

成果注重技术创新人才培养体系顶层设计，创建"课内课外相贯通，教学现场与实践场景相衔接"培养体系；打造"产学研协同"人才培养平台；以真实项目为载体完成创新

能力实践，确保配套措施和机制建设具有可操作性。

（一）融会贯通，创建"课内课外相贯通，教学现场与实践场景相衔接"培养体系

人才培养课内外培养有效贯通。"课程学习筑基"：构建"平台课程+核心课程+拓展课程"创新教育课程体系。平台课程：开设创新创业课程，培养创新意识；核心课程：培养创新思维能力，实现技术融合，开发不同层级教学项目；拓展课程：开设创新创业课程，贴近实际，培养创新设计能力。"社团科研提升"：组建专业社团，通过综合培训和自选项目，培养创新实践能力；通过学生科研训练项目，提升创新实践能力；依据学生意愿分流，或成为社团助教，或企业实习、参与技术服务，扶持自主创业。"技能大赛演练"：构建三级技能大赛体系，持续提升学生创新能力。"技术服务实战"：将学生纳入专业技术服务团队，在教师指导下承担企业真实技术服务工作，培养不同岗位创新型人才。

（二）校企合作，打造"产学研协同"人才培养平台

成立北京城市建设与管理职教集团；建设计算智能与智能系统、城市空间信息工程 2 个北京市重点实验室，与北京市安科院共建北京市电气安全技术研究所，建设中法能效管理应用人才培养和研究中心等涵盖各专业的 18 个技术技能创新服务中心；建成施耐德电气城市能效管理应用工程师学院、华为信息与网络技术工程师学院等 6 个产教融合学院；建成"产学研协同"技术创新型人才培养平台。

（三）城教融合，以真实项目为载体完成创新能力实践

依托北京城市建设与管理职教集团 18 个技术中心和 6 个产教融合特色学院，开展科研与技术服务。加大了制度机制建设，制订《技术服务项目管理办法》《科技创新服务平台管理办法》等制度，调动师生积极性和创造性，营造科技服务文化氛围。

四、成果的推广应用效果

（一）服务首都能力成效显著

服务首都城市运行管理领域。成立北京城市建设与管理职教集团，师生团队先后开展了大兴机场大跨度横梁浇筑动态监测、京张高铁南口隧道爆破技术指导、首都副中心潞河医院高模架监测、雄安新区规划测绘、军事博物馆浮雕墙数据建模等 100 余项技术服务，取得了显著的经济效益和社会效益。

（二）技术创新创业能力突出

2019 年，学生创新创业孵化基地被确定为"北京高校创业园"。目前中心孵化创业团队 52 个，实现工商注册企业 13 家；参加 2020 年"挑战杯"中国大学生创业计划竞赛，获国赛铜奖 2 项，北京市赛金奖 2 项、银奖 1 项、铜奖 6 项；参加 2021 首届德国柏林国际数字化人才创新技能大赛，获国赛区选拔赛一等奖 1 项。

（三）职业技能大赛成绩优异

学生在全国职业院校技能大赛获奖总数、一等奖数均位于全国前三。2012 年，《中国青年报》以《让每名学生在校期间至少参加一次完整的技能竞赛》专题报道。2009—2021 年，获全国职业院校技能大赛一等奖 41 项、二等奖 45 项、三等奖 42 项，其中测绘赛项连续六年获一等奖。2015—2020 年，团中央举办全国大学生机器人大赛 ROBOTAC 赛项，学校连续六年获一等奖（5 次冠军、1 次亚军）。

（四）引领创新人才培养改革

技术创新型人才培养模式融入学校《国家特色高水平高职学校建设方案》。先后与张家口职业技术学院等 6 所院校"结对子"帮扶，对口支援新疆轻工业职业技术学院等 5 所院校。技术创新型人才培养模式被兄弟院校认可并应用，先后在广州国际教育产业论坛、江西省高职院校宣讲培训会和全国高职院校宣讲培训会介绍技术创新型人才培养经验，全国 100 余所高职院校专程来校学习交流。

（五）助力国家"一带一路"倡议，承担教育部有色金属行业职教

2019 年，学校赞比亚分院建设取得突破，中国—赞比亚职业技术学院获赞比亚教育部门批准成立，开展学历教育。同年学校机电专业牵头制订的专业教学标准，被赞比亚职业教育与培训管理局批准，成为其国家职业教育教学标准，迈出技术创新型人才培养模式走出国门第一步。2019 年"一带一路"共建国家留学生已来校就读，开启国际创新型人才培养。作为北京市"国家'一带一路'人才培养基地"，自 2017 年培训缅甸、蒙古等国家中资企业技术、管理骨干 80 余人，服务中资企业"走出去"。

课程分流、教师分类、资源分组,机电专业"三型"人才培养的探索与实践

完成单位:北京电子科技职业学院;SMC(中国)有限公司

完成人:朱运利;陈小荣;黄敦华;马冬宝;李雪梅;马清海

一、成果简介

2015年年初,历经四年的"国家教育体制改革试点建设项目""教育部提升专业服务产业发展建设项目"和"首批北京市职业教育分级制改革试验"交汇推进、圆满完成,与此同时完成了课程分流、教师分类、资源分组,机电专业书证融通型、专业复合型和创新实践型(以下简称"三型")人才培养的探索与实践。研究发现,人才培养存在外部和内部两大主要矛盾,表现在单一专业人才培养类型与工业4.0时代对高素质技术技能人才多样化需求不匹配、课程资源供给与学生学习需求不对称、教师评价不能满足多类型人才培养对教师胜任力要求等问题。这些问题基本得以解决,形成了《机电一体化技术专业教育分级制改革探索》《机电一体化技术专业内涵建设探索与实践》和《国家教育体制改革试点建设项目报告》等教学成果,突出强调职业教育要面向人人、因材施教。时值北京疏解"非首都功能"和打造世界城市,启动北京市"2+3+2"高端技术技能人才贯通培养试验项目和教育部现代学徒制首批试点专业建设,急需培养大批服务首都高端产业和产业高端的高素质技术技能人才。人才培养模式转型仍是职业教育类型化改革的重中之重,将职业教育类型定位的要求进一步落实到人才培养刻不容缓。

从2015年3月起,学校对机电专业教学成果进行进一步检验,通过实践、总结、再实践、再总结到推广应用,取得了重大新成果:一是理念创新,将机电专业人才培养细分成"三型",是对类型教育理论的具体阐释与深化。二是体系创新,根据"三型"人才培养要求,建立"底层共修、中层融通、上层分组"课程体系,并以不同类型的实训基地和师资加以保障,形成完整类型育人体系。三是方法创新,开发"四位一体"数字孪生线上线下混合实训模式,解决设备台套数少以及学生学习时空受限的问题。四是评价创新,形成以"三型"为导向的学生评价与"五维"教师综合评价体系。

成果应用效果:学生参加职业技能大赛获得全国一等奖4项、二等奖1项和北京市一等奖42项,就业率一直保持在100%,岗位适应性强。机电团队成为北京市专业创新团队,教师参加全国教学能力比赛,获一等奖1项和二等奖2项,获"北京市优秀教师"等称号7项。机电专业入选北京市"特高"专业群建设计划和全国"双高"建设专业,《自动化生产线安装与调试》被评为国家精品在线开放课程,入选"十三五"国家规划教材3本。学校

影响力显著增强。本成果对省级教育部门具有借鉴意义，对高职学校具有推广价值，在国内产生了较大影响。

二、成果主要解决的教学问题及解决教学问题的方法

（一）主要解决的问题

（1）专业人才培养单一类型与工业4.0时代对高素质技术技能人才多样化需求不匹配的问题。

（2）课程资源供给与学生学习需求不对称的问题。

（3）教师评价不能满足多类型人才培养对教师胜任力要求的问题。

（二）解决问题的方法

1. 以"职业能力+职业素养+类型特征"为导向，树"三型"人才培养目标

人才培养目标以"职业能力+职业素养+类型特征"为导向，其中"类型特征"是将职业教育类型定位落实到人才培养的最基本特征。机电专业要求学生100%达到书证融通型，技能熟练；80%达到专业复合型，多岗适应；20%达到创新实践型，能面对未知解决较复杂问题。书证融通型人才通过考"工业机器人操作编程"等职业技能等级证书培养，专业复合型人才依托先进制造实训基地和企业现代学徒中心学习实践培养，创新实践型人才通过参加全国职业技能大赛或企业、研究所的研发项目培养。书证融通型、专业复合型和创新实践型三者构成金字塔，其中前者是基础，后者在其上，建立系统化人才培养体系。

2. 以"三型"人才培养目标为指引，组模块化课程体系，建自选式分流机制

解构细化"三型"人才培养目标，构建最小化单元模块"职业能力+职业素养+类型特征"三维教学目标。依据学生成长和教育教学规律，由多个最小化单元模块组合成一门模块化课程，所有模块化课程组合成课程池，课程池中一部分课程是全体学生必修的，称作"底层共修"，强化基本技能，支撑书证融通型人才培养。从第五学期，根据不同发展方向，学生从课程池中再选取另一部分课程，组合成一个个不同方向的课程流。支撑专业复合型和创新实践型的课程流有交叉，称作"中层融通"，满足学生适应多岗工作。不交叉部分独立，称作"上层分组"，解决未知的较复杂问题。自下而上形成模块化课程体系。

3. 以评价改革为牵引，探"三层五维"教师发展路径

坚持立德树人根本任务，专业教师、骨干教师和教学名师都参与人才培养、社会培训、科技攻关、技能竞赛和对外交流。出台教师综合评价体系，基于北京市现代制造业职教集团和北京市先进制造基地两个平台促进教师发展。

4. 以"基地、大赛、教材、在线开放课程"为教学资源的分组机制

配套学生自选式分流机制，校内的综合实训室、生产性实训基地和校内外创新实践基地，校级、市级和国家级职业技能大赛，校本教材、新形态教材和国家规划教材，校级、国家级精品在线开发课程等教学资源，形成分组机制，保障"三型"人才培养。

三、成果的创新点

（一）理念创新：将机电专业人才培养细分成"三型"，是对类型教育理论的具体阐释与深化

《关于推动现代职业教育高质量发展的意见》指出，坚持面向市场促进就业，坚持面向人人因材施教。市场需求是更多高素质技术技能人才，学生需求是努力成才、皆可成才和尽展其才，而随着提前招生、高考统招和退伍生入学等融合，进入机电专业学习的学生个性化差异非常明显。机电专业将人才培养目标分为书证融通型、专业复合型和创新实践型三类，建立系统化人才培养体系，这是对类型教育理论的具体阐述与深化，集成了理念和理论上的创新。

（二）体系创新：根据"三型"人才培养要求，建立"底层共修、中层融通、上层分组"课程体系，并以不同类型的实训基地和师资加以保障，形成完整类型育人体系

人才培养需通过课程、教材和教学来落实，而课程资源建设与教学实施又要以教师与实训基地作保障。根据"三型"人才培养要求，机电专业建立面向书证融通型、专业复合型和创新实践型人才培养的"底层共修、中层融通、上层分组"模块化课程体系，分别依托校内的综合实训室、生产性实训基地和校内外创新实践基地，依次由专业教师、骨干教师和教学名师指导，实现人才培养、教师和基地的统一，形成完整类型育人体系。

（三）方法创新：开发"四位一体"数字孪生线上线下混合实训模式，解决设备台套数少以及学生学习时空受限问题

通过数字孪生技术，打造仿真序列调试、软在环虚拟调试、硬在环虚拟调试、虚实协同验证四位一体的数字孪生实训平台，开展情境式、模块化和混合式教学。

（四）评价创新：以"三型"为导向的学生评价与"五维"教师综合评价体系

校企共建线上线下一体化评价系统，融入世赛标准，对学生职业能力、职业素养和类型特色在线评价。教师评价体系由师德考核、教学工作量、教学质量、教学改革、班主任和科研等指标组成，其中"教学改革"原始分由100+60分组成，突出教育教学实绩，促进了学生和教师的发展。

四、成果的推广应用效果

（一）学生岗位适应强，人才供给满足社会需求

2014机电卓越班获"北京高校优秀基层组织"称号，2016机电班获"北京市先锋杯团支部"称号。4名学生获国家奖学金；学生参加全国职业技能大赛，获一等奖4项和二等奖

1 项；参加北京市职业技能大赛，获一等奖 42 项；21 人被评为北京市优秀毕业生。根据《2019 届毕业生就业质量年度报告》，机电专业毕业生总就业率达 100%，平均落实年薪 9.27 万元，毕业生岗位适应性强。

（二）教师能力发展快，师资水平满足岗位需求

机电专业团队 2018 年入选北京专业创新团队，2020 年通过建设项目验收，在 32 个团队中排名第三。专业团队教师参加全国教学能力比赛，获一等奖 1 项和二等奖 2 项；主持全国教育科学"十三五"规划国家重大项目子课题 1 项，主持或参与省部级课题 3 项，主持厅局级课题 3 项；参加国家标准制订 3 项；担任国家一级比赛裁判 13 人次；主持横向课题 10 项，技术开发经费入账 160 万元；发表高水平论文 40 余篇；专利授权 30 余件，其中发明专利授权 2 件；承接河北省机电一体化国培项目，为大宝、京东和北京奔驰员工培训，经费入账 400 余万元。专业教师获"北京市师德先进个人""北京市师德榜样""北京市优秀教师""北京市高校青年教学名师""北京市职业院校技能大赛（高职组）'首席指导教师'""北京市专业带头人"等荣誉称号 7 人次；专业技术职务晋升正高 2 人、副高 4 人；应邀在北京大学、中关村、中国职业技术教育学会等单位做主题报告与经验交流，得到高度认可与好评，起到示范和引领作用。

（三）专业建设机遇好，教学资源满足学生需求

机电专业 2018 年通过教育部现代学徒制试点验收，入选北京市特色高水平骨干专业群建设计划，2019 年入选全国"双高"建设专业。教学资源丰富，建设 12 本新形态教材，开发 10 门"一带一路"共建国家留学生网络课程和 16 门国际学分互认课程，《PLC 技术在典型任务中的应用》等 3 部教材入选"十三五"国家规划教材。精品在线课程《液压与气压传动》累计访问量 50 507 次。《自动化生产线安装与调试》2020 年被评为国家级精品在线课程，开课 7 次，网上选课人数达 27 676 人，为多所兄弟院校共享共用。

（四）学校高质量发展，办学实力助推经济建设

学校 2018 年入选北京市特色高水平职业院校建设计划，2019 年入选国家"双高计划"高水平学校建设单位，连续多年获得"北京市高校毕业生就业工作先进单位"称号，企业和社会认可度高。

中职现代学徒制"五双合创、柔性培养"模式的创新与实践

完成单位：北京市电气工程学校；寰影星光文化有限公司；施耐德电气（中国）有限公司

完成人：冯佳；王林；崇静；梁健；高媛

一、成果简介

本成果始于 2014 年，2015 年与寰影星光文化有限公司合作建立现代学徒制试点项目，2016 年招收第一阶段试点班学员开展学历教育，其间得到施耐德电气（中国）有限公司高度关注并以"职业教育资助者"身份加入项目。2017 年获批"教育部第二批现代学徒制试点校"。项目以企业为核心，树立"战略联盟"发展观，以互利共赢机制建设为重点，创新了"五双合创、柔性培养"现代学徒制人才培养北京特色新模式。

（一）"五双合创"的内涵

一是开放联动，创新"双主体"育人机制。创新了校企联动三级工作机制和两级共管、人才共育的管理机制。

二是共同发展，构建"双导师"创新团队。聘任 108 名四类企业导师，重构专兼结合的双师团队；双向互派 17 人挂职锻炼，形成了双师培养的长效机制。

三是创新驱动，研制"双基地"标准体系。合作共建 12 个校外基地，智能化升级 4 个校内实训基地；开发 2 项全国机械行业指导委员会专业教学标准；制订 18 门现代学徒制专业核心课程标准，获得 10 余项授权专利和软著权，参与起草 2 项教育部 1+X 证书标准。

四是质量为本，形成"双循环"管理机制。采用"PDCA+SDCA"双循环管理方法，严控质量，建设了五项保障机制。一是双方需求合拍的驱动机制；二是互利互惠多赢的利益机制；三是优势互补资源共享的平衡机制；四是动态发展调整的更新机制；五是双方参与评估的考核机制。

五是产教融合，试点"双身份"招生招工一体化。规范学徒制合同，规范确定"学生与学徒"的双重身份，明确企业资质条件、教学职责和培养成本的分担比例等。

（二）"柔性培养"的内涵

在现代制造业转型升级背景下，专业集群为满足不同企业不同层次人才培养需求，借鉴智能制造领域中柔性化生产的先进理念，以"完全学分制"为基础，开展"弹性学制"改革，通过对课程体系、实训基地、师资队伍进行改造升级，实现了模块化、集约化、方向化，创新"定向培养、订单培养、定制培养"组合使用的柔性培养途径，实现专业群与岗

位群的精准化对接。

本成果显著提升了人才培养质量。优秀毕业生比率大幅提升，用人单位满意度达97%以上，毕业生专业对口率达95%以上。培养出外交部集体三等功3人，以及国赛、市赛获奖选手100余名。先后培养出特级教师2名，市学科带头人2名，市级骨干教师3名，市级专业创新团队3个，区级学科带头人及骨干教师29名。先后有50余所学校前来学习交流，被《中国教育报》等200余家媒体网络公开报道。

二、成果主要解决的教学问题及解决教学问题的方法

（一）通过校企携手构建制度体系，解决了人才培养缺少制度保障、师资激励与培养力度不足、学徒权益保护有待落实的问题

一是建立健全管理制度。校企联合从六个维度，制订现代学徒制管理制度体系，增强校企合作管理制度化和规范化。采取合同协议管理而非人情关系管理，强调规范管理而非随意管理。过程管理与目标管理相结合，对企业条件、双方职责、实习岗位要求等作出明确规定。

二是加强绩效考核奖励。校企多措并举，加大双导师培养力度，先后制订了《双导师认定及培养办法》等制度。企业支持师傅到校开展实践教学，并给予特殊补贴。学校采用"集中+分散"的方式安排教师到企业进行顶岗实践，教师除享受企业的相关待遇外，学校还按照相同职称教师的平均岗位津贴进行补助，激励教师开展工作。

三是增加服务学徒举措。参照国内外经验，制订学徒合同范本，对学徒工作岗位、工学时长、津贴报酬等作出规定。在实践中将学徒作为"服务对象"，根据中职学生身心特点给予充分关注，校企建立畅通的信息服务与申诉通道，帮助他们疏解情绪、解决难题。

（二）通过校企协同建立完备机制，解决了校企合作忽冷忽热、发展不可持续的问题

一是建立三级工作机制。由校企高管作为合作理事会第一级领导机构，为校企合作牵线搭桥；由专业带头人和企业部门负责人组成专业指导委员会作为第二级管理机构，协调企业用人需求、专业人才培养和专业建设等工作；由专业教师和企业技术人员组成第三级工作组，负责定岗实习管理、教师企业实践等各项具体工作。

二是建立校企共管机制。校企双方共同制订《实习管理制度》，组建了企业管理人员与学校主管领导及相关人员构成的实习工作组织机构，校企共管实习工作，共同选择企业、确定岗位、制订实习计划、明确教学任务和教学项目。

（三）通过校企合作深化课程改革，解决了企业教学环节薄弱、校企课程之间缺乏协调性的问题

一是遵循能力成长规律，重构"4+4"课程体系。以培养学徒技术实践能力为逻辑切入点，围绕培养学徒核心职业素养，重构"公共基础课程+认岗实习""专业核心课程+跟岗实习""专业方向课程+轮岗实习""综合应用课程+定岗实习"的课程体系，缩短学岗距离。

二是精细安排企业教学，全面加强监督与指导。校企研讨制订教学进度，明确时间与责任人，通过真设备操作、真项目训练、真环境育人，开展工学交替，实现做中学，全面加强

对双导师教学工作的监督与评价，及时反馈，学生岗位能力显著提升。

三、成果的创新点

（一）创新六维度、双循环管理制度体系和运行机制

树立"战略联盟"的发展观，从"校企合作"迈向"校企合创"，从"育人机制、师资队伍、教学资源、教学运行、学生管理、质量监控"六个维度入手，搭建制度体系，实现"PDCA+SDCA"双循环管理，保障了现代学徒制高质量人才培养。

学校建立校企合作委员会和各专业建设指导委员会，"两级共管"紧紧围绕首都经济发展方式转变和现代产业体系建设，共同商讨学校发展与专业建设，深化了校企责任共担、利益共享，校企合作战略伙伴关系更加密切。

（二）创新多层次柔性化组合培养途径

根据不同企业对职业岗位能力、用工数量和用工层次的不同需求，基于"柔性培养"理念，设计了适合用工层次低、数量大、岗位能力需求泛化的"定向培养"，适合用工层次较高、数量有一定规模、岗位能力需求标准化的"订单培养"，适合用工层次高、数量少、岗位能力需求个性化的"定制培养"。通过三种培养途径的组合使用，有效解决了人才培养规格和渠道单一的问题，满足了社会、行业、企业对人才培养的不同需求。

（三）创新柔性"三化"课程体系和教学资源

一是课程模块化，以"完全学分制"为基础，按必修课程模块、选修课程模块、定向课程模块，分三类搭建专业集群模块化课程体系。

二是基地集约化，针对企业职业岗位能力特点，将专业集群内原有实训室进行整合，重构了4个不同层次的集约化实训基地。

三是师资方向化，教师结合自身专业研究方向和集群人才培养方向，选定自身授课方向，精通不同模块课程，实现教师人人有方向，学徒就业岗位广。

（四）创新三阶段、职业化成长评价体系

"职业化评价"以学年为单位，分为初期认识性评价、中期过程性评价和后期终结性评价等3个阶段。制订"学岗对接"职业化评价内容、评价标准和实施办法，编订基于10种载体的《职业化发展培养方案》，建立职业化评价工具《学徒职业成长手册》和网络评价平台，实现学徒评价的校企对接。

四、成果的推广应用效果

（一）人才培养质量成效显著，带动了京津冀同类专业发展

本成果形成了可复制的典型成功案例，人才培养质量全国领先，学生出口供不应求，达

到发达国家职业教育同等水平。成果已在本校和唐山一职等 5 所京津冀同类学校全面实施，毕业生初次就业岗位质量好、薪酬高，企业、学生及家长满意度明显提升。

优秀毕业生比率大幅提升，用人单位满意度提升到 97%，毕业生专业对口率提升到 95%。培养出"北京大工匠"提名奖 1 人、外交部集体三等功 3 人、北京市优秀学生 1 人，以及国赛选手、市赛一等奖选手 100 余名，学校被社会各界誉为"电气工程人才的摇篮"。

（二）教师职业能力持续提高，造就了一批"双名"导师团队

双导师队伍承担教育部 2019 年专业教学标准制订工作，积极推进 1+X 证书制度试点工作，参与制订教育部第四批职业技能等级证书《青少年劳动教育项目开发与实施职业技能等级标准》等 2 项。主编《单片机技术及应用》等 5 本"十三五"国家规划教材。取得 10 余项实用新型专利和 1 项原创软著权。

先后培养出特级教师 2 名、北京市学科带头人 2 名、市级骨干教师 3 名、北京市职教名师 2 名、专业带头人 2 名、专业创新团队 3 个，区级学科带头人及骨干教师 29 名，20 人取得国家技能证书考评员资格和国家级竞赛高级裁判，2 人获得"北京市优秀教师"称号，团队荣获"北京市青年文明号"。实践期间，双导师团队获得全国教师教学能力大赛一等奖 13 人次、北京市教师教学能力大赛一等奖 36 人次，比赛成绩在北京市职业院校处于第一方阵，在全国处于领先位置。

（三）社会服务能力大幅提升，深化产教融合学生创新创业

转变服务方式，着力校企联合协同创新。"十三五"期间社会服务总量超 3 万人次。参与制作 CCTV1《夕阳红》、CCTV2《是真的吗》、CCTV6《佳片有约》等一批热门精品收视节目。

依托新技术优势，为学生搭建创新创业平台。双导师团队结合学生专业，指导设计创业项目，孵化了"爱梦视频工厂""绝版现场"等创业项目，引领了创新创业的新潮流。

（四）社会影响力不断增强，引领全国同类院校改革发展

本成果汇聚了行业、企业优质资源，在全国"首届职业教育博士论坛"得到好评，引发众多社会主流媒体的关注，《中国教育报》《北京日报》等 200 余家媒体在网络公开报道。被北京师范大学国家职业教育研究院纳入职教国培计划。研究成果在河北、河南、贵州、云南等对口帮扶项目中得到推广应用，先后有 50 余所学校前来学习交流。

提升能力 增强适应——"二四三"式汽车专业群高质量人才培养的探索与实践

完成单位：北京电子科技职业学院；北京奔驰汽车有限公司；北京新能源汽车股份有限公司

完成人：冯志新；朱青松；苟维杰；李金义；吕世霞；俞娜；黄毅

一、成果简介

北京电子科技职业学院是亦庄开发区内唯一一所高职院校，多年来，汽车专业群秉承"立足区域、服务产业"理念，与汽车企业集群深度合作、开拓创新，走出了一条独特的人才培养之路。2006年，与德国戴姆勒、北京奔驰签订合作协议，引进德国"双元制"，德国专家指导"奔驰班"教学达八年之久，有效保障人才培养质量。2012年，结合产业发展和企业需求，开展分级制改革，构建分级递进分段教学模式，实现"双元制"深化升级，人才培养质量伴随产业发展同步提升。

2015年，开发区开始重点打造高端汽车和新能源汽车的千亿级产业集群，产业转型升级迅猛，技术迭代增速，对人才质量提出更高要求。经调研和企业反馈，发现专业群人才培养质量与产业发展之间存在不适应和不匹配现象。专业群基于深厚积淀和经验，坚持"五业联动"，以"二四三"模式对高质量人才培养进行探索，凝练出高质量人才培养目标、方法及实践体系，形成本教学成果。

（一）对高质量人才培养"怎么看"——重构"三力"体系

从需求侧分析，高质量人才一般指企业评价高、综合素质高、适岗能力强、发展潜力足的技术技能人才。专业群基于产业对高质量人才需求，重构了社会能力、操作能力、发展能力并行的"三力"体系，对内涵进行阐释并细化为二、三级指标，构建"模块—课程—能力点"能力积累清单，通过"K.S+8"考核模型进行验证。"三力"体系对人才高质量培养理念进行深度认知和显性呈现，此为成果之"根"。

（二）高质量人才培养"怎么办"——构建"二四三"人才培养模式

围绕"三力"体系，从人才培养理念、类型、内容和方法四个维度集成创新，构建了"二四三"人才培养模式。"二"指校企双元育人主体。"四"指育人策略。理念创新——全素养："三力"与思政融通；类型创新——多类型：SCI（书证融通、专业复合和创新实践型人才）精准育人；内容创新——强工程：强化工程实践教育；方法创新——课互通：构建模块化课程体系。"三"指以结构化师资、数字化资源、系统化评价为保障。"二四三"模式此为成果之"体"。

（三）高质量人才培养"怎么样"——实现"四个转变"

以"二四三"模式为载体，强化因材施教，教育教学实现了"四个转变"，即育人理念从"知识传授"向"全面育人"转变、培养类型从"统一规格"向"精准培养"转变、教学内容从"技能操作"向"工程实践"转变、培养方法从"单一专业"向"群内互通"转变。专业群高质量人才培养成效显著，此为成果之"用"。

二、成果主要解决的教学问题及解决教学问题的方法

（一）围绕高质量人才培养，重点解决了 4 个问题

（1）人才综合素质不够全面；
（2）培养类型单一；
（3）工程实践能力不强；
（4）岗位技能知识迁移性不强。

（二）以"四策略"实现"四转变"

1. "三力"与思政全面融通

将"三力"分解为 17 个二级指标、53 个三级指标，以指标为点、能力为线、课程为面，开发了直观显性、能够直接描述能力要求和达成度考核要求的人培方案、课程大纲和能力积累清单，构建了"三力"并行、知识交叉融合、能力逐渐进阶、"三金"思政谱系全面融入的课程体系，落实全面育人。实现了育人理念从"知识传授"向"全面育人"转变。

2. SCI 分类精准培养

实施"学生分类、教学分层、实施分步"的 SCI 分类育人模式。1~4 学期，学生 100% 达到 S 型人才培养规格。第 5 学期通过 C、I 型模块化课程教学，辅以小学期课程、第二课堂等进行精准分类培养，第 6 学期专岗实习，约 80% 和 20% 达到 C 型和 I 型人才培养要求。实现培养类型从"统一规格"向"精准培养"转变。

3. 强化工程实践教育

实施"基础操作（群基础课）—综合操作（技术技能课）—工程操作（模块课程）"的工程能力培养三进阶体系，搭建"产教研创"工程实践育人平台，建设赵郁技能大师工作室，研发中试基地，组建汽车竞赛社团，学生参与科研合作、技能竞赛、双创孵化等。实现教学内容从"技能操作"向"工程实践"转变。

4. 构建模块化课程体系

引入企业真实职业活动或典型工作任务，以汽制专业为核心，依据"产业群—岗位群—专业群"映射关系，构建涵盖 4 个专业、14 门课程、24 个专业复合和创新型模块的模块化课程新体系。开发国规教材 3 本、工单式特色新型教材约 30 本，开展"课证融通"1+X 证书试点。实现培养方法从"单一专业"向"群内互通"转变。

（三）以"三保障"推进机制建设

（1）结构化师资——队伍保障。建立企业导师库，打造"4432"式双师团队，鼓励教师除完成正常教学任务外，还参与实训指导、社会培训、课题研发、技术服务等工作，做到

"教导"双职，一岗多能。

（2）数字化资源——资源保障。开展智慧化教学变革，开发《汽车构造》等在线开放课程54门、虚拟仿真软件20余个、VR体验中心1个，为SCI分层学习提供资源。

（3）系统化评价——机制保障。实施线上线下结合、过程结果并重的"N+2"评价模式，校企依据"三力"体系构建综合评价模型，利用大数据行为分析等信息化手段，建立学生评价微档案和评价结果"反馈完善"机制。

三、成果的创新点

（一）理念指引——思政引领，落实全面育人

围绕革命精神与时代担当，以培养"红色工匠"为目标，系统设计专业群课程思政体系，建设专业群共享式"三金"课程思政资源库1个，开发《动力电池及管理系统》等案例60余个。开展基于任务驱动"双元三金四维"（校企双元，人文、方法、环境和内容四个维度）专业课程思政教学改革，开发《"三力"指标与思政元素对应表》，精心设计"三力"与课程思政融通方式，实现"思政理念—思政案例—思政元素"逐级浸润，解决人才综合素质不够全面、全面育人路径不够清晰的问题。

（二）方法指引——"二四三"人才培养模式

围绕"三力"体系，从育人主体、育人策略、育人保障三方面综合施策。"二"指校企双元协同育人、深度合作，保障人才供需双侧精准对接。"四"指从理念、类型、内容和方法四个维度集成创新：理念创新——素养对接岗位，解决"进不进得去"企业的问题；类型创新——规格契合岗位，解决"找不找得准"岗位的问题；内容创新——技能胜任岗位，解决"做得好不好"问题；方法创新——潜能超越岗位，解决"走得远不远"问题。"三"指以师资队伍、资源建设、评价体系三项建设，为四项策略实施分别提供人力保障、技术保障和机制保障。

（三）路径指引——五业联动，"四新"为径

在发展路径上，专业群坚持"产业—行业—企业—职业—专业"五业联动。锚定产业新业态，在北京市教委指导下，连续2年研制发布《专业与产业契合度报告》，增设汽车试验技术等专业；瞄准行业新趋势，牵头成立现代制造业职教集团汽车协作组，进行行业标准修订、技能证书引入；构建校企发展新机制，与北京奔驰、北汽新能源等知名车企打造命运联合体，开展"七共同""五对接"教学，切实保障人才供需双侧精准对接。实现专业建设新转变，专业群在育人理念、类型、内容、方法四个维度实现"四个转变"，人才培养质量显著提升。五业联动，"四新"为径，有效保障了人才培养的高质量和对产业需求的高适应。

四、成果的推广应用效果

（一）人才培养成效显著

1. 学生就业

近四年，为北京汽车产业输送1 000余名高素质技术技能人才，其中为北京奔驰、北汽

新能源等企业培养复合型人才 600 余人，北京奔驰约 50% 技师、高级技师，约 40% 班组长皆出自奔驰订单培养；涌现出创新型人才，如北京奔驰首席技师巩森、中国最美汽车人梁康等。毕业生适应企业发展、满足岗位需求能力显著提升。学校被北京奔驰誉为"职教先锋、工匠摇篮"。

2. 实践成果

学生参与横向课题和工程项目 41 项，获专利授权 28 项。2017—2020 年获全国职业院校技能大赛奖项 3 项；2018 年获"一带一路"金砖国家技能发展技术创新大赛总决赛一等奖 2 项；2019 年获美国大学生巴哈越野车大赛总成绩全球第 15 名、耐力赛第 3 名的中国队最好成绩；获第五届中国"互联网+"大学生创新创业大赛铜奖、第十五届全国职业院校"发明杯"大学生创新创业大赛银奖。

（二）专业群建设成果丰硕

1. 专业群荣誉

2017 年汽车制造专业获评全国装备制造类试点专业；2018 年北京奔驰汽车制造工程师学院获批北京"特高"项目；2019 年汽车制造专业群获批全国特色高水平专业群建设单位，获批开发区复杂和异形件研发中试基地；2020 年汽车专业群获批市级教学团队 2 个，2 个教学团队均获得市教学能力大赛一等奖，3 人获评市教学名师、专业带头人，汽车制造系党支部获批全国高校党支部书记"双带头"人工作室建设单位。

2. 教学成果

近四年出版专著和教材 50 本，其中"十三五"规划教材 3 本；《工业机器人实操与应用技巧》获评国家精品在线开放课程；获北京市自然基金项目、市教育教学规划课题 4 项，市教委科技和教改项目 7 项；专利授权 105 项；发表核心期刊及三大检索论文 74 篇。

3. 社会服务

中试基地服务企业 35 家，横向科研经费 450 万元；参与制订国家标准 1 项、行业标准 1 项、国家职业标准和专业教学标准 1 项、1+X 技能等级标准 5 项。为北京奔驰等企业培训员工 6 000 余人，培训质量得到企业充分认可。

（三）成果社会影响广泛

1. 示范辐射

与企业协同育人模式得到百度等 10 余家知名企业借鉴。近四年，接待政府、企业、国内兄弟院校来访交流 200 余次。与北京奔驰校企双元育人机制成为天津机电职业技术学院等组建"奔驰班"的范本，成为德国戴姆勒与 10 余家高职院校合作样板。

2. 媒体报道

人才培养成效得到中国教育电台、《光明日报》等媒体深度报道，受到行业企业、兄弟院校和上级部门一致肯定。

国家标准建设引领，产教共育共享共促，城轨运营管理专业高质量建设模式实践

完成单位：北京交通运输职业学院

完成人：刘莉娜；高蓉；丁楠；李红莲；马娜

一、成果简介

为保障奥运期间地铁线路的顺利开通和运营，满足北京轨道交通行业井喷式发展的人才需求，学校于2006年开办轨道交通运营管理专业，是国内最早开办该专业的院校之一。

专业开办初期，全国范围内专业课程体系空白，实训基地建设空白，专业教材空白，教师能力远不能满足人才培养的需求。为了保证高质量的人才输出，专业始终坚持产教融合，借助全国城市轨道交通职业教育集团、北京交通职业教育集团和城市轨道运输类专业指导委员会主任单位等平台，探索实践了以标准建设为引领，校企共育共享共促的高质量专业建设模式，保证学生高质量就业，显著提升师资水平。目前，专业同行认可度高，影响力大，示范作用明显，作为核心专业于2019年成功入选中国特色高水平高职学校和专业建设计划，为全国同类院校专业建设提供了范例。具体做法如下：

（一）搭建职教集团，建立校企合作长效机制，保障产教融合的顺利实施

搭建北京交通职业教育集团和全国轨道交通职业教育集团，充分发挥政府的主导作用，2006年至今，先后与香港铁路有限公司、北京市地铁运营有限公司等国内龙头企业签订战略合作协议，依托值班站长培训、实训基地建设和现代学徒制试点等项目，建立了校企合作的长效机制，保障产教融合的顺利进行。

（二）校企共建共享、资源协同，实现校企共赢

2006年，地铁行业员工培训仍采取师带徒的方式，无法满足行业快速发展需求，学校开设城轨运营专业，直接引进香港地铁国际领先的培训体系，开发岗前培训课程，培训一线员工600余名，保障了京港地铁4号线开通运营，并逐步帮助企业建立自身培训课程体系，教师水平迅速得到提升，专业快速发展，实现校企共赢。

校企共建共享实训基地，有效满足了学校、企业实践培训的场地需求和设备需求；校企共建职业技能鉴定站，共同开发职业技能大赛项目及设备，以赛促教，大量缩短了学生入职的岗前培训时间，节省了企业培训成本，实现校企共赢。实训建设、技能大赛等工作使教师的专业理论和实操能力显著提升。

（三）以国家标准建设为引领，解决专业建设中的难题

依托职教集团和专业指导委员会主任单位平台，校企共建国家职业标准和国家教学标准，完善课程体系，解决课程与岗位衔接不紧密的问题；共建国家实训教学条件建设标准，建成一流实训基地，解决学生实践能力与岗位要求不匹配的问题；共建企业招生招工素质标准，实践现代学徒制人才培养模式，解决双元育人、在岗培养、岗位成才的问题。教师全程参与系列标准建设、实训基地建设和课程资源建设，解决教师专业知行能力低的问题。

二、成果主要解决的教学问题及解决教学问题的方法

（一）通过与龙头企业合作，引入国际化规范的岗位培训体系，解决国内课程体系空白的问题

学校是全国最早开办城市轨道交通运营管理专业的院校，专业课程体系空白，为此学校与香港铁路有限公司、北京京港地铁有限公司深度合作，引进香港地铁国际化规范的岗位培训体系，构建国内第一套完整的专业课程体系，为后续专业建设的发展奠定了基础。

（二）通过国家职业标准和国家专业教学标准的制订，构建了科学合理的课程体系，解决课程与岗位衔接不紧密的问题

牵头完成教育部国家专业教学标准，参与交通运输部行车值班员、行车指挥调度员国家职业标准的制订，在此基础上开发了基于可持续发展能力模型的人才培养方案，构建"两类别、四阶梯"与1+X证书相融通的高质量专业课程体系。

（三）通过国家实训教学条件建设标准制订和实训基地建设，建成全国一流实训基地，解决学生实践能力和企业岗位要求不匹配的问题

依托职教集团和专业指导委员会主任单位平台，对全国院校、地铁运营企业充分调研，从实训项目和实训目标要求出发，制订国家实训教学条件建设标准，率先建成国内一流"岗教一体、学训合一、综合联动"的实训基地，有效地解决了学生实践能力和企业岗位要求不匹配的问题。

（四）通过制订合作企业岗位的招生招工素质标准，试点现代学徒制人才培养模式，解决双元育人、在岗培养、岗位成才的问题

2014年，校企合作制订了5个岗位的招生招工素质标准，试点现代学徒制人才培养模式，探索和实践"校企一体化"育人，创新现代学徒制人才培养机制，构建现代学徒制课程体系，开发基于岗位业务的教学资源，构建信息化学习平台，解决双元育人、在岗培养、岗位成才的问题。

（五）通过教材、国家级资源库的建设，解决教学资源匮乏、教学手段单一的问题

对接国家教学标准、实训条件建设标准，出版核心教材17本，其中国家规划教材9本。

牵头全国同类院校，与国内一流地铁运营企业共建共享国家级教学资源库，丰富了线上教学资源，为不同教学方法的实施提供了有力支撑。

（六）通过系列国家标准建设，解决教师专业知行能力低的问题

专业教师深度参与国家系列标准制订，与龙头企业密切合作，与企业专家深度交流，全面了解行业规范和企业岗位标准，不断扩展更新自身专业知识，提升自己的专业建设、理论教学、实践教学等综合能力。

三、成果的创新点

（一）以标准建设为引领，探索高质量专业建设新路径

制订国家职业标准和国家教学标准，明确岗位任务和需求，引入可持续发展能力模型对岗位进行分析，建立高质量的专业课程体系。

制订国家实训教学条件建设标准，对全国企业、行业及学校进行充分调研，开发了紧密对接企业需求的实训教学体系，校企共建共享一流实训基地。

制订企业岗位的招生招工素质标准，奠定校企联合招生招工基础，实践现代学徒制人才培养模式。

专业教师全程参与系列标准建设，提升了教师的专业水平和教学研究水平。

（二）始终选取国内一流企业合作，融合各企业优势，建设高质量的课程体系、实训体系和课程标准

依托职教集团和专业指导委员会主任单位平台，始终选取国内一流企业合作，引入香港铁路公司国际领先的培训体系，借鉴北京地铁国内最成熟的安全行车管理规范、京港地铁国内先进的运营服务理念和内容，学习运管公司无人驾驶技术的新规范，融合各企业优势，搭建高质量的课程体系和实训体系，开发高质量的课程标准。

（三）精准对接企业需求，产教共育共享共促，推动产教融合可持续发展

精准对接京港地铁新员工培训需求，2006年，专业选派教师去行业内具有丰富国际化运营管理经验的企业学习其培训体系并进行岗位实践，以该批教师为主体，开发培训课程，校企共建共享实训基地，帮助企业培训社会招聘员工近1 000人。

精准对接北京地铁实训基地急缺需求，以北京地铁9号线设备为主共建共享实训区域12个。

精准对接北京市轨道交通建设管理有限公司实训基地急缺需求，以燕房线设备为主，共建共享新技术实训区域2个。

对接企业提升自身影响力的需求，学校依托专业指导委员会主任单位平台，共同开发专业教材和国家级教学资源库，借助国培基地和双师培训基地项目，校企共同培训全国专业骨干教师，持续扩大企业在全国范围内的竞争力和影响力。

四、成果的推广应用效果

（一）人才培养质量持续提高

专业就业对口率达 98% 以上。累计为北京市地铁运营企业输送运营岗位人才 5 000 余人，成为北京地铁运营企业最大的用人供给单位。企业普遍反映学生业务过硬，动手能力强。学生在各级各类竞赛中表现优秀：在全国交通运输行业职业技能大赛中累计获得一等奖 3 项、二等奖 5 项，北京市一等奖 8 项、二等奖 8 项；参加中国"互联网+"大学生创新创业大赛，获得三等奖；参加英语、数学等基础学科的省市级比赛，累计获奖 21 项。

（二）教师专业能力和教学研究水平持续提升

专业教师团队入选"国家级职业教育教师教学创新团队"。专业教师获得全国优秀教师表彰 1 人次，入选北京市青年骨干教师 5 人次；获得北京市职业院校技能大赛教学能力比赛一等奖 8 人次，全国交通运输类专业教师信息化教学能力大赛二等奖 14 人次，全国一类技能大赛指导教师全国二等奖 4 人次、北京市一等奖 4 人次；获得北京市教学成果奖一等奖 2 项、二等奖 2 项。

出版中高职核心教材 17 本，累计发行量达到 50 万册以上，其中教材《城市轨道交通客服礼仪》和《城市轨道交通客运组织》被教育部评为"中等职业教育改革创新示范教材"，国家规划教材 9 本。牵头建成 5 门国家级教学资源库课程，参与使用院校 138 所，学生人数 3 万余人，实现教学资源共享，辐射行业、企业、院校，引领专业资源建设。

（三）社会服务能力持续提升

建成"岗教一体、学训合一、综合联动"的轨道交通实训基地，实训基地承接 2015 年全国首届职业教育活动周，迎接时任副总理刘延东的参观指导，她给予高度评价；近五年来先后接待教育部、交通部副部长等多位领导、上百家院校的调研、学习。同时作为"北京市青少年活动基地"，举办了 3 批次、累计数百名北京市中小学生的职业体验，社会服务效果显著。

（四）牵头制订系列国家标准，示范与辐射作用显著

牵头制订国家教学标准和实训条件建设标准，多位专业教师通过线上线下平台进行标准宣贯、课程开发指导，得到了同行的高度认可，累计辐射全国上百所职业院校，累计辐射用户上万人次。专业教学标准被翻译成英文，通过资源库及"一带一路"建设项目向其他国家推广，完成了教学成果的"走出去"，示范与辐射作用显著。

经中国科教评价网测评认定，在全国 200 多所同类高职院校中，学校城市轨道交通运营管理专业竞争力排名第一。

基于校企共创"422"人才培养模式搭建首都技能人才成长平台的研究与实践

完成单位：北京轻工技师学院

完成人：张美荣；李莉；李洋；王学民；韩艳

一、成果简介

本成果贯彻落实《国家中长期人才发展规划纲要（2010—2020年）》和《北京市中长期教育改革和发展纲要（2010—2020年）》精神，按照《国家高技能人才振兴计划》要求，以"国家级高技能人才培训基地建设项目"为依托，以世界技能大赛标准为引领，以培养服务国家战略、首都"四个中心"功能定位和高精尖产业人才需要为目标，以北京一轻控股有限责任公司"7+1+3"集团化战略布局为平台，通过广泛深入调研，校企共创了四位一体、双核驱动、产教融合"422"人才培养模式。

"四位一体"指"学习任务与工作任务、在校学生与企业学徒、专业教师与车间师傅、学习环境与企业车间"融为一体。即：以"工学一体、能力本位、学生中心"为指导思想，设计基于工作过程的学习任务；以岗位技能要求、工作规范、国家职业标准和技能人才成长需要为依据，确定课程学习目标，设计教学策略和教学方法手段；教师通过企业实践和课程开发，以企业技术骨干身份，引导学生学习；创造基于工作场所实际的学习环境，培养基于工作需要的技能人才。"双核驱动"指的是学校和企业深度合作，成立专业建设委员会，共同确定人才培养目标，共同制订课程体系，共同实施人才培养。"产教融合"是指学校根据所属"一轻"系统特点，与行业企业紧密对接，开设专业，把产业与教学密切结合，相互支持和促进，学校集人才培养、技能服务为一体，形成学校与企业一体的培养模式。

基于"422"人才培养模式构建了"学生中心，能力本位"线上、线下相结合的混合式教学模式和"六结合"的人才评价模式，改革了教学手段和方法，打造了"三有"课堂，全方位提升了人才培养质量；校企共创了"产-学-研-赛"四结合的人才培养体系；以高技能人才培训基地和世界技能大赛基地为依托，搭建技术技能研究和服务平台；以技能大师工作室为引领，以项目建设和技能竞赛为抓手，提升教师综合职业能力。

成果培养出北京市人民教师1人，国家队教练2人，世界技能大赛"金牌"选手2人，全国职业院校技能大赛一等奖2人、二等奖2人、优胜奖3人，全国技术能手1人，北京市技术能手5人，北京市个人一等奖39人、团体一等奖6项、优秀组织单位奖5项，承办各类技能大赛16项。连续五年学生就业率达95%以上（对口率达90%以上），学生满意度为100%，家长认可度为98%。年培养高技能人才3 000余人次，培训学员满意度达98%以上，企业满意度达 100%。

二、成果主要解决的教学问题及解决教学问题的方法

（一）解决的教学问题

学生学习兴趣不高，专业知识掌握不扎实，解决实际问题的能力不足，缺乏"匠心"意识；教师专业知识更新不够，教学方法陈旧，备课过程中"备学生"环节不足，创新教学能力不足，科研能力不足，示范引领能力不够，自我再提升意识不强；学校培养模式陈旧，评价体系不完善，没有为教师提供足够的自我提升的机会和渠道。

（二）解决上述教学问题的方法

1. 联合企业创新人才培养模式

采用校企双制，实施"订单式、双导师"培养方式。校企签订"订单"培养协议，共同制订人才培养方案，由学校和企业各选优秀人员对学生进行管理和指导。

运用一体化课程开发技术开发课程。通过产业契合度和职业能力分析，制订人才培养目标，通过实践专家访谈会进行典型工作任务提取和学习任务转化，确保学习内容对接岗位实际工作任务，培养学生解决实际问题的能力。

加强校内外实训基地建设，营造"工学一体"的学习环境。校企合作建设基于实际工作环境的校内外实训基地，在原有实训基地的基础上进行资源整合，改建、扩建校内实训场地，兼顾教学、培训、鉴定和科研的需要；同时，与产业配套，建设了一批校外实训基地，与 30 余家企业签订了校外实训基地合作协议，为学生跟岗和顶岗学习提供了一流的现代化多功能综合实训基地。

开展课堂革命，打造"三有"课堂。配套"工学一体"的课程体系，开发制作了数字化教学资源，改进信息化教学手段，实施有效的"混合式"教学模式，激发学生学习兴趣，打造了"三有"课堂。

通过设计"六结合"的人才评价体系，开展诊断、评价。与企业共同制订了高技能人才评价体系，实现了评价模式多元化、效果评估制度化，促进高技能人才在职业道德、业务水平、自身素质等方面不断得到发展。

2. 搭建技能人才可持续发展平台

以高技能人才培训基地和世界技能大赛基地为依托，搭建了技术技能研究和服务平台，通过举办和参加各类技能大赛，提升了教师和学生的职业"匠心"精神；校企共创了"产-学-研-赛"四结合的人才培养体系，以技能工作室为引领，以项目建设和技能竞赛为抓手，提升了教师的可持续发展能力和创新能力。通过高技能人才培训基地建设项目，建设了技能工作室，为师生搭建了参与企业生产项目研发和技术创新的平台，引导教师参加企业实践、参加各类大赛，为教师更新业务知识、提高专业水平和实践操作技能提供更多渠道。

三、成果的创新点

（一）构建了基于"422"人才培养模式的"订单式、双导师"培养方式

学校和行业企业共同成立专业建设委员会，确定人才培养目标和课程设置，采用"订单式、双导师"培养方式，实现专业与行业对接，提升了技能人才培养质量。实践了"学生中心、能力本位"线上、线下混合式教学模式。采用"学生中心、能力本位"线上、线下混合式课堂教学模式，校企共育，让学生在主动探究中增长知识和技能，提升学生的综合职业能力。根据学习目标，设计了过程和结果相结合、个人和小组相结合、教师与师傅相结合、知识技能和职业素养相结合、情感价值观与爱国爱党相结合、传统与信息化形式相结合的"六结合"人才评价体系，激发学生的自信心和学习积极性，提高教学效果。

（二）创建了"产-学-研-赛"四结合的人才培养体系

将企业生产任务、学习内容、课题研究、竞赛体系（产-学-研-赛）融为一体，形成人才培养体系。结合企业生产，建立技能工作室，畅通了教师和学生的企业实践渠道，创新了校企技术交流机制，使教师和学生更顺畅地参与企业设备改造和技术研发工作，加大了技术服务社会和企业的步子；通过申请国家级和省市级课题，为教师搭建了参与教科研课题的平台，通过科研项目以及参加和组织各类竞赛，提升了师生的专业竞争力和服务社会的能力。

（三）建设高水平世界技能大赛基地，转化世界技能大赛成果，提升高精尖人才培养的质量

对接世界技能大赛标准建设了第45届和第46届世界技能大赛国家基地，加快对世界技能大赛成果的转化以及世界技能大赛标准的研究和分析，有效促进了高精尖人才的培养，为国家源源不断地输送具有国际视野的世界级的高技能人才奠定了基础。

（四）创新了企业员工的培训模式

针对专业特色，设计了基于"互联网+云智慧线上线下"的技师研修、企业新型学徒制等多模式培训体系，同时针对企业需求，通过建立校外实训基地、优化制订培训内容，紧密对接北京市电力运营和智能制造人才需求，提升了企业员工的技能水平。

四、成果的推广应用效果

本成果受到了同类院校的关注，上海交通职业技术学院等20余所院校来校考察交流学习300余人次。

本成果推广到学校的机电一体化技术应用、工业机器人应用与维护、电子技术应用、玉

石雕刻与设计、航空服务等 12 个专业，均取得了很好的示范和辐射带动效果。

（一）人才培养质量成效显著

形成了专业的品牌示范效应。电气自动化设备安装与维修专业先后与北京多家大中型企业开设了"电力工程""电力设计""红星""钢琴""戴姆勒–奔驰"等多个订单班，实施"订单式、双导师"培养。

提升了学生的可持续发展能力。毕业生技能强、岗位提升快、企业认可度高。在技能竞赛中频频获奖，其中获世界技能大赛金牌 2 枚。

拓宽了学生的就业渠道，提高了优质就业率。课程设置更加合理，课堂革命更加深入，调动了学生学习的主动性和积极性，提高了学生（员）的综合职业能力，显著提升了人才培养质量。连续五年学生就业率达到 95% 以上，对口率达到 90% 以上，学生满意度达到 100%，家长认可度达到 98%，为首都"四个中心"功能建设和经济高质量发展提供了坚实的高技能人才保障。

（二）师资能力提升成效显著

本成果构建的以技能大师工作室为引领、以项目带动和职业大赛为抓手、以教师胜任力能力指标为指引的"产–学–研–赛"四结合的培养体系，对于提高教师队伍水平有很高的借鉴价值。所形成的技工院校教师胜任力指标体系，对于教师能力的提升具有很好的指导作用。本成果提升了教师的教科研能力，教师积极参加各类科研成果评选活动，获得个人奖近 100 项；学校获得教科研成果工作组织奖和优秀科研单位奖 9 项，其中包括 2017 年北京市教科研成果一等奖。

（三）社会服务能力显著增强

"互联网+云智慧线上线下"定制化技能人才培训模式提升了技能人才培训的有效性。年培训高技能人才 3 000 余人次，学员满意度达 98% 以上，企业满意度达 100%。

提升了实训装备水平和服务能力。承办了第 45 届和第 46 届世界技能大赛电气装置项目国家队集训及选拔、第三届和第四届全国机器人大赛北京选拔赛及集训和 2016—2021 年 5 次北京市技工院校维修电工项目决赛。本成果负责人作为北京市技工院校教师职业能力大赛电工电子组专家组长和职称评审专家，对校内外教师开展了多次培训，参赛教师在全国大赛中取得佳绩。

本成果中世界技能大赛成果转化、世界技能大赛标准研究和分析，对于同类专业的建设、世界技能大赛基地建设及高精尖人才培养均具有借鉴意义。

"课践研评 通合一体"——贯通基础阶段人才培养模式的创新与实践

完成单位：北京工业职业技术学院；首都师范大学附属中学

完成人：王佼；王军红；孙川；加春燕；王素雅；沈杰

一、成果简介

为完善职业教育体系，构建人才培养立交桥，北京市自 2014 年启动高端技术技能人才贯通培养项目，学制七年，学段"2+3+2"，即两年基础文化、三年高职、两年本科教育。学校作为首批试点高职院校于 2015 年加入贯通培养项目，前两年的基础教育阶段（以下简称"贯通基础阶段"）由基础教育学院承担，与北京市优质高中首都师范大学附属中学合作培养。

本成果依据能力本位的教育理论，聚焦知识、能力、素质培养，构建了"课践研评 通合一体"（"课程、实践、研究、评价"融通整合为一体）的贯通基础阶段人才培养模式，将中职、高职、应用本科阶段乃至未来工作等紧密衔接，推动贯通基础课程改革向纵深发展，为培养综合素质高、职业技能精、创新能力强的技术技能人才奠定基础。

（一）需求导向，构建职普融通的课程方案

采集贯通学生的专业需求、可持续发展需求及个人兴趣爱好，秉承大课程理念，在引进先进高中课程的基础上，进行模块式教学设计，开设学科基础课程、素质拓展课程、专业发展课程，并按照"三备四定五动"（备学生、备教材、备教法；定教学目标、定教学重难点、定职业结合点、定思政融合点；任务驱动、案例启动、问题调动、原理推动、应用带动）的方法实施，为个人未来可持续发展提供有力保障。

（二）整合优化，制订逐层递进的实践方案

吸收借鉴普通高中游学研学项目和中职实习实训的经验，以实践周、夏令营、国外研学、学生竞赛、科研项目等为载体，采用"全员参与、择优选取、精准培养"的方案，结合"校市国"三级联动的竞赛培训选拔机制，全面提升学生综合能力。

（三）科研转化，孵化示范引领的研究硕果

通过高水平竞争性科研项目立项、科技成果产业化、教学技能大赛等工作，在提升教师教科研能力的同时，将各项成果转化形成个性化课程平台、活页式教材、课程思政示范课程、优秀课例等，打造高端化的教学资源，指导教学服务"高精尖"产业方向。

（四）依托平台，实施即时高效的评价体系

构建"三全四方"（全员、全过程、全方位；教师、辅导员、家长、学生）评价体系，搭建"贯通学生信息化成长平台"，有效发挥全媒体优势，采用"过程记录、量化反馈、开放多元"的综合评价模式，设定符合贯通基础阶段学生特点的科学评价指标，全面、多维度对学生的综合表现进行评价，实现过程性评价与增值评价有机结合，家长端实时反馈、同步更新，促进家校融合，有效保证全面育人的实现。

二、成果主要解决的教学问题及解决教学问题的方法

（一）主要解决的教学问题

1. 培养模式缺乏

高端技术技能人才贯通培养项目是新生事物，对贯通学生的培养要求也不同于中职或普通高中，前两年的基础教育阶段没有现成的人才培养模式。

2. 教学资源不新

与职业相关的新技术、新工艺、新标准配套资源匮乏，不能满足国际化高水平创新型复合型人才培养要求。

3. 评价手段匮乏

现有的评价手段不能及时、全面、有针对地对贯通培养学生成长进行跟踪、分析和总结，家校融合度不高，学生不能清晰地认知自我、规划未来。

（二）解决教学问题的方法

1. 重构课程方案

（1）需求调研：采集贯通学生的专业需求、可持续发展需求及个人兴趣爱好。

（2）课程构建：对贯通基础阶段的课程进行模块整合和重新设计，初步形成课程方案。

（3）反馈优化：在与各院部充分研讨的基础上，优化调整课程模块，形成符合需求的课程方案。

2. 优化实践方案

（1）优化设计：以实践周、夏令营、国外研学、志愿服务、学生竞赛、科研项目等为抓手，制订了详细的组织及实施计划，形成严密的实践体系架构。

（2）组织实施：每学期设置综合实践周，各学科以实地参观学习、研究性实验操作、社区服务、作品展示等形式开展多样性的实践活动，学生全员参与；择优选拔学生参加暑期夏令营、国外研学以及学校"一带一路"国家人才培养基地志愿者活动；按照"校市国"三级联动的竞赛培训选拔机制、精准培养，指导学生参加学生竞赛；学生在教师的带领下参与科研项目，提高解决问题的能力，培养探索精神。

（3）配套资源：形成完善的实践指导手册，推进数学建模实训室、英语语言智能研究

中心、物理化学实验室、艺术教室的建设。

3. 丰富教学资源

（1）成果转化：将专利、科技奖、产业化及科研成果融入教学案例，形成有特色的、前沿教学内容。

（2）形式更新：依托自主研发的个性化课程资源平台，用信息化手段将教学内容形象化地展现，与时俱进、逐年更新。

（3）内涵提升：深入挖掘课程思政元素，打造课程思政教学范式。

4. 打造信息平台

（1）完善评价：对每名学生的学习及实践表现进行过程记录、量化反馈，构建"三全四方"评价体系。

（2）建设平台：结合评价方案及教育管理过程中的实际需求，建设"贯通学生信息化成长平台"，即时进行教学反馈。

（3）应用反馈：通过对平台的反馈分析，四方联动以便及时掌握学生的成长信息，并做出相应的调整和改进。

三、成果的创新点

（一）模式创新

首次提出"课践研评 通合一体"贯通基础阶段人才培养模式，将"课程、实践、研究、评价"融通整合为一体，形成了适应国家和首都经济社会发展、产业转型升级需要的全新人才培养模式。经过八年的探索与实践，该模式脱虚向实，形成可供其他院校借鉴的范式。根据中国知网、万方数据库检索显示，该模式尚属首例。

（二）课程体系创新

突破传统基础课程内容、形式、场景、时间的局限，坚持需求导向，经过模块整合和系统化设计，首创"课程方案+实践方案"的基础课程体系，包含学科基础课程、素质拓展课程、专业发展课程以及实践活动。学科基础课程包括语言与文学、数理与科学、人文与社会，夯实基础；素质拓展课程包括德育课程、体育生活类课程、艺术类课程，提升核心素养；专业发展课程包括职业体验课和专业选修课，有效衔接后续专业课程；丰富多彩的实践活动提升学生综合能力。国家教育行政学院邢晖教授说，此课程体系具有显著的创新性。

（三）资源创新

突破现有教学资源局限，巧妙灵活地将国家专利、科学技术获奖、科研成果融入教学案例，形成有特色的前沿教学内容，并结合学生的认知特点及兴趣爱好，自主研发"英语学习屋""数学展览馆""大学生诗词图库"等个性化课程平台，以工作过程系统化为导向重构教学内容，开发出活页式教材，《趣味数学》获评北京市优秀教材成果。围绕立德树人根本任务，设计课程思政目标，挖掘课程思政元素，打磨课程思政和贯通基础课的结合点，形成课程思政资源，打造出国家级课程思政示范课程。

（四）评价创新

基于"大数据+学生成长档案"理念，首创"三全四方"评价体系，搭建"贯通学生信息化成长平台"，进一步推进评价体系改革，实现了评价内容、评价方式、评价主体的多元化，评价过程的动态化，评价结果的人性化和发展化，促进学校教育与家庭教育的有机融合，使得教师辅导和辅导员管理有针对性、家长协同有依据性、学生发展有方向性，精准育人。

四、成果的推广应用效果

（一）应用效果

1. 人才培养质量高

项目实施六年来，学生素质全面提升。贯通学生竞赛共获得国家级一等奖 3 项、二等奖 6 项、三等奖 5 项，多项省部级奖项。

2. 教师团队能力提升

项目实施过程中，教师在教学大赛中获得国家级一等奖 7 项，国家专利 5 项，省部级科技进步奖 2 项；获评"长城学者""北京市教学名师"。团队能力大大提升，教学质量稳步提高。

3. 社会认可度高

教育模式、改革举措、教学效果得到家长、学生、社会的一致肯定。目前贯通项目招生连年满额，远超录取分数线；北京电视台、《北京考试报》、《中国青年报》等多家社会媒体争相采访报道，《北京青年报》发表题为《新模式、新高度、新人才》的评论。

（二）推广效果

1. 模式广泛传播

学校先后接待了多所兄弟院校如南京工业职业技术大学、深圳信息职业技术学院、北京第二外国语学院、北京信息职业技术学院等来校调研学习；石家庄铁路职业技术学院、山东劳动职业技术学院等 90 所职业院校借鉴该模式，在课程方案、实践方案、教学资源和评价体系等方面进行改革，取得良好效果，进一步提升学校的影响力。基础课教师 20 余人在全国研讨会、培训会做报告，王佼院长在国家教育行政学院进行了贯通基础阶段公共基础课培养模式的示范性汇报，为后续参与贯通培养项目的兄弟院校提供了可借鉴的范例。

2. 资源全国共享

自主研发的"英语学习屋""数学展览馆""大学生诗词图库"在各类学术交流会议中推广；教学技能大赛获奖作品在大赛官网全国共享；国家专利及科技成果获奖转化形

成的教学案例广泛被兄弟院校借鉴；孙川副院长在江苏省职业院校教师素质提高项目培训班、北京市写作大赛论坛及兄弟院校交流中分享国家课程思政示范课程资源；北京市优秀教材成果——《趣味数学》公开出版，供全国职业院校选用；"贯通学生信息化成长平台"入选"2019高职院校网络思政创新示范案例50强"，得到有效推广和应用。

3. 服务高端项目及国家发展战略

服务学校"一带一路"国家人才培养基地志愿者活动：贯通学生先后服务来自俄罗斯、伊朗、土耳其等国家的留学生以及80多名来自"一带一路"共建国家中资企业的海外员工，提高国际影响力。服务冬奥会：师生担任冬奥会志愿者，扎实的语言基础和卓越的职业素养得到组委会认可。服务强军育才项目：教师为部队官兵进行基础文化课培训，受到石景山区委区政府、中部战区领导、受训部队的高度评价和赞扬。

构建新时代中职学校"育训结合,四维四化"劳动教育模式的研究与实践

完成单位:北京市商业学校

完成人:程彬;何健勇;王珂;李金辉;齐雯

一、成果简介

北京市商业学校是全国首批中等职业教育改革发展示范校,是首批设立劳动教育研究中心的全国职业院校中唯一的中职校。建校57载,学校始终全面贯彻党的教育方针,紧紧围绕立德树人根本任务,高度重视、积极推进劳动教育。特别是党的十八大以来,学校以习近平新时代中国特色社会主义思想为指导,遵循新时代马克思主义劳动观,坚持党建引领,五育并举,守正创新,将劳动教育纳入人才培养全过程,贯穿学校教育教学管理服务各方面、各环节,建立了相应的组织、管理、标准和考核机制,构建了新时代中职学校"育训结合,四维四化"劳动教育模式,形成了具有商校特色的劳动教育生动实践,取得了显著成果和丰厚经验。

学校基于职业教育规律和中职学生成长特点,加强顶层设计、系统谋划、整体建构,通过"崇尚劳动、学思结合、手脑并用、知行合一"的劳动文化引领,强化"育训结合",让学生在"做中学、学中做",在日常生活劳动、生产劳动和服务性劳动中,将劳动教育理论学习与实践锻炼紧密结合,通过开设劳动教育课、专业融合、弘扬劳动文化和开展劳动实践"四维"育人途径,突出"阶梯化"培养、"一体化"运行、"标准化"管理、"数字化"评价的"四化"机制,并在场所、队伍、经费、科研等方面给予充分保障,最终实现通过动手实践、出力流汗的劳动手段,帮助学生树立正确的劳动观念、具有必备的劳动能力、培育积极的劳动精神、养成良好的劳动习惯和品质的劳动教育目标。

"四维"劳动教育以劳动教育必修课为主渠道,全面融入文化基础课、专业课和实习实训中,营造劳动光荣、技能宝贵、创造伟大的校园文化和时代风尚,在家庭、学校、企业和社区中开展志愿服务、劳动技能比赛、劳动研学活动等实践活动。"四化"机制:一是"阶梯化"培养——遵循学生成长规律,通过知、信、行,将劳动的目标分层、内容分类、能力分级、途径分段;二是"一体化"运行——家庭、学校、企业、社会凝聚育人合力,各司其职,共同推进和实施劳动教育;三是"标准化"管理——对劳动的目标、内容、实施等进行标准化建设,依托教室、实训室、学生公寓等校园公共场所进行8S管理和监督考核;四是"数字化"评价——通过互联网、大数据、云计算等手段,实现了劳动教育线下有组织、看得见,劳动效果线上有评价、能呈现。

二、成果主要解决的教学问题及解决教学问题的方法

（一）坚持育训结合，整体架构、系统实施劳动教育，解决与劳动实践锻炼脱节的"有教育无劳动"和与劳动素养培养脱钩的"有劳动无教育"的问题

构建以劳动文化为引领，以课程体系为途径、以劳动实践为手段，以标准评价为导向的劳动育人体系，实现理论学习与实践锻炼相结合、技能提升与价值塑造相统一。

充分利用劳模墙、优秀毕业生墙、校企合作名录墙等环境文化浸润，成立劳模工作站、技术技能大师工作室，和企业共办工程师学院，举办"劳模大讲堂""大师进课堂"等活动。

将劳动教育纳入人才培养方案，构建课程体系，使用专门教材，让学生体悟劳动、传承精神。例如学生整理内务，既要明确目的意义和标准要求，更要动手实践，培养热爱劳动、珍惜劳动的劳动价值观和集体主义精神。

（二）构建"一体化"协同育人工作机制，解决劳动教育在学校中被"弱化"，在家庭中被"软化"，在企业社会中被"淡化"的问题

学校和企业、家庭、社区构建一体化协同机制，课内课外相结合、校内校外相结合、线上线下相结合，在课程研发、课堂教学、师资建设、基地建设等方面共同发力。

学校将劳动教育纳入党政重点工作，制订计划方案，明确规定各部门劳动育人职责。将优秀企业文化引入校园、融入课堂，共建创新实践基地，开展劳动实践。

通过家长会、家长学校等方式，共同督促、检查、反馈学生日常劳动情况；加强区域化党建，组织学生开展志愿服务，社区党组织向学校赠送"区域化党建引领文明实践，劳动教育彰显使命担当"锦旗。

（三）构建内容界面丰富、物理空间广泛、时间安排灵活的全景式劳动教育实践，推进与专业教育融合，解决重"单一式"劳动教育、轻"五育融合式"劳动教育的问题。

搭建多角度、多层次、广覆盖劳动实践平台，将劳动教育渗透德育全过程、融入专业教学实践，探索"一育"带动全育的"五育融合"，搭建具有职教特点的劳动实践体系。

学校举办技能文化节和劳动文化节，学生在比赛中团结协作，在活动中手脑并用，在参与中知行合一。夯实专业教学作为劳动教育"主战场"，在实习实训、顶岗实习、工学交替中强化学生劳动意识，提高职业技能，提升劳动精神。

与祥龙博瑞集团共建汽车工程师学院和魏俊强大师工作室，学生向劳模大师学习劳模精神，体悟工匠精神，以劳树德；学习汽修知识掌握技能，以劳增智；在操作中强化身体素质，以劳健体；学习优秀品牌文化，增强内在修养，以劳育美。劳动教育作为突破口和关键枢纽，促进学生全面发展。

三、成果的创新点

（一）创新"阶梯化"劳动教育培养

学校根据劳动教育性质和理念，基于现代服务业专业特色和学生年龄特点，创新实施"阶梯化"培养，实现目标分层、内容分类、能力分级、途径分段。

目标分层递进。教育目标全面体现劳动教育目标与人才培养目标、课程教学目标，实践活动之间的纵向衔接、横向贯通。

内容科学分类。将劳动教育内容细化，按照不同的劳动场所及工作内容细化为不同岗位劳动。

能力分级提升。对每个劳动岗位制订明确要求并划分三个级别，实行个别指导、阶段考核、动态调整、螺旋上升。

途径分段推进。学校整体规划实施劳动教育，按照年级从开设课程、专业融合、文化浸润、实践活动等方面分段实施。

（二）创新"体系化"劳动教育课程

顶层设计课程体系，创新综合性、实践性、开放性劳动教育课程体系，分为劳动必修课、其他课程融合劳动教育、实习实训三大类课程。

创新升级"职业劳动周"作为必修课进行整体架构。依托全国中职劳动教育研究中心创设百余个实践项目，全校教师成为劳动教育授课教师、培训师和指导师。

基础课、专业课、选修课、特色校本课等坚持与劳动教育课程相互融合、同向同行，注重培养学生劳动的科学态度、规范意识、效率观念和创新精神。

深化"产学研训创"，将劳动教育融入实习实训，注重培养"干一行，爱一行"的敬业精神，培养吃苦耐劳的工作态度，培育未来工匠。

（三）创新"数字化"劳动教育评价

学校在劳动教育中实行目标管理，强化评价，建设8S管理制度标准，融入学生日常学习和生活中。

学校将劳动素养作为学生职业素养培育的重要内容，纳入职业素养护照评价体系，对吃苦耐劳、劳动态度、实际操作、精益求精等素养综合评价，引领学生主动成长。将单一教师评价转向学生、家长、教师、企业等多维评价，实现结果性评价向过程性评价转变，伴随式记录学生成长，为学生自我教育、自我管理和自主成长增值赋能，实现了劳动教育线下有组织、看得见，劳动效果线上有评价、能呈现。

四、成果的推广应用效果

（一）学生劳动素养全面提升

"育训结合，四维四化"劳动教育模式促进了学生劳动观念、劳动习惯和劳动情感的养成，学生的劳动意识、劳动观念和劳动能力均得到显著提升。数十名学生参加国家、省市技能大赛并获奖，数百名学生荣获校园"劳动之星"称号。第三方《学生成长发展质量报告》显示，九成以上学生对学校劳动教育实践表示满意，社会企业满意度达95%以上。多种形式的劳动教育增强了学生为他人服务的意识，促进了学生良好的品质和行为习惯的养成，也让学生深刻体验到服务他人、回馈社会的劳动价值，形成正确的劳动观，增强对劳动人民的感情，报效国家，奉献社会。

（二）学校劳动教育成果丰硕

2017年学校参加教育部职成司、国际司与联合国儿童基金会共同执行的"青少年教育项目"，与学校开展的劳动教育实践相结合开展研究，并完成多个相关课程资源建设工作；2018年，学校"职教志愿服务新模式"收获良好的教育效果和社会影响力，获评团中央"全国中学生志愿服务示范学校"；2019年，"新时代职业学校劳动教育'十个一'教育模式，为学生幸福人生奠基"荣获全国职业院校校园文化建设优秀论文评选一等奖；2020年，学校劳动教育"十个一"模式被评为北京市"一校一品"优秀德育品牌；2021年，学校劳动教育模式被选为北京市职业院校德育和思想政治教育典型工作法。

（三）劳动教育示范引领作用凸显

学校成立劳动教育研究工作室，建立北京市中职学校劳动教育创新实践基地，辐射带动周边中小学及社区，示范引领作用凸显。邀请行业专家、京津冀兄弟院校师生、周边学校学生及家长参与技能文化节和劳动文化节。

学校作为教育部职业院校文化素质教指委首批"全国职业院校劳动教育研究中心"中唯一的中职学校，致力于劳动教育研究与实践，辐射和带动兄弟院校全面加强劳动教育。学校制作劳动教育专题示范片；主编、参编《劳动教育》《劳动实践》《劳动教育读本（中职版）》《劳动教育指导手册》等教材；作为职业院校唯一代表在教育部大中小学劳动教育专题调研座谈会做典型发言；疫情期间录制思政系列微课《战"疫"十课之劳动教育》，发布于中国知网学习平台；学校在教育部创新思政教育模式联合行动中牵头负责全国职业院校劳动教育子项目，现正在持续实施推进中。

学校坚持党建引领、五育并举，全面加强劳动教育，继续深入探索劳动教育实践的新方法、新内容、新形式，为培养德智体美劳全面发展的社会主义建设者和接班人作出新贡献。

新能源汽车"一平台两机制三基地四对接"岗课赛证融通综合育人模式创新实践

完成单位：北京交通运输职业学院；特斯拉汽车（北京）有限公司

完成人：张利；宫英伟；高燕；李旭；周紫薇

一、成果简介

贯彻国家战略，培养新能源汽车高水平技术技能人才。自2014年学校依托中外新能源汽车龙头企业，创新新能源汽车专业"岗课赛证融通"育人新模式。

通过搭建校企、校际协作一平台，构建两机制，校企共建三生产实训基地，实施产教融合、引岗入课、引课进岗、引证入课、以证验课、引赛入课、以赛促学、以赛促教、课证赛结合育岗，创建了四对接课程体系，创新五要素教学模式，形成了"一平台两机制三基地四对接"的岗课赛证融通综合育人模式范式。

（一）构建"一平台两机制三基地"产教融合协同体系，稳步推进岗课赛证融通良性互动

（1）共建校企、校际协作平台，搭建岗课赛证融通立交桥。

（2）共建产教融合协同体系与合作机制、管理与评价机制，健全岗课赛证融通制度体系。

（3）校企共建实训基地，国家级师资和1+X全国示范培训基地，为开展双元教学、社会服务等提供生产研发场景。

（二）创建"四对接"的岗课赛证融通课程体系，落实推进人才供给与岗位需求精准匹配

（1）产教融合，落实订单培养，契合新能源汽车岗位，实现专业与产业供需精准对接。

（2）岗课对接。引岗入课，提炼岗位工作任务，分析职业能力，引新技术、新工艺、新规范，建设课程体系；引课进岗进行识、适、跟、轮、顶岗，形成课随岗动，实现岗位与课程无缝对接。

（3）课证融通。引证入课，将企业认证、1+X证书等知识技能体系和考核标准纳入课程体系。以证验课，实现课程体系与认证体系对接。

（4）赛课结合。引赛入课，将大赛融入人培方案、课程内容、课程评价等。以赛促学、以赛促教，提升人才培养质量。

（5）课证赛结合育岗。将可持续发展能力贯穿人才培养过程，以大赛、认证提升职业素养及工匠精神，实现职业技能与素质素养对接。

(三) 创新"教师、流程、资源、方法、评价"五要素教学模式,推动教学过程与工作过程有效衔接

(1) 双师引领、流程导向。以4步工作流程为导向,将工作流程转化为教学环节,校企创新"4步1法12环"教学流程,有效衔接教学过程与工作过程。

(2) 资源配套。校企开发11本教材,引入故障案例库,配套虚拟仿真、线上精品资源等信息化资源,进行线上线下混合教学活动,有效提升学习质量。

(3) 评价牵引。借助大数据技术,形成全过程职业行动过程评价,进行教学诊改,全面提升了学生职业行动能力。

(4) 赛教结合。以赛促学、促教,教师指导技能大赛,参加教学能力大赛,教科研水平稳步提升。

二、成果主要解决的教学问题及解决教学问题的方法

(一) 通过建设"四对接"的岗课赛证融通课程体系,有效解决人才培养供给与职业岗位需求不匹配、学生可持续发展能力较弱的问题

依托校企、校际协作平台引岗入课,提炼岗位工作任务,分析职业能力,建岗课赛证融通课程体系;引课进岗,依托三基地,融入识、适、跟、轮、顶岗企业生产活动,同时"课随岗动"修订人才培养方案。引证验课,将企业等级认证、1+X证书等知识技能体系和考核标准进行重构,纳入课程。以证促学,以考取证书为课程学习的行业检验。引赛入课,将大赛资源碎片化、项目化改造,提炼知识和技能点,建设网络课程和理实一体教学项目,将竞赛规范标准融入评价体系。课证赛结合育岗,将可持续发展能力贯穿人才培养全过程,增设劳动教育、课程思政、第二课堂、创新创业等课程,融职业能力、社会能力和创新能力为一体,课程思政有机融入,以大赛评价标准提升综合素养,着力提升岗位适应性和就业创业质量,培养德技并修、知行合一的高素质技能型人才。

(二) 通过创新"教师、流程、资源、方法、评价"五要素教学模式,有效解决教学过程与工作过程脱节、学生学习体验度不高的问题

依托三基地,采用双元教学,以企业新工艺4步工作流程为导向,通过任务驱动法,将工作流程转化为12个教学环节,创新"4步1法12环"教学流程,配套教材、案例库、虚拟仿真、线上精品资源库等优质教学资源,线上线下混合式教学,提升学生体验度。借助大数据技术全过程捕捉学生学习数据,将隐性的核心素养显性化,形成全过程职业行动过程评价;在教学中以大赛为引领,打造校园竞赛文化,充分调动学生参与热情,有效推动教学过程与工作过程的有效衔接,提升学生学习体验度。

(三) 通过建设"一平台两机制三基地"产教融合协同体系,着力解决缺少系统化、多元化的产教融合制度体系的问题,破解产教深度融合的瓶颈

依托职教集团、职教联盟,融合新能源汽车企业5品牌、500家维修企业、百所职业院校、8家高新技术企业,共建校企、校际协作平台,搭建岗课赛证融通立交桥;共建两机制,形成4个政策性文件;与特斯拉等企业共建校内外实训基地。创建大师工作室,开展教

科研、现代学徒制、技能大赛等提供 20 个生产研发型场景；打造岗课赛证融通服务通道，共建国家级师资培训基地和 1+X 全国示范培训基地，承担培训认证、职业鉴定、校际帮扶，形成系统化、多元化的产教融合制度体系，破解产教深度融合的瓶颈，形成相互促进、互为补充、良性互动的局面。

三、成果的创新点

（一）创新岗课赛证融通育人新模式，提供了岗课赛证融通的实践路径

依托校企合作，以"岗位、课程、大赛、证书"为四个内涵要素，以"岗课对接、课证融通、赛课结合、课证赛结合育岗"为核心推动育人模式变革。创新"一平台两机制三基地四对接"岗课赛证融通综合育人模式，提供系统化、多元化的产教融合制度体系，突破产教深度融合的瓶颈，有效解决人才培养供给与职业岗位需求不匹配、教学过程与工作过程脱节的问题，有效提升了学生学习体验度和可持续发展的能力。

（二）创新"四对接"的岗课赛证融通课程体系，实现了人才供给与岗位需求的精准对接

创新"专业与产业、岗位与课程、课程体系与认证体系、职业技能与素质素养"四对接的原则，搭建了岗课赛证融通的课程体系，落实了岗课对接，促进了书证融通，推动了赛课结合；集课证赛育岗，贯穿可持续发展能力体系，着力提升学生岗位适应性和就业创业质量，实现了人才供给与岗位需求的精准对接，使学生真正成为企业所需要的德技并修、知行合一的高素质技术技能型专业人才。

（三）创新"一平台两机制三基地"产教融合协同体系，实现了"岗课赛证融通"模式系统化、多元化的稳步推进

协作平台打通了行业、企业、职业院校产教融合协同育人的合作渠道，嵌入了规范化、系统化的产教融合机制，集成了实习实训三基地，还原了生产研发型场景，形成"一平台两机制三基地"的产教融合协同体系，健全了产教融合的制度体系，突破产教深度融合的瓶颈，打造了岗课赛证融通的服务通道，实现了"岗课赛证融通"模式系统化、多元化的稳步推进。

（四）创新"4步1法12环"教学流程，实现教学过程与工作过程有效衔接

校企共设"4步1法12环"教学流程。以特斯拉诊断新工艺4步工作流程为导向，通过任务驱动法，将工作流程转化为符合教学规律、学生认知的12个教学环节，形成职业行动过程性评价，培养故障诊断的逻辑思维和规范检修方法，确保教学过程与工作过程有效衔接。

四、成果的推广应用效果

（一）育人体系完善，人才培养质量成效显著

产教融合卓越，育人效果显著。七年来专业培养毕业生近 3 000 人，采用订单培养，

100%获相关技术等级证书,90%通过四大主机厂认证。就业率为 98%,培养规模和质量位居全市同专业第一。学生获北京市职业院校汽车维修类技能大赛一等奖 20 次,其中蝉联 2017—2019 年北京市新能源汽车技术技能大赛冠军,2017 年、2019 年分别获得全国新能源汽车关键技术技能大赛一等奖。毕业生获得企业行业技能大赛冠军 6 项。学校被丰田公司评选为"品牌建设样板校",连续多年在全国 T-TEP 学校评比排名第一;被上海通用公司评为"2015—2016 年度全国最佳 ASEP 合作院校";成果应用于教育部"中德汽车机电技能型人才培养培训合作项目",学校被评为特斯拉校企合作优秀院校。

(二)聚焦"三教"改革,助推内涵建设

教师团队均获得企业认证培训师资质,多次获得全国校企合作项目教师技能比赛一等奖,2020 年团队获全国教师教学能力大赛一等奖。

开发 11 本新能源汽车产教融合型教材,配套微课、慕课,应用于职业教育、行业培训。特斯拉故障诊断虚拟仿真软件推广应用在全国交通职教集团中,为企业培训员工减少空间和成本。

校企共设"4 步 1 法 12 环"教学流程,经教学实施和效果分析,线上线下教学均取得显著成效。完成中国交通教育研究会教育科学研究课题 2 个、教育部行指委课题 2 个,发表论文 300 余篇,获批专利 19 个。

(三)社会服务丰富,助力首都高精尖产业

毕业生服务于 300 多家国产新能源汽车维修企业。新能源汽车科研成果服务维修企业生产,助力京津冀节能减排。结对扶贫入选国家扶贫工作经验案例。服务师资培训,推动 1+X 证书制,资源共建共享,结对帮扶六维度社会服务。师资培训 52 期,超 2 万人;完成 2 期全国汽车专业教师 1+X 培训共 723 人,被评为 1+X 证书制度试点工作先进单位。课程资源日均使用量 1 000 余人次,平台线上学习总数超过 8 万人次。

(四)育人模式成熟,效果得到社会认可

教学模式在 CCTV13 播出,广受好评;技能大赛实现高质量的人才培养案例,由市教委在各媒体广泛宣传。教师能力大赛获奖作品作为典型案例在全国交通运输职业教育教学指导委员会和人民交通出版社联合主办的近 8 000 人公益直播讲座中获得好评,成果推广到特斯拉全国 7 所合作院校、北京市 5 所合作办学中职院校,并支持威县职教中心、拉萨第一中等职业技术学校、新疆交通职业技术学院专业建设。

国际合作、专本衔接培育轨道交通高端技能人才的创新实践

完成单位：北京交通运输职业学院

完成人：颜月霞；马娜；张伟华；许菲；葛兰

一、成果简介

从 2012 年开始，对标国际先进，学校陆续派遣教师赴德研修，选拔组建职业本科课程班师资团队，开启教学实践创新，通过国际合作建设了一套专本衔接的职业本科教学体系。2016 年，该体系经历了引进消化改造并融入了本国人才需求，第一批学生进入本科阶段学习，标志着国际合作、专本衔接培育轨道交通高端技术技能人才创新实践成果进入检验期。2018 年学校作为交通类唯一入选的职业院校参与北京市"一带一路"国家人才培养基地项目，成果由本国应用走向国外应用，实现引进来再走出去。学校是国家"双高校"、北京"特高校"建设单位，全国轨道职教集团牵头单位，借此优势将本成果应用于专本衔接学历教育、国内师资培训、远程援疆教学、"一带一路"等国际高端技能人才培训，实施效果显著，有一定国际影响。

（一）国际合作打造了轨道交通职业本科模块化课程体系，编制了轨道专业双语教学标准，建设了国际领先的培训教学体系

通过与德国德累斯顿工业大学合作研究，将国际教学标准和国际轨道交通行业标准与我国技术标准和新技术产品相融合，编制轨道交通专业技能培训双语国际标准，这些标准从企业中来，又服务于企业技能培训，并在此期间得到实践检验和精心打磨，完善了国际合作制度和教学运行机制，实现本土的教学标准国际化输出，培养了一批具有国际视野、工匠精神的高素质技能人才。

（二）依托"双特高"建设，联手央企走出国门，创新理念，通过"微专业"构建培训内容，实施了北京市"一带一路"培训任务

主动开展与北京公共交通控股（集团）有限公司及"一带一路"东盟国家合作，根据需求提炼学校轨道交通浓缩的微专业内涵，将我国轨道交通高科技企业引入教学体系中，在"一带一路"培训任务中，将核心城市轨道交通技术技能输出国外。针对性的微专业课程体系构建促进技能、专业交叉融合和校企融合满足多样化培训需求，探索实现了泰国纳瓦明塔提腊大学两批师生培训以及远程不停学培训。

（三）利用智慧职教平台建设了城轨资源库，线下实施学徒制与线上资源利用结合，实现了远程立体教学体系应用

针对培育国际高技能人才培养的需要，通过招投标遴选视频动画专业制作企业，在"双师型"教师的设计下制作优质线上资源，在互联网完成国家教学级资源库核心课程建设28门，资源包括微课、二维动画、互动教学和三维动画、双语教学课件等，资源库已连续使用四年以上。师资培训、国内援疆支边帮扶和国际培训均使用了资源库，惠及500多人，收到良好评价反馈。

二、成果主要解决的教学问题及解决教学问题的方法

（一）主要解决问题

探索打造职业本科教学体系的问题；利用微专业解决国际培训的专业化、差异化、精品化需求问题；通过培训持续发展扩大国际影响的问题。

（二）问题解决方法

（1）引进德国双元职业教育理念，培养双师教师，国际合作打造职业本科课程体系，建设了一套模块化职业本科课程体系，解决国内轨道交通探索本科职业教育教学体系的问题。

引进德国双元职业教育理念：通过赴德研修、参观及实践，深入学习先进职业教育，打造"双师型"教师团队，深刻认识职业教育与普通教育的类型差异；教师的企业实践大幅度提升，更重视实用性技能教学，突出理论与实践实训有机结合。国际合作打造职业本科课程体系：共同搭建基于专项能力培养的"模块化"课程体系，实施"学生+学徒"双重角色的学徒制教学；与北京市轨道交通运营管理有限公司合作，实施学生双身份学习，培养具有国际视野的高素质技能人才。

（2）实施深度校企合作，引入微专业概念构建针对性的职业培训模块化课程体系，通过中国特色学徒制过程实现国际高端技术技能人才培训的专业化、差异化、精品化。

微专业是指在专业目录以外，围绕某个特定岗位或者知识领域、技术技能或核心素养，提炼开设的一组核心课程。按照"岗位—任务—能力—学习内容—构建能力—课程开发"的过程导向进行课程体系建设，将道德、素养、工匠精神贯穿人才培养全过程，构建与企业对接紧密的微型专业化培训课程体系，动态构建实施满足培训的个性化、多样化、精品化需求。依托城市轨道交通职业教育集团平台，完成北京市"一带一路"对外合作项目，利用微专业构建教学课程体系解决不同轨道交通国际合作的需求差异问题。2017年，学校在贵州东盟会议上签署合作备忘录，2018年入选第一批北京市"一带一路"国家人才培养基地项目学校，承办"新丝路"职业教育校长论坛，加入"丝路工匠"职业院校国际合作联盟。2018年与泰国纳瓦明塔提腊大学签订人才培训协议，先后两批泰国师生来学校学习，实践并优化基于微专业的教学体系。

(3) 依托国家教学资源库平台，建设互联网 MOOC，持续推进"一带一路"项目，实现援疆可持续、国际培训输出和扩大国际影响的目标。

建设双语城市轨道交通群资源库，覆盖城市轨道交通核心技术，实施线上教学，不断改善远程教学方法和教学形式，推进"一带一路"项目发展，启动远程微专业培训，解决了援疆教学、国际培训可持续的问题，扩大了国际影响。

三、成果的创新点

（1）引进先进理念，国际合作打造构建模块化职业本科课程体系，组建专本衔接课程班，打造双师师资队伍，国际合作培养综合交通人才，学生具有国际视野及先进理念，达到复合型高端技术技能人才水平。

国际合作十多年，打造和深耕实施模块化双元课程体系。打破以往只引进教学方法的合作模式，全方位引进教学资源和教学模式，构建了包含 18 个专业模块、14 个基础模块及 15 个实践模块的模块化双元课程体系。

（2）深耕轨道交通职业教育，利用微专业构建培训内容，实施国际培训因材施教，联手企业服务"一带一路"建设，推广"中国特色学徒制"，实施中国特色学徒制职业教育走出国门，率先建设轨道专业国际标准。

通过调研有针对性地根据培训所需设置方案，做到特色施教、量身定制，达到国际先进。发挥区域及校企合作优势，调研企业和泰方需求，针对泰方需求，搭建城轨机电、工程、车辆、运营和通号五个方向专业课，构建"综合性、设计性、创新性"能力模块，贯穿到各类课程、实训等教学环节中，制订重基础、强能力、重应用和宽适应的培训方案，以匠人精神打造匠人。

校企合作为泰方来华人员实施"中国特色学徒制"模式培训，校企双元，工学交替，实施中国特色学徒制国际化，校企双元共育，实施双导师，创新国际化技能培训标准，以中国制造、中国创新传播中国文化。

（3）完成互联网+国家级轨道交通资源库建设，利用互联网信息技术解决远程教学难题，开发双语 MOOC 资源，实现互联网远程为"一带一路"东盟国家职业教育服务的国际职业教育突破。

开发建设了线上核心课程资源、双语课件、国际专业教学标准，满足疫情常态化国际环境下远程教学不间断的教学需求，可作为后续教学平台大力推广。

（4）在国际合作、专本衔接培育轨道交通高技术技能人才过程中，强化德技并修育人机制，培养工匠精神，将中华优秀传统文化价值观融入培训和课堂。

四、成果的推广应用效果

本成果源于国际合作，教学体系建设完善，应用于国内专本衔接、教师培训、国际教育，评价良好，具备了一定的推广效应，是有创新的可以示范推广的国际教学范式。

（一）培养了一批专本衔接的高技术技能人才，培训了一批国内外高素质技术技能教师队伍

学校承接 2015 年全国首届职业教育活动周，迎接时任副总理刘延东的参观指导；五年来先后接待教育部、交通部副部长等多位领导，60 余家院校的调研、学习。建设了一支智能交通工程的教师骨干队伍，为企业输送了 5 届高质量的专本衔接毕业生，现在这些毕业生已成长为企业技能骨干。学校轨道交通学院开设城市轨道交通群全部专业，在全国处于引领地位，多次牵头主持国家教学标准制订和组织国培项目，连续多年完成全国轨道师资骨干培训、企业新员工培训、泰国教师骨干技能培训，服务"一带一路"项目，支持城轨走出去建设发展。

本成果曾获得北京市职业教育成果二等奖，成果完成人获得北京市职业院校"城市轨道交通专业创新团队"称号。"双师型"教师队伍拥有国际高度、国家支持特色，队伍水平经过国际检验，外国同行评价较高。

（二）校企双元共育实施双导师学徒制教学，创新国际化技能培训标准，服务了"一带一路"国际高端培训

实施中国特色学徒制兼顾校内校外、兼顾学院企业、兼顾中华文化交流，围绕重基础、强能力、重应用、宽适应人才类别评定标准，创新国际化技能培训标准。联合十多家企业专家，基于岗位需求，以微专业理念为引导，共同制订具有国际特色、专业性强的独特培养体系。根据合作方需求，精准定制课程，国际化技能培训得到认可，实现教学标准输出，完成了两批泰方人才线下培训和多批在线培训，泰方学员在本国轨道企业担任骨干，评价良好。

（三）依托职教平台，线上线下理实一体实施，实现了援疆、国内外复合型高技术技能人才培训

学校深度践行校企合作，通过"互联网+"和集团化办学的优势，汇聚丰富教育资源和大型国有企业多方力量，拥有国家级城轨资源库的 28 门 MOOC 的优势，为国际推广提供了技术保障。针对国内外需求，搭建城轨机电、工程、车辆、运营和通号五个方向专业课，构建"综合性、设计性、创新性"能力模块，贯穿到各类课程、实训等教学环节中，以匠人精神打造匠人。资源库 30 933 个素材，学员达 10 万人以上。中英文双语课件，资源开放共享，满足国际远程教学需求，扩大了国际影响。

高职院校产教融合、校企合作、工学结合"三合"发展模式研究与实践

完成单位：北京劳动保障职业学院

完成人：张耀嵩；曹洋；宁玉红；王江涛

一、成果简介

学校的"三合"发展模式以"工学结合共同体"为核心圆，上层圆为"校企合作共同体"，外围圆为"产教融合共同体"，构建了"三合主体"，以微观、中观、宏观构建了"三合层次"发展环境，以实施层、运作层、引导层构建了"三合作用"发展路径。"三合"发展模式的内在逻辑关系是产教融合，包括校企合作和工学结合，但侧重于办学方向的把握，校企合作体现产教融合和工学结合，但侧重于办学制度的建设，工学结合落实产教融合和校企合作，但侧重于办学质量的提高。

（一）构建"三合主体"融合机制，凸显职业教育类型特色

以"三合主体"建设为主线，形成了以全国性示范职教集团为标志的"产教融合共同体"10余个，建成了以大师工作室为标志的劳职"校企合作共同体"4个，创建了以现代学徒制工学交替平台为标志的"工学结合共同体"3个。

成果得到了美国国家教育联盟和东南亚国家、赞比亚等的认可。学校入选以中国特色高水平建设院校专业群建设B档为代表的国家级项目5项，以国家级创新团队为代表的教师、教材、教法100余项，学生奖项300项。

（二）创新"三合层次"融合模式，打造人才培养高地

产教融合宏观环境层次模型作用于学校层面的产业与教育融合，构建专业群专业动态与预警模型。校企合作中观体系作用于学校专业与企业层面融合，形成现代学徒制教学模式。工学结合微观循环作用于教学与岗位层面融合，明确了工学结合的教学内容开发路径。

"三合层次"融合模式形成了精准对接产业链、创新链需求构建专业的办学体系，优化了职业教育供给结构。2015年以来，学校优先发展了契合首都"三城一区"需要的新兴专业6个、人才紧缺的专业2个，撤并淘汰了供给过剩专业7个，形成了专业+1家工作站、1家养老驿站、20多家知名企业的现代学徒制培养模式。

（三）拓展"三合作用"融合路径，开展"有用、有趣、有效"综合教学改革

成果发挥产教融合对学校办学方向根本性作用，使人才培养更有用；发挥校企合作对学

校办学制度关键性作用，使教学过程更有趣；发挥工学结合对学校教学质量决定性作用，使教学结果更有效。

根据企业的要求进行专业定制，引进知名企业仿真教学、大赛系统 10 余套，获得全国师生教学能力大赛和技能大赛一、二、三等奖 100 多项，承办国家级、市级（第 45、46 届世界技能大赛）大赛 50 多项，获奖 300 多项。主持国家级教学资源库 2 个，获评老年服务与管理专业国家级创新团队 1 个，获批国家级重点及示范专业 6 个。

二、成果主要解决的教学问题及解决教学问题的方法

（一）通过建设"三合主体"融合机制，有效解决职业院校服务地方产业发展的合作机制不够健全问题

由 124 家单位组成的"政校企行"北京人力资源服务职教集团形成了生源链、产业链、师资链、实训链、信息链、成果转化链、技术服务链、就业链"八链"融合，人才共育、过程共管、成果共享、责任共担"四共"联动的"产教融合共同体"办学体系。以大师工作室为载体构建的实体化运行"校企合作共同体"实现了校企双主体成本分摊长效机制；借助由"三大平台"构成的"工学结合共同体"推动了"政校企行"在人才培养、资源共享、社会培训、技术技能创新、国际化方面的集约化、常态化、制度化合作，改变了学校的办学环境与教学模式。

（二）通过创新"三合层次"融合模式，有效解决职业院校人才培养供给方式不匹配问题

依托产教融合宏观环境，围绕首都人力社保、民生福祉及特大城市安全运营的产业结构需求，以"做强优势、做大新兴、做精骨干、动态调整"为主线提升专业服务产业能力，在全国高职院校第一个开设了人力资源、轨道、地下管网、养老、家政专业。

通过打造校企合作中观体系，与行业企业构建了互为需求侧与供给侧双主体专业定制、订单班、现代学徒制等多种育人模式试验。通过"双主体育人"制度设计，明确企业与学校同为育人主体的法律责任和教学主体地位，解决了传统育人模式中企业仅担任用人和参与育人角色，难以构建校企双主体教学运行机制问题。

通过"五个对接、四个融合"实现了交互训教、工学交替，打通了工学结合微观循环，解决了不同合作企业教学组织的差异性问题，校企双场所教学中工学交替难、交互训教困难的问题，教学组织中分工协调难、教学组织困难的问题，确保旺工淡学满足企业用人与岗位的双向需求。

（三）通过拓展"三合作用"融合路径，有效解决办学与生产脱节、教学内容与工作任务分裂问题

发挥产教融合对学校办学方向根本性作用，学校持续引进 6 家知名行业企业驻校，"校

中厂"模式改变了传统的学校单一主体人才培养供给模式，不断将新技术、最新工艺引进学校。

发挥校企合作对学校办学制度关键性作用，根据现代学徒制"岗位培养、在岗成才"内涵要求，根据企业的生产和订单安排工学交替循环，在学制和做法上实现了突破。

发挥工学结合对学校教学质量决定性作用，把课堂建在社保中心、养老院以及集团的生产车间、研发基地、服务服务中心等，丰富了课堂形式；通过把企业订单引进课堂，实现了任务式教学的突破。

三、成果的创新点

（一）发展模式创新：创建了"三合主体"融合理念，探索了首都高职院校特色高水平转型升级之路

"产教融合共同体"引入了社会力量参与集团化办学；"校企合作共同体"激发了办学活力，举办了现代学徒制、大师工作室等不同层次、不同形式的教育教学形态；"工学结合共同体"依托两个国家级培训基地、国家级教学资源库促进了学校教学链、企业生产链、政校企行价值链的有机融合。"三合主体"方案系统推进了学校生产性实训基地、技能培训基地、定制专业等办学项目，成立京东智慧物流定制班、现代学徒班，实现了企业主导、学校主体的培养模式，建立了"专业共建、人才共育、成果共享"融合动力机制、运行机制和利益分享机制，具有开拓性。

（二）机制创新：创新"三合层次"融合模式，探索了学校、专业、教学三个层面的结合模式

通过"三合层次"的研究实践，专业对接产业，契合首都功能，作用于学校教育与产业融合，形成了学校层面产教融合举措。

通过打造"旺工淡学"的校企合作中观体系，作用于专业工学交替，实现了双身份、双场所、双导师以及一体化育人的"三双一体化"育人模式。

通过打通工学结合微观循环，明确了工学结合的教学内容开发路径，从岗位入手，以课堂革命为手段，通过双师队伍实现实践对接生产、教学对接流程、教师对接师傅。

（三）实践创新：拓展"三合作用"融合路径，开展"有用、有趣、有效"综合教学改革

通过"三合作用"实践，学校与社保中心等政府部门，万科、远洋等知名养老企业，以及20多家知名企业进行了现代学徒制试点，使校园内企业气息与企业文化浓厚，改变了办学环境，制订了把产业标准和工作任务转化成专业标准和课程内容的技术路线，逐步强化了行业企业在人才培养过程中的主导作用，为根据企业的要求进行专业定制、课程定制、工学交替定制提供了演化标准，解决了企业标准进课程、生产方式进课堂、绩效考核进评价等

改革深水区问题。

四、成果的推广应用效果

"三合"模式在促进教育链、人才链与产业链、创新链有机衔接方面发挥了积极作用，贡献了推进人力资源供给侧结构的"人才共育、过程共管、成果共享、责任共担"职教方案，创新了"双主体、双身份、双场所、双导师、交互训教、工学交替、岗位培养、在岗成才"28字方针的工学结合路径。

（一）产教良性互促育人效果凸显，产教融合育人结出了丰硕成果

学校竞争力及大赛等各类排名近年均居全国高职院校前列，承担现代学徒制、国家"双高"等国家级重大教育教学改革项目5个，获批国家骨干和教育部示范专业6个、国家级教学资源库2个、国家级及北京市级教师创新团队7个，培养国家级及北京市级教学名师11人，校企合作开发专业核心课程126门，校企协同发表核心期刊论文、专利、软著、市级以上课题等100多项（篇），各种层次市级以上竞赛获奖800余项。

（二）校企合作推进人力资源供给侧结构改革

创新"三合层次"融合模式，实现宏观环境、中观体系以及微观循环的融合，形成精准对接需求"1365"多元协同育人模式。学校签订了校企、校企生协议49份，校企双主体育人的订单班、京东专业定制班、现代学徒制试验班占比超70%，形成有效的双主体教学运行机制，清华、首经贸等高校安排师生到校内实训基地实训学习。打通了工学结合的微循环，按照职业标准开发专业教学标准和课程标准，牵头建设两个国家级教学资源库。

（三）工学结合树立了政府引导、行业指导、企业主导、学校主体的人才培养构建模式

学校作为人力社保领域最早的一所高职院校，通过政府赋能与各区县社保中心等政府部门，万科、远洋等知名养老企业，以及京东、自来水集团等大型企业进行了专业定制、订单培养、现代学徒制和企业新型学徒制试点，形成了"双主体、双身份、双场所、双导师、交互训教、工学交替、岗位培养、在岗成才"的人才培养路径，用人单位满意度达到95%以上，就业率达到98%以上，在生源处于低谷时，学校仍然完成了招生计划的90%以上。

（四）"三合"模式成熟，社会影响力不断增强

教育部、北京市对学校立足深化产教融合的"三合"模式给予了充分肯定。成果核心内容被国务院和教育部有关领导在2019年7月18日召开的《国家职业教育改革实施方案》落实情况调研座谈会上听取吸纳，陈吉宁市长专门就学校与京东的合作进行了专报批示。30多家媒体、100多家兄弟院校对学校"小而精、精而专、专而特"服务首都紧缺行业产业发展的范式给予了高度认可。

"引企入校，以产促教，工学结合，校企共治"的校企双元育人机制创新与实践

完成单位：北京市昌平职业学校；联想（北京）有限公司；北京京东乾石科技有限公司；北京海伦阳光食品技术推广中心有限公司

完成人：郑艳秋；周林娥；杨蕊竹；方荣卫；陕娟娟；杜金晶；王萌；曹继桐

一、成果简介

首都高精尖产业发展和人民群众对高品质生活追求，需要职业教育对接产业、服务企业、促进就业，增强适应性，办出高质量。学校在示范校建设期间探索校企协同育人，但如何有效引入头部企业、保障合作持续运行、发挥企业育人主体作用的问题一直无法破解。

2014年，项目组聚焦问题立项研究，获批北京市"十二五"规划课题。历时两年，形成通过引企入校共建工程师学院，建立双主体育人机制的思路，并制定了工程师学院建设方案。2016年5月，与联想集团共建"联想工程师学院"，制订建设标准，探索运行模式，形成经验校内外推广，为北京市2018年全面启动工程师学院项目提供试点经验。

六年间，学校聚焦优势专业，引进宝马、美团、立思辰等头部企业创建16家工程师学院，以培养高素质技术技能人才为目标，系统建立了以工程师学院为平台的校企双元育人机制：

（1）通过引企入校，融合校企资源，基于供需匹配、资源对接、项目共营、成果共享原则，科学设计"三融九共"融入机制，明晰校企双主体的权责利关系，形成资源共同体。

（2）立足区域发展、企业需要与专业优势，充分发挥工程师学院人才培养培训、应用技术创新、社会培训服务多种功能，创新"校办厂、创业园、工作室、服务站、培训点"5种模式。校企双方找准定位，匹配需求，激发双主体持续合作，形成利益共同体。

（3）建设"双岗双聘双考核"校企双导师团队，实施"四真三阶双融"学徒制人才培养，充分发挥企业主体在教师、教材、教法改革中的作用，形成育人共同体。

（4）制订工程师学院10项建设标准和40项绩效指标，推进"小双元"校企共治；依托区域职教集团"大平台"资源共享，协调各工程师学院优势，整合形成面向区域的服务能力，实现责任共担、利益共享，形成价值共同体。

以工程师学院为平台的校企双主体育人机制构建起教育链、人才链与产业链、创新链有效衔接，推动产教融合校企合作从发展理念向制度供给落地，完成从概念改革到教学实现，形成了可复制、可推广的实践经验。

学校办学水平极大提升，入选北京市"特高"院校，5个专业（群）列入北京市"特高"骨干专业。依托工程师学院，育人成效突出，93名学生获国家级技能比赛奖项，10个校企教师团队获全国教学能力比赛一等奖，汽修获评国家级教学创新团队。社会效益显著，

培育学徒 4 493 人，定制培训 12 685 人·日，吸引企业投资 2 012 万元，为企业节约成本 473 万元，产生收益 260 万元。

二、成果主要解决的教学问题及解决教学问题的方法

（一）主要问题

学校缺少真实稳定的产业环境，师生无法参与企业生产实践；企业参与教学动力不足，单一育人功能无法保障合作项目持续运行；工学结合通道不畅，人才培养与产业需求脱节。

（二）解决方法

1. 三种方式引企入校，建立"三融九共"融入机制，形成资源共同体

通过自建企业、引进头部企业、孵化小微企业，成立集人才培养、技术创新、培训服务功能的 16 家工程师学院；建立"三融九共"融入机制，校企人员、文化、资源融合，共同投资、共建专业、共组团队、共建课程、共育学徒、共研证书、共同培训、共同服务、共同"走出去"。

2. 五种模式以产促教，建立互利共赢的运行机制，形成利益共同体

（1）"四一体四同步"校办厂模式：自建校办企业，实行主任厂长一体、教师技师一体、学生员工一体、教学生产一体。同步规划生产和教学环境，同步建立生产和教学标准，同步开展生产经营和人才培养，同步产出育人和社会效益。

（2）"两传承两培育"创业园模式：引进行业大师，传承技术技艺和传统文化，培育工匠精神和创业精神。曹继桐学院实施烘焙技艺传承人计划，培养出"爱的味道"店主于志玲、130 万粉丝技能主播"北京面包王"王巍烨。

（3）"两转化两输出"工作室模式：成立产品工作室，把企业订单转化为教学项目、教学产品转化为市场商品，输出人才和商品。亿和工作室制作 32 部影视剧，输出 130 名数媒人才；联想中心年服务 2 万件智能终端，5 届学生入职联想。

（4）"平台+技术"服务站模式：建立技术服务中心。立思辰大数据学院开发沙河镇接诉即办平台，服务社区治理数字化。京东农村电商中心服务昌平 58 家合作社，线上销售农产品，服务乡村振兴。

（5）"场景+资源"培训点模式：成立培训点，建立场景式基地和资源平台，为企业及平台商家培训赋能。大众和宝马培训基地，定制培养 210 名学徒，培训员工 1 500 人。美团数字学院线上培训 3 万名骑手，为 56 户民宿培训数字化运营。

3. "四真三阶双融"工学结合，校企双师协作，形成育人共同体

校企互聘共用教师，共同研发技术、指导学徒、对外服务，实施"双岗双聘双考核"。构建"岗课赛证融通"模块化课程，通过生产性项目实施"四真三阶双融"学徒培养，依据企业标准，开展能力评价。

4. "大平台小双元"校企共治，建立多元开放协同机制，形成价值共同体

工程师学院内实施"小双元"共治，依托职教集团建立资源"大平台"，制订工程师学院建设标准，实施绩效考核，激发学院活力。

三、成果的创新点

（一）理念创新

率先在北京市提出工程师学院建设理念、标准和实施方案。学校突破传统校企合作模式局限，提出引企入校共建工程师学院理念。从功能定位、学院管理、人才培养、产业运营、社会服务等方面形成建设标准，制订实施方案，确保学院建设落地见效。2016年，与联想建成北京市首家工程师学院，发挥先行者作用，为北京市其他工程师学院建设项目提供了模式参考与经验借鉴。

（二）模式创新

立足区域产业、企业需求和专业特色，形成不同建设模式。校企基于价值共识、风险共担、利益共享、发展共赢原则，适应双方需求及区域产业发展需要，发展了5种建设模式。其中，一些专业拥有已经建成的自办企业，采用"校办厂"建设模式，实现主任厂长一体、教师技师一体、学生员工一体、教学生产一体；建有大师工作室、技术创新平台等技术性较强的专业，采用"创业园""工作室"建设模式，助推各类项目孵化；技术及培训能力较强的专业，采用"服务站""培训点"建设模式。5种模式实现校企资源的最优配置，同时实现人才培养、技术创新、技术服务等产出效益最大化。

（三）实践创新

创新形成"四真三阶双融"学徒制人才培养模式。基于工程师学院，为学徒培养提供了"四真"环境，真正落实教学过程与生产过程有效对接；企业师傅、学校教师作为产业和教育"代理人"，结合产业发展需求和人才终身发展需要，完成"立德"与"树人"有机融合的课程体系与教学设计；根据技能人才成长规律，分阶段侧重培养不同能力，体现职业能力螺旋式上升的特点。"四真三阶双融"学徒制人才培养模式使企业深度参与"三教"改革，推动产教融合从发展理念向制度供给落地，完成从概念改革到教学实现，具有重大实践价值。

（四）路径创新

创新教师企业工作能力形成的新途径。基于工程师学院建设，把企业生产服务中心和企业技术研发中心引进校园。教师通过参与企业项目，提高了生产实践能力，也提升了参与企业技术研发和技术服务能力。

四、成果的推广应用效果

（一）人才培养质量优

校企协同培育学生4 493人，70%的学生毕业后进入宝马、首都机场等大中型骨干企业，用人满意度达95%以上。学生在各级比赛中，共获得国家级奖项90余项、省市级奖项435项，涌现出3名全国职业院校技能大赛冠军。

（二）教学成果显著

制订工程师学院建设标准，成为北京市工程师学院建设标准的重要参考。由成果完成人主持申报的《创建产教共同体 实施"有用、有趣、有效"教学综合改革》获评国家职业教育教学成果二等奖。学校入选北京市特色高水平职业院校，5个专业获批北京市特色高水平骨干专业（群）、3所工程师学院入选北京市工程师学院的建设名单，获评1个国家级职业院校教师教学创新团队。校企共同开发13个职业技能等级证书和100门生产案例式课程资源，获得14项专利、7项软著及9项新品种保护。在工程师学院牵引下，学校新增大数据、智能网联汽车等18个新专业，组建智慧农业、数字媒体艺术等7大专业群。

（三）企业认可度高

助力联想集团、京东集团成为国家级产教融合型企业，为企业输送2 000余名技术技能人才；为大众、联想等企业实施定制化培训12 685人·日，吸引企业投资2 012万元，为企业节约生产成本约473万元，产生约260万元收益；为亿和等企业扩大合作网络，搭建桥梁；康比特、美团、字节跳动、北大医疗脑健康科技有限公司等行业知名企业主动联合学校开发职业技能等级标准和证书；组织国际汽车维修技能大赛，面向吉布提、新加坡等国家的职业院校开展定制化培训，助推企业文化和品牌的对外输出。

（四）社会贡献力强

校企联合开展社会服务项目51项，开展社会培训13 741人·日，形成面向村、镇、城、社区、军队的"五个面向"社会培训服务体系，全面服务区域经济社会发展。研发苹果酒酿造工艺，创立真顺苹果酒品牌，助推区域林果业转型升级；成立校企农社产城教联盟，精准帮扶昌平草莓、樱桃种植户，助推昌平区域农旅内循环；立思辰大数据学院研发沙河镇接诉即办平台、垃圾分类平台、昌平区学前教育大数据平台，参与回天大脑建设。

（五）国内外影响力大

学校入选全国职业院校实习管理50强、文化建设50强、"双师型"教师典型案例50强。工程师学院近年接待参观学习6 000多人次，100多所院校专业培训1 283人次。学校在教育部、北京市大型会议中作主题发言，在《中国教育报》《职业技术教育》等各类媒体上发表多篇文章，《人民日报》、中国教育电视台等主流媒体进行了多次专题报道。

中职学校汽修专业产教融合生产性实训基地建设的创新与探索

完成单位：北京市昌平职业学校；上海上汽大众汽车有限公司营销与售后服务培训中心；华晨宝马汽车有限公司

完成人：丁云鹏；张翔；李黎华；张晶磊；焦志菲；周鹏；朱虹

一、成果简介

北京市昌平职业学校汽修专业定位于"服务汽车后市场发展"。随着北京市高精尖产业发展需要，汽车产业转型升级和智能化改造速度加快，成立于1986年的汽修专业，遇到了诸多"卡脖子"问题，主要表现在：校内原有实训基地建设水平较低，不能满足汽车行业高质量需求；实训基地建设重硬件设备投入，轻教学资源和高素质师资队伍培养；实训基地以教学实训为主，生产性实训能力不足，学生缺乏实战环境和经营经历。

针对这些问题，汽修专业开展了建设生产性实训基地的探索。2013年，汽修专业与校办企业昌职汽车修理厂开始探索一体化人才培养与生产经营实践。2014年，借助参加北京市"十二五"规划课题"中等职业学校产教融合理念下的校企合作实践研究"的机会，系统设计了"基于专业办企业，校企一体引名企，三方融合建基地"的实施方案。2016年开始付诸实践，专业先后与上汽大众汽车有限公司共建北京唯一培训基地，与华晨宝马汽车有限公司等高端车企共建北京唯一培训基地。经过四年实践，创新了产教融合生产性实训基地建设新模式，实现了专业、校办企业、外引名企三方育训并举，协同育人。该成果内容包括：

（1）依托自办企业，引进知名企业，采取"自办+外引"方式升级实训基地，实现专业设置与行业标准无缝对接。

（2）创新"基于专业办企业，校企一体引名企，三方融合建基地"建设理念，建成兼具教育与生产功能的汽修生产性实训基地。

（3）建立专业、汽修厂、名企三方"五维一体"生产性实训基地运行机制，三方共同从管理者、执行者、学习者等五个维度一体化设计教育教学，实现教产融合。

（4）开展"双阶双元"多学制、多样化人才培养，服务不同学习者需要，三方协同育人。

该实训基地建设模式取得了系列成果。人才培养质量显著提升：学生高端企业就业率达87%，企业满意度达95%以上，在全国技能大赛中获21个奖项，连续三年获得车身修复赛项冠军。专业成为大众、宝马北方地区人才孵化器和技能加油站：合作以来，北京地区宝马、大众校招员工70%来自学校订单班生源，服务员工培训达2 000人·日，完成6类企业技能等级认证 500 人次。实训基地运营效益良好：年检修车辆近万台次，为市民提供优质服务。专业办学得到社会高度认可：获批国家级职业教育教师教学创新团队、全国职业院校交通运输类示范专业、北京市特色高水平骨干专业；教师获得全国职业院校教学能力大赛一等奖 2 个、二等奖 4 个，北京市职业院校教学能力大赛一等奖 8 个。

二、成果主要解决的教学问题及解决教学问题的方法

（一）主要问题

（1）校内原有实训基地建设水平较低，不能满足汽车行业高质量需求。
（2）实训基地建设重硬件设备投入，轻教学资源和高素质师资队伍培养。
（3）实训基地以教学实训为主，生产性实训能力不足，学生缺乏实战环境和经营经历。

（二）解决方法

1. 依托自办企业，引进知名企业，升级实训基地

学校与区政府规范保留的校办汽修厂探索一体化育人实践。汽修厂是学校下属、可对外经营的国家一类汽车维修企业，不以营利为目的，充分发挥生产性实训基地功能，为师生提供实训实践场所。在此基础上，学校与大众、宝马达成合作，布局规划基地功能，迭代升级设备设施，选拔教师进行名企技术认定，挑选学生进行名企订单培养，通过"自办+外引"方式升级实训基地，与高端企业标准无缝对接。

2. 建立兼具教学和生产功能的实训基地，企业真实工作任务进课堂

按照"基于专业办企业，校企一体引名企，三方融合建基地"的整体思路，建成"工学一体"生产性实训基地，科学规划理实一体化教学区和生产经营区。环境设计上，配置国际先进的设备设施，按颜色区分消防、气路等，安全环保规范。教学区按名企车间标准布局，设计红绿灯和道路标线，感受企业文化，树立规则意识。功能配备上，师生与企业技师共同生产，实现教学和生产功能相互转化、职业技能与素养同步养成。

3. 统筹专业、汽修厂、名企资源，建立"五维一体"实训基地运行机制

制订《产教训一体运行管理规定》等实施办法，实行专业、汽修厂、名企培训基地"五维一体"运行机制，即主任、厂长、主管由一人兼任，教师、技师、培训师一体，学生、员工、学员一体，学习工位、生产工位、培训工位一体，人才培养、生产经营、培训认证一体。设立"教产训"管理部，统筹管理教学计划、生产安排、名企培训，统一管理与评价，实现全员、全程、全方位的工学结合，教产相融。

4. 开展"双阶双元"人才培养，服务不同学习者需求

为满足多样化生源个性化需求，学校充分发挥基地作用，构建"专业模块+培训模块+岗位模块"的课程体系，探索形成"双阶双元"汽修专业人才培养模式，同时满足多学制学生、名企员工、社会人员的学习培训需求。一阶段：依托校内汽修厂开展平台课程、基础模块课程，培养学生的基础技能与素养。二阶段：通过企业模块课程培养学生专项能力。专业面向名企员工、社会人员等开展岗位证书和 X 证书培训认证，实现书证融通、育训并举、三方协同育人。

三、成果的创新点

（一）创新了"1+1+N"的生产性实训基地建设理念

本成果引进知名企业带动自办企业和专业一起升级，建成高水平现代化生产性实训基地，集理实一体教学、实习实践、认证考核、技能比赛、企业真实生产、社会培训和技术服务于一体，兼具生产、育人功能。通过专业和校办汽修厂一体化建设，突破"校热企冷"困局，实现专业人才培养和企业生产经营有机融合。吸引知名企业入驻学校，对接行业国际化高标准、智能化网联新技术、规范化维修新模式，创新专业+自办企业+外引名企"1+1+N"产教融合实训基地建设理念，校企共建、共管、共享、共赢，助推专业和自办企业向规范化、智能化、国际化升级。

（二）建立了"五维一体"的实训基地运行机制

专业、自办企业、知名企业三方通过管理者、执行者、学习者、工位情境、功能发挥五个维度的一体化设计，实现深度产教融合，建立育训并举培养培训机制，开展"订单班"职前培养与"学徒制"职后培训，使三方的要求和标准协调统一，既相互渗透又保持独立，贯穿人才培养全过程，开创"上学即上班、上课及上岗"全新学习形式。三方同频共振，助力不同学制、不同类别学员学历晋升、培训考核、资质认证。全面提升专业人才培养质量、企业维修人才规格，降低企业用人成本，促进学生高端就业。

（三）探索了"三师型"教师队伍建设路径

专业、自办企业、外引名企整体设计，统一规划，打造具备专业教师、汽修厂技师、名企培训师"三师"素质的师资队伍，同时拥有教师资格证、职业资格证、名企培训师证。教师通过校内有用、有效、有趣"三有"课堂认证，成为教学骨干，行动导向教学能力不断提升；受聘为自办企业维修技师，积累专业实践经验，将真实生产任务直接带入课堂教学；认证宝马、大众培训讲师，掌握国际先进的汽车技术、精细的维修标准、严谨的安全规范，提升专业人才培养规格。三方协同打造了一支"站得稳讲台、修得了汽车、当得了师傅"的硬队伍，得到行业企业高度认可。

四、成果的推广应用效果

（一）育人质量显著提升

近三年学生就业对口率达100%，高端企业就业率达87%，企业满意度达95%以上。学生毕业即取得大众、宝马岗位证书，通过率达80%。累计培育高素质人才300余人，占企业校招员工的70%。

三年来学生在全国技能大赛中获20余个奖项，连续三年获得车身修复赛项冠军，55名学生获行业内技能比赛奖项。

多名毕业生凭借出色的专业技能和工作能力成为行业精英，其中白安荣、曹子昂分别被《北京晚报》和《汽车维修与保养》杂志报道，魏子仁、曹树林、宿昊宗3名毕业生成为宝马集团认证的技术培训师，反哺专业教学。

（二）专业建设水平不断升级

获评国家中等职业教育改革发展示范校重点建设专业、全国交通运输类示范专业、北京市特色高水平骨干专业；是国家级教师素质提高工程培训基地、北京理工大学全国重点建设职业教育师资培养基地；2019年成为1+X证书制度首批试点专业。

获国家级、省级教学成果奖3个；出版"十三五"职业教育国家规划教材及课改教材共17套；建成15门学习领域课程及课程标准、89个学习情境、45个企业证书模块化课程及课程标准、3门市级精品在线课程、20门服务社会培训的精品在线课程。

教师团队获评国家级职业教育教学教师创新团队，拥有北京市职教名师1名，市区级学科带头人、骨干教师8名，1+X证书培训师、考评员各12名，大众、宝马企业认证培训师18名；获得国家级先进工作者、劳动模范、五一劳动奖章荣誉4项，北京市先进工作者、首都劳动奖章、北京市劳动模范荣誉5项；主持或参与教育部课题3项、北京市课题4项；教师获得全国职业院校教学能力大赛一等奖2项、二等奖1项，北京市职业院校教学能力大赛一等奖5项。

（三）成果影响持续扩大

基地承接京津冀宝马、上汽大众经销商员工培训达2 000人·日，完成6类企业技能等级认证500人次，为企业在北方地区人才需求提供支持。

发挥运营功能，年检修车辆近万台次，为社区市民的用车品质和安全出行提供优质服务。

三年来组织北京市汽修专业师资培训、全国汽修专业骨干教师企业实践培训、军地两用人才技能培训、职普融通课程培训、河南栾川等地区10余所院校学生技能培训，共计12 000余人·日。

牵头北京市7所中高职院校、德国4所职业院校，成立"中德创新学习联盟"，开展教学模式改革与中德青年交流合作。举办首届北京市中德汽车维修国际技能大赛，得到中德媒体报道，被德驻华参赞称为"中德合作典范"。

探索企校一体产教融合新路径，打造汽车专业"三维五互"人才培养新范式

完成单位：北京市商业学校；北京祥龙博瑞汽车服务（集团）有限公司

完成人：王彩娥；毕丽丽；高雪娇；陈荣梅；余红霞；李莉

一、成果简介

北京市商业学校隶属于北京祥龙资产经营有限责任公司，属于国企办学。多年来，学校的汽车专业与兄弟单位北京祥龙博瑞汽车服务（集团）有限公司建立了良好的校企合作关系。在此基础上，从2015年双方进入深度产教融合阶段，采用现代学徒制人才培养模式，成立了祥龙博瑞汽车工程师学院，双方共同申报教育部现代学徒制第三批试点单位，全国首批职业教育教师企业实践基地（汽车专业），北京市职业院校教师企业实践基地（汽车专业），全国第三、四批职业教育培训评价组织（1+X汽车油漆调色与喷涂、1+X车身智能焊接），全国汽车专业教师实践流动工作站试点单位等，这些项目都通过了验收，并在产教深度融合方面取得了成绩和宝贵的经验。

以往学校开展校企合作、产教融合更多是从学校、教育者的角度思考问题，而实际校企双方在合作过程中存在一些问题，导致校企合作效果不理想。作为国企办学下的职业院校，能更多地从企业的角度思考问题，针对汽车专业建设过程中产教深度融合的利益诉求不一致、"工学"分离、社会服务能力不足等痛点，建立校企协同育人机制，成立教师能力素质发展中心、汽车技术研发平台、汽车信息化平台，搭建了"一中心两平台"的服务体系，创新现代学徒制人才培养模式，探索企校一体产教融合发展的新路径，为解决产教融合建设"最后一公里"的问题提供可借鉴的思路。

经过近几年的研究与实践，创新了"三维五互"现代学徒制人才培养新范式，主要内容如下：

（1）基地互建，打造高水平专业化产教融合实训基地；

（2）师资互聘，创新"大师—双导师—学徒"培养体系；

（3）课程互通，构建岗课赛证融通、分层级能力递进的课程体系；

（4）学员互培，打通学徒终身学习职业成长路径；

（5）过程互监，构建"四位一体"的全过程智能监控体系。

本成果是贯彻落实党的十九大精神的重要体现，是围绕汽车专业人才培养模式改革、实现人才培养目标、提升育人质量的实践创新。模式可借鉴、可复制、可推广，形成现代学徒制视域下的产教融合品牌效应，在全国产生重大影响。学校汽车专业已成为展示中国现代职业教育产教融合的示范窗口。

二、成果主要解决的教学问题及解决教学问题的方法

本成果解决的核心问题是专业建设过程中产教深度融合的利益诉求不一致、"工学"分离、社会服务能力不足等痛点。

（一）建立校企协同育人机制，解决各方利益诉求点不一致的问题

由于企业与学校诉求不一致，难以找到平衡点和切入点，导致"剃头挑子一头热"的现象极为普遍。职业教育的主要参与者是教师、企业师傅、学生，这三方往往利益诉求点不一致，导致积极性不高。

通过建立校企协同育人机制，实现管理制度一体化，实施"大师—双导师—学徒"培养体系，并将现代学徒制人才培养模式延续到企业内部、双导师之间，健全一线员工成长路径，使人才团队融合发展，激活企业内生动力，发挥好人才蓄水池作用。

（二）创新"三维五互"现代学徒制人才培养模式，解决"工学"分离问题

在职业教育中"工、学"二元分离现象比较严重，这就使得理论与实践、知识与技能、企业与学校，在教育活动中处在一种分离状态。这样的认知与现实，必然导致学校教育教学内容的供给与企业职业实践对学生能力的需求相去甚远。

通过建立"三维五互"现代学徒制人才培养模式，即在"基地互建、师资互聘、课程互通、学员互培、过程互监"五互基础上，企校一体打通"学历教育、企业内训与社会培训"的三个体系，实现在岗成才。

（三）搭建"一中心二平台"服务体系，解决社会服务能力不足的问题

传统的教育理念让很多企业和个人对职业院校的社会服务能力不够重视，认为职业院校的科研水平和人才培养水平与普通高校相比都比较弱，造成了职业院校很难有更多为社会服务的机会。

通过建立"一中心二平台"服务体系，即教师能力素质培训中心、汽车技术研发平台、汽车信息化平台，提升师资团队社会服务水平，支撑汽车人才提质培优。

三、成果的创新点

（一）构建"三维五互"现代学徒制人才培养模式，形成新范式

依据首都节能环保、新能源汽车等高精尖产业人才的需求，适应北京市汽车后市场业态变化与技术发展的要求，设计"一站式直通"的人才培养体系。企校一体在"基地互建、师资互聘、课程互通、学员互培、过程互监"五互基础上，打通"学历教育、企业内训与社会培训"的三个体系，形成"三维五互"现代学徒制人才培养模式。

根据企业岗位技术评价等级标准，提炼 4S 店核心岗位职业能力要求，将职业能力划分为不同层级。按照 1+X 证书初、中、高不同等级考核要求，中职达到初级水平对应企业技

术等级 E 级，高职达到中级水平对应企业技术等级 D 级，本科达到高级水平对应企业技术等级 C 级，实现学历教育、企业内训与社会培训三个体系的融合，打通学徒终身学习职业上升通道。

（二）创新"大师—双导师—学徒"培养体系，构建新体系

通过科研项目，大师发挥引领示范作用指导师傅和教师团队。双导师团队互帮互助，扬长避短，共同提升教学能力和实践能力，互为老师。教师在教学理论和教法上辅导师傅，使师傅具有一定培训和指导能力，师傅在技术技能上指导教师，使教师达到"双师"水平，双导师共同培养学徒。通过该培养体系，实现了大师对双导师培养—双导师对学徒培养—学徒成长为企业导师—企业大师的良性循环，形成了国企办学下人才队伍独特的培养体系。

（三）全面营造产教融合育人环境，打造新生态

实施未来工匠培育工程，共建劳模工作站、魏俊强大师工作室、魏工养车商校店。通过课堂实践、社团组织、主题班会等活动弘扬大国工匠，构建特色文化体系；通过搭建企业工作场景，还原企业工作流程，营造企业工作氛围，开展企业项目实践，使实践教学环境与企业环境无缝对接；通过现代学徒制，让学徒直观感知企业对员工职业素养、操作技能等方面的要求，把祥龙博瑞"勤勤恳恳为工，兢兢业业为匠"的工匠文化、劳模精神融入骨髓中。

四、成果的推广应用效果

（一）人才质量显著提高，竞争力增强

通过做中学、学中做，学徒自身的职业素养和技能得到进一步提升。截至 2020 年年底，现代学徒班占比 100%，就业率达 96%，企业满意度达 98%。直到今日，70% 的学徒成为 4S 店的主力，李澳辉、李明霖、要非凡等多名学徒在 4S 店参加比赛，获得北方区第二、三名，已成为企业师傅，指导新一届的学徒。

近几年，学徒多次获得北京市职业院校学生技能大赛冠军，获得全国职业院校学生技能大赛、行业大赛二、三等奖；多名学生获得国家级奖学金、北京市优秀毕业生的荣誉称号。

（二）社会服务能力大幅提升，科研成果显著

基于创新的"大师—双导师—学徒"培养体系，共同培养出优秀的企业师傅、教师、学徒，并且在企业内部形成良性循环。自 2015 年以来组织全国职业院校汽车专业的师生进行培训，参训师生 6 000 余人·日；面向中小企业、汽车培训鉴定机构等提供专业技能培训 15 000 人·日；为各类社会组织及公众提供汽车技术咨询服务 30 000 余次；帮扶云南保山、河北青龙等近 3 000 名师生，对其开展教学和培训工作。

教师多次参加全国、北京市职业院校教师教学能力大赛、信息化教学设计比赛，获得一、二等奖；企业师傅多次参加全国、北京人社部组织的职工职业技能竞赛，多次获得冠亚军。申请发明专利 2 项、实用新型专利 2 项、国家版权局作品 3 个；发表论文 29 篇，其中核心期刊 5 篇；出版教材 14 本，其中规划教材 8 本，活页式教材 2 本。

(三) 建成生态型产教融合实训基地，助力京津冀发展

整合学校和企业资源与汽车后市场整个产业链的合作，改造整个汽车专业群共建的生产核心，采用引企入校+厂中建店的混合式模式，打造魏工养车实训基地、魏俊强汽车技术技能大师工作室、祥龙博瑞汽车工程师学院三大工程，构建融产学研和社会服务功能于一体的产教融合实训基地。双方开发产教融合实训课程体系、立体化教学资源，面向师生、企业在职员工开展生产性实习实训，拓展基地的社会价值。目前该基地运营模式已推广到河北阜平职教中心、青龙职教中心，未来将推广到天津东丽职教中心等京津冀地区的职业院校。

(四) 受国内外媒体广泛关注，辐射引领全国

从 2017 年至今，27 家主流媒体相继报道学校汽车专业产教融合的新范式，受到社会一致好评，引起强烈反响。接受来自云南、新疆、江西、内蒙古、宁夏、贵州、湖北、甘肃等各地职业院校的邀请进行培训和实地指导，"三维五互"人才培养新范式辐射引领全国。

构建"学产销创"育人平台，农村电商人才培养的研究与实践

完成单位：北京市昌平职业学校；北京京东乾石科技有限公司

完成人：周林娥；于芳；纪晓远；高鑫；龚敏妍；王琦

一、成果简介

农村电商的快速发展为昌平区农业产业转型发展带来机遇，但是农村电商人才问题制约了农村产业的转型升级。作为昌平区唯一一所区属公办中职学校，2014年，学校电子商务专业与京东集团开展深度合作，双方共同成立京东农村电商生态中心，校企开始探索区域农村电商人才培养的路径。2015年，电子商务专业成为教育部首批现代学徒制试点专业，同时，借助2014年、2016年"中等职业学校产教融合理念下的校企合作实践研究""中等职业学校培养新型职业农民的实践研究"两项北京市教育科学"十二五"规划课题，学校对农村电商人才培养进行了更为深入的研究。

经过五年研究与实践，学校针对涉农专业学生、电商专业学生、新型职业农民三类不同主体，从内外产教融合环境搭建、专业协同机制建设到学徒育人模式设计等方面，构建了校企农社四方参与的"学产销创"育人平台，形成了一条推进区域农村电商人才培养的可行之路。

（一）建立涉农专业与电商专业协同发展机制

组建专业群，培养精电商懂农业、精农业懂电商的复合型人才，拓展农村电商人才培养路径；构建形成育训结合、跨界融合的模块式项目化课程体系。

（二）搭建工学结合的校内外产教融合实践育人环境

校企农社四方参与，联手打造校内、校外、社会三类实践基地，满足农村电商人才培养的产教融合环境需求。建成校内外产教融合实践基地6个，社会实践基地覆盖昌平56家合作社、昌平31个社区。

（三）创建学历、非学历两种学徒育人模式

形成面向学徒的"学产销创"四位一体学徒育人模式，学校、企业、农村合作社、社区携手成为育人主体，教师、企业技师、农民师傅、行业大师共同成为导师；形成面向农户、合作社负责人的"4个一"非学历学徒人才培养模式。

（四）构建"三阶两维四主体"网络化评价体系

面向学校、企业、社会三类课堂，技能、素养两维全程跟进，校、企、农、社四方参与，真实用户及实时业绩额度实时反馈的网络化评价体系，并辅以现代学徒制教学管理平台，实现学徒监管与评价同步，反馈与激励并行。

实践成果成效显著。五年来，学生获市级以上技能大赛奖项50余项，毕业生就业率达100%；培训新型职业农民5 000人次，孵化农村电商项目27个。农村电商人才赋能案例在学习强国、《人民日报》、中国教育电视台、央视频等多家媒体宣传报道16次，产生强烈社会反响。

二、成果主要解决的教学问题及解决教学问题的方法

（一）通过建立涉农专业与电商专业协同发展机制，解决农村电商人才培养路径单一的问题

整合涉农类专业农业技能优势、电商专业营销服务优势，组建智慧农业专业群；依据行业企业标准，重构课程体系，深度植入助农项目，形成一套结合农时、与农产品电商供应链相匹配、岗课赛证融通、育训结合的模块化课程，并拓展形成"种植技术+文化素养+营销能力+管理水平"新型职业农民培训课程；建立群内专业师资、实训基地、企业及项目资源共享机制，培养精电商懂农业、精农业懂电商的复合型人才，拓展了农村电商人才培养路径。

（二）通过搭建校内外产教融合实践育人环境，解决实践教学途径单一的问题

校内，学校利用自办企业，建设了农林科技实训基地；引企入校，建设了京东产教融合实训基地。校外，与京东等合作企业挂牌成立了京东华北物流仓储中心等5个实践基地；学校联手京东及生态企业、56家合作社、31个社区，共同成立昌平区校企农社乡村振兴产城教联盟，构建了校企农社四方参与的社会实践基地。校内、校外、社会三类实践基地，拓展了学生职业能力训练的途径，丰富了农村电商人才培养的实践教学场景。

（三）通过学历、非学历两种学徒育人模式，解决实践能力培养与岗位要求脱节问题

针对学生，学校与企业、农村合作社、社区携手成为育人主体，在学校教师、企业技师、农民师傅、行业大师的共同指导下，开展"模块化学习、季节性生产、联动式销售、效益化创新创业"的进阶式培养，形成有特色的"学产销创"四位一体学徒育人模式。针对新型职业农民，构建"手把手教、手拉手带、手握手成功"的学徒育人模式，即一个教师联合一个企业专家带着一个合作社骨干，以孵化一个项目为目的，手把手教授，手拉手带着一起做项目，手握手获得成功。

（四）通过"三阶两维四主体"评价体系，解决评价主体单一、浮于表面的问题

学校与企业、农业合作社、社区形成合力，在协同育人的过程中，共同开展学生评价。

学生在学校的校内课堂中，在企业项目、农业合作社项目的实践课堂中，在社区服务、营销的社会课堂中，分别接受来自校企农社各方不同层面对技能、素养的评价，同时，在评价中加入用户反馈及实时业绩额度等可量化的写实指标，最终激发学生的主动反思与改进。此外，校企联合开发现代学徒制教学管理系统，辅助学徒培养过程的监管与评价，线上线下融合，使校企协同育人评价落到实处。

三、成果的创新点

（一）实践环境创新：搭建校内外产教融合实践环境，拓展了学生职业能力训练途径

校企农社四方协作形成的校内、校外、社会三类实践基地，丰富了农村电商人才培养的实践教学场景，为真实项目实施提供资源和载体，拓展了学生职业能力训练途径，为学徒培养搭建了产教融合的大环境。政府牵头下成立的"昌平区乡村振兴产城教联盟"，将农村电商产业链中涉及的利益相关主体吸纳成为育人力量，多元主体育人，学校、企业、农村合作社、社区四方联动，为农村电商人才培养提供了机制保障。

（二）培养模式创新：构建"学产销创"四位一体学徒育人模式，创新了复合型人才培养途径

"学产销创"四位一体学徒育人模式，推动专业间优势互补，构建了复合型农村电商人才成长的培养之路。校企共同研制一体化人才培养方案，构建形成跨界融合、岗课赛证融通的模块式项目化课程体系。教师、企业技师、农民师傅、行业大师共同成为学徒导师，全程伴随学徒学习三年；电商专业学生在"产"中了解农业知识，培养农业情怀；涉农专业学生在"销"中提升电商素养；学生在社会实践的真实项目中不断提升综合能力、创新素养，最终成为精电商懂农业、精农业懂电商的复合型人才。

（三）评价方式创新：形成"三阶两维四主体"评价体系，丰富了评价的内涵

"三阶两维四主体"评价体系体现技能素养融合、线上线下融合、评价多途径、主体多元，丰富了评价内涵，增强了评价效果，激发了学生的主动反思与改进，实现了评价的推动作用。学生在校内外不同的学习实践场景中，分别接受来自校企农社四方评价；评价中融入由学徒真实项目提成转换的绩效指标。现代学徒制教学管理平台不仅实现校企协同育人教学质量监控，也使线上教学评价得以实现。

四、成果的推广应用效果

（一）专业育人质量和教师水平显著提升

五年开设15个学徒班，毕业生就业率达100%，对口就业率稳定在90%以上，企业满意度达98%；毕业生创业比例不断攀升，从2%升至17%；学生参加各级各类大赛获奖超过50

项；培养出的花艺师曹雪融资千万元，小花匠周铁吨年收入超 230 万元，在乡村产业振兴中起到了带头人引领作用。

培养市级专业带头人 2 人，"双师型"教师比例达 100%；获批北京市创新团队 1 个。2015 年以来，教师获全国信息化教学大赛一等奖 11 人、北京市一等奖 17 人、国家级行业技能金奖 2 项；入选"十三五"职业教育国家规划教材 1 本，论文发表、获奖 37 篇；2 项成果获市级教学成果二等奖。

（二）区域服务能力显著增强

校企赋能，农旅引流，乡村自我造血功能增强，开展新型职业农民培训 5 000 多人次，线上技术支持 10 000 多次，孵化助农项目 27 个；村民对农文旅融合和农产品品质提升意识增强，村容村貌提升；"互联网+"农旅推广，助推康陵春饼宴成功登陆《舌尖上的中国 3》，全村旅游年收入从 2005 年不足 3 万元，到 2019 年跃升至 1 000 万元，康陵村成为"北京最美的乡村"；合作社高山黄花种植项目获得北京市农村实用人才优秀创业项目；"崔村红""真顺"等昌平特色农产品品牌更加深入人心，昌平苹果价格从每斤 6 元涨到 10 元，草莓价格从每斤 40 元涨到 60 元，带动农户平均年增收 20% 以上。电商精准帮扶，获得当地农户好评，学校荣获北京市扶贫协作先进集体。

（三）社会影响力持续扩大

学徒制育人模式不仅辐射引领了学校其他专业，也获得兄弟院校的极大认可，为其他院校人才培养提供了经验范式。专业累计完成国内院校参观学习 5 000 多人次，国内 36 所院校专业培训 583 人次，国内 26 所院校师资培训 265 人次。学徒制育人模式已辐射到全国各地职业院校，江苏泗洪中等专业学校、河北唐山第一职业中专等多所职业院校先后建立京东农村电商生态中心分中心。学校借助校企共同建立的产教联盟，分享课程标准、人才培养标准，助力了兄弟院校。专业农村电商人才培养标准和课程，也沿"一带一路"输出到新加坡。

学习强国、《人民日报》、央广新闻、央视频、中国教育电视台等多家媒体专题宣传报道校企赋能案例，昌平草莓助农项目登上央视农业频道《我为家乡代言》栏目，产生强烈社会影响。

"三师共育、六位一体、能力进阶"中职烘焙人才培养模式构建与实践

完成单位：北京市昌平职业学校；北京海伦阳光食品技术推广中心有限公司

完成人：高鑫；曹继桐；杨丽丽；薛景昆；张丰伟；代玉华

一、成果简介

围绕首都核心功能定位，为满足人民群众对高品质生活追求，学校西餐烹饪专业烘焙方向坚持培养产业推动者、技艺传承者、文化传播者，但在教学体系上存在缺乏国际化、全产业链育人机制等瓶颈问题。基于产教融合的育人理念，专业引进世界烘焙大师曹继桐，创建了"三师共育、六位一体、能力进阶"人才培养模式，形成大师培养名师、名师培养名学生的良性机制，创新了烘焙人才培养思路。

（一）形成了"三师共育"协同育人机制

组成包括行业大师、企业技师、学校教师"三师"教学团队，大师提供国际标准，技师对国际标准转化并融入企业标准，教师转化为教学标准，各施所长，协同育人，帮助学生全面掌握岗位技能及标准。

（二）创设了"六位一体"的育人平台

在教学、生产、科研、培训、比赛、创业一体化育人平台，师生在校参与真实生产、研发、比赛、培训和创业店实体运营，在"三师"培育下，零距离学习国际标准，与企业岗位无缝对接，实现把行业企业的标准转化为教育教学目标和行动。

（三）打造了能力进阶模块化课程体系

"三师"团队构建由平台课、核心课、综合实训课和拓展课组成的能力进阶模块化课程体系。平台课着眼行业标准，培养学生基本素质和通用能力。核心课围绕核心技术，开展能力进阶模块化教学：一阶夯实基础，二阶强技能，三阶练综合运用，四阶重创新。综合实训课提升技能运用能力。拓展课培养迁移与跨岗位就业创业能力。

（四）制订了"烤箱式"教学实施策略

依据学情，控制学习难易程度（温度）、学习时长（时间）和智能菜谱（工作项目），形成"温度+时间+项目"教学三调节，设置不同难易程度教学项目，分层教学，既满足个性化学习，又培养学生团队协作、自主探究能力，实现从"教"到"学"的改革。

（五）构建了"多元六维"培优评价体系

大师、技师、教师、家长、学生多方，从德、智、体、美、劳、创六个维度诊断评价学生学习成果，形成融入劳动教育、思政教育、工匠精神和创新创业教育的评价体系，监控学生从新手、熟手、能手到高手的成长全过程，学生发展目标清、抓手明、可操作、可评价。

成果经四年检验，双师比例达100%，1人为中国注册烹饪大师。学生获国际职业技能铜奖1个、市级金奖12个。专业年培训超3 000人·日，帮扶8个县。2018年曹继桐获评北京市教委职业教育特聘专家，2020年获批北京市特色高水平技术技能大师工作室。成果在校内和浙江、海南等地职业院校推广，成效突出。

二、成果主要解决的教学问题及解决教学问题的方法

（一）构建"三师"教学团队，整合多方资源，解决专业教学标准缺乏与国际职业能力对接的问题

"三师"共同组成的教学团队，各施所长，协同育人。曹继桐大师直接引入法国手工业MOF、瑞士洛桑烘焙、世界面包大赛等国际烘焙人才职业能力标准，聘请国际师资团队参与教学研讨和实施，将国际先进烘焙产业标准、产品标准、技术标准、工艺流程等融入人才培养各要素和全过程。同时，吸引了中国焙烤食品糖制品工业协会、味多美、中华美食频道等20余家协会、企业和媒体入校合作，各类大赛和大师、技师讲堂、线上精品课程成为学生的拓展课堂，实现了大师常驻、企业项目进驻和实体店运营的多方育人资源整合，技师融入企业标准，教师转化教学标准，帮助学生全面对接国际职业能力，掌握企业岗位技能及标准。

（二）依托实训基地打造"六位一体"育人平台，创设前店后场真岗环境，解决教学体系中烘焙全产业链体现不完整的问题

在大师引领下，基于"六位一体"育人平台理念，建成实训基地，满足"学、产、研、训、赛、创"功能，引进了包括烘焙原料、加工储藏、产品销售、文化推广等全产业链企业，学生参与产品分析、生产实践、成本核算、媒体直播等真岗内容；引入实体店，指导学生创办校内店，打造了前店后场真岗育人环境。学生与行业、企业和岗位无缝对接，依托基地孵化学生创业项目，教学场与实体店两个环境协同，落实真岗环境、真岗锻炼模式，检验所教所学，学生体验了从原料、产品、经营等全产业链内容，实现了把行业企业标准转化为教育教学目标和行动。

（三）聚合能力进阶模块化课程、"烤箱式"教学策略、"多元六维"培优评价体系，解决教学体系不完善的问题

能力进阶课程将行业、企业工作项目模块化，灵活搭配，难度递进，职业素养与专业技术并重。"烤箱式"教学策略根据学生层次重新组织教学内容，确定与其基础相适应又可以达到的教学目标，形成"温度+时间+项目"教学三调节，实现学生一人多策。通过大师、技师、教师、家长、学生多方参与质量诊断和评价，定期测评反馈，形成"多元六维"培

优评价体系。大师检验行业标准融合，技师评价专业技能质量，教师考核专业基本功，家长品鉴产品质量，学生自评学习成果，对学生品德发展、技能水平、体质健康、艺术特长、劳动技能和习惯养成、创新创业能力进行综合职业能力测评。

三、成果的创新点

（一）"三师共育"，发挥大师聚集效应，实现校企协同育人机制创新

世界面包大使团中国区主席曹继桐在学校设立大师工作室，引入国际行业协会和20余家烘焙产业链龙头企业资源，共同开展人才培养方案修订、实训基地规划建设、教师能力提升、科研等工作，大师提供国际标准，技师融入企业标准，教师转化教学标准，融合思政教育、工匠精神、创新创业教育等，创新并实施了"三师共育"校企协同育人机制，达到了市场需要、技术领先、育人提升、企业认可的效果。

（二）"六位一体"，打造全产业链育人平台，实现校企赋能增值、师生共同成长路径创新

在大师引领下，专业创设了"教学、生产、科研、比赛、培训、创业"一体化育人平台，大师、技师引入科研和企业项目，以国际标准、企业用人标准引领教学改革，将企业生产过程转化为教学过程，创造更多机会，使学生成长快、适应性和创新意识增强，为学生技能提升赋能，达到预期培养目标，也为企业人才储备、产品创新等方面实现增值。教师通过参与标准制订、大赛执裁，教育教学能力快速提升，参与新产品、新工艺研发，促使企业技术革新。

（三）"能力进阶"，构建模块化课程体系，实现了课程、教学、评价体系创新

专业紧贴国际标准和企业岗位，构建了能力进阶模块化课程体系，从产业链、专业岗位、技术领域等方面优化、细化、启动并实施模块化课程开发，难度逐层递进，选择灵活，能够满足学生学习需求。实施"烤箱式"教学策略，更加精准地满足学生成长需求，项目、内容和质量不断提升，有效保证课程目标的达成。融合"多元六维"培优评价，监控学生从新手、熟手、能手到高手的全过程，对学生进行多维度评价，对每个学生的劳动成果给予应有的肯定，打破了单一看技能的评价标准，实现了一人一册、一册多元，综合育人质量显著提升。

四、成果的推广应用效果

（一）育人成效显著

四年来，本成果培养烘焙毕业生700余人，对口就业率达100%，各项大赛屡获佳绩，获国际职业技能铜奖1个、市级金奖12个。毕业生于志玲等20余人自主创业烘焙餐厅。王巍烨获美国加州乳制品全国西点总决赛金厨奖，抖音粉丝30余万，担任全国第一届职业技能大赛技能主播。赵中泽等人获全国"互联网+"创新创业大赛铜奖。

（二）教师能力提升明显

专业教师 9 人，其中中国注册烹饪大师 1 名、全国职业院校优秀教师 2 人、餐饮业技能人才 2 人、全国职业院校优秀指导教师 4 人，双师比例达 100%。教师获全国素食大赛第一名、全国职业院校技能大赛教学能力比赛一等奖。

（三）专业成果校内模式推广见效

成果在校内汽修等专业推广，相关专业与宝马、美团等企业共建了人才培养基地，创立了校企农社联盟，年受益学生超 1 000 人。学校被评为全国餐饮职业教育示范校，曹继桐大师工作室获批北京市特色高水平技术技能大师工作室。

（四）同行院校推广与模式辐射

专业接待内蒙古、青海等地教育局、职业院校观摩，年接待量超 6 000 人次，成果获广泛认可。曹继桐先后在海口旅游职业学校、浙江商业技师学院等地成立师工作室，年直接受益学生超 700 人。

（五）专业在行业企业影响力显著提升

专业连续四年举办世界面包大使团中国区选拔赛、青年精英赛、中国素食厨艺烹饪大赛等国际国内赛事 10 余场。校企联合培养教师获全国烹饪技能竞赛金奖。专业基地成为北京市职业技能考核基地。曹继桐大师带领教师申报并获批专利 1 项。

（六）专业技术帮扶、服务区域能力提升

完成燕麦、野米、核桃等原料新配方、新工艺健康食品研发。对河北巨鹿、内蒙古太仆寺旗等 8 地开展技能帮扶，超 3 500 余人受益。通过支部共建等形式，对企业员工、职业农民、退伍军人等开展烘焙培训 100 余场，年培训量超 3 000 人·日。

（七）面向国外推广，提升国际知名度

专业面向马来西亚、新加坡、法国、意大利等国家开展技能交流；将中国优秀传统文化和技术工艺与西方技艺融合，开发国际课程 8 门、大师课 12 门，国际学员观看量达 54 000 人次，促进了中西方文化的融合。

（八）媒体报道与社会赞誉

中华美食频道入驻学校，师生策划的《烘焙来了》在优酷等平台推广。专业被央视《我的家乡我代言》、北京电视台《快乐生活一点通》等媒体报道，教师研发年夜饭系列菜品获《中国教育报》等媒体推荐。曹继桐大师入选《当代中国能工巧匠》一书。

"一真双链三阶段"会展专业人才培养模式的创新与实践

完成单位：北京市对外贸易学校；北京北辰会展研究院有限公司

完成人：徐明；梁剑锋；苏悦；唐洁；王海龙；赵振阳

一、成果简介

为解决会展专业人才培养难题，2013年起，学校依托行业办学资源优势，借助政行企校协同发展平台，引入中国国际服务贸易交易会（简称"服贸会"）等真实项目，与首都会展集团等头部企业共同研究设计"一真双链三阶段"会展专业人才培养模式。经过五年实践，该模式已取得良好成效，为培养会展行业高素质技能型人才作出了突出贡献。

会展专业"一真双链三阶段"人才培养模式是指依托企业真实项目，整合工作链与学习链，设置专业课程体系和教学内容，分三阶段开展理实一体化教学。第一阶段，引入服贸会真实项目，培育专业基础技能，强化标准意识和服务意识。第二阶段，对应项目流程，开展教学与实践，打磨专业核心技能，锤炼劳动精神和工匠精神。第三阶段，通过会展服务综合实训项目和创新创业综合实训项目，提升专业综合能力，培养开拓精神和创新精神。学生工学并进，实现专业人才培养目标。

本成果主要包括六大方面：一是建立了校企"六共"合作机制。校企深度合作，共建队伍、共研标准、共设课程、共创资源、共授课程、共评效果。二是搭建了项目式模块化课程体系，包含14门专业课程，分为专业基础课程、专业核心课程、综合实训课程三大模块。三是明确了"项目引领、工学并进"教学实施路径。依托真实项目引领，校企双方将工作项目和学习任务进行一体化设计，统筹安排，学习场景和工作场景互通，学习内容和工作内容互融，"工"与"学"无缝衔接、互动并进。四是构建了多元化发展性学业评价体系。设定工作表现、工作效果、技能评定、沟通交流四个评价维度，学生成长记录袋收集全程数据。双创综合实训项目进一步引入甲方评价，更为客观、准确、有效。五是建设了多场景多功能实训基地。有3个校内实训基地，8家顶级会展企业为校外实训基地，与首都会展集团共建首都会展服务管理学院，获批北京市特色高水平实训基地。六是强化了"人、财、物、制度"四维度保障体系。设置校企合作组织机构，吸纳校、企、行、政多方人员；校企共筹资金、共建基地等；共建安全管理系列制度、质量管理系列制度、长效激励系列制度等三类主要制度，保障校企合作长期良性运行，确保人才模式持续顺利进行。

该成果应用以来，学校会展专业人才培养质量、师资队伍建设、专业建设水平均显著提升，为提高商务服务类人才培养质量提供了解决方案。本成果已有3所院校借鉴应用，北京市商务局给予高度肯定，《中国贸易报》等媒体积极报道，在国内形成一定影响力。

二、成果主要解决的教学问题及解决教学问题的方法

（一）通过建立校企"六共"合作机制，解决人才输出与行业需求不匹配的问题

随着线上展会、虚拟展厅等新技术、新业态快速发展，行业急需与之高度匹配的技术技能人才。传统教学安排无论是内容、过程、资源还是考核，都无法跟上行业发展的需求。

学校在北京市商务局和行业协会的指导下，搭建校企合作平台，引入首都会展集团、中展集团等头部会展企业，建立校企"六共"合作机制，在培养目标、师资队伍、课程体系、教学内容、教学实施、管理与评价各方面共同发力，纵向推进产教深度融合，使教育教学紧跟行业企业发展。引入企业真实项目作为教学实施载体，确保教学全过程契合工作岗位需求，实现课程体系职业化、课程内容项目化、能力训练岗位化、素质培养行业化，提高人才培养效能，使学校人才输出与企业用人需求高度匹配。

（二）通过项目引领、工学并进，解决学生实训实践设计难、持续难的问题

传统"2.5+0.5"课程体系，学生仅在最后半年有零星企业的单一岗位实践，缺乏系统的实训实践设计和整体的教学安排，学生实训实践严重不足。

本成果对接企业工作岗位和工作内容，搭建项目式模块化课程体系，依托具有行业代表性的真实会展项目，设计实训实践任务，学生能够体会真实的工作岗位、工作环境和工作内容。"专业基础课程+企业实地认知""专业核心课程+企业轮岗实训""综合实践课程+工作室双创实践"的三阶段工学并进，让学生在校内即可完成一部分企业真实项目，实现理论实践一体化、学做一体化、校内校外一体化。依托工程师学院平台，"安全管理制度+质量管理制度+长效激励制度"保障校企合作高频互通、长效运行，保障学生持续、足量进行校内外实训实践。

（三）通过构建多元化发展性学生学业评价体系，解决学生被动学习的问题

中职学生由于年龄小、阅历浅，普遍缺乏专业认知和职业自信。同时，传统教学停留在教师主导的层面，学生较少参与职业能力的主动构建。

本成果树立"以学生为主体"的教学理念，校企双师通过选择适合的企业项目、研讨遵循认知规律的教学内容、组建工作室项目式开展教学、组织分阶段工学并进等，引导学生主动构建学习能力和职业能力。多元化发展性学生学业评价体系侧重过程性和增值化指标，多主体、多维度地进行学生学业评价，肯定学生成长，增强职业自信。学生从让我干到我想干、我能干、我爱干，学习主动性明显提升。

三、成果的创新点

（一）"一真双链三阶段"，构建了能力素养提升新阶梯

根据学生认知能力、专业能力和实践经验提升规律，校企共同制订三阶段培养目标，围

绕项目式模块化课程体系和多元化发展性评价体系，对接企业真实岗位，精选真实会展项目为载体，整合工作链和学习链，明确教学内容，设计教学活动，依托校内外实训基地创设真实场景，进行实训教学与实践指导，开展多元主体、多元内容和多元方式评价，强调多元能力和多元素质。学生接受双师指导，学做一体、工学并进完成项目全过程。教、学、做、训、评五位一体，打造"一真双链三阶段"人才培养模式，学生学习由易到难、实践由浅到深，构建了综合能力提升新阶梯。

（二）创造性落实工学交替，丰富了工学结合理论新内涵

会展专业具有实践性强、隐性知识多、项目运行时间长等特点，仅靠校内学习和企业短期实践交替进行，学生仍然难以深入了解项目和掌握隐性职业能力。依托同一真实项目，校内学习按照项目进程，对接企业真实需求组织实训教学，确保学生初步具备职业技能，养成职业思维；在此基础上，学生校外实践时能以员工角色快速融入项目，通过真岗实干掌握隐性职业能力。真实项目引领之下，学校人才培养与企业项目推进同向同行、紧密融合；学生校内学习与校外实践无缝衔接、互动并进，有效解决了学生学习、实践"两张皮"的问题，丰富了工学结合理论新内涵。

（三）"1+5"紧密结合，探索了创新创业实践新路径

校企共同搭建1个创新创业孵化基地，组织建设5个学生工作室。依托"1+5"的组织形式，结合会展综合实训系列课程，每个学生工作室接受校企双师全程指导和精准帮扶，充分利用创新创业孵化基地整合社会资源，挖掘市场需求，对接合作企业，独立进行选题、策划、筹备和实施，完成全生命周期的中小型会展项目，培养创新思维、创业意识、创新技能和商业经营意识。通过鼓励学生实施双创项目、参与社会服务，探索学生工作室双创实践的新路径。

四、成果的推广应用效果

（一）培养高素质技能人才，深受行业企业青睐

该成果应用五年，专业招生规模保持稳定，受益学生超400人。学生的文化素质、专业技能、双创能力和就业竞争力显著提高，得到了学校、企业、社会的一致好评，对北京会展产业的人才支撑作用更为凸显。毕业生供不应求，升学率达98%，就业对口率达95%，学生就业满意率达98%，企业用人满意率达95%。一大批优秀毕业生得到企业认可，白皓妍在励展集团实习期间，成为唯一一个荣获总裁奖的职业院校学生；于泽翼、彭思琦、范博良等同学成功创业。

（二）打造高水平双师队伍，教科研成绩显著

会展团队教科研能力明显增强，形成良性发展梯队。团队均为"双师型"教师，培养市级骨干教师2人、高级职称教师3人，获市级以上表彰或荣誉称号8人次，聘请企业高管、技术骨干等作为企业导师、企业实训指导师12人。获全国职业院校技能大赛教学能力

比赛一等奖，开创了国内各院校会展专业的先例。获省部级以上奖项 5 项；各类教科研立项课题 13 项，其中省部级以上课题 5 项；发表论文 15 篇。

（三）建设高质量会展专业，服务北京会展业

专业与产业对接更加紧密，结构得到优化，获评"中国商联会重点联系院校""全国金五星十佳会展院校"等荣誉称号。会展专业是学校国际商务服务专业群核心专业，与首都会展集团共建首都会展服务管理学院，与中展集团、励展集团等深入开展校企合作，建设校内外实训基地 11 个，其中包括特色高水平实训基地 3 个。参建教育部职业教育资源库 1 个，合建校级资源库 1 个。参加 5 个行业标准和 1 个企业标准的研制，开发 14 个课程标准，做到行标、企标和校标深度融合。

（四）树立高水准品牌形象，多家单位学习借鉴

教师参与顺义区、石景山区等多地会展业发展规划工作，为冬奥会、服贸会等大型会展项目提供咨询和培训服务，参与中国国际教育行业博览会策划组织，参与中国展览指数报告调研。学生参与项目招商招展、宣传推广、现场执行等工作，达 2 000 余人次；双创实践项目为 30 余家单位策划和组织会展活动。师生高水准完成社会服务，成为行业发展直接动力。媒体积极关注专业发展情况，北京电视台、《中国贸易报》、商务部官方公众号等媒体进行了报道，在国内形成一定影响力。北京市商务局对专业有效提高会展人才培养质量给予高度赞赏，认为该模式为商务服务类人才培养提供了解决方案。长沙商贸旅游职业技术学院、北京信息职业技术学院等 6 所中高职院校来学校考察，目前，已有 3 所院校借鉴应用，受益学生超 1 200 人。

"两对接、三自主、四混合"旅游服务类专业慕课建设及应用的研究与实践

完成单位：北京市外事学校；高等教育出版社有限公司

完成人：田雅莉；杨海虹；刘畅；王江华；郑春英；熊斌

一、成果简介

以信息技术推动职业教育教学改革创新，促进教学方式和学习方式的变革是我国职业教育适应经济社会发展和学习者需求的必然要求。北京市外事学校自2015年起与高等教育出版社在编纂出版多门旅游类专业课教材的基础上，率先开发首批职教慕课，形成了"两对接、三自主、四混合"旅游类专业慕课开发与应用的模式。相继完成《茶艺》《咖啡技艺》等10门慕课，六年间共有25万学习者通过互联网学习了学校的慕课，共享学校的名师和名课，发挥了优质教育资源的辐射作用，为全面提升旅游服务人才培养质量发挥了重要作用。

（一）两对接：对接数字化时代学习者学习需求，对接职业教育学历与培训人才培养需求

2012年被称为"慕课元年"，从这一年开始慕课这种以视频再造教育的课程形式飞速席卷全球。慕课具有开放性，学校在进行课程规划时充分考虑了职业教育学历与培训需求以及数字化时代普通学习者的学习需求，选取了酒店专业的8门特色课程和烹饪专业的2门核心课程，课程内容突出了职业性，注重职业岗位要求和行业发展趋势，教学内容由浅至深、循序渐进、理论与实践结合，知识呈现更为立体。

（二）三自主：自主设计开发，自主运行维护，自主循环迭代

自主设计开发：慕课开发采用项目组形式，项目组长全面负责规划和设计课程，主讲教师自行搭建教学内容、编写脚本，自己上镜授课，逐步形成了基于职业教育"需求导向、任务引领、问题重构"的职教特色慕课开发模式。

自主运行维护：后期维护由团队自主完成，每次开课前做相关准备工作，开课过程中每周发布课程内容及公告，主讲教师及时参与论坛答疑，随时与学习者进行互动。

自主循环迭代：慕课按学期循环开课，每学期授课完成后，团队根据课程发展趋势和学习者反馈的意见，及时更新和修改课程内容，使教学内容保持业内先进水平。

（三）四混合：面向不同学习者构建基于慕课的"助学、伴学、导学、促学"混合式教学模式

慕课以建构主义理论为依据，采用基于翻转课堂教学模式和慕课的混合式教学模式。围绕学校"一主线、三融合、多通道"人才培养模式，结合学习者的需求，2017 年在以在校生学习为研究对象的研究成果"三段七步"教学模式的基础上，探索形成了在线课程面向学历教育在校生的线上线下"助学"模式，面向企业员工的线上线下"伴学"模式，面向教师培训的线下线上"导学"模式，面向中小学、社区居民的碎片化线上"促学"模式，形成满足多元化学习者学习需求的在线开放课程教学模式。

二、成果主要解决的教学问题及解决教学问题的方法

问题一："互联网+教育"背景下，优质教学资源如何呈现才能更好地满足学习需求？

问题二：如何培养中等职业学校学生的信息化素养，提升学生的自主学习能力？

问题三：学校旅游类专业优势明显，随着办学功能的调整在办好学历教育的同时，如何发挥优质教育资源优势，扩大学校优质课程的应用与推广？

1. 对传统教材进行深度开发，建设优质慕课

传统教材以纸张为载体，以文字和图片为主要媒体手段，书籍从编撰到进入出版社印刷直至最终通过各种流通环节到达使用者手中需要一个漫长的周期，影响了新知识和新技术的快速传播。现代人的生活节奏越来越快，纸质教材的体积较大并且有一定的重量，携带不便，而且纸质教材为单向传播，衡量标准单一，缺乏互动性，已经不能满足人们随时随地进行学习的需求。

慕课以视频的形式展示教学内容，资源丰富多彩，慕课平台具有人机交互和社交媒体等互动功能，能够对学习效果给予实时评价，让学习者更具参与感，提升了学习的乐趣。慕课平台提供了基于移动互联的手机 App，学习者可以随时随地利用碎片化的时间学习。

2. 解决学生信息技术素养养成，调动学习兴趣的问题

慕课的开放性造成了慕课学习者众多、水平参差不齐，为了能让慕课适合课堂教学，校内采用 SPOC（小规模限制性在线课程）模式，在线开放课程以学习者为中心设计，突出教学性，将最新、最前沿的知识引入课堂教学。借助平台提供的学习记录和数据统计功能，授课教师能随时掌握学生的学习进度，精准地对学生进行学情分析，SPOC 同时具有交互功能，能提供在线讨论和答疑，学生的问题能够及时得到教师和同学的帮助。在校生学历教育利用开放课程信息化资源的"三段七步"教学模式，创设了自主学习的条件，提高学生利用信息技术工具探索求知的能力及专业学习的主动性。

3. 发挥首都核心区职业学校优势，共享优质教育资源，促进教育均衡化发展

北京市外事学校一直致力于职业教育教学改革，教学理念先进，学校教师主编的 7 本教材入选"十三五"教育部规划教材。借助"爱课程"中国大学慕课平台，来自全国各地的学习者可以学习学校的慕课，时间和空间的限制被打破，实现了知识共享，有效推进了优质教育资源的普及。党的十八大报告指出"完善终身教育体系，建设学习型社会"，社会上众多行业从业者希望通过培训提升职业技能。学校的慕课突出职业技能，教学内容丰富，课程形式灵活，为有学习意愿的学习者提供了重要途径。

三、成果的创新点

（一）教学理念创新

在慕课的开发和应用过程中贯穿"启发引导、循序渐进、促进发展"的原则，关注学习的可测性和量化，弥补以往慕课学习的弊端，形成融"立德树人、知识传授、技能培养、全面发展"于一体的教学理念。

（二）课程开发模式创新

2015 年学校与高等教育出版社联合开发慕课，开创了中职校联合出版社合作开发技能型慕课的先河。课程开发基于"以学习者为中心"的学习理论，形成了基于职业教育"需求导向、任务引领、问题重构"的职教特色慕课开发模式。

团队在开发前通过多方面、多层次的学习者需求分析、教学改革分析、终身学习需求分析、课程分析、教学分析，通过"主线贯通、环节重组、三级递进"进行问题重构，梳理出教学关键 5 点——育人点、知识点、技能点、评价点、讨论点，以思政育人为主线，对教学关键 5 点进行重组，从观看视频、学习知识技能，到评价反馈，再到课后的交互讨论、实践作业，学生学习从初步认知的浅层学习、深度学习最后达到知识和技能的内化。

（三）课程内容创新

10 门课程涵盖了酒店服务专业的特色课程和烹饪专业的核心课程，课程内容与社会需求和岗位需求紧密结合。

慕课按学期循环开课，每学期授课完成后，团队根据课程发展趋势和学习者反馈的意见，及时更新和修改课程内容，使教学内容保持业内先进水平。

（四）教学模式创新

团队将在线教学和传统教学的优势互补，形成了满足多元化学习者的线上线下混合式精准化教学模式。基于原有成果——高中职旅游服务类专业在校生自主学习的"三段七步"教学模式，探索出服务于在校生学历教育的"助学"模式，服务于企业员工学历培训的"伴学"模式，服务于相关专业教师教学能力、教学水平提升培训的"导学"模式，服务于酒店行业在岗人员提高和更新技能、企事业单位人员相关培训、社区居民培训、中小学生劳动体验课的"促学"模式。该教学模式打破了时间和空间的局限，也为全国职业院校的办学功能的探索和创新提供新的思路。

四、成果的推广应用效果

（一）育人成果突显

本成果在在校生、企业员工学历提升，以及中小学生职业体验、社会培训、教师培训中得到了广泛应用，育人效果显著。

近五年有 70 余名学生在北京市及全国中职酒店专业技能大赛获奖，30 余名学生在酒店行业大赛上获奖。学生参加全国两会服务、为冬奥组委设计餐台等一系列服务活动，为首都乃至全国旅游服务业的持续发展提供了人才储备和技术支持。大专班的 18 名学员中，目前已有 3 人获得了岗位晋升；近五年在中小学职业体验培训课中年培训中小学生 3 000 人次；2021 年学校被评为"北京市市民终身学习示范基地"，其中"美好生活馆""中小学生走进外事大课堂"和"中华传统非遗课程进社区项目"被评为西城区优秀活动项目。

（二）教学水平提升

专业教师团队全方位、全过程参与资源建设，真正让学习者受益，成为教师团队研究的方向。职教名师郑春英老师的团队，运用"三段七步"教学模式开设的《西湖龙井茶的沏泡与服务》课程获得全国职业院校信息化教学大赛中职组课堂教学一等奖；《咖啡制作多媒体仿真》软件获得全国职业院校信息化教学大赛软件类一等奖；《西餐用餐礼仪》《血腥玛丽》获得 NERC 杯全国社区教育优秀微课程一等奖。

教学成果《以需求为导向的酒店服务与管理专业信息化课程资源开发的研究与实践》2017 年获得北京市职业教育教学成果一等奖。与网络课程配套的教材《西餐与服务》被教育部评为创新示范优秀教材，2020 年入选"'十三五'职业教育国家规划教材书目"；《西餐之旅》《茶艺》入选"'十三五'职业教育国家规划数字课程类教材"。由学校主编的教材入选数量全国排名第三。

（三）社会影响广泛

经过六年的实践，来自全国各地的约 25 万用户通过慕课学习学校的优质课程，其中不仅有职业院校的学生，还包括了众多职业院校的教师。最早开设的《茶艺》课程累计开课 13 学期，39 897 名学员参与课程学习。慕课在新冠疫情"停课不停学"期间发挥重要作用，《跟我学礼仪》课程 2020 年第一学期的选课人数达到了 57 316 人。

（四）示范作用突出

学校在线课程开发与应用的经验和成果曾在市级、国家级同专业中推广使用，实现共享，带动旅游相关专业教学模式和教学方法改革，整体提升专业人才培养质量和社会服务能力。项目负责人田雅莉校长曾经在高等教育出版社举办的推广会上做课程开发与实践的经验介绍及成果推广。

电子商务专业"专创融合、三层递进"式实践教学体系的创建与实践

完成单位：北京电子科技职业学院

完成人：李志刚；耿慧慧；王萍；刘士忠；王海青

一、成果简介

创新人才培养是实现创新型国家发展战略目标的迫切需要。为深化高等职业教育教学改革，更好地服务区域经济转型升级和电商产业对创新型技能人才的需求，学校电商专业提出"以专业技能为基础，以增强创新能力为核心，培养个性化、视野宽的应用型人才"职业教育理念，探索专创融合教育模式，将创新创业能力培养与专业能力提升交融并进，促进学生全面发展。

学校电商专业京内外生源入学分数梯度大，学生个性差异大，专业创新创业能力普遍偏低。教学过程中发现，学生基于岗位的创新能力与行业创新需求有差距，以往的专业教学关注职业技能培养，忽视创新创业能力的培育，存在"双创教育与专业教育相互割裂""教学平台及内容对双创教育支撑不足""教师对学生自主创新创业能动性激发不足及创业扶持不足"的问题。

学校从2008年至2014年，基于建构主义教育理论，以"产教融合"为机制保障、以"教学改革"为实施保障，以"六融合工作法"为实施途径，创新设计并实施"专创融合、三层递进"式实践教学体系，培养具备创新创业能力的高素质电商人才。第一层，训练基本技能，以模拟性项目为载体，通过"多维度创新实验"方式，激发学生创新意识，激活学生创业意愿；第二层，培养专业综合技能，以企业项目单元和技能大赛转化而来的教学项目为载体，通过"体验式创新实践"的方式，将课程学习与个人发展愿景和职业抱负相联结，培养创新思维和专业创新能力；第三层，提高生产性技能，以企业真实项目为载体，通过"沉浸式创新创业实践"的方式，培育学生的创新创业实践能力，孵化具备可行性的创业项目，彰显学生创业个性。

经过六年实践检验，专创融合的实践教学体系育人效果显著，学生的专业实践与创新创业能力明显提高。2015年以来，电商专业双创教育覆盖率达100%，学生在校期间100%参与电商平台创业，调研显示，已有20余人创业成功，其中一名学生的创业公司已完成首轮融资3 000万元；用人单位对学校电商专业学生的专业实践能力及创新精神满意率达90%以上；学生参与专业技能及双创大赛屡创佳绩，获国家级奖项4项、市级奖项41项；参与企业真实电商运营项目，累计完成销售额近5 000万元；在学术期刊公开发表专业论文3篇；师生获批实用新型专利3项。电商专业2018年、2019年入选教育部高等职业教育创新发展

行动计划（2015—2018 年）骨干专业和北京市"特色高水平"骨干专业（群）。

二、成果主要解决的教学问题及解决教学问题的方法

（一）**创立"专创融合、三层递进"式实践教学体系，以专业核心素养驱动创新创业能动性养成，解决双创教育与专业教育相互割裂问题**

完善课程体系，将自主开发的国家精品课"创业起步"纳入通识课程，普及创新创业知识，启发学生创新思维，激活创业意愿。开设"创业管理"等选修课，拓宽学生视角，为创新创业奠定理论基础。

将创新创业素质培养作为育人目标的重要组成部分，融入专业课程标准。搭建实践教学体系过程中分阶段融入"创新意识与创业意愿激发、创新思维与创业技能培养、创新实践与创业孵化"三个层次双创教育内容，避免专业教育与双创教育割裂。

在人才培养方案中设置"创新创业实践学分"，引导学生主动将专业学习与创新创业相结合，学生可自由选择参与创新创业大赛、企业项目实践、创业孵化等专业创新活动，获取至少 3 个学分，鼓励学生个性化和差异化成长。

（二）**搭建专创融合实践教学平台，解决传统实践教学条件对双创教育支撑不足问题**

校企联合共建专创融合型实训基地，打造集专业技能训练、综合技能提升、创新创业孵化功能于一体的专创融合型实践教学平台，共同研发基于企业业务的实习实训系统、"智能可视化"评价等教学系统，利用大数据、人工智能等多种信息化手段丰富平台功能，在此基础上开发教学载体及教学资源，为专创融合实践教学的整体实施提供必备条件。

（三）**围绕实践教学体系实施，开发教学载体，解决教学内容对双创教育支撑不足问题**

面向"基本技能"训练，围绕岗位核心技能，创设业务情境，开发模拟性项目载体，在教学设计中设置创新激发点，引导学生在若干业务关键节点局部创新，使学生产生成就感，激发创新创业意愿。

面向"综合技能"培养，将企业业务单元复盘，开发"转化类教学载体"，引导学生发现业务单元不足，设计解决方案，培养学生发现、分析、解决问题的综合能力，提高创新思维水平和创新创业能力。

面向"生产技能"提升，引入企业真实项目作为教学载体，引导学生进行岗位综合创新，对具备可行性的项目开展创业孵化。

教学载体的开发，对专创融合实践教学体系"三层递进"形成针对性的有力支撑。

（四）**组建校企双元教师团队，解决教师对学生自主创新创业能动性激发不足及创业扶持不足的问题**

打造融合型师资团队，以"兼职教师工作坊"形式将业务革新能手和创业成功人士纳

入教师队伍同台授课，联合孵化可行的创业项目，更有针对性地激发学生创新创业动能，形成从专业创新创业教育到创业扶持的闭合链条。

三、成果的创新点

（一）"以专业素养为基础，以增强创新能力为核心，培养个性化、视野宽的应用型人才"为开展专创融合教学改革提供全新的教育理念

学校电商专业在凝练职业教育新理念的基础上，探索专创融合、递进培养的教育路径和方法，充分激发学生创新精神，挖掘创业潜能，以专业素养为创新创业赋能，在专创融合人才培养过程中，通过产教融合、教学改革，培养具备双创能力的电子商务应用型人才。

（二）"专创融合、三层递进"为实践教学体系搭建提供可借鉴的先进模式

将创新创业教育细化为"创新意识与创业意愿激发、创新思维与创业技能培养、创新实践与创业孵化"三个层次，从创新环境建立、创新资源开发、创新团队组建、教学内容选取、创新技能训练与实践等方面系统组织创新创业教育，搭建校企双元导师团队，开发三类教学载体，将双创教育融入专业实践技能培养的三个层次（基本技能、综合技能、生产技能），实现二者的有机融合。结合教学改革，铺设双创型电商人才培养新路径，激发学生创新创业热情，鼓励学生个性化和差异化成长。

（三）"六融合"工作法为专创融合实践教学体系的实施提供了有效路径

"六融合"工作法保障了专创融合实践教学体系开发过程的系统性和规范性。教学目标融合，夯实创新创业教育与专业教育相互促进的基础，将"专创融合、三层递进"的原则贯穿始终，确保教学目标的一致性、系统性。课程体系融合，使得创新知识的传授、创新方法的训练能够伴随专业实践的深入开展齐头并进，从内容上保证了二者的一致性。教学团队融合，充分发挥校企双师优势，为学生提供更加全面、专业的教育。实践平台融合，打破专业实训基地与创业孵化中心之间的界限，平台的互融共通可以为创新创业教育提供更好的环境。教育方式融合，使得教师可以充分利用项目化、大数据、智能化等手段开展教学，满足学生多元化学习需求。考核评价融合，建立专业知识技能与创新创业能力相结合的多维动态评价体系，开展多元评价。

四、成果的推广应用效果

（一）学生专业实践与双创能力明显提高

2015年以来，学校电商专业双创教育覆盖率达100%，带动毕业生年均就业率保持在99%以上，年均收入达8.8万元。学生获全国大学生电子商务竞赛国赛二等奖1项，市赛一等奖5项，二、三等奖10项；获国家级创新创业大赛一等奖1项、三等奖4项，市级创新创业大赛一等奖8项，二、三等奖23项。20余名学生参与专业课题研究，发表论文3篇，

师生获批实用新型专利 3 项；10 余名毕业生被法国、加拿大本科院校录取。学生在校期间 100%参与电商平台创业，通过参与开创天猫"大有得"、京东 CHACHALADY 等品牌，参加历年"双 11"企业实战项目，实现销售额近 5 000 万元；20 余人成功创业，带动就业 180 余人；用人单位对学生专业实践能力及创新精神满意率达 90%以上。

（二）教学团队深化专创融合教育研究，教学能力明显增强

2015 年以来，教师在积极参与创业实践的同时，不断加强对专创融合的研究，主持个性化人才培养方面的北京市教育规划课题 2 项，发表论文 20 余篇，其中 5 篇被 SCI、SSCI、EI 等检索。专业自主开发的《创业起步》课程被评为国家精品资源共享课；出版专著及教材 10 余部，《电子商务网页设计与制作（微课版）》获评国家职业教育"十三五"规划教材。教师参加教学能力比赛获国赛二等奖 1 项，市赛一等奖 2 项，二、三等奖 6 项；获第四届中英"一带一路"国际青年创新创业技能大赛线上国赛二等奖 1 项、市赛二等奖 1 项；2017 年王萍获评北京市高等学校教学名师；2020 年耿慧慧获评北京市青年骨干教师。

（三）社会影响不断扩大，专业影响力持续提升

2015 年以来，专业教师指导南宁市第六中等职业学校等 4 所学校系统设计并建立实践教学体系，顺利通过中职示范校建设验收。2019 年以来，电子商务教学团队响应"脱贫攻坚"号召，对玉树杂多县等地开展教育扶贫，帮助群众借助电商平台实现脱贫，事迹被北京市教委官网、玉树州人民政府网等多家媒体报道。2020 年，李志刚被全国职业院校精准扶贫协作联盟评为脱贫攻坚"先进个人"。

"专创融合、三层递进"式实践教学体系的实施，有效提升了专业办学水平。2018 年和 2019 年，学校电子商务专业分别入选教育部高等职业教育创新发展行动计划（2015—2018 年）骨干专业和北京市"特色高水平"骨干专业（群）。

数字经济时代会计专业"三个一体化"育人模式创新与实践

完成单位：北京市商业学校；新道科技股份有限公司；中联企业管理集团有限公司

完成人：刘国成；陈蔚；井建华；包琳；丛秀云；程帅；李昕

一、成果简介

成果以数字化会计人才成为中国产业界迫切刚需为契机，以加速产教深度融合、人才培养模式更新迭代、有效服务产业升级为目标，2016年起在多年教改基础上，践行立德树人根本任务，逐步实践完善校企一体化、"中高本"一体化、德技一体化的"三个一体化"育人模式，经过四年多实践检验，专业教学质量、育人效果显著提升。

（一）校企一体化育人，构建"四融合、四对接、五维度、五共同"产教深度融合育人模式

数字化时代需要校企一体化培育数字化会计人才，对接新业态、新技术、新岗位。

（1）建立校企合作理事会，与30多家企业达成高度共识打造产教共同体。建立8个中心；制订理事会章程等13份文件；企业委派长期驻校导师，实行周沟通、月复盘、年总结工作机制。

（2）建立数据、资源、需求、智力"四融合"平台，实现校企"四对接"，即目标与需求、课程与业务、考评标准与企业标准、教师教学水平与企业智能化技术对接。

（3）建立教学、师资、招就、学生、专业"五维度"管理服务保障体系，实现共商、共研、共建、共管、共享"五共同"培养。建设订单班8个、国家标准3个，年开展师资培训600人·日。

（二）"中高本"一体化，创新"双主体、双平台、四进阶、五融合"人才培养模式

数字化时代需要"中高本"一体化培育掌握新技术的高质量跨界复合型人才。

（1）对接数字化会计人才需求，构建"中高本"一体化课程体系及实训体系；研制七年、五年贯通等人才培养方案，开发《财经大数据分析》等25门课标、数字化资源。

（2）搭建产教融合、技术技能创新"双平台"，设计"中高本"从学生到员工发展"四进阶"成长阶梯，形成数据、人员、教学、业务完整闭环管理；围绕新产业、新技术、新岗位，开展技能比赛，联合开发3项1+X证书，建立学分银行试点课证融通，实现岗课赛证产"五融合"，打通贯通通道。

（三）德技一体化，构建"党建+"领航课程思政建设模式

数字化时代需要德技一体化培育坚定理想信念、良好职业道德的德能兼备职业人。

（1）育人先育魂，党建引领思政铸魂，建立"系党支部—专业教研室—教师"三个层面联动机制，形成"5839"建设模式，即"党建+"信念、读书、实践、服务、管理的5领航，8素养，3路径，9行动。

（2）把德智体美劳总体要求具体到课程，育智与育人融通，将思政之"盐"溶入育人之"汤"，创新教学模式，建立涵盖知识匹配度、技能熟练度和思政内涵丰富度的"3333"多方位评价指标模型。

二、成果主要解决的教学问题及解决教学问题的方法

（一）建立产教融合新机制，解决校企合作"两张皮"问题

（1）教育人才培养和产业需求存在着"两张皮"，解决问题关键在于学校和企业怎么"融"。搭建产教融合、技术技能创新"双平台"，变学校办学为校企合作育人，把教育、人才、创新、产业几个链条连接起来。

（2）针对学校的供给与企业的需求匹配问题，建立祥龙订单班、新道专班、财务公司"联合订单班"及中国银行专项班等，企业得到了"定制"人才，破解产教融合"合而不深"、校企合作"校热企冷"瓶颈。

（二）创新"中高本"协同发展人才培养模式，解决"贯而不通"问题

（1）针对"中高本"在培养目标、管理模式、教育理念存在差异问题，组建会计专业联盟组织，共商共建、求同存异，达成搭建"中高本"一体化培养通道的一致性。

（2）针对"中高本"在课程体系这个关键通道衔接脱节问题，共同制订人才培养方案，统筹优化公共基础课、专业技能课、职业拓展课，结合会计岗位能力分级（初级、中级、高级）模型、1+X证书（初级、中级、高级），设计"岗课赛证产"融通的课程体系，形成符合人才成长规律"中高本"一体化贯通的培养通道。

（三）构建职业能力"四进阶"实训体系，解决"工、学"二元分离问题

（1）针对学校培养目标与企业用人要求不对接问题，依托"双平台"，从学生到员工的身份转变入手，搭建"四进阶"的实训体系，建设"教、学、做"一体的"企业课堂"，实现教学过程与生产过程对接。

（2）针对如何对接新职业、新岗位问题，校企积极研发数字教学模拟平台，以多种方式模拟智能化商业场景，分析相应的会计与财务问题，模拟信息运用与决策过程，培养学生专业判断信息分析能力，实现与新技术、新岗位对接。

（四）探索"党建+"领航课程思政建设模式，解决"数字会计人才"问题

（1）课程思政是实现"三全育人"的切入点，是落实立德树人根本任务的重要抓手。

党建引领、思政铸魂，党支部书记牵头组建以党员教师为核心，北京联合大学、新道科技股份有限公司、中联企业管理集团有限公司、北京祥龙资产有限责任公司等校企共同参加的课程思政建设小组，开展常态化的集体教研，形成了"党建+"5领航3路径8素养9行动的课程思政建设模式。

（2）数字化时代虚拟化、无边界化特点，对伦理道德提出新要求，创新"党建+"信念、读书、实践、服务、管理5领航，将爱国情怀、制度自信、责任担当、工匠精神、廉洁自律等课程思政元素融入人才培养全过程，保证了数字人才培养的方向和质量。

三、成果的创新点

（一）创新数字经济产教深度融合育人模式，形成校企"一体化"育人北京范式

（1）创新育人模式："四融合"是载体，"四对接"是方向，"五维度"管理是保障，"五共同"是具体落地措施，促进"教育链、人才链与产业链、创新链"有机衔接。

（2）创新工作机制：采用理事会制，通过制度、机制明确各方的责权利，形成周沟通、月复盘、年总结的常态化工作机制。

（3）创新合作形式：企业长期驻训学校，掌握学生特点及学校育人特色，教师走入企业教师工作站，产教融合将新技术、新方法融入人才培养全过程。

（二）创新数字化人才培养模式，形成中高本"一体化"育人北京样本

（1）对接数字经济开设新专业方向：由中高本校、企业共同组建贯通项目工作组，开设了云会计、智能财税、大数据等专业方向，在人才培养模式上达成共识。

（2）对接新技术：研制五年、七年贯通核心课程教学标准、考核评价方案、实践教学标准等，规范贯通人才培养。

（3）对接新岗位：将课程、技能大赛、技能证书相融合，重构"岗课赛证产"融合的一体化课程体系；建立"四进阶"的实习实训体系，实现知识、技能、素养逐级递增，支撑数字经济发展人才需求。

（4）对接新需求：教师间互聘互培，开展教学设计、考核评价、课程思政研究、第二课堂等研究，校际教师互聘授课，并通过国培、企业教师工作站等平台共同提升。

（三）创新数字化时代"党建+"领航课程思政建设模式，形成德技"一体化"培养全国标杆

（1）构建"系党支部—专业教研室—教师"三个层面的联动机制，并充分运用优质校企合作资源，形成专业群思政建设骨架。

（2）抓住课程思政研究、构建、实施三个关键，实施战略、系统、文化"三项工程"，实现提升人才培养质量、打造优秀教师团队、文化育人"三融合"，会计团队被评为教育部优秀课程思政建设团队。

（3）校企合作对课程思政资源进行科技、文化赋能同时，将企业标准、岗位规范等有

机融入课程教学中。

四、成果的推广应用效果

成果依托全国示范校会计专业联盟（90多所学校）、京津冀财经产教联盟（34所学校、企业）、会计专业委员会等平台，在北京市乃至全国中职学校推广应用，得到认同。

（一）校企共建会计数字人才培养基地，学生综合职业能力显著提高

德技并修、知行合一，使学生具有政治认同、职业精神、法治意识、健全人格等核心政治素养，又具备较高的技术技能水平。五年来毕业生就业率保持在99%以上，升学率（3+2/3+4）保持100%；就业稳定率由72%提升到91%，在岗进修率达到98%；2020届毕业生平均起薪水平为6 527元，实现优质就业，用友订单班陈子麒入职用友网络科技股份有限公司。2011年起承接北京市会计技能大赛，对接数字经济设计赛项，发挥会计数字人才培养基地功能。疫情期间同学们冲在抗疫前线，龙思雨同学被评为社区防疫优秀志愿者。

（二）校企共培教师，提升教师整体素质

依托教师企业工作站等平台，双师率达到100%；2012年以来会计团队连续被评为北京市职业院校创新团队，北京市骨干教师占到40%；主持市级以上课题12项，发表论文42篇，撰写27部国家级、部级规划教材，丛秀云带领会计团队编写的《出纳岗位实务》在首届全国教材建设奖评奖中获得全国中职唯一的一等奖；在全国及北京市职业院校技能大赛教学能力比赛中多次获得一等奖；作为会计教师国培基地、双师教师培养培训基地，完成年培训教师600人·日，带动北京市会计专业教师共同发展。

（三）校企共研，引领北京市乃至全国中职会计教育教学改革创新发展

牵头3个国家标准制订，即全国中职会计专业实训基地条件标准、教学标准制订，以及专业目录修订，以全国标准的形式引领会计专业改革创新发展，成果效应已经凸显。牵头全国会计专业数字化资源共建共享项目研究，开发精品课程资源13门，近百所中职示范校共享；共同开发1+X证书3项，实现2项证书学分互认，实现"岗课赛证"融通。

（四）校企育训并举，服务社会、政府、企业能力显著提升

开发12项社会培训资源包，开展产学合作、社会培训、咨询服务项目。与北京市财政局建立长期合作关系，面向北京控股集团有限公司等国有企业开展定制服务2.3万人·日；组织教师、学生走进社区，开展理财咨询、验钞知识服务，年服务居民300人次；为北京市8家中小企业提供纳税服务、业务咨询等；拓展实训基地社会开放、教师培训、校企资源共享三大功能，提升专业的知名度、影响力，专业实训基地已成为多家企业员工培训基地。

基于国高基地建设的"校企融合、竞训并举"高技能人才培养创新实践

完成单位：北京市新媒体技师学院

完成人：薛峰；王志彬；那淼；黄劲松；郝金亭

一、成果简介

为贯彻落实《国家中长期人才发展规划（2010—2020年）》和《高技能人才中长期发展规划（2010—2020年）》，加强高技能人才培养工作，人社部2012年启动国高基地建设工作。本成果基于此建设项目，通过两年圆满完成建设任务，2015年开始进行实践检验。

本成果的主要内容：一是构建了以技师工作室为平台、以校企合作为基础、以项目为驱动的高技能人才团队培养模式，即以适应技术（T）为引领、以任务驱动项目为载体（P）、以工作室（S）为平台、以混合式团队岗位（T）为单元的T-PST人才培养模式。通过聘请企业导师将生产中技术技能、岗位要求带到教学中，弥补专职教师生产经验相对不足，实现教学任务到生产任务的转化、专业能力（专业知识、技能）到生产能力的转化，使专业教学与生产岗位有机结合、教学与岗位更加贴近。二是对接世界技能大赛技术标准，转化技能人才培养的路径和内容。学校把世界技能大赛作为高技能人才培养的助推器，接轨世界技能大赛，努力实现以赛促学、以赛促训、以赛促评、以赛促建，积极探索引进世界技能大赛先进理念、技术标准、办赛模式、安全规则等，推动世界技能大赛标准应用和成果转化，主动将世界技能大赛技术标准和规则进行职业能力分析，按照《一体化课程开发技术规程》，召开实践专家访谈会，聘请具有世界技能大赛经验的专家作为实践专家，重点围绕技术标准展开分析，对应职业发展阶段提炼出典型工作任务，完成对应的一体化课程转化，从而有效促进教师队伍专业能力和学生技术水平的提升。三是打造"五位一体"培训体系。通过科学的培训计划、优秀的培训师资、充足的培训资源、灵活的培训方式、有效的评价反馈，确保培训体系有效运行，提升社会服务能力。

经过六年的实践，本成果全面推动了教师教育教学能力的提升，促进了学生综合职业能力的发展。目前学校建有国家级技师工作室1个、北京市首席技师工作室3个、大兴区首席技师工作室5个；学校是第45、46届世界技能大赛3D数字游戏艺术和美发项目中国集训基地，基地选手在第45届世界技能大赛中取得1金1银的优异成绩；学校培养的选手在中华人民共和国第一届职业技能大赛中取得了1银牌3优胜的好成绩；学校面向社会开展职业培训特别是高技能人才培养，六年共计培养500 000余人次，连续三年被大兴区人社局评为培训先进机构；国高基地建设的计算机动画和多媒体制作两个专业通过整合，2019年获批北京市"特高"专业群。

二、成果主要解决的教学问题及解决教学问题的方法

（一）以校企合作为基础，以实际生产项目为驱动，实现生产任务与教学模块的转化，解决教学内容不适应职业岗位能力需求的问题

按照岗位能力课程体系的设计要求，把项目作为教学的核心载体，通过将生产实际项目和企业运营管理模式直接引入教学实践中，按项目分解工作任务，把工作任务作为教学的最小单元，按照企业要求设计综合训练模块，真正做到项目驱动、工学一体、校企对接、产需对接。教学任务按照生产项目工作过程和岗位构成进行课程模块搭建，实现教学目标与项目任务目标相衔接，教学评价标准按照生产项目要求制订，达成生产与教学一体转化，确保教学内容与职业岗位能力相适应。

（二）以工作室为平台，通过校企融合互通，解决教师岗位实践能力弱的问题

围绕技师工作室建设，大力开展教师团队培养，团队成员由学校专职教师与企业技术人员共同组成。将企业技术骨干和行业专家请进专业技师工作室，将生产一线的新技术、新知识、新工艺、新材料和新方法直接引入教学课程中，校企导师共同承担技术成果转换、生产任务分解和课程模块开发等工作。教师按生产岗位确定专业方向并承担项目任务，通过每一个实际生产任务的实践，加速推动学校教师授课内容与生产实践的无缝对接，真实做到了"在做中学，在做中教"，在项目实施中丰富教师的实际生产经验，在培养高技能人才的实践中实现了理论与实践融合互通，提升教师的岗位实践能力。

（三）以质量体系为抓手，通过构建完善的评价方法，解决培训教学质量与参培学员预期目标不一致的问题

评价反馈是提高培训质量的关键，抓好培训课堂教学的过程管理与评价，是提高培训教学质量的关键环节。在"五位一体"培训体系中特别强调了要建立有效的评价反馈，借鉴国高基地的评价体系和 ISO 质量体系，学校基于培训过程打造"三步六表法"评价方法。第一步做好培训前针对企业、学员培训需求调研表，具体了解培训的需求，有针对性地制订培训计划；第二步培训过程中通过考勤登记表、教师满意度调查表，及时了解培训过程中的信息；第三步培训结束后填好培训学员成绩考核登记表、培训项目分析表，开展数据分析，形成培训总结；培训结束后采用跟踪调查表，了解培训项目带来的社会效益及企业经济效益，为下一步开展培训工作提供依据。通过以上方法，有效解决了培训教学质量与参培学员预期目标不一致的问题。

三、成果的创新点

（一）人才培养模式创新：以技师工作室为平台，探索高技能人才"团队式"培养模式

学校在国高基地建设期间，广泛开展学习调研，借鉴先进国家高级人才培养最新成果，

提出了在高技能人才培养中实施"团队式"培养模式,并在教学中进行了实践。教师和企业人员按照岗位专业能力要求形成团队,学生也按照企业实际岗位组合组建学习团队,不同项目学生的岗位角色不同,通过团队式培养,实现一专多能。通过逐步探索与完善,形成了"T-PST"复合式团队培养模式,其特点:一是按照企业实际岗位,与企业技术人员共同组建教师团队,成立工作室;二是引入合作企业实际生产岗位流程,构建实训环境;三是按照岗位组合形成学习团队;四是建立"一专多能"的学业评价标准。培养模式特色鲜明、运行高效,实现了学生综合职业能力的提升。

(二)社会培训体系创新:构建"五位一体"高技能人才培训体系

根据高技能人才培训的实际需求,结合原有培训工作的实践经验,通过提炼建立了"五位一体"高技能人才培训体系,其主要内容为科学的培训计划、优秀的培训师资、充足的培训资源、灵活的培训方式、有效的评价反馈。以充分的需求调研为基础,科学制订培训计划;针对培训目标选配优秀培训师资;"工作室+实训基地"模式配置充足的培训资源;灵活构建线上+线下混合学习模式,解决工学矛盾;实施"三步六表法"评价,加强培训监控,提高培训质量。

(三)教师培养模式创新:以工作任务为驱动,促进教师转化提升

在国高基地建设期间,为提升教师的实践能力,探索通过校企融合组建教师团队,将生产项目引入教学,教师按生产岗位确定专业方向并承担工作任务,以任务为驱动将项目转化为课程,通过真实工作任务,促进教师将理论融入实践,提升实践能力,深化专业理论。同时以国高基地建设任务为驱动,引导教师通过承担课程开发与设计、教育教学实施、实训基地建设、社会培训、技能竞赛辅导等任务,提升教师个人综合能力。

四、成果的推广应用效果

(一)提升了学生的专业技能水平,用人单位认可度高

本成果在学校的应用与实践,推动了整体育人质量的广泛提升。在第44届世界技能大赛全国选拔赛上,学校选手分别获得了第6、7、8和14名的成绩;在第45届世界技能大赛全国选拔赛上,学校选手分别获得了第3、4、7和10名的成绩,全部进入相应项目中国集训队;在中华人民共和国第一届职业技能大赛暨第46届世界技能大赛全国选拔赛上,学校4名选手分别获得了1银3优胜,并全部进入相应项目中国集训队;同时还获得其他国家级赛项三等奖3项,市级赛项个人一等奖18项、个人二等奖17项。由于学生专业技术、技能水平高,每年的毕业生供不应求,部分学生通过自身努力和精湛的技艺,成为企业最年轻的技术骨干。

(二)以工作室为平台、工作任务为驱动,教师能力提升明显

把技师工作室作为高技能人才培养的教学平台,校企融合共同培养专业带头人、骨干教师、一体化教师和青年教师。通过六年的实践,学校具有国家大师工作室1个、北京市级大

师工作室 3 个、大兴区技师工作室 5 个、局级创新工作室 3 个；教师职称学历晋升 45 人；职业资格提升 90 人次，高级实习指导（含技师及以上）教师占比达到 73%；北京市级专业带头人 2 名，市级一体化课程负责人 3 名，市优秀青年骨干教师 16 名；市级以上各类教科研成果奖 170 多项；应用技术创新专利 2 项；市级以上课题项目 17 个。

（三）紧扣区域和产业发展需求，专业集群化发展成果显著

以国高基地建设专业为带动和引领，不断深化内涵建设，持续强化专业集群发展的理念，坚持专业群对接产业群、产业链的思路，努力凸显学校的专业特色。国高基地建设的计算机动画设计与制作、多媒体制作和数字影视技术专业，对接首都文化创意产业发展整合，形成新媒体技术专业群，通过评审获批北京市特色高水平骨干专业群。

（四）立足服务政府重点工程，充分发挥高技能人才培训基地的示范作用

为满足社会发展需求，服务区域经济发展，促进就业，六年来学校共组织各级各类培训、鉴定 50 000 余人次；为进一步做好技能扶贫工作，发挥技能人才培训基地的作用，学校先后为新疆送教上门，为当地 264 名少数民族妇女及致富带头人开展服装缝纫、电商创业培训；为内蒙古对口帮扶地区 30 多名职业技能培训机构教师开展综合素质提升培训；为雄安 30 多名退役军人开展技能培训，助力雄安新区建设；为机场企业开展技能培训服务，为大兴国际机场的保航提供人才支持。

中等职业学校"双融三创四优"专创融合人才培养模式创新与实践

完成单位：北京市经济管理学校

完成人：李添龙；武宏；王国艳；陈叶；盈芳

一、成果简介

针对中职学校专业教育与创新创业教育存在双轨分离问题，教学模式偏理论轻实践问题，缺少适合中职学生的专创融合课程、学业评价方式单一问题，2013年学校依托北京市职业院校专业创新团队建设项目，率先在信息技术系与食品系分阶段分层次，通过创客教育、创意设计、创新实践、赛创融合等项目，开展专创融合理论研究与实践。以德育为先涵养学生创新品质，开拓创新思维，培育创新能力，锻造创业精神。2015年落实国务院有关创新创业教育实施改革的文件精神，全面开展专创融合教育，以"学生发展为中心"，创造性地将专业教育与创新创业教育有效融合，形成中等职业学校"双融三创四优"专创融合人才培养模式范例。有以下标志性成果：

（一）构建了中等职业学校的"双融三创四优"专创融合人才培养模式

双融：创新创业与专业课程相融合。
三创：创意、创新、创业三创教育有机融入专业教育全过程。
四优：优化评价方式，优化创新成果，优化教学过程，优化课程体系。

（二）开发出适合中等职业学生学习特点的专业与创业相融合的示范课程

以立德树人为根本任务，将职业精神、创新理念、创新能力等与专业教育有效融合，开发出适合中职学生的专创融合课程，如"校园文创产品""创意智能积木""新伴工焙""智能机器人""创意海报"等。

（三）探究出行之有效的专业与创新创业教育相结合的项目制教学模式

以学生综合职业能力发展为核心，以真实项目为教学内容，创新教学模式，引导学生自主参与创新创业实践，有效激发学生的创新创业兴趣，催生教学成果形成。

（四）形成"三元四维双果"的增效评价模式

客观制订学业评价模式，以学生、教师、企业专家为评价主体，从情感与素养、知识与能力、思维与方法、过程与态度四个维度评价，实现教育教学成果、创新创业成果双丰收。

本成果有效推动学校高质量内涵发展，近三年专业教师 34 人获得市级教学能力比赛一等奖；在北京市职业院校素质提高工程专业创新团队建设项目中，3 个实施专创融合培养模式的专业获批北京市"专业创新团队"；创新创业大赛获奖学生 83 人，学校获得创新创业技能大赛优秀组织奖；在北京市职业院校"特高"建设项目评选中，四个"特高"专业群获得建设项目。学生创新创业实践活动被多家媒体宣传报道，成为中职类学校专业教育与创新创业教育相融合的人才培养模式范例。

二、成果主要解决的教学问题及解决教学问题的方法

（一）主要解决的教学问题

一是专业教育与创新创业教育相互脱节的问题；二是专业与创新创业融合教育课程建设滞后问题；三是专业与创新创业融合教育教学模式偏重理论问题；四是专业教育与创新创业融合教育的学业评价单一问题。

（二）解决教学问题的方法

1. 构建了"双融三创四优"专创融合人才培养模式，解决了专业教育与创新创业教育相互脱节的问题

将创新创业教育融入人才培养全过程。以提升学生的社会责任感、创新精神、创业意识和创业能力为核心，以健全创新创业人才培养机制为重点，以政策保障为支撑，以培养学生的创新精神、创业意识和创新创业能力为主要任务，形成适合中等职业学校专业教育与创新创业教育相融合的人才培养模式。

2. 开发"双融"课程，解决了专业教育与创新创业融合教育课程建设滞后问题

将创新创业类课程的设置与专业课程体系有机融合、创新创业实践活动与专业实践教学有效衔接，构建"思政课+文化基础课+创新创业通识课+职业素养+专创融合综合实践课"课程体系，开发出适合中职学生特点的"校园文创产品""创意智能积木""新伴工焙""智能机器人""创意海报"等专创融合课程，有效解决了专业与创新创业相融合课程资源匮乏滞后问题。

3. 以项目制为教学管理模式，解决了专创融合教育重理论轻实践的问题

依托"美术创客工作室""智能创客工作室""食品烘焙学院"开展"做学创"一体化项目教学活动，促进专业教学项目和创业创新项目相融合。以"研—思—创—制—产"为项目开展五步骤，深入将创新创业教育核心能力通过项目教学法融入专业课程，引导学生用创新思维和创业精神去解决实际专业问题，充分调动学生的积极性与主动性。

4. 以技能展示活动和竞赛作为评价手段，解决学业评价方式单一问题

以服务学生持续发展为目标，在校内通过每年的职教宣传月技能展示活动，推进创新创业面向全体学生，提高学生的自信心及成就感。

校外以创新创业竞赛为载体，以赛促教、以赛促学、以赛促创，促进课赛融合、赛创融合的专创融合培养模式，凝练出适合中职学生的评价标准，客观制订学业评价模式，以学生、教师、企业专家三个评价主体，从情感与素养、知识与能力、思维与方法、过程与态度

四个评价维度,实现教育教学成果、创新创业成果双丰收,形成"三元四维双果"增效评价模式。

三、成果的创新点

(一)创新了中等职业学校专业教育与创新创业教育相融合的"双融三创四优"人才培养模式

以服务学生终身发展为核心,面向全体分类施教,结合专业强化实践,促进学生全面发展,把解决中职阶段学校创新创业教育存在的突出问题作为深化创新创业教育改革的着力点,有效贯彻落实国家职业教育战略规划,实现创新创业教育面向全体学生、融入人才培养全过程、高度契合创新创业教育适应经济社会和国家发展战略需要的教学理念与模式,形成中等职业学校创新型人才培养模式范例。

(二)以"创新行动力"为指导,开发系列中职创新创业课程和教材

以"创新行动力"为课程设计理念,以学生为主体,涵养学生双创品格,将创新创业的思想融入专业教育,开辟了一个新的视角,即从双创的角度进行课程改革与实施,把学生的创新精神、创业意识嵌入课程中,贯穿到课堂中,融合到评价标准中,形成适合中职生学习特点的示范课程。

(三)创新专创融合"项目教学"模式,实现教学项目与创新项目的衔接

以项目教学组织教学活动,适用于职业教育以学生为主体的教学理念,给专业课程如何与创新创业的思想相融合提供了实现路径和方法,具有可复制、可推广价值,更多体现以学生为主体,实现教学项目与创新项目的衔接,充分提高学生的项目执行力,实现培养"会设计、有创新、可创业、可发展"的创新型人才。

(四)创设专创融合"三元四维双果"增效评价模式

以"学生发展为中心"教育理念为指导,创设了以德育为先的"三元四维双果"增效育人评价模式,从知识、技能、情感、态度、价值观等方面进行可视化、显性化处理,有效完善评价方式,对"学习成果的认定、积累和转换及职业教育评价体系的建设"进行了有益的探索,积累了有效的实践经验,把职业道德、职业素养、技术技能水平、就业质量和创业能力作为衡量人才培养质量的重要内容。

四、成果的推广应用效果

(一)为中等职业学校专创融合教育创新了先进人才培养模式

本成果对于促进中等职业教育科学发展,提高人才培养质量,特别是为"3+2"中高职贯通培养输送人才,具有重大的现实意义和长远的战略意义,有效落实了创新创业教育面向

全体学生、融入人才培养全过程的教育方针。在本成果的推动下，学校全面实施"双融三创四优"专创融合人才培养模式，为中高职一体化创新人才培养奠定优良基础，为学校"特高"专业群建设提供坚实的理论基础，全面提升了学校内涵建设与人才培养质量。

（二）校内外产生示范引领作用，提升服务社会能力

本成果模式培养的学生在北京市职业院校创新创业技术技能作品遴选活动、北京市国际青年创新创业技能大赛、中国"互联网+"大学生创新创业技能大赛（中职组职赛道教）中，有 11 人获得一等奖，17 人获得二等奖，55 人获得三等奖。参与制作国家妇女儿童博物馆儿童绘本创意设计的学生有 56 人，参与北京电视台小红军演员招募产品设计等文创设计的学生有 57 人，113 件作品入选。在八路军太行纪念馆庆祝建党百年广告作品征集活动中，4 幅优秀作品入选。在每年的职教职业宣传月活动中，美术创客工作室陆续展出学生文创作品 82 件，其中有推广价值形成产品的优秀作品有 42 件。8 名教师在北京市专创融合课程开发交流会上，得到与会专家高度赞扬，扩大了学校的影响力和知名度。

（三）学生创新创业能力提升，创意设计作品得到市场好评

学校每年举办一季的学生创新创业实践活动及技能展示活动，形成学习和创新创业、学生和企业、专业和产业结合发展，共同传承的发展平台。创新创业活动极大增强了学生的自信心，人民网、教育头条、《北京日报》、《现代教育报》、今日头条等报道推广。

（四）推动双创实践基地建设，提升服务首都教学研创一体化能力

产学研创相结合的创新创业教育实践基地，为实现专业人才的培养提供实践平台，探索出切实可行的实施路径，校企资源整合共享，提高学校和企业的紧密性和合作性。美术创客工作室、职业体验创客基地、宾德食品烘焙学院、中英创新创业教育示范基地等为师生创新创业实践实习提供有效保障，并成为北京市及海淀区开展职业体验、技术咨询、社会服务开放实践双育人实践基地。2018 年至今，共计开展海淀区中小学创新职业体验、北京市及外省市参观体验 500 余人次。

聚合力、搭平台、建路径，中职学校扶贫扶技促发展模式的实践与研究

完成单位：北京市丰台区职业教育中心学校

完成人：赵爱芹；孙晓娟；芦倩英；李佳；王爱玉

一、成果简介

党的十八大以来，以习近平同志为核心的党中央坚持以人民为中心的发展思想，把脱贫攻坚摆在治国理政的重要位置。脱贫攻坚战是党的十九大确定的三大攻坚战之一，是一项重大的政治任务。扶贫先扶智，这是习近平总书记对坚决打好、打赢脱贫攻坚战的重要论断。职业教育扶贫在脱贫攻坚战中发挥独特而重要的作用。

北京市丰台区职业教育中心学校始终坚持"扶贫扶智扶技，治贫治愚治本"的指导思想，坚持以提升个体就业创业能力、提升个体生存及发展素养、提升当地脱贫致富的孵化环境与条件建设为原则，发挥北京市特色高水平职业院校优势，2015年构建"聚合力·搭平台·建路径"职教扶贫模式，历经四年的实践，稳步开展"技能+素养+文化""就业+创业+创新"的特色扶贫项目，从"输血"到"造血"，精准助力帮扶地区打赢脱贫攻坚战，有效促进了当地职业教育和区域经济发展。

（一）"聚合力"，联动帮扶

建立教育部、市区政府及教委、合作企业、行业协会等对接受援地及职业院校的"政校企行"四位一体帮扶机制，形成帮扶合力，促进帮扶校瞄准区域产业发展与人力资源实际需求，实现高适应、高质量发展。以"菜单式"定制服务构建了集整合、集散、孵化、带动、延伸、拓展的全流程扶贫服务链条。

（二）"搭平台"，精准实施

学校依托集团化办学（丰台区职业与成人教育集团、京津冀"互联网+"教育集团、"厚德精工"校企合作联盟、"雄安丰容"电子商务联盟等），整合职教示范性资源、行指委专家资源以及头部企业资源，以整体方案输出方式，精准发力，构建脱贫致富的产教融合共同体，促进帮扶地区职业学校对接经济结构，优化专业布局，形成区域产业与专业改革的良性互动。

（三）"建路径"，精准施策

通过专业孵化，输出管理标准，提升帮扶校的办学水平和人才培育能力；通过师资培

养、输出教师培训标准，提高帮扶校教师专业实践能力；通过技术技能培训，输出课程标准，助力学生就业创业；通过技术创新研发，实施技术普及工程，拉动当地产业，带动脱贫致富，有效促进当地职业教育和区域经济发展。

截至 2020 年，学校共承担教育部定点帮扶、市区教育扶贫与支援任务 66 项，涉及连片贫困区国家级贫困县阜平、涞源、沽源、林西、扎赉特等县域共 23 个。帮扶受援地建设职业学校 10 所；完成教师教学能力专题培训 627 人、学生专业技能提升培训 1 647 人、建档立卡人员就业创业培训 689 人；开展新农村建设致富技能培训，共涉及 5 个村庄，受益农户 120 户。

二、成果主要解决的教学问题及解决教学问题的方法

（一）政校企行四方联动，解决了帮扶聚力不足的问题

职业教育高质量发展需要产教融合、校企合作，但帮扶地区还存在校企双方在人才共育、资源共享等方面未达成深度共识的问题。为此，学校依托"厚德精工"校企联盟，对标京津冀产业战略发展，瞄准津冀未来重点发展的信息技术、商贸物流、托幼养老、文化创意等八大重点产业，打破原有"校到校，点对点"模式，联合行业企业优质资源，创新"政府指导、学校主导、企业共建、行业推动"的四位一体帮扶机制，形成纵向贯通、横向联动的帮扶新机制，推动帮扶校发展与区域产业同步。

牵手行业龙头企业成立北京现代、全聚德、万豪集团、星巴克等订单班，以现代学徒制和"教学工厂"实训基地建设，输出产教融合模式，带动校企良性互动，提升帮扶校高素质技术技能人才输出力度和服务能力。

（二）多维度标准输出，解决了帮扶模式不新的问题

受援校专业内涵薄弱，发展动力不足，只有在治理结构与运行机制、人才培养、师资队伍建设、社会服务等方面精准施策，才能推动高质量办学、内涵化建设。学校着力推进"管理、教师、课程"标准输出，构建了集整合、集散、孵化、带动、延伸、拓展的全流程扶贫服务链条。

一是管理机制的输出。全方位诊断帮扶校管理理念、运行机制、治理能力等，对标提升管理水平和发展动力。二是师资建设标准的输出。学校针对帮扶地区开发"三新"骨干教师培训项目，建立五级"双师型"教师培养机制，提升当地教师教育教学创新能力。三是专业课程标准的输出。先后输出中西餐、汽修、幼儿保育、影像与影视技术等百余门专业课程标准，落实"以学生为中心、以能力为本位、以工作过程为基准，素养与技能高度融合"的课程改革理念。

（三）技术普及增收致富，解决了帮扶成效不强的问题

以"瞄准产业、聚焦需求、做强专业、做精特色、做优服务、带动产业"为主线，立足帮扶地区重点产业、人才急需专业，围绕新能源汽车、电商、烹饪、影视等技术，实施技术普及工程，将帮扶任务变为致富项目。以"技能+素养+文化""就业+创业+创新"等特

色扶贫项目，将技术技能培训转变为搭建职业人才自主成长发展的平台，变个人脱贫为技能扶持，实现帮扶个人、家庭、学校、县域、村域，构建了产业带动、企业联动、特色经济协同，共同助力学校建设和学生成长的全领域、全过程扶贫机制与体系。

三、成果的创新点

本成果汇聚帮扶合力，搭建致富平台，创新成才路径，使高素质技术技能人才培养真正成为推动脱贫攻坚和乡村振兴的核心关键。

（一）四位一体帮扶机制，提升区域职教办学质量水平

"政校企行"四位一体的帮扶机制，促进学校瞄准区域产业发展与人力资源实际需求，精准发力，以"菜单式"定制服务构建了集整合、集散、孵化、带动、延伸、拓展的全流程扶贫服务链条，从"输血"到"造血"，实现职教帮扶的"五转变"，即：从认识到共识，变物质脱贫为精神脱贫；从任务到项目，变接受援助为共同发展；从技能到能力，变减贫脱贫为自主发展；从就业到创业，变生存生活为创新致富；从个体到群体，变个人脱贫为孵化扶持。

（二）多维度标准输出，推动帮扶学校治理结构改革创新

"管理、教师、课程"的标准输出，全方位加强帮扶校内涵建设。一是输出管理标准，推动帮扶校更加清晰办学思路和定位，明确人才培养质量与区域经济等生产要素的互动关系，聚焦与企业开展人才共育共享、双边多边技术协作等。二是输出教师能力标准，通过"影子校长""跟岗研修"等项目，促进"双师型"教师队伍建设，瞄准学生素养与技能高度融合的人才培养理念，加强对类型教育的理论研究和实践创新。三是携手课程标准建设，推动教学模式与方法、教材建设的创新，共办技能大赛，以赛促学、促教、促改、促创，完善新的育人机制。

（三）技术普及发展引领，拉动区域高质量就业创业

精准对接定点贫困县和对口协作地区的需求，创新到校、到人、到村、到户、到项目的"五到"精准扶贫机制。依托电商技术，建立"丰阜"电商扶贫品牌，为河北阜平县职教中心量身定制"网店专项技能精准学习项目"，为区域产业"插上一双在互联网遨游的云翅膀"，促成当地特优农副产品走进北京；研发"一花两宴"，打造"生态旅游+科技（冰雪）体验+特色饮食"的品牌项目，助力沽源县文旅产业发展，服务冬奥，促进就业脱贫和当地产业发展，提升区域群众就业创业质量。

四、成果的推广应用效果

学校立足自身优势，根据受援地的产业状况、职教现状，聚焦专业建设、技能提升、精

准就业，开展"菜单式"定制服务。

（一）精准发力，技能提升助脱贫

学校对接需求，精准施策，为河北阜平县职教中心量身定制"网店专项技能精准学习项目"，扶持学生创业，20个困难家庭因学生的成长实现了脱贫，建立并启动经营电商网站，使得当地农产品走入丰台、走入北京，成为京城百姓餐桌上的美味。为河北涞源县职教中心479名建档立卡学生开展电子商务、汽车维修技能、职业生涯规划等专业技能和综合素养提升培训。为河北威县职教中心培养36名烹饪专业学生，部分学生入选全聚德冠名班，优秀学生毕业后可在全聚德集团就业，使学生不仅"有业可就"，而且"有业挑就"，提高了学生的就业质量。

（二）"三新"培训，引领骨干速成长

开展对口帮扶地区骨干教师"三新"系列培训，完成对河北涞源县和内蒙古乌兰察布市108名骨干教师培训任务。通过教学理念与教学方法学习、"1校区1品牌"专业建设考察、教学观摩、团队建设、混合式教学理念与设计学习，骨干教师们开阔了教育视野，拓展了教学思路，掌握了教学新理念、新方法、新手段，综合素养和业务水平有了很大提升。"三新"骨干教师培训品牌，在全国产生积极影响。

（三）联动发展，提升学校孵化能力

职业教育的高质量发展，是受援地精准扶贫、精准脱贫的内在动力。学校大力支持受援地职业学校的示范性建设，从整体规划、专业建设、干部教师队伍、人才培养改革、信息化支持等多个方面促进提升学校的人才孵化能力。与沽源县职教中心全面对标，合作带动其迅速发展，专业新增6个，在校生从74人增至726人，占地88亩的新校址即将投入使用。帮助内蒙古扎赉特旗职教中心开展自治区中职示范校建设，对其核心成员进行针对性的指导，有效地推进了建设进程。

（四）技术研发，拉动产业带动致富

学校精准对接定点贫困县沽源县，组建特色菜品研发团队，开发"一花两宴"扶贫项目。充分利用沽源县的土豆、莜面、金莲花等特色食材，研发成功"沽源一绝九大碗"，协助沽源县打造"一村一宴席，一餐一特色"的村域餐饮文化，对接冬奥，形成"生态旅游+科技（冰雪）体验+特色饮食"的品牌项目，促进就业脱贫、民俗旅游和当地产业发展、经济发展。

基于"塑造一双会思考的手"育人理念，构建课堂教学体系的研究与实践

完成单位：北京市丰台区职业教育中心学校

完成人：薛凤彩；赵爱芹；赵彦军；高明；王鸿波

一、成果简介

培养什么人、怎样培养人、为谁培养人是人才培养根本问题，构建怎样的课堂教学体系成为育人重要环节。学校2013年开始探索"塑造一双会思考的手"课堂教学体系构建，历经七年面向18个专业，携手名企"引企驻校"，深化"三教"改革，落实"五育并举"，建立了特色鲜明的课堂教学体系。

（一）定位人才培养，落实"塑造一双会思考的手"育人理念

2009年学校将育人理念提升为"塑造一双会思考的手"，汲取黄炎培"双手万能、手脑并用"和陶行知"教学做合一"等先贤智慧，遵循职业教育人才成长规律，将职业技能与职业精神高度融合，贯穿于学生成长过程、文化积淀过程、工匠培育过程，在学校跨越发展中展现了理念的先进性和育人价值。

（二）聚焦高效课堂，构建"一二三四五"课堂教学体系

在此理念引领下，不断深化产教融合，突出双主体育人，强化在岗学习、在岗成才，围绕高效课堂各要素，总结规律，实践检验，系统构建了"一二三四五"课堂教学体系。

"一"是"手脑并用"理念。教学活动设计突出理实一体、强化学生动手能力、创新能力培养，实践教学课时占比达65%以上。

"二"是"双线融合"目标。教学设计突出生产与教学融、文化与技艺融、素养与技能融，突出思政课程与课程思政、传统文化与现代信息技术同向同行，实现德技双修目标。

"三"是"三次方"模式。教学设计关注课前、课中、课后学习全过程"三段"，学标准、学方法、学创意学习内容"三学"，训眼光、训技能、训思维技能强化"三训"，进行整体教学架构，行业标准进课堂优化教学内容。

"四"是"四轮驱动"策略。"思政轮"护航，实现知行合一、立德树人，构建课程润心体系；"标准轮"引领，实现教学内容与工作标准对接，构建模块化课程体系；"任务轮"驱动，项目引领，实现学习与工作过程一体，搭建在岗成才平台；"生态轮"保障，实现素养与技能高度融合，构建学岗一体学习环境。

"五"是"五味调和"标准，课程思政有"蕴味"、教学内容有"真味"、教学模式有

"风味"、资源活动有"趣味"、多元评价有"滋味",实现企业项目进课程、生产方式进课堂、绩效考核进评价,落实优质课堂标准。

成果完善了引企驻校"四位一体"产教融合机制、联合教研"四元融通"课程更新机制、项目引领"工学一体"模式创新机制、多元互通"成长牌"教学评价机制,开发课程98门、企业案例324个,获国家专利6项,学生获市级以上技能大赛奖项108个,企业用人满意度达98%。

二、成果主要解决的教学问题及解决教学问题的方法

课堂教学是人才培养的主战场,所有的育人理念、育人目标、培养方案都需要通过课堂教学实现,本成果破解了以下问题:

(一)围绕培养什么人,变革培养方案,解决目标不明内容陈旧问题

在教学中还存在教学目标不明,内容没有围绕人才培养定位调整及时更新问题。针对此问题,学校引企驻校,成立"厚德精工"校企合作理事会,实施跨行业、跨专业的共建共享机制,建设人才培育、资源共享、技术创新、社会服务"四位一体"的产教共同体,实施校企文化共融、专业共建、课程共研、教材共编、师资共用、人才共育、成果共享的"七共"合作模式,解决动力不足问题,为培养方案变革提供保障。校企联合教研室,完善一年小更新、三年大调整教学内容更新机制,对接企业岗位标准,及时引入新方法、新技术、新产品,融入大赛标准、职业技能等级标准,重构教学计划、重组教学模块,开发活页式教材,实现岗、赛、证与课程四元融通,破解教学内容陈旧、更新缓慢问题。"课程研发中心"构建育训一体的课程体系,服务专业建设和企业员工培训;"创新创业孵化中心"承接企业项目,研发推广系列产品,形成技术专利,同时把生产项目转化为教学项目。

(二)围绕怎么培养人,变革教学模式,解决学岗脱节方法单一问题

在教学中还存在学岗脱节、教学手段和方法单一问题。针对此问题,以生产项目为载体驱动教学,把岗位工作流程转化为学习过程,把岗位标准转化为教学内容,构建三段三学三训"三次方"教学模式;开展融主题讲座、大师面对面、走进技师工坊生产车间等于一体的专业模块化课程学习,解决教学方式单一问题;引入现代企业管理理念,强化在岗成才,采用任务驱动、案例分析、工作站、自由市场等多种教学方法,以订单为载体,以产品为成果,解决教学枯燥无趣问题。

(三)围绕为谁培养人,变革质量评价,解决评价标准与培养目标偏离问题

在教学中还存在教学评价与培养目标偏离问题。针对此问题,从内容、模式、资源、活动、评价、课程思政等维度,明确了优质课堂的标准。企业标准和规范融入教学,建立"成长牌"教学评价体系,将企业岗位上的工作模块要求转化为教学中的"技能牌"和"素养牌",将隐性核心素养教学成果显性化。运用大数据技术手段,针对不同教学环节设计素养、技能指标,记录学生学习行为和成果,通过自评、互评、教师评、企业专家评进行过程性、综合性评价,形成学生成长评价报告,据此调整学案,实现个性化指导,真正实现以评

促教、以评促学。

三、成果的创新点

（一）创新"塑造一双会思考的手"理念，探究高素质人才培育规律

"双手万能、手脑并用"是黄炎培先生职业教育思想的精髓，也是职业教育发展的科学方法论。学校追随职教先行者足迹，提出"塑造一双会思考的手"的育人理念，培育爱岗敬业职业精神、学以致用实践精神、精益求精极致精神、勇于超越创新精神，校企共育高素质技术技能人才，开创了丰台区职业教育由衰至盛的"丰职奇迹"，成为首都先进职教理念的代表。

（二）创新"手脑并用"课堂教学体系，形成高效课堂改革方案

围绕课堂教学体系建设明确了教学理念、教学目标、教学模式、教学策略、优质课堂标准等各要素，形成了把企业新技术、新方法引入教学内容，把企业工作流程转化为教学流程的范式，探索了一套激发学生内生动力、实现个性化指导的教学方法和评价方法，具有实践推广价值。

（三）创新"红五星"课程思政模式，提供课程思政范式

教学实施中全面落实课程思政，把握爱党、爱国、爱人民、爱集体、爱社会主义"五爱"教育主线，建设立体化课程思政资源，依据学生特点，搭建动之于情、晓之于理、化之于思、践之于行、成之于心"五于"思政素养提升阶梯，将社会主义核心价值观培育融入"纳、缕、创、习、承"五大教学环节；"五爱、五于、五环"逐层渗透，构建"红五星"课程思政模式，破解课程与思政"两张皮"问题，为专业课程思政提供了范式。

（四）创新可视化测评系统，破解技能训练难题，填补空白

为精准化提升学生技能训练成效，校企合作研发专业技术测评系统，破解技术评价难题，填补空白。如影视专业结合剪辑岗位要求，研发了"金剪刀"数据可视化评测系统，在剪辑工作过程中可实时发现每一帧的技术问题，提高剪辑工作效率。非遗专业分析、研究、测量大师典型京绣作品，得出量化标准，研发"京绣测评系统"，学生随时可以独立完成纹样设计测评，破解非遗技艺口口相传、标准不易判断的难题。技术反哺行企，具有独创性。

四、成果的推广应用效果

（一）育人质量教师水平显著提升

四年来学生在职业院校技能大赛、技术技能创新作品评选中获国家级奖项80个、市级奖项108个，201人获国家、市政府奖学金，市级三好学生、优秀干部112名。学生参与张

艺谋、成龙等知名导演执导的 27 部院线级电影的制作输出，完成 92 期 "习思想" 系列内容创作生产。注册商标 "丰华蕙制"，学生参与研发产品 300 多种，成为 "丰台礼物"，获行业金银奖 2 项；打造 "感动丰职人物" "丰向标" 志愿服务市级德育品牌 2 个，培育学生榜样 120 人，志愿服务时长 7 000 多小时，服务 10 万人次。

专业团队牵头制订全国专业教学标准，开发资源共建共享项目 5 个，1 门课程入选国家课程思政示范课程；8 名教师入选教育部课程思政教学名师和教学团队，12 名教师在全国职业院校技能大赛教学能力比赛中获得一等奖；获国家技术专利 6 项；主持市级以上课题研究 33 项，教学比赛获奖 148 项，公开发表及获奖论文 305 篇；拥有市区级骨干教师 60 名，"双师型" 教师比例达 93.7%。

（二）成果转化辐射带动影响重大

课程作品《中轴线京绣小使者》在全国职业院校技能大赛教学能力比赛中荣获一等奖，王扬南所长述评引用该作品，称其是课程思政优秀范例。该成果在全国推广。

项目团队转化成果打造新理念、新方法、新手段 "三新" 教师培训定制化服务品牌，近四年助力河南、河北、新疆等 12 个省份 456 名骨干教师成长，在全国产生积极影响。

援建河北职业学校 10 所，多种教学模式在同类专业中推广；首批扶贫订单班 20 名学生全部进入北汽新能源汽车有限公司就业。

推动了国际人才培养，形成 "丝路学堂" 课程品牌，构建 "技能+语言+文化" 特色课程体系，研发优质课程 27 门，2 门已输出至泰国，供 200 所职业院校近 40 万在校生学习；形成 "丝路工匠" 大赛品牌，研制国际大赛标准 2 项。"丝路学堂" 已经成为 "两区" 建设重点项目。

（三）服务经济助力转型贡献突出

打造 "七大" 服务品牌。2020 年度 "商联会学院" 完成企业员工培训 9 682 人·日，"丽泽大讲堂" 开展社区培训 10 020 人·日，"丰职学堂" 面向 101 所中小学开展劳动教育 3 782 人·日；研发企业认领菜品 11 道，"花雕纸皮核桃" 当季产生效益 15 余万元；研发 "沽源一绝九大碗"，打造 "一村一宴席，一餐一特色" 的村域餐饮文化，脱贫致富农户 120 户。

通过成果转化形成了多地、多专业、多形式的协同成长模式，形成纵向贯通、横向融通的职教供给生态。

"德、技、艺、创"四融合新媒体应用技术专业人才培养模式创新实践

完成单位：北京市新媒体技师学院

完成人：郝金亭；那淼；王君坦；彭丽丽；赵磊

一、成果简介

北京"四个中心"的战略定位，对职业院校文化创意类人才培养提出了新要求。学校作为一所以新媒体命名、服务首都文化创意产业高技能人才培养的特色院校，从2002年起，历经国家职业标准开发（《动画绘制员》）引领人才培养阶段、基于专业群初步构建工学结合人才培养模式阶段、"T-PST"复合式团队人才培养模式（T——以适应性技术为引领、P——以项目为载体、S——以工作室为平台、T——以团队岗位组合为单元）阶段，基于2013—2015年国家级中等职业教学示范校建设、2014—2016年国家级高技能人才基地建设成果，对标北京"四个中心"的战略定位，对文化创意产业类高技能人才培养提出新要求，以新媒体应用技术专业为研究实践对象，于2016年年底形成了本成果，即"德、技、艺、创"四融合新媒体应用技术专业"1234"人才培养模式，着力培养"德、技、艺、创"融合发展的新媒体领域高技能人才。

"1"是培养方式上的"一平台"为载体。以国家、市、区、学校四级技术技能大师工作室及创新设立的班主任工作室、创新创业工作室，建成梯度合理、层次分明的三类四级工作室平台，作为人才培养的绝佳载体。

"2"是培养理念上的"双主体"为基础。学校和企业作为双重主体、贯穿人才培养的全过程。

"3"是培养内容上的"三层级"为依托。课程内容上将专业群课程体系建设设置为"共享课程、一体化专业课程和综合实践项目融通课程"三层级。

"4"是培养目标上的"四融合"为目标。即人才培养目标上的"德、技、艺、创"融合。把立德树人、技术技能、艺术素养和创新创业能力的有机融通贯穿于人才培养的全过程。德育为首，树人为先；技艺传承，匠心铸梦；创新创业，与时俱进。

"德、技、艺、创"四融合新媒体应用技术专业"1234"人才培养模式，既遵循职业教育高技能人才培养的普遍规律，又符合文化创意产业类高技能人才培养的特殊需要。本成果2016年实践以来，人才培养质量显著提升。学生参加技能竞赛获得国家级奖项10个，其中平面设计赛项选手在中华人民共和国第一届职业技能大赛中斩获银牌，连续三届10人次参加世界技能大赛中国选拔赛，入选国家集训队；3D数字游戏项目世界技能大赛中国基地培养出了第45届世界技能大赛银牌选手；连续两年师生团队的创新创业项目获得中国"互联网+"大

学生创新创业大赛北京市一等奖、三等奖。教师教科研成果50余项。

二、成果主要解决的教学问题及解决教学问题的方法

（一）通过精准定位"德、技、艺、创"四融合的培养目标并贯穿人才培养全过程，解决技工院校新媒体类专业学生培养定位不准确、不能满足文化创意产业特殊需求的问题

文化创意产业高技能人才培养既应遵循职业人才培养的普遍规律，又应遵循文化创意产业的特殊规律。通过精准分析文化创意产业特点和行业要求，新媒体应用技术专业精准确定了"德、技、艺、创"四融合的高技能人才培养目标，德育为首、技艺并重、双创驱动、融通培养，严格契合产业需求和行业发展，解决了文化创意产业高技能人才培养定位的特殊性问题。

（二）通过科学构建"三层级"课程体系建立专业协同发展机制，解决专业群各专业之间不能协同发展的问题

将新媒体类专业整合集群，以新媒体应用技术专业为引领，打造"共享课程、一体化专业技能课程和综合实践项目融通课程"三层级专业群课程体系，实现课程协作实施、师资协作配置、课程资源协作开发、实训基地协作共享，达成新媒体专业群内专业之间的共同发展，解决了同类专业难以协同发展的问题。

（三）通过校企"双主体"工作室共建、基地共享、项目共实施、人才共育，解决校企合作中企业积极性不高、合作不深入的问题

校企"双主体"共建技能大师工作室和符合产业规范要求的"采、编、融、创"实训基地，按照产业人才需求制订综合项目实施规范，共同开发涵盖"策、采、编、发"全链条的项目实训体系，既实现学校的人才共育，又保证企业项目的高效产出，达成校企合作双赢，解决了校企合作中企业积极性不高、合作不深入的问题。

（四）通过搭建三级四类工作室体系平台，解决人才培养目标如何在教育教学实施中分解落地的问题

建成了专业群内国家、市、区、学校四级专业工作室+班主任工作室+创新创业作室的工作室体系，形成了科学的分阶段、分层次运行模式，全面对标"德、技、艺、创"四融合人才培养目标，以工作室平台为载体，落实立德树人根本任务，实施技术研发课题、国家重大战略服务任务、创新创业型孵化等产教深度融合项目，选拔培养以世界技能大赛各赛项国赛选手为代表的竞赛队伍，开展"教、学、做、考、赛、创"一体化人才培养，实现了高端人才培养与高技能人才整体培养的同步推进，解决了人才培养目标在教育教学实施过程中的分解落地问题。

三、成果的创新点

（一）培养模式上创新形成"德、技、艺、创"四融合人才培养新范式

对标首都"文化中心"定位对文化创意产业人才的要求，创新构建了"德育为首、技艺并重、双创驱动"的文创人才"德、技、艺、创"四融合人才培养新范式。有机融合在群共享课程、一体化专业课程及综合项目实践课程中，融合在技能大师工作室、班主任工作室和创业创新工作室的教育过程中，融合在校企双导师的教育教学中，全方位实现以新媒体类专业为代表文化创意产业人才"德、技、艺、创"四融合的人才培养目标。

（二）培养内容上创新设计"文化+、技术+、创意+、项目+"并重的新课程

对标文化创意产业对人才培养的特殊要求，在培养内容上创新设计了"文化+、技术+、创意+、项目+"并重的"共享课程、一体化专业课程和综合实践项目课程"三层级课程体系，引进开发了一套涵盖"策、采、编、发"全链条的项目实训体系。

（三）培养载体上创新打造三类四级"$n+1+1$"工作室新平台

创新打造了三类四级的工作室平台。"三类"即技能工作室（n）、班主任工作室（1）、创新创业工作室（1），"四级"即国家、市、区、学校四级多个专业工作室，包括国家级技能大师工作室1个、北京市技能大师工作室3个、区级技能大师工作室3个、学校级技能大师工作室多个，梯度合理，层次分明；借鉴技能大师工作室建设运行模式，创新性设立班主任工作室，打造德育研究的工作室平台；建设创新创业工作室，开展双创项目孵化；完成了从专业工作室到三类四级"德、技、艺、创"融合的"$n+1+1$"立体教育教学工作室体系的延展丰富。

（四）推广机制上创新共享"采、编、融、创"协同的新基地

依托建成的世界技能大赛中国集训基地、北京市集训基地，按照开放、共享的基地建设新理念，校企共建"采、编、融、创"协同的综合实训基地，通过竞赛集训交流，搭建了企业服务、项目研发技术技能平台，融媒体中心建设等形式，创新探索了实训基地开放、共享的推广新机制。

四、成果的推广应用效果

（一）人才培养打造"新媒体"品牌

成果应用以来累计培养毕业生800余人，社会培训5 000余人次；培养国家、市级三好学生各5人，北京市优秀学生136人，全国技术能手1人；在2016年、2018年、2020年连续三届世界技能大赛中国选拔赛中累计10人次入选国家集训队，1人在第一届全国职业技能大赛中斩获银牌；师生三维动画作品《玄门》在2015—2017年先后获得檀香山电影节、

加拿大电影节等国际大奖和厦门国际动漫节银海豚奖；北京市大学生动漫设计大赛二等奖3人、三等奖5人；连续10届技工院校多媒体制作竞赛中，累计荣获一等奖16人次、二等奖20人次、三等奖25人次；2020年、2021年两届中国"互联网+"大学生创新创业大赛中获得北京市三等奖、一等奖；2021年荣获北京市技工院校创业创新大赛一等奖；2019年新媒体应用技术专业群获批北京市职业院校特色高水平骨干专业群建设项目，在首都文创产业高技能人才培养中打造出"新媒体"品牌。

（二）教学科研展现"新媒体"力量

先后获得北京市级以上教科研立项9项，教学成果奖励50余项；彭丽丽《手绘插画师》、赵磊《动画绘制员》两门课程在人社部技能大师在线培训平台上线应用，受益面广；牵头出版的《技工院校班主任工作实务》成为全国技工院校班主任的工具书。

（三）社会服务作出"新媒体"贡献

服务国家"一带一路"建设，对建党百年文物展、香山双清别墅等进行数字化采集，完成高质量数字文博资源；面向雄安，开展新媒体技术职业技能培训，累计600人·日；服务国家扶贫和乡村振兴计划，面向新疆、内蒙古和西藏等地开展专业精准帮扶，累计师资培训1 000人·日；面向大兴区多个社区开展技术培训，累计800人·日。服务国家重点战略、首都区域经济发展，作出"新媒体"贡献。

（四）辐射带动传播"新媒体"声音

成果应用以来获批北京市技能大师工作室3个、大兴区技能大师工作室3个、大兴区新国门领军人才4人；被评为第44届、45届世界技能大赛人社部、北京市参赛工作突出贡献单位，系3D数字游戏艺术项目第44届、45届、46届世界技能大赛中国集训基地以及三个赛项的北京市集训基地，选手在第45届世界技能大赛中荣获银牌；对西藏、雄安、乌兰察布等地职业院校开展专业精准帮扶，对口共建专业；服务第45届世界技能大赛和中华人民共和国第一届职业技能大赛，为人社部官方自媒体平台、技能中国、央视讲述等新媒体平台提供高质量数字化内容，传播了"新媒体"声音。

园校融合、中高本一体：高水平学前教育人才贯通培养的创新与实践

完成单位：北京市商业学校；北京联合大学；北京市昌平区苹果树幼儿园

完成人：邢连欣；刘相俊；李婕；孙敬；左旭；姜继为；尹红婷

一、成果简介

围绕民生福祉和首都高品质教育需求，2016年，北京市商业学校与北京联合大学开展了首批"3+2+2"贯通培养师范生项目。该项目是北京市探索长学制培养高质量人才的创新实践，但在中高本一体化设计、实施及合作共育等还存在问题。为此，两校联合园所，形成了一体化人才培养机制，建设了衔接递进的模块化课程，创新了合作共育系列模式，打造了"园校融合、中高本一体"高水平学前教育贯通培养人才新范式，成果如下：

（一）深化人才培养模式改革，重构课程体系，改革评价体系，健全保障机制，实现中高本一体化贯通培养

（1）开展契合度调研，明确中高本培养定位，构建"三位一体、保教融合、实践递进"人才培养模式。

（2）进行PGSD分析，重构"模块融通、学段衔接"课程体系，形成一体化人才培养方案。

（3）依托职业素养护照体系，创建"综合素质多元立体"评价模式。

（4）健全"一核心、二联动、三通用、四协同"合作机制。

（二）优化课程标准，开发核心教学模块，强化师德养成，开发多元拓展课程，实现中高本课程螺旋递进、衔接畅通

（1）对接幼师标准3个维度14个领域，中高本一体开发课程，细化内容衔接，实现课程内容与工作岗位、幼师证考试、技能大赛的"岗课赛证"融通。

（2）突出实践取向，开发"生活保育、幼儿园环创、游戏支持、教育活动实施"4个理实一体模块。

（3）坚持"师德为先"的根本方向，建设"未来教师"师德素养培育模式。

（4）依托多方资源，开发融入国际理念的本土化课程、技能大师社团课、博物馆实践课、文化自信课等多元拓展课程。

（三）创新实践教学模式，打造多元平台，拓宽学生成长路径，实现园校融合共育

（1）创新"2+2"走园实践教学模式，园校共同设计学习任务，每个任务优化为4学

时，2 学时校内学习保教知识，2 学时入园实战演练。

（2）依托校内实训基地、京津冀儿童教育创新发展联盟和北京市职业院校学前教育师资国培基地，园校一体构建"1+1+3"育训模式，打造社会服务平台。

（3）对接岗位要求，从职业道德、专业认知、专业技能等方面开展实践，拓宽学生成长路径。

经过四年半实践，贯通人才培养质量获得社会高度评价。2015 年以来，学生在国家级和市级比赛获一、二等奖 105 项，转段通过率达 100%；教师团队 3 次获得全国职业院校技能大赛教学能力比赛国赛一等奖，社会服务 7.75 万人次。形成了培养模式新、课程设置优、校企融合实的贯通特色，具有较强的示范和推广应用价值。

二、成果主要解决的教学问题及解决教学问题的方法

（一）构建人才培养模式、课程体系、评价模式和保障机制，解决贯通培养一体化设计不到位的问题

围绕首都功能定位，对接北京市贯通项目要求，构建政府、院校、园所"三位一体"、师德、理念、能力"保教融合"、识园、走园、驻园"实践递进"的"三位一体、保教融合、实践递进"人才培养模式。应用 PGSD 分析模型开发"模块融通、学段衔接"的课程体系，通过园所观摩、走园实践、驻园实习三个阶段，全程一体化指导学生实践，构建"综合素质、多元立体"评价模式，完善人才培养方案。围绕贯通项目组织领导核心，团学联动策划，两校通用"教师、资源、场地"，将教学设计、实施、考核、反馈协同发展，形成"一核心、二联动、三通用、四协同"的合作机制，实现人才培养一体化设计。

（二）开发模块化课程，创新"未来教师"师德素养培育模式，构建多元拓展课程，解决课程设置园校不对接、中高本课程衔接不畅通的问题

两校与园所形成"课程共建、人才共育、资源共享"的校企合作共育模式。中高本一体开发课程标准，注重"岗课赛证"的融通；通过分析幼教岗位典型工作任务与职业能力，整合专业核心课，开发 4 个理实一体模块化课程；对标《幼儿园教师专业标准》"幼儿为本、师德为先"的要求，党团学联动，创新"未来教师"师德素养培育模式；依托校内校外、课内课外多方资源，转化 TAFE 课程包开发国际课程，聘请技能大师开发社团课程，利用首都资源优势进行博物馆游学等。通过一体化课程标准引领、课程模块融通、师德养成支撑、多元课程拓展，实现园校无缝对接、中高本课程畅通衔接。

（三）依托三个平台，园校合作创新"2+2"走园实践教学模式和"1+1+3"育训模式，解决校企合作共育成效不明显的问题

以校内实训基地、京津冀联盟和国培基地为平台，与校外实训基地合作创新"2+2"走园实践教学模式，将每个任务优化为 4 学时（2 学时在校+2 学时在园），引领学生工学交替、深度实践；与 50 多家园所合作创新"1+1+3"育训模式——第一个"1"代表院校（中高本），第二个"1"代表园所，"3"代表幼教领域社会服务三方受益群体（婴幼儿、家长和幼儿教师），开展线上线下多种类型的培训、咨询、科研服务，园校一体融合发展，

扩大受益群体；依托联大"高参小"项目，开发艺体社团课程，借鉴"艺友制"师范教育形式，聘任优秀学生担任助教，扩展成长路径，拓展学生多元发展新时空。实现园校资源共享、合作共育。

三、成果的创新点

（一）创新一体化合作机制，实现全员、全过程、全方位育人

两校在组织领导、团学联动、教学实施、教学管理等方面，形成"一核心、二联动、三通用、四协同"一体化合作机制，两校专业学部、党团学、教务管理等部门无缝对接，发挥各自优势，实现"3+2+2>7"的效果。以贯通项目领导小组共研共商为核心，党团组织、学生社团联动开展系列课外活动和社会实践服务项目，两校师资、教学资源、场地三通用，保障核心课程、转段考核、技能大赛、实践活动的融通与分层，教学设计、教学实施、教学考核、教学反馈四方面协同配合。

（二）创新"2+2"走园实践教学模式，提升学生保教实践能力

专业核心课程采用"2+2"模式，"学""训"结合，将实战任务融入教学，借助园校线上合作教学平台，实现园所教师、专业教师和学生之间的交互学习，教学内容紧跟幼儿园教改步伐，同时为园所注入新理念，实现共建共育共享。园校合作大幅提升学生保教实践能力，专业影响力显著提升。

（三）创新"未来教师"师德培育模式，深度融合学前教育专业培养特色

对接"幼儿为本、师德为先"的要求，以学生发展能力和综合素养为抓手，坚持立德树人，夯实师范生底色，创新"未来教师"师德培育模式，实现"学中做、做中学"，引导学生践行社会主义核心价值观，做德智体美劳全面发展的社会主义建设者和接班人，引导学生自觉争做"四有"好老师，端正学生品性、浸润师爱师德，把"学高为师、身正为范"内化于心、外化于行。

（四）创新"1+1+3"育训模式，拓展学生成长途径，拓宽园校合作新路径

通过"1+1+3"模式，开展线上线下师资培训、社区宣讲、育儿指导等活动，院校发挥主体作用，与园所协同组织师生、幼师开展社会服务，对接育幼难点开发技术技能项目，拓宽学生成长途径。实训基地、联盟和国培基地共同采用"1+1+3"模式，线上线下满足院校园所师资提升需求、家庭育幼需求，提升家庭育儿理念，拓宽园校合作新时空。

四、成果的推广应用效果

（一）师德素养高、实践能力强、综合素养突出，学生获广泛赞誉

一大批贯通培养学前教育人才获得广泛赞誉，12人在北京市职业技能大赛中获一、二等奖；93人在全国文明风采竞赛中获一、二等奖；转段通过率达100%，高职段学生教师资

格证取证率达 72%；涌现了"全国学联"代表韩峰、"全国优秀共青团员"李伟嘉等优秀贯通生，在全国同类院校中发挥辐射带动作用。

（二）创新人才培养模式、参与国家级标准研制，教学改革成果带动北京、辐射全国

1. 教学改革创新，示范引领作用显著

园校融合、中高本一体的学前教育贯通人才培养模式，在教育部教指委、京津冀儿童教育创新联盟、学前教育国培基地等平台广泛传播和应用。专业教师 3 次获得全国职业院校技能大赛教学能力比赛国赛一等奖，2018 和 2019 年作品因为贯彻立德树人、发扬革命优良传统的主题突出，围绕师德素养、落实思政要求特色鲜明，在国赛闭幕式上两次被赛委会作为优秀案例进行点评；"2+2"走园模式成为校企合作样板，被多省市借鉴应用；疫情期间研发的校本特色《战疫十课之感恩教育》在知网在线平台展示；师德培育典型经验在智慧职教和新华网直播展示，累计 5 500 余人观看，辐射 30 余个省市。

2. 参与国家级标准研制，领跑全国中职专业建设

参与教育部 2019 年版专业人才培养方案制订工作，参与全国中职艺术课程标准研制，牵头教育部中职幼儿保育专业教学标准研制工作；在北京 TAFE 教改中牵头开发 10 门 TAFE 本土化课程，推广到江苏、天津等省市。

（三）成果对服务区域发展和国家战略的贡献度不断增强

1. 支撑首都职业教育高质量发展，贡献北京方案

贯通培养高水平师范生项目形成了一批可借鉴、可复制的模式；作为首批试点，形成的培养方案、课程体系、评价体系和合作育人机制，先后被几十家媒体报道，辐射全国同类院校，为培养高质量学前教育专业人才贡献北京方案。

2. 服务国家战略，满足区域需求，贡献专业力量

主动适应国家扶贫战略，满足京津冀区域发展需求，发挥实训基地场所、资源及师资优势，服务中小学生职业体验，辐射云南保山、河北青龙扶贫班 400 余名学生。依托联盟举办竞赛，联合 50 多成员单位开展线上线下培训、咨询活动，推广"1+1+3"育训模式，帮扶云南、内蒙古等 7 省份。开通正面管教、亲子体验等家长专题直播课 100 余节，5 万余人观看，近五年累计服务社会 7.75 万人次，在育幼领域产生较大影响，专业适应性和贡献度不断提升。

面向高职专科产教融合英语类"五个一"技术应用人才培养模式探索与实践

完成单位：北京联合大学

完成人：常红梅；王成霞；王小梅；袁俊娥；陈建华

一、成果简介

北京联合大学是北京市职业教育专升本、中本、中高贯通重要人才培养基地。依据国家和北京市相关政策精神，学校承接北京市 16 所独立高职院校英语类专业高职专科升本科人才培养工作。因为生源专业多样、英语语言基础高低不齐等特点，培养过程存在专业特色不鲜明、复合技能不强等问题。本成果依托中国职业技术教育学会"高等职业教育英语类专业教学标准开发规程研究"、北京市教育科学"十三五"规划重点课题"中国高等职业教育外语教育改革和发展研究"以及北京市教委社科计划一般项目"高等职业教育校企合作实践探索研究"等课题，形成了面向高职专科产教融合英语类"五个一"技术应用人才培养模式。该模式以英语为主线，在提升学生英语语言能力的基础上拓宽专业方向，提升学生的职业技能。经过五年实践检验，专业四级取证率提升了 30%，职业资格证书（中级）取证率提升了 50%，培养出了一批受业界欢迎的高层次英语技术应用人才。

（一）坚持立德树人一个原则，构建了价值引领、德技并行的专业思政育人模式

围绕立德树人根本任务，将"三位一体"教育理念融入专业人才培养方案，探索实践了价值引领、兼具国际视野和家国情怀的"三主三讲三提升"的英语专业思政体系。

（二）坚持行业岗位需求一个导向，确定了服务北京"四个中心"建设的"英语+岗位"多元人才培养定位

立足服务北京"四个中心"建设，通过对商务、旅游、教育等行业企业调研，将英语专业拓展为"英语+旅游""英语+商务""英语+教育"多元复合型人才培养模式，成果已被教育部采纳、颁布。

（三）坚持产教融合、校企合作，构建了英语类专业人才培养的一体化校企合作机制

选择行业内标杆企业作为人才培养的校企合作单位，校企共同组建师资队伍，制订课程标准，构建课程体系，深化教学改革。在人才培养、人才评价和人才使用各环节校企深度合

作，实现了学生、学校和企业三方共赢，形成了一体化校企合作机制。

（四）坚持知识、能力、素养一体化培养，构建了"英语语言能力+职业技能"的模块化课程体系

遵循以学生为中心，结合学生高职专科专业背景及未来岗位需求，创建了"英语+教育""英语+旅游""英语+商务"模块化课程体系，一体化培养学生的英语语言能力和职业技能。

（五）坚持面向实践、强化能力，创建了一体化的实践教学平台

"岗课赛证"综合育人，构建了校内实训、第二课堂实践、企业实践、社会实践一体化的实践教学平台。

二、成果主要解决的教学问题及解决教学问题的方法

（一）主要解决的四个教学问题

（1）解决了英语类专业人才知识结构单一、复合技能不足、专业特色不鲜明的问题。
（2）解决了英语类专业毕业生就业竞争力不强、人岗匹配度不高的问题。
（3）解决了英语类专业产教融合不深、校企合作不紧密、育人效果不强的问题。
（4）解决了英语类专业学生如何在国际视野中坚守正确价值观的问题。

（二）解决教学问题采用的方法

1. 以行业岗位需求为导向，实现学校人才培养与企业人才需求有效对接

采用大数据分析、问卷调查、实地调研等方法，对北京高职专科院校、数百个行业企业调研，规划人才培养对接市场需求的路线图，确定了"英语语言+岗位"的人才培养目标，确定了"英语+商务""英语+旅游""英语+教育"多元复合型人才培养方向。

2. 基于建构主义学习理论，创建"语言能力+职业技能"的模块化课程体系

遵循"认知—体验—参与—进入"的教育及职业发展规律，完善"岗课赛证"综合育人机制，强化语言能力和职业技能，开发了"阿里巴巴跨境电商""旅游导游""英语教育"三个模块化的课程体系，开发了《英语语言综合能力训练》《职业英语综合能力训练》和《职业岗位综合训练》等新型活页式教材。

3. 坚持产教融合，构建了校企双元育人、双向参与的校企合作机制

人才培养全程加强校企合作。多形式深层次全方位利用企业资源，校企共定人才培养方案，教学全过程与行业接轨。针对三个岗位方向建立了三类产教联盟，同阿里巴巴、中国青年旅行社、北京小学等单位建立了实训基地。引企入校，引教入企。教师参与企业实践增质赋能，打造"双师型"教师队伍；教学及科研成果反哺企业。荣获世界园艺博览会"最佳合作院校"，"英语+旅游"的实践教学环境是国家旅游局"国家智慧旅游重点实验室"。

4. 探索实践了"三主三讲三提升"的英语专业思政育人模式，落实立德树人根本任务

以"外语人、中国心"为专业思政育人目标，创造了融价值塑造、能力培养和知识传

授"三位一体"的"三主三讲三提升"的英语专业思政育人模式。抓好教师队伍"主力军"、课程建设"主战场"、课堂教学"主渠道","讲中国故事""讲北京故事""讲联大故事",提升了教师育人能力、学生综合能力、学生思想道德水平。该模式已成为北京联合大学思政教育的重要组成部分,成为全国思政育人特色案例。

三、成果的创新点

（一）开发出了国家标准，对职业教育高层次人才培养提出了理论创新

成果《高等职业学校旅游英语专业教学标准修订研究》和《高等职业教育专科英语课程标准》被教育部采纳并颁发；《中国职业教育外语教育发展报告》和《英语类高职高专毕业生社会需求与培养质量跟踪评价报告（2017—2019）》惠及全国职业教育英语类专业；对英语类专业教学标准开发规程进行了研究，对推进职业教育英语教育改革与发展具有重大的理论意义。

（二）构建了校企合作背景下英语类专业"五个一"人才培养模式，创新了面向高职专科英语类专业人才培养模式

该模式坚持立德树人一个原则，坚持服务北京"四个中心"建设一个导向，坚持一体化校企合作育人机制，构建课程对接岗位的一体化课程体系，构建教学过程对接岗位过程的一体化实践教学平台，将专业拓宽成"英语+商务""英语+旅游""英语+教育"的多元复合型人才培养，解决了英语类人才复合技能不强和就业竞争力弱等问题。

（三）开创了英语类专业"德技并修"的专业思政育人模式

打造了"三主三讲三提升"的英语专业思政育人模式，形成了价值引领下兼具国际视野和家国情怀的英语专业思政育人特色，成为北京联合大学获评北京市党建和思想政治工作先进校的重要组成部分。

（四）再造了英语类专业产教融合校企合作的人才培养机制

破解了英语类专业产教融合定位不精准、校企合作不紧密的问题，创建了引企入校、引校入企的双元育人、双向参与的人才培养机制。围绕"英语+岗位"创建了产教联盟，企业专家入校授课，师生入企实践，校企共同参与的人才培养机制。

（五）搭建了语言能力与职业技能并重的实践教学平台，创新了智慧数字化实践平台

构建了校内语言实训、第二课堂应用实践、企业岗位实践、社会综合实践一体化的实践教学平台，建成的数字化实践教学环境获批教育部"国家级实验教学示范中心"，并获批国家旅游局唯一的"国家智慧旅游重点实验室"。

四、成果的推广应用效果

（一）人才培养质量显著提升，突显专业育人特色

近五年，成果培养的人才质量显著提升：专业四级取证率提升30%，职业资格证书（中级）取证率提升50%；初次就业率、专业对口率、起薪水平逐年递增，均比以前提升10%以上；学生入职满意度和企业用人满意度均有显著提高。荣获全国大学生职业技能大赛多项国家级个人和团队一等奖，填补了2016年以前的多项空白；获得省部级以上各类英语语言类竞赛一等奖、二等奖的数量每年连续增长30%。

（二）师资队伍建设成效显著，助力专业人才培养

"双师型"教师占比由成果前的40%提高到80%；主持省级以上教科研课题10多项；获批教育部职业外语专业教学指导委员会项目6项；建设校级及以上应用型课程3门；发表核心期刊及EI检索论文20余篇；出版专著4部；主编教材12本，其中国家规划教材5本。获得国家级职业教育教学成果二等奖1项，北京市职业教育教学成果一等奖1项、二等奖1项，学校教学成果奖4项；获得"北京高教德育先进集体"称号；获评教学名师1人、北京市中青年骨干教师1人。

（三）社会服务能力显著提高，彰显职教价值

近五年承接清华附中开展科学实践教学服务60余场；接待中关村小学"高校参与小学"认证实践与学习交流项目87批次；为北京世界园艺博览会提供语言志愿服务并获"最佳合作院校"荣誉；服务京津冀协同发展，与崇礼区人民政府签署旅游教育战略合作框架协议；受教育部委托承办全国"旅游学科实验室建设讲堂"等大型学术研讨会；承接教育部、文化和旅游部，以及北京市政府、教委考察指导300余人次，成果受到充分肯定。

（四）社会影响力不断增强，产生积极辐射作用

成果《高等职业学校旅游英语专业教学标准修订研究》和《高等职业教育专科英语课程标准》被教育部采纳并颁发；《中国职业教育外语教育发展报告》和《英语类高职高专毕业生社会需求与培养质量跟踪评价报告（2017—2019）》惠及全国职业教育英语类专业。多次在全国高校思政建设培训班为近200所高校传授经验。学校课程思政案例被人民网、《光明日报》、《中国教育报》等多家媒体报道。作为"当家作主"方阵积极参与建国70周年国庆活动。

（五）国际交流与合作不断深化，提升服务国家战略能力

成立"16+1"旅游院校联盟，促进与"一带一路"共建国家的发展与合作；建立中波旅游文化中心，推动中波文化交流；与捷克马萨里克大学、黑山下戈里察大学、马来西亚沙巴大学等签署了合作交流协议。

体育强国背景下北京市体育技能型人才培养模式创新研究与实践

完成单位：北京体育职业学院

完成人：杨阳；朱丽敏；李建亚；王娜；王宇红

一、成果简介

贯彻《体育强国建设纲要》，落实《国家职业教育改革实施方案》《关于深化体教融合促进青少年健康发展的意见》精神，是体育职业教育重任。为促进北京市"群众体育、竞技体育、青少年体育和体育产业融合发展"，培养更多更好的体育技能人才，学校十余载深耕细作，探索并首创了"三元互融、学训同步、五阶能力递进"人才培养模式，为北京体育事业培养了数以千计的体育技能型人才，顺应了"双减"政策下北京市青少年体育锻炼对专业技能人才的需求，服务于首都健康战略的发展。

（一）助推强国战略，创新培养路径，构建"三元互融、学训同步、五阶能力递进"的人才培养模式

"三元互融"即学校、运动队、企业互融，共同培养适应体育事业发展的复合型体育技能人才；"学训同步"即兼顾学习和训练、互促共进；"五阶能力递进"即从职业通用素质能力、岗位共通能力、岗位应用能力、职业拓展能力到职业准入能力的阶梯式递进的能力培养路径。构建了竞技体育后备人才的培养体系，得到体育行指委和全国体职院的普遍认可，具有很强的推广价值。

（二）立足"奥运争光"计划，提升育人质量，培养了一批拔尖创新职业体育人才

着眼于体育技能型人才的可持续发展，人才培养质量显著增强。四年间助力运动员成绩大幅提升，培养出张家齐、曹缘等奥运冠军；全国冠军较上一比赛周期增长3人；国际国内单项锦标赛中有20人次获奖，较之前增长15%。退役转型运动员五年就业率均达到100%。体育技能型人才输送率和成才率大幅提升。

（三）搭建职业通道，重构课程体系，推进课堂革命

扎根立德树人，围绕运动员职业成长规律和发展需求，设置不同的课程模块，注重综合素质培养，实现"三全育人"。

（四）落实体教融合，坚持训教一体，创立"两个相结合"的教学组织模式

坚持训教一体、采用"两个相结合"的教学组织模式。针对学生因项群不同导致赛训时间各异的情况，采用面授与空中课堂相结合、送教下队与线上学习相结合的方式，将文化课堂搬入训练场，变平面化教学为立体化教学，真正实现体教融合。

（五）推进双师互融，追求德技双馨，打造"训教研"一体化教学团队

构建了训、教、研一体化复合型教学团队，优化教师团队结构，全力打造教师、教练双元教学，构建理论教学、训练互通的教师团队，以赛促教、以赛促练，提升教师、教练"双师"专业团队整体水平，实现德技双馨。

二、成果主要解决的教学问题及解决教学问题的方法

（一）成果主要解决的教学问题

（1）通过创新人才培养模式，极大提升体育职业教育的吸引力，为缓解北京体育后备人才稀缺的问题作出了贡献。

（2）通过构建符合新时代对体育技能人才培养的课程体系，解决了运动员综合素质偏低的问题。

（3）通过调整专业结构，增设市场需求的专业方向，培养了诸多体育技能人才，为"双减"背景下培养青少年体育锻炼指导员储备了人力资源。

（4）通过构建教师、教练互通互融的双师队伍，解决了训教分离、双师分离的问题。

（二）解决教学问题的方法

1. 创建"三元互融、学训同步、五阶能力递进"的人才培养模式，健全体育后备人才培养体系

变训练、教育、体育科研分别由运动队、学校、科研所负责的单兵作战为体育局牵头，学校为桥梁连接起运动队、科研所，"三元互融、学训同步"，实现在役"训、教、研"一体化，共同作用于竞技体育技能人才培养；转型阶段结合市场需求，发挥运动员职业优势，学校联合企业、科研所，实施"产、教、研"一体化，为体育产业培养人才，有效解决后备人才培养体系不健全问题。

2. 体教融合，注重运动员的全面发展，解决运动员综合素质偏低、人文素养亟待提升问题

坚持素质教育贯穿人才培养全程。自主研发特色课程，设置综合能力提升和专业素质拓展两课程模块，渗透培养人文、职业素养，综合能力提升模块重在塑造学生人格，专业素质拓展模块旨在提升学生专业技能。通过第二课堂渗透体育精神与传统文化教育，提升运动员的职业道德，塑造工匠精神。

3. 校企深度融合，围绕岗位能力设置课程模块，缓解北京体育产业人才技能稀缺问题

围绕首都体育产业发展需求，充分发挥运动员职业特长，研发市场紧缺的健身教练、儿童运动教练、体能康复师、体育产业服务人员课程模块。根据岗位要求，分析典型工作任务，明确核心技能，做到对接市场、精准育人。顺利完成专业技能转化升级，做到既培养体

育产业从业人员，又解决退役运动员转型和"二次择业"这一困扰竞技体育发展的难题。

4. 教学训练一体化，教师教练互通解决教育教学和训练实践"两张皮"问题

打造教师、教练双元教学，校队、校企双主体培养的育人模式，教师、教练共同制订专业核心课课程标准，在数字化体能实训室共同完成训教一体化教学，融理论教学于专项训练实践中，有助于学生理解、运用科学理论指导训练实践。通过教师、教练的互融互通，实现理论教学有用、训练实践有效、训练过程有趣的教育效果。

三、成果的创新点

在机制建立、培养模式、教学实践创新等方面，本成果在全国体育职业院校体育技能型人才培养方面形成了典型特色，具有以下创新点：

（一）人才培养机制创新：融通体教资源，为我国体育技能型人才培养打造首都范本

体育局统筹，学校负责联通运动队和企业，以学校为组织核心将教学、训练和职业技能培养有机融合，打破了训教分离、重训轻教的藩篱，回应了社会对举国体制下体育技能人才培养过于单一的关切，突破了训教"两张皮"的瓶颈，开创了教师、教练、企业人员融合共通，师资共用、基地共享、课程共建、教材共研、人才共用的人才培养新局面，形成了体教融合的新示范。

（二）人才培养模式创新：构建"三元互融、学训同步、五阶能力递进"的人才培养模式

发挥学校、运动队、企业的育人主体责任，以高水平体育技能人才成长阶段为着力点，聚焦各类体育技能人才成长。青少年人才重在培养运动技能、基础知识，提升技术、文化修养、核心能力，德技并修、学训同步，培养高水平技术技能型人才；对于转型期体育技能型人才，打造职业通用素质能力、岗位共通能力、岗位应用能力、职业拓展能力和职业准入能力的进阶递进式培养模式，培养技能强、素质高的体育人才，满足社会对高品质民生的需求。

（三）教学实践改革创新：创设"线上+线下""赛前+赛后"混合式、立体化教学平台建设

以互联网为依托，推行"网络+职业教育"的教学资源平台建设，"线上线下"资源共享、即时交互、互为补充、个性智慧，系统构建特色职业能力发展课程体系，模块化构建相应课程内容，目前打造202门次教学模块，教学平台的建立能够满足体育技能型人才特殊职业需求。教学过程可以面授与空中课堂相结合、送教下队集中学习与网络自学相结合，促进了学生的自主学习能力，推进了因材施教和个性化教学，有利于学生能力的全面提升。

四、成果的推广应用效果

（一）奋力拼搏，国际赛场摘金夺银，展现中国力量

里约奥运会上学校培养的运动员佳绩频传：曹缘获得男子跳水三米板单人金牌；马龙在

乒乓球项目获得团体金牌、男子单打金牌；王妍获得女子体操团体第三名。2018—2019赛季游泳运动员于静瑶，花游运动员冯雨、常昊，乒乓球运动员王楚钦等9人在亚运会、世锦赛等世界赛事中均取得前三名的好成绩。2020东京奥运会学校有18名学生获参赛资格，其中张家齐、曹缘分获跳水项目金牌，肖若腾获得体操项目银牌。近几年来，学校培养的38名运动员先后入选国家队，为体育强国贡献北京力量。第十三届天津全运会上获奖牌总计41枚，综合排名全国第六，展现了北京籍运动员的整体实力和北京市竞技体育的影响力。

（二）培根铸魂，弘扬奥林匹克文化，传承中华体育精神

以培根铸魂为目标，弘扬奥林匹克文化，传承中华体育精神。将体育发展简史、体育基础理论、奥林匹克文化三条主线的教育有机融合，出版了《体育串起的中国极简史》，编写了《运动员人文素质读本》，开发线上教学资源，并梳理学校优秀运动员成长案例融入教学，用身边榜样激励学生，传承中华体育精神。

（三）服务社会，培养体育技能人才，为体育强国奠基

落实体育强国和健康中国战略，围绕北京市体育产业发展需求，与北京体育科学研究所、红黄蓝教育集团、宝力豪健身、东方启明星等企业成立运动与健康产学研联盟，形成由学校、企业、行业、科研院所等多元参与的产教融合平台，发挥各方资源优势，先后培养了千余名适应首都体育国际化发展的实用型人才。近五年就业追踪数据显示，学生对口就业率达85%，企业对毕业生满意度达95%以上。

（四）成效显著，创立"产、训、教、研"一体化教学管理模式，在全国同类院校广泛推广

本成果在全国同类院校同专业中广泛推广，反响良好。目前已经推广应用的学校有什刹海体校、芦城体校、先农坛体校、浙江体职院、内蒙古体职院等。线上教学资源平台建设，满足运动员特殊职业需求，也为行业发展起到了推动作用。

（五）佳绩频出，打造复合型教学团队，"德技双馨"成果丰硕

2014年起教师参加国家体育总局组织的全国体育职业院校教师技能大赛，获得一等奖8项、二等奖9项、三等奖2项；学生技能大赛连续5年获得一等奖。培养了3名北京市教学名师、5名北京市职业院校骨干教师、1名专业带头人，打造出一支创新型高素质教学团队。

"四阶递进式"中职专业课教师能力建设的研究与实践

完成单位：北京市丰台区职业教育中心学校

完成人：张瑶；薛凤彩；史晓光；李培元；马云朋

一、成果简介

专业课教师能力建设是学校高质量发展、专业特色形成、高素质人才培养的关键。2016年起，学校在示范校建设的基础上，协同企业和职教研究机构，围绕专业课教师站上讲台、站稳讲台、"站领"讲台到超越讲台四个阶段能力要求，丰富了"双师型"教师实践教学能力内涵，强调企业工作能力，探索了明目标、清路径、促成长的专业课教师能力建设新途径，形成了专业课教师能力"四阶递进式"建设模式。其主要内容为：

建专业课教师能力标准体系。以能力发展为主线，将专业课教师职业发展、职业技能等级体系和教师系列专技职称体系四阶段建立横向联系，构建"专业课教师能力标准体系"，形成5个标准文件。

建"校企研"三元合作培养机制。成立校企研教师培养工作部，签订合作协议1份；设立教师发展中心，形成建设方案及工作制度3个；建立合作培养工作制度1个；修订完善学校教师发展相关制度30个。

建"四阶递进"能力培养课程库。岗位能力分析建师风师德、教育教学、企业实践和自我身心建设四领域课程体系，典型工作任务分析建四阶梯能力递进模块课程库。完成51个课程模块、需求导向组合模块，形成12个培训课程包。

建"四阶递进"能力培养体系。创新教师培训形式，以企业研修、专家咨询、专题培训等形式开展能力培养。校本培训平均12日/(人·年)，教师下企业实践35日/(人·年)；组建由国、市、校65人组成的三级培训师团队；实施四级定位培养，制订培养方案和质量管理文件各5个；创"新手上路""三新讲坛""精工研习""名师成长苑"四个培训品牌，专家指导共计2万人·日。

成果实践显著提升人才培养质量。2016年以来，学校双师占比达93.4%，技师以上高级教师15人，参与企业技术研发10项，形成国家专利6项。在全国职业技能大赛中12人获教学能力比赛中职组国赛一等奖，32人获市赛一等奖，8人获市赛二、三等奖；1人获中等职业学校班主任能力比赛国赛三等奖，5人获市赛一、二等奖；1人获"北京市师德先锋"称号，6人获区级"师德榜样"称号；8人入选教育部课程思政教学名师和教学团队；打造北京市专业创新团队2个，区级创新班组6个。学生获市级以上技能大赛奖项108个。企业和社会认可度提升，就业率达98%以上。学校竞争力在北京市中职学校排名前三。

成果输出影响深远。四年来学校对市内外12省市校长、干部、骨干教师培训共1 125人次,学员满意度达 97.8%。成果实践在京津冀及全国产生深刻影响,具有显著示范作用和推广价值。

二、成果主要解决的教学问题及解决教学问题的方法

(一) 建专业课教师能力标准体系,解决目标不清、方向不明问题

遵循专业课教师专业成长规律,将其职业生涯分为四个阶段,与工人、技术人员技能等级系列和教师系列专业技术职称体系横向联系,以能力发展为主线,将其各阶段能力标准横向对接,构建专业课教师四阶段能力标准体系。该标准体系也是专业课教师各阶段能力培训课程标准和考核评价标准体系的基础。专业课教师能力标准体系明确了专业课教师发展的方向和各阶段的能力目标。

(二) 建校企研合作培养机制,缓解教师职业倦怠问题

围绕专业课教师能力培养,学校在"厚德精工"校企联盟平台基础上,依托北京市教育科学院实验学校平台,成立校企研教师培养工作部。在科研督导室下设教师发展中心,专门负责学校教师培训,明确校企研三方职能。教师发展中心牵头,三方合作实施专业课教师能力培养。建立校企研合作培养教师工作制度,完善教师发展激励政策支持,有效缓解教师职业倦怠问题。

(三) 建"四阶递进"能力培养课程库,解决课堂教学创新能力和企业工作能力提升支撑不足问题

基于教师岗位职业能力模型,聚焦专业课教师工作岗位,运用 DACUM 工作分析技术,细分教学、班主任、企业实践典型职业活动能力要求,形成专业课教师教育教学和企业工作"两核心七维度"能力:教育教学能力包括教学、班级建设与学生发展指导、专业建设、教科研、社会服务等五个能力维度;企业工作能力包括企业生产实践能力和应用技术服务能力。构建专业课教师师风师德素养、教育教学能力、企业工作能力和自我身心建设四领域培训课程。分析典型工作任务,对接新标准,更新知识技能,把职业标准、专业教学标准、职业技能等级证书标准、行业企业先进技术纳入课程模块,构建专业课教师能力"四阶递进"模块化课程库。根据培训需求,组合课程模块形成培训课程包。

(四) 建"四阶递进"能力培养体系,解决能力提升路径问题

精准分析专业课教师四个发展阶段需求,科学制订培训方案,线上线下结合,以自主学习、工坊研修、导师带教、跟岗研修、顶岗研修、访学研修、专家咨询、大小班专题培训等形式开展能力提升培训。组建由国家级和市级职业教育专家、行业企业高水平人员、学校教学名师组成的三级培训师团队,实施新入职人员岗位胜任力培养、青年教师骨干培养、骨干教师名师培养、专业带头人专家培养的四级定位培养,形成"新手上路""三新讲坛""精工研习""名师成长苑"四个培训品牌。全程质量监控保证能力提升。

三、成果的创新点

创新职校专业课教师能力培养模式，形成专业课教师校企研合作培养的丰台范式。成果运用教师专业发展阶段理论，将专业课教师职业生涯与企业工作能力成长四阶段建立联系，搭建能力体系，明确了专业课教师能力目标和发展方向。运用 DACUM 工作分析技术，开发"两核心七维度"能力四阶培养模块化课程库。校企研多形式、多平台、多举措科学合理培养，实现了学校专业课教师能力体系化、阶段性递进的有序有用有效的良性培养循环。

创新职校师资"校企研"三元合作培养机制，实现职校双师能力培养多方参与的新突破。成果在学校"厚德精工"校企合作联盟平台基础上，依托北京市教育科学院实验学校平台，成立校企研教师培养工作部，三元合作探索双师能力培养工作机制，三元合力实施四阶段专业课教师能力提升培养，兼顾公共课教师教育教学能力提升培养。修订、完善教师专业发展相关制度，形成政策支持平台。

创新专业课教师能力四阶段培养体系，提升教师课堂教学创新能力。成果全程服务教师在职四个阶段生涯发展，形成教师四级定位培养标准、专业课教师能力标准，使专业课教师的专业化发展四阶段能力要求更明确，能力发展方向更清晰。形成专业课教师能力"四阶递进"课程，满足专业课教师四阶能力培训需求。"新手上路""三新讲坛""精工研习""名师成长苑"四个培训品牌，从入门学习、广泛学习、专项提高到个性化提升四阶晋级培养，服务校内外专业课教师专业化发展。

课程模块化、培养个性化、方式多样化的专业课教师能力"四阶递进"的培养模式，提升了专业课教师的教育教学能力，使之能应用国际先进的教学理念、教学方法和教学手段，开展教学及课堂教学创新；提升了专业课教师企业工作能力，使专业课教师与企业同步更新知识、掌握先进技术，教师技术服务能力持续增强。

四、成果的推广应用效果

（一）校内应用效果

四年来，通过内培外引持续培养，学校"双师型"教师占比由 85% 升至 93.7%，市区级骨干教师由 40 人增至 62 人。市级专业创新团队 2 个，区级创新班组 6 个。市级教学成果奖比上一届增加了 3 个。在全国职业院校技能大赛中，获教学能力比赛中职组一等奖 12 项，市赛奖 40 项；国家中职班主任能力大赛三等奖 1 项，市赛奖 5 项。学生获市级以上职业院校技能大赛奖项 108 个。企业满意度达 98% 以上。学校办学特色鲜明，成为北京市特色高水平职业院校建设单位。

（二）校外推广应用效果

依托全国职业院校校长骨干教师培训基地，输出"三新"培训品牌，高水平定制化服务校外师资培训。

（1）学习共同体，助力创新型校长、干部成长。采取集体研修、跟岗见习、影子校长、影子干部等方式，培训 8 省市校长、干部 100 余人次。

（2）以训代培，高水准开展沈阳拔尖人才培训。连续四年承接沈阳市教委职教所委托的教学领军、后备首席教师和市骨干教师以训代培项目，涉及国家职业教育政策、新理念新要求、教学法、混合式学习、学业评价等专题。累计培训骨干教师、市教学领军、首席教师 170 余人。

（3）对口支援，助力多省市职业学校骨干教师成长。四年来，对新疆、内蒙古、湖北、河北、河南省等 11 省份的职业学校 53 个专业的骨干教师、专业带头人、骨干班主任共计 360 人开展了职教新理念、新方法、新手段的"三新"培训。

（4）送课下校，定制化服务助力兄弟学校教师成长。对接需求，研制课程，送课下校。组织赴新疆和田开展职业学校骨干教师培训，两批次培训教师 200 余人；分三批次对密云区职业学校汽修与数控专业课教师开展了 120 余人次学生能力本位教学模式培训；为雄安新区 3 所职业学校开展三批次 120 余人次骨干教师"三新"培训。

（5）深入调研，精准诊断雄安新区职业学校教学。组织专家 9 人到雄安新区 3 个职业学校进行教学诊断，撰写了《雄安新区中职学校 2020 年课堂教学诊断报告》。

携手名企，高端育人探索中职学校校企合作机制的研究与实践

完成单位：北京市丰台区职业教育中心学校

完成人：孙晓娟；杨建军；崔永亮；王爱玉；路宽

一、成果简介

产教融合、校企合作是职业教育办学的基本模式，是培养高素质劳动者和技术技能人才的内在要求，是办好职业教育的关键所在。教育规划纲要提出要制定促进校企合作办学法规、推进校企合作制度化。此后相关政策相继出台：2014年国务院《关于加快发展现代职业教育的决定》提出要研究制定促进校企合作办学有关法规和激励政策；2016年中央深改组要求尽快印发有关校企合作促进的政策文件；党的十九大明确提出深化产教融合、校企合作的要求；2017年国办印发的《关于深化产教融合的若干意见》和2018年《职业学校校企合作促进办法》明确校企合作形式、促进措施等，形成了深化产教融合、校企合作的政策"组合拳"。

丰台区职业教育中心学校自1982年成立以来，以培养高素质高技能高质量应用型人才为目标，坚持走"产教融合、校企合作、工学一体"的道路，2011年成立"厚德精工"校企联盟，构建长效的校企合作机制，携手名企，搭建高端平台，实施"七共"合作模式，探索人才培养模式，经过八年的实践创新，取得丰硕成效。

（一）建立长效的校企合作机制

学校在区政府领导和市区教委指导下，组建由区政府、区教委、行业和知名企业、教科研究机构组成的"厚德精工"校企联盟，制订并完善《校企合作实施办法》等一系列规章制度，构建"人才共育、资源共享、师资互聘、文化互补、管理互通"长效的校企合作机制。

（二）携手名企共建校企合作育人平台

2011年依托中餐烹饪专业与全聚德集团成立首届冠名班，至今已与万豪集团、北京现代、北汽新能源、海尔集团、便宜坊集团、星巴克、新华网等行业龙头企业，成立冠名班、工程师学院、大师工作室等各具特色的校企合作共同体，100%覆盖专业（群），探索形成符合学校发展的校企协同育人模式。

（三）实施"七共"合作模式

携手名企，实施校企文化共融、专业共建、课程共研、教材共编、师资共用、人才共

育、成果共享的"七共"合作模式，推进与企业深度融合，为企业持续发展提供人力资源支撑，得到企业的充分认可。

校企合作机制高效运行，开启校企育人新局面。至今学校共建设 27 个冠名班，培育 2 个工程师学院（新华网融媒体工程师学院、海尔智能互联工程师学院）和 3 个大师工作室（曲思义电影调色工作室、王家飞非遗与设计工作室、李季咖啡技艺工作室）成为市级项目，年均为企业输出高素质技术技能人才上千名。经过多年的检验，学校校企育人实践成果显著，合作企业用人满意度都达到 98% 以上，办学质量得到社会高度认可。

二、成果主要解决的教学问题及解决教学问题的方法

（一）构建校企合作机制，解决产教融合持续动力不足的问题

问题：职业院校校企合作不深入，合作没有可持续性，产教融合层次比较低。

学校组建由区政府、市区教委、有影响力的行业企业及研究机构组成"厚德精工"校企联盟，下设校企合作理事会，建立双理事长制；先后与行业龙头企业合作建立各具特色的校企合作共同体，实施校企双主体育人机制；制订并完善《"厚德精工"校企合作实施办法》《专业建设指导委员会章程》《校企合作项目管理办法》等 32 个制度文件，构建了"人才共育、资源共享、师资互聘、文化互补、管理互通"校企合作长效机制，保障学校产教融合有序、高效运行。

（二）现代学徒制深入推广，解决职业学校人才供给水平不高的问题

问题：随着高精尖产业发展，职业院校人才培养质量不能精准对接企业发展需求，匹配度不高。

学校依托联盟，立足丰台，对接首都"四个中心"建设和区域经济社会发展，动态调整专业建设，提升专业服务产业能力；依托专业（群）建设共同开展订单班、现代学徒制等多种育人模式，打造产教融合型实训基地，不断提升职业教育的服务能力。坚持校企双主体育人机制，共同制订专业人才培养方案，构建"校企共育、工学融合、逐级递进"的人才培养模式，将行业企业标准融入课程标准；创新"设计导向、工学结合、自主建构"的教学模式，实施"多主体、多维度、四阶段"评价模式，培养学生职业文化和工匠精神，达到产业转型升级对高质量技术技能人才的要求。

（三）携手名企实施"七共"合作模式，解决职业教育校企合作灵活度不够的问题

问题：职业院校合作的企业往往层次不高，不能很好地代表行业企业发展趋势，在人才培养、专业课程设置、技术创新等方面不能及时捕捉产业最前沿技术变革、人才需求规格。

学校注重产业链与教育链有机结合，与有影响力的行业企业构建培养高质量技术技能人才的校企合作共同体；依托联盟，先后与全聚德、万豪集团、北京现代、北汽新能源、海尔集团、便宜坊集团、星巴克、新华网等行业龙头企业，成立冠名班、工程师学院、大师工作室等各具特色的校企合作共同体，共同实施校企文化共融、专业共建、课程共研、教材共

编、师资共用、人才共育、成果共享的"七共"合作模式，推动校企双方深度融合，构建了"人才共育、技术创新、资源共享、社会服务"校企合作共同体，促进了经济效益和社会效益的双提升。

三、成果的创新点

（一）创新校企合作机制，保障产教深度融合

学校携手名企，搭建高端育人平台，积极探索多元化办学格局，建立多方参与、多层次的合作管理体制，坚持走开放式合作办学的道路，实现校企双主体育人、产教深度融合发展；通过制订并逐步完善校企合作各项制度，创新"人才共育、资源共享、师资互聘、文化互补、管理互通"校企合作长效机制。

建立校企合作共同体，推动校企资源互补利用和优化配置，形成校企文化共融、专业共建、课程共研、教材共编、师资共用、人才共育、成果共享的"七共"合作模式，提升专业内涵和育人水平。

（二）创新人才培养模式，提升校企育人质量

创新"校企共育、工学融合、逐级递进"人才培养模式，深化校企合作双主体育人，加大学生到企业参与学习力度，与全聚德、万豪集团等知名企业深度合作，形成"五双培养"订单式模式。实施"七共"合作模式，构建校企合作深度融合发展新平台。学校与企业在校内建设影视技术人才综合培养与制作中心，将生产项目引入学习过程，开设两条影视作品制作生产线，创新"教学工厂"人才培养模式；引入业内顶级调色大师曲思义，共建大师工作室，实现校企无缝对接。学校引入企业标准，共建工程师学院，实施二元育人、三师同堂、多方向支撑的现代学徒制人才培养模式。

（三）创新资源共享模式，打造高端育人平台

学校围绕"人才共育、资源共享、师资互聘、文化互补、管理互通"校企合作长效机制，建立高质量人才培养体系，提高教育链和产业链的匹配度。探索多种形式的校企合作共同体，培育了"新华网融媒体工程师学院""海尔智能互联工程师学院"2个市级工程师学院和"曲思义电影调色工作室""王家飞非遗与设计工作室""李季咖啡技艺工作室"3个市级技能大师工作室，打造校企双主体育人高端平台，发挥人才培养和社会服务功能，形成校企协同发展合力。

四、成果的推广应用效果

（一）制度体系健全，融合发展平台作用明显

搭建"厚德精工"校企联盟平台，形成融合发展体系。学校先后与200多家企业签订产教融合校企合作协议，在人才培养、校外实训基地、实习实训等方面开展深度合作，建立

了各具特色的校企合作共同体，共享设备、技术和人力资源；制订并完善《"厚德精工"校企合作实施办法》《专业建设指导委员会章程》《校企合作项目管理办法》等 32 个制度文件。

（二）育人体系完善，人才培养质量成效显著

创新订单培养、现代学徒制、贯通培养等培养模式，设立全聚德、海尔集团、万豪集团等知名企业冠名班，培养近 1 000 名优秀毕业生，企业满意度超 98%。学生参加全国职业院校技能大赛，18 人次获国赛奖，102 人次获国家级奖励，193 人次获市级奖励。教师获全国职业院校技能大赛教学能力比赛国赛一等奖 12 项，市赛一等奖 24 项；获国家专利 5 项；获北京市教育教学成果一等奖 3 项、二等奖 2 项，市级以上教育科研课题 14 项。

（三）开放体系多样，社会服务能力大幅提升

统筹校企合作资源，全方位服务人才培养和社会发展，承担教育部和市区职业教育对口帮扶任务 66 项；建立"丰职学堂"，开发出职业体验类、创新创业类、生涯规划类等 10 大主题、70 个类别、300 个活动项目，面向中小学开发嵌入式职业教育课程 30 门，年均参与学习学生 1 万人次；面向社区居民开展市民终身学习"丽泽大讲堂"活动，开发 21 本培训教材，年均培训量 5 000 人次；面向企事业单位职工、军转干部、新型农民和残疾人等特殊群体开展职业技能提升培训，年均参与 5 000 人次。

（四）产教融合校企合作模式成熟，社会影响力不断增强

学校携手名企，构建校企深度合作的合作机制，取得良好的育人成效。如曲思义电影调色工作室培养的学生参与张艺谋、成龙等知名导演执导的 27 部院线级电影的制作；师生研发团队与便宜坊集团研发菜品 11 道，仅"花雕纸皮核桃"当季就带来直接经济效益 15 万元以上。学校 2015 年正式成为中国职业教育技术研究会物联网专委会副秘书长单位和秘书处单位，2016 年成为中国非物质文化遗产保护协会非物质文化遗产职业教育专业委员会主任单位，2018 年被正式确定为"国家中等职业教育改革发展示范学校"，2019 年成为北京市特色高水平职业院校建设单位；北京电视台、《北京晚报》、新华网等多家媒体相继报道了学校服务区域经济社会发展的成果和经验。

创设"丝路学堂"探索"技能+语言+文化"模式服务"一带一路"人才培养

完成单位：北京市丰台区职业教育中心学校

完成人：李毓荣；芦倩英；杜静；杨帆；郭伊心

一、成果简介

学校响应"一带一路"国家倡议，积极服务"丝路"人才培养，建设的"丝路学堂"国际合作交流平台成为首都职教国际交流品牌，成为北京国际消费中心城市建设项目之一。本成果以"技能+语言+文化"为特色，以加强中外人文交流、服务中外人才培养为宗旨，涵盖文化交流、师资培训、联合培养、标准输出与引进、院校交流、升学留学、就业服务、技术研发等建设内容。通过加强与国外院校开展多领域合作，创新国际合作和人才培养模式，提升人才培养培训质量，培育服务"一带一路"建设的国际化人才，打造首都职业教育国际合作交流的窗口，促进了首都教育的国际化发展。

（一）组建职业院校国际合作联盟，完善人才培养培训机制

积极响应"一带一路"倡议，牵头组建"丝路工匠"职业院校国际合作联盟，建立联盟理事会，形成联盟章程，制订年度计划，确保高效运行。搭建包括53所中外院校的合作交流平台，通过联合培养、课程输出、师生交流、技能大赛、校长论坛等方式，提升新时代首都职业教育对外开放水平。承办"一带一路"国际职业教育校长论坛，17个共建国家代表与首都15所中高职院校负责人对话人才培养，签订了34份合作协议。创建"丝路工匠"联盟网站平台，整合中外联盟单位信息资源，以中、英、俄三种语言为联盟院校搭建资源共享和交流合作平台。

（二）建设"丝路学堂"优质课程，形成"技能+语言+文化"特色课程体系

构建"技能+语言+文化"特色课程体系，自主研发"文化"和"职业技能"两大模块课程。文化模块以中国非遗文化与技艺、中华节日、戏曲与服饰文化为主，强调鉴赏与实操结合；职业技能模块以烹饪、汽修、学前、影视、电商等专业的核心技能为主，突出先进性与实用性。立足学习者汉语水平、职业技能水平和对中华文化的理解程度，定制个性化的课程包，实现课程设计的系列化与个性化服务。完成27门优质课程建设，其中《中华小吃》《中华冷拼艺术》两门课程已输出至泰国，供泰国近200所本科水平职业院校的近40万在校生学习。

(三) 打造国际技能大赛品牌，实现人才跨境联合培养

打造"丝路工匠"国际技能大赛，深入推动人文交流。2019年6月承办首届"丝路工匠"国际技能大赛，来自中国、俄罗斯、乌兹别克斯坦、哈萨克斯坦、吉尔吉斯斯坦、伊朗、意大利共7个国家26所职业院校123名选手同台竞技，参加西式烹调、幼儿主题画等5个赛项比赛，积累办赛经验，输出赛项标准，有效提升了首都职业教育国际影响力。

二、成果主要解决的教学问题及解决教学问题的方法

（一）通过建立联盟，解决中外合作项目持续性较差，人才培养培训机制不完善的问题

职业教育中外合作交流因国家间教育体系差别、职教多样化导致资源较为分散，普遍停留在浅层次交流，无法形成深入、可持续的留学生培养培训机制。为破解这一难题，学校立足深化首都职业教育交流合作，在北京市教委职成处指导下，牵头成立了有53所中外院校参加的"丝路工匠"职业院校国际合作联盟，并搭建网上合作交流平台（http://www.slgjlm.com）。联盟的成立，改变了以往联盟成员职业院校在留学生培养培训领域中"单打独斗"的局面；合作上，形成"层次全、规模大、专业丰富"格局，提升了合作交流中的影响力与谈判优势，撬动更大的资源与政策支持，帮助成员单位寻找并匹配更为精准与优质的合作院校；管理上，通过建立理事会健全理事制度，制订科学的工作计划，实现联盟成员单位之间的交流合作、互学互通、资源共享，助力成员单位培育更为优质的留学生培养培训环境，形成深入可持续的留学生培养培训机制。

（二）通过建设"丝路学堂"优质课程，解决留学途径单一、对象范围狭窄、培养培训质量不高的问题

以往留学生主要以普通高等院校为主，留学途径较为单一，职业院校对留学生的吸引力不强。近年来"一带一路"共建国家留学生对"汉语+技能"的学习需求与日俱增，"丝路学堂"的"技能+语言+文化"特色课程体系充分发挥职业院校的独特优势，以模块化课程的形式，对不同人群、学段、学习长度均可进行个性化教学，既可以以单一专业培养以岗位为目的的学历生，又可以以丰富多彩的文化、技能类课程进行短期培训，满足了留学生多层次的学习需求，极大提高了各类留学生留学职业院校的意愿与学习热情，实现了留学生人数与培养培训质量的双增长。

（三）通过打造国际技能大赛品牌，解决相同相似专业交流缺乏、对彼此标准不够了解的问题

"丝路工匠"国际职业院校合作联盟秉承"和平合作、开放包容、互学互鉴、互利共赢"的丝路精神，在北京市教委支持下，定期举办"丝路工匠"国际技能大赛。通过合作开展技能人才培养，以大赛促交流、促技能提升，深入推动人文交流。首届"丝路工匠"国际技能大赛成功举办，不仅密切了联盟成员之间的情感联系，更是将模块化课程标准以赛

项方式成功输出，形成首届"丝路工匠"国际技能大赛赛项说明（含各赛项规程、评判标准等），促进了联盟成员互信互认、互学互鉴，为留学生培养培训夯实基础。

三、成果的创新点

（一）工作机制创新

学校 2019 年牵头成立"丝路工匠"职业院校国际合作联盟，联盟由 53 所中外职业院校组成，构建了以促进中外职业院校多领域合作为宗旨、以合作模式探索为突破点、以人才培养为着力点、以资源共享为关键点的工作机制。建立联盟理事会工作制度，在职业院校建设中国传统文化体验基地，实现联盟成员单位之间交流互通、资源共享，形成深入可持续的留学生培养培训机制，促进国外学生来华留学。建立"丝路工匠"国际技能大赛机制，形成分国别、按年度轮换举办制度，加强与国外院校的交流合作，采取大赛方式增进了中外职业院校人才培养的交流，不断扩大我国职业教育国际影响力。

（二）课程体系创新

将职业技能培训和文化教育融入语言学习，形成"技能+语言+文化"模块化课程体系；课程内容广泛，文化模块以中国非遗文化与技艺、中华烹饪、中华节日为主，包括戏曲文化、服饰文化、书画艺术等主题的文化元素；职业技能模块以烹饪、汽修、学前、影视、电商等专业的职业技能为主，突出技能的先进性与实用性。

（三）教学途径创新

中外学生学习方式具有开放性、共享性和交互性，突出"模块化"和"拼装性"特点，运用线上线下混合式教学方式，实现课程设计的系列化与个性服务，方便学生依据需求自主选择线上学习或线下体验。

（四）特色活动创新

学校以"丝路工匠"国际技能大赛为载体，通过合作开展技能人才培养，深入推动人文交流。协同中国青年政治学院等承办了首届"丝路工匠"国际技能大赛，学校负责西点烘焙和蛋糕裱花 2 个赛项标准的研制以及赛项组织与培训工作。通过成功举办大赛积累办赛经验，深化技能交流，输出赛项标准，打造大赛品牌，有效提升了首都职业教育的国际影响力。

四、成果的推广应用效果

（一）优质课程受益人数持续增长

《中华小吃》《中华冷拼艺术》两门课程已输出至泰国，供泰国近 200 所本科水平职业院校的近 40 万在校生学习。

"丝路学堂"优质课程受益人数持续增加，已完成来自5国家3届27名留学生的培养，其中3名留学生申请了中国大学继续攻读本科；俄罗斯、哈萨克斯坦等国的14名留学生目前正进行线上学习。近年来累计培训短期来华留学生203人，生源遍及意大利、芬兰、德国、喀麦隆、土耳其等近30个国家或地区；每年为在京中小学留学生提供文化与技能体验课程，年培训500人。

（二）课程标准输出开辟国际人才培养培训新路径

积极输出学校专业教学标准、课程标准、赛项标准、教学资源等，依托首届"丝路工匠"国际技能大赛赛事规则，将模块化课程标准以赛项方式成功输出，形成首届"丝路工匠"国际技能大赛赛项说明（含各赛项规程、评判标准等）。学校组织制订西点烘焙、蛋糕裱花两项赛事的规则手册供国外选手学习，手册内容依据西点烘焙、蛋糕裱花2门模块化课程标准转化而来，实现2门课程标准输出，使职教留学生培养培训不再局限于一地一校，为未来联合培养、合作办学打下基础。

（三）参与重大活动与任务，提升了首都职教影响力

2020年12月，学校代表"丝路工匠"联盟参加俄罗斯第14届职业青年大会职业教育发展论坛，向俄罗斯教育界展示了联盟运行机制与人才培养成果，获得广泛关注。

"丝路学堂"建设项目被列入北京市国际消费中心城市建设清单、丰台区"两区"建设任务。学校代表北京职业教育界参加2021年中国国际服务贸易交易会，在活动中发布了"丝路学堂"课程，开设非遗大师讲堂，展示了中华传统技艺文化，被中央电视台等10余家媒体宣传报道，有效提升了学校在首都、全国影响力和国际知名度。

学校与德国博特罗普职业学校连续开展14次师生研学互访。来自泰国、意大利、德国、法国、匈牙利、德国57名外籍学生参与AFS住校语言项目课程学习，均达到HSK5级或HSK4级，学校被评为CEAIE-AFS国际文化交流项目银牌学校。2019年意大利留学生在校学习生活的两个短视频《新时代的马可波罗》《新马可波罗游记》，累计点击破千万，入选学习强国平台，学校的国际化办学特色备受关注。

政研校企合作周期项目引领：职业教育国际合作助推教育教学改革研究与实践

完成单位：北京教育科学研究院；北京工业职业技术学院；
北京信息职业技术学院；北京市商业学校；
北京市昌平职业学校

完成人：王宇波；吉利；田野；鄂甜；安江英；贾清水；王彩娥；丁云鹏

一、成果简介

国际合作是北京职业教育创新发展的重要手段，也是服务于首都"国际交往中心"城市战略定位的重要途径，但职业教育的国际合作长期存在学习多应用少、交流多合作少、引进多输出少的问题。本成果依托北京市职业院校教师素质提高工程及德国和澳大利亚教育模式改革项目，从"请进来"到"走出去"，从短期专题性教师培训到完整周期性双向合作，积极探索国际合作有效模式，推动成果落地，全面提升职业教育国际化水平。

（一）形成"四主体一周期"的国际合作项目运行模式

北京职业教育国际合作始终坚持"政研校企"四主体共同推进，逐渐形成基于人才培养完整周期的国际合作项目运行模式。2006—2010年，在国际交流的广泛学习阶段，政府搭台、科研伴随、校企参与，开展一个月的教师国外培训；2010—2015年，在合作办学的单向引进阶段，政府签约、校企实施、科研跟踪，完整引进德国课程和IHK证书；2015年至今，在双向合作的引创结合阶段，政府立项、科研引领、校企转化，聚焦本土化创新，国际合作模式成熟并深化推广，职业教育国际化水平提升。

（二）完善"四对接一衔接"的人才培养标准体系

对接国家职业标准、专业教学标准、国际课程标准、证书标准，衔接中、高、本不同层次及前后续课程，修订试点专业人才培养方案，重构专业课程体系，规范本土化课程标准框架，有机融入思政目标，完善能力导向的人才培养标准体系。

（三）构建"四原则一本位"的教学评价体系

创新构建了以能力为本位，标准一致、多元主体、成果导向、注重过程的教学评价标准和方法，研发了具有中国特色的学生综合职业能力测评模型，探索开发了成果导向的全过程能力评价方案。

（四）围绕"四模块一中心"开发本土化教学设计方案和教学资源

坚持以学生为中心，聚焦职业教育先进理念、教学设计与资源建设、教学评价、课堂教学实施四大模块推进教育教学改革，开发了项目式、工作过程导向式、探究式教学设计方案及多样化教学资源，推动新型活页式教材建设。

2015年以来，国际合作项目培养了20所学校1 100名左右学生，71名学生赴德国开展企业实习获好评；开发了29个学习领域课程和32门模块化课程的本土化课程标准、评价标准及教学资源；培养了110位具有国际培训评估资质的教师，培育了3个国家级教学创新团队；5所项目学校作为北京市"一带一路"国家人才培养基地向10多个共建国家输出职业教育服务。

二、成果主要解决的教学问题及解决教学问题的方法

（一）通过"政研校企"四主体协同，对接本土国情，解决国际合作创新性不够的问题

创新"政研校企"四主体协同的国际合作北京模式，政府主导确保合作深度，科研引领实现引进与创新结合，校企合作完成成果开发与应用。突出科研先行，有效整合国内外资源，创新性研发解决本土问题的标准、工具和方法，以研究带动职业院校共建共享，指导校企合作落地实践，避免简单照搬国际经验而流于形式、浮于表面。

（二）通过完整周期项目合作，对接人才培养，解决国际合作内容单一、系统性不够的问题

贯穿人才培养完整周期，实施为期三年的国际合作项目，系统化、点面结合推进教育模式改革。一是，教师能力培训贯穿始终，聚焦以学生为中心、以学生综合能力培养为目标的课程开发、教学设计、教学资源开发、教学评价及课堂教学实施能力提升。二是，每学期对下学期即将实施的核心课程模块的教学设计和教学实施能力开展专题培训，项目团队完成本土化教学设计与课堂教学之后，再针对性开展指导，解决模块化课程教学的重难点问题，如理实一体化教学和能力本位评价。

（三）通过完善人才培养标准体系，对接国际标准，解决国际合作输出能力弱的问题

学习国际化人才培养标准体系的开发路径、建构要素以及可测可评能力标准的描述方法，对接国际话语体系，结合国家标准，完善试点专业以能力为本位的专业人才培养标准及模块化课程标准。围绕"一根本、两原则、三维目标、四个重点"规范课程标准要素内涵，即：坚持立德树人根本任务，遵循学生中心和能力本位两大原则，围绕知识、技能、素质（含思政）三维目标，重点说明课程的主要学习内容及其与课程目标、代表性学习成果以及考核评价的对应关系。经过标准化建设能力提升，北京职业教育创新输出了具有中国特色、国际水平的高质量专业标准、课程标准和教学资源，国际化水平显著提高。

（四）通过创新教学评价体系，对接育人目标，解决学生主体、能力本位的教学理念和方法不落地的问题

发挥教学评价的导向作用，创新了以能力为本位的教学评价体系：一是，对照人才培养标准和课程标准，统一研制评价标准，确保知识、技能和素养目标都能落实到评价标准中；二是，统一组织实施教师、企业专家共同参与的多主体评价；三是，注重学习成果积累和全过程能力评价。教学评价改革强调关注学生的学习和综合能力培养，增强了对教学的指导性，促进教育教学改革深入课堂，以学生为主体的教学法得到应用和推广，立德树人成效显著。

三、成果的创新点

（一）机制创新：创新了项目运行机制和本土化成果开发机制，突出科研引领

创新了"大周期小循环"的项目运行机制，总体规划和螺旋提升相结合。以人才培养的完整周期三年为一个项目的大周期，每学期按照"培训—开发—实践—改进"的"TDPI"小循环运行。小循环中，"先进职业教育理念"和"教育教学基本方法"的培训是长线，代表性的课程模块教学设计和教学实施能力培训（T）与教师的课堂教学实践（P）交替开展，中间的本土化教学标准和资源开发（D）环节突出科研引领。同时，创新建立本土化成果开发的共研共建共享机制，建立教研共同体，通过集体教研、分工开发、共享使用，提高资源整合与成果开发的效率和质量。

（二）评价创新：创新了素养与技能融合的职业能力测评模型，突出能力本位

自主研发了"信息获取、沟通展示、团队合作、计划决策、规范安全与环保、自我管理、职业态度、专业技术指标" 8个维度的综合职业能力测评理论模型，并在5个专业进行了应用。在综合职业能力评价的基础上，创新了成果导向的全过程能力评价矩阵，构建了"学习过程表现评价、课堂教学能力评价、实践场所能力评价" 3个维度的教学评价指标，丰富了10余种过程性学习成果的收集方式。通过教学评价创新，推动学生综合能力的培养和职业相关思政教育目标的有效落实。

（三）教学创新：创新了以能力为本位的课堂教学方式方法，突出学生主体

创新推动以学生为中心、以能力和素养提升为目标的课堂教学组织方式和教学方法改革，推动课堂革命。探索分组学习和独立学习相结合的学习方式，创新提出工作过程导向十步教学组织方式，开发了项目化、案例式、探究式教学设计案例，着眼于学生综合能力培养。创新运用关键词法、旋转木马法、餐垫法、自由市场法、专家小组法等10多种突出学生主体和素养培养的教学法，提升了学生的学习参与度和学习效果，教学理念从"关注教"转变为"关注学"，教学目标从"关注学会"转变为"关注会学"。

四、成果的推广应用效果

（一）带动合作方教学评价改革，提高创新成果的国际影响力

自主研发的学生综合职业能力测评模型被引入德国巴符州汽修专业教学评价改革中，也被德国专家在其他国际合作项目中推荐，北京职业教育的国际影响力显著提高。

（二）推进国家级专业标准建设，提高国际合作成果的政策影响力

3 所项目学校分别牵头承担了教育部委托的《中职会计专业实训教学条件建设标准》《中职幼儿保育专业实训教学条件建设标准》和《中职幼儿保育专业教学标准》编制任务，为政府提供政策咨询服务。

（三）引领职业教育"三教"改革，提高国际合作成果的实践影响力

项目培养学生 1 100 人左右，71 人被选派到德国开展 3 个月的企业实习，10 人次在全国职业院校技能大赛国赛中获奖，30 人次在市赛中获奖。培育了 3 个国家级教学创新团队；项目教师获教学能力比赛国家级奖项 8 个（其中一等奖 5 项），市级奖项 35 个（其中一等奖 14 项）；获 2017 年北京市职业教育教学成果奖一等奖 3 项；110 位教师取得澳大利亚职业教育培训评价师证书。开发了 29 个学习领域和 32 门模块化课程的本土化教学资源，出版新型活页式教学辅导用书 16 本。

（四）推动国际比较与试验研究，提高国际合作成果的学术影响力

获批 2018 年北京市职业教育教学改革项目"借鉴澳大利亚 TAFE 模式构建职业教育人才培养国际化标准体系的探索与实践"，出版研究专著 6 本，发表研究论文 12 篇，项目教师发表相关教科研论文 17 篇，主编、参编教材 14 本。

（五）加强教育模式改革经验推广，提高国际合作成果的辐射效应

打造并推广德国胡格和澳大利亚 TAFE 两类完整周期教育模式改革国际合作品牌项目，成果在部分试点院校的非实验班进行应用，并在其他非试点专业进行推广，被其他 5 省职业院校引入，并在世界银行贷款项目中得到推广和应用，发挥了极大的辐射带动作用。

（六）服务国家"一带一路"建设，提高职业教育国际化水平

5 所项目学校入选北京市"一带一路"国家人才培养基地，打造海外办学、资源输出和技能交流三类国际化品牌：在赞比亚、埃及等"一带一路"共建国家设立海外分校；接受来自 10 余个"一带一路"共建国家人员来京培训，输出中国的专业标准、课程标准和教学资源；成立"丝路工匠"职业院校国际合作联盟，举办国际技能大赛，促进技能交流。助力北京"服贸区"和"自贸区"建设，项目学校在国际服贸会上举办教育服务专题展，并与国外机构签约合作。

建中等职业教育质量三级监测体系
促北京中等职业教育质量有效提升

完成单位：北京教育科学研究院；北京市丰台区职业教育中心学校；北京市商业学校；北京市外事学校；北京市昌平职业学校

完成人：高卫东；赵爱芹；邢连欣；田雅莉；郑艳秋

一、成果简介

为贯彻落实《国务院关于加快发展现代职业教育的决定》，2015 年北京市教委发布《关于建立北京市中等职业教育质量年度报告制度的通知》，在全国率先建立中等职业教育质量年度报告制度，设立实施"北京中等职业教育年度报告"财政专项（以下简称中职年报项目）。本成果是中职年报项目连续五年（2015—2020 年）研究与实践探索的成果。

（1）构建起以中职学校质量年报、区级中职质量年报、市级中职质量年报为基础的北京市中等职业教育质量三级监测体系，实现了北京市中等职业教育质量监测的制度化、常态化。中职年报项目每年组织、指导北京市各中等职业学校和各区教委编制学校质量年报和区级中职质量年报。项目专家组在学校质量年报和区级中职质量年报的基础上，编制市级中职质量年度报告，从而构建起北京市中等职业教育质量三级监测体系。

（2）构建起"市教委领导、北京教科院主持、项目专家组组织监测、区教委与中职学校实施监测"的"五位一体"中等职业教育质量监测体系运行机制。

（3）取得丰硕监测成果。中职年报项目总共编制各级中等职业教育质量年度报告 432 份，总计 540 余万字。编辑出版《北京市中等职业教育质量年度报告》5 部，总计 120 余万字。

（4）取得显著实践成效。中职年报项目推动中等职业教育质量监测与改进工作在市、区、校三个层次广泛开展，有效促进了北京市中等职业教育质量的提升。

项目专家组对全市各中等职业学校和各区质量年报工作联系人共 70 人发放调查问卷，回收 65 份，问卷回收率为 93%。调查数据显示，97% 的调查对象认为质量年报编制工作对学校教育教学质量的提升发挥了促进作用。

从全市中等职业教育质量监测核心数据指标看，毕业生初次就业率从 2014 年的 93.97% 上升为 2020 年的 97.24%；毕业生对口就业率从 2014 年的 88.14% 上升为 2020 年的 91.14%；毕业生月平均收入从 2014 年的 2 835.30 元提升为 2020 年的 3 878.86 元；毕业生升学率从 2014 年的 34.81% 上升为 2020 年的 73.31%；毕业生母校满意度从 2014 年的 95.97% 上升为 2020 年的 98.6%；毕业生雇主满意度从 2014 年的 90.37% 上升为 2020 年的 97.2%。以上数据表明，实施中等职业教育质量年度报告制度，构建中等职业教育质量三级监测体系，促进了北京市中等职业教育质量的有效提升。

二、成果主要解决的教学问题及解决教学问题的方法

（1）针对中等职业学校教育质量监测指标不清晰、不系统的问题，项目专家组开发研制了中等职业学校教育质量监测指标体系。经过逐年修订完善，最终形成了一个包括学校情况、学生发展、质量保障、校企合作、社会贡献、特色创新、问题与改进7个一级指标，25个二级指标，100余个观测点的中等职业学校教育质量监测指标体系，以学校质量年报参考框架的形式提供给中等职业学校用于监测中等职业学校教育质量，编制中等职业学校教育质量年度报告。为了定量化开展中等职业学校教育质量监测，项目专家组研究开发了3张包含21个质量监测关键数据指标的质量监测数据表。

（2）针对区域中等职业教育质量监测指标不清晰、不系统的问题，项目专家组研制开发了区域中等职业教育质量监测指标体系。经过逐年修订完善，最终形成了一个包括基本情况、学生发展、质量保障、校企合作、社会贡献、政府履责、特色创新、党建工作、问题与改进9个一级指标，21个二级指标，50余个观测点的区域中等职业教育质量监测指标体系，以区域中等职业教育质量年度报告参考框架的形式提供给各区教委用于监测各区中等职业教育质量，编制区级中等职业教育质量年报。项目专家组以区域中等职业教育质量监测指标体系为依据，监测并编制市级中等职业教育质量年度报告。

（3）针对北京市中等职业教育质量监测体系不健全的问题，中职年报项目通过在全市范围，市、区、校三个层次组织中等职业教育质量年度报告编制工作，建立起了以中职学校质量年报、区级中职质量年报、市级中职质量年报为基础的北京市中等职业教育质量三级监测体系。

（4）针对北京市中等职业教育质量监测体系运行机制缺失的问题，中职年报项目构建起"市教委领导、北京教科院主持、项目专家组组织监测、区教委与中职学校实施监测"的"五位一体"中等职业教育质量监测体系运行机制。市教委领导有效发挥了政府部门在全市中等职业教育质量监测方面的领导优势。北京教科院主持有利于发挥教育科研单位的科研资源与人才优势。北京教科院整合10余名中高职教育专家组成项目专家组具体负责中职年报项目的组织实施，有效保证了中等职业教育质量监测的专业性和科学性。区教委与中职学校是中等职业教育质量监测体系的重要监测主体。

三、成果的创新点

（一）制度创新

在全国率先建立中等职业教育质量年度报告制度。2015年北京市教委发布《关于建立北京市中等职业教育质量年度报告制度的通知》（京教职成〔2015〕19号），在全国率先建立中等职业教育质量年度报告制度。教育部办公厅2016年才发布《关于开展中等职业教育质量年度报告工作的通知》（教职成厅函〔2016〕2号），在全国范围启动实施中等职业教育质量年度报告制度。

（二）指标创新

在全国率先构建起中等职业学校教育质量监测指标体系、中等职业学校质量监测数据表、区域中等职业教育质量监测指标体系，并逐年对监测指标进行动态调整。

（三）体系创新

在全国率先建立起以学校质量年报、区级中职质量年报、市级中职质量年报为基础的中等职业教育质量三级监测体系，实现了北京市中等职业教育质量监测常态化、制度化，对建立健全北京市中等职业教育质量保障体系作出了突破性贡献。

（四）机制创新

在全国率先建立起"市教委领导、北京教科院主持、项目专家组组织监测、区教委与中职学校实施监测"的"五位一体"中等职业教育质量监测体系运行机制。

（五）发布创新

北京市不仅按照教育部的要求在北京市职成教网面向社会公开发布北京市中等职业教育质量年度报告，还坚持公开持续出版《北京市中等职业教育质量年度报告》。

四、成果的推广应用效果

（1）在全国率先建立起中等职业教育质量年度报告制度，对中等职业教育质量年度报告制度在全国的建立起到了一定的示范、引领、带动作用。

（2）带动全市中职学校和市、区两级政府职能部门广泛持续地开展中等职业教育质量年度监测工作，有效提升了全市各中等职业学校和市、区两级政府职能部门中等职业教育质量监测意识和能力。

（3）通过北京职成教网面向社会公开发布中等职业教育质量年报319份，编辑出版5部《北京市中等职业教育质量年度报告》，提炼、宣传、推广了300余个北京市中等职业学校教育教学质量改进的典型案例。2021年3月，北京市教委对项目组编制的《北京市中等职业教育质量年度报告（2020年）》出具了正式的项目成果采纳证明。

（4）通过开展学校质量年报的编制促使北京市中职学校普遍建立起制度化的学校内部教育教学质量监测制度和质量保障体系，有效推进了学校教育教学质量的改进和提升。

北京市商业学校把质量年度报告的总结分析，作为下一年度人才培养目标和规格、专业设置和建设、课程体系和教学内容、教学方法和教学手段、教学评价和质量监控等内容调整的重要依据，促进师生发展；作为重新配置教育教学资源、协调校企行社等不同相关群体的依据，激发和调动相关主体参与学校教育教学的主动性；作为学校修订完善教育教学管理制度的依据，全力保障教育教学等工作平稳、有序、高效运行，推进学校治理能力现代化。

北京市丰台区职业教育中心学校依据学校质量年报体系和要求，完善学校办学治校质量管理体系；加强各部门自我质量管理与质量监控管理，建立质量管理联动机制；健全教育教学质量生成环节关键要素评价标准；开发学校信息化管理平台功能，建立定期人才培养状态数据采集、分析、办学质量报告反馈机制，构建学校全面质量管理体系，提出了"四新、六有、六出"的学校质量工程整体标准。

北京市外事学校校长直接挂帅担任组长，各科室、各专业部通力协作、分工明确、责任到人，全力编制好学校的质量年报。学校以前对人才培养评价往往定性评价多、数据支撑少，如人才质量评价数据仅限于毕业率、就业率、取证率等数据，质量年报的编制丰富了学校人才培养评价的内涵，年报编制过程中大量的数据采集指导学校完善质量评价内容，帮助学校分析学校办学过程中存在的问题。每年《北京市中等职业教育质量年度报告》公布以后，学校都会组织干部与骨干教师研读学习。

刻画一条连贯的产教协同育人实线，提升北京职业院校人才培养适应性

完成单位：北京教育科学研究院；北京财贸职业学院；北京市丰台区职业教育中心学校；北京青年政治学院；北京市商业学校

完成人：侯兴蜀；吉利；胡君晖；王鸿波；厉育纲；张芳喜

一、成果简介

长期以来我国职业院校在人才培养流程上缺乏产教协同的连贯性与全面性，严重制约了技术技能人才培养适应性和职业教育价值。20世纪以来我国一直在推动职业教育"走产教结合的路子"，党的十九大报告提出"完善职业教育和培训体系，深化产教融合、校企合作"。本教学成果以北京市产业调整升级和职业教育转型发展为契机，以2016年始开展的职业教育与产业发展契合度研究为基础，成果相关中等和高等职业院校在互联网金融、老年服务与管理、学前教育、汽车运用与维修（包括新能源汽车维修技能方向）、汽车营销与服务专业，实施"产业与专业结构吻合、人才需求与培养规格契合、工作任务与教学内容融合、企业与学校资源组合、教学实施校企配合"的"五合"式产教协同育人，将碎片化、非连续性的校企合作人才培养升级为"起点科学架构、中段连贯实施、终端评价回归"的"三段递进、五合连贯"式人才培养机制。

在新模式下，完成了以下研究与实践探索：

（1）起点科学架构：多校多企联合、系统、持续调研本市或本区产业用人需求层次、规模、规格，对比区域内、本产业领域职业院校专业人才培养层次、数量和质量，形成产教契合度研究报告，并据此调整优化专业结构，完善人才培养方案特别是人才培养目标和培养规格。

（2）中段连贯实施：依据调研结果，校企合作升级专业建设，开发课程体系和评价标准，增加企业人力、物力、财力资源在教学过程中的投入，通过项目制、学徒制、订单定制式等模式精准培养高适应性技术技能人才。

（3）终端评价回归：构建了校企结合的人才培养适应性评价机制，让毕业生质量最终回归到企业需求原点。

针对普遍存在的产教协同育人"两张皮"等实际教学问题，北京职业院校"三段递进、五合连贯"式产教协同育人机制，通过实践运行刻画了一条连贯的实线，练就了千余名高端技术技能人才，培训了一大批重新"武装"后的企业员工，锻炼了一批懂产业、会育人的教师（团队），打造了两个国家级品牌专业，助推了国家和北京市两级特色高水平院校建设，得到了企业界的认可，显著提高了职业教育适应性。相关成果也获得了北京市人民政

府、中共北京市委教育工作委员会、北京市教委主要领导的肯定和批示，要求职业教育加大服务产业发展和保障民生需求技术技能人才供给，进一步提升职业教育人才培养与经济社会发展需求匹配度。此外，部分研究和实践成果已出版或发表。

二、成果主要解决的教学问题及解决教学问题的方法

（一）主要解决的教学问题

（1）专业结构与产业结构不吻合，专业规划缺乏充足的依据和操作性。

（2）专业人才培养目标和培养规格难以高度契合企业对人才规格的真实完整需求，产业用人需求无法被及时准确获知并传递。

（3）人才培养方案与实际教学普遍存在"两张皮"现象，人才培养仍停留在碎片化、非连续性的校企合作层面上。

（二）基于科学和持续的人才需求调研，优化专业结构和人才培养方案

基于统一的"两层七维"职业教育与产业发展契合度分析模型，在北京市教委的统一领导和市级职业教育科研部门的技术指导下，相关职业院校分别组织数量庞大的调研团队，广泛深入调研人才需求。各学校还开展年度调研和日常调研，在互联网金融等5个专业共开展人才需求调研31次。充分应用调研成果，相关院校在5个专业领域内共新开设互联网金融专业、早期教育等3个专业（方向）；修订专业人才培养方案15份，调整了人才培养目标；细化研制了可测量的培养规格，解决了人才在需求规格和培养目标上的一致性问题；同时，还修订或制订了18个教学管理制度以落实人才培养方案。

（三）在教学内容、教学资源、教学实施上保持产教协同的连贯性，保证人才培养适应性

围绕岗位核心技能构建专业核心课程体系，实现工作任务与教学内容契合。5个专业重构了专业核心课程体系，与企业合作开发或修订课程23门，校企联合新编教材12本，新开发实训标准、实训项目指导书、工作手册式或活页式实训教材33套。

强化企业资源投入，实现企业与学校资源组合。校企共建校内实训基地6个，新建校外实习实训基地23个。在北京劳动保障职业学院养老驿站、北京市商业学校魏工养车校园店等产教融合实训基地，学生"上学如上班、上课如上岗"。

依托多样化的人才培养模式，校企配合实施教学。依托"双主体"、现代学徒制等人才培养模式，企业专家、师傅、管理人员进入学校课堂实际教学、联合教研、管控实习、管理班级，融入企业文化、真实生产经营项目、实践工作经验和鲜活案例。

（四）终端评价回归人才培养目标原点

5个专业回归产业人才需求原点，建立校企结合的人才培养质量评价机制。北京市丰台区职业教育中心学校汽车运用与维修专业实施由企业主导考核认证的方式对毕业生进行评价。北京劳动保障职业学院以学生岗位适应性与职业生涯发展性作为根本标准，用人单位、

行业协会等利益相关方共同参与人才培养质量评价。

三、成果的创新点

（一）开发并实际运用了职业教育与产业发展契合度分析模型

本成果完成单位联合开发了"两层七维"职业教育与产业发展契合度分析模型。两层是指从当前和未来两个层面分析区域和全市产业人才需求与教育供给关系，形成契合度结论，并作供求缺口、归因和对策分析。七个契合度分析维度包括：供需数量；供需结构；素养能力；来源；工作环境、薪酬待遇、职业发展空间与毕业生期望；毕业去向和就业流动性与毕业生期望；需求与条件保障。

运用此模型，形成了一批标志性的研究成果，其中，主要研究报告获得北京市政府、中共北京市委教育工委、北京市教委主要领导肯定，收到了决策采纳证明，部分成果已出版。学校也都建立了产教契合度持续研究与转化实施机制，并取得了一批实践成果。

目前来看，此分析模型在国内具有一定的创新性和独特性，也经历了实践检验，保障了产教契合度研究的科学性，正确引导了人才培养实践。

（二）"产业与专业结构吻合、人才需求与培养规格契合、工作任务与教学内容融合、企业资源与学校资源组合、教学实施校企配合"的"五合"式人才培养机制，创新实现了提升产教协同育人连贯性、全面性和人才培养适应性的目标

创造性构建了产教外在协同、内在融合的连贯式育人机制。这种连贯性表现在人才培养的三大环节：一是起点科学架构。基于人才需求调研和供需契合度分析，实施专业结构调整，开展人才需求与培养目标和规格契合设计。二是中段连贯实施（教学内容契合、教学资源组合、教学实施配合）。通过采用项目制、学院制等组织载体和订单定制式、现代学徒制等育人模式，解决校企一般合作状态下学校单方无法克服的标准把控、资源短缺和管理松散等难题。三是终端评价回归。加大毕业生质量评价中的企业评价权重，进行规格契合检查。这三个环节循环往复形成闭环，实现整体连贯性。相对而言，这种连贯性更集中体现在企业参与项目人才培养的过程中。

四、成果的推广应用效果

（一）基于产教契合度研究的人才培养改革实践成为更多职业院校的工作范式

系统地基于产教契合度研究的人才培养改革实践不仅在参加研究的近20家职业院校的数十个专业领域进行，且在这些学校的更多专业得到推广应用，其他学校也在应用和改良这种工作范式。北京市领导在基于这项成果的《北京市高等教育、职业教育人才培养与经济社会发展需求匹配问题研究》上批示，据此北京市教委研究提出了北京职业院校"产教融合校企协同"培养试点方案，拟在生物医药、智能汽车等5个领域开展试点。

（二）练就了一大批契合企业需求的毕业生，培训了一大批企业员工，助力了行业企业发展

产教协同、连贯"刻画"的人才培养机制显著提升了学生实践能力，7名学生在全国职业院校技能大赛中获奖，17人在北京市职业院校技能大赛中获奖，千余名优秀毕业生以订单定制的方式输送到对口企业，成为企业转型升级发展的生力军。大部分专业用人单位满意度高达100%，就业单位对毕业生的职业道德、专业技能和团队协作精神等方面给予高度评价。北京市丰台区职业教育中心学校与北京现代汽车有限公司合作建设"北京现代冠名班"，毕业生100%取得经过北京现代汽车有限公司认证的初级机电技师证书，很多学生已经成为公司各家维修企业的技术骨干；与北汽新能源公司合作共建北汽新能源汽车培训中心，对接新能源汽车维修企业岗位人才需求，开发建设新能源企业员工培训课程资源包5个，率先开展了提升全国北汽新能源服务站员工维修专业技能培训，培训人员达1 428人·日，有效提升了培训人员的理论和技术水平。北京劳动保障职业学院依托联合高校和企业建立职业资格证书培训资源库和专业能力提升培训资源库，开展养老服务在岗从业人员在线培训，有力地促进了行业发展。

（三）专业建设水平和服务产业发展与高品质民生能力得到了明显提升

5个专业的教师共出版著作21部，发表论文32篇，完成省市级以上相关课题3项，开发国家级专业教学资源库1个，获得北京市和国家级教学能力比赛奖项10个。老年服务与管理专业群成为中国特色高水平专业群建设单位和国家级教学创新团队。学前教育专业形成"花开学前"卓越幼师培养的"三ZHUO"品牌，成为教育部学前教育专业"双师型"教师培养培训基地、北京市中小学师资队伍培养来源单位。北京市丰台区职业教育中心学校汽车运用与维修专业依托"北汽新能源汽车培训中心"成为国内首家新能源汽车师资培训单位。

相关政策文件

附录1 教学成果奖励条例

中华人民共和国国务院令

第151号

自1994年3月14日发布之日起实施

第一条 为奖励取得教学成果的集体和个人,鼓励教育工作者从事教育教学研究,提高教学水平和教育质量,制定本条例。

第二条 本条例所称教学成果,是指反映教育教学规律,具有独创性、新颖性、实用性,对提高教学水平和教育质量、实现培养目标产生明显效果的教育教学方案。

第三条 各级各类学校、学术团体和其他社会组织、教师及其他个人,均可以依照本条例的规定申请教学成果奖。

第四条 教学成果奖,按其对提高教学水平和教育质量、实现培养目标产生的效果,分为国家级和省(部)级。

第五条 具备下列条件的,可以申请国家级教学成果奖:

(一)国内首创的;

(二)经过2年以上教育教学实践检验的;

(三)在全国产生一定影响的。

第六条 国家级教学成果奖分为特等奖、一等奖、二等奖三个等级,授予相应的证书、奖章和奖金。

第七条 国家级教学成果奖的评审、批准和授予工作,由国家教育委员会负责;其中授予特等奖的,应当报经国务院批准。

第八条 申请国家级教学成果奖,由成果的持有单位或者个人,按照其行政隶属关系,向省、自治区、直辖市人民政府教育行政部门或者国务院有关部门教育管理机构提出申请,由受理申请的教育行政部门或者教育管理机构向国家教育委员会推荐。

国务院有关部门所属单位或者个人也可以向所在地省、自治区、直辖市人民政府教育行政部门提出申请,由受理申请的教育行政部门向国家教育委员会推荐。

第九条 不属于同一省、自治区、直辖市或者国务院部门的两个以上单位或者个人共同完成的教学成果项目申请国家级教学成果奖的,由参加单位或者个人联合向主持单位或者主持人所在地省、自治区、直辖市人民政府教育行政部门或者国务院有关部门教育管理机构提出申请,由受理申请的教育行政部门或者教育管理机构向国家教育委员会推荐。

第十条 国家教育委员会对申请国家级教学成果奖的项目,应当自收到推荐之日起90日内予以公布;任何单位或者个人对该教学成果权属有异议的,可以自公布之日起90日内提出,报国家教育委员会裁定。

第十一条 国家级教学成果奖每4年评审一次。

第十二条 省(部)级教学成果奖的评奖条件、奖励等级、奖金数额、评审组织和办法，由省、自治区、直辖市人民政府、国务院有关部门参照本条例规定。其奖金来源，属于省、自治区、直辖市人民政府批准授予的，从地方预算安排的事业费中支付；属于国务院有关部门批准授予的，从其事业费中支付。

第十三条 教学成果奖的奖金，归项目获奖者所有，任何单位或者个人不得截留。

第十四条 获得教学成果奖，应当记入本人考绩档案，作为评定职称、晋级增薪的一项重要依据。

第十五条 弄虚作假或者剽窃他人教学成果获奖的，由授奖单位予以撤销，收回证书、奖章和奖金，并责成有关单位给予行政处分。

第十六条 本条例自发布之日起施行。

附录2 关于做好2021年北京市职业教育教学成果奖推荐申报的通知

京教函〔2021〕502号

各区教委，各职业院校，有关单位：

为贯彻习近平总书记对职业教育工作重要指示和全国职业教育大会精神，落实《国家职业教育改革实施方案》和北京市《关于深化职业教育改革的若干意见》要求，进一步深化我市职业教育教学改革，持续提升技术技能人才培养质量和职业教育适应性，根据《北京市教育教学成果奖评审奖励办法》和年度工作计划，市教委决定启动2021年北京市职业教育教学成果奖评审工作。为做好北京市职业教育教学成果奖的推荐申报工作，现将有关事项通知如下：

一、成果要求

符合国家和北京市职业教育改革精神，反映党的十九大以来我市职业教育教学改革的新成就，体现职业教育教学改革上的理论创新和实践探索，对提高教学水平和教育质量、实现培养目标产生明显效果和推广价值的成果。成果范围、成果内容、成果形式等要求详见2021年北京市职业教育教学成果奖评审奖励实施细则（附件1）。

二、推荐限额

2021北京市职业教育教学成果奖实行限额推荐申报，各申报单位经公示无异议后，在限额范围内（附件2）向市教委择优推荐。

三、推荐程序

各高职院校、中专学校、技工院校、其他院校由本单位在限额内推荐；各区职业高中及区属职成教机构由区教委在限额内统筹推荐。两个（含）以上单位完成的成果，由第一完成人所在单位在限额内统筹推荐。

四、申报要求

（一）成果奖推荐申报采用网上申报。申报平台账号信息及相关工作通知将通过各单位成果奖工作联系人传达。请各申报单位于2021年10月15日前将本单位工作联系人完整信息

（附件5）发送至jw_zcc@jw.beijing.gov.cn。

（二）各单位通过申报平台在线填报成果信息，申报网址：https://bjzj.bjedu.cn/jxcg（开放时间：2021年10月20日9:00—10月31日24:00，逾期系统自动关闭）。

（三）在线填报后，需将教学成果奖推荐书（附件3）中的"完成单位情况"部分和推荐成果排序汇总表（附件6）的加盖公章扫描件，以PDF文件格式上传平台。

（四）网上申报完成后，通过申报平台打印教学成果推荐书（含总结和鉴定书），双面打印一式7份，并在"推荐意见"部分加盖公章，于2021年11月1日—11月3日8:00—16:00，报送至北京市电气工程学校将台校区教学楼二层202B室。

五、工作要求

各单位要准确把握教学成果奖的具体要求，切实做好成果的整合、凝练和推荐工作。申报国家级教学成果奖原则上从市级获奖成果中择优推荐，具体办法另行通知。

附件：
1. 2021年北京市职业教育教学成果奖评审奖励实施细则
2. 2021年北京市职业教育教学成果奖推荐限额表
3. 2021年北京市职业教育教学成果奖推荐书
4. 2021年北京市职业教育教学成果奖推荐书填报说明
5. 2021年北京市职业教育教学成果奖推荐工作联系人信息表
6. 2021年北京市职业教育教学成果奖推荐成果排序汇总表

北京市教育委员会
2021年9月27日

附录3 2021年北京市职业教育教学成果奖评审奖励实施细则

第一条 为深入贯彻习近平总书记关于职业教育的重要指示，落实全国职业教育大会精神，按照《国家职业教育改革实施方案》和北京市《关于深化职业教育改革的若干意见》等文件要求，不断提高北京职业教育教学质量，持续提升人才培养能力和水平，根据国家《教学成果奖励条例》和《北京市教育教学成果奖评审奖励办法》有关规定，结合北京市职业教育实际，制定本实施细则。

第二条 北京市职业教育教学成果奖是北京市人民政府设立的北京市教育教学成果奖的组成部分，该奖项每4年评审一次。本市中等职业学校（含技工学校）、高等职业院校的教师、教辅人员和教学管理人员，在职业教育教学中取得成果的学术团体、其它社会组织和个人，均可依照本细则的规定申请北京市职业教育教学成果奖。

第三条 北京市职业教育教学成果，是指符合国家和北京市职业教育改革精神，反映职业教育教学规律和人才成长规律，体现职业教育教学改革上的理论创新和实践探索，着重围绕职业教育教学中存在的问题，提出有效解决办法，实施效果显著，对提高教学水平和教育质量、实现培养目标产生明显效果和推广价值的成果。

第四条 北京市职业教育教学成果奖评奖范围主要包括：

（一）在围绕首都"四个中心"功能建设和经济社会高质量发展的人才需求，落实立德树人根本任务，转变教育思想、更新教育观念，培育和践行社会主义核心价值观，健全德技并修育人机制，培养工匠精神、职业道德和就业创业能力，加强和改进公共基础课教学，推进专业建设和课程改革，改进教学方式方法，促进信息技术应用，推广应用优质教育资源等方面具有创新性和推广价值的成果。

（二）在服务国家战略和北京职业教育领域改革，探索办学模式，创新人才培养模式、实施课程改革，推进产教融合、校企合作，文化传承创新、国际交流合作，增强学生就业、创新创业能力、可持续发展能力等方面具有创新性和推广价值的成果。

（三）在加强教学组织管理，加强师资队伍、实训基地、教学资源建设，强化实践教学环节，建立教学诊断与改进的质量保障机制，实现教学管理现代化等方面具有创新性和推广价值的成果。

（四）深化、拓展、创新已有的教育教学成果，并在实践中进一步创新和发展，显著提高人才培养质量和办学效益等方面的成果。

（五）成人教育机构申报本奖项仅限于在学习型城市建设、社区教育、农村成人教育、老年教育等事业中做出特色和贡献的教育教学成果。

第五条 北京市职业教育教学成果的主要形式为有关教育教学成果的实施方案、研究报告、课件（软件）、论文、著作等。

第六条 北京市职业教育教学成果奖共设奖项210项左右，其中特等奖不超过10项，一等奖 50 项左右，二等奖 150 项左右，特等奖和一等奖坚持宁缺毋滥的原则，确保评审的严肃性和权威性。

第七条 成果完成单位是指在成果的方案设计、论证、研究和实践的全过程中做出主要贡献的单位。两个（含）以上单位共同完成的可联合申报，联合申报单位原则上不超过 5 个。

第八条 成果完成人是指主持并直接参加成果的方案设计、论证、研究和实施的全过程，并做出主要贡献的人员。单一单位申报成果的完成人不得超过 5 人。联合申报成果，每单位至少应有一名完成人，每增加 1 个单位，成果完成人可增加 1 人且完成人总数不得超过 8 人。

第九条 成果必须符合党和国家教育方针政策，培育和践行社会主义核心价值观，在理论上有所创新，在实践中取得成效。

特等奖教学成果应在职业教育教学理论上有重大创新，在职业教育教学改革实践中取得特别重大突破，对提高教学水平和教育质量、实现培养目标有突出贡献，达到国内领先水平，产生重要影响，一般经过不少于 4 年的教育教学实践检验。

一等奖教学成果应在职业教育教学理论上有创新，对职业教育教学改革实践有重大示范作用，对提高教学水平和教育质量、实现培养目标产生重大成效，达到全市领先，全国先进水平，一般经过不少于 4 年的教育教学实践检验。

二等奖教学成果应在职业教育教学理论或者实践的某一方面有重大突破，在提高教学水平和教育质量、实现培养目标等方面取得显著成效，并经过不少于 2 年的教育教学实践检验。

实践检验的起始时间，从正式实施（包括正式试行）教育教学方案的时间开始计算，不含研讨、论证及制定方案的时间，检验完成时间不迟于 2020 年 12 月 31 日。

第十条 北京市成立北京市教育教学成果奖评审委员会（以下简称"评审委员会"），评审委员会聘请相关专家组成北京市职业教育教学成果奖评审专家委员会（以下简称"专家委员会"）。专家委员会下设若干评审组。同时设立北京市职业教育教学成果奖奖励工作办公室（以下简称"奖励办公室"），奖励办公室设在市教委职业教育与成人教育处。

第十一条 评审委员会由市教委、市人力资源社会保障局、市财政局、市发展改革委有关领导及相关部门负责同志组成。评审委员会职责：

（一）聘请有关专家组成专家委员会；

（二）研究决定市级教学成果奖励工作中的重大问题；

（三）审定专家委员会的评审结果。

第十二条 专家委员会设主任 1 人，副主任若干人，委员人数根据评审工作需要确定。专家委员会职责：

（一）听取评审组的工作报告，审定评审组的评审结果；

（二）对评审工作中的有关问题进行研究并提出处理意见；

（三）对完善教学成果奖励工作提供咨询意见。

第十三条 评审组设组长 1 人，副组长 1 至 2 人，成员若干人。评审组职责：

（一）听取奖励办公室提出的核查意见，确定申请人及其成果的参评资格；

（二）负责本组业务范围内的成果初评工作，并向专家委员会汇报初评结果；

（三）完成专家委员会交办的其它工作。

第十四条 奖励办公室设主任 1 人，副主任 1 至 2 人，成员若干人。其职责是：

（一）具体组织、协调评审工作；

（二）初步核查申请人及其教学成果的参评资格，对申请材料中存在的问题，要求申报个人或单位作出说明；提出对申请材料的核查意见；

（三）完成评审委员会赋予的其它职责。

第十五条 教学成果奖的评审坚持公开、公平、公正的原则，一般分为小组评审和会议评审两个阶段。

小组评审由评审组组织专家分类别进行，采取打分排序的方式，确定进入会议评审的成果。

会议评审在专家委员会听取评审组意见的基础上以无记名投票方式进行现场投票表决，确定特等奖、一等奖、二等奖获奖名单。二等奖须有参加投票专家委员的二分之一以上同意；一等奖须有参加投票专家委员的三分之二以上同意；特等奖须有参加投票专家委员的五分之四以上同意。

教学成果奖评审工作实行回避制度。被推荐为教学成果的完成人，不得参加专家委员会和评审组的相关评审工作。

第十六条 评审结果实行公示制度。评审结果经评审委员会审定后，在北京市教育委员会官方网站上发布，接受社会监督、公示期为 15 天。

任何单位和个人对获奖成果有异议，须在公示期内书面提出。单位提出异议的，须写明联系人姓名、通信地址、邮政编码和联系电话，并加盖公章；个人提出异议的，须写明本人的真实姓名、工作单位、通信地址、邮政编码和联系电话，并署本人亲笔签名。不符合上述规定的异议，不予受理。

公示期结束后，评奖结果由评审委员会报北京市人民政府批准。

第十七条 北京市职业教育教学成果奖励经费由北京市财政专项拨款支持，获得北京市职业教育教学成果奖特等奖将授予获奖证书和 5 万元奖金，获得市级一等奖将授予获奖证书和 2 万元奖金，获得市级二等奖将授予获奖证书和 1 万元奖金。

第十八条 北京市职业教育教学成果奖励经费预算由北京市教育委员会编制，列入市财政预算，专款专用。

第十九条 本细则由奖励办公室负责解释。

附录4　关于表彰北京市教育教学成果奖的决定

京教人〔2022〕15号

各区教委，各高等学校、中等职业学校，各有关单位：

根据国务院颁布的《教学成果奖励条例》及《北京市教育教学成果奖评审奖励办法》等文件精神，北京市教育委员会、北京市人力资源和社会保障局、北京市财政局联合开展了2021年北京市教育教学成果奖评审工作。经报请市政府批准，对以下教学成果奖予以表彰：

北京大学田刚等申报的"建设世界一流数学人才培养高地——北京大学基础数学拔尖人才培养创新与实践"等30项成果获北京市高等教育教学成果特等奖；中国人民大学刘元春等申报的"六位一体全程育人习近平新时代中国特色经济学人才培养的人大模式"等227项成果获北京市高等教育教学成果一等奖；清华大学周杰等申报的"清华大学博士生教育改革与实践"等340项成果获北京市高等教育教学成果二等奖。

北京电子科技职业学院辛秀兰等申报的"面向医药健康高精尖产业'研创双驱—育训并举'人才培养模式的探索与实践"等10项成果获北京市职业教育教学成果特等奖；北京财贸职业学院杨宜等申报的"高职院校扬长教育人才培养体系的构建与创新实践"等59项成果获北京市职业教育教学成果一等奖；北京青年政治学院程晓君等申报的"高职院校课程思政'1345'育人模式创新与实践"等156项成果获北京市职业教育教学成果二等奖。

北京大学附属小学尹超等申报的"创新人才早期培养的小学实践"等10项成果获北京市基础教育教学成果特等奖；北京市东城区黑芝麻胡同小学吴健等申报的"基于文化自信的地缘课程建设"等50项成果获北京市基础教育教学成果一等奖；北京西藏中学申报的"内地西藏班（校）思政课铸牢中华民族共同体意识教育的研究与实践——以北京西藏中学为例"等100项成果获北京市基础教育教学成果二等奖。

开展教学成果奖励活动是对各级各类学校人才培养工作和教育教学改革成果的检阅和展示，是市委市政府高度重视教育教学工作的重要体现。本次获奖的项目是首都广大教育工作者辛勤劳动的结晶，是各级各类学校长期开展教育教学研究、深化教学改革、加强教学基本建设、不断提高教学水平和教育质量的具体体现，充分反映了近几年来我市教育改革与实践探索的丰硕成果，具有极大的示范推广价值。

希望获奖集体和个人珍惜荣誉，再接再厉，再创佳绩。希望各级各类学校结合实际，认真学习、积极借鉴、充分运用获奖成果，不断深化教育教学改革、提高教学质量、创新人才培养模式，切实提高教学科研和人才培养水平，不断努力培养和造就更多适应我国经济建设和社会发展需要的高素质人才，积极推动首都教育高质量发展，以优异成绩迎接党的二十大胜利召开。

北京市教育委员会　北京市人力资源和社会保障局
北京市财政局
2022年9月19日

附录 5 2021 年北京市职业教育教学成果奖获奖名单

序号	成果名称	成果完成者	所在单位	奖项
1	面向医药健康高精尖产业"研创双驱—育训并举"人才培养模式的探索与实践	辛秀兰；李双石；陈亮；冯晖；兰蓉；任鸣晨；连忠辉；白美丽	北京电子科技职业学院；北京经济技术开发区；北京亦庄国际生物医药投资管理有限公司；国药集团北京生物制品研究所有限责任公司	特等奖
2	四方联动、标准引领、语技融合——职业院校"一带一路"人才培养探索与实践	周燕；宋凯；唐正清；谢丽杲；孟晴；张明珠	北京工业职业技术学院；有色金属工业人才中心	特等奖
3	服务首都高质量发展，高职机电专业群智能化转型升级探索与实践	张春芝；张普庆；李林琛；牛小铁；王俊；许屾；王琦	北京工业职业技术学院；施耐德电气（中国）有限公司；北京京东乾石科技有限公司	特等奖
4	区办中职学校职教综合体的构建与育人实践	段福生；郑艳秋；张养忠；李晨；王于	北京市昌平职业学校	特等奖
5	守护尊严、启迪生命：殡葬专业"五位一体"的文化育人模式创新与实践	何振锋；张丽丽；邹文开；钱光胜；刘锋；李建华；李占影；曹丽娟	北京社会管理职业学院；民政部一零一研究所；中国殡葬协会；八宝山殡仪馆；八宝山革命公墓	特等奖
6	北京财经商贸高端技术技能人才贯通培养体系构建与实践	李宇红；夏飞；平建恒；寻云杰；徐楠；王国德；孙亮	北京财贸职业学院；中央民族大学附属中学；首都经济贸易大学	特等奖
7	多元协同 平台创新 标准引领：产教融合共同体建设北京模式的研究与实践	霍丽娟；吉利；王丽君；辛秀兰；郑艳秋；刘文龙；吴升刚；杜金晶	北京教育科学研究院；北京经济技术开发区科技创新局；北京电子科技职业学院；北京市昌平职业学校；联想集团	特等奖
8	"五位一体"服务首都乡村振兴的研究与实践	范双喜；王晓华；崔坤；杨永杰；郝婧；李凌	北京农业职业学院；北京市农业广播电视学校	特等奖
9	构建中职学校党建引领下"双循环"互促共育大思政格局的研究与实践	程彬；何健勇；王素芳；帖译帆；谢秋行	北京市商业学校	特等奖
10	构建职成教育体系，服务区域终身学习——职成教育一体化改革模式研究与实践	赵爱芹；史枫；孙文荣；孙峰；薛凤彩；彭军；林世员	北京市丰台区职业教育中心学校；北京市丰台区职工大学；北京教育科学研究院	特等奖

续表

序号	成果名称	成果完成者	所在单位	奖项
11	高职院校扬长教育人才培养体系的构建与创新实践	杨宜；王成荣；龙洋；付立娟；赵晓燕	北京财贸职业学院	一等奖
12	职业教育"树形"师资队伍生态化培育模式的创新与实践	侯光；田禾；李颖超；陈平；史晓鹤	北京市商业学校	一等奖
13	海外分校建设路径探索与解决方案	卢小平；贾清水；李兴志；史宝会；李学礼	北京信息职业技术学院	一等奖
14	道路桥梁工程"虚实结合、校企双元、学创一体"实训体系的创新与实践	姚士新；高连生；曹炜；高伟；孟熙；田亮	北京交通运输职业学院；北京首发公路养护工程有限公司	一等奖
15	监测·示范·特色：北京建设可持续发展学习型城市的创新与实践	史枫；沈欣忆；桂敏；张翠珠；张婧；蔡芳；刘明海；李建军	北京教育科学研究院；北京市朝阳区职工大学（朝阳区社区学院）；北京市延庆区成人教育中心；北京市顺义区社区教育中心	一等奖
16	三引、三建、三推、三高：中德诺浩汽车产教融合实训基地建设的创新与实践	彭彧华；许婕；李静文；刘文龙；杨光明；钟莹	北京经济管理职业学院；中德诺浩（北京）教育科技股份有限公司	一等奖
17	高职院校"多学期分段递进"实践教学体系探索与实践	周永源；徐志立；张瑞芬；王利；阳松谷	北京青年政治学院	一等奖
18	基于医药产业转型升级下的高职药学专业"一核两支撑"教学改革创新与实践	郝晶晶；潘学强；郭积燕；李伟；李巧芳	北京卫生职业学院	一等奖
19	"双股线"教学策略驱动，构建"红五星"课程思政模式的研究与实践	赵爱芹；薛凤彩；赵彦军；苏麟；何洪杰	北京市丰台区职业教育中心学校	一等奖
20	"三路十八湾"中职德育体系的构建与实践	段福生；高文；黄攀；蒙宝霞；龚晨霞	北京市昌平职业学校	一等奖
21	"丝路春晖"五维度育人体系的研究与实践	李倩春；尚丽英；赵维平；张景林；徐渤	北京市对外贸易学校	一等奖
22	高职院校课程思政"盐溶式"教学实践与探索	张连城；贾颖绚；王杨；李鹤；苑秀芹	北京经济管理职业学院	一等奖
23	基于"三个维度"的中职数学课程思政研究与实践	车菲；吴少君；刘雁；曹鹿玲；刘静	北京市求实职业学校	一等奖
24	"幸福学园"：高职院校以学生幸福为目标的教育改革	张懿；雷凯；于瑞；徐晓沄；韩新春	北京经济管理职业学院	一等奖

续表

序号	成果名称	成果完成者	所在单位	奖项
25	以"四真""四入"为突破口的高职院校思政课教学模式创新与实践	林广梅；孙红梅；李孟君；张星；张欢欢	北京信息职业技术学院	一等奖
26	课程思政背景下的高职院校思政课建设创新与实践	冯宝晶；王建民；郑振华；吴学文；张雯迪；魏启晋；罗锦丽；江淑一	北京劳动保障职业学院；北京财贸职业学院；北京交通职业技术学院；北京市房山区长阳镇小康之家养老照料中心	一等奖
27	产学研一体化PBCC能力递进培养园林高端非遗传承人才的研究与实践	张燕；崇静；陈琢；任爽英；高福霞；李海波；石文芳；刘洋	北京市电气工程学校；北京园艺有限公司；北京花乡世界花卉大观园有限公司；北京欣风景生态园林工程有限公司	一等奖
28	"三生相融、四时驱动"都市园艺专业群建设与实践	李志强；高照全；李玉舒；马继红；郑志勇；龚敏妍；苏晓敬	北京农业职业学院；北京市园林学校；北京市昌平职业学校	一等奖
29	基于供给侧改革的中职学校转型与创新	董随东；杨杰；李敏捷；杨宁；柴斌	北京市信息管理学校	一等奖
30	高职计算机类专业"三领三提三建"数字化资源建设模式的研究与实践	杨洪雪；马红麟；于京；杜辉；马蕾	北京电子科技职业学院	一等奖
31	基于"标准引领+智能测评"的教师职业能力提升模式研究与实践	张晓蕾；程庆梅；耿秀华；郑淑晖；高立军	北京信息职业技术学院	一等奖
32	养老服务紧缺人才职前职后"五维一体"育训协同模式探索与实践	屠其雷；熊宝林；皮微云；王伟；曹雅娟；杨根来；周世强	北京社会管理职业学院；中民民政职业能力建设中心；北京中民福祉教育科技有限责任公司	一等奖
33	"双元驱动、三化融合、四链融通"产教融合培育网络专业人才模式探索与实践	纪兆华；史宝会；刘易；刘海燕；王建国	北京信息职业技术学院	一等奖
34	数字技术赋能智能建造专业群转型升级探索与实践	刘兰明；张丽丽；李石磊；曹明兰；李静；朱溢镕	北京工业职业技术学院；广联达科技股份有限公司	一等奖
35	城教融合背景下技术创新型人才"产学研协同"培养的体系构建与实践	冯海明；张萌萌；任凤国；张春芝；贺继伟	北京工业职业技术学院	一等奖
36	课程分流、教师分类、资源分组，机电专业"三型"人才培养的探索与实践	朱运利；陈小荣；黄敦华；马冬宝；李雪梅；马清海	北京电子科技职业学院；SMC（中国）有限公司	一等奖
37	中职现代学徒制"五双合创、柔性培养"模式的创新与实践	冯佳；王林；崇静；梁健；高媛	北京市电气工程学校；寰影星光文化有限公司；施耐德电气（中国）有限公司	一等奖
38	提升能力 增强适应——"二四三"式汽车专业群高质量人才培养的探索与实践	冯志新；朱青松；苟维杰；李金义；吕世霞；俞娜；黄毅	北京电子科技职业学院；北京奔驰汽车有限公司；北京新能源汽车股份有限公司	一等奖

续表

序号	成果名称	成果完成者	所在单位	奖项
39	国家标准建设引领，产教共育共享共促，城轨运营管理专业高质量建设模式实践	刘莉娜；高蓉；丁楠；李红莲；马娜	北京交通运输职业学院	一等奖
40	基于校企共创"422"人才培养模式搭建首都技能人才成长平台的研究与实践	张美荣；李莉；李洋；王学民；韩艳	北京轻工技师学院	一等奖
41	"课 践 研 评　通合一体"——贯通基础阶段人才培养模式的创新与实践	王佼；王军红；孙川；加春燕；王素雅；沈杰	北京工业职业技术学院；首都师范大学附属中学	一等奖
42	构建新时代中职学校"育训结合，四维四化"劳动教育模式的研究与实践	程彬；何健勇；王珂；李金辉；齐雯	北京市商业学校	一等奖
43	新能源汽车"一平台两机制三基地四对接"岗课赛证融通综合育人模式创新实践	张利；宫英伟；高燕；李旭；周紫薇	北京交通运输职业学院；特斯拉汽车（北京）有限公司	一等奖
44	国际合作、专本衔接培育轨道交通高端技能人才的创新实践	颜月霞；马娜；张伟华；许菲；葛兰	北京交通运输职业学院	一等奖
45	高职院校产教融合、校企合作、工学结合"三合"发展模式研究与实践	张耀嵩；曹洋；宁玉红；王江涛	北京劳动保障职业学院	一等奖
46	"引企入校，以产促教，工学结合，校企共治"的校企双元育人机制创新与实践	郑艳秋；周林娥；杨蕊竹；方荣卫；陕娟娟；杜金晶；王萌；曹继桐	北京市昌平职业学校；联想（北京）有限公司；北京京东乾石科技有限公司；北京海伦阳光食品技术推广中心有限公司	一等奖
47	中职学校汽修专业产教融合生产性实训基地建设的创新与探索	丁云鹏；张翔；李黎华；张晶磊；焦志菲；周鹏；朱虹	北京市昌平职业学校；上海上汽大众营销与售后服务培训中心；华晨宝马汽车有限公司	一等奖
48	探索企校一体产教融合新路径，打造汽车专业"三维五互"人才培养新范式	王彩娥；毕丽丽；高雪娇；陈荣梅；余红霞；李莉	北京市商业学校；北京祥龙博瑞汽车服务（集团）有限公司	一等奖
49	构建"学产销创"育人平台，农村电商人才培养的研究与实践	周林娥；于芳；纪晓远；高鑫；龚敏妍；王琦	北京市昌平职业学校；北京京东乾石科技有限公司	一等奖
50	"三师共育、六位一体、能力进阶"中职烘焙人才培养模式构建与实践	高鑫；曹继桐；杨丽丽；薛景昆；张丰伟；代玉华	北京市昌平职业学校；北京海伦阳光食品技术推广中心有限公司	一等奖
51	"一真双链三阶段"会展专业人才培养模式的创新与实践	徐明；梁剑锋；苏悦；唐洁；王海龙；赵振阳	北京市对外贸易学校；北京北辰会展研究院有限公司	一等奖

续表

序号	成果名称	成果完成者	所在单位	奖项
52	"两对接 三自主 四混合"旅游服务类专业慕课建设及应用的研究与实践	田雅莉；杨海虹；刘畅；王江华；郑春英；熊斌	北京市外事学校；高等教育出版社有限公司	一等奖
53	电子商务专业"专创融合、三层递进式"实践教学体系的创建与实践	李志刚；耿慧慧；王萍；刘士忠；王海青	北京电子科技职业学院	一等奖
54	数字经济时代会计专业"三个一体化"育人模式创新与实践	刘国成；陈蔚；井建华；包琳；丛秀云；程帅；李昕	北京市商业学校；新道科技股份有限公司；中联企业管理集团有限公司	一等奖
55	基于国高基地建设的"校企融合、竞训并举"高技能人才培养创新实践	薛峰；王志彬；那淼；黄劲松；郝金亭	北京市新媒体技师学院	一等奖
56	中等职业学校"双融三创四优"专创融合人才培养模式创新与实践	李添龙；武宏；王国艳；陈叶；盈芳	北京市经济管理学校	一等奖
57	聚合力、搭平台、建路径，中职学校扶贫扶技促发展模式的实践与研究	赵爱芹；孙晓娟；芦倩英；李佳；王爱玉	北京市丰台区职业教育中心学校	一等奖
58	基于"塑造一双会思考的手"育人理念，构建课堂教学体系的研究与实践	薛凤彩；赵爱芹；赵彦军；高明；王鸿波	北京市丰台区职业教育中心学校	一等奖
59	"德、技、艺、创四融合"新媒体应用技术专业人才培养模式创新实践	郝金亭；那淼；王君坦；彭丽丽；赵磊	北京市新媒体技师学院	一等奖
60	园校融合、中高本一体：高水平学前教育人才贯通培养的创新与实践	邢连欣；刘相俊；李婕；孙敬；左旭；姜继为；尹红婷	北京市商业学校；北京联合大学；北京市昌平区苹果树幼儿园	一等奖
61	面向高职专科产教融合英语类"五个一"技术应用人才培养模式探索与实践	常红梅；王成霞；王小梅；袁俊娥；陈建华	北京联合大学	一等奖
62	体育强国背景下北京市体育技能型人才培养模式创新研究与实践	杨阳；朱丽敏；李建亚；王娜；王宇红	北京体育职业学院	一等奖
63	"四阶递进式"中职专业课教师能力建设的研究与实践	张瑶；薛凤彩；史晓光；李培元；马云朋	北京市丰台区职业教育中心学校	一等奖
64	携手名企，高端育人探索中职学校校企合作机制的研究与实践	孙晓娟；杨建军；崔永亮；王爱玉；路宽	北京市丰台区职业教育中心学校	一等奖
65	创设"丝路学堂"探索技能+语言+文化模式 服务一带一路人才培养	李毓荣；芦倩英；杜静；杨帆；郭伊心	北京市丰台区职业教育中心学校	一等奖

续表

序号	成果名称	成果完成者	所在单位	奖项
66	政研校企合作 周期项目引领：职业教育国际合作助推教育教学改革研究与实践	王宇波；吉利；田野；鄂甜；安江英；贾清水；王彩娥；丁云鹏	北京教育科学研究院；北京工业职业技术学院；北京信息职业技术学院；北京市商业学校；北京市昌平职业学校	一等奖
67	基于中职英语学科核心素养的跨省市教学诊断与改进研究与实践	刘海霞；古燕莹；苏永昌；鞠纯杰；傅渝稀；李淑静；于红；李芳蓉	北京教育科学研究院；外语教学与研究出版社；北京市经济管理学校；大连教育学院；四川省成都市礼仪职业中学	一等奖
68	建中等职业教育质量三级监测体系 促北京中等职业教育质量有效提升	高卫东；赵爱芹；邢连欣；田雅莉；郑艳秋	北京教育科学研究院；北京市丰台区职业教育中心学校；北京市商业学校；北京市外事学校；北京市昌平职业学校	一等奖
69	刻画一条连贯的产教协同育人实线，提升北京职业院校人才培养适应性	侯兴蜀；吉利；胡君晖；王鸿波；厉育纲；张芳喜	北京教育科学研究院；北京财贸职业学院；北京市丰台区职业教育中心学校；北京青年政治学院；北京市商业学校	一等奖
70	高职院校课程思政"1345"育人模式创新与实践	程晓君；肖毅；张海丰；曾红；刘睿	北京青年政治学院	二等奖
71	新时代高职思政课"三双"教学体系的创新与实践	陈晓燕；袁阳；唐丽华；王纯；李定毅	北京经济管理职业学院	二等奖
72	"京浙粤协同"提升高职学生职业素养的探索与实践	武飞；武雪周；杨莹；徐楠；武少侠；钱利安；谌丹	北京财贸职业学院；浙江金融职业学院；广州番禺职业技术学院	二等奖
73	"求真、向善、唯美、尚勇"微实践小课程德育育人体系的研究与实践	焦燕红；甘伟；翟祎雯；陈欣；龙晓雨	北京国际职业教育学校	二等奖
74	构建"三维"耦合联动育人模式	王振；蔡瑞艳；李梅；潘莉莉；倪志勇	北京电子科技职业学院	二等奖
75	中职"课程进阶、多场环创、校企协同"双创教育体系探索与实践	叶玉曼；焦志菲；陆春；刘扬；郑艳秋	北京市昌平职业学校	二等奖
76	"一六四五N"德育实践基地群建设新模式的研究与实践	吕轮超；王若洪；郭凤林；黄丽娟；陈苏娜	北京铁路电气化学校	二等奖
77	"一主线、三融合、三阶段"仁爱教育育人模式探索与实践	邹文开；王慧先；曹雅娟；黄立鹏；栗演兵	北京社会管理职业学院	二等奖
78	"青春护航 相伴成长"新时代中职德育育人模式的研究与实践	贾长营；彭光江；高艳；张兰；王华	北京市密云区职业学校	二等奖

附录5 2021年北京市职业教育教学成果奖获奖名单

续表

序号	成果名称	成果完成者	所在单位	奖项
79	"四环共振，全程育人"：中华优秀传统文化育人模式的实践探索	周孟奎；唐德海；周绚隆；王贤昌；王霞；杨帆	北京科技职业学院；中华书局	二等奖
80	以戏立德、以剧育人，以原创典型戏剧作品 展开课程思政研究与实践探索	吴蕾；康建飞；方雨舒；杨建华；聂歆颜	北京戏曲艺术职业学院	二等奖
81	中职学校"点-线-面-体"创新创业教育模式研究与实践	杨宁；董随东；韩卫红；尹一农；张瑾	北京市信息管理学校	二等奖
82	中等职业学校阶梯式主题班会育人模式创新与实践	王皓玉；于波；汪艺；谢超；刘月月	北京市经济管理学校	二等奖
83	"1+N+1"第二课堂人才培养方案的改革构建与应用实践	石全波；夏沫；秦静；侯世峰；孙丹	北京市工业技师学院	二等奖
84	以培养职高学生积极心理品质开启入心德育新模式的研究与实践	闫凌睿；吴少君；杨毅；李震东；胡超越	北京市求实职业学校	二等奖
85	"三维四融"高职大美育探索与实践	平若媛；申佳；武少侠；汪超；彭思媛	北京财贸职业学院	二等奖
86	健体、育心、立德——大体育大课堂"公共体育"课程体系探索与实践	贾书申；卢伟；周立新；韦春生；李桂英；高晓峰	北京工业职业技术学院；中国教育科学研究院体育卫生艺术教育所	二等奖
87	生涯引领 五创导向 专创融合：职业经理人培养体系构建与实践	王若军；赵慧娟；刘文龙；周景勤；宋博；王业娜	北京经济管理职业学院；中国职业经理人协会	二等奖
88	思政元素融入高职生物技术类专业课程"点-线-面-体"路径的探索与实践	杨新建；肖海峻；王伟青；田锦；田璐；王雪涵	北京农业职业学院；北京城市学院	二等奖
89	中职校"一品牌两环境三功能五文化"校园文化育人体系的建设	张燕红；倪苏妮	北京市仪器仪表高级技工学校	二等奖
90	高职院校创新创业教育生态系统探索与实践	魏中龙；于瑞；张开旺；曹景龙；宋韶君；熊平；张鉴；陈荣根	北京经济管理职业学院；北京无忧创想信息技术有限公司；全美锦程教育科技（北京）有限公司；北京创客帮科技孵化器有限公司	二等奖
91	农村中职校"四维度，七结合"心育模式的探索与实践	王重雄；张秀君；刘平	北京市延庆区第一职业学校	二等奖

续表

序号	成果名称	成果完成者	所在单位	奖项
92	"智慧化、适老化、国际化"老年服务与管理人才培养模式创新与实践	王文焕；王婷；杨佳敏；谈玲芳；屈冠银；王小龙	北京劳动保障职业学院；北京首开寸草养老服务有限公司	二等奖
93	涉农职业院校校企校政深度融合平台建设的探索与实践	王晓华；吴晓云；李玉舒；吴小苏；许红春；管建国；宗海明；赵殿义	北京农业职业学院；北京市西郊农场有限公司；北京京林园林集团有限公司；北京城市排水集团有限责任公司	二等奖
94	新技术新规范新标准融合的人工智能专业群人才培养模式创新与实践	付丽琴；魏中龙；冀建平；彭小露；卢艳萍；刘文龙	北京经济管理职业学院；科大讯飞股份有限公司	二等奖
95	校企共建动物医院背景下动物医学技术技能人才培养创新与实践	曹授俊；胡平；张凡建；孙健；刘洪超	北京农业职业学院	二等奖
96	基于"行业引领、专业协同、文化融合"模式的医学基础课程资源的建设与应用	张晓丽；杨德武；王晓燕；杜娟；李佳怡	北京卫生职业学院	二等奖
97	"一核两翼三环"信息技术专业群建设与实践	胡志齐；王浩；吴民；徐洪亮；任燕军	北京市信息管理学校	二等奖
98	需求驱动、产教融合：校企共建集成电路产业学院的探索与实践	李学礼；林海峰；张建新；杨欣；万冬；王海鹏	北京信息职业技术学院；北京燕东微电子股份有限公司	二等奖
99	以京帮流派传承为指导的中药炮制技能人才培养研究与实践	洪巧瑜；卜训生；武莹；王克荣	北京卫生职业学院	二等奖
100	基于国家级教学资源库《水生态修复技术》课程建设的人才培养创新研究与实践	高秀清；吴小苏；刘诚斌；王韶华；汪玉龙；刘德军；李雪侠；赵敏慧	北京农业职业学院；中国水利教育协会；北京水利学会；北京水利水电学校；北京蓝海实益环境科技有限公司	二等奖
101	"德法技"并修，携手新华三共建首都网络安全应用人才培养产教共同体	张博；高松；李益；付忠勇；彭焱；顾成杰；杨传铭；初天宝	北京政法职业学院；新华三集团；最高人民法院司法行政装备管理局；北京海存科仪科技有限公司	二等奖
102	中职信息技术类专业信息安全素养培养模式的构建与实施	贾艳光；胡志齐；鲁菲；任燕军；郑彤	北京市信息管理学校	二等奖
103	"培爱老之心、育助老之能、成养老之智"养老人才培养创新实践探索	李红武；张海丰；于泽浩；梅丽萍；高淑萍	北京青年政治学院；北京诚和敬驿站养老服务有限公司	二等奖
104	基于"三能力"培养的视障中职"一强两动双对接"教学改革与实践	王晓玲；李艳东；张慧；沈雪飞；董培培	北京市盲人学校	二等奖

续表

序号	成果名称	成果完成者	所在单位	奖项
105	融合创新构建康护医养专业群人才培养体系与实践	靳梅媚；刘琼；赵丹；闫亚南；刘志新；翟颖莉	北京京北职业技术学院；北京劳动保障职业学院	二等奖
106	世赛健康与社会照护项目训练体系构建和在护理专业人才培养中转化应用	李琼琼；郝誉；林琳；张卫国；李佳	首钢技师学院	二等奖
107	CDIO理念下中职电商策划类课程"一大纲四原则四环节"教学模式实践	任桂玲；王淼静；王洪霞	北京市信息管理学校	二等奖
108	中职园林专业育苗类课程"一二三"学生核心素养培养模式探索与实践	包永霞；田叔分；王燕霞；金燕	北京市园林学校	二等奖
109	创新校园体育精神 构建"体教融合、体职融合"的体育课程新体系	刘永强；李楠；刘俊敏；黄帅；刘倩	北京社会管理职业学院	二等奖
110	服务康养产业升级，打造康复辅助器具技术专业建设高地	李高峰；张晓龙；魏晨婧；赖卿；肖天骄	北京社会管理职业学院	二等奖
111	医教协同，构建"南丁格尔式学徒制"人才培养模式的实践与探索	代生厚；马克非；朱玉梅；刘茹；任年坤	北京北大方正软件职业技术学院	二等奖
112	高职院校农民大学生"宜耕宜学"教学模式探索与实践	李凌；何艳琳；王彀；耿红莉；张天琪	北京农业职业学院	二等奖
113	混合式教学模式下项目教学资源库建设的创新与实践	李冬雪；王振山；冯松；田琴；姜兴涛	北京经济技术职业学院	二等奖
114	文化融合，校企协同构建"产学研用"四位一体育人体系的研究与实践	崇静；吕彦辉；桑舸；王连风	北京市电气工程学校	二等奖
115	基于BIM的智慧水务专业群虚拟仿真实训课程建设与实践	常玉奎；汪玉龙	北京水利水电学校	二等奖
116	"双观四维"高等职业院校数学教学改革与实践	王冬琳；孔祥铭；田宝川；王佳新；程荣	北京电子科技职业学院	二等奖
117	职业院校"五师型"教师队伍建设模式的创新和实践	王纪东；王玮；李娜；刘静；唐薇	北京电子科技职业学院	二等奖
118	服务首都智慧城市发展的专业数字化转型升级创新与实践	薄志毅；王军红；邱亚辉；王馨玥；张仙妮；杨伯钢	北京工业职业技术学院；北京测绘学会	二等奖

续表

序号	成果名称	成果完成者	所在单位	奖项
119	"四位一体"育人模式研究与实践	刘建平；赵新生；李丽；刘志全；俞雪丽	北京电子信息技师学院	二等奖
120	四线贯穿、书证融通的测绘类专业现代学徒制人才培养模式研究与实践	李长青；赵小平；朱爽；郑佳荣；郑阔；赵瑞	北京工业职业技术学院；国核电力规划设计研究院有限公司勘测分公司	二等奖
121	"一点三融合、一赛三共进"倒逼式数字建筑应用型人才培育的实践与探索	杨文生；朱溢镕；李甜甜；闫志红；贾方方；王全杰；林永清；王凡	北京交通职业技术学院；广联达科技股份有限公司；中建国际建设发展（天津）有限公司；展视网（北京）科技有限公司	二等奖
122	"三融 三合 五对接"校企共建清洁能源高技能基地的探索与实践	陈欣；马艳娇；赵雪；王伟东；邵飞	北京市仪器仪表高级技工学校	二等奖
123	服务首都高精尖产业的中职学校和研究院共建产教融合体培养技能人才的新模式	关亮；张玉荣；丁宾；车遂光；董海云	北京金隅科技学校	二等奖
124	世赛引领的"双核三高"高技能人才培养模式研究与实践	刘影；李玲琪；刘蔚；马利婵；史宗海	北京市工业技师学院	二等奖
125	城市轨道交通专业五位一体人才培养模式创新与实践	胡定军；李桃；徐胜南；贾天丽；杨晓洁；邵澎涛	北京市自动化工程学校；北京京港地铁有限公司	二等奖
126	育训结合、双向融合、阶梯递进——高素质飞机维修人才培养模式的探索与实践	肖莹；刘英俊；刘志军；陶云明；陈楠；符景峰；陈潞	北京电子科技职业学院；北京飞机维修工程有限公司；北京市求实职业学校	二等奖
127	基于学生多元智能发展的高职环境工程技术专业教学改革与实践	张晓辉；曹奇光；谢国莉；郑明月；邢丽楠；李文超；刁惠芳；蒋玉明	北京电子科技职业学院；中持依迪亚（北京）环境检测分析股份有限公司；哈希水质分析仪器（上海）有限公司；北京亦庄环境科技集团有限公司	二等奖
128	智慧城市运行背景下，首都智能设备高端技术技能型人才培养的探索与实践	盖克荣；史利娟；杨锦忠；李兆坤；周克媛	北京工业职业技术学院	二等奖
129	契合产业发展与人才质量提升的56421职教集团办学模式创新研究与实践	曹洋；张耀嵩；王江涛	北京市实验技工学校	二等奖
130	基于文化育人的职业院校公共英语课程改革与创新实践	张严心；朱思莹；王琳娜；张梦；袁玥	北京市实验技工学校	二等奖
131	知识技能型技师培养试点背景下电工技师人才培养的研究与实践	刘宇；杨卫星；史晓飞；江连凤；李晋	北京市新媒体技师学院	二等奖

附录5　2021年北京市职业教育教学成果奖获奖名单

续表

序号	成果名称	成果完成者	所在单位	奖项
132	精准定位，创新专业内涵——城市生命线守护者培养体系的构建与实施	苗金明；王强；张梅；赵俊岭；张翔	北京劳动保障职业学院	二等奖
133	以创新工作室为纽带构建"三重协同育人"新模式	李斌；易楠；万承轩	北京市自动化工程学校	二等奖
134	基于区域经济多方协同，构建高职院校产城教融合社会培训体系的探索与实践	苏东海；李佳；刘建平；辛秀兰；郭瑨；蔺月松	北京电子科技职业学院；北京经济技术开发区社会事业局	二等奖
135	适应城市功能定位的建筑类专业岗课赛证融合育人模式的创新与实践	张玉荣；杨玉波；郝桂荣；张艳；李月影	北京金隅科技学校	二等奖
136	"三层六步"古建筑营造技能人才培育创新与实践	徐立起；王红梅；田维民；董峥；王雯；陈会征	北京交通运输职业学院；北京房地集团有限公司古建修缮保护工程分公司	二等奖
137	中职学校基于学生"全面发展、个性成长"的闭环教育教学体系的创建与实践	贾光宏；刘凤芝；夏丽；郑琦；段志禹	北京市昌平职业学校	二等奖
138	校企"双元"的高等职业教育学业评价模式创新与实践	高连生；陈东；李曙辉；悦中原；姚建玲；蒋金波	北京交通运输职业学院；北京祥龙博瑞汽车服务（集团）有限公司	二等奖
139	高职院校"定规划、定质量、定机制"课程建设管理模式的创新与实践	田阿丽；陶静川；丁泉君；刘美丽；化美艳	北京交通运输职业学院	二等奖
140	人力资源和社会保障专业群三位一体项目化混合式教学资源创建与实践	李琦；郑振华；石玉峰；许东黎；张慧霞；崔夷修；吴雪贤	北京劳动保障职业学院；广东科学技术职业学院；浙江交通职业技术学院	二等奖
141	以劳促融：基于劳动教育的"一核四维"职普融通模式探索与实践	左欣；朱厚颖；樊华；王楠；王立君；聂莹；路玉宝；王霞	北京市昌平职业学校；北京市昌平区教育委员会；北京市昌平区巩华学校；北京市昌平区前锋学校	二等奖
142	校企合作、能力提升——城市轨道交通专业教师创新团队建设实践	张利彪；刘莉娜；赵莉弘；刘金梅；纪争	北京交通运输职业学院	二等奖
143	"六维一体"模型解惑"321N"工具赋能——中职教学目标研究与实践	陈清；杨志华；林英；蔡翔英；吕彦辉；姜楠；侯广旭；张艳红	北京市朝阳区教育科学研究院；北京市劲松职业高中；北京市求实职业学校；北京市电气工程学校；北京市朝阳区教师发展学院	二等奖

续表

序号	成果名称	成果完成者	所在单位	奖项
144	"文化+科技"特色的中职教师创新创业"四步多能"培训模式的研究与实践	董捷迎；罗滨；赵杰志；李辉；申军红；张侨；张国庆；郝凤涛	北京市海淀区教师进修学校；北京市信息管理学校；梯队科技（北京）有限公司；北京联合大学	二等奖
145	基于"一平三化四融合"汽车类课程资源建设模式的创新与实践	景忠玉；段卫洁；侯红宾；张新敏；张淑霞；阚有波；孟宪利	北京交通运输职业学院；兰州现代职业学院；安莱（北京）汽车技术研究院；北京奥吉通国门汽车服务有限公司	二等奖
146	"三融一化"的中职公共基础课教学改革研究与实践	林英；陈清；张艳红；侯广旭；王万涛；范春玥；车菲	北京市朝阳区教育科学研究院；北京市劲松职业高中；北京市求实职业学校	二等奖
147	四方联动、职普融通，创新区域中小学劳动教育的研究与实践	姜婷；张志鹏；黄航；王喆；肖霄；陈权；张搏；李楠	北京市东城区教育科学研究院；北京市东城区古城职业高中；北京国际职业教育学校；北京现代职业学校	二等奖
148	"法校协同""招教用培"打造书记员人才培养"直通车"的实践与创新	王淑萍；唐素林；张小海；王洋；宋卓基；张立建	北京政法职业学院；北京市高级人民法院	二等奖
149	"厚基础、强技能、高素质、一体化"贯通培养新模式研究与实践	马春英；吕轮超；王建立；赵晓琳；吴丽梅；张远平；李忠生	北京铁路电气化学校；北京信息科技大学；北京市昌平区第一中学	二等奖
150	"四位一体"中等职业学校面向中小学劳动教育模式的研究与实践	鞠海虹；徐颖；廖京；刘静；朱燕	北京市外事学校	二等奖
151	新时代中小学生学工劳动教育体系的研发与实践	胡定军；杨春健；刘新；阎寰宇；钟志刚	北京市自动化工程学校	二等奖
152	"校企双元、工学交替"新能源汽车专业人才培养模式创新与实践	王鸿波；薛凤彩；罗丽君；李萍林；周娜	北京市丰台区职业教育中心学校	二等奖
153	"四纵五横三融合"劳动教育课程一体化的构建与实施	陈友才；孙曼；杨俊清；孙志京；韩燕	北京市房山区房山职业学校	二等奖
154	中等职业学校教师能力提升的"学研训用"研修模式的探索与实践	姜楠；石心；李军玲；冯佳；杨辉；蔡祥英；王恩	北京市朝阳区教师发展学院；北京市电气工程学校；北京市劲松职业高中；北京市求实职业学校；北京教育学院丰台分院	二等奖
155	"一机、两翼、三支撑、四方协同"航空服务人才培养体系构建与实践	郭婷婷；叶宁；夏梦怡；杨依仑；闻阁	北京市昌平职业学校	二等奖

续表

序号	成果名称	成果完成者	所在单位	奖项
156	名企引领·学岗直通·共建共享—城轨专业群校企协同育人创新与实践	刘亚磊；崔惠珊；张路；贾文婷；刘艳翠；贾钰；邵澎涛	北京交通职业技术学院；北京地铁运营有限公司运营四分公司；北京京港地铁有限公司	二等奖
157	产教融合共建"一群一圈五对接"消防职业人才培养体系的探索与实践	海南；吕金涛；孔庆仪；闫宁；张卢妍；王小醒；付志魁	北京政法职业学院；北京泽惠风消防技术有限公司；北京精诚安保消防工程有限责任公司	二等奖
158	胡格教学模式在职业教育教学中的融合、创新与实践	殷国松；张娜；孙凯燕；陈猛；梁金娥	北京汽车技师学院	二等奖
159	"双场融合、五维一体、九轮驱动"的"双师型"教师培养模式创新与实践	郭延峰；杨辉；范春玥；魏春龙；赵静	北京市劲松职业高中	二等奖
160	扶贫必扶智，双创教育下电商职教扶贫创新与实践	侯光；王红蕾；刘冬美；谷鹏；张叔阳；张磊	北京市商业学校；北京博导前程信息技术股份有限公司	二等奖
161	以就业为导向的智力障碍学生个性化职业教育培养模式研究	尚省三；刘志军；李鹤；高丽丽；张易	北京市东城区特殊教育学校	二等奖
162	"标准输出 资源支撑 因地制宜"中等职业学校对口帮扶模式的研究与实践	张朝辉；田雅莉；李丽君；张新；任京生	北京市外事学校	二等奖
163	"文化引领、六链对接"会计职业人才培养的创新与实践	兰丽丽；杜海霞；梁毅炜；孙刚凝；陈凌	北京财贸职业学院	二等奖
164	国企主办职业院校社会服务生态系统构建的研究与实践	刘国成；黄凤文；赵晓齐；曾向英；周金凤	北京市商业学校	二等奖
165	"岗课赛证融通"高职经管类人才培养模式的探索与实践	陈红军；周国娟；明黎；王玉娟；吴圣楠；王鹏	北京经济管理职业学院；中教畅享（北京）科技有限公司	二等奖
166	"双融双创型"高职新闻专业人才培养模式改革与实践	师静；宋爽；黄添水；管波；雷丽平；任文辰；向佳鑫	北京青年政治学院；北京普天电子城科技孵化器有限公司；谷武（北京）科技有限公司	二等奖
167	递进耦合：智慧商业专业群人才培养路径创新与实践	张慧；洪旭；刘璐宁；蔡蕊；耿莹莹	北京财贸职业学院	二等奖
168	以学习者为中心的中职院校"四三四"混合式教学模式创新与实践	郭延峰；范春玥；杨志华；杨辉；魏春龙	北京市劲松职业高中	二等奖

续表

序号	成果名称	成果完成者	所在单位	奖项
169	TSPD中职教师教学能力提升模式探索与实践	张丽君；王健楠；徐江琼；王海龙；卢曦	北京市对外贸易学校	二等奖
170	基于中职生综合素养培养的"三级三跨"综合实训课程体系建设与实践	郭延峰；范春玥；向军；谢红涛；姚蕾	北京市劲松职业高中	二等奖
171	食品烘焙专业国家级高技能人才培训基地（平台）建设	张磊；吴昊；王超南	北京轻工技师学院	二等奖
172	中外合作国际化商务人才"1234"培养模式的创新与实践	韩琼；赵役兵；王静；马冉冉；景星	北京国际职业教育学校	二等奖
173	打造农民培训基地 服务区域乡村振兴	田毅敏；刘铁锁；丁晓霞；程莉琴；白青	北京市延庆区第一职业学校	二等奖
174	中等职业学校"纵横双向、三线并行"的师资队伍素质提升模式的研究与实践	高颖；陈建南；王皓玉；王艳；罗燕	北京市经济管理学校	二等奖
175	职普融通背景下构建"8226"培养模式开启中小学生职业启蒙教育	吴玉忠；辛会娟；朱丽霞；周贤丽；韩玉国	北京市延庆区第一职业学校	二等奖
176	数字经济背景下财金专业人才培养模式的创新与实践	冯秀娟；王子林；丁春玲；吕勇；刘华富；吴凤霞	北京经济管理职业学院；中联企业管理集团有限公司	二等奖
177	技工院校班主任队伍职业能力模型研制与实践	师扬；江连凤；于雪超；于春燕；那森	北京市新媒体技师学院	二等奖
178	世赛标准引领的烹饪专业升级建设模式研究与实践	李文胜；纪玮；刘明磊；张虎；王文媛	北京市工贸技师学院	二等奖
179	"研学用融合"餐旅类高职人才培养模式创新与实践	姜慧；田彤；许荣华；修宇；郭晓赓；云程；何健	北京联合大学；北京烹饪协会；刻意创造（北京）科技文化有限公司	二等奖
180	新时代首都高职英语提质培优教学改革的探索与实践	老青；常红梅；程云艳；谢金艳；周金凯；李青；矫艳艳；李扬	北京青年政治学院；北京联合大学；北京外国语大学网络教育学院；北京双雄对外服务公司	二等奖
181	学前教育专业"校-园-院共育"人才培养模式的探索与实践	赵小平；李晨；鹿群；王姿；杜娟；刘钊；关永春；薛玉杰	北京市昌平职业学校；北郡嘉源幼儿园；首都师范大学；北京城市学院	二等奖
182	"三位一体、四轮联动"中职学前教育（幼儿保育）人才培养机制的研究与实践	吴少君；张玉秋；李杨；徐荣荣；宋杨；于渊莘；王爱静	北京市求实职业学校；北京市朝阳区劲松第一幼儿园；北京市水米田幼之源教育科技有限公司	二等奖

续表

序号	成果名称	成果完成者	所在单位	奖项
183	服装专业"世赛引领、岗课融合"人才培养模式创新与实践	张洪；祁东霞；李平平；张腾；钟媛媛	北京市工贸技师学院	二等奖
184	走进新时代的戏曲教育传承模式——"师徒传承"到"教授工程"	张可来；孙小杰；史羽；杨焱博	中国戏曲学院附属中等戏曲学校	二等奖
185	优秀传统文化传承视域下高职艺术设计教育教学"五化"模式构建与实践	刘正宏；陈淑姣；孙磊；李根京；林倩倩	北京电子科技职业学院	二等奖
186	大学语文课程"读、写、赛、演、游""五位一体"育人模式	张靖华；李秀萍；陈小英；丁桂莲；袁光亮	北京青年政治学院	二等奖
187	高职学前教育"三三三"人才培养模式的构建与实践	王悦；周孟奎；唐德海；翁珲珲；赵欣；倪蒙；李燕玲；王超	北京科技职业学院；巩华北科幼儿园；北科婴幼学苑；北京工业大学	二等奖
188	"四有"统领下职业技术教育专业硕士培养中等职业学校教师模式的创新与实践	王廷梅；陈艳燕；李伟；朱莉；冯艳娜	北京联合大学	二等奖
189	影视专业产教"六融合"生产性实训基地建设的创新与实践	薛凤彩；朱起新；韩瑞雨；吕品；宗淑华	北京市丰台区职业教育中心学校	二等奖
190	职业教育宝玉石专业"三轴联动、三维同向、双标融合"育人体系的探索与实践	张晓晖；魏中龙；刘江毅；王卉；贾桂玲；武改朝；常留海	北京经济管理职业学院；中国轻工珠宝首饰中心；北京东方艺珍花丝镶嵌厂	二等奖
191	传"非遗文化精髓"，承"燕京八绝技艺"——花丝镶嵌立体化教材开发与应用	霍凯杰；刘金芳；袁长君；厉宝华；陈莹嬴	北京市工艺美术高级技工学校	二等奖
192	服务奥运，助力三亿人参与冰雪运动—冰雪产业技能型人才培养模式构建与实践	李铂；刘仁辉；王婷婷；高兵；孙启红	北京体育职业学院	二等奖
193	实训与实战四阶段戏剧影视人物造型专业教学模式创新与实践	周亮；张姗姗；李梦雪；刘淑霞；瑞剑荣	北京戏曲艺术职业学院	二等奖
194	服务北京高品质民生需求的"三ZHUO"幼师培养体系探索与实践	厉育纲；叶向红；郝颖；李志强；刘娅顿；赵飞	北京青年政治学院；北京青年政治学院附属幼儿园	二等奖
195	"分段递进 园校共育"中职学前教育专业 实习体系的创新与实践	陈友才；韩雪；宋春玲；刘云宵；吕放	北京市房山区房山职业学校	二等奖

续表

序号	成果名称	成果完成者	所在单位	奖项
196	国际化体育职业人才"一证两段三阶五步"英语教学体系研究与实践	李建亚；周密；李嘉捷；张进亮；殷燕	北京体育职业学院	二等奖
197	"校企融合 学做一体 德技兼修"文物保护技术紧缺人才培养模式创新实践	左耘；韩琼；宋玲平；王悦；文良；张搏	北京国际职业教育学校；故宫博物院科研处	二等奖
198	中职艺术设计类专业"三核驱动、互促共建"校企合作模式的探索与实践	张侨；姜玉声；祁永清；姜晓建；雷海；梁鑫鑫；董捷迎	北京市信息管理学校；北京市金木堂数码科技有限公司；北京市海淀区教师进修学校	二等奖
199	工艺美术专业国家级高技能人才培训基地的建设与实践	刘金芳；马晓芳；陆璐；王建明；周帅	北京市工艺美术高级技工学校	二等奖
200	"分层交替能力递进"舞蹈表演专业人才实践教学模式探索与实践	吴蕾；田石杰；陈杰；孙楚泽；乔小玉	北京戏曲艺术职业学院	二等奖
201	百年曲艺非遗传承人才"四联"培养模式的创新与实践	张怡；翟静婉；吴蕾；种玉杰；杨菲	北京戏曲艺术职业学院；中国文联曲艺艺术中心；北京曲艺家协会	二等奖
202	非遗手工艺高技能人才培养模式的探索与实践	连娇娇；曹莹；焦静；李秀成；陈美霞	北京市工贸技师学院；北京陶瓷艺术馆	二等奖
203	北京市国际美术学校"艺术+教育"特色品牌的实践研究	王泽旭；张红云；万培；刘宇鹏；叶贝	北京市国际美术学校	二等奖
204	借鉴国际经验 构建创新创业教育北京模式的研究与实践	李永生；李俊琦；毛锦华；温君慧；梁艳；王啸宇；范广辉；马佳	北京财贸职业学院；NCEE（China）；北京京东乾石科技有限公司；北京新同文国际教育科技有限公司	二等奖
205	家校社协同推进家庭教育与家风建设的创新实践	邵和平；曾珊；李建军；纪彦；路建胜；田杰；刘阿劼	北京开放大学；北京市顺义区社区教育中心；中国下一代教育基金会	二等奖
206	践行习近平总书记回信精神创新与实践国际化技能型人才培养模式	余临；李伟丽；余晓虹；郭岱光；许冠男	北京培黎职业学院	二等奖
207	农村职业教育服务乡村振兴北京模式的研究与实践	赵志磊；史枫；林世员；邢贞良；崔坤；陈友才；吴洋；陈平	北京教育科学研究院；北京市农业广播电视学校；北京市房山区房山区职业学校；北京市房山区南窖乡社区成人职业学校	二等奖
208	释放数据生产力：北京高职人才培养状态诊改机制构建与应用	孙毅颖；杨振军；赵新亮；纪效珲；张晓蕾	北京教育科学研究院；北京信息职业技术学院	二等奖

续表

序号	成果名称	成果完成者	所在单位	奖项
209	学历教育与短期培训融合的京郊农民培养模式的研究与实践	刘明海；刘满生；张学兰；孙新锋；尹铁英	北京市农业广播电视学校延庆分校	二等奖
210	数独优质品牌项目建设及教学创新实践	张清利；于舒洋；韩世梅；王宗魁；邓敏	北京开放大学	二等奖
211	服务职工继续教育，助力学习型城市建设的探索与实践	王黎明；于晓丽；刘丽佳；邢俊；唐士亮	北京开放大学	二等奖
212	"一公里陪伴"老年教育服务模式的创新与实践	闵霞；孔维勇	北京市昌平区成人教育中心	二等奖
213	对接国际标准，高职院校高水平专业国际化建设的研究与实践	姜宏；龙洋；闻立欧；胡霞；李思	北京财贸职业学院	二等奖
214	基于互联网的"四维联动、四位一体"老年教育服务模式创新与实践	荆德刚；刘臣；温书宇；刘彩梅；谢来义；姜海燕；刘风	国家开放大学；国开贝和教育科技（北京）有限公司；国家机关事务管理局财务管理司	二等奖
215	高素质农民"三乡三融"培养模式创新与实践	许彬；朱启酒；赵志磊；李玉舒；张新华；杨月娟；陈平；吴洋	北京市房山区张坊镇社区成人职业学校；北京市农业广播电视学校；北京市农业广播电视学校房山分校；北京市农业广播电视学校昌平分校	二等奖
216	中等职业学校"中文+职业技能>2"育人模式培养国际学生	于文海；刘铁锁；李凤燕；赵艳丽；翟晨蕾	北京市延庆区第一职业学校	二等奖
217	政校企深度融合的学习指导师培养模式研究与实践	白新睿；殷丙山；蔡芳；吴薇；周丹；宋晓梅；杜金晶	北京开放大学；北京市朝阳区职工大学；联想（北京）有限公司	二等奖
218	终身学习背景下的健康管理产业校企共建"三融合"人才培养体系创新与实践	任卫红；谷婧；赵静；曲黎敏；李燕华；柳洪杰	中关村学院；北京市海淀区马连洼社区卫生服务中心	二等奖
219	新时代首都高职国际化办学"三位一体"人才培养模式的探索与实践	程云艳；周金凯；谢金艳；朴美玉；刘晓晶；金兰；王贺；朱葵花	北京青年政治学院；北京韬客教育咨询有限公司；北京威酷国际教育文化有限公司；北京市顺义区启明七号幼儿园	二等奖
220	基于项目融合的非学历教育培训模式实践	蔡晓东；孙旭东；刘延；魏学智；艾海明	北京开放大学	二等奖
221	北京市高素质农民"一引四动"培育模式的改革与实践	崔坤；李俊英；张新华；关雪梅；毕鑫煜	北京市农业广播电视学校	二等奖

续表

序号	成果名称	成果完成者	所在单位	奖项
222	"四方联动、四个课堂、迭代递进"农民教育体系的构建与创新	李胜利；杨月娟；刘伟；耿乔科；李杰	北京市农业广播电视学校房山区分校	二等奖
223	学习指导师队伍建设"引导 认证 拓展 考核"四阶模式的探索与实践	李建军；杨炳彦；兰李晶；王曼洁；徐锡政	北京市顺义区社区教育中心	二等奖
224	原生态植物画助力延庆乡村振兴的研究与实践	辛金萍；刘明海；苏晶；栾艳芳；邢雷	北京市延庆区成人教育中心	二等奖
225	跨区域五地联动：京津冀农民培训模式的创新与实践	吴洋；陈方；郑丽媛；焦秀颖；吕霆；石凤旋；张立岐；王文合	北京市昌平区成人教育中心；天津市农业广播电视学校津南区分校；河北省农业广播电视学校承德市分校；北京市农业广播电视学校昌平分校	二等奖

附录6 2022年职业教育国家级教学成果奖评审工作安排

一、奖励范围

（一）职业教育国家级教学成果奖授予在职业教育教学工作中作出突出贡献，有效提高教学水平和教育质量，取得显著成果的集体和个人。成果完成人应直接参加成果的方案设计、论证、研究和实施全过程，并作出主要贡献。成果完成单位应为成果完成人所在单位，并在成果的方案设计、论证、研究和实践的全过程中作出主要贡献。

（二）申报成果应符合国家《教学成果奖励条例》规定的条件，一般应获得省级或部级教学成果一等及以上奖励。往届职业教育国家级教学成果奖的获奖成果，在理论建树和实践研究中如无特别创新或重大突破不能参与本届申报。

（三）成果形式主要包括研究报告、实施方案、著作、论文、课程资源等。成果中可包括教材（含数字教材），但不能以教材为主要成果进行申报。

二、成果要求

（一）成果应坚持正确政治方向，落实立德树人、德技并修，深化"三全育人"改革，对接前沿技术和产业变革，深化产教融合、校企合作、工学结合、知行合一，聚焦现代农业、先进制造业、战略性新兴产业和现代服务业等重点领域，推动专业升级和数字化改造，创新人才培养模式，推进教师教材教法改革，加强教师培养培训，强化实践教学，实行育训并举，深化教育评价改革，促进信息技术与教育教学深度融合，有效破解教学中的难点问题，实施效果显著，具有较高推广价值。

（二）特等奖教学成果应在教学理论上有重大创新，在教学改革实践中取得重大突破，对提高教学水平和教育质量、实现培养目标有突出贡献，在国内外处于领先水平，在全国产生重大影响，并经过不少于4年的教育教学实践检验。

（三）一等奖教学成果应在教学理论上有创新，对教学改革实践有重大示范作用，对提高教学水平和教育质量、实现培养目标产生重大成效，在全国或者省（区、市）内产生较大影响，一般经过不少于4年的教育教学实践检验。

（四）二等奖教学成果应在教学理论或者实践的某一方面有重大突破，在提高教学水平和教育质量、实现培养目标等方面取得显著成效，并经过不少于2年的教育教学实践检验。

（五）实践检验的起始时间，应从正式实施（包括正式试行）教育教学方案的时间开始计算（不含研讨、论证及制定方案的时间）。成果为出版物的，从正式出版的时间开始计算。

三、申报程序

（一）以属地管理原则推荐为主，由成果第一完成人或完成单位向所在地省级教育行政部门提出申请。由省级教育行政部门根据申报限额（在全国教师管理信息系统查看）择优遴选向教育部推荐。

（二）各行业职业教育教学指导委员会、职业院校教学（教育）指导委员会、教学诊断与改进专家委员会、现代学徒制专家委员会等（以下统称专家组织）可接受本专家组织对应的行业、专业或业务范畴的成果申报，推荐的成果应充分体现本领域产教融合成果，鼓励行业龙头企业牵头申报，兼顾区域分布。专家组织按照下达的限额（在全国教师管理信息系统查看）于10月15日前完成择优遴选推荐，由成果第一完成人或完成单位所在省级教育行政部门复核后一并上报教育部，不占本省推荐限额。

（三）申报单位、专家组织、省级教育行政部门拟申报、推荐项目须在本级范围内进行公示，公示期不少于5个工作日。

（四）军队院校或者军人申报国家级教学成果奖，向军队有关教育主管部门提出申请。

四、成果推荐

（一）推荐时应统筹兼顾中等职业教育与高等职业教育（含高职本科）不同层次（原则上不低于1∶2）、学历教育与培训不同类型成果的比例，并向一线教师和研究人员取得的成果倾斜，鼓励行业企业专家参与，鼓励推荐教师培养培训等相关成果。

（二）党政机关及其工作人员申请成果奖的，原则上不予推荐。现任校领导（以申报时间为准）作为第一完成人申报的项目数量不超过所在省份推荐总数的30%。同一成果（相同完成人或单位、相同成果内容）不得多途径申报、拆分申报，一经发现按《教学成果奖励条例》等规定严肃处理。

五、成果评审

教育部成立职业教育国家级教学成果奖评审委员会，负责评审具体实施工作，秘书处设在教育部职业教育与成人教育司。评审分为网络评审与会议评审两个阶段。网络评审采取打分排序方式，确定入围会议评审的成果。会议评审分组进行，采取无记名投票方式确定获奖成果。投票须有五分之四以上评审专家参加方有效。二等奖须有二分之一以上的投票专家同意；一等奖须有三分之二以上的投票专家同意；特等奖须有四分之三以上的投票专家同意。必要时安排候选者答辩或进行实地考察。

六、资格审查与异议处理

省级教育行政部门报送的国家级教学成果推荐材料，由职业教育国家级教学成果奖评审委员会秘书处组织资格审查，凡有以下情况之一者将不予通过。

1. 未按照规定程序申报、推荐；
2. 未按规定格式和要求填写申报材料，附件不齐全；
3. 不符合职业教育国家级教学成果奖励内容与范围；
4. 成果持有人或单位不符合规定；
5. 实践检验不符合时限要求。

教育部对通过资格审查的教学成果推荐材料相关信息予以公示，公示期 90 天。任何单位和个人对公示的教学成果权属、实践时间与实践单位等持有异议，需在公示时间内以书面形式（包括必要的证明材料）提出。单位提出异议，需在异议材料上加盖本单位公章，并写明联系人姓名、通讯地址和电话；个人提出的异议，需在异议材料上签署真实姓名，并写明本人的工作单位、通讯地址和电话。职业教育国家级教学成果奖评审委员会秘书处对提出异议的单位和个人予以保密，并组织调查、核实，将异议核实和处理建议提交职业教育国家级教学成果奖评审委员会裁决。

七、材料报送

（一）申报材料。包括主要申报材料和支撑材料。主要申报材料包括职业教育国家级教学成果奖申报书（以下简称申报书）、教学成果报告、教学成果应用和效果证明材料。支撑材料包括能够反映成果质量和水平的论文、奖励、报道、研究报告等支撑或旁证材料电子文档（PDF 格式）；教学成果如含教材、著作的，须提交样书及教材电子文档，电子文档包括教材封面、出版信息页、目录及精选内容等（PDF 格式）；教学成果如参加过其他评比、评奖活动的，可一并提交相关获奖证明材料（PDF 格式）；其他与成果有关的必要支撑材料。主要申报材料须同时提供纸质版和电子文档（PDF 格式），支撑材料仅提供电子文档。

（二）网上填报。请各省级教育行政部门于 2022 年 9 月 15 日至 10 月 25 日，组织相关申报个人或单位登录全国教师管理信息系统进行网上填报。申报书通过系统填写生成，申报书样表及填报说明可在系统中查看。每项成果均应填写并提交申报书等成果主要申报材料及支撑材料。

（三）书面报送。请各省级教育行政部门于 2022 年 10 月 31 日前，报送《推荐成果汇总表》（通过全国教师管理信息系统填写生成后打印）、申报书、成果报告、成果应用和效果证明材料等主要申报材料（纸质版）。每项成果材料（一式两份）装入一个牛皮纸档案袋。所有报送材料均不退还，请自行留底。

邮寄地址：北京市西单大木仓胡同 35 号教育部职业教育与成人教育司教学处，邮编：100816。

（四）联系方式。联系电话：010-66096266，电子邮箱：jxjc@moe.edu.cn。

附录7　教育部关于批准2022年国家级教学成果奖获奖项目的决定

教师〔2023〕4号

国家级教学成果奖评审委员会评审确定的2022年国家级教学成果奖项目，已经公示并完成异议处理，共计1998项成果获得国家级教学成果奖。

经国家级教学成果奖评审委员会评审确定，依据《教学成果奖励条例》规定，报经国务院批准，上海市黄浦区卢湾一中心小学吴蓉瑾等申报的《数智技术与情感教育双驱动的小学育人模式实践探索》、江苏省南京市浦口区行知小学杨瑞清等申报的《大情怀育人：扎根乡村40年的行知教育实验》、天津职业技术师范大学戴裕崴等申报的《模式创立、标准研制、资源开发、师资培养——鲁班工坊的创新实践》、江苏联合职业技术学院刘克勇等申报的《五年贯通"一体化"人才培养体系构建的江苏实践》、清华大学邱勇等申报的《践行"三位一体"教育理念，培养肩负使命、追求卓越的创新人才》、天津大学金东寒等申报的《新工科教育》、中国农业大学张福锁等申报的《面向农业绿色发展的知农爱农新型人才培养体系构建与实践》等7项成果被评为国家级教学成果特等奖。

教育部批准，北京市东城区史家胡同小学洪伟等申报的《"服务中成长"：协同育人的创新实践》、北京市昌平职业学校段福生等申报的《区办中职学校"大地课堂"育人创新实践》、北京大学田刚等申报的《建设世界一流数学人才培养高地——北京大学基础数学拔尖人才培养创新与实践》、北京师范大学乔志宏等申报的《高质量应用心理专业硕士培养模式创新与实践》等245项成果被评为国家级教学成果一等奖；北京市广渠门中学李志伟等申报的《宏志育人：办人人出彩的高质量教育》、北京市丰台区职业教育中心学校赵爱芹等申报的《纵横贯通立体多元：区域职成教育"一体四化"发展模式研究与实践》、首都师范大学孟繁华等申报的《构建教师教育"双链循环"机制，培养高素质专业化创新型教师》、吉林大学王庆丰等申报的《哲学博士核心课〈当代哲学前沿问题研究〉"三导向"课程设计与教学实践》等1 746项成果被评为国家级教学成果二等奖。

在全国开展教学成果奖励活动是加快建设教育强国、落实立德树人根本任务的重要举措，是对学校人才培养工作和教育教学改革成果的检阅和展示。本次获奖项目，是广大教育工作者坚守三尺讲台、潜心教书育人取得的创新性成果，充分体现了近年来广大教育工作者在立德树人、教书育人、严谨笃学、教学改革方面所取得的进展和成绩。希望获奖集体和个人珍惜荣誉，牢记为党育人、为国育才的初心使命，坚定理想信念、陶冶道德情操、涵养扎实学识、勤修仁爱之心，积极探索新时代教育教学方法，不断提升教书育人本领，为培养德智体美劳全面发展的社会主义建设者和接班人作出新的更大贡献。

各地教育部门和各级各类学校要以习近平新时代中国特色社会主义思想为指导，深入贯彻党的二十大精神，主动超前布局、有力应对变局、奋力开拓新局，结合实际情况认真学习和应用好获奖成果，全面提高人才自主培养质量，加快建设高质量教育体系，更好发挥教育在社会主义现代化建设中的基础性、先导性、全局性作用。

教育部

2023 年 7 月 21 日

附录 8 2022 年国家级教学成果奖获奖项目名单（北京市）

一等奖（7 项）

序号	成果名称	完成人	完成单位
1	区办中职学校"大地课堂"育人创新实践	段福生；郑艳秋；张养忠；左欣；李晨；周林娥；高鑫；方荣卫；丁云鹏；王于；于芳；赵小平；张翔；张晶磊；郭婷婷	北京市昌平职业学校
2	职业教育"树形"教师队伍生态化培养模式的创新与实践	田禾；吉利；邢连欣；李颖超；陈平；刘国成；王彩娥；黄凤文；魏俊强；程彬；史晓鹤	北京市商业学校；北京教育科学研究院
3	产教联动、研创双驱、育训融通：系统化培养医药健康技术技能人才的创新实践	辛秀兰；李双石；陈亮；冯晖；兰蓉；任鸣晨；管小清；连忠辉；白美丽	北京电子科技职业学院；北京经济技术开发区社会事业局；北京亦庄国际生物医药投资管理有限公司；国药集团-北京生物制品研究所有限责任公司
4	区域统筹 标准引领 耦合共生：校企共同体建设北京模式的研究与实践	霍丽娟；吉利；王丽君；吴升刚；刘文龙；辛秀兰；郑艳秋；杜金晶；田阿丽；任凤国；冯志新；李卫兵；范广辉；俞娜；江涛	北京教育科学研究院；北京经济技术开发区科技创新局；北京电子科技职业学院；北京经济管理职业学院；北京市昌平职业学校；北京交通运输职业学院；北京工业职业技术学院；联想（北京）有限公司；北京京邦达贸易有限公司；北京奔驰汽车有限公司；科大讯飞股份有限公司
5	凸显双一流优势 产教深度融合——校企共育高质量传媒人才创新研究与实践	屈善孝；张步兵；靳斌；张宁；黄勇；黄心渊；关玲；周涌；孙振虎；吴翠莲；张宗伟；陈京炜；郭艳民；吕欣；李胜利；于然；崔蕴鹏；桂笑冬；孙国玉；艾胜英；张兆弓	中国传媒大学
6	适应产业"智改数转"的高职机电类专业数字化升级改造探索与实践	张春芝；冯海明；张萌萌；张普庆；李林琛；盖克荣；王先宏；王怀群；郭勇；王俊；许屾；王琦	北京工业职业技术学院；施耐德电气（中国）有限公司；北京京东乾石科技有限公司
7	北京财经商贸高端技术技能人才七年贯通培养创新与实践	夏飞；李宇红；寻云杰；吕良燕；徐楠；孙亮；王国德；平建恒；梁毅炜；平若媛；董雪梅；李昱言；任韬；刘淑娥；刘雁琪；姜宏；王子林	北京财贸职业学院；北京教育科学研究院；首都经济贸易大学；中央民族大学附属中学；中联企业管理集团有限公司

二等奖（15项）

序号	成果名称	完成人	完成单位
1	纵横贯通 立体多元：区域职成教育"一体四化"发展模式研究与实践	赵爱芹；薛凤彩；孙峰；史枫；林世员；张瑶；彭军；孙晓娟；张晶；娄斌；刘春霞；郭立娜；李毓荣；郭金萍；芦倩英；刘大海；朱起新；史晓光	北京市丰台区职业教育中心学校；北京市丰台区职工大学（丰台区社区学院）；北京教育科学研究院
2	中职学校党建引领下的"双循环"互促共育大思政格局的研究与实践	程彬；何健勇；邢连欣；王素芳；王彩娥；崔晓枫；陈宏升；陆沁；王芊；李金辉；齐雯；谢秋行；何嘉；史晓鹤	北京市商业学校（北京祥龙资产经营有限责任公司党校）；北京祥龙博瑞汽车服务（集团）有限公司；北京红都集团有限公司
3	基于学科核心素养的中职英语跨省市教学诊断与课程改革研究与实践	刘海霞；李淑静；傅渝稀；古燕莹；鞠纯杰；刘宏；贺伟华；夏英；苏永昌；于红；张涛	北京教育科学研究院；外语教学与研究出版社有限责任公司；重庆市教育科学研究院；北京市经济管理学校
4	四方联动、标准引领、语技融合—职业院校"走出去"人才培养模式探索与实践	周燕；宋凯；龚亚妮；唐正清；赵丽霞；梁赤民；谢丽昊；孟晴；祝丽华；张明珠；马隽；曾锦翔；李长青；贾民政；陈洋；王瀛；王楠	北京工业职业技术学院；有色金属工业人才中心；中国有色矿业集团有限公司；中国—赞比亚职业技术学院
5	服务"一带一路"建设的"外语+"高职多语种人才培养模式的探索与实践	常红梅；老青；叶秀娟；穆洁华；刘杰英；盛湘君；何少娴；江波；冀冉；孙一力；朱倩倩；黄恒拾；杨信；朴美玉；贾一村；张赫；田夏；刘黛琳；李扬	北京联合大学；北京青年政治学院；广西国际商务职业技术学院；义乌工商职业技术学院；闽江师范高等专科学校；同济大学；国家开放大学；北京双雄对外服务公司
6	职业教育"五位一体"服务乡村振兴战略的研究与实践	范双喜；杨永杰；高焕清；简祖平；周雄；李广德；于波；赵降英；李耀辉；纪绍勤；崔坤；王燕；高世吉；王宗莉；朱佳萍；郑芳；张雯；梁凯；黄晓梅；李红；徐芳；李名钢；杨俊；郑旭东；桂敏；卢晓慧；王国军；杜咨毅；沈静	北京农业职业学院；咸宁职业技术学院；国家开放大学；江苏农林职业技术学院；杨凌职业技术学院；福建农业职业技术学院；黑龙江农业职业技术学院；温州科技职业学院（温州市农业科学研究院）；中国农业出版社有限公司；中农产教（北京）科技有限公司；北京市农业广播电视学校
7	基于产业引领、竞赛支撑、多元协同的汽车工程实践教育平台建设探索与实践	李骏；李斌；闫建来；徐念峰；李登万；李雄威；冯志新；王中磊；殷兴吉；邓志君；盛鹏程；刘学军；郭旭峰；贺建峰；侯建；雷雄；贾军涛	中国汽车工程学会；上海蔚来汽车有限公司；四川工程职业技术学院；北京电子科技职业学院；深圳职业技术学院；长春汽车工业高等专科学校；河北科技工程职业大学；四川交通职业技术学院；常州工程职业技术学院；广西交通职业技术学院；西藏职业技术学院

续表

序号	成果名称	完成人	完成单位
8	中国特色纺织服装职业教育标准体系构建与应用	倪阳生；尹桂波；白静；丁文利；阳川；贺仰东；古发辉；王亚鹏；段恋；祖秀霞；赵阳敏；劳斌；赵洪；于拥军	中国纺织服装教育学会；江苏工程职业技术学院；山东科技职业学院；成都纺织高等专科学校；常州纺织服装职业技术学院；广东职业技术学院；广州市纺织服装职业学校；辽宁轻工职业学院；重庆工商学院；鲁泰纺织股份有限公司；江苏联发纺织股份有限公司
9	三引、三建、三推、三高：中德诺浩汽车产教融合实训基地建设的创新与实践	刘文龙；彭彧华；许健；吕丕华；李静文；张英华；刘海平；赵鹏喜；张健；周国娟；于福华；钟莹；杨光明	北京经济管理职业学院；中德诺浩（北京）教育科技股份有限公司；湖北工程职业学院；河南机电职业学院
10	数字技术赋能智能建造专业群转型升级探索与实践	张丽丽；刘兰明；李石磊；曹明兰；李静；朱溢镕	北京工业职业技术学院；广联达科技股份有限公司
11	都市园艺专业群"三生相融、四时驱动"建设与实践	李志强；陈杏禹；张微微；王晓华；吴晓云；高照全；梁春莉；成文竞；李玉舒；马继红；郑志勇；龚敏妍；王春玲	北京农业职业学院；辽宁农业职业技术学院；上海农林职业技术学院；北京市园林学校；北京市昌平职业学校
12	高职院校实施扬长教育的改革与创新实践	龙洋；杨宜；王成荣；付立娟；武少侠；赵晓燕；张慧；侯雪艳；牛江华；高东京；宫广娟；胡君晖；谢华萍；尹冬梅；邓艳芳；吴蓉晖	北京财贸职业学院；北京菜市口百货股份有限公司；北京国际度假区有限公司主题公园和度假区管理分公司；财天下科技有限公司；中装金英教育科技（北京）有限公司
13	殡葬服务高技能人才"五位一体"文化与专业互融互动育人体系研究与实践	何振锋；张丽丽；邹文开；徐晓玲；翟媛媛；刘锋；李建华；李占影；曹丽娟；梁祎	北京社会管理职业学院（民政部培训中心）；民政部一零一研究所；中国殡葬协会；八宝山殡仪馆；八宝山革命公墓
14	养老服务紧缺人才职前职后"五维一体"育训协同模式研究与实践	屠其雷；赵红岗；皮微云；曹雅娟；熊宝林；杨根来；孙钰林；李晶；周世强；迟玉芳；韩晓婷	北京社会管理职业学院（民政部培训中心）；北京中民福祉教育科技有限责任公司；中民民政职业能力建设中心
15	基于"方向、层级、序列"职业资历框架的交通行业产教服务模式创新与实践	邵清东；屠群峰；石小平；操申斌；高连生；徐辉；张亚军；陈锦辉；王瀚；陈刚；巴珍；张娜；任翔；王彦峰；钱啸寅；穆学君；陶春柳；汝知骏；郑玉宇；张巍；白建宏	北京络捷斯特科技发展股份有限公司；浙江交通职业技术学院；湖北交通职业技术学院；安徽警官职业学院；北京交通运输职业学院；上海交通职业技术学院；辽宁省交通高等专科学校；福建船政交通职业学院；新疆交通职业技术学院；广西物资学校；拉萨市第二中等职业技术学校；上海景格科技股份有限公司；西安三好软件技术股份有限公司；北京旷视机器人技术有限公司